松崎憲三先生古稀記念論集

民俗的世界の位相

―変容・生成・再編―

慶友社

松崎憲三先生近影

まえがき

松崎憲三先生は、このたび古稀を迎えられ、平成三〇年三月をもって成城大学を定年退職されることとなった。本書は、長きにわたり、成城大学の民俗学を牽引され、民俗研究の広がりと深化に貢献された先生の慶事を喜び祝うとともに、ご学恩に感謝し、それに報いるために編まれた記念論集である。

松崎先生は、昭和四六年に東京教育大学を卒業された後、奈良県立民俗博物館、文化庁、国立歴史民俗博物館を経て、昭和六二年に成城大学文芸学部に着任された。以後、三一年にわたり民俗学の教鞭をとられ、文芸学部文化史学科と大学院である文学研究科常民文化専攻で民俗学を学ぶ多くの後進の指導にあたられた。平成一五年には、第八代の成城大学民俗学研究所の所長に就任され、日本の民俗研究のセンターとしての本研究所の運営にもつとめてこられた。ご多忙の日々であったことと思われる。

先生のご功績はアカデミズムの枠内にとどまるものではないが、成城大学に来られてからは、現代民俗や民俗信仰の分野を中心に据えて研究に邁進され、民俗学の新たな地平を切り開かれた。とくに現代社会に鋭く切り込む視点は、同時代を生きる人々に響き合う多くの研究を生み出してこられた。民俗信仰をはじめとする伝統的なテーマにしても、先生の手にかかると必ず新輝な研究として生まれ変わる。こうした先生の学問に対する姿勢や独自の学風は、常日頃からの問題意識の高さ、着眼と観察力の鋭さ、視野の広さに基づくものであり、なかなか真似できるものではない。このことを十分に認識しつつも、本書では、先生の研究領域を念頭において執筆者それぞれが筆を振い、『民俗的世界の位相―変容・生成・再編―』を書名とする論集として一冊にまとめ、ささやかながら献呈する次第である。なお、松崎先生ご本人からも玉稿をありがたく賜り、本書の巻頭を飾らせていただいた。

本書の執筆者は、松崎先生から指導を受けた成城大学大学院の卒業生、現役の大学院生を中心とする。その多くは、先生の講筵に列した比較的若い世代の研究者たちである。寄稿された論文は、最終的に二七編に及び、民俗信仰をはじめ、現代民俗や世相、祭礼、生業、地域社会、博物館などテーマは多岐にわたるが、いずれも本書の副題にあるように民俗の変容、生成、再編に関わる問題意識が基調にあることでは共通している。

松崎先生は、ご著書『現在社会と民俗』のなかで、早くから民俗学と現実の社会との接点について問題提起をされ、「現在学」としての民俗学の意義を力説してこられた。民俗が過去を志向する「伝統」と未来を志向する「変革」のせめぎ合いのなかで流動し、どのように維持され、消滅し、また新たに生成されていくのかを問い、見定めていくことの大切さである。

本書でも、こうした問題意識を強く持ちながら編集委員会で検討を重ね、第一部「民俗信仰の探求」、第二部「暮らしとまつり」、第三部「現代へのまなざし」の三部構成とした。第一部は、信仰論を骨子とし、先生が近年研究に取り組んでおられた人神信仰に関する論文の寄稿が充実したことから、それらを「人を神に祀る」として最初に位置づけ、次いで、信仰伝承をテーマとする論文を「祈りと願い」としてまとめた。第二部は、日常と非日常の対比を視野にいれ、「生業の工夫と選択」では、人びとの生活や生業、自然環境に関わる論文、「祭事・儀礼の継承」では、祭りや儀礼などの現況や今後の伝承のあり方を問題とする論文を組んでいる。第三部は、現代を捉えた論考群として、「地域社会との共生」と「民俗学の資料と情報」の二つから成る。前者は、地域社会の再編や自治などを論じたもの、後者は、博物館の展示や国内外における学会や研究の動向などを扱った論文を配列している。

本書では、松崎先生の研究領域をすべてカバーできたわけではないが、すくなくとも先生の学問上の問題関心の広さは示せたのではないかと考えている。

松崎先生におかれては、いまなおご健筆である。本書を編集中にも、近年のご研究を集成した『民俗信仰の位相——

変質と多様性をさぐる―』を上梓された。今後の民俗研究の構想もお持ちであろう。いつまでもお元気で活躍され、後進への変わらぬご指導を賜りますことをお願いするとともに、重ねてこれまでのご高恩への感謝の意をあらわし、序文の締めくくりとしたい。

平成二九年九月吉日

松崎憲三先生古稀記念論集編集委員会
編集委員長　前田俊一郎

民俗的世界の位相——変容・生成・再編——

目次

第三部 現代へのまなざし

葬送儀礼、墓制の変貌
――墓じまいおよび寺院離れを視野に――

松崎　憲三

はじめに

日本は急激に人口構造の変化を来たした国と言われ、多産多死から多産少死の時代（昭和初期から一九五年頃まで）、そして少産少死の時代を経て、平成一九年（二〇〇七）頃から少産多死の時代に入った。ちなみに、厚生労働省の平成二七年（二〇一五）の人口動態統計によれば、平成一二年（二〇〇〇）に九六万人だった年間死亡者数は平成二七年には一三〇万人を突破したと推計されている。そのためどこの葬斎場、火葬場も、予約を取るのに一苦労するほどである。その一方、高齢化が進む中で葬送儀礼、墓のあり方を見直す動きも盛んである。「葬式仏教」と揶揄されながらも、葬送儀礼に久しく携わって来た寺院であるが、こうした状況下で近年目に止まるのは、檀家の寺院離れや寺院の消滅に関する記事、書物である。

早くは平成二一年（二〇〇九）に高橋卓志が『寺よ　変われ』を著わし、僧侶としての実践を踏まえて、形骸化した葬儀、法要のあり方を改めるに留まらず、さまざまな「苦」を抱え生きる人々を支える拠点に寺院がなるべきと主張している。(1) 平成二七年（二〇一五）は、この種のものが数多く公表された年であった。一〇月一一日付朝日新聞「うちのお寺住職いない、寺守れ　あの手この手」によれば、ほぼこの一〇年間で九宗派（日蓮宗は非公開）四三四か寺が消え、その背景にあるのは檀家減だという（ちなみに現在の全国の寺院数七万六千弱）。また蒲池勢至は『真宗の門徒はどこへ行くのか』を著わし、敬虔な信仰者とされる真宗門徒においてさえ「伝承文化崩壊」の危機にあり、「寺院経済からみれば先行き不安である」としつつ、危機回避の方途を索ろうとしている。(2) そうして鵜飼秀徳は『寺院消滅』なるセンセーショナルな書物を著わし、過疎地域における寺院消滅の実態と、悪戦苦闘を繰り広げる僧侶達の活動を追っている。(3)

今から四半世紀前、筆者は「地域社会と寺院・企業」なる小論をまとめ、

全国に寺院は約八万あるといわれるが、このうち収益事業に携わっているのは一万か寺足らずで、残りの大半の寺院は一〇〇から二〇〇程度の檀家を持ち、三〇〇万から五〇〇万円前後を年間収入とする寺院である。教員や公務員などを兼務して、家族の生活費、寺院の維持費を稼いでいるところが多い。その一方、寺院経営の中核となる葬儀の件数は、高齢化社会の現在相当数に上るが、その多くは葬祭産業にもってゆかれてしまって、収益と縁遠い。これも常日頃から檀家との絆が弱いからにほかならない。都市部でそれが顕著であり、今、檀家との新たな繋がりを求めて、都市寺院は様々に模索している。

と記した。(4) 先の記事や著書を見ればおわかりのように、現状は当時よりもっと深刻なようで、それは都市部に限らない。小稿では、寺院と檀家との関係史と、群馬県下の伝統的な葬送儀礼と墓制について整理した上で、檀家の寺院離れと寺院側の対応姿勢に言及する。他方では、必ずしも寺院にこだわらず、時代状況に即して葬法、墓を選択し、葬

送儀礼を行なおうとする近年のさまざまな動きを、主として『上毛新聞』を通して明らかにしたい。ちなみに『上毛新聞』では、平成二七年四月から六月にかけて「現代弔い考」なる特集を組んだ。五章にわたる（各章一〇回シリーズ）『上毛新聞』の総力をあげた記事であり、多くの示唆を与えてくれる。しかも全国的な動向を視野に入れてまとめられており、分析対象資料として貴重この上ない。

一　寺檀関係と伝統的な葬送儀礼、墓制

1　寺檀関係をめぐって

従来民俗学では、イエを人が生まれてから死ぬまでにわたる生活空間であるとともに、死後も訪れて残った子孫と交流し合う空間と捉えてきた。こうしたイエを先祖祭祀という面から見ると、仏檀・墓を媒介として祭祀を行なうことにより、祖霊の浄化、慰霊に務めるとともに、先祖にイエの加護を期待するものにほかならなかった。従って、イエは先祖祭祀を通して寺院と結びつき、寺檀関係を結ぶことになった。この寺檀関係は、制度的にはキリシタン禁制を目的とした江戸幕府の寺請制度、宗門人別帳がその発端となっており、寺院は民衆支配の末端的機能を担っていた。と同時に寺院側は経営安定のために檀家制度を確立・維持し、葬儀・年忌等の法要による収入を求めていくことになった。制度面から見た寺檀関係の歴史的概要は以上の通りであるが、明治政府による戸籍法成立以降も寺檀関係は維持され、檀那寺と檀家は、

（a）檀家は檀那寺が何らかの形で管掌する墓地に墓を持つ。
（b）檀家は檀那寺を通じて先祖の追善回向をする。
（c）檀那寺を護持する意味で、檀家は寺院に寄付行為や労働奉仕をする。

という形で密接に結びついていた。

ところがある時期から（おそらく高度経済成長期以降）、檀家は檀那寺に対して「墓さえ維持してくれれば良い」といった程度の意識しか持たず、信仰心が希薄化していくとともに寄付行為や労働奉仕については煩わしさを覚えるようになった。さらには、産業構造や社会構造が変化し流動性が著しくなると、檀家は必ずしも寺の近くに住み着いているとは限らず、両者の関係は疎遠になるばかりか、終の棲家近くに先祖の墓を移転（改葬）するケースも目立つようになった。一方、寺檀関係と無縁な創設世帯は、当然ながら煩わしさを避けて寺院墓地ではなく、霊園墓地を選択する傾向にあり、寺院離れが進行することになる。

こうした状況に対して、寺院側も手をこまねいているだけではない。先に紹介した拙論でもいくつか取り上げたが、「上毛新聞・現代弔い考　第2章「変わる葬儀（7）」（以下一〇頁表に沿って第2章―（7）と記す）においても、「寺主導取り戻せるか」と題して太田市矢田堀町・瑞岩寺（曹洞宗）の取り組みを紹介している。同寺の長谷川俊道住職（当時四八才）は、「時代に対応した、世間から必要とされる寺」にしようと改革を進め、寺を開放して講演会やコンサートを頻繁に開き、悩み相談の番組をネットで流すとともに、「税制面で優遇されている寺には公共性がある」との考えに立ち、ホームページで財務表を公表している。このほか葬儀に関する「不明瞭なセット料金は理解は得られない」と、自ら霊柩車や生花・食事などを直接手配し、布施や戒名の目安も基本的に明示している。「葬儀こそが寺にとって最大の布教活動」と位置づけている住職ならではの対応姿勢である。

一例だけ紹介したにすぎないが、檀家や地域の人々と向き合い、地道に努力を重ねつつ彼らの信頼を得ていくことが、寺院の復権にとって必要不可欠と言えよう。なお、ここでは長谷川住職の「寺には公共性がある」という発言に留意しておきたい。

2　伝統的な葬送儀礼

主として『群馬県史資料編26・民俗2』(一九八二年刊)によりながら、群馬県下の伝統的な葬送儀礼を概観しておくことにしたい(5)。

全国的に見ると、高度経済成長期を境に先祖祭祀・葬送儀礼は大きく変貌を遂げるが、従来は人間は霊魂と肉体から成ると考えられており、葬送儀礼は死者の遺体および霊魂の処理ということになる。先ずそのことを確認しておきたい。その上で、以下死者の扱い、葬送儀礼の順で見ていく。

死に至るかもしれない状況の病人を、一日でも二日でも寿命を延ばしてやりたい、あわよくば治癒させたいとお百度参り、千社参り、コリトリ、セングリ(オサゴを持ってオボスナ様の回りを千回まわる)などがなされた。勢多郡赤城村、利根郡白沢村・川湯村では、重病人の着物を持って行き、リシブン(理趣分)経を読んでもらうと楽になるといい、そうする地域もあった(6)。こうした努力にもかかわらず死に至ると、魂呼びをすることになる。肉体から離れた霊魂を呼び戻そうとする呪術であるが、それでも効果がなければ葬送儀礼となる。先ずは遺体への対応であるが、(1)枕返し、(2)枕飯、枕団子、(3)湯灌、(4)入棺、(5)笹引き、(6)ブク、(7)通夜、(8)門牌、(9)墓直し、(10)忌明けの順で進む。

死者は死後直ちにナンドに移し、頭を北に向けて手を合わせ、顔に手拭いをかぶせて寝かせる。これが枕返しにほかならない。(2)次いで組の女衆が枕飯、枕団子を作って枕許に供える。(3)の湯灌は亡くなった後、あるいは葬儀の前日の晩に死者の子、兄弟達によって行われる。(4)の入棺であるが以前は桶棺、立棺が多く、昭和になって寝棺となっていった。入棺は男衆の手によってなされ、死者の顔を剃り、顔に三角布(ゴマン)を麻糸でしばりつけ、数珠を持たせる。経帷子を左前にし、首に頭陀袋をかけてやる。さらには僧侶の用意した血脈を入れる。(5)笹引きは神にケガレが及ばないようにアララギなどの青木を神棚にのせ、速やかに対処するもので、これは血縁のない他人の手によってなされる。カミガクシ、目カクシともいう。(6)ブクとは所謂別火のことである。(7)通夜をヨトギと言い、一晩中死者の枕許にいる。ただ死者を偲んで語り明かすだけでなく、万一生き返るかもしれないと、期待する気持ちを多くの人が持っていたという。ちなみに、死後二四時間経過しないと埋葬、火葬が認められないのも、甦りとかかわりがあろう。(8)忌中標識としての門牌《もんぺい》は、今では家の入口に簾を裏返して垂れ、「喪中」と紙に墨書し、出棺や告別式の時期などを記したものである。この門牌は古くは群馬県全域に見られたもので、殯《もがり》から喪屋となり、それが簡素化されて棚となり、さらに象徴化された忌中標識になったものと推定されている。(9)の墓直しとは、埋葬した日から初七日まで毎日と、また四十九日までの間七日毎に墓参りをすることである。これについても単に追悼するための墓参りではなく、本来墓地の近くで悼みの生活を送る殯《もがり》や喪屋の意識の残片と見なされている。(10)忌明けはふつう四十九日とされ、県下各地でオタナアゲ、タナアガリなどという。タナとは仏檀のことで、オタナアゲとは新仏の位牌を床の間あるいは忌の期間中の臨時の仏檀から正式の仏檀に移すことである。これによって新仏は仏の仲間入りをするとか、先祖様になると言っている。以上が、土葬を前提として地域の人々の助力を得て家で行う、死者への対処方法とその儀礼である。

次いで、遺体の処理を中心とした葬送儀礼であるが、(1)告げ、(2)葬式の準備—(a)葬具揃え、(b)穴掘りと進み、次いで、(3)の出棺、埋葬は(a)葬列、(b)出棺、(c)埋葬の順で行われた。一部「死者の扱い」と重複するが、相互に補完するものとお考えいただきたい。

(1)の「告げ」とは、死者が出ると先ず寺に知らせる。この場合必ず一人で行く所と近親者多勢で行く所とがあり、このテラアルキは主に年輩の役であり、その時お布施を持って行くという。次いで親族や親しくつき合っていた人に知らせに行くが、これもツゲ、シラセなどと言い、必ず二人一組で行くことになっており、これは組内の人の役で、ツゲを受けた方ではお茶を出すのが仁義だったり、キヨメ、小遣い銭をくれたり酒食を出したりする。こうした接待の理由を「初めて来て二度と来ない人だから」と説明している。

（2）の葬式の準備については、（a）の葬儀の準備は隣組がするのがふつうで、棺桶のほか六地蔵、高張、花籠、造花、墓標、杖などを用意した。時には材料を出して大工や建具屋に作ってもらうこともあった。（b）の穴掘りをトコホリ、タイヤクサン、ロクシャク、ホウバイなどと称した。古くは穴掘り専門の人のいる地域も存在したが、多くは隣組の人の手にゆだねられた。

（3）出棺・埋葬のうち（a）の葬列は、組長の指示に従うことが多いものの、僧侶が決めるという地域もある。佐波郡東村（現伊勢崎市）の例は、僧侶（真言宗）が順序を示すというもので、六地蔵（男）―高張（男）―名旗（男）―寄贈旗（男）―葬儀係（男）―花籠（男）―松明（男）―龍頭（男）―寄贈納品（男）―生花・造花（親族の男）―四ヶ花（親族の女）―奠茶（近親者）―香炉（近親者）―香炉（近親の女）―帯（同）―小袖（同）―衆僧―大導師―膳（施主の妻）―位牌（施主）―弓―霊棺（孫）―天蓋（近親の長老）―墓標（男）――一般会葬者と続く。（b）の出棺に先立って六地蔵（あるいは辻ろうそく）を火につけてカドや家から墓までの間に六本立てるというのは、言うまでもなく、六道に迷わないように死者の道しるべとするものである。棺は縁側から出し、その時縁側にオガラや竹製の鳥居をくぐらせることもある。縁側から出した棺を中心とする葬列は、庭で左回りに三度半回る。墓に行ってから回るケースもある。棺を運ぶのは穴掘りの役で、カンツキは孫が当たる。棺の前の二本の晒の綱（善の綱）は近所の女衆が引っ張る。彼女達はシキビの枝を持ち、白い着物の片方の袖を頭に被る。これをソデカブリという。女性の場合は島田に真似て髪を結うことも多かった。いずれにしても参列者は施主をはじめ、頭に晒の三角形の冠様の布を結わえつけた。（c）の埋葬では、三回り半のアナマワリをして棺を荒縄製のモッコにのせて穴に降ろし、棺にかけた縄を施主が切り、近親者が少しずつ土をかけ、最後にアナホリ（トコホリ）が穴を埋めた。埋葬を終えて帰るとキヨメをした。家の入口に臼を逆さにした上に尾頭つきと塩をのせておいて、その塩を身体にふって清め、さらには入口に置いたタライに足を入れて洗ったが、これをジャンボ洗いと称した。また屋敷の柱から柱に縄を張っておき、羽織・袴など身につけていたものをこの下をくぐらせたり、上から下へ一巡させることもあった。

3 伝統的な墓制

墓地の形態はさまざまで、共同墓地と個人墓地とに分かれる。前者の場合は寺院周辺に共同墓地があるほか、一族・イッケの共同墓地も存在し、一方個人所有の墓地は寺院周辺に集まっていたり、畑の端、さらには屋敷地内の畑の一画にある場合もみられた。なお、利根郡や新田郡のイッケ墓では、相続者夫婦の墓と次男以下のものとを距離を離して設けられる例もまま見られた。

土葬の場合墓上葬置は色とりどりで、竹や木を割ってさしたイヌハジキとかエガキ、モガリと称されるものを張り巡らし、花籠が立てられ、四十九院が置かれ、息づき竹がさされ、輿が据えられた。また三叉の作りものを立て、その上に刀や鎌などをのせる。あるいは下に垂らして魔除けとする風も見られた。

『群馬県史資料26・民俗2』では、子墓や両墓制も取り上げられている。前者では、子どもが一人前にならないで死ぬと葬儀は近親者だけでささやかになされ、墓標はつくらず、メハジキをさす程度という。一方両墓制については、利根、吾妻、北群馬、甘楽郡と県東端の邑楽郡下というように、山村または山麓地帯を中心に、一部邑楽郡板倉町のように平坦地に分布しているという。しかし、「近年は火葬の普及や土地改良事業に伴う墓地改修によって、この墓制も急速に変化しつつある」としている。県史が刊行されたのは昭和五七年（一九八二）であり、それ以前の状況が記されていることをつけ加えておく。

以上、群馬県下の従来の墓制、葬送儀礼について概観した。特定地域のインテンシッブな調査報告としては、群馬県みどり市大間々町のそれをまとめた板橋春夫の「伝統的な葬送習俗」が参考になる。しかし大筋は、今まで見てきたことと変わりはなさそうである。(7) いずれにせよ（1）～（3）項で報告したような内容は、霊園墓地や葬儀社が介在する葬送儀礼しか知らない人にとっては隔世の観があろう。隣組をはじめとする地域の人々が積極的にかかわるとともに、寺院・僧侶も重要な役割を果たし、一方では慣例に沿ってしかもケガレ・忌みにこだわりつつ墓ごしらえをし、葬送儀礼を執行してきたことがわかる。そうしてその葬送儀礼は、火葬化にともない、送りにウェイトを置いたものから告別式にウェイトを置いたものへと変わっていった。

次章以下では「上毛新聞」の記事によりながら、群馬県下における墓制、葬送儀礼と寺院の現状について分析を加える。なお、近年における上毛地方の葬法、葬送儀礼の変化については、板橋が「自宅から離れる死」、「ツゲから電話へ」、「白から黒へ～喪服の変遷～」、「葬式の画一化」、「散骨の流行」といった項目立てで論じていることを付記しておく。(8)

二　さまざまな墓――「上毛新聞」を通して

多様な形態の墓地の中で、今日注目されているのは所謂霊園墓地である。従来の墓地のジメジメした暗い雰囲気を払拭し、行楽気分で赴くことができ、しかも宗派を問わないこと等々から人気を博している。中でも公営墓地は、「公営」という安心感に加え、管理料も民間と比べて割安なことで人気が高い。上毛新聞の表第1章―（8）「『公営』に高いニーズ」によれば、群馬県内で公営墓地を運営する自治体は一四市町に上るという。各市町村営の墓地は既に大多数が埋まっており、将来的な墓地の確保が課題として浮上している。一方伊勢崎市など公営墓地を持たない市町村も半数以上あり、これらの自治体では公営墓地開設を求める住民の声も根強いという。例えば平成二五年（二〇一三）に富岡市墓地検討委員会が行った市民への意識調査では、「墓を取得したい場所は」という問いに対して全体の六六・八パーセントが公営と答え、二位の個人所有の一一・六パーセントを大きく引き離している。ただし、墓地と

表　『上毛新聞』「現代弔い考～さよならのカタチ～」シリーズ記事一覧

第1章　墓じまい（二〇一五年四月一四日～二四日）
（1）人口の大都市集中、少子高齢化、供養する心どこへ
（2）古里離れ　遠い「墓守」
（3）木々に溶け込み　眠る
（4）〝公園〟感覚で墓参り
（5）行けなくても「守る」
（6）住宅同様の「二世帯」
（7）「魂抜き」経で産廃に
（8）「公営」に高いニーズ
（9）将来への悩み　共通
（10）墓は誰のために

第2章　変わる葬儀（二〇一五年五月二日～一六日）
（1）身寄りなくも「等しく供養」
（2）寄り添う時間が大切
（3）生前に感謝を伝え合う
（4）運命を受け止め冷静に
（5）山にも心を寄せる場
（6）合理的手法に共感
（7）寺主導取り戻せるか
（8）公営斎場整備が急務
（9）誰のために　どう営む
（10）誰のために送るの

第3章　揺らぐ絆（二〇一五年五月二一日～三〇日）
（1）故郷と自分つなぐ
（2）需要高まる「家族葬」
（3）葬儀は地域行事　今も
（4）疎遠さ映す整理代行

する用地の取得は周辺住民の理解を得ることが難しく、新設は容易ではないというのが実情という。そうした中で先の富岡市墓地検討委員会は、「個人所有の土地であっても墓地を造ることを許可できない状況において、墓地用地の確保は行政の責務」とする提言を市に提出した。またその中で、「少子高齢化による墓守の減少」を踏まえ、合葬式の墓地、納骨堂の整備にも言及している。

その墓守の問題に関しては表第1章―（1）「人口の大都市集中、少子高齢化、供養する心どこへ」の中で取り上げられている。子どもがいない家、子どもが女だけの家、跡継ぎの男子がいても未婚だったり、故郷から離れて暮らしている家など、少子高齢社会の中で墓守がいなくなるケースが多様化しているという。墓の承継者である墓守がいなければ、墓を整理しなければならない。それを墓じまいと称する。「厚生労働省のまとめによると、墓じまいのほか田舎の墓を参拝しやすい場所に『引っ越す』ケースなども含め、二〇一三

(5) 女性つなぐ専用墓
(6) 災害時　心のよりどころ
(7) 自宅葬　支え失い急減
(8) 孤独な死　なくしたい
(9) 時代の流れ逆らえず
(10) 途切れた縁をつなぐ

第4章　弔いの対価（二〇一五年六月四日〜一三日）
(1) 戒名　捉え方さまざま
(2) 戒名　気持ちが「布施」
(3) 変わる遺族サービス
(4) 拡大する「終活」市場
(5) 自分らしく　生前遺影
(6) 個性を尊重　自由な墓
(7) 最愛の人　身近で供養
(8) 思い　上空へ　ネットへ
(9) 関心高かった「戒名」
(10) 人生の幕　自分らしく

第5章　格差のはざまで（二〇一五年六月一八日〜二七日）
(1) 死の先　なお苦悩が
(2) 貧困、孤立　遠のく弔い
(3) 獄中死　再び刑務所に
(4) 被災地の墓　思いつのる
(5) 生きずらさ　終幕にも
(6) 二つの母国　揺れる心
(7) ムスリムの埋葬に高い壁
(8) 最後まで母国拒まれる
(9) 手差しのべる環境を
(10) 形式より遺志　大切に

年度に全国で墓を移転させた『改葬』件数は八万九九〇〇件を超え、四年連続で増加した。県内でも一三年度の改葬は一〇〇〇件を超え、大都市への人口集中や少子高齢化が進む中、その件数は今後増加が予想される」と結んでいる。

同記事の中で紹介されているのは藤岡市のNという女性（六六才）で、その年の二月、菩提寺にあった先祖代々の墓じまいをしたというものである。一月に九〇才で母が亡くなったが、二人の娘が長男に嫁いでいることが墓じまいを決意させたという。当初は代々の墓を処分することに抵抗感があったものの、菩提寺との付き合いや檀家の務めなど、墓を守る苦労を身をもって知っている。娘たちのことを考え、また墓じまいを気にかけて亡くなった母の背中押しを受けて、母の遺骨は墓に眠る三体の遺骨とともに山村に散骨し、太田市の永代供養墓に葬ったという。Nさん夫婦もこの墓に入る予定とのことである。イエの伝統や格を象徴し、イエのシンボルとされた墓をめぐる状況がこのように変容するとともに、寺院離れが進んでいる状況が見て取れる。

なお、この記事にあるように近年墓じまい（改葬）をし、散骨にしたり複数の人と合同で祀る合祀墓（合葬墓）、永代供養墓に入れるケースが目立つ。上毛新聞のみならず、他の新聞記事や雑誌にもしばしば取り上げられている。『AERA』'16・8・15号の特集は「お墓はもういらない」と題するショッキングなもので、そこには「故郷を離れて都会に根を下ろした団塊の世代が、遠く親の墓参りにいけないという理由で検討するケースが多い」と記されている。一方、二〇一六年九月一三日付朝日新聞「列島をあるく　祈る・悼む・想う」は墓守代行業者に焦点を当てたものであるが、「人口減少や核家族化が進み、墓の維持管理や継承に心を砕く人が増えている。長崎市に本店を置く墓守代行センターは、墓を処分する墓じまいや海洋散骨、墓守代行を手がけている」と報じている。ちなみにこの会社では、墓守を果たせない遺族からの代行業務を年間二〇〇件以上手がけているという。

上毛新聞でも表第1章―(5)でこの墓守代行業に言及しており、石材業者や便利屋の新たなサービスとして都市部で業者が増えてるとし、具体的には桐生市の石材店の例を紹介している。高齢や病気で足を運べないケースや、あるいは彼岸に長期県外に出る用事が入ったために代行を頼むケースなどがあり、業者側は清掃を終えて花を手向けた墓の様子を撮った写真を依頼者に送るのだという。寺院や霊園では放置されたままの墓がよく見かけられるが、代行業者である石材店では、「墓が荒れるのを喰い止めるのが代行業の役割」と強調している。一方依頼する側は、自分で墓参りに行けず変わってもらえる子どもも親族もいない、そうした時の最終手段が代行にほかならない。自分が生きている限り、形はどうであれ墓参りを、そして先祖供養を、という高齢者の思いが代行業を支えているといえる。

それに対して墓守の問題を、個人の問題としてではなく、地域全体の問題として扱ったのが表第3章―(1)「故郷と自分とをつなぐ」である。高齢化率が全国一高いとされる南牧村では、代々川沿いの少ない平地に家や畑を確保し、一族の墓は見晴らしの良い斜面の上に立ててきた。限界集落と呼ばれ、村の消滅まで指摘されている今、急勾配にあるこれらの墓は住民の管理を難しくし、墓守が不在となって村外に移されたり、荒れ果ててしまった墓も多い。村長の長谷川最定氏は村の中心部にある安養寺（天台宗）の住職でもあり、墓に対する村民の思いを人一倍強く受け止め、「将来的には村内に点在する墓地を、寺か公営墓地に集約する必要があるだろう」との見解を述べ、管理、維持がしやすい墓地の必要性を訴えている。この発言によって、寺院墓地を公営墓地に準じたものと考えていることがわかる。

なお石塔については、（a）合祀墓、（b）両家墓、（c）女性専用の墓（d）個性的な墓がこのシリーズで取り上げられている。（a）合祀墓については既に触れたが、イエのあり方が変わり、また女性の生き方が変わる中で、家墓（先祖代々墓、累代墓）に代わって登場して来たのが（a）～（d）にほかならない。文字通り二つの名字の入った墓が両家墓で、少子化によって墓守が減っていく中で縁あって親戚となった二つの家族が眠るという、「合理的に墓を維持していくための方法の一つ」、「両家墓はいわば結婚して姓が変わった子ども夫婦と同居する『二世帯住宅』のようなもの」と位置づけている。

（c）女性専用の墓に関連して、家族や夫と同じ墓に入ることを拒む主婦については、かつて若干言及したことがある。(9) ところで表第3章―（5）「女性をつなぐ、専用墓を」で取り上げられているのは、女性の社会進出が進む中で独身を通した人や離婚経験者の墓に関するものである。墓石デザイナーとして活躍して来たさる女性が、（自分を含めて）将来の墓の問題に不安を抱く女性たちを、墓という絆で繋ぎたいと思い描き、女性の遺骨だけを合祀する「女性専用の墓」建立の動きをトレースしたものである。墓じまいに立ち合うことも多い中で、「最初から墓じまいを考えている人はいない。本来多くの人が日本文化に根ざした墓に入りたいと望んでいる」との認識が、彼女の心を動かした、と記し、この記事の結びとしている。形態は変わっても、慰霊装置としての墓へのこだわりが端的に示されている内容である。

ちなみに、かつて都営小平霊園の中をブラついたことがあり、古い家墓はともかく、新しいものには思い思いの意匠をこらした石塔が際立っていた。表第4章―(6)「個性を尊重　自由な墓」によると、団塊の世代の高齢化が進み、新たに墓を建てるのは分家が中心、先祖代々が眠る家墓と異なり、慣習にとらわれずシンプルで自由な意匠の墓が増える傾向にあるという。特に平成七年（一九九五）の阪神大震災以降は、背の高い従来の和型の墓から背の低い洋型が増加した。また石塔に刻む文字も「心」や「和」、「ありがとう」に代表される感謝の言葉が人気で、平成二三年（二〇一一）の東日本大震災後は「絆」の文字が急増したという。すなわち、死者のためでなく自分が生きた証として、また自己を顕彰すべく個性的な墓を望む人が増えているというのが現状のようである。しかし一方で同記事には、長い間ゆっくりと墓参りをできなかった人が、退職後墓を新らしくしてからは、「両親の顔を見に行くような気分で墓に足を運ぶようになり、両親を身近に感じられることを喜びとしている」という例も紹介している。墓の形態には言及していないが、ともあれ墓を介し、遺族として近親ボトケを思い、弔おうとする心情もまた根強いことがわかる。

三　多様化する葬送儀礼――「上毛新聞」を通して――

1　葬送儀礼

家族葬流行りの今日であるが、表第3章―(3)「葬儀は地域行事　今も」なる記事は神流町で唯一の葬儀社「やぎはら」を営む八木原正弘氏（六九）の話を引用し、「同社で扱う家族葬はピーク時には全体の三割だったが、二年ほど前から減少に転じ、現在は一割減った」と報じている。神流町で家族葬が増えたのは、平成一〇年（一九八九）に地元に公営斎場が出来たのを契機としてであり、その後葬送儀礼の均一化が進んだという。そうして、それまで主流であった自宅葬が急減し、他地域同様家族葬を選ぶ家が増えていったようである。

組内や地域の人々の相互扶助による自宅葬から、葬儀社を介した葬斎センター等での葬儀の執行という変化は、家庭機能の外化現象と呼ばれ(10)、家屋構造の変化や地域社会の崩壊ともかかわっている。欧米式の部屋の機能が固定化され、しかも壁で仕切られた家屋では転用がきかず、しかもそうした家屋構造では多勢を招いた儀礼はしにくい。また、地域社会の崩壊により相互扶助に頼れないといった状況下で登場したのが、場所と労力を提供してくれる葬儀社・葬斎センターだったのである。

再び先の記事に戻るが、神流町では平成二六年（二〇一四）に高齢化率が五六・八八パーセントとなり、県内では南牧村に次ぐ高さだったという。そのための葬儀の参列者も減少傾向になり、しかも喪主となる子どもたちも町外で暮らしているケースが多く、家族葬が必然的に増えていった。八木原氏によると、かつての町内の葬儀においては、葬列を組むなど大規模に営まれていたようで、喪主が「世間に恥ずかしくない葬儀を出そう」とするのが当たりまえの感覚だったという。現在では葬列を組む葬儀は全くといって良いほど見かけられない。しかし「葬儀が地域の一大行事という認識は根強く残っている」というのが八木原氏の弁であり、同記事は「お清め」の復活に関する次のようなエピソードを載せている。一〇年ほど前、ある地区で葬儀の際に参列者に食事を提供する「お清め」を取りやめることを申し合わせた。葬送儀礼を通した付き合いを重荷と感じ、互いに負担を減らそうと考えてのことだった。しかし、長年の慣習を変えるこの試みは長く続かず、五年ほどで元に戻った。この地区に住む六〇代の男性は「葬儀後の食事は、大切なコミュニケーションということだろう」と説明しているという。さながら、生活改善運動の顛末を彷彿させるが、同記事は再び八木原氏の「この出来事同様に家族葬として小規模に営まれる葬儀は、地域住民の多くが戸惑ったのだろう」との発言を引用した後、次のように結論づけている。すなわち、「大抵の葬儀で住民は亡くなった人の顔を浮かべることができるほど、地元の絆は強く固い。町外で暮らす子どもが想像する以上に、参列者を限定する家族葬は地域の実情にそぐわなかった」と。

再三引き合いに出される南牧村の村柄、葬儀の実態と神流町のそれとでは何がどう異なるのか気になるところであるが、神流町のそれは、やはり特異な例と言って良く、家族葬は着実に浸透している。ちなみに家族葬といっても明確な定義がないようで、総じて家族・親族を中心とした規模三〇人以下の葬送儀礼をさすようである。そうして月刊誌『仏事』を出版する鎌倉新書（東京都中央区）が、全国の葬儀社二一七社を対象に平成二六年（二〇一四）に実施した調査によると、参列者三一人以上の一般葬儀は全体の四二パーセント、三〇人以下の家族葬が三二パーセント、通夜をしない一日葬が九パーセント、火葬のみという直葬が一六パーセントだったという。[11] ちなみに、都市部の葬儀社の中には、家族葬が五割を超えているという所もあるという。

なお、表第3章―（2）「需要高まる『家族葬』」は、高崎市の冠婚葬祭業「アウラ」が請け負う葬送儀礼のうち、家族葬は約四〇パーセントという数字を上げている。ただし、五〇～六〇人規模のものまでを家族葬としており、先の全国平均より率が高くなっている。同葬儀社では、「高齢化と核家族化が大きな要因」、「互いに迷惑をかけたくないという思いから」、「地域の絆が揺らいでいる」ことが家族葬増加の要因と見ている。一方同記事では、家族葬を行なった側の事情にも言及している。三年前九五才で亡くなった父親を、参列者四〇人のみの親族で送った高崎市K子氏（六七）の例がそれである。一八年前に七四才で他界した母親の葬儀は多くの人が参列する一般葬であったが、「泣いている間もないくらい」忙しく、遺族にとって負担が大きかった。それだけに高齢となった父の葬儀は家族葬と彼女は決めていたという。「参列者に気兼ねせず、父を心から送ることができた」という当人の心境を紹介し、この記事は終わっている。

以上を見ると、生活環境の有様や死者の遺志、および遺族の意向、これらのせめぎ合いの中で葬送儀礼のあり方が左右され、社会の変化と相俟って多様な儀礼形態が生み出されていると見ることができる。

2　葬法をめぐって

一方葬法であるが、これも複雑化を極めている。「上毛新聞」で取り上げられているのは、散骨、樹木葬、手許供養である。この中で逸早く登場したのが散骨である。散骨は、故人の遺体を火葬し、焼骨を粉末状にした後、海や空、山中などに粉末状の骨を撒くという葬法の一種である。「散骨では成仏できない」と考える人がいる一方、葬送の自由・自己決定権や墓守の問題を視野に入れ、散骨を選択する人も徐々にではあるが増えている。ちなみに、寺院の敷地内や寺院が管理する山や海への散骨はよく知られているが、空への散骨はセスナ機やヘリコプターをチャーターして会場を飛び、そこから遺灰を撒くというものである。より高い成層圏での散骨も可能ということで、直径一・五〜二メートルほどのバルーンを遺灰を中に入れて空に放ち、高度三〇キロメートル付近でバルーンを割って撒くのだという。さらには宇宙での散骨（宇宙葬）は平成九年（一九九九）四月二一日が最初で、カナリア諸島のロケット打ち上げ墓地から発射され、二四人で宇宙遊泳に旅立った。近年では人工衛星に搭載して地球を回るもの、月面に着陸させるものもあるという(12)。

こうした散骨の場合遺骨は手許に残らないが、遺骨をネックレスや数珠に加工したり、遺灰を小さなオブジェやミニ骨壺に入れて残すこともでき、これを手許供養と称して話題を呼んでいる。

一方樹木葬とは、墓石の代わりに樹木の根元に遺骨を埋葬するという自然葬の一つである。平成十一年（一九九九）に岩手県一関市のさる寺院が始めたのがその発祥とされている。都営霊園でも、平成二四年（二〇一二）から樹木墓地として小平霊園で取り入れた。樹木葬の樹種はさまざまなようであるが、近年話題となっているのは樹木を墓標の中心に据えたNPO法人エンディングセンター（東京都町田市）が運営する樹木葬墓地である。先にも引用した『AERA』'16・8・15号「お墓はもういらない」特集によれば、三本の桜の木（桜葬と称している）のほか、ソヨゴの木や自然樹木を合わせ、約三〇〇〇人がここで樹木葬を選んだという。そしてここでは、樹木葬を選んだ人達が「墓友」

とお互いを呼び合い、昼食会や手芸、ヨガなどさまざまな集いを自主的に始め、大切な人を失った悲しみを互いに打ち合けられる場になっているという。

全国的な動向はともあれ、先ず群馬県下の散骨であるが、表第2章―(5)「山にも心を寄せる場」によれば、前橋市にあるNPO法人あんしんサポートの場合、所有する専用散骨場に骨粉を撒くが散骨にかかる費用は五万五千円。散骨を始めた五年前(二〇一〇年)には年間二件のみだったが、現在は月に一〇件前後に増えており、新たな葬り方として注目されているという。ちなみに散骨を望むのは、独り暮らしだったり墓の承継者がいない人や、葬送儀礼と墓で子どもに負担をかけたくないと考える人が中心という。

一方の樹木葬に関しては、表第1章―(3)「木々に溶け込み、眠る」において、高崎市乗附町の樹木墓地「和《なごみ》」の様相を報告している。「和」の開設は平成二三年(二〇一一)であり、現在(二〇一五年四月時点)でおよそ一二〇の遺骨が眠るという。三〇三区画のうち既に二〇〇区画以上が契約済み。生前に申し込む人が多く、その割合は九割にも上るとのこと。しかもこのうちの約一割は、墓じまいをして樹木葬を契約した人という。「和」では、霊園側が永代供養をするため墓守を必要とせず、しかも一般の墓よりと割安なため、個人や夫婦を中心に人気があるとのこと。なおここでは、墓所として行政の認可を得た土地に、深さ五〇センチほどの穴を掘って埋葬し、一〇種の低木から好みの樹木を選んでもらい、墓標の代わりに植えているようである。表第1章―(4)「〝公園〟感覚で墓参り」もやはり「和」関連の記事で、代々続く墓の管理と菩提寺(檀那寺)との付き合いに長年悩み、しかも子供が娘二人だったN子氏(六一才)の墓じまいを取り上げている。N子氏は樹木墓地について「これまで彼岸や盆が煩わしく憂鬱だったが、今はピクニックに出かけるような明るい気持で行ける」と述べている。実際故人が眠る場所に植えられた木にゆっくり向き合う人、木の前で楽器を一日中演奏する人と思い思いに死者に向き合っている模様という。一方「和」側は、大切な人への思い出を手紙に託して投函できるようにポストを設置するなどの工夫をこらし、また樹木墓地は里山づくりの側面を持つと考え、地域づくりと結びつけて活動しているようである。高度経済成長期の向都離村によって過疎化が進み、村落の相対的地位の低下とともに人々は里山から撤退した。そのため里山は荒れ始め、昭和四五年（一九七〇）頃からシカやクマといった野生動物が棲家としたために、人間とのトラブルが急増したとされており[13]、「和」の考え方は里山のあり方を考える手だてとして興味深い。

群馬県下の場合、散骨や樹木葬が広がるのはここ五、六年前からであり、首都圏のそれとでは一〇年近いズレがある。そのことはともかく、これらを選択するのは檀那寺とのかかわりに煩わしさを覚える人、墓守との関係で墓じまいを決意した人や独り身の人等々であり、墓をめぐる諸問題の解決策として浮上し徐々にではあるが広がりつつある、といったところだろう。

結びにかえて

以上三章、四章では「上毛新聞」の特集「現代弔い考」によりながら、墓制および葬送儀礼の変化に分析を加えてきた。家族、地域社会が崩壊する中で、家墓（先祖代々墓）、葬送儀礼のあり方が模索されている様相がクローズアップされたが、その際のポイントとなるのは墓守に関してであった。墓守とは言うまでもなく墓の承継者のことで、少子高齢化、向都離村に伴う過疎化によって墓の守《もり》をする人がいなくなるという事態に至り、それは墓じまいに通じていた。この墓じまいへの対処方法として、さまざまな墓と葬法、葬送儀礼が生み出され多様化したのである。また葬送の自由を薦める運動や、関連するＮＰＯ法人の設立がその後押しをしたといえる。

一方では寺檀関係とも関連し、寺院との煩わしい関係を断ちたい。子ども達に同じ煩わしさを味あわせたくないとする心情が、寺院離れを促し、多様な墓制、葬送儀礼へと向かわしめたと考えられる。小稿では扱わなかったが、寺檀関係とからんで注目されるのは、やはり戒名に関するもので、「上毛新聞」でも表第4章―（1）、（2）で取り上げられている。戒名は本来仏教の戒律を受け入れ、仏の弟子となった証として与えられるものである。しかし現代は、戒名を得るには布施が必要と考え、葬儀の費用として捉えがちである。檀家の中には、戒名を死者を偲ぶよすがと考え、あまり金額にこだわらない人がいる反面、寺院側のべらぼうな額の要求に、閉口する向きもあり檀家離れの要因の一つともなっている。弔いにどのような価値を見出して対価としての金銭をどの程度支払うかは人によってまちまちで、だからこそ多様な墓制、葬送儀礼が今日垣間見られるのである。そうした多様化した価値観の中で、寺院はどう人々と向き合い、信頼を回復すべきなのか。太田市矢田堀町・瑞岩寺の長谷川俊道住職のように「税制面で優遇されている寺には公共性がある」という立場に立って、葬儀のみならず広く宗教活動、地域活動を展開することが必要だろう。

なお、家族が崩壊し、墓守の問題がさまざまな形で取り沙汰される中で、森謙二は次のように主張している(14)。

最終的に、死者への責任は社会が負うべきものと私は考えている。人は「家族の子」として生まれるが「市民社会の子」として生きる。その意味では、葬送においては社会をその視座に入れなくてはならないのであり、近代において葬送・墓制を家族の枠組みだけに閉じ込めてきた国家の墓地政策を問う必要がある。葬送儀礼は現代においても死者を中心として「親密な他者」(一般には家族)と「第三者としての他者」(社会)の関係性の中で問い直す必要がある。

高齢者世帯や単身世帯が増えて「親密な他者」に依存しにくい現状では、「第三者としての他者」を頼りとせざるを得ず、それは葬送儀礼についてのみならず、介護の場合も同じだろう。葬送儀礼の場合、かつてのそれは近隣組を中心とする大字(自治会)がそれに相当したが、森の場合は国家を想定しているようである。現状に合った法整備といった主張は理解できるが、このほか何を国家に要望しようとしているのかは不明である。

人々の公営墓地志向との関連では、「第三者としての他者」はさしずめ自治体ということになろう。ここで思い出されるのは、南牧村の村長兼住職・長谷川最定氏の「将来的には村内に点在する墓地を、寺か公営墓地に集約する必要があるだろう」という発言である。しかし、過疎化が進む一つの自治体だけで公営墓地を建設するには無理があり、広域的な観点から検討していく必要があるように思われる。また、同氏の発言で注意して良いのは、公営墓地と寺院（墓地）とを同等に扱っている点であり、見方を変えれば寺院も公共性（公益性）を持ち合わせているということで、太田市・瑞岩寺の長谷川俊道氏の考え方に通ずる。もし、寺院が公共性を有するとするならば簡単に消滅してもらっては困るのであり、奮起を促したい。寺院は神社（鎮守の杜）同様、宗教的機能に加えて（a）自然的価値、（b）文化的価値、（c）環境的価値、（d）社会的価値とを有するものであり、[15] これらをどう生かすべきか、地域・宗派を超えて寺院が連携し、活路を見出して欲しい。また、墓のあり方、葬送儀礼が多様化しているとはいえ、寺院墓地を有している人が数多存在するのであり、そのことも忘れてはならない。

註

（1）高橋卓志『寺よ　変われ』岩波新書　二〇〇九年　一〜二二四頁。
（2）蒲池勢至『真宗門徒はどこへ行くのか〜崩壊する伝承と葬儀〜』法藏館　二〇一五年　一〜二一六頁。
（3）鵜飼秀徳『寺院消滅』日経BP社　二〇一五年　一〜二七八頁。
（4）松崎憲三『現代社会と民俗』名著出版　一九九一年　一五三頁。
（5）群馬県史編さん委員会編『群馬県史資料編26・民俗2』群馬県　一九八三年　九一五〜一三三〇頁。〔平成の大合併によって、自治体名は大幅に変化を果たしたが、ここでは〔『群馬県史』に沿って従来のそれを記している。〕
（6）大般若経の中の「理趣分」の本意とは異なり、これを唱えてもらうと病人がラクになる（往生をとげる）とされている。松崎憲三『ポックリ信仰―長寿と安楽往生祈願―』慶友社　二〇〇七年　一六〜一八頁。

(7) 板橋春夫「伝統的葬送習俗」『生死』社会評論社　二〇一〇年　二二七〜二五一頁。
(8) 板橋春夫「死の儀礼—その変容と現代の課題—」『生死』前掲書　二〇一〇年　二〇一〜二二二頁。
(9) 松崎憲三『現代供養論考—ヒト・モノ・動植物の慰霊—』慶友社　二〇〇四年　四二〇〜四二七頁。
(10) 色川大吉『昭和史　世相篇』小学館　一九九〇年　二五〜三三頁。
(11) 平成二十七年九月二十五日付産経新聞「家族葬」による。
(12) 藤井正雄監修『現代葬送用語の基礎知識』四季社　二〇一一年　一六頁。二〇一六年九月十五日付朝日新聞「なるほどマネー葬儀・お墓を知る（9）」。
(13) 祖田修『鳥獣害—動物たちとどう向きあうか』岩波新書　二〇一六年　一頁。
(14) 森謙二「死の自己決定と社会—新しい葬法の問題点—」『変容する死の文化』東京大学出版会　二〇一四年　八八〜八九頁。
(15) 上田篤『鎮守の杜』鹿島出版　一九八五年　一七四〜一九二頁。

第一部　民俗信仰の探求

人を神に祀る

古代の歌人を祀る習俗
――肥後・細川家との関わりを中心に――

福西　大輔

一　はじめに

柿本人麿に芸能の上達・火伏せ・安産を祈願し、小野小町には病気平癒を願うような、古代の歌人を神社や寺で神あるいはそれに準ずる存在として祀る習俗が日本にはある。(1)古代の歌人の一部は歌仙とされ、歌の名人として尊敬されている。本論では、古代の歌人を記紀歌謡や万葉集などに記載されている上代から三代集・八代集などに出てくる中古までの歌人とする。

古代の歌人を祀る習俗は、和歌の会などで歌人の絵を飾ったのが始まりだと考えられる。片桐洋一によれば、「和歌の会や、和歌伝授の場に歌仙の画影を持ち出して讃仰する歌仙の「影供」は、文献による限り、この「人麿影供」が最初のようである」と述べており、歌人を祀る習俗のはじめは柿本人麿だとしている。(2)具体的には「元永元年（一一一八）六月一六日、六条藤家の始祖とされる六条修理大夫藤原顕季の邸で行われた「柿本人麿影供」は、人麿の影像を掲げて、人麿を崇敬しつつ、その影の前で行う和歌行事であった」という。(3)それは「人麿の画像の前に机を立て、飯、菓子、魚・鳥の作り物を供え、当日の参加者を代表して宗匠役の源俊頼がその人麿影に初献の酒を奉り、一同、酒三献とともに、汁・菓子・熱汁などをいただく。その後、人麿の画像に向かって、「人麿讃」を講じるという「人麿影供」は、すなわち人麿を神として崇敬するということであるが、本地垂迹の思想が支配的であった当事においては、仏式という形で行われることが多かった」としている。(4)これは、貴族のような身分の高い特定の人々による信仰である。

それに対して、柳田國男は「女性と民間伝承」の中で、和泉式部の事例をあげながら、古代の歌人について語り、芸能を行なう漂白する女性の宗教職能者のような存在があったのではないかという。そのため、庶民は語り手と題目を混同し、それにより各地に様々な伝説や信仰を生み出したとしている。(5)

また、古代の歌人を祀る習俗は、菅原道真・徳川家康・佐倉惣五郎などを祀るような「人を神に祀る習俗」の一部として考えることもできる。柳田國男は「人を神に祀る風習」の中で「死者を神として祀る慣行は、確かに今よりも昔の方が盛んであつた。(中略)弘く公共の祭を享け、祈願を聴容した社の神々の、人を祀るものと信ぜられる場合には、以前には特に幾つかの条件があつた。即ち年老いて自然の終りを遂げた人は、先づ第一に之にあづからなかった。遺念余執といふものが、死後に於てもなほ想像せられ、従って屢々タタリと称する方式を以て、怒や喜の強い情を表示し得た人が、このあらたかな神として祀られることになるのであった」という。(6)小松和彦によれば、人神信仰は古代では祟り神祭祀であり、近世は顕彰・記憶を目的とした顕彰神祭祀になっていくという説を称えている。(7)こうした観点で古代の歌人を見ていくと、菅原道真は優れた歌人でもあるが、死後、祟り神として祀られており、小松の説が当てはまる。だが、他の歌人も祟り神として、すべて捉えることができるかといえば難しい。(8)しかし、これまでの研究では、この点をあまり検討されてこなかった。そこで、熊本市の事例を通して考えていく。

熊本市は古代、肥後国の国府が置かれ、西海道が通り、肥後国の中心として機能していた。南北朝の大乱・戦国期を経て、近世には城下町が栄え、加藤家・細川家が治めた。細川家は古今和歌集の解釈法「古今伝授」を伝えた歌道の家として知られている。(9) 特に細川幽斎は近世細川の祖で、古今伝授の伝承者であった。(10) そして近代、熊本市は軍都として発展し、現在、政令指定都市になっている。

市内には紀貫之をはじめとする古代の歌人を祀っている社寺が点在している。その一方、戦国武将・加藤清正を神として祀り、現世利益をもたらすと考える清正公信仰が盛んな地である。(11) 加藤清正がまちづくりを行ない、加藤家の後に入った細川家は、それを引き継いだものに過ぎないと考えられている。そのため、今でも熊本県、熊本市の象徴として加藤清正は時代の転機ごとに顕彰されている。

本論では、こうした熊本市内における古代の歌人を祀る習俗が、どのような経緯で成立し維持されてきたのかをふまえ、日本人にとって、古代の歌人を祀る習俗の意味を考えていきたい。

二　古代の歌人を祀る習俗の諸相

熊本市内には古代の歌人を祀る習俗が点在している。市内には天神社もあり、菅原道真も祀っているが、歌人としての信仰ではなく、雷神あるいは穀物神、そして学問の神としての信仰である。(12) そこで、本研究では古代の歌人の中でも後世の人々から歌人として見られている人物を取り上げていく。藤原保昌・清原元輔・檜垣・紀貫之・小野小町・柿本人麿などが該当する（表参照）。これらの信仰はどのように成立し継続されてきたのか、まず、個別に検討していく。

表　熊本市内にある古代の歌人を祀る寺社等

	祭神	神社名	御利益	細川家との繋がり
1	藤原保昌	北岡神社摂社　京国司神社	天下泰平、勝運守護	神社の整備、所縁の地に碑文建立

2	清原元輔	清原神社	火難除け	神社の整備
3	檜垣	蓮台寺	下の病除け、安産、乳の出が良くなる	檜垣石塔の返却、寺領の寄付
4	檜垣	雲巌禅寺	家内安全、商売繁盛	—
5	紀貫之	代継宮	子授かり、安産	崇敬する社、幽斎を合祀
6	小野小町	小野堂（小野社）	受験合格	—
7	小野小町	—	—	—
8	柿本人麿	藤崎八旛宮摂社　人丸社	—	崇敬する社の摂社
9	柿本人麿	蘆間天神摂社　人丸神社	歌の上達	細川家の家老屋敷跡

1　藤原保昌（北岡神社摂社京国司神社・熊本市西区春日一丁目八番十六）

藤原保昌（九五八～一〇三六年）は和泉式部の夫で、『御堂関白記』には肥後守を命じられ、寛弘二年（一〇〇五）に熊本に赴いたことが記されている。保昌は歌人としても優れ、『後拾遺和歌集』に「かたがたの　親の親どち　祝ふめり　子の子の千代を　思ひこそやれ」が採用されている。

承平四年（九三四）に藤原保昌が肥後国司として下向した際、北岡神社は叛乱と疫病流行を鎮めるため、京都の祇園社（八坂神社）を分霊し、飽託郡湯原（現・二本木五丁目）に府中の鎮護として創建したとされている。この北岡神社は、加藤家・細川家の守護を受けた(13)。その摂社として京国司神社があり、藤原保昌を祀っている。一月一八日と五月一八日が祭日とされ、神職によって神事がなされる。「天下泰平」「勝運守護」が御利益として説かれている。『肥後国誌』によれば、天禄三年（九七二）に古府中国造小路に勧請され、治安元年（一〇二一）に再興したという(14)。『祇園宮御由来其外一式記録』には、天文年間（一五三二～五五）に荒廃したため、明暦元年（一六五五）に建立し、正徳三年

写真１　清原神社

（一七一四）に境内に遷座されたとしている。

また、細川幽斎は、和泉式部が藤原保昌との仲を歌の力で取り戻したという丹後の地に行った際にも、今の桜尾公園に「あしかれと　おもはぬやまの　みねにだに　生ふなる物を　人のなげきは」という碑を建て、桜を植えたといわれている。[15] このことから細川家が古代の歌人を尊んだことが窺える。

2　清原元輔（清原神社・熊本市西区春日一丁目）

清原元輔（九〇八～九九〇年）は平安時代の歌人であり、官人でもあった。娘に清少納言がおり、三十六歌仙の一人に選ばれている。元輔は梨壺の五人の一人として『万葉集』の訓読や『後撰和歌集』の編纂に当たった。『後拾遺和歌集』には「契りきな　かたみに袖を　しぼりつつ　すゑの松山　波越さじとは」という歌が掲載されている。天元三年（九八〇）には従五位上となり、寛和二年（九八六）に肥後守となって、永祚二年（九九〇）に肥後で没した。その地が清原神社ともいわれている。また、肥後で善政を行なったので民衆の人望を集め、彼が肥後から去った後もその徳を慕い、清原神社が建立されたともいう。

清原神社（写真1参照）は北岡神社の末社で北斜面にある。[16] この一帯は北岡神社の境内地であったが、現在は道路建設により分断され飛地となっている。清原神社境内には「奉寄進石盥、元文四年　呉服一丁目」と刻まれた手水鉢がある。本殿には衣冠束帯姿の男性像一体と女性像二体、計三体を祀っている。祭神は清原元輔・紀貫之・菅原道真とされている。一四町内の総代と婦人会で一一月一五日に秋祭りを一回行なっていたが、町内で二回も火事があったので春祭りも開催するようになった。[17] そのため、「火除けの神」とされ、火難除けの御札が祭りの時に配られている。

3　檜垣（蓮台寺・熊本市西区蓮台寺二丁目十番一）

檜垣は平安時代中期の女流歌人で、生涯は詳しいことが分からない。『後撰和歌集』の詞書と付記によれば、筑紫の白河という所に住んでいた「名高く、事好む女」で、大宰大弐・藤原興範に水を汲むよう乞われると「年ふればわが黒髪も　白河の　みづはくむまで　老いにけるかも」と詠んだという。だが、歌を詠みかけた相手が『大和物語』では藤原純友の乱の追捕使・小野好古、『檜垣嫗集』では清原元輔となっている。『檜垣嫗集』に基づくと、檜垣は肥後にいたことになり、歌の本文も「おいはてて　頭の髪は　白河の　みづはくむまで　なりにけるかな」となる。清原元輔が肥後守の任期を終え、帰京する際、「白川の　底の水ひて　塵立たむ時にぞ君を　思い忘れん」と詠んだとされている。妹尾好信によれば、『檜垣嫗集』は仮託の書であることが定説とされ、清原元輔との関係は後世作り上げられたものだという。[18]

熊本市には、檜垣が草庵を結んだ跡だとされている蓮台寺が熊本駅から南方二キロメートルの白川沿いにある。境内には「檜垣ノ井」と呼ばれるものと「檜垣石塔」が残る。[19] 蓮台寺の開基年代は不明で、別名「檜垣寺」ともいわれている。[20] 花山天皇（九八四〜九八六年）の時代に檜垣が信仰した観音菩薩像を安置したのが始まりだとされている。その横に今では檜垣像がある。この像は、雲巌禅寺の観音を祀る洞窟で「檜垣女形自作」と刻まれた石箱から発見された檜垣像の写しだという。

正保年間（一六四五〜一六四八年）に京都・禅林寺から顕空上人が来往し、現在の蓮台寺の姿にしたといわれている。当時の藩主・細川綱利から寺領五十石の寄進を受け、肥後三十三カ所の第一六番札所になって賑わった。[21] また、「檜垣石塔」に詣でると、「下の病除け」「罪障消滅」「安産」「乳の出が良くなる」の御利益があるとされ、嘗ては二本木遊郭の人々の信仰を集め、甘酒や餅が供えられていたという。[22]

4　檜垣（雲巌禅寺・熊本県熊本市西区松尾町平山）

蓮台寺以外にも檜垣と縁の深い寺として雲巌禅寺がある。[23]金峰山西麓にあり、南北朝時代に渡来した禅僧・東陵永璵によって建立された。本尊の観音像は、寺の建立以前から洞内に安置されていたとされ、「家内安全」・「商売繁盛」などの御利益が説かれている。檜垣がこの観音を日参したといわれている。

寺の近くには檜垣が住んだ草庵跡（山下庵跡）があり、檜垣が歌を詠んだ鼓ヶ滝もある。『檜垣嫗集』には「音にきくつゝみか瀧を　うちみれは　たゝ山川の　なるにそ有ける」という歌が載っている。能の『桧垣』の舞台になったのも雲巌禅寺である。

5　紀貫之（代継宮・熊本市中央区花畑町）

紀貫之（八六六あるいは八七二～九四五年）は『土佐日記』の作者であると同時に三十六歌仙の一人である。彼は延喜五年（九〇五）に、醍醐天皇の命により勅撰和歌集『古今和歌集』を紀友則・壬生忠岑・凡河内躬恒と共に編纂し、仮名による序文である仮名序を執筆した。『古今和歌集』には「人はいさ　心も知らず　ふるさとは　花ぞ昔の　香ににほひける」の歌が収録されている。

紀貫之を祀った代継宮のはじまりは、時の国司・紀師信が応和元年（九六一）に歌の神として信仰される住吉大神とともに茶臼山の南麓に祀ったものである。その時、四本の御神木（写真2参照）を植えたので「四ツ木宮」と称したとされている。[24]『肥後國志略』には「清原元輔古墳」とも記され「山崎ノ南ノ土居ニ大榎アリ是レ元輔ノ古墳也ト云、

又ハ紀貫之ノ古墳トモ傳フ」と書かれている。(25)

その後、四ツ木宮は加藤清正が熊本城を築いた時、花畑邸を設けたため、白川左岸に移され、御神木はそのまま残された。(26)『肥後國志略』には「加藤候領國ノ時ニ其臣榎津加賀右衛門カ屋敷迹ニテ荒神アレ妖怪アリト云」と記されている。

細川時代になると、四ツ木宮は代々の藩主に重んじられ、綱利が家督を相続する時に御利益があったことから「代継宮」と名を改めた。毎月五日に歌会が催され、和歌を作る時には御代見役がおり、指導をしていた。細川家からの御代見という意味があったという。歌会の中から優秀なものを撰んで、一一月五日には神前にて和歌管弦祭がなされ、奉納された和歌が雅楽の調べに合わせ奉じることが、昭和五十年代まで行なわれていた。(27)白川改修工事に伴い、平成元年（一九八九）、立田山東峰天拝山頂上に社殿を遷座した。祭神として他には応神天皇・神功皇后・細川幽斎を祀り、細川家断絶の危機が免れたことから「子授かり」・「安産」などの御利益を説いている。

歌の神を祀ることから、平成二二年（二〇一〇）から「曲水の宴」が行なわれるようになった。境内の庭園で、水流のある淵に沿って出席者は座り、流れてくる杯が自分の前を通り過ぎるまでに詩歌を詠む。

写真２　四ツ木宮跡

６　小野小町（小野社・熊本市北区植木町小野）

小野小町は平安前期の女流歌人で、六歌仙・三十六歌仙の一人である。小町の生涯は詳しいことが分からない。「花の色は　移りにけりな　いたづらに　我身世にふるながめせしまに」が『古今和歌集』に取り上げられている。絶世の美女として数々の逸話が各地に残され、能などの演目にもなっている。

熊本市北部の植木町小町にも以下のような小町伝承が残っている[28]。小野篁は、遣唐使として藤原常嗣と船出する予定だったが、常嗣の計略で朝廷から隠岐島へ流されてしまう。息子・良真も小野へ流され、娘を地元で儲ける。この娘が小町で成長すると美しくなり、若者たちの憧れの的となった。嫁にほしいという話は山のようにきたが、父子はひたすら都に帰ることだけを願っていた。しかし、立石の谷上に住む深草の少将という若者が熱心に口説くので、小町は「一夜も欠かさず百夜通って下さるならば、御心に従いましょう」と、心にもない約束をした。喜んだ少将は人目を忍びながら、雨の夜も風の夜も通いつめた。九十九日目、良真の罪が許され、都へ帰って良いという報せが届いた。その報せを聞いた小町は、少将が通う道に流れる川の橋を取り外し、白い布を張らせ、橋と見えるように仕向けた。そうとは知らず、少将は川に落ち死んだ。小町は、その驕り高ぶり、男心を苦しめ悩ました罪の報いによって、都に帰っても結婚できず、病に苦しみ、何処へ流れていったかも分からなくなったという。この物語の詳細は地域によって異なるが「百夜通い」と呼ばれ、各地に流布している。

植木台地中央部にある横山南崖の谷地には、小野小町が産湯に使ったという「小野の泉水」がある[29]。傍に小町と父・良真の木像を祀った小町堂（小野社）が建っている。その横には、良真が都へ早く戻れるようにとの願いから建て、毎日参っていたといわれる七国神社や良真の供養塔とされる宝塔の残欠が残されている。また、近くには祈願合格神社もあり、小野良真が無事に都に戻れたことから「受験合格」の御利益があるとされている。そして、『肥後国誌』によれば、小町あるいは良真の墓とされる古墳も傍にあるとされている[30]。

現在、小野の泉水周辺は公園として整備され、人々の憩いの場となっている。平成一二年（二〇〇〇）には「小町祭り」が行なわれ、平安絵巻行列などがなされた。近年では平成二七年（二〇一五）に植木町小野区の人々によって「小町祭り」が開催された。神事後、小町堂開帳がなされ、バンドや吹奏楽、田原坂太鼓の演奏などが行なわれた。(31)

7　小野小町（小町墓　熊本市西区島崎）

島崎は熊本城の西側に隣接する地域である。寺社ではないが、『肥後国誌』によれば島崎の山中に五輪塔があり、小町の墓だと地元では伝わっていたという。(32)現在では何処にあったのか、わからない。近隣には石神八幡社や岳林寺があり、それらとの関連性も想像できるが定かではない。

8　柿本人麿（藤崎八旛宮摂社人丸社・熊本市中央区井川淵町）

柿本人麿（六六〇～七二〇年頃）は『万葉集』第一の歌人で歌聖と呼ばれ、三十六歌仙の一人とされ、各地に祀られている。『拾遺和歌集』に「あしびきの　山鳥の尾の　しだり尾の　ながながし夜を　ひとりかも寝む」が取り上げられている。熊本市の総鎮守である藤崎八旛宮の摂社に人麿は祀られている。

藤崎八旛宮は、現在、熊本城の東一キロメートルにあり、白川の側に鎮座している。(33)祭神は応神天皇・神功皇后、そして歌の神でもある住吉大神である。藤原純友の乱の時、追討と九州鎮護のため、石清水八幡宮より宮崎庄茶臼山（現・藤崎台球場）に勧請された。その後、菊池氏や加藤家・細川家の崇敬を集めた。明治一〇年（一八七七）、西南戦争で社殿を焼失し、現社地に移転した。

この藤崎八旛宮の摂社に人丸社・荒人社という社がある。(34)柿本人麿を祀った人丸社と左中将・橘能員を祀った荒人社を合わせたものである。橘能員は藤崎八旛宮創祀の際、神輿を奉じ総官として下向し、そのまま神官に補任した人物である。柿本人麿が何故祀られたのかは定かでない。三月一八日に神職によって神事がなされている。

また、藤崎八旛宮には清原元輔の歌碑もある。これは清原元輔が寛和二年（九八六）に京都から肥後守として着任し、永禄二年（九九〇）まで肥後の国府（現・二本木町）で任務を執ったある年の正月、茶臼山にあった藤崎八旛宮で『子の日の松』の行事を催し、「藤崎の　軒の巌に　生ふる松　いま幾千代か　子の日過ぐさむ」という歌を詠んだことにちなんで建てられた。

9　柿本人麿（蘆間天神社摂社人丸神社・熊本市中央区坪井四丁目一五番一）

市内には、藤崎八旛宮摂社人丸社以外にも柿本人麿を祀る人丸神社が、必由館高等学校の前にある蘆間天神社東側に稲荷社と並んで建っている。(35) 校内の採釣園にあったものを遷したものである。採釣園の「採釣」とは、唐時代の詩人・韓退之（韓愈）の句からとったもので、命名者は細川宣紀とされ、細川家家老・米田家別邸の庭園として、寛文一〇年（一六七〇）に造られた。採釣園にあった時代には、短歌の会の人たちが歌への感謝と上達を祈って祀っていたが、今は蘆間天神社の祭日に併せて神事が一一月二五日になされる。

三　古代の歌人を祀る習俗の概観

このように熊本市内には古代の歌人を祀る寺社があり、城下やそれに隣接する地域に分布していた。市内に祀られる古代の歌人の多くが、藤原公任の『三十六人撰』に載っている三十六歌仙であり、また、藤原保昌や清原元輔は肥後で国司を務めており、顕彰神としての要素が強いことが分かった。特に清原元輔は国司として肥後に来て善政に勤め、その徳を慕い、民衆によって神社が建立されたといわれている。そして清原元輔は、歌の神でもある住吉明神を祀る藤崎八旛宮とも関わりがあった。

紀貫之は、国司として赴任した紀氏によって代継宮が造営され、祀られたことを考えると、顕彰神として位置づけができる。その一方、代継宮御神木の辺りは加藤時代に妖怪が出るぐらい荒れていたと伝わっており、加藤家が代継宮を大切にしていなかったと、後世の人々には受け止められていたことがわかる。言い換えれば、細川家が代継宮を重視していたともいえよう。

柿本人麿を祀っている神社は熊本市内に二ヵ所あった。一つは藤崎八旛宮摂社人丸社である。片桐洋一によれば、鎌倉時代後期になると「住吉明神も人麿も一体となって和歌の権威づけのために重要な役割を果たすようになっていたのである」という(36)。また、「住吉明神と柿本人麿との関連についても、両者を並べて歌神として奉祀するばかりか、住吉明神と人麿が実は一体であると説くことすら珍しくなくなったのである」とも述べている(37)。こうしたことから、藤崎八旛宮に祀られる住吉大神との関わりから柿本人麿が祭祀された可能性がある。

もう一つは細川家家老の米田家に祀られていたものである。これは和歌の会や和歌伝授の場に柿本人麿を祀ったことと繋がりが考えられる(38)。これらをふまえると、熊本市では柿本人麿も顕彰神に位置づけることができよう。

一方、小野小町への信仰は、柳田の考えを念頭におくと、古代の歌人について語る女性の宗教職能者が各地を巡ったことにより生まれ、熊本にもそのような人たちがいたからだと推測される。小町伝承の残る植木町という地は交通の要所であった。植木町は江戸初期に豊前街道の宿場町・味取町として栄え、元禄時代には三池街道や合志・大津方面との分岐点として、新たな宿場町・味取新町も開かれた(39)。西南戦争で田原坂が激戦になったのも交通の要所であったからである。こうした地に女性の宗教職能者や伝説も集まってきたと考えられる。また、檜垣を祀る蓮台寺は、古代の道・西海道と阿蘇大路の交差する場で白川沿いにあり、二本木遊郭も近くにあったことから、同様な側面が見え隠れする。そして、小野小町も檜垣も伝承が能の演目になり広く知れ渡っており、細川家が能を重んじた影響も考えられる。

これらの古代の歌人たちに庶民は様々な御利益を期待している。「歌の上達」をはじめ、「天下泰平」「勝運守護」

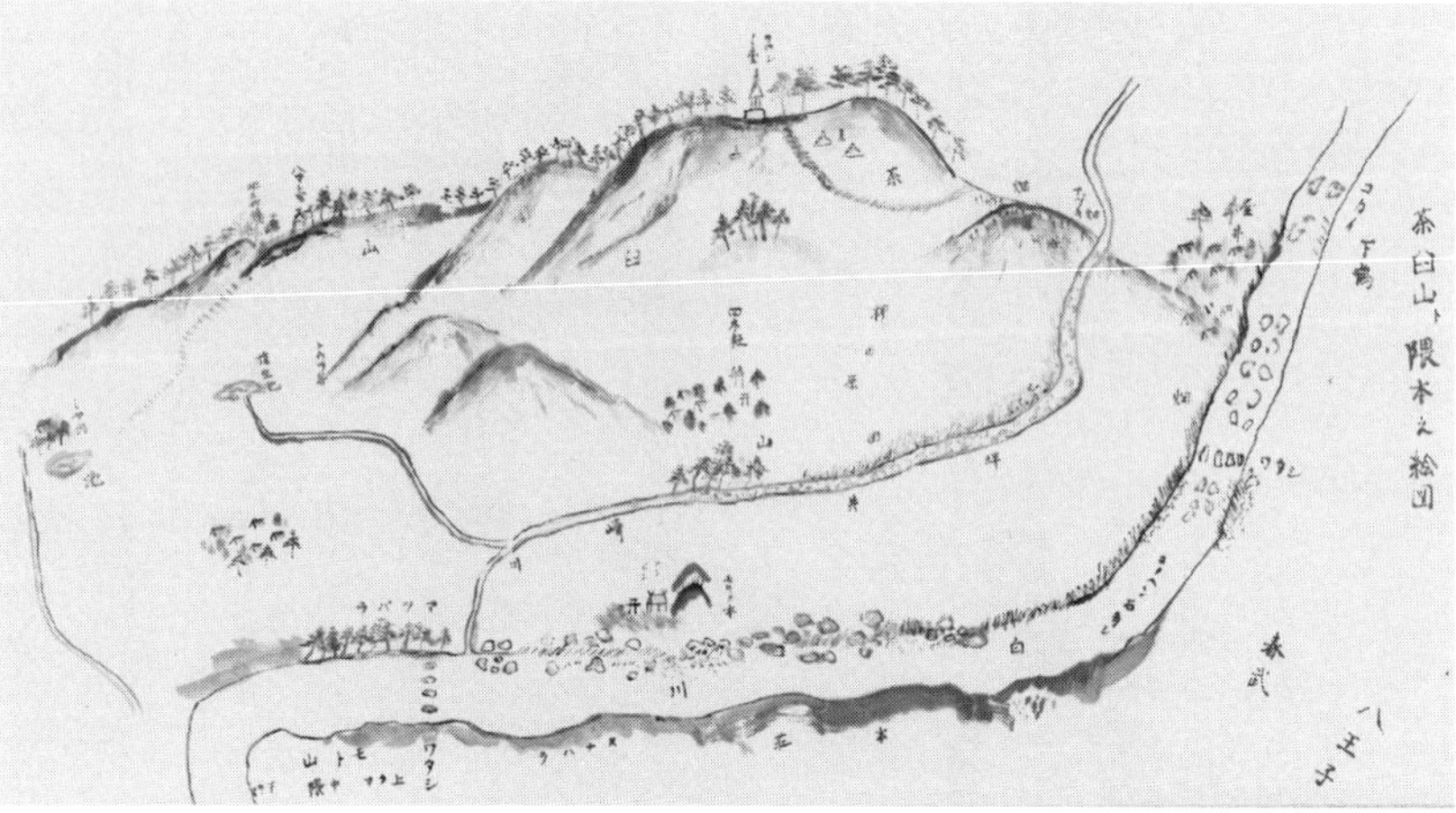

図　茶臼山ト隈本之絵図

「受験合格」等の多様な御利益が説かれていた。清原神社や代継宮では、歌人である祭神とは縁のない御利益「火難除け」「子授かり」「安産」などが、神社の歴史との関わりの中で説かれている。

また、古代の歌人を祀る習俗は、代継宮と北岡神社が中核となり、城下町を中心に展開していた。そして、これらには細川家の関与が見られた。そこで肥後藩・藩主であった細川家がどのように古代の歌人を祀る習俗に関与していったのか、詳細に検討していきたい。

四　細川家と古代の歌人を祀る習俗

古今和歌集を編纂した紀貫之を祀る代継宮は、細川家から特別な崇敬を受けていた。『代継大明神旧記略』によれば、細川忠利は島原出陣の時に四ツ木宮に武運祈り、帰陣後、社参し、社名額や白銀、鉄鈴などを奉納した[40]。忠利が四ツ木宮に祈願したのは、祖父・幽斎が古今伝授継承者であることから死を免れたという「田辺城の戦い」にあやかり、歌の力を信じたことによると考えられる。さらに幼くして家を継いだ細川綱利は、四ツ木宮の御利益で無事に家督を相続できたとし、社名を「代継」と改めさせ、額を奉納した。肥後藩中興の祖・細川重賢は、近世細川の祖として幽斎を称え、代継宮にその霊を祀った。

こうした細川家と繋がりの深い代継宮の権威を高めることを狙って、創作されたと考えられる資料がある。代継宮に伝わる「茶臼山卜隈本之絵図」と題する絵図（図参照）である。[41] 中央に四ツ木社が、左端に藤崎八旛宮が描かれている。四ツ木宮を中心とした肥後の姿である。森下功によれば、この地図は「四木社の社地と社領を中心に、千葉城築城の文明年間以前を描こうとし、中世資料を使用しながらも近世的な要素もあり、近世に作成された中世隈本絵図ということができよう」という。[42]

一方、北岡神社は、細川光尚が花岡山にあったものを正保四年（一六四七）に、北岡の森（現在地）に移し、京国司神社や清原神社などの古府中にあった社等も境内に移動させ、摂末社として祀った。これは、細川家が北岡神社や藤原保昌・清原元輔という古代の歌人を祀る習俗を整えることを目的としたとも考えられる。そして、細川氏は寛永一三年（一六三六）に北岡神社の神主・光永和泉守頼邑の次男を地名に基づき、漆島修理大夫に改めさせ、代継宮の社司にし、その血筋に社務をさせ、代継宮と北岡神社を結びつかせた。

写真3　蓮台寺にある桧垣の塔

細川家による古代の歌人を祀る習俗を整える動きは、代継宮や北岡神社だけではない。檜垣を祀る蓮台寺にあった檜垣石塔（写真3参照）が、加藤清正によって熊本城内に移されたものを、細川忠興が息子・忠利に命じ、蓮台寺に返還されたという話も伝わっている。[43] 蓮台寺は細川綱利から五十石の寄進も受けている。こうしたことは、信仰の対象になった清正を超えるために細川家が古代の歌人を重んじたエピソードとしても捉えられる。そして、細川家は住吉大神や柿本人麿を祀る藤崎八幡宮も崇敬した。また、熊本県内各地に奉納されている歌仙絵馬の中には、細川家御用絵師が描いたものも見られる。(44)細川家が歌仙絵馬を通し、古代の歌人を祀る信仰を広めようとしたとも考えられる。

これらをふまえると、歌道において、紀貫之の正当な後継者（古今伝授）である細川家が古代の歌人を尊び、紀貫之を祀る神社がある肥後を統治するという構図を強調することを狙い、古代の歌人を祀る習俗の整備をしていったのではないのかと推測できる。つまり、古代の歌人を祀る習俗は、中央の力を地方に知らしめる役割、あるいは地方の権力者が中央との繋がりを強調する意味も担っているといえよう。

そして、細川家は、北岡神社を崇敬するとともに熊本にあった清水寺の整備も行なっている。『肥後国誌』によると、清水寺は大同年間（八〇六〜八一〇）に坂上田村麻呂の祈願所として建立された、あるいは都から下向した国司達によって、京都から勧請されたといわれている。(45・46)いずれしても、国府が衰退するとともに周辺の寺社も衰退し、寛永九年（一六三二）に細川氏が入国するまで荒廃したままだった。すなわち、細川家が清水寺を再興し、花岡山を京都の東山に見立て、祇園社（北岡神社）を配置し、熊本に京の都を、いわゆる小京都を造ろうとしたとも捉えられる。そこに藤原保昌や清原元輔を祀り、都との関わりをより深めたと考えられる。

幕末から明治にかけて幕藩体制が崩壊し、細川家の立場が変化してきた時にも古代の歌人を祀る習俗を整えようとする動きは見られる。明治二年（一八六九）には、代継宮社司・漆嶋伊豫によって、先にふれた『代継大明神旧記略』が書かれ、紀貫之を祀る代継宮と細川家の関係性が整理されている。(47)

五　歌人を祀る習俗の近代化

明治維新を迎え、旧藩主たちの立場が危うくなる中、細川家の藩主も同様な立場となった。明治三年（一八七〇）

に詔邦が佐幕派で新政府との関係が悪化し隠居となり、代わって護久が藩知事となる。護久は幕末から朝廷との交渉役も務め、新政府との関係改善を行なった。こうした働きもあり、明治四年（一八七一）に細川家は桂宮家（旧八条宮家）より、幽斎が桂宮智仁親王に「古今伝授」を伝授した建物「古今伝授之間」を下賜される。(48)

明治一〇年（一八七七）に西南戦争が起き、熊本市域は焼け野原になる。熊本復興の拠り所という名目で、翌年に出水神社が水前寺公園内に創建される。(49)細川家の初代幽斎、二代忠興、三代で肥後初代藩主の忠利、中興の祖・重賢を主祭神とし、歴代藩主やガラシャも祀られ、神紋は細川家と同じ九曜紋とし、宮司は細川家重臣で八代城主であった松井氏の子孫が務めた。しかし、祭神として古代の歌人の姿はない。その一方、出水神社では秋の例祭で和歌式（献詠式）がなされ、細川家と歌との関わりは強調されていた。今では出水神社和歌会が、その行事を引き継ぎ、前もって出された御題を会員で詠んで、神前に供え、神事の中で吟詠がなされる。この時の和歌は幽斎の流れをくむ二条流のものである。

明治四三年（一九一〇）に出水神社では、細川幽斎の没後三〇〇年を記念した「幽斎公三百年記念祭」が開催され、熊本県物産館で「幽斎公三百年記念展覧会」が行なわれ、細川家の名を広める役割を果たした。(50)大正元年（一九一二）には、水前寺公園内の御茶屋「酔月亭」跡に「古今伝授之間」が移築され、熊本における近代的な和歌の聖地として水前寺公園が整備される。そして、昭和初期に細川護立は古今伝授の太刀を購入する。(51)この古今伝授の太刀とは豊後の刀工・行平作の日本刀で、幽斎より烏丸光広への古今伝授の際、幽斎より光広に贈られたものだとされている。

このように細川家は近代以降も歌道の家として、権威を持つための努力を行なってきた。これら一連の動きは細川家が歌道の家として皇室と深い関わりがあることを強調し、生き残りを図ろうとしていたとも捉えられる。

六　結びにかえて

熊本市内に古代の歌人を祀る習俗が残っている背景には、細川家の思惑があった。古代の歌人を神として祀ることにより、加藤家に代わって歌道の家として肥後を統治する正当性を領民に知らしめる役割があったと考えられる。つまり、「肥後」という土地は『古今和歌集』の編者であった紀貫之を祀る代継神社を中心に成立しており、古今伝授を受け継いだ細川家が、その土地を治めることの妥当性を歴史的に証明することが、古代の歌人を祀る習俗の続いた背景にはあった。そのため、清正公信仰へのアンチテーゼ的側面を持っていたのではなかろうか。

また、熊本市の事例からは、人神は何時代の人物であるかだけでなく、何時、誰によって祀られ、信仰され続けたかによって、祟り神あるいは顕彰神になることが分かった。熊本市における古代の歌人が顕彰神であると強調された時期は、細川家が肥後にやってきた時とほぼ一致する。紀貫之を祀る代継宮では、近世になっても加藤家時代には祟りがあったことも伝わっている。小松のいうような、人神信仰が時代に応じ、祟り神祭祀から顕彰神祭祀になっとは一概にいえないことも明らかになった。そして、庶民は古代の歌人を歌の神というよりも現世利益の神として信仰してきた。

これらのことをふまえると、日本各地に見られる古代の歌人を祀る習俗は、歌という都（宮中）の文化を通して、中央の力を地方に知らしめる役割、あるいは地方にいる権力者が中央との繋がりを強調する意味を担ったものではないかと考えられる。

註

（1）花部英雄「人麻呂」『日本民俗大辞典』下　吉川弘文館　二〇〇〇年　四三〇頁・山本節「小野小町」『日本民俗大辞典』上　吉川弘文館　一九九九年　二七六頁。
（2）片桐洋一『柿本人麿異聞』和泉書院　二〇〇三年　一四六頁。
（3）片桐洋一『柿本人麿異聞』和泉書院　二〇〇三年　一二一頁。
（4）片桐洋一『柿本人麿異聞』和泉書院　二〇〇三年　一三四頁～一三五頁。
（5）柳田國男「女性と民間伝承」『柳田國男全集』一〇　筑摩書房　一九九〇年　四二五頁～五八七頁。
（6）柳田國男「人を神に祀る風習」『柳田國男全集』一三　筑摩書房　一九九〇年　六四七頁～六四八頁。
（7）小松和彦「神と仏」小松和彦・関一敏編『新しい民俗学へ―野の学問のためのレッスン26』せいりか書房　二〇〇二年　一九一頁～一九二頁。
（8）梅原猛『水底の歌―柿本人麿論』（上・下）一九七三年　新潮社。梅原は柿本人麿が流罪の上、亡くなり、御霊的な扱いを受けたという説を立てたが、定説にはなっていない。
（9）小高道子「細川幽斎と古今伝授」熊本県立美術館編集『没後四〇〇年・古今伝授の間修復記念　細川幽斎展』二〇一〇年　七七頁。小高によれば「古今伝授とは古今和歌集に関する秘説の授受であり、中世歌壇において最も尊崇された秘伝であった。古今伝授は『古今和歌集』に関する秘説の授受であるから、同書の成立とともに始まったともいうことが出来る。しかしながら、その相伝過程全体が実証的に明らかに出来るのは、東常縁から宗祇への古今伝授以後である」という。
（10）小高道子「細川幽斎と古今伝授」熊本県立美術館編集『没後四〇〇年・古今伝授の間修復記念　細川幽斎展』二〇一〇年　七七～八〇頁。小高によれば、幽斎（藤孝）と古今伝授の関係は以下のものだという。近世細川の祖・細川藤孝は戦国武将で、幽斎玄旨と号した歌人でもあった。一三代将軍足利義輝に仕え、死後は一五代将軍足利義昭の擁立に尽力し、織田信長に従い丹後宮津一一万石の大名となる。その後も豊臣秀吉、徳川家康に仕えた。また、幽斎は藤原定家の歌道を受け継ぐ二条流歌道の伝承者・三条西実枝から古今伝授を受け、近世歌学を大成させ、正統伝承者である三条西公国（実枝の子）、その子・三条西実条に伝授し返した。関ヶ原の戦いの前に、東軍の幽斎が籠城する田辺城を西軍が攻める「田辺城の戦い」が起きた時に幽斎の死によって、古今伝授が断絶することを恐れた後陽成天皇は、勅使を派遣し講和を命じたといわれている。慶長五年（一六〇〇）に幽斎は八条宮智仁親王に古今伝授をしている。

(11) 福西大輔『加藤清正公信仰　人を神に祀る習俗』岩田書院　二〇一二年。
(12) 福西大輔「天神信仰の発生と展開 ―熊本市の事例を中心に―」『西郊民俗』二三一　西郊民俗談話会　二〇一五年　一一頁～一九頁。
(13) 著者による現地調査の結果（二〇一一年二月二七日）。
(14) 後藤是山『肥後国誌〈上巻〉』青潮社　一九七二年　一七四頁。
(15) 後藤益太郎『伝説和泉式部』朝日出版サービス　一九九〇年　二二三頁。
(16) 著者による現地調査の結果（二〇〇九年一〇月二四日）。
(17) 熊本市民俗調査委員会編『熊本市内祭り・郷土芸能調査報告書』熊本市教育委員会　一九八一年　六二頁。
(18) 妹尾好信「檜垣説話と「檜垣嫗集」― 伝承の史実性と家集の成立について―」広島大学国語国文学会『国文学攷』一〇六号　一九八五年。
(19) 著者による現地調査の結果（二〇〇七年一〇月二一日）。
(20) 後藤是山『肥後国誌〈上巻〉』青潮社　一九七二年　一八四～一八五頁。
(21) 浅野昭弘「桧垣と蓮台寺」『ふるさとと寺子屋』。(http://kumanago.jp/benri/terakoya/?mode=117&pre_page=6) より。二〇一六年三月一日アクセス。
(22) 林葉子「檜垣と蓮台寺と二本木遊郭」猪飼隆明編著『遅咲きの女たちの遺言』熊本出版文化会館　二〇〇六年　三五五～三五六頁。
(23) 後藤是山『肥後国誌〈上巻〉』青潮社　一九七二年　一二九～一三一頁。
(24) 著者による現地調査の結果。
(25) 高野和人編「肥後國誌略」『肥後國誌拾遺』青潮社　二〇〇〇年　四九四頁。
(26) 高野和人編「肥後國志略」『肥後國誌拾遺』青潮社　二〇〇〇年　四九四頁。
(27) 熊本市民俗調査委員会編『熊本市内祭り・郷土芸能調査報告書』熊本市教育委員会　一九八一年　九〇頁～九一頁。
(28) 熊本県小学校教育研究会国語部会編『熊本の伝説』日本標準　一九七八年　一九七頁～二〇〇頁・熊本史談会編『肥後の民話と伝説』葦書房　一九八九年　二〇五頁～二〇六頁。
(29) 著者による現地調査の結果（二〇一一年一一月三日）並びに『植木町史』（一九八一）による。
(30) 後藤是山『肥後国誌〈上巻〉』青潮社　一九七二年　二七〇頁。

(31) 熊本日日新聞（二〇一四年四月九日付）。
(32) 後藤是山『肥後国誌〈上巻〉』青潮社　一九七二年　一五八頁。
(33) 新熊本市編纂委員会『新熊本市史　別編　第二巻　民俗・文化財』熊本市　一九九六　三一五頁～三二三頁。
(34) 著者による現地調査の結果。
(35) 熊本市民俗調査委員会編『熊本市内祭り・郷土芸能調査報告書』熊本市教育委員会　一九八一　三五頁。
(36) 片桐洋一『柿本人麿異聞』和泉書院　二〇〇三年　一八四頁。
(37) 片桐洋一『柿本人麿異聞』和泉書院　二〇〇三年　一八四頁。
(38) 山田貴司「「和歌の神さま」のすがた」熊本県立美術館編集『没後四〇〇年・古今伝授の間修復記念　細川幽斎展』二〇一〇年　六六頁。
(39) 下中邦彦『日本歴史地名大系四四巻　熊本県の地名』平凡社　一九八五年　一八八頁。
(40) 新熊本市編纂委員会『新熊本市史　史料編　第三巻　近世Ⅰ』熊本市　一九九四年　八二五頁～八二八頁。
(41) 「茶臼山ト隈本之絵図」は、縦四〇センチメートル、横九〇センチメートルほどの紙二枚からなる。原本は代継神社の所蔵であるが、保存状況が良くなく、確認ができないため、昭和五三年に撮影した写真をもとに、熊本博物館で模写したものに基づく。
(42) 森下功「茶臼山ト隈本之絵図」新熊本市編纂委員会『新熊本市史　別編第一巻　絵図・地図上　中世　近世』熊本市　一九九三年　三頁～四頁。
(43) 新熊本市編纂委員会『新熊本市史　史料編　第三巻　近世Ⅰ』熊本市　一九九四年　七九六頁～七九九頁。
(44) 辻春美『くまもと絵馬行脚―歌仙絵馬選集』舒文堂河島書店　二〇一五年。
(45) 後藤是山『肥後国誌〈上巻〉』青潮社　一九七二年　一七四頁。
(46) 熊本県公式ホームページ（http://www.pref.kumamoto.jp/kiji_8010.html）より。二〇一五年一〇月二九日アクセス。
(47) 新熊本市編纂委員会『新熊本市史　史料編　第三巻　近世Ⅰ』熊本市　一九九四年　八二五頁～八二八頁　上記掲載の『代継大明神旧記略』による。
(48) 茅葺き・書院造りの八条宮家の建物で、後に「古今伝授之間」と呼ばれるようになる。八条宮家では「古今伝授之間」を永く保存したいと、二代目智忠親王の時、政情不安であった京都御苑から、当時八条宮家の領地であった長岡京市に移した。そこでは「長岡茶屋」「歌仙茶屋」と呼ばれていた。明治維新の際、桂宮家（旧・八条宮家）より、「古今伝授之間」はゆかりのある細川家へと下賜され、大正元年（一九一二）、水前寺公園内の御茶屋「酔月亭」跡に復元された。

(49) 新熊本市編纂委員会『新熊本市史　別編　第二巻　民俗・文化財』熊本市　一九九六年　三三二頁～三三四頁。

(50) 林田龍太「一〇〇年前の「細川幽斎展」」熊本県立美術館編集『没後四〇〇年・古今伝授の間修復記念　細川幽斎展』二〇一〇年　三六頁～三八頁。

(51) 有木芳隆「古今伝授の太刀」熊本県立美術館編集『没後四〇〇年・古今伝授の間修復記念　細川幽斎展』二〇一〇年　七五頁。

義経信仰をめぐる予備的考察
――北海道平取町の義経神社を事例に――

及川　祥平

はじめに

源九郎判官義経といえば、日本人にもっとも愛される英雄の一人である。その人生は軍記物語の中でヒロイックに描写され、またその末路の悲劇が人々の心をうつ。不遇の人物や敗者に情緒的に寄り添う日本人のメンタリティを指す「判官贔屓」の語が義経から起こっていることは言うまでも無い。『勧進帳』『義経千本桜』等の芸能作品は逃走過程の義経を人々に印象づける有力なメディアであった。

そのような義経が衣川の戦いで死なず、奥州を北上し、北海道に渡ったという一連の北行伝説が存在する。北行する義経の足跡は、神社・小祠等とともに当該地に伝えられる場合もあるが、その北海道における代表的施設が日高地方、沙流郡平取町の義経神社である。

本稿では偉人顕彰・人神祭祀研究の文脈において、平取町の義経神社の形成過程と現在の様態を報告しつつ、当該事例からこの方面の議論に提起できる論点を確認し、義経信仰論を構想する上での予備的考察としたい。

一　研究史の整理と対象の概要

1　研究史の整理と問題の所在

平泉以北の義経をめぐる事象は民俗学において早くから関心を集めていたといえるが、説話としての関心に基づくものが多かった。例えば、柳田國男は大正一五年（一九二六）に『中央公論』に掲載した「東北文学の研究」においてこれに言及し、(1)また、金田一京助の論稿の多くも伝説研究の文脈にある。(2)近年の成果としては、口承文芸研究の阿部敏夫が北海道の義経伝説を『北海道義経伝説序説』に集成し、(3)また『北海道民間説話「生成」の研究―伝承・採訪・記録』では一章を割いて分析を加えている。(4)

また、義経伝説をめぐる歴史学的アプローチとしては菊池勇夫の『義経伝説の近世的展開』が示唆に富む。(5)但し、菊池は義経伝説が今日まで事実であるかのように語られる状況を、同伝説が有した政治性を意識し、これを「未来に伝えていく価値など何もなく、過去の語りとして終わらせていく」対象として捉えている。(6)たしかに今日のツーリズムのなかで、または作家の自由な物言いの中で無邪気に語られている義経北行伝説は、アイヌへの侵略・支配の過去を刻印された物語でもある。しかし、そのことを念頭においてもなお、実社会に存在する一文化を終わらせようとするその姿勢は、民俗学の立場からは、また別様の暴力を想起させるものであり、全面的には賛意を示し難い。現在に暮らす人びととの対話に依拠し、過去の事実ではなく眼前の事実を重視する民俗学の立場にたつ本稿においては、史実の所在を問題とはしない。過去がどのようなものだったかよりも、語られたものとしての歴史、歴史を語ろうとする現実の人間、歴史をふまえて人々がどのような「現在」を形成しようとしているのかを重視したい。

そのように考えたとき、伝説そのものはもとより、伝説を背景として存在している各種の祭祀施設や観光化等の事業の様態をおさえておくことは大きな意味をもつ。しかし、義経の祭祀やツーリズムの現状について論じる研究は蓄積が浅い。管見の及ぶかぎりでは金田一による昭和五年（一九三〇）の「日高国義経神社の由来」[7]、野村敬子による昭和五九年（一九八四）の「羽前判官神社考」が本稿の関心に応えるのみである。[8]金田一のそれはやはり伝説が関心の対象ではあるが、「義経がアイヌの崇敬対象となっている」という言説がどのように構築されてきたのかを論じており、義経信仰の形成を説くものといえる。一方、野村のそれは東北における判官神社が安産祈願の対象となっている点にスポットを当てている。では、金田一が来歴を明かにした平取の義経神社は現在どのような状況にあるのだろうか。野村の議論をふまえ、「義経信仰」とでも呼ぶべきものが形成されていることに留意するなら、平取における義経祭祀の民俗信仰的な展開にも注意をはらう必要がある。

以上をふまえ、本稿では北海道平取町における義経神社の状況および義経の観光資源化について報告し、若干の考察を加えたい。

2　対象の概要

沙流郡平取町は日高振興局管内に位置し、大正一一年（一九二二）に村制を、昭和二九年（一九五四）からは町制を敷いている。二風谷で知られるようにアイヌが多く居住する地域であり、アイヌの文化神オキクルミの聖地が存在する。そのため、近世期から相応に和人側の記録にも同地の状況が記されることになり、まだ和人の居住もまばらな明治初期にイザベラ・バードが同地を訪れ、当時の様子をスケッチしている。

一方、平取町を含む日高管内は多くの牧場を有する一大馬産地である。明治期にはすでに馬の生産が開始され、日露戦争における馬の需要拡大に伴い、大正期まで飼育戸数を増やしていく。日高管内の馬産農家は、戦後、軍馬の需要の消滅、トラクターの普及に伴う農用馬の需要低下に加え、競馬の本格化に対応し、全国でも有数の軽種馬産地を形成するに至る。日本軽種馬協会の平成二八年（二〇一六）『軽種馬統計』に二〇〇〇年代の日本国内の繁殖牝馬飼養

写真１　義経神社

牧場数を見るならば、平成一三年（二〇〇一）、全国の繁殖牝馬の飼養牧場一五七九戸のうち、北海道は一三〇三戸、日高地方はその中でも一一七八戸を占め、他の追随を許さない。ただし牧場数は減少傾向の中にあり、平成二八年（二〇一六）の日高地方の牧場数は七二五戸にまで減っている。とはいえ、全国の牧場数が八六五戸（北海道は七八六戸）であることを考えると、国内の繁殖牝馬飼養牧場の圧倒的多数が日高地方にあるという事実には変わりはない。なお、平取町役場に照会したかぎりでは、現在の平取町内の牧場は二〇社程度である。日高地方の中では牧場数が多い地域というわけではない。

義経神社は平取町本町の市街地のはずれの丘陵地に位置する（写真１参照）。本町周辺は義経主従が居を構えた地などともいわれる。もともと、義経神社は現在地から沙流川方面に寄ったハヨピラの断崖上に鎮座していたが、水害による流出を経て現在地に落ち着いた。以上の経緯は後述する。また、境内には北海道名木百戦にも選ばれた義経の手植え伝説のある栗の大木が存在し、社務所のかたわらには義経資料館が建てられている。現在は神社後背地もふくめて平成元年（一九八九）に保安林として整備され、義経公園と総称されている。

同神社のパンフレットによれば、「御祭神の生前の御事績により御加護を賜わる」神徳として、願望成就（危難防除・無病息災・家内安全・交通安全・商売繁盛）、戦勝（選挙、裁判、試合、競馬）、勧学があげられている。各地の武将を祀る神社でも、祭神の「強さ」にあやかってギャンブル・勝負事に関わる祈願に応える傾向にあるが、競馬への言及は土地柄を反映したものである。ただし、戦勝を競馬に関連づけるようになるのは戦後のことであり、第二次大戦下では国家安泰・武運長久祈願と結びつけられていた(9)。

以上、本稿の議論と関わる範囲にかぎって、平取町および義経神社の概要をおさえてきた。次章では、義経神社創建の背景として北海道の義経伝説について詳述する。

二　義経北行伝説

義経神社について理解するためには、北行伝説についておさえる必要がある。頼朝の挙兵に応じて以降、各地を転戦し平家打倒に貢献した義経は、頼朝と不和になり、むしろ追討される立場にたたされる。義経はかつての庇護者・奥州藤原氏を再び頼った末、藤原泰衡の手によって衣川の戦いで命を落とすことになる。史実では義経の人生はここで幕を引くわけであるが、この地で義経が死なず、北を指して落ちのびたかのように語る伝説が平泉以北の各地に存在する。これが北行伝説である。

例えば、岩手県遠野市には義経の賜姓伝説が存在する。同地の風呂家は義経に風呂を提供したがために、この姓を与えられたという。逃走過程で親切にされたことに報いるという敗走伝説に賜姓のモチーフはしばしば登場する(10)。また、青森県八戸市の䨪神社は当該地で没した義経の正室を祀る神社といい、その愛用の手鏡が所蔵されている。北行伝説は、義経のみならず、関連人物たちについても語られ、時として証拠の事物を伴う。これら東北の義経伝説は浄瑠璃等の芸能を介して定着していったと見られている(11)。

北行伝説は津軽海峡を越えて北海道まで続いていく[12]。北海道にも本州の貴人の遊行伝説と相似したものがみえるが、特徴的なのはアイヌとの交流を語るものが散見される点である。とりわけ、アイヌの娘との悲恋や聟入りを語るもの、アイヌの宝物を義経が奪ったというものが目をひく。侵略者としての義経が語られているといえよう。奥尻島の誕生をめぐる伝説を紹介しておく[13]。

日高のアイヌの村を義経が訪れ、村長の娘と恋仲になり、二人は夫婦になった。この家には魔法の巻き物があり、義経はそれを手に入れようとした。やがて子供も出来たので、義経は妻にこの家のことの全てを教えて欲しいといい、巻物の隠し場所を知り、それを盗みだす。鳥の声がいつもと違うので、それを知った村長は、一漕ぎで千里を走るという櫂を取り出して義経を追う。義経は奪った巻物の魔法を使って、小島と大島を作って逃げようとしたが、それをさけて村長がなおも追ってくるので、もっと大きい島を作って逃げ去った。この大きな島が奥尻島となった。

金田一は北海道の義経伝説を、①アイヌ語地名を和人が解釈したもの、②義経や弁慶を連想させるアイヌ神話上のヒーローを誤認したもの、③『御曹司島渡』の内容が伝播し残留したもの、④和人の手になる伝説をアイヌのものと誤認したものの四種に整理している[14]。魔法の巻物といった呪物が登場し、義経の聟入りが確認される伝説は、室町期の御伽草子である『御曹司島渡』の影響にあることが明らかであり、③に相当する。『御曹司島渡』については梗概を示すに留めたいが、若き日の義経が蝦夷に住む鬼の王がもつ兵法書を奪いに向い、冒険の末これを入手し、鬼の娘を妻とするという物語である。

一方、北海道口承文芸研究会における文献調査をふまえて道内の義経伝説を集計した阿部は、確認のかなった一一

○件の事例にうち、大半を「山・岩・石・島・岬のような地形や、樹・花などの自然物に義経（あるいは弁慶）の故事を関連づけたもの」としている。(15)また、その分布については、道南・日本海沿岸に全体の五〇パーセント、太平洋岸に三〇パーセントであり、オホーツク海沿岸をのぞく海岸部に八七パーセントが集中するとしており、和人とアイヌの交易の中で伝説が形成された可能性が指摘されている。(16)とりわけ、津軽海峡・日本海沿岸にアイヌの娘との悲恋の物語や地名伝説が多く、太平洋岸にはアイヌの巻物を義経が奪う話や漁業・農業の技術を伝えたという文化神型の伝説が目立つが、その背景として、阿部は、日本海沿岸は早くから和人が侵入していたが、太平洋岸は寛政一一年（一七九九）に幕府直轄地にされるまでアイヌの生活が保持されており、急速な生活の変動を体験した地域であることが関わっているという。(17)アイヌの崇敬対象を日本の偉人に読み替えていこうとする和人側の戦略と、アイヌ側の被侵略者としての想いが投影されていよう。

また、菊池は北行伝説を理解するにあたり、和人とアイヌという関係性に加え、和人内の中央対地方という構図も視野においている。すなわち、日本の中央で形成された言説に辺地の和人が追従したという見方を示しており、興味深い。(18)義経伝説の形成は、日本における東北・北海道の位置付けの問題とも連動しているということもできる。

さて、以上のような伝説分布のなかに本稿で取り上げる平取の事例もあるわけであるが、当該地で伝える伝説は、義経が農耕・造船技術をアイヌに伝えたというものである。義経とはアイヌの文化神・オキクルミのことであり、ハンガンカムイ・ホンカンカムイとしてアイヌに崇められていたというものである。先述の金田一の分類でいえば②および④に相当し、和人の自己像が多分に編み込まれたものといえる。この種の言説では、オキクルミは御九郎君が転訛したものであるともされるが、信ずるに足らないことは言うまでもない。なお、アイヌのいう判官は実は義経を指すものではなかったという異説もある。すなわち、蠣崎氏家臣・小山悪四郎判官隆政とする伝説である。例えば、菅江真澄は寛政五年（一七九三）擱筆の「蝦夷廼手布利」において次のように述べている。(19)

判官義經の公をアヰノども、ヲキクルミとて、いまの世までもいたしかしこみ尊めり。あるはいふ、夷《アヰノ》の、判官と、ておそれかしこみて神《カムヰ》といたゞきまつるは、小山悪四郎判官隆政とて聞へたりし人、蝦夷の國の戦ひに鬼神のふるまひをなして、いさをしすくなからじ。小山統の家には巴の圖《かた》を付てければ、巴を蝦夷《アヰノ》ら判官《オキクロ》のみしるしとて、かれにもこれにも彫て、身のたからといふいはれしか〳〵。（中略）源九郎義經の、ゆめ此嶋へ渡給ひしよしのあらさめれど、義經の高き御名をかりにかゝやかして、蝦夷人らをひやかしたる、名もなき、ひたかぶとのものゝ、をこなるふるまひにてやあらんかし。おもふに小山判官と九郎判官と、蝦夷人か、うちまどへるにや。

小山隆政をめぐっては足利時代のことを描いた通俗史書『続太平記貍首編』巻一一に記述がある（早稲田大学図書館蔵）。無論、史実とは認定し難いものであるが、同書の中で小山氏の乱に敗れた隆政は蝦夷地に落ちのびたことになっている。

其ヨリ津輕ニ零行。蝦夷ノ地ニ推渡テ嶋ノ者共思様ニ責使テ自由ヲ挙動ケルガ。我ニ不レ従者ヲバ弓ニテ射殺シ。棒ニテ是ヲ打擲シ廻リケル間。一嶋ミナ不二畏服一ト云者無リケリ。頓テ國ノ者ヲ案内者ニテ。其ヨリ猶奥エゾノ地ニ押入。嶋ノ長者。忽《オツ》敦《ト》世《セ》世《セ》勲《クウン》勛ト云者ノ婿ニ推成。一生ヲ無レ恙過ケルガ。終ニ一社ノ荒人神ト崇ラレ。常盤堅盤ノ祭奠。怠ル事ナク。今ニ有トゾ聞ヘケル。

判官の名とともに北海道と関わらせながら伝説化され得た人物は義経のみではなかったことには留意が必要であるが、小山隆政と源義経の伝説としての定着状況の明暗をわけたのは、前近代社会におけるメディアの力を背景とした義経の知名度であったと考えておきたい。

以上、本章では北海道における義経伝説に検討を加え、近世以来、義経はアイヌに信仰されているという「物語」が北行伝説の延長線上で構築されていたことを確認した。これをふまえ、次章で義経神社史をトレースした上で、現代における義経信仰の一端を明らかにしたい。

三　義経神社史

新井白石の『退私録』上巻にみえる「中根宇右衛門松前渡海の話」には以下の記述がある[20]。

　中根宇右衛門松前へ渡られし時に蝦夷人に酒をまつるを問しにヲキクルミを祭るよしなりヲキクルミとは是何神ぞと問へば答て判官殿といふ猶々由來を問しに彼國に判官殿住玉ひし跡にて礎今にのこれり

中根宇右衛門は寛文七年（一六六七）、幕府の巡見使として蝦夷地を訪れている。中根の見聞が事実とすれば、和人がアイヌのハンガン信仰を語る最も早い事例といえよう。以降も、アイヌがオキクルミを義経とする発言を行なったという記録が続出するが、これはある種のリップサービスであった可能性を、次の金田一の発言は示唆する[21]。

　私自身も初めて、アイヌに逢つた時、向からアイヌの元はホンカン様だ、とだしぬけにきかされて面くらつた覺えがある。併し、本當か〳〵とせめますと、和人がさういふのだ。本當はおらの年寄から聞くのはちがふと云つて、義経は聟入して逃げた人、オキクルミは初からこつちの人だと本音を吐き出す。

オキクルミを義経であると説きたがった者はアイヌではなかったことは明らかであろう。
義経神社の創建もまた、アイヌが希望したものではなく、和人の働きかけによるものである。寛政一一年（一七九九）、幕臣・近藤重蔵守重が、アイヌが崇拝する神・オキクルミは義経であるとの認識のもと、江戸の仏師に作成させた義経の神像を与えたところから同地での祭祀がはじまる。[22] 近藤重蔵は江戸幕府の北方調査と蝦夷地経営の基礎づくりに活躍した人物である。近藤の行動は彼の独創ではなく、当時すでに流布していた義経伝説をふまえたものといえる。中根宇右衛門の一件に加え、寛文一〇年（一六七〇）に刊行された『続本朝通鑑』にも「俗傳又曰衣河之役義經不レ死逃到二蝦夷島一存二其遺種一」と、義経が蝦夷地に渡ったという俗説が掲載されている。[23] なお、この義経の木像は近藤自身の像と似ていることが注目されている。[24] 近藤は自身を義経の再来であるとアイヌに名乗ろうとした形跡もある。[25]

義経像は当初沙流川の断崖・ハヨピラに設置され、祠堂において祭祀された。ハヨピラは「武具を祀った崖」を意味し、オキクルミが降誕した場所とされている。近藤の行なったことは聖地の読み替えであったといえよう。

イザベラ・バードの『日本奥地紀行』は明治一一年（一八七八）頃の義経神社の様子を伝えている。[26]

そのあと副酋長は口を開き、病人たちに親切にしてくださいましたので、これまで外国の人には一切見せてこなかった私たちの神社《テンプル》をお見せしますと言った。とはいえ、そうするのを大変恐れており、「見せてもらったとは絶対に言わないでください。そんなことをされたら酷い目にあわされます」と何度も何度も懇願した。（中略）木造の社《やしろ》が、曲がりくねった道を上りつめて至った崖のまさに先端に建っている。本州の森や小高い所ならどこにでも見かけるようなものであり、明らかに日本風の建築様式である。ただこの点についてはアイヌの伝承には何も伝えない。（略）副酋長が引き戸を開けると全員がうやうやしくお辞儀をした。［朱塗りの］漆を塗っていない簡素な白木の社であり、奥には広い棚があり、その上の小さな社には一つの像が納まっている。（後略）。

神社風の社が設けられていたことが確認できる。当時の平取の状況をおさえておくならば、明治三年（一八七〇）に仙台藩士三戸が移住するも退去の後、明治一四年（一八八一）に岩手県人が牧場を開設し、明治二〇年代後半から移住者を増やしていくことになる。(27) バードがおとずれた当時は近隣への和人の入植はさほど進んではいなかった。

この時、バードは「義経が自分たちに親切だったということが語り継がれてきた」ということを祭祀の理由として説明されているが、(28) それは自発的な祭祀ではなかった可能性が高いことはここまでの記述から明らかであろう。いずれにせよ、義経神社をめぐる当時のアイヌの意識を単純化して理解すべきではない。災害によって流出した結果であろうと思われるが、明治四年（一八七一）、義経像は門別の稲荷社境内に安置されていた。この時期、神仏を一村につき一社にするため義経像は焼却されることになった。その際、アイヌの酋長・ペンリウクは、(29)「判官様は自分たちのカムイ」であるとしてこれを平取にひそかに持ち帰ったという。(30)『旅と伝説』通巻六九号の田村浩のエッセイ「再びアイヌを訪ねて」によれば、ペンリウクはこの木像を「二升の酒で購ひ背負つて」きたとの情報もある。(31) 自らのものという意識がアイヌにもあった可能性が示されているが、和人との緊張関係をふまえたある種の戦略のもとで義経の祭祀が担われていたことも推測できる。田村は、義経神社の祭礼に「アイヌの長老三人が昔風の装束で御典の渡御をなし大行列で和風の祭式を行ふ」という状況を記述しつつ、アイヌが義経神社には「寧ろシャモの神として反感を抱いてゐる」旨を報告してもいる。(32)

義経神社はこの時期しばしば災害によって破壊された模様である。坪井正五郎の手による「アイヌと義経」（『朝日新聞』明治三四年［一九〇一］九月一三日号、通号五四五〇）によれば、明治二一年（一八八八）、社が風のために破損したためにペンリウク方に保管されていた義経木像を坪井が実見している。同一の事故について年代が混乱している可能性も否定し得ないが、明治二六年（一八九三）二月一八日の『東京朝日新聞』（通号二四六七）にも「昨年暴風の爲に転覆したるを以て郡中の有志者八目下再築の計畫中なる由」との記事がみえる。明治三四年（一九〇一）にも水害のために社殿が流出し、義経神社は現在の鎮座地に遷座した上で社殿を造営し、大正八年（一九一九）にさらに社殿を改築した。現社殿の創建は昭和三六年（一九六一）である。

一方、義経神社は近代日本における神社としては順調な拡張プロセスを辿っていく。明治九年（一八七六）義経神社は村社に列せられ、昭和一六年（一九四一）には郷社に位置付けられる。明治一七年（一八八四）には小松宮彰仁親王の参拝と祭祀料下賜をうけ、以後も皇族の行啓の対象とされていく。天皇・皇族の各地への旅は帝国の可視化の一環として捉え得るものであり、(33)各地の偉人を天皇・皇族が讃える行為は、近代日本を脈絡づける物語の構築と無縁ではない。

ここに神社を介した皇国の表現を読み解くことは容易である。近代の日本において、義経伝説は政治的な意味を持ちえたことはすでに先行研究でも議論されてきた通りであり、本稿でも適宜言及してきた。その意味において、先述の菊池の研究姿勢は重要なものであることは言うまでも無い。しかし、国家の暴力性を指摘するにとどまる単純な近代論に終始しないためには、偉人表象の通史的把握が重要と考える。少なくとも義経神社は戦後だけでも七〇年にわたって地域生活のなかで人びとの願いに応えてきた。次章では義経信仰の現状をおさえることで、義経信仰の戦後史の一端を明らかにしたい。

四　義経信仰の現状

1　初午祭

戦後、義経神社は地域の特質と接続するかたちで、初午祭という新たな行事を生みだしている。同行事は二月初午

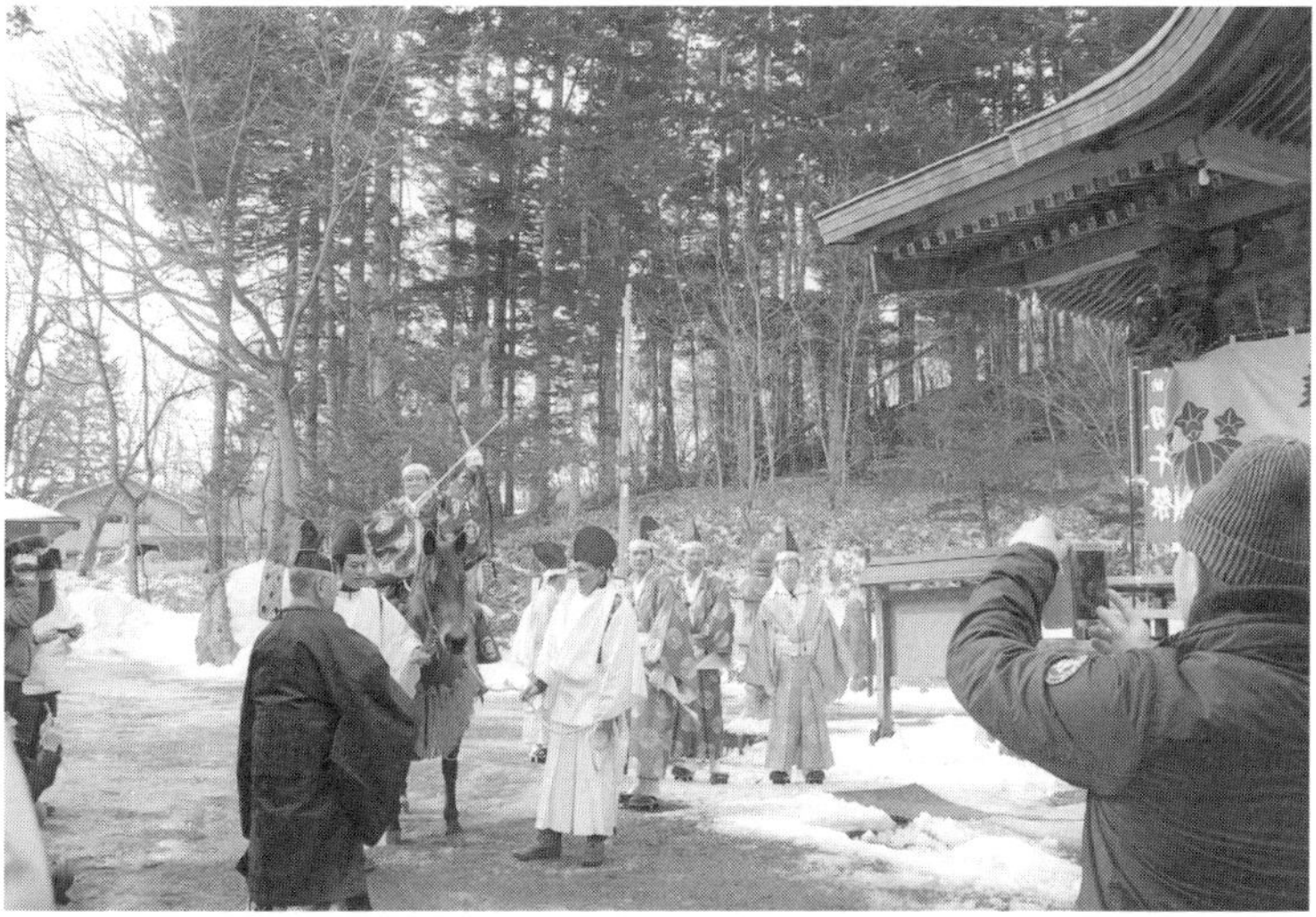

写真2　2017年の矢射しの神事の様子

の日に愛馬の息災戦勝を祈念して行なわれている。義経神社境内に掲げられている初午祭のいわれを引用しておこう。

御祭神、源九郎義経公源平合戦のみぎり源氏の御大将にて連戦連勝せしこと正史に顕然たり、義経公勇将なるは言うに及ばざることなれども、特に優秀なる御愛馬の活躍に負うところ大なるも衆知の事実なり。日高は馬産地なれば当神社にて初午（はつうま　先勝、馬体安全祈願祭）を斎行し全国各地の愛馬家多数参詣し、神前の賑い亦格別なり。

引用部にあるように、初午祭は平取町を含む日高地方が日本でも有数の軽種馬の馬産地であることから馬産振興・馬体安全の祈願祭という名目で昭和四六年（一九七一）に開始された。祭典の参加者には、道内外の競馬関係者（競走馬の生産・育成農家、厩舎、騎手、馬主）が参列する。また、祭典のさなかに、年男がつとめる行事者が馬上から歳破の方角に鏑矢を三度射し悪魔を降服する「矢射しの神事」が行われている。「矢射しの神事」が行われるようになったのは昭和六一年（一九八六）からで、以後初午祭の名物となっている。「矢射しの神事」におい

写真３　境内に立ち並ぶ幟

て放たれた矢を拾ったものは幸運になるとして、参列していた人びとが競ってこれを得ようとする（写真2参照）。

初午祭の創始は宮司・北嶋兼太郎氏（大正一三年（一九二四）〜平成四年（一九九二））の発案による。昭和四〇年代の平取町ないし日高地方は非常な好況であったといい、この時期、馬の生産者・飼養生産頭数が増加する。背景としては、戦後の生産対象の競走馬への切り替えがある。平取町内の牧場は小規模経営のものが多いが、昭和四〇年（一九六五）には、生産者の連携のため、門別軽種馬生産振興会から独立するかたちで、平取町軽種馬生産振興会が設立されている。初午祭は以上のような馬産の好況のなかで考案された。また、一方の背景として、創始に関わった北嶋宮司自身も競走馬の馬主であり、また、義経の熱心な研究家であったということもおさえておく必要がある。今でも義経神社の敷地内には馬小屋が残されている。また、現在の義経神社の由緒も彼の手によって執筆されている。

現在、初午祭に際して祈祷をうけた軽種馬生産者・競馬関係者は幟を奉納している。幟は一年間神殿内に祀られたのち、義経神社の参道に並べられる（写真3参照）。義経神社の神職に照会したかぎりでは、平成二九年（二〇一七）度の初午祭の申込件数は総数九四件、そのうち、牧場四三件、馬主一八件、厩舎三件、調教師七件、その他崇敬者二三件であるという。

また、現在参道にたてられている幟は平成二四年（二〇一二）～平成二八年（二〇一六）度のものである。奉納主体は、生産農家および軽種馬生産振興会等の組織、厩務員や乗馬インストラクターの養成に関わる学校、厩舎（調教師）、馬主、その他属性不明の個人である。過去の幟の撤去は汚れたものなどを選択して取り下げているため、必ずしも集計に適してはいないが、傾向を考える際に参考になる。特に、特定の競走馬名をあげてレースの勝利を奉告し感謝をささげるものが目をひく。平成二九年二月および三月に実施した調査に際して実見のかなった全九二本の幟のうち、競走馬名の明記されたものをまとめると表1のようになる。幟における年月日の記載は、必ずしも奉納日ではなく、レースの勝利日を記すものが大半であり、不明のものは空欄にした。また、レースのみではなく、NAR（地方競馬全国協会）の競走馬・競馬関係者の表彰についても奉告されている。NARグランプリの最優秀調教師の受賞等を奉告する幟については表1に含めていない。本稿では牧場名や厩舎名は伏せるが、同一馬についてレースに勝利するつど、奉納を行なっているものが複数みえる。

以上は義経が馬に乗るのに巧みであったというエピソードと、軽種馬の産地であるという地域特性を関連づけつつ創出された新たな義経信仰の形態といえる。

2　歴史の資源化と義経人気

戦後、多くの偉人と同様、義経もまた地域振興の文脈で資源化されていく。「義経・弁慶を語るロマンの会」なる団体が昭和六一年（一九八六）に発足し、北海道内の義経・弁慶伝説を有す市町村間の連携を生みだしている。これを受けたものであろう、平成元年（一九八九）には「平取町義経を語る会」が発足し、勉強会や見学会、顕彰活動を展開している。同会は『カムイ義経』なる書籍を刊行している(34)。同書は、北行伝説を受け入れる立場からの文章もあ

表1　競走馬名を明記する奉納幟

レース日	レース等名	競走馬名	奉納主体
平成二三年一二月一八日※	第六四回全日本二歳優駿	ハッピースプリント	厩舎／調教師
平成二四年一月九日	第二八回フェアリーS（GⅢ）中山	トーセンベニザクラ	生産農家
平成二四年四月一四日	第一四回農林水産賞典中山グランドジャンプ（J・GⅠ）中山	マジェスティバイオ	生産農家
平成二四年七月一四日	第四四回函館二歳S（GⅢ）函館	ストークアンドレイ	厩舎／調教師
平成二四年八月一九日	第四八回札幌記念（GⅡ）札幌	フミノイマージン	生産農家
平成二四年九月一五日	第一四回阪神ジャンプS（J-GⅢ）阪神	テイアムハリアー	生産農家
平成二四年九月一七日	第六六回セントライト記念（GⅡ）中山	フェノーメノ	厩舎／調教師
平成二四年一一月二四日	第五七回京阪杯（GⅢ）京都	ハクサンムーン	生産農家
平成二四年一二月一日	第四六回スポーツニッポン賞ステイヤーズS（GⅡ）	トウカイトリック	馬主
平成二五年一月一二日	第二九回フェアリーS（GⅢ）中山	クラウンロゼ	生産農家
平成二五年三月一〇日	第四七回フィリーズレビュー（GⅡ）阪神	メイショウマンボ	生産農家
平成二五年三月二三日	第六一回日経賞（GⅡ）中山	フェノーメノ	厩舎／調教師・生産農家
平成二五年四月二八日	第一四七回天皇賞春（GⅠ）京都	フェノーメノ	厩舎／調教師・生産農家
平成二五年五月一九日	第七四回優駿牝馬（GⅠ）東京	メイショウマンボ	生産農家
平成二五年五月二五日	第一五回京都ハイジャンプ（J・GⅡ）京都	テイエムハリアー	生産農家
平成二五年五月二五日	第一五回京都ハイジャンプ（J・GⅡ）京都	テイエムハリアー	生産農家
平成二五年六月三〇日	第六二回ラジオNIKKEI賞（GⅢ）福島	ケイアイチョウサン	生産農家
平成二五年九月八日	第二七回セントウルS（GⅡ）阪神	ハクサンムーン	生産農家

平成二五年九月二八日	第一七回シリウスＳ（ＧⅢ）阪神	ケイアイレオーネ	馬主
平成二五年一〇月五日	第四八回デイリー杯二歳Ｓ（ＧⅡ）京都	ホウライアキコ	生産農家
平成二五年一〇月一三日	第一八回秋華賞（ＧⅠ）京都	メイショウマンボ	生産農家
平成二五年一一月七日	第四〇回北海道二歳優駿（ＪｐｎⅢ）門別	ハッピースプリント	厩舎／調教師
平成二五年一二月一八日	第六四回全日本二歳優駿（ＪｐｎⅠ）川崎	ハッピースプリント	厩舎／調教師
平成二五年	ＪＲＡ賞最優秀三歳牝馬	メイショウマンボ	生産農家
平成二五年	ＮＡＲグランプリ二〇一三表彰馬・年度代表馬二歳最優秀牝馬	ハッピースプリント	厩舎／調教師
平成二五年か	ＮＡＲ年度代表馬	ハッピースプリント	厩舎／調教師
平成二六年一月一九日	第五四回京成杯（ＧⅢ）中山	プレイアンドリアル	厩舎／調教師
平成二六年二月二三日	第三一回フェブラリーＳ（ＧⅠ）東京	コパノリッキー	馬主・生産農家
平成二六年三月八日	第九回夕刊フジ賞オーシャンＳ（ＧⅢ）中山	スマートオリオン	生産農家
平成二六年三月一五日	第一六回阪神スプリングジャンプ（Ｊ・ＧⅡ）阪神	ケイアイドウソジン	馬主・生産農家
平成二六年三月二九日	第六二回日経賞（ＧⅡ）中山	ウインバリアシオン	馬主・厩舎／調教師
平成二六年三月三〇日	第四四回高松宮記念（ＧⅠ）中京	コパノリチャード	馬主・生産農家
平成二六年四月一九日	第一九回アンタレスＳ（ＧⅢ）阪神	ナムラビクター	生産農家
平成二六年四月二六日	第一一回福島牝馬Ｓ（ＧⅢ）福島	ケイアイエレガント	馬主
平成二六年五月四日	第一四九回天皇賞・春（ＧⅠ）京都	フェノーメノ	厩舎・調教師
平成二六年一〇月一三日	第一六回東京ハイジャンプ（Ｊ・ＧⅡ）東京	サンレイデューク	馬主
平成二七年	ＮＡＲ二〇一五表彰馬・四歳以上最優秀牝馬	サンバビーン	厩舎・調教師

（平成二七年二月及び三月の調査をふまえて作成。）

※平成二三年のレースであるが奉納は平成二六年の初午祭である。

るものの、義経伝説の構築性を論じる文章をも収録しており、なにより、義経神社について地元で書かれた詳細な資料としては現状唯一のものといえる。

当然、義経の資源化は北海道のみの動きではない。平成一六年（二〇〇四）に滋賀県竜王町で第一回が開催された「義経サミット」は、鎌倉市、小松市、下関市、高松市、平泉市、平取町、藤沢市、吉野町、竜王町の九市町が参加した。それぞれ源平合戦や義経にゆかりの地域であり、大河ドラマ放送を間近にひかえ、各地での地域おこしの実践を報告し、連携・協調・交流をはかることを主旨としているという。その共同宣言文では、義経は「優れた軍才を持ちながら悲運のうちに果てた義経の生涯は、人々の判官贔屓といわれる同情を呼び、歴史的推測の余地を残していることなどから今なお義経はロマンに満ちた国民的英雄」とされる。「ロマン」と表現される過去の楽しみ方は、史実とは相容れなくとも、一般の人びとが歴史に関心をもつ際の大きなモチベーションであるということを軽くみてはならないだろう。

同サミットの契機となった大河ドラマとは、滝沢秀明が義経を演じた平成一七年（二〇〇五）の大河ドラマ『義経』である。義経神社においても、『義経』は顕著に参詣者を伸ばした作品であったという。昭和四一年（一九六六）の大河ドラマ『源義経』をはじめとするテレビドラマの諸作品の影響は目立つものではなかった模様である。なお、必ずしも義経人気と関わらないが、近年はご朱印ブームが参詣者を増やしているともいう。

以上のように創始された義経サミットは、平成二〇年（二〇〇八）の第五回には第一三回与一サミットと合同開催となり、五市一町による「義経・与一合同サミット」（開催・岡山県井原市）となっている。第五回には平取町の参加はなかった。以後、同サミットは関連人物のサミットと合同しつつ、継続している。平成二九年（二〇一七）九月三一日～一〇月一日に同サミットの第一二回が福島県福島市で開催される予定であるが、「義経・与一・弁慶・静・継信・忠信合同サミット」と銘打たれている。与一、弁慶、静などの人物は、単体として観光資源化するよりも義経の物語のもとで連携するほうが効果的ということであろう。

歴史上の人間関係が生み出す交流ということでいえば、もう一例、義経神社をめぐって興味深い出来事が発生している。現在、境内には昭和五一年（一九七六）建立の常盤御前・静御前の頌徳碑と静御前の歌碑があり、昭和六三年（一九八八）には町内の墓地に静御前の墓碑が建立されている。義経と静とを引き合わせようとする志向が人びとに存在するようであり、平成一一年（一九九九）には福島県郡山市の静御前堂の奉賛会が静御前像の写真を義経神社に奉納し、再会が演出された。これは郡山サイドの働きかけであり、静御前堂の化粧なおしを契機にしている。同地の静御前堂は、義経を慕って追った静が、義経が平泉にいることを知り、身投げしたという伝説がある。なお、平取町からも平成一二年（二〇〇〇）に静御前堂の祭礼に出席し、義経木像の写真を奉納している。なお、歴史を越えた再会・和解の演出は他の人物においても発生しているが、それらについては機会を改めて論じたい。

以上、義経信仰の現在として、義経神社において戦後に創始された初午祭および義経の資源化の様態の一端を報告した。

むすびにかえて

本稿の作業からは、歴史の経過の中で形成された伝説が、その虚実の判断は措きながらも地域の文化として認識され、新たな事象を派生させている様態が明らかになった。たしかに、伝説を史実と取りちがえる世相は研究者として黙過し難い面がある。しかし、地域における義経伝説の今日における発信者も、ロマンの名のもとで「もしかしたら」という可能性に夢をみているのであり、それは各地の伝説とも相似する。むしろ、果敢な批判・相対化の対象とされる状況の中にあるという点に、義経伝説の特殊性があるともいえる。

そのように考えたとき、北行伝説をめぐる民俗学的研究は、史実という対抗言説を提示するだけでは不十分であり、(35)

対抗言説に取り巻かれながら、どのような地域文化の創出やアイデンティティの構築もしくは持続が模索されているかをおさえる必要がある。「過去の文化として終わらせようとする」力学のもとで、人びとが、それをどのように終わらせまいとし、また終わらせられずにいるか、または義経伝説がどのようにどの程度信じられ、または信じられていないのか、という問題と言い換えても良い。その射程からは日本人の「判官贔屓」という課題も浮上することになるが、これについては別稿の課題とする。

本稿で行なった作業は、以上の課題を見据えた基礎的考察として位置付けたい。

註

（1）柳田國男「東北文学の研究」『定本柳田國男集』七　筑摩書房　一九六二年。

（2）金田一京助の「義経入夷伝説考」「アイヌの義経伝説」「英雄不死伝説の見地から」等を参照。いずれも次の全集に収録。金田一京助『金田一京助全集』一二巻（アイヌ文化・民俗学）三省堂　一九九三年。

（3）阿部敏夫『北海道義経伝説序説』響文社　二〇〇二年。

（4）阿部敏夫『北海道民間説話〈生成〉の研究』共同文化社　二〇一二年。

（5）菊池勇夫『義経伝説の近世的展開』サッポロ堂書店　二〇一六年。

（6）菊池　註（5）前掲書　四頁。

（7）金田一京助「日高国義経神社の由来」『旅と伝説』三巻一号　一九三〇年。

（8）野村敬子「羽前判官神社考」『日本文学史の新研究』三弥井書店　一九八四年。

（9）平取町史編集委員会『平取町百年史』平取町　二〇〇三年　一二九五頁。

（10）及川祥平『偉人崇拝の民俗学』勉誠出版　二〇一七年　二二二～二二九頁。

（11）金田一京助「英雄不死伝説の見地から」『アイヌ文化志』（金田一京助選集Ⅱ）三省堂　一九六一年　五一八頁。

（12）そして、近世以来、義経が大陸にわたり、金王朝や清朝の始祖になったという俗説があることも付け加えておく。大正期にひろく読まれた『成吉思汗ハ源義経也』はその思想的な延長線上にあるものである（小谷部全一郎『成吉思汗ハ源義経也』冨山房　一九二四年）。小谷部の著作はその近代における表出であるわけだが、小谷部をはじめとする近代の義経の清朝始祖伝説は、海外への領土拡張意識と適合するものであったという森村宗冬の指摘がある（森村宗冬『義経伝説と日本人』平凡社　二〇〇五年　一七一～一七三）。

(13) 阿部　註（3）前掲書　四六頁。
(14) 金田一京助「義経入夷伝説考」『アイヌ文化志』（金田一京助選集Ⅱ）三省堂　一九六一年　五〇二～五〇三頁。
(15) 阿部　註（4）前掲書　一七一頁。
(16) 阿部　註（4）前掲書　一七一頁。
(17) 阿部　註（4）前掲書　一七二～一七三頁。
(18) 菊池　註（5）前掲書　三二頁。
(19) 菅江真澄「蝦夷廼手布利」『菅江真澄集（四）』（秋田叢書別集）秋田叢書刊行会　一九三二年　五一三頁。
(20) 新井白石「退私録」『新井白石全集』五　国書刊行会　一九〇六年　五七六～五七七頁。
(21) 金田一京助『アイヌ文学』河出書房　一九三三年　二四一頁。
(22) 寛政三年（一七九一）に山田文右衛門が現在の門別町富浜に祀ったのを嚆矢とする説、寛政一一年（一七九九）ないし享和二年（一八〇二）に近藤重蔵らが新冠の判官館城址に祀ったのを嚆矢とする説など、異説は複数ある（平取町義経を語る会『カムイ義経』平取町観光協会　二〇〇一年　一七二～一七三頁）。
(23) 林恕『本朝通鑑』九　國書刊行会　一九一九年　二七〇〇頁。
(24) 平取町義経を語る会　註（22）前掲書　一六九～一七〇頁。
(25) 近藤に同行した木村謙次の「蝦夷日記」（北海道大学附属図書館蔵）には、近藤が良種と名乗ろうとしたことが記されており、これに「予按良種訓てヨシタ子義経ヲ夷人ヨシタ子と訛言ス　竊に混せんとするに似たり　児戯にあらされハ姦賊ノ発漏」とのコメントが付されている。ここでの引用は『カムイ義経』の翻刻に拠った（平取町義経を語る会　註（22）前掲書　一二三頁）。
(26) バード・イザベラ『完訳　日本奥地紀行』三（金坂清則訳注）平凡社　二〇一二年　九八頁。
(27) 平取町史編集委員会　註（9）前掲書　三〇七～三一八頁。
(28) バード　註（25）前掲書　九八頁。

(29) ペンリウクは義経神社の初代社掌として位置付けられている人物であり、現在、義経神社境内にはペンリウクの頌徳碑がある。
(30) 渡辺茂「義経神社」『北海道大百科事典』下　北海道新聞社　一九八一年　八七一～八七二頁。
(31) これらの一件について平取町義経を語る会は、「アイヌの伝え」として、ペンリウクが「沙流の神を門別で廃することは勿体ない」とのことで門別村の神像を密かに持ち帰ったが、門別村の神像のほうが大きく精巧であるため、一体を酒二升と交換してしまったとの話を紹介している。義経の神像は平取と門別にそれぞれ存在した可能性があるが、詳細は不明である。平取町義経を語る会　註(22)前掲書　一七四頁。
(32) 田村浩「再びアイヌを訪ねて」『旅と伝説』六九号(第六年九号)三元社　一九三三年　三〇頁。
(33) 原武史『可視化された帝国』みすず書房　二〇〇一年。
(34) 平取町義経を語る会　註(22)前掲書。
(35) 山泰幸「記憶を祀る―『赤穂事件』記憶を祀るモノと場所」『記憶と文化――「赤穂事件」記憶への文化社会学的アプローチ』(平成一三～一四年度　科学研究費補助金研究成果報告書)二〇〇三年　八六頁。

陶磁器産業と職祖信仰
――愛知県瀬戸市の事例から――

髙木　大祐

はじめに

　愛知県瀬戸市は、工業従業者数の二割を窯業・土石が占める陶磁器産業の町である。(1) ここには陶磁器に関わる二人の人物が神として祀られている。一人は鎌倉時代に宋から陶器製造の技術をもたらし瀬戸に定住したとされる「陶祖」加藤四郎左衛門景正、通称藤四郎であり、もう一人は江戸時代に九州から磁器製造の技術を伝えた「磁祖」加藤民吉である。一つの地域に二人の職祖が祀られていることは、興味深い民俗信仰の例であるといえよう。

　筆者はこれまで、動植物供養や漁業者による寺院参拝を例に、生業と信仰との関係を考察してきた。そのなかで同業者集団による信仰の事例を見出してきたのであるが、(2) 同業者集団による信仰としては職祖信仰も生業と信仰の関係を考える上で重要な要素となりうる。ただし、職祖信仰の研究は契約の取り決めをも含む太子講と、ときに大規模なイベント化を伴う職祖祭祀の例とに分かれる。後者の研究はまだ端緒についたばかりといえ、信仰とイベント化との関係の分析など、取り組むべき課題が残っている。本稿では瀬戸における二人の職祖の信仰の様子を見て、同業者集団の信仰と祭祀のイベント化の両方の観点を視野に、職祖信仰における生業と信仰との関係を考察する。

一　職祖信仰と同業者集団

ここでは、先行研究を踏まえて、職祖信仰の諸相を確認しておきたい。職祖信仰のなかでも早い時期から研究の対象とされてきたのは聖徳太子を祀る太子講であろう。和歌森太郎はいくつかの事例を挙げながら、太子講の概説を行っている。和歌森が示した事例からは、職人すべて、あるいは木材に関係するものすべて、といった形で参加を義務づけた上で、契約関係や仕事上の上下関係を確認する場であったことが太子講の特徴として指摘できる(3)。同様に、太子講の場で賃金の取り決めが行われた例を佐藤正彦が示している。佐藤が取りあげたのは平戸市職人町の太子講である。大寄と称する集まりの際に寄付金額の決定、大工賃金、就業規則など様々なことが決められたという。佐藤は職人個人のつながりよりも、組織として、建設業組合のような色彩が強められていく、と推測している(4)。祭祀を伴いつつも同業者集団としての色合いが濃く出た例といえるだろう。一方、駒井鋼之介は愛知県碧海郡桜井町岩瀬家所蔵の嘉永年間の文書「太子講仕法牒」を分析し、物価高に対応するために罰則を伴う値段の取り決めが行われたことを指摘している(5)。

このように、聖徳太子を職祖として祀る太子講は、同業者の組織、もしくは同業者の祭祀として機能しており、仕事にかかわる様々な取り決めを職祖たる聖徳太子の前ですることに意味があったように思われる。このことから、契約や取引を通じて結びつく人々が共有する信仰であるという特徴が指摘できる。

一方で、職祖の祭祀が大規模になると必ずしも直接の契約・取引関係を持つわけではない人々を巻き込んだイベントへと変化していく。このような例に着目したのが松崎憲三である。松崎は理容業者の職祖采女亮信仰を取りあげている。東京大塚上町の西信寺に北小路采女亮政之の墓を建立した采女講は、記念祭執行などのイベント機運が盛り上がって再編されたもので、終了とともに立ち消えになったものと考えられるという。また、仙台市では「仙台理容祭り」なる祭礼が行われ、小祠を安置し、采女亮の肖像を飾って供物を捧げ、理容道具を供えて道具への感謝を表していた。かつては功労者表彰、余興も付随して行われたが、昭和四七年（一九七二）からは簡素化のため祭祀を中止したという。(6)

大塚、仙台の例は職祖祭祀のイベント化が模索されながら尻すぼみになってしまった例ではあるが、いずれも職祖祭祀によって人を集めようとしたことには違いなく、職祖を祀ることが人を集めることにつながるのはなぜか、を考えてみる必要があろう。

様々な職業における祭祀を取りあげた小林公子は、やきもの業の信仰の特性として、祭祀対象に火や土の信仰に基づく神と技術的な祖神の二類型があるとした上で、職祖を祀る祭礼の中核は同業組織であること、主に火の神に対する信仰を念頭に業の遂行に不確実性が存在していることを指摘している。(7)また後述するせともの祭の様子を「もはや、せともの祭は神事と離れ、せとものの廉売を目的に訪れる人の祭になったといえる」と評している。(8)しかし、廉売を目的に訪れる人は、あくまで客であり、職祖の祭祀を求める人ではない。そこだけを見ていては職祖信仰とイベント化の関係は見えないであろう。

それを見るには、同業者集団はもちろん、イベントとして祭を受け入れている、地域の視点も必要になるだろう。同業者集団の祭祀が大規模化し、イベント化することの意味は深めてみるべき論点といえる。そこで、本稿の狙いは瀬戸における職祖の伝承のあり方から職祖祭祀のイベント化をも含む職祖信仰の意義を考えるところに置くことにする。

二　瀬戸の陶磁器産業の歴史と概要

まずは、瀬戸における陶磁器産業の歴史を振り返ってみるとともに、陶祖と磁祖、二人の職祖の功績をそこに位置づけておくことにする。

鎌倉時代から室町時代中期にかけて、瀬戸では他産地にない施釉陶器を生産していた。この時期のものを古瀬戸と呼ぶ。陶祖藤四郎の事績が伝えられるのがこの時期である。藤四郎自身の実在を示す同時代の史料がなく、藤四郎は半ば伝説上の人物というべきなのだが、唯一瀬戸でのみ施釉陶器が製造されていた事実は、藤四郎が宋から陶器製造の技術を持ち帰ったという伝承と一致するものといえる。安土・桃山時代には、領主の政策を嫌って職人が離散してしまったが、尾張徳川家初代義直が職人保護する政策を採り、このころに連房式登窯により大量生産が可能になったことと相俟って陶器製造が繁栄した(9)。

江戸時代中期から九州で製造された有田焼などの磁器が普及してくると尾張藩でもその生産が模索された。そこで、江戸時代後期に磁器の製法を学ぶべく九州に派遣されたのが「磁祖」加藤民吉である。磁器製造の技術を民吉が持ち帰り、現在は「せともの」が磁器の代名詞となったのである。さらには、各行程を製土《ツチ》屋、素地屋、釉薬《クスリ》屋、製形《カタ》屋、絵付屋、匣鉢《エンゴロ》屋といった専門の業者が手がける分業化が進むことになった。磁器産業の隆盛の背景には、陶器製造は長男だけが相続できるのに対し、磁器製造は長男ではなくとも就業できたという事情もある。これも分業化を進展させた要素の一つであろう。なお、この時期以降瀬戸では磁器に対して陶器を本業焼と呼び、現在まで製造が引き継がれている。

大正時代には欧米向けノベルティ（置き物、装飾品用の磁器）の輸出が盛んになり、瀬戸の磁器生産の特徴の一つが形作られることとなった。太平洋戦争中には、金属を軍需に振り向けるため、陶磁器で金属製品の代用品の製造を求められ、陶磁器産業としては命脈を保つこととなった。そして、戦後には再びノベルティ輸出が盛んになる一方、ファインセラミックスなど新分野が登場して工業用製品の製造も盛んになった。

この歴史からわかるように、瀬戸の陶磁器産業は、非常に多様な陶磁の生産が行われていることが特徴である。現在は協同組合だけでも複数にわたり、陶磁器産業の幅の広さが反映されている。販売に関わる陶磁器商による組合が瀬戸陶磁器卸商業協同組合で、七〇社が加入している。(10) 最大の協同組合は愛知県陶磁器工業協同組合（愛陶工）である。大正一五年（一九二六）設立で、組合員数は三〇五社である。(11) 愛陶工にはファインセラミックス部会、工業品部会、陶芸部会、テーブルウェア部会、オーナメントウェア部会、赤津製品部会、品野製品部会、瀬戸染付焼工業協同組合、水野陶磁器工業協同組合と、傘下に七つの部会、二つの組合を置いている。赤津、品野、水野はそれぞれ瀬戸市内の産地である。

愛陶工とは別に瀬戸陶磁器工業協同組合がある。昭和三二年（一九五七）設立の瀬戸輸出陶磁器工業完成協同組合をルーツとし、平成九年（一九九七）に現在の名称になった。輸出品の主力であるノベルティを扱う業者を中心に瀬戸市、尾張旭市、長久手町の三五社が加入している。(12) なお、組合員は一部が愛陶工と両方に所属している。さらに瀬戸染付焼工業協同組合は瀬戸染付焼が平成九年（一九九七）に伝統的工芸品の指定を受ける時に産地組合として設立されたもので、組合員数は二五名となっている。(13) 一方、陶芸作家として活動する個人は、昭和一一年（一九三六）に設立された瀬戸陶芸協会に加入しており、現在は五一人が所属している。(14) 陶芸作家は多くの工程を一人でこなして、少量に生産される作品を作っている。このため、協同組合とは役割が異なり、作品展示会の開催、日展など各種公募展への出品、研究会の開催といった、まさに作家のための活動が行われている。

このように瀬戸の陶磁器産業は「せともの」という言葉からイメージする日用の磁器の食器、ノベルティ等の装飾品、碍子などの工業製品、本業焼と呼ばれる陶器、さらには作家によって作られる陶芸作品まで、幅広い分野を抱え込んで発展してきた。事業者数、従業員数は漸減傾向にあるが、重要な地場産業としての地位は現在に至るまで変わりない。

三　陶祖藤四郎と陶祖まつり

1　陶祖藤四郎の伝承

陶祖藤四郎は、先述したとおり半ば伝説上の人物というべきであるが、瀬戸には藤四郎の存在を示す象徴的なものが二つ伝えられてきた。一つは瀬戸の氏神である深川神社に伝わる陶製狛犬像、もう一つが藤四郎の事績が記された六角陶碑である。

深川神社の陶製狛犬像は陶祖藤四郎の作と伝承されてきたもので、大正元年（一九一二）に国指定重要文化財となっている。現在では室町時代の作とされているが、(15)瀬戸の氏神に陶祖の作として伝承されてきたことは、職祖信仰の一側面として重要なことであろう。

六角陶碑は瀬戸の市街地を見下ろす高台にある。高さ四・一メートル、陶碑としては国内最大級のものである。この陶碑に刻銘された藤四郎の事績は以下のようなものである。陶祖は藤原景正といい加藤四郎左衛門と称した。大納言久我通親に仕え、その第二子である僧道元に従い宋にわたり、六年の留学を経て帰国した。その後、陶器製造に適した土地を探し、ついに瀬戸村祖母懐《そぼかい》の地で宋から持ち帰ったものと違わない土を見つけ、ここに陶業を開いた。(16)六角陶碑は慶応三年（一八六七）建立、瀬戸窯取締役加藤清助景登らの尽力により、当時名工と称された加藤岸太郎が製作したものである。撰文は尾張藩士で藩校明倫堂教授、督学兼侍読を務め藩政改革にも携わった阿部伯孝である。(17)

さらに、瀬戸には陶祖の後裔と伝わる家がある。唐三郎窯がそれで、一九世利右衛門景貞の時、藤四郎直系の家として徳川家康に命じられ、家康と尾張徳川家の御用を勤めることになり家宅、窯場、御除地を拝領して年貢諸役を免除、名を唐三郎と改め苗字帯刀を許されたという。以来、代々唐三郎を襲名し、現在でも本業焼を手がけている(18)。

このように同時代の史料はなくとも、陶祖作と伝わる狛犬、シンボリックな六角陶碑、そして陶祖の後裔と伝わる伝統ある本業焼の窯の存在により、藤四郎の存在が認められ、瀬戸の陶磁器産業を象徴する存在として重きを置かれてきたのである。

2　陶彦社と陶祖まつり

藤四郎の存在をを身近にさせている毎年の祭りが陶祖まつりである。陶祖を祀る陶彦社の例大祭と同時に大即売会をはじめとした様々な催しが行われる産業祭である。陶彦社は深川神社の末社として文政七年（一八二四）に創建された。六角陶碑の銘文にその例祭が三月と八月に行われたことが記されている。産業祭の形をとったのは昭和三七年（一九六二）で、以降毎年四月の土日に行われている。

平成二八年（二〇一六）四月一六日、一七日の調査に基づき、例祭の様子を以下に記す。両日とも朝九時から「せともの楽市」「せと窯元直販処」としてせとものの即売会が始まる。土曜日は一〇時から陶彦社例大祭が始まる。祭主は愛陶工の理事長である。愛陶工職員の司会により祭事が進行する。玉串奉奠は宮司のあと、祭主、陶祖後裔、陶祖まつり全体の主催者である大せともの祭協賛会の会長、瀬戸市関係の代表者、議員、愛知県の関係部署、市内官公庁の代表者、瀬戸陶磁器工業協同組合理事長、瀬戸陶磁器卸商業協同組合理事長、愛知県珪砂鉱業協同組合理事長、市内金融機関の代表者、瀬戸市体育協会会長、窯神社崇敬会（後述）会長、深川神社氏子総代会会長と続く。終了後、祭主挨拶、祝電披露があって、直会、記念撮影で終了となる。直会といっても参列者一同で献杯するのみである。この間、祭礼を見学する観光客もなく、ここはあくまで関係者のための祭礼といった様相で、招待客の肩書きに反し、例大祭そのものは極めて簡素なものといえる。

写真１　陶祖供養の様子

陶彦社例大祭は三〇分強で終了し、参列者は六角陶碑へ移動する。ここでは一一時から陶祖供養が行われる。導師は六角陶碑のある陶祖公園にほど近い宝泉寺（曹洞宗）である。陶彦社例大祭の玉串奉奠と同じ順番で焼香していく。陶祖供養の大般若転読（写真1参照）が終わると次いで茶碗供養として観音経の読経を行い、代表者が焼香する。開始から三〇分ほどで終了し、参列者は記念品を受け取ってめいめいに帰っていく。こちらも極めて簡素な祭儀である。

翌日曜日は深川神社で九時からこども獅子の奉納が始まる。祭礼の面ではこの日のメインになるのは御物奉献行列である。御物とは、陶物《すえもの》と称して陶彦社に奉納する陶器のことで、これを納めた箱を白装束に烏帽子を被った男性二人が棒に提げて担ぎ、その前後を羽織袴に一紋字笠の男性四人が固め、これを白装束の旗持ち、狩衣姿の笙、篳篥、笛奏者、巫女姿のミスせともの入賞者三人、直垂姿の愛陶工理事長が先導していく行列にしている。この行列の前には尾張瀬戸駅周辺から深川神社にかけての道泉地域の人々による道泉みこしがつき、ＪＩＭＯ婚・ＺＯ婚こまいぬ道中と称して、地元で結婚するカップルの乗った人力車が後を追う。沿道で商店を営む女性は盛装して行列を待ちかまえる。道泉みこしの囃子屋台、道泉みこし、御物奉献行列と順に通過し、最後にこまいぬ道中の人力車が現れる。沿道の人々が紙吹雪を浴びせて、おめでとうなどの声をかけ、人力車には菓子まきの人がついて、新婚カップルを祝福しながら進んでいくので、非常にゆっくりとしたペースである。

深川神社ではまず道泉みこしが陶彦社前に進み、ついで御物奉献行列を宮司が出迎え、深川神社拝殿前で一礼してから陶彦社の垣内に入り昇殿する。こまいぬ道中はお願い狛犬を奉納して戻っていく。陶彦社ではまず道泉みこしの神事が始まる。これは祝詞と代表者のみの玉串奉奠、お祓いのみですぐに終わる。そのタイミングを見計らって、垣内では雅楽奏上が始まり、祝詞奏上、玉串奉奠と続く。玉串奉奠をする関係者の数は前日の例大祭より少ない。あとは例大祭同様に愛陶工理事長の挨拶と、献杯のみの直会が行われ、最後に記念撮影をして散会する。

そのほかの主だった催しについても述べておく。瀬戸の中心部を離れた品野の即売会場では、市内の私立聖霊中学・高校和太鼓部が土曜日に演奏する。学校関係では、瀬戸市内小中学校から作品を募ったこども版画展も二日とも行われる。中央商店街沿いの広場では若手作家の展示即売がある。「陶神オリバー」なるご当地ヒーローのショーや、ご当地キャラの着ぐるみによるパレードもあり、子どもをひきつける工夫にも余念がない。陶祖まつりは多くの人に陶祖の名を浸透させる一大イベントとなっているのである。

3　陶祖八〇〇年

藤四郎の生没年は不詳であるが、明治四三年（一九一〇）に陶祖七〇〇年祭が行われた。山川一年氏によれば、名古屋市の開府三〇〇年祭に呼応して共催した行事であったようだ。したがって「『藤四郎さんが生きた時代』程度の冠事業であった」という(19)、節目の記念ではあるが、周年ではないという珍しい形での開催であった。しかし、これが現代にも影響を与えることになった。陶祖七〇〇年祭から一〇〇年が経過したことで、陶祖八〇〇年祭をやろうという機運が出てきたのである。

この機運は具体的には、卸商を中心にする賛同者が瀬戸市に要望するという形で現れた。市では藤四郎の事績の検証と、業界の活性化の必要性を認め、実行委員会を組織した。これが七〇〇年祭から一〇〇年目の平成二三年（二〇一二）のことである。事務局を瀬戸市文化課に置き、委員長を愛陶工理事長が務め、その他陶磁器業界関係団体の理事長や、観光協会の会長、また学識経験者として前出の山川氏を委員とした。実際の事業の実施は平成二四年度（二〇一二）から三年間となった。このあたりは、周年にこだわる必要がないアバウトさが生きたかもしれない。事務局を引き受けた文化課では、藤四郎の事績を検証して知ってもらうこと、そして一過性の行事にならないことに留意したという。

そこで、歴史部会を設置して藤四郎の事績検証に取りかかり、陶祖八〇〇年祭オープニング事業として陶祖・藤四郎フォーラムを平成二四年（二〇一二）四月一四日に開催した。翌二五年度には六角陶碑に藤四郎のルーツとして記された大和国諸輪荘と推定される奈良県川西町への調査を行うなどした。結果として新史料の掘り起こしには至らなかったとはいえ、フォーラムの開催など、藤四郎の事績の史的検証を通して藤四郎を知ってもらうという取り組みは、記念行事としては特色あるものといえるだろう。

もう一つ、文化財的側面で貴重な取り組みは六角陶碑の内部調査であった。最初の調査は平成二五年（二〇一三）二月一九日に市民に公開して行われ、内部に法華経が書かれた石があることがわかった。石は市役所ロビーに展示された。さらに翌二五年度には八月一日、二日両日に第二次調査を行い、一万五〇〇〇個以上の石を取り出した。経石は翌三日に一般公開された。その後、文化財センターが取り出した経石の調査、整理を行い、翌二六年度に報告書を刊行した。経石は六角陶碑覆屋の中で展示されたあと戻された。

直接陶祖の伝承に関わる事業としては以上の二つだが、もう一つ特色ある事業を紹介しておきたい。それは藤四郎の名を冠に使った陶芸コンテスト、瀬戸・藤四郎トリエンナーレである。出品の条件として、瀬戸在住である必要はないが瀬戸市内の陶土採掘場で、自ら土を採集し、その土から自分で作った粘土で製作することが課せられた。瀬戸陶芸協会が協力して、土の見本を作り、採掘場での現地指導も行ったが、原土からの製作は難しく、二三二名の原土採取に対し、出品者は一一七名に留まった。審査でグランプリにあたる藤四郎賞一点と、審査員特別賞四点が選出された。その後平成二五年（二〇一三）四月二〇日から五月二六日まで、陶祖まつりを挟んで瀬戸市美術館で展示された。このトリエンナーレは継続的に開催するもくろみで計画されており、第二回は平成二七年（二〇一五）に陶土採取、翌二八年にやはり陶祖まつりを挟む期間で展示が行われた。土は採っても出品できない人も多いが、出品者自体は増えており、瀬戸の原土から製作するというコンセプトが陶芸家をひきつけているのも確かであろう。陶祖がこの地に適質の土を見つけて窯を開いたという伝承と現在の陶芸家をつなぐ、瀬戸ならではの顕彰事業といえよう。

このほか、六角陶碑のある陶祖公園の整備、藤四郎がやきものを学んだと伝わる中国の土地を巡る市民訪中団の派遣、マスコットキャラクターの制定[20]、公募による陶祖八〇〇年記念事業など、陶祖藤四郎の名をより浸透させ、顕彰する取り組みが数多く行われた[21]。

四　磁祖加藤民吉とせともの祭

1　加藤民吉の事績と伝承

瀬戸の窯業を開いたとされる陶祖藤四郎に対し、磁器の製造技術を持ち込んだ中興の祖というべき位置にいるのが磁祖加藤民吉である。民吉は安永元年（一七七二）に瀬戸に生まれているが、長男ではないため陶器製造を継ぐ資格がなかった。このため熱田前新田の干拓事業に従事していたが、ここで尾張藩奉行の津金文左衛門に見出され、磁器の生産に取り組んだ。磁器の本場九州での修業の必要性を感じた民吉は、瀬戸村庄屋加藤唐左衛門や津金の子庄七らの支援を得て、享和四年（一八〇四）、九州へ修業に出た。最初天草の東向寺にいた瀬戸の隣村菱野村出身の僧侶天中を頼り上田源作につき、次いで肥前佐々皿山の福本仁左衛門のもとで働いた。その後、天草で上田源作に上絵付けを学び、帰国した。

実在の人物だけに、藤四郎のように伝承めいた側面は少ないが、後世の創作が民吉のイメージを作った例がある。歌舞伎の「明暗縁染付《ふたおもてえにしのそめつけ》」である。初演は昭和二年（一九二七）大阪中座である。ここでの民吉は技術を盗み、妻子を捨てて瀬戸に帰るという役柄で「佐々の悪魔、瀬戸の窯神」という副題になっている。

なお、陶祖の後裔が一九世以来加藤唐三郎を襲名しているのに対し、磁祖の後裔は代々加藤民吉を襲名し、窯は廃業したものの、現在まで受け継がれている。

2　窯神社とせともの祭

陶祖まつりと対をなし、磁祖を祀る窯神社の例大祭を核とするのがせともの祭である。窯神社の創建は大正五年（一九一六）で、民吉が秋葉社などを祀っていた遥拝所で加藤民吉家が民吉をも祭祀していたが、(22) この年に崇敬会を組織し神社としたものらしい。宮司は深川神社の兼務である。窯神社の土地と瀬戸市の磁祖公園が一体に整備されている。公園部分には加藤民吉像のほか、愛陶工が設置した加藤唐左衛門頌徳碑、名古屋陶磁器輸出組合（現存せず）などが設置した津金文左衛門父子頌徳碑がある。名古屋市東北部で陶磁器の加工・輸出が盛んだったころ、熱田前新田で民吉を見出した津金の顕彰を行ったのである。

昭和五九年（一九八四）に定められた会則により、窯神社の代表は愛陶工とされる。崇敬会会長は役員から選出され、代々地元道泉地区の住民から選ばれている。祭祀は愛陶工が祭主となり、崇敬会と合議の上、執り行うとされている。崇敬会は地元有志により構成される。陶磁器関係者や道泉地区の住民が多い。この会則からは、愛陶工と地元が一体となって民吉を祀るのが窯神社であると読み取れる。

産業祭としてのせともの祭の始まりは昭和七年（一九三二）で、陶祖まつりより早い。窯神社の例大祭に合わせ露店による陶磁器の廉価販売を行ったのが恒例化した。瀬戸商工会議所ではこれを全国初の産業祭としている。もとは一五日が窯の休日になっていたことから九月一五日、一六日に行われていたが、第三土曜・日曜になり、平成一〇年（一九九八）から第二土曜・日曜に開催されている。陶祖まつりと同じ大せともの祭協賛会主催である。

祭事としては、金曜日に前夜祭があり、これは商工会議所を中心にした大せともの祭協賛会と崇敬会の主催で行われる。そして、土曜日の午前中に、愛陶工と崇敬会の主催により例大祭が行われる。以下は筆者が調査した平成二八年（二〇一六）九月一〇日の様子を記す。例大祭の前に、地元の武道場による演舞奉納が行われる。次は小学生の女子四名の舞手による豊栄舞奉納である。一〇時三〇分から例大祭が始まる。玉串奉奠の順番は、愛陶工理事長、大せともの祭協賛会会長まで陶祖まつりと変わらず、磁祖後裔、陶祖後裔、津金文左衛門後裔、加藤唐左衛門後裔と続く。民吉の恩人二人の後裔も招待されているのである。その後は各機関代表者や議員が行う。例大祭終了後は乾杯のみの簡素な直会、その後、記念品と供饌の菓子が配られる。なお、神饌の菓子は後日崇敬会会員全員に配られる。

演舞の関係者や豊栄舞をした子どもたちとその家族、友人が見学しているが、観光客の姿はなく、やはり関係者が民吉の偉業を確認しあうこと、そこに自分たちのルーツがあることを、ともに認識することが例大祭の主眼であるようである。

一方、せともの大廉売市を中心とした、せともの祭の催しで注目したいのは、若い人たちに参加の窓口が開いていることである。市内の水野小学校、本山中学校、水無瀬中学校、祖東中学校、瀬戸窯業高校の児童・生徒の作品が展示・販売、若手作家の育成に取り組む新世紀工芸館、瀬戸染付工芸館の研修生の作品展、市内小中学生による陶芸展がそれにあたる。大規模な産業祭の一画とはいえ、民吉の遺徳を偲ぶというコンセプトのもと子どもたちや若手作家の作品展示・販売が行われていることの意味には留意しておいてよいと思う。

せともの祭の大廉売市と並ぶ呼び物は、土曜日夜間の花火で、パンフレット裏側には花火の寄贈者の名が並ぶ。瀬戸の地元企業が主体で、もちろん陶磁器産業の企業名も多い。まさに陶磁器産業を中心に瀬戸の商工業界を巻き込んだ一大イベントの観がある。

3　磁祖九州修業二〇〇年

藤四郎については陶祖八〇〇年として記念事業が行われたのに対し、民吉についてはそれより早く、九州修業二〇〇年を記念する事業が平成一九年（二〇〇七）に行われた。そのきっかけは平成一七年（二〇〇五）である。民吉が頼った天中和尚の東向寺が晋山式を行うということで、その記念の碑を作りたいという相談があった。そこで、天草の画家上中万五郎氏の絵を六代加藤民吉氏が写し、これを陶碑にして東向寺に建立した。この晋山式の参列の打診が窯神社崇敬会にもあった。崇敬会では民吉のことを学ぶ機会にしようと考え、出発前に前出の山川一年氏を招いて勉強会を開き、晋山式を含め二泊三日の行程で九州の民吉の足跡をたどった。その後、反省会で九州修業二〇〇年記念事業をやろうと提案があり、その場にいた愛陶工の理事長も賛同したことで、事業が動き出した。

もっとも、折しも瀬戸市内に会場の一部を抱える愛知万博の開催年であり、瀬戸市では大々的に記念事業を計画するのは困難であった。そこで、崇敬会を中心に特色ある事業として考えたのが、残心の杉の植樹である。残心の杉とは、民吉が修業の地、佐々を去る際に記念に植えたと伝わる杉のことである。その背景には、先述の歌舞伎「明暗縁染付」の影響で民吉を産業スパイと見る向きがある上、瀬戸でも、せともの祭では民吉が残してきた妻子の涙雨が降る、などと言われてきたことがある。しかし、佐々で残心の杉が大切にされている様子や、民吉もなかという土産物まであるのを見て、佐々でも民吉が大切にされていることが崇敬会のメンバーの心に残ったことで、このアイデアが生まれた。

残心の杉の枝をもらい受け、挿し木により瀬戸で育てる計画がたてられた。市内の東京大学愛知演習林（現生態水文学研究所）に協力を依頼、市民参加を条件に引き受ける、となったことを受けて、挿し木、植え替えを市民参加のイベントとして苗木を準備した。そして、磁祖公園内に平成一九年（二〇〇七）六月一七日に植樹にこぎ着けた。これにあわせて、昭和三七年（一九六二）に本渡市（現天草市）から贈られた「飲水思源」碑も移設、整備された。この石碑は瀬戸市から東向寺に贈った民吉翁之碑への返礼であり、「水を飲み、源を思う」すなわち、瀬戸の磁器の源流が天草にあることを忘れないでほしい、というメッセージになっている。これを残心の杉の隣に移設したことで、民吉の功績を介した瀬戸と九州とのつながりが表現されることとなったのである。

このほか、瀬戸市では磁祖加藤民吉九州修業二〇〇年記念セミナーを開催するなどの取組をした。特に注目すべきは瀬戸商工会議所、瀬戸キャリア教育推進協議会が漫画の『磁祖民吉物語』を発行したことであろう。瀬戸の磁祖顕彰は次代へ功績を伝えていくことが意識されていると見ていいだろう。

五　瀬戸の職祖信仰の特質

ここまで見てきた、陶祖藤四郎と磁祖加藤民吉の信仰のあり方は、神社における祭祀、神社の例大祭を核とした産業祭、記念の年における顕彰活動の三点で共通している。

陶彦社と窯神社はともに瀬戸の名所と認められている。また、六角陶碑は陶祖公園にあり、窯神社が磁祖公園と一体になって市民のレクリエーションの場にもなっている。なお、陶彦社、六角陶碑、窯神社それぞれに由来を示す案内板もある。このように、神社と六角陶碑とがそれぞれに陶祖、磁祖の名と功績を伝えている。

職祖信仰としての例大祭は、職祖を祀ることにより斯界の興隆を願うわけだが、祭主としてそれを執り行うのは職人個人ではなく業界を代表する愛陶工である。また、窯神社崇敬会にも陶磁器産業関係者が多いとはいえ、道泉地区の住民も多いという点では、かつてここに住んだ加藤民吉を称揚することが主目的であるといった感じも受ける。すると、陶彦社例大祭、陶祖供養、窯神社例大祭のいずれも、瀬戸の陶磁器産業を隆盛に導いた先人の存在を確認しあうことにこそ重要な目的があるように考えられる。特に、窯神社例大祭では、陶祖、磁祖、磁祖の恩人である加藤唐左衛門と津金文左衛門の後裔が招待されており、これはまさにルーツの確認であるということができるであろう。

次にその例大祭を核とした陶祖まつりとせともの祭の意義は何か、考えてみよう。外部から見ればそれは年に二回のせともの大廉売市に過ぎないが、瀬戸においてはそれぞれに陶彦社例大祭と窯神社例大祭に伴って、開催されるものであり、決してこれを切り離さないところに意味があるのではないか。祭りの主な参加者という点では、出店（展）者とそこに来る客ということになるであろうが、出店（展）者、なかでも作品を展示・販売する陶芸家や市内学校の生徒・児童、陶磁器関係の研修生は、製作のスケジュールを陶祖、磁祖という存在を祀る機会に合わせて立てていくことになる。この点では、陶祖八〇〇年を機に新たに始まった瀬戸・藤四郎トリエンナーレも同様である。直接祭祀の場にいなくても、展示の場が陶祖・磁祖を祀る機会であるという形でその存在と結びつけられるのである。

したがって、途中強調してきたように、陶祖まつり、せともの祭ともに子どもたちが参加する場が確保されていることの意味は小さくない。瀬戸の学校に通う子どもたちは必ず陶祖、磁祖の存在に触れる機会を持つことになるのである。また、陶磁器産業に関わっているわけではない人々も、陶祖まつり、せともの祭の何らかの催しに参加することで、陶祖・磁祖の文字を目にし、その存在を意識するようになっている。そう見れば、例大祭自体の参加者は限られても、多くの人に陶祖・磁祖の存在に触れてもらう場として、産業祭としての陶祖まつり、せともの祭が必要なのである。

そして、陶祖八〇〇年、磁祖九州修業二〇〇年という場では、あらためて二人の事績に光を当てる催しが行われ、陶祖公園の整備、磁祖公園への残心の杉植樹と飲水思源碑の移設といった事業により、瀬戸の陶磁器産業のルーツを確認する場が整備された。この二つの記念事業は、伝承への意志を新たにするのに役立てられたといえるであろう。

このように、瀬戸の職祖信仰の特質は、毎年の例大祭が陶磁器産業のルーツを確認する場として機能しつつ、それに伴う産業祭が職祖に触れる機会を多くの人に確保するという形で、地域アイデンティティの形成に役立っているというところに求められよう。

むすびにかえて

瀬戸市の陶磁器産業を事例に、職祖信仰のあり方をみてきたが、その力点は職祖の祭祀・顕彰による陶磁器産業のルーツ、そして陶磁器産業のまちとしての瀬戸の地域アイデンティティの確認といった点にあることが明らかになった。すると、職祖信仰の研究は、同業者集団の結束に重点をおいた太子講研究の流れを汲みつつ、人神祭祀と偉人崇拝、顕彰の分野へとつながるものにならなければならない。

及川祥平は、歴史上の人物の祭祀・顕彰の事例から、その論点の一つとして「国史と郷土史、愛国心と郷土愛を結ぶ回路も加わって、自地域を前提として偉人を特別視する「郷土の偉人」という枠組は、このようなメディア状況（筆者註　ヒーロー化による娯楽的な歴史享受や二次元的な視覚メディアにおける外見の理想化）をふまえ、地域統合の社会資源という性格よりも、自治体の経済資源としての性格を前景化させる傾向にある」と指摘した。[23]その「郷土の偉人」が職祖である瀬戸の例では、郷土愛は愛国心とは切り結ばず、愛陶工という主体の存在が地域統合の社会資源としての性格を後景に置かせないようでもある。この点では及川が論じた事例と職祖祭祀とは隣接しながらも違いも見出せる。及川の重要な成果である偉人崇拝の事例から民俗学的歴史認識論へという重要なテーマの方向づけを含め、同業者集団による職祖祭祀、またそれが拡大した産業祭という文脈でどう捉えられるか、職祖信仰を考える上での新たな視点になりうるだろう。それを考える上でも先に共同研究で取り組んだ人神信仰についての成果とも比較してみるべきであるが、[24]すでに紙数が尽きた。本稿で重視した様々な人々に向かって職祖への接点が開かれていることの意味を念頭に、様々な人神信仰、偉人崇拝との比較検討は今後の課題としたい。

註

(1)『瀬戸市統計書』平成二六年度版　九頁　二〇一六年　瀬戸市。

(2)拙著『動植物供養と現世利益の信仰論』(二〇一四年　慶友社)及び「答志の漁業と信答講」(長谷部八朗編著『「講」研究の可能性Ⅲ』二〇一六年　慶友社)を参照。

(3)和歌森太郎「太子講」『宗教公論』二五巻三号　八九~九五頁　一九五五年　宗教問題研究所。

(4)佐藤正彦「長崎県平戸市の太子講と建設業組合」『産業経営研究所報』二五号　三九―九一頁　一九九三年　九州産業大学産業経営研究所。

(5)駒井鋼之介「三州瓦の起源と太子講」『歴史考古』一五巻一号　一~七頁　一九六七年　日本歴史考古学会。

(6)松崎憲三『現代供養論考　―ヒト・モノ・動植物の慰霊―』二〇〇四年　慶友社。

(7)小林公子『生業信仰の形成と展開―技の神から同業組織の神へ―』一七八~一八四頁　二〇一〇年　大河書房。

(8)小林前掲書　一四七頁。

(9)いくつもの焼成室を連ねた構造の登窯。登窯は斜面を使って下の焼成室の排熱を上の焼成室で利用するもので熱効率が良く、長大な窯による大量生産が可能である。

(10)瀬戸陶磁器卸商業協同組合のホームページに現在掲載されている組合員をカウントした。瀬戸陶商　http://seto-tosyo.jp/kumiai/　二〇一七年四月二〇日閲覧。

(11)愛知県陶磁器工業協同組合ホームページ記載の最新の数値。
愛陶工　http://www.aitohko.com/about.html#gaiyou　二〇一七年四月二〇日閲覧。

(12)瀬戸陶磁器工業協同組合ホームページ記載の最新の数値。瀬戸陶磁器工業協同組合　http://www.setomono.or.jp/gaiyou.html　二〇一七年四月二〇日閲覧。

(13)平成二一(二〇〇九)年七月現在、愛知県公表の数字。瀬戸染付焼　愛知県　http://www.pref.aichi.jp/sangyoshinko/densan/103.html　二〇一七年四月二一日閲覧。

(14)瀬戸陶芸協会ホームページ掲載の会員をカウント。http://seso-tougeikyoukai.jp/member　二〇一七年一〇月二九日閲覧。

(15)文化庁　国指定文化財等データベース　http://kunishitei.bunka.go.jp/bsys/index_pc.html(「陶製狛犬」で検索)二〇一七年四月二〇日閲覧。

(16) 六角陶碑の碑文には異説も刻まれているが省略する。
(17) 阿部伯孝は建立の前年　慶応二（一九六六）年に亡くなっている。撰文は慶応二年二月である。六角陶碑は三九個ものやきものを組み合わせている上、巨大な陶器は土の乾燥にも焼成にも時間がかかるので、撰文のあと完成まで時間が開いたのであろう。
(18) 愛陶工の組合員プロフィールより。
　愛陶工　唐三郎窯　http://www.aitohko.com/k_list/7507.pdf　二〇一七年四月二一日閲覧。
(19) 山川一年「道元禅師と藤四郎」『深川神社コラム：瀬戸歳時記』二〇一三年　深川神社　瀬戸歳時記 http://www.setofukagawa-shrine.com/setosaijiki/130201.html　二〇一七年四月二一日閲覧。
(20) 現在流行しているいわゆる「ゆるキャラ」のデザインで、藤四郎くんと名付けられた。
(21) 陶祖八〇〇年記念事業については瀬戸市文化課提供の各年度事業報告によった。なお、第二回瀬戸・藤四郎トリエンナーレについては瀬戸市文化振興財団による。第二回瀬戸・藤四郎トリエンナーレ　http://www.seto-cul.jp/business/triennale.html　二〇一七年四月二八日閲覧。
(22) 『瀬戸市史　陶磁史篇三』二六〇頁　瀬戸市、一九六七年。なお、同書では加藤民吉家で維持できなくなったあと、西谷部落の二十数軒で代行するようになったとあるが、これが崇敬会の始まりか。あるいは大正五（一九一六）年からは瀬戸町の祭礼として取りあげられたともあるので、大正一五年の愛陶工設立以降同業者集団が関わったと見るべきか。
(23) 及川祥平『偉人崇拝の民俗学』二〇一七年　勉誠出版　四一五頁。
(24) 松崎憲三編『人神信仰の歴史民俗学的研究』二〇一四年　岩田書院。

佐倉惣五郎観の変遷
――『日本及日本人　秋季臨時増刊　義民号』の分析を中心に――

佐山　淳史

はじめに

佐倉惣五郎は、一般に、江戸時代に困窮する農民を救うため直訴を行い、処刑をされた義民として、広く知られた存在である。千葉県市川市出身である筆者は、どのようなきっかけで初めて名前を聞いたのかを覚えていないが、小学生の頃からその存在を知っていたことを記憶している。当時、同級生のなかには、自分は佐倉惣五郎の子孫だと豪語する者もいたので、子どもにもよく知られた存在であったと言える。また、筆者が平成二五年（二〇一三）に講義の中で学生に佐倉惣五郎を知っているか聞いたところ、多くの学生が高校時代に日本史の授業で教わったと述べた。山川出版社の『日本史用語集』によると、「佐倉惣五郎」は高等学校日本史B教科書全八種類全てに載っており、高校で日本史Bを選択した学生にとっては記憶に残る名前であるらしい(1)。

このような佐倉惣五郎の知名度と比べると、義民という言葉には馴染みがないように思われる。義民は、『広辞苑』で次のように説明されている(2)。

正義・人道などのために一身をささげる民。江戸時代、百姓一揆の指導者などを呼んだ。義人。「―佐倉惣五郎」

「義民」は、江戸時代の百姓一揆の指導者を指して呼ぶ場合に使われる事が想定されている。確かに「正義・人道などのために一身をささげる」人物は、現代においても見出すことはできるであろうが、義民と呼ぶのは少々時代がかっているように感じられる。そう考えると「義民」はもはや日常生活の中で使えるような言葉ではないのかもしれない。

また、広辞苑の「義民」の項には例文として佐倉惣五郎の名前が使われている。同様に広辞苑には、「佐倉」の小項目として佐倉惣五郎の別名「佐倉宗吾」が載っており、「下総佐倉藩領の義民」と説明されている。このことから、義民と佐倉惣五郎という言葉は密接なつながりを持っており、義民と言えば佐倉惣五郎、あるいはその逆も成り立つような関係と言えるであろう。保坂智によると、百姓一揆の指導者を義民と呼んだ最初の事例は、嘉永四年（一八五一）に惣五郎の物語を題材にした歌舞伎「東山桜荘子《ひがしやまさくらそうし》」がヒットしたことを記録した『藤岡屋日記』の記述であるという。(3)「東山桜荘子」がヒットしてから一五〇年、さまざまな形で義民としての佐倉惣五郎が語られるうちに、現在では義民と惣五郎は切っても切れない関係になったのである。

このように佐倉惣五郎の物語が広まる中で、佐倉惣五郎に対する信仰も広まっていった。佐倉惣五郎を祀る神社は全国的に見られ、二〇を越える数が確認されている。(4)近世に、一揆の守り神的な存在として惣五郎を祀った神社が存在する一方で、長野県飯田市北方にある佐倉神社は、昭和七年（一九三二）に不況を乗り越えるため、農民に太平をもたらした護国の神として、惣五郎を祀ったものとされている。(5)義民と一口に言っても、佐倉惣五郎のエピソードのうち、どの部分を取り出し、どのような文脈で評価するかは、時代ごとに違いがあり、それが信仰のあり方にも影響を与えていると考えられよう。

本稿では、主として大正八年（一九一九）に政教社より発刊された雑誌『日本及日本人』の義民号を題材としながら、佐倉惣五郎と義民観の変遷について考察を深める。佐倉惣五郎への信仰に影響を与えたと考えられる、佐倉惣五郎への評価の移り変わりの一端を捉えることをめざしたい。

一　自由民権運動と佐倉惣五郎

百姓一揆の指導者は時代によって様々な文脈で顕彰されてきた。横山十四男は、『義民伝承の研究』において、義民顕彰の行われた時期を、

①江戸時代の宝暦・明和期
②江戸時代の幕末期
③自由民権運動期
④大正デモクラシー期
⑤太平洋戦後改革期
⑥一九七〇年代住民運動展開期

の六つの時期に分けて考察をしている。(6) この六つの時期のうち、ここでは③と④に注目をしてみたい。

③の時期について横山は、日本史上義民顕彰がもっとも盛んに行われた時期であり、埋もれた義民を発掘し、積極的に顕彰しようという思想運動が展開されたという。(7) この時期には、福沢諭吉が、『学問のすすめ』において、「人民の権義を主張し正理を唱えて政府に迫りその生命を棄てて終りをよくし、世界中に対して恥ることなかるべき者は、古来ただ一名の佐倉宗五郎あるのみ(8)」と記すなど、佐倉惣五郎の行動を、勇気を持って民衆の要求を主張したものと

捉え、自由民権運動と結びつけて評価することが行われた。とくに、自由民権家による義民顕彰を推進した中心人物として自由党員小室信介が挙げられる。(9) 小室は、明治一六年（一八八三）に『東洋民権百家伝』にて「古ヨリ身ヲ殺シテ仁ヲ為シ生ヲ捨テ義ヲ取ル者尠シトセズ」として「幕吏壓虐ノ政ヲ打壊シ、人民倒懸ノ苦ヲ救解」した先例として佐倉惣五郎を出したうえで、全国にある似た事例を発掘し、まとめている。(10)『東洋民権百家伝』では、佐倉惣五郎が日本における民権家の祖のような扱いを受けているのである。

また新井勝紘は、植木枝盛が惣五郎を引用した朝野新聞の論説や、それに対する民権家深沢権八の反応などを引きながら、この時期の自由民権家は佐倉惣五郎を「一つの強い拠り所、あるいは守護神のような頼りがいのある存在」のように捉えていたと指摘している。(11)

民権家たちは、命を顧みず民衆のための主張を行った佐倉惣五郎を、自らの状況と重ね合わせるとともに、日本にも西洋由来である自由民権思想につながるような人物がいたということを心の支えにして、自らを奮い立たせていたと言えよう。

このように自由民権運動が盛り上がったあと、日清、日露、第一次大戦を経た後にやってくるのが④の時期である。この時期を横山は「本格的な百姓一揆研究の始まったとき」とする。(12) この時期の小野武夫、黒正巌らの本格的な百姓一揆の研究は、明治期の義民伝のようなものとは一線を画していた。(13) また、研究のなかには、一揆を封建制度を揺るがしたものと捉え、そこに階級闘争としての性格と、革命性を見出すものもあったが、労働者や農民の階級的立場に立つ運動が認められなかったことに加え、昭和一〇年（一九三五）以降に戦時色が濃厚になるにつれて、百姓一揆の研究も衰退していった。(14)

横山は④の時期を主に百姓一揆研究史の観点で整理しているが、その時期にいわゆる歴史研究の世界ではない、明治期の義民伝的な言説はどのような展開を経ていたのであろうか。その一端を大正八年（一九一九）発刊の『日本及日本人』の義民号における言説から垣間見たい。

二　『日本及日本人　秋季臨時増刊　義民号』における義民観

1　『日本及日本人』について

『日本及日本人』は、政教社から出版されていた言論雑誌である。その概要については、『明治文学全集三七　政教社文学集』に所収されている松本三之介「『日本及日本人』」に詳しく記されているので、以降は松本論を参考にしながらまとめてみたい。(15)『日本及日本人』の主筆である三宅雪嶺は自由民権運動に関わったのち、志賀重昂ら政教社の同人とともに、極端な西洋化に抗う国粋主義を主張した。その主張は明治二一年（一八八八）創刊の雑誌『日本人』および、明治二二年（一八八九）創刊の新聞『日本』紙上にて展開されていた。しかし、明治三九年（一九〇六）に新聞『日本』の経営を行っていた陸羯南が病気となり、代わりにもと『時事新報』編集長の伊藤欽亮が経営を行うようになると、新しい経営方針が旧社員に受け入れられず、三宅雪嶺をはじめとした旧社員のほとんどが、三宅雪嶺が主筆を務めていた雑誌『日本人』へと移った。このことをきっかけにして雑誌『日本人』は明治四〇年（一九〇七）に名前を『日本及日本人』へと変えたのである。

松本三之助は、三宅雪嶺の思想的立場の特徴を、第一に「政府本位」に甘んずることなく、「国家全体の勢力の拡張」を志向したこと、第二に「国家の特性の発揚が同時に世界人類の文明を増進する所以であるとの信念を前提としている」こと、としている。(16)

三宅雪嶺の思想は一般的に国粋主義とされるが、松本が第一の特徴として上げているように、そこには独自の在野性があった。それは、三宅自身が文部省官僚として働いた経験から、官庁への批判的な態度を有していたことに由来している。(17)この在野性から、紙面上でも政府と対立する論調が少なくなく、『日本及日本人』は明治四三年（一九一〇）から大正六年（一九一七）までに少なくとも六回にわたり発禁処分となっている。また、松本が第二に上げた三宅の世界的な視点は、日本がどのように世界の文明に寄与できるかを考えるものである。三宅の国粋主義は、単に日本国内の良いところを顕彰して民族意識を発揚するような内向きの視点だけでなく、世界への貢献も視野に入れた思想であったと言えよう。

このような主筆三宅の特徴から『日本及日本人』の執筆陣には、比較的進歩主義的、あるいは自由主義的な人々から、極端な国家主義者にいたるまで、幅の広い顔ぶれが集まった⒅。

2　諸記事の概要

『日本及日本人』はたびたびページ数を増やした特集号を発刊するが、大正八年（一九一九）九月二〇日に特集号として『日本及日本人　秋季臨時増刊　義民号』（以降『義民号』と略す）が発売される。この『義民号』には、様々な寄稿者による義民についての見解や、地方の義民のエピソードの紹介が収録されている。『日本及日本人』において義民が特集されたのも、主筆三宅雪嶺が持つある種の在野精神と、国粋主義の文脈によるものだと考えられよう。ここでは、この義民号に記載された記事から、当時の義民観とでも言うべき様々な義民の評価について整理を試みたい。

前項で触れたように『日本及日本人』の執筆陣は、幅の広さも持ち合わせているとはいえ、雑誌の特徴から論調にはある種の偏りがあることが予想される。あくまでも今回の試みは、大正初期という時代に義民がどのように評価され得たのかを考察していくための第一歩としてのものであることをお断りしておきたい。

『義民号』には、三宅雪嶺の巻頭文の他に、様々な論客から計八一の寄稿がある。その全てを取り上げることはできないので、抜粋して紹介することとする。

まずは、主筆三宅雪嶺の巻頭論文「賤民の義勇」を取り上げる。ここで三宅は、動物の遺伝は植物の如く明かならず、人類の遺伝は他の動物の如く明かならず、遺伝及び境遇にて世上に浮沈あるにせよ、如何なる遺伝及び境遇が最も優るべきやは、現在の知識にて明かにするを得ず。（中略）遺伝境遇に拘泥するの謬りを察すべし。

とし、遺伝や階級によって品性に違いが出るということ否定する。[19]その後、佐倉惣五郎や大塩平八郎、田中正造らの義挙に触れ、さらに貧富の差がひらく世情に言及し、「政治において耄碌が鞏固なる閥を築きし時、民権家が奮闘し、或は牢獄に繋がれ、死刑に処せられし如く、経済に於て資本が鞏固なる閥を築ける時、有志の徒が之に反抗し、弱者を擁護し、強者の壓迫を被るべし」と述べる。[20]自由民権運動に関わり在野の精神を持っていた三宅らしく、民権家の活動と経済格差を打破する運動に共通点を見ているといえる。

そして、最後に詩人ヘンリー・ワーズワース・ロングフェローの「逐わる、家畜たる怱れ」という言葉を引用し、「羊の何時迄も従順ならず、漸次力を増進し、猛獣と角闘するに堪ふるに至るを考ふべし」という。[21]

三宅が「賤民の義勇」という文章で主張したのは、前時代的な階級観に囚われ、自らの地位や境遇に諦めを持つのではなく、志と覚悟さえあれば状況を変えるための行動を誰もが起こせると知るべき、ということであった。その前例として、幕藩時代の佐倉惣五郎ら義民のエピソードが使われている。三宅にとって義民は、既存の構造に風穴を開け、時代をより良い方向へと進ませるための、これからのあるべき民衆のすがたとなっていると言えよう。

さて『義民号』のなかには、題名に佐倉惣五郎が使われている論考が五つあり、それらを挙げると左記のようになる。

堀江帰一「現代社会に宗吾あらば」
高橋梅園「宗吾非義民論」
木村鷹太郎「佐倉惣五郎・ソクラテス・耶蘇」
高安月郊「宗五郎と平八郎」
三田村鳶魚「疑問の佐倉惣五」

以上を順に見ていくことで義民観と佐倉惣五郎の扱われ方にも注意を向けてみたい。

まずは、堀江帰一「現代社会に宗吾あらば」を見てみよう。(22) 堀江帰一は明治から昭和戦前期の経済学者で、はじめは自由主義経済学の立場をとったが、晩年は諸般の事業を国有化して、民主的監督を加えることを主張する国家資本主義立場をとった人物である。(23)

「現代社会に宗吾あらば」は大変短い文章であるが、この中で堀江は公共的利益を生み出す職業についているものは一種の義民であるとしつつも、世間的には目的のために命を犠牲にするなど、犠牲が大きくなるほどより義民として著しいものとされると述べる。また、自身も宗吾霊堂に何度も詣でているとし、もし佐倉惣五郎と同じような犠牲的精神がある人が今の時代にもう一度出現するようになれば、政界や社会の改良が簡単に進むと言う。

堀江の宗吾霊堂への参詣は、佐倉惣五郎の自己犠牲の精神にあやかるための行動だと思われる。しかし、記述の中に当時佐倉惣五郎的な犠牲精神はすでに失われているという認識があることにも注意したい。この認識は、三宅の巻頭文にも通じるものであろう。また、当時堀江は大正七年（一九一七）に『労働問題十論』を著すなど、労働問題に注目しており、そのことも堀江の興味を佐倉惣五郎や義民へと向かわせる要因になっている可能性がある。

続いては高橋梅園「宗吾非義民論」を取り上げる。(24) 高橋梅園は本名を高橋龍雄といい、国語学者であり茶道研究家でもあった[25]。

高橋は、日本における義は忠義というものと分けることができないとし、佐倉惣五郎の直訴は感情的で理知的でなく、藩主堀田の顔に泥を塗る忠義を欠いた行動であったとしている[26]。また、「佐倉義民が現代の危険思想に悪用されて、政府又は富豪に反抗するのが義であると即断されるようになつては大変だ」[27]「反抗的精神が動もすればかのデモクラシイといふものと共鳴するから、此際反抗精神のない、比較的安全な義民を唱導したいと思ふ」[28]という言葉から見られるのは、民衆が覚悟をもって世の中を変えていくことを良しとした三宅雪嶺とは少々異なる高橋の考え方である。「私の本志は西洋流の反抗的義挙を排して、吾が国体に順応した忠義両全の義民を主張したまでである」[29]という言葉からは、西洋の革命的な思想に危機感をもちつつ、どのような時も主君や国家を立てるというような形での秩序を守りたいとする高橋の思いが見て取れる。堀田の非を認めつつも、惣五郎の直訴をそのままでは認められないという論旨は、労働問題が顕在化していた当時の社会情勢を受けてのものと考えられよう。

木村鷹太郎「佐倉惣五郎・ソクラテス・耶蘇」は、佐倉惣五郎とソクラテス、イエス・キリストのエピソードが、すべて同一人物の別伝であるという論考である[30]。木村鷹太郎は評論家・翻訳家で、日本主義を唱え、明治三〇年（一八九七）には井上哲次郎、高山樗牛らと大日本協会を結成、『日本主義』を創刊した[31]。木村はアカデミズムからは黙殺されていたが、日本文明が世界を支配していたという主張もしていたことから、この論考もそのような流れを汲んだものと言えるであろう。

続いての「宗五郎と平八郎[32]」を表した高安月郊は、明治から大正期に活躍した詩人・劇作家で、イプセンの作品の邦訳を行ったほか、坪内逍遥、森鴎外とともに新歌舞伎の発展にも貢献している[33]。「宗五郎と平八郎」は二人の犠牲について比較を行った文章である。高安は、大塩平八郎の犠牲は彼自身の性格によるところも大きく、町を焼いて自身も命を落としたとはいえ、貧富の階級差は依然として残ってしまったとし、代表として推されて直訴を行い、おとなしく刑を受けて目的を達成してしまった佐倉惣五郎より、評価が難しいとしている。また、文中でマルクスの資本論などにも触れ、大塩は実践的な預言者であったかもしれないが、その行動の解釈がまだ正しくできていない、という。ここでもやはり労働問題などを視座にしながら、義挙とされるエピソードが再解釈されているということができるであろう。

最後に三田村鳶魚「疑問の佐倉惣五」を取り上げる。(34) 随筆家である三田村鳶魚の著述活動は『日本及日本人』創刊に際して、政教社社員として筆をとったことから始まっており、『日本及日本人』は生涯にわたる活躍の舞台であった。(35)「疑問の佐倉惣五」では、史料として残されている公津の超林寺に伝わる惣五郎の直訴状や、栗原家所蔵の年貢割付状などの検討、「地蔵堂通夜物語」や「惣五摘趣物語」などの物語の比較、さらには「総葉概録」に収録されている近世に調査された惣五郎の伝説の記述や、惣五郎が祀られている口の宮明神の歴史などを調査しながら、佐倉惣五郎の物語の虚実を明らかにしようとしている。本論考は史料批判を行いながら現代に伝わる様々な証拠とされるものを検討する文章であり、鳶魚自身が義民として佐倉惣五郎をどのように評価するかを記した部分は見当たらない。結局、佐倉惣五郎の実在を証明する史料は無く、今後も調査を進めていくという形で文章は締括られている。

さて、題名に佐倉惣五郎と名のつく諸記事を概観してみたが、佐倉惣五郎や義民については概ね（一）当時の労働問題と関係して論じられ、（二）現代にはすでに義民と呼ばれるような人はいないことが前提となっているように思われる。この二点を軸として、義民を好意的に捉えた文章では、現代に義民が必要であるという方向で論じられる。また、義民を否定的、或いはその意義を限定的に認めつつも現在には合わないものとして捉えた文章では、時代にあった義民像や、身を惜しまず且つ秩序を乱すことなしに問題を解決できる人物が求められていく。

佐倉惣五郎を題名に掲げた文章以外にも、例えば日本思想史家である有馬祐政が記した「国中皆義民たれ」では、佐倉惣五郎を「義民中の義民」と評しながら、「富豪皆義民となれ」とし、大戦後の労働問題の解決法として資本家の意識改革を促しており、やはり当時の労働問題と関係した議論がなされている。(36) また、「今は真に義民と称し得る者が幾人あろうか」と述べていることからも、現状義民と呼べる人はいないという認識である。

また、教育学者である稲毛詛風が著した「義民の現代的意義」においては、「義民」は時代錯誤的な感じをうける言葉であるとしながらも、「今日は、一般民衆のために一身を賭して奮闘する「新義民」を要する」時代であるとし、これからの義民は一地方の利益ではなく国家・世界の利を目指すべきであるとしている。(37) このように、大正九年（一九二〇）刊の『義民号』では、もはや現実には存在しない義民に、現実問題としての労働問題の解決を託すような形の文章が見られるのである。では、佐倉惣五郎の物語が最初にヒットした近世後期、人々はその物語をどのように受け止めていたのであろうか。簡単に確認しておきたい。

三　近世後期の人々と佐倉惣五郎

1　「東山桜荘子」のヒット

佐倉惣五郎の物語として最も古いものは宝暦年間（一七五一～一七六四）以降に成立したと言われる「地蔵堂通夜物語」であるが、大勢の人に知られるきっかけとなったのは、嘉永四年（一八五一）に公開された、四代目市川小団次による歌舞伎「東山桜荘子」である。「東山桜荘子」は惣五郎の物語を題材として、舞台を室町時代、足利義政の治世に移しており、登場人物の名前も将軍直訴を行った人物が浅倉当吾、苛政を行った領主を織越政知としている。しかし、当時の様子を記した『藤岡屋日記』では、次のように描かれている。(38)

市川小団次、佐倉宗五郎新狂言大評判ニて大入大繁盛之次第

右本文、時代ハ承応二年癸巳年ニて、来嘉永五子年迄二百年なり、御治世ハ四代将軍家綱公御代ニて、御年十

三歳、右大臣宣下の年也、下総佐倉城主ハ堀田上野ノ介正信也、父加賀守侍従正盛、於天下政務ハ候評定席、慶安四年四月廿日、依大猷院殿薨御殉死、于時年四十九、嫡男上野介正信、同年八月継父遺領、候鴈之間、然ル処ニ万治三年十一月、有故而佐倉城地所領十一万石共ニ被没収、（後略）

浅倉当吾ならぬ佐倉惣五郎の物語であること、領主は織越政知ではなく堀田正信であったこと、堀田正信が万治三年（一六六〇）に改易となる史実まで、詳細に注釈が加えられている。これは、明らかに当時の客層が、朝倉当吾ではなく佐倉惣五郎の物語として受け止めていたことを意味する。そして、それを見た観客の反応は藤岡屋日記に以下のように描かれている。(39)

増て下総・上総の百姓ハ、伊勢大神宮御蔭参り之如くニて、農業に出居り候ても宗吾の当り狂言を見て来た咄を聞、鍬を捨て欠出し、途中宿屋ニても茶屋ニても、右新狂言之咄し計り、若律義者ニて内ニ計居、此狂言を見ぬ者ハ若者の仲間はづれニて、附合も不出来、（後略）

惣五郎の地元と言える下総・上総の百姓たちは、お蔭参りのようなありさまで、農作業も手につかず、この狂言を見なければ若者の中では仲間はずれになって付き合いもできないとある。まさに大ヒットと言えよう。そして、「東山桜荘子」に感動した観客の中には次のような人もいた。(40)

一　右佐倉宗五之芝居興行中ニ、見物ニ下総の旅人参り候処ニ、小団次が宗吾の狂言の仕打を見て感心致し、過し昔を思ひ出し、宗吾、大勢の百性の為ニ命を捨るに、我ハ少々の出入ニ来り不埒明、弁〻と長逗留致、金を遣ひ捨候事、余りニふがいなき事なりとて、右狂言ニつまされ候て、宿聖天町下総屋市兵衛方へ帰り候て、その夜切腹致し死し候よし、是十月中旬之事也。

狂言の当りニ余り実がいりて

わが命をば捨て下総

惣五郎の行動に感動した観客が、自らの不甲斐なさを嘆いて切腹をしたことが記されている。もちろんこれは、惣五郎の行動がありふれたものでないからこそ現実とのギャップに感動すると同時に、自らに失望したということであろう。やはり、現実には義民は身近な存在ではありえないのである。ただしこれは、観客にとってのある種の理想像として、惣五郎がフィットしていたがゆえの反応であると言える。惣五郎は、農民の規範や理想に矛盾しないヒーローであったということであるが、当時の農民たちはどのような規範意識を持っていたのであろうか。

2 農民の規範意識

安丸良夫は『日本の近代化と民衆思想』において、近世後期の農村における規範を二宮尊徳と大原幽学を例に上げて分析している。(41) 安丸によれば、尊徳の課題と幽学の課題は酷似していた。(42) 報徳思想は、貧困の問題が人々の生活態度と結び付けられており、民衆の心がけと努力の欠如によって貧困が生み出されるとする。その思想の下では、農民たちは経済面だけでなく生活領域まで統制されたのである。安丸は、報徳社が掲げた規律として、時間厳守、芝居狂言の停止、公事訴訟の停止などを挙げ、これらは「民衆の従来の生活習慣のなかには、まったく存在しなかったもの（傍点ママ）」と言う。(43)

また、安丸は大原幽学に関しては、「きわめて抽象的に武士階級を理想化し、これに対比して庶民を私欲におおわ

れた非道徳的な存在と考えた」としている。(44)

大原幽学「微味幽玄考」には次のように書かれている。(45)

万物本一つ故に、己が体を道に備ふるには、必ず人の為めにすべし。人の為めは則ち我が為めなり。人よろしからずして、何ぞ我れのみ宜しきのあらむや(46)

嗚呼、一寸先きも見えぬ智愚の浅ましさや、第一には先ず眼前の利を得たるを悦び、次には専ら色を好み楽しんで、是を終日の念とす。（中略）是れ等の志にて、何ぞ災いを遁るゝ事を得んや。是れ等の人は、立てから見ても、横から見ても、吉事の続くべきいはれ曾て無し(47)

幽学の思想において農民は、眼前の利益を求め、色をこのみ、飲食を楽しむような生活をしている限り、災から逃れられないとされ、この世の楽しみを否定した生活規律が求められたのである。(48)そしてそれは、人のためになるということで正当化されている。農村荒廃の原因が農民の生活態度に求められることは、支配者にとって都合の良い規範であると言えよう。

また、こういった規範の励行の先に、富や幸福があるという図式にはなっているが、あくまでも規範の励行は、世のため人のための「道」であり、富や幸福を得るためのたんなる手段ではなかったことも窺える。

実際は「東山桜荘子」がヒットしたように、農民自身がこういった規範をどの程度まで受け入れ、励行していたかは疑問であり、さらなる検討の必要がある。しかし、このような厳しい規範が、実現できない理想として求められるような世の中であればこそ、規範に則って人のために一身を犠牲にしたうえで、施政者側の過ちを正す惣五郎は、農民の心を捉えたとも考えられるのではないか。

結びにかえて

近世後期の農村において展開された規範には、貧しいものは自制ができないがゆえに貧しいという、いわば自己責任論とでも表現したくなるような性質があった。この規範は時代が近代となっても影響を及ぼし続けた。安丸良夫は、近代の通俗道徳は富や幸福ときわめて本質的なつながりをもっており、この通俗道徳と庶民の功利目的との接合が近代日本思想構造の巧妙なカラクリの原基形態であるとし、次のように説明している(49)。

こうした意識形態においては、富や幸福を得た人間が道徳的に弁護されており、貧乏で不幸な人間は、富や幸福から疎外されるとともに、その事実によって道徳からも疎外されているのだ、と判定されている。こうして、成功者たちは、道徳と経済のそしてまたあらゆる人間的領域における優越者となり、敗者たちは、反対に、富や幸福において敗北するとともに道徳においても敗北してしまう。そして、成功しようとすれば通俗道徳のワナにかかって支配秩序を安定化させることになってしまう。

失敗はすなわち道徳的敗北を意味するため、既存の秩序をより強化する形でしか成功はありえないのである。このような構造では、成功した人物は全て通俗道徳的に優れていた人として説明されてしまうであろう。『義民号』の時代において顕在化していた労働問題は、労使間の交渉による解決が必要となるため、通俗道徳的な枠組みの中で解決することが難しかったと考えられる。『義民号』に寄稿していた堀江帰一は、イギリスに行き資本家と労働者の交渉を見聞していたため、惣五郎に既存の秩序を破るものとしての期待を寄せていたかもしれない。しかし、『義民号』高橋梅園の「宗吾非義民論」や高安月郊の「宗五郎と平八郎」では、秩序を乱すことに対する抵抗が感じられ、むしろ既存の秩序のなかで道徳的であることが求められている。

また、『藤岡屋日記』に見られた近世農民の惣五郎物語への熱狂ぶりからは、規範を立派に守ったものとして惣五郎を認識し、自らを恥じていることが窺えた。近代に入ると、惣五郎は自由民権運動の祖として持ち上げられ、大正に入るとデモクラシーの文脈で評価されるが、安丸の言う「通俗道徳」が大きく変化していなかったとすれば、結局は秩序のなかで自らを犠牲にして要求を実現するという、支配者に都合の良い代表越訴型の義民譚という位置付けはあまり変わらなかったということになろう。

ただし、自由民権運動期に関しては、新しい秩序を作っていくという雰囲気が義民を扱った文章にも見られることに注意したい。『義民号』のなかで、三宅雪嶺の文章が、階級にとらわれることなく世の中を変えていこうという論旨であったのは、三宅が民権運動にも関わっていたことと無関係ではないであろう。これらの点についてはさらに詳細な検討が必要である。

また、近世町人の道徳についても考察を深める必要があろう。家永三郎は『日本道徳思想史』において、町人は自らの身分について誇りと満足とを感じていたと指摘し、武士とは異なる道徳を形成したと指摘している(50)。

　武士が封建社会の支配者としての地位を保持する必要上、封建道徳を遵法して自然の性情を抑制しなければならなかつたのに対し、その様な必要をもたぬ町人の間では、人情に即した自然の人倫感情に基く別箇の道徳思想が形成せられたのである。

近世後期の農民道徳は、武士の道徳の影響を強く受けたものであったが、町人の道徳は抑制的ではなかったという。

写真　宗吾霊堂に立つ農地改革の碑

しかし、そのような道徳を持ち合わせていた町人も、秩序に対しては従順であった。不満のはけ口を享楽にもとめることに生きがいを見いだせる江戸町人の生活意識は、明治後半以降増大する国家主義的思想に対して、庶民が消極的な抵抗しか示すことができなかったことにつながっていると家永は指摘する(51)。

町人、農民ともに、秩序に対しては結局従順な態度を取ってしまうとすれば、それは道徳だけの問題なのであろうか。幅広い分野からの考察が必要であるが、そのような傾向を裏付けるように、昭和六年（一九三一）、白鳥健編『義民叢書　佐倉宗吾』(52)では、次のような記述が見られる。

> 宗吾が初めから、世の百姓一揆の型をとらずして、飽まで国法に従ひ領主の命を守りつつ、正盛の新法な改租の企てを訴願の形式によつて打ちくだき、正義によつて民の困窮を救はんと企てたことは、一方義によつて領民を救ふと共に他方又領主正盛の欠けたところを教へ匡さうとしたものである。いはば民には義を領主には忠をいたしたものであつた。

ここでは、惣五郎が「民には義を領主には忠を」行ったものとされており、明治初期自由民権運動が盛り上がったときに見られた『東洋民権百家伝』の「幕吏暦虐ノ政ヲ打壊シ」のような、権力との緊張関係が弱まっているように見られる。

そして、戦後昭和二四年（一九四九）、宗吾霊堂には農地改革の碑が建てられる。そこには「宗吾の霊に応えた」と書かれており、農地改革が惣五郎の業績と結びつけられて評価されている。地主・小作制度の解体と惣五郎を結びつけるに至って、惣五郎は単なる農民の味方レベルにまで単純化されてしまったと言えるであろう。そして、この行動も新体制に従順であることは言うまでもない。出来上がった枠組みや秩序を受け入れ、その中でどのように幸せになるかを考えることは当然のことと言えるが、この感覚が道徳とよべるような規範的なものへとどのように結びつくかについては、別に検討が必要であろう（写真参照）。

このように、佐倉惣五郎の評価の多くは、既存の秩序に従順な感覚によって支えられながら、時代に合わせて変化していると考えられる。ただし、惣五郎に秩序を正しい形にするものとしての期待を託す気持ちも混じり合っており、その二つが交差しながら佐倉惣五郎の評価を形作っている。これらの佐倉惣五郎への評価が、信仰へと影響を及ぼしていくと考えられるが、その詳細を分析するには佐倉惣五郎を祀った事例を個別に検討していくことが必要となろう。これについては、今後の課題としたい。

註

（1）全国歴史教育研究協議会編『日本史用語集』山川出版社　二〇一六年　一八八頁。
（2）新村出編『広辞苑　第六版』岩波書店　二〇〇八年。
（3）保坂智『百姓一揆と義民の研究』吉川弘文館　二〇〇六年　三三〇頁。
（4）鏑木行廣『佐倉惣五郎と宗吾信仰』崙書房　二〇〇一年　二三六頁。
（5）前掲『佐倉惣五郎と宗吾信仰』二三九頁～二四〇頁。

(6) 横山十四男『義民伝承の研究』三一書房　一九八五年　二八八頁。
(7) 前掲『義民伝承の研究』二九一頁。
(8) 福沢諭吉『学問のすゝめ』岩波書店　二〇一六年　八四頁。
(9) 前掲『義民伝承の研究』二九二頁。
(10) 小室信介編　林基校訂『東洋民権百家伝』岩波書店一九五七年　八七頁。
(11) 新井勝紘「佐倉惣五郎と自由民権」『地鳴り山鳴り　民衆のたたかい三〇〇年』国立歴史民俗博物館　二〇〇〇年　八〇頁。
(12) 前掲『義民伝承の研究』二九三頁。
(13) 前掲『義民伝承の研究』九頁　小野や黒正の論文が発表されたのは昭和初期であるが、横山は④の時期の出来事として捉えている。
(14) 前掲『義民伝承の研究』二九四頁。
(15) 『日本及日本人』の概要については、松本三之助「『日本及日本人』」『明治文学全集三七　政教社文学集』筑摩書房　一九八〇年四一一頁～四一五頁を参考に記した。
(16) 前掲「『日本及日本人』」四一四頁。
(17) 前掲「『日本及日本人』」四一四頁。
(18) 前掲「『日本及日本人』」四一四頁　進歩主義的、自由主義的な人々の実例として久津見蕨村・長谷川如是閑・丸山侃堂・布施辰治、極端な国家主義者として三井甲之が挙げられている。
(19) 八太徳三郎編『日本及日本人　秋季臨時増刊　義民号』政教社　一九一九年　四～五頁。
(20) 前掲『日本及日本人　秋季臨時増刊　義民号』一二一頁。
(21) 前掲『日本及日本人　秋季臨時増刊　義民号』二八頁。
(22) 前掲『日本及日本人　秋季臨時増刊　義民号』五五頁。
(23) 宮地正人・佐藤能丸・櫻井良樹編『明治時代史大辞典　第三巻』吉川弘文館　二〇一三年　四二九頁～四三〇頁。
(24) 前掲『日本及日本人　秋季臨時増刊　義民号』一七九頁～一八七頁。
(25) 日本アソシエーツ株式会社編『明治大正人物事典　Ⅱ文学・芸術・学術篇』日本アソシエーツ株式会社　二〇一一年　三六六頁。
(26) 高橋は、佐倉惣五郎が直訴した相手は将軍家光ではなく、実際は堀田正盛であったとしている。

(27) 前掲『日本及日本人　秋季臨時増刊　義民号』一八一頁。
(28) 前掲『日本及日本人　秋季臨時増刊　義民号』一八六頁。
(29) 前掲『日本及日本人　秋季臨時増刊　義民号』一八七頁。
(30) 前掲『日本及日本人　秋季臨時増刊　義民号』一九六頁～二〇六頁。
(31) 宮地正人・佐藤能丸・櫻井良樹編『明治時代史大辞典　第一巻』吉川弘文館　二〇一一年　七〇二頁。
(32) 前掲『日本及日本人　秋季臨時増刊　義民号』二六四頁～二六六頁。
(33) 宮地正人・佐藤能丸・櫻井良樹編『明治時代史大辞典　第二巻』吉川弘文館　二〇一二　五六一頁。
(34) 前掲『日本及日本人　秋季臨時増刊　義民号』三九四頁～四一三頁。
(35) 前掲『明治時代史大辞典　第三巻』五三五頁。
(36) 前掲『日本及日本人　秋季臨時増刊　義民号』一二八頁～一二九頁。
(37) 前掲『日本及日本人　秋季臨時増刊　義民号』一六七頁～一六九頁。
(38) 鈴木棠三・小池章太郎編『藤岡屋日記　第四巻』三一書房　一九八八年　四三五頁。
(39) 前掲『藤岡屋日記　第四巻』四三七頁。
(40) 前掲『藤岡屋日記　第四巻』四三九頁。
(41) 安丸良夫『日本の近代化と民衆思想』平凡社　二〇一二年。
(42) 前掲『日本の近代化と民衆思想』四一頁。
(43) 前掲『日本の近代化と民衆思想』三八頁。
(44) 前掲『日本の近代化と民衆思想』三九頁。
(45) 以下引用は、千葉県教育委員会　編『大原幽学全集』千葉県教育委員会　一九四三年　より行う。
(46) 前掲『大原幽学全集』六二頁。
(47) 前掲『大原幽学全集』九九～一〇〇頁。
(48) 前掲『日本の近代化と民衆思想』四〇～四一頁。
(49) 前掲『日本の近代化と民衆思想』一六頁。
(50) 家永三郎『日本道徳思想史』岩波書店　一九六五年　一三七頁。

(51) 前掲『日本道徳思想史』一七一頁～一七二頁。
(52) 白鳥健編『義民叢書　佐倉宗吾』日本書院　一九三一年　八七頁。

祈りと願い

天にて比翼の鳥となる

――比翼塚の民俗学的考察――

前田　俊一郎

はじめに

比翼塚と呼ばれる塚が日本の各地にみられる。相思相愛の男女を一緒に葬った塚である。その多くは、この世では成就しなかった恋愛の末に死を選んだ男女を哀れみ、その供養のために建てられたものである。このような比翼塚とそれにまつわる悲話は、歌舞伎や人形浄瑠璃などの舞台で好んで芝居化され、登場人物のモデルとなった両人を祀る塚が一般によく知られている。「お夏清十郎」の通称で人口に膾炙し、寛文二年（一六六二）に播州姫路城下の但馬屋の娘と手代との間に起きた悲劇は、その代表的なものである。この事件は、その後、多くの文芸作品として世に出され、二人の霊を慰める比翼塚が姫路市の慶雲寺の境内にある。

比翼塚は、このように近世にとりわけ流行した心中文学との結びつきが無視できず、実話を下地として演劇化された作品は、現代に至るまで上演され続けている。また、東京や大阪などの都市や城下町にある比翼塚については、その地で発行された地誌や旅行案内書などにはしばしば紹介されており、多くの人の目に触れ、来訪されてきたことと思われる。しかしながら、民俗学では、比翼塚に関する研究がほとんどみられない。十三塚や行人塚などさまざまな塚を調査研究してきた民俗学にあっても、比翼塚は、文芸趣味的な色合いが強く、民間信仰としての奥深さに欠けるという予断があったのか、研究対象としてあまり関心が向けられてこなかったといってよい。

そこで、本稿では、各地にみられる比翼塚の調査を通して、塚の形式や特徴について整理するとともに、所在地における信仰や供養祭などの現状を考察し、比翼塚を民俗学の立場から論じてみたい。

一　比翼塚の由来と文献上の検討

比翼塚の「比翼」とは、どのような意味があるのであろうか。「比翼」とは、辞書的な解説ではあるが、二羽の鳥が互いに翼を並べることを意味する。鳥が翼を合わせるように並んで飛ぶこと、つまり雌雄が一体となって飛ぶ姿から、男女の仲睦まじいことや夫婦の深い契りの譬えとされ、その語源については、唐の詩人白居易の長恨歌に求める説が一般的に語られている。(1) 長恨歌は、玄宗皇帝と楊貴妃との悲愛を歌った長編の漢詩であり、詩文の最後には「在天願作比翼鳥、在地願為連理枝」の一節がある。これは、安史の乱に際し、止む無く死に至らしめられた楊貴妃が生前に長生殿で玄宗と語り合ったときの言葉であり、死後に導士を通じて仙界から玄宗に送った永遠の愛の誓いでもあった。(2) また、この一節から「比翼連理」の語も生まれ、男女の深い愛情を表現する慣用句として使われている。この白居易の漢詩は、平安時代にはすでに日本で知られていることから、比翼塚が成立する素地は、古い時代からあったと考えてよいであろう。

比翼塚の名称が男女を共に葬った墓や塚の呼称として、いつ頃から用いられるようになるのかははっきりしないが、山名正太郎は『墓と文明』で、比翼塚を研究対象として早くに取り上げており、比翼の語については、白居易の長恨歌を引いた上で、元禄年間（一六八八～一七〇四）には相思相愛の二人の紋を合わせて一つの紋とする比翼紋が流行し、また、文政年間（一八一八～三〇）から世に出回る、庶民の恋愛を題材とした人情本にも比翼の文字が目立つようになることを指摘している。(3) また、比翼塚で祀られる男女が情死や心中によるものが少なくないことを考えると、そうした死に方が流行した時代背景を確認しておく必要があろう。この点については、西山松之助が近世社会にみられた特異な現象として、お蔭参りと富籤とともに情死の流行をあげている。西山によれば、心中という言葉が情死そのものを意味するようになり、文芸化され、流行性がみられるのは元禄時代からで、以後、享保期までが心中の流行期であるという。そして、流行の中心は、都市形成が早くに進み、町人社会の成熟と個性の萌芽がみられた上方であったことを指摘している。(4) 田中香涯も、情死の歴史的変遷を跡付けながら同様の分析をしており、幕府の禁令の効果もあって大坂では享保初期には情死は沈静化するが、これに反して、江戸では享保年間（一七一六～三六）に入って情死が流行するようになったという。(5)

これらの指摘を踏まえて近世の文献を当たってみると、紀行文や地誌の中に少ないながら比翼塚に関する記述を見出すことができる。十方庵敬順が文化年間（一八〇四～一八）に江戸での見聞を記した『十方庵遊歴雑記』には、「下目黒入谷普化寺の比翼塚」と題して、元鳥取藩士の平井権八と吉原の遊女小紫の比翼塚が取り上げられている。十方庵は、この二人の塚について、「一壘の塚に埋みて比翼塚と號けて、その名高ければ壹度は見んものと思ひしが」と述べ、実見した塚については、「一壘の土ある上に、手頃の破石を置のみ」とその様子を記している。(6) この『十方庵遊歴雑記』からやや遅れ、天保年間（一八三〇～四四年）刊行の『江戸名所図会』には、多くの名所旧跡が紹介されているが、目黒の比翼塚は取り上げられていない。ところが、曲亭馬琴が伊勢国松坂の木綿問屋の主人、殿村篠斎と交わした書簡で『江戸名所図会』に度々言及しており、その中に比翼塚の語がみられる。天保五年一一月朔日付の書簡で、馬琴は「右名所図中、めぐろ比翼塚抔、遺漏多く、且町名抔に、あやまりも往々有之とて、わろく申候ものも多く候へども」と書いているのがそれで、この一文から当時の江戸市中では、目黒の比翼塚がすでによく知られていて、江戸の名所の一つと考える人たちが少なくなかったことがうかがわれる(7)。この点は、十方庵が目黒の比翼塚を「その名高ければ」と記していることと一致し、少なくとも一九世紀前半の江戸では、比翼塚の呼称が普及していたと考えられる。また、明治一六年（一八八三）刊行の松村春風『昔語古物會』には、「享保年間俳諧師某甲が比翼塚の縁故を署記せし。石碑を新に建ぬる。其處を聽比翼塚と言傳へたり。」と目黒の比翼塚について記しており、比翼塚と呼ばれるようになった時期は詳らかでないが、享保期には塚がすでにあったことが推測される(8)。

比翼塚

THE TOMB OF THE SHIYOKU.

図１『TALES OF OLD JAPAN』掲載の比翼塚の画

なお、比翼塚は、幕末から明治にかけて日本を訪れた外国人の目にも留まったようである。イギリスの外交官アルジャーノン・ミットフォードは、慶應二年（一八六六）から明治二年（一八六九）まで日本に滞在し、帰国後、一八七一年に日本滞在時の見聞をもとに『TALES OF OLD JAPAN』を出版した。彼は、その中で「The Loves of Gompachi and Komurasaki」と題して権八と小紫の話を載せており、当時の目黒村の風景を描写しながら、二人の悲話を挿絵とともに紹介している(9)。本書では、塚の刻銘は「Tomb of the Shiyoku」と記述され、比翼の意味については「the emblem of connubial love and fidelity」とあり、彼が塚の意味も理解したうえで、この物語を書いたことがわかる。挿図には、比翼塚の文字を刻んだ自然石型の塚が描かれていて、当時の塚の形態を伝えている（図1参照）。また、明治四年に来日し、福井藩の藩校などで理科の教鞭をとったウィリアム・グリフィスも、その著書『明治日本体験記』の中で、目黒の比翼塚を訪れたことを記している。(10) 外国人の目からみて、比翼塚は興味ある異文化の一つだったのであろう。

さて、明治時代になった東京では、『東京名所案内』や『東京横浜一週間案内』などの観光案内書に、目黒の比翼塚が紹介されるようになる。(11) さらには、『帝国画報』や風俗画報の増刊『東京近郊名所図会』も目黒の塚を取り上げている。『帝国画報』では、花嫁花婿特集の臨時増刊号に「比翼塚と夫婦滝」の見出しで、比翼塚が甲州御嶽の夫婦滝とともに写真で掲載され、『東京近郊名所図会』では、写真と比較的詳しい解説があり、写真からは、自然石型の石碑に比翼塚の文字が読みとれ、石碑の前には瓦屋根の門があり、多くの生花が供えられている様子も知ることができる。(12) これらの文献をみると、明治の東京では、比翼塚は東京の名所として定着している感がある。

一方、西日本の場合、大阪や兵庫などによく知られた比翼塚があるものの、『摂津名所図会』や『播州名所巡覧図絵』には登場してこない。(13) 例えば、享保五年（一七二〇）に大坂の大長寺で心中した紙屋治兵衛と遊女小春は、事件直後に近松門左衛門によって人形浄瑠璃の作品「心中天網島」に仕立てられ、大坂では早くから知られていた。この二人の塚は、現在も大阪市都島区の大長寺にある。ただし、『摂津名所図会』では、同寺にある「鯉塚」は取り上げられているが、比翼塚の記述は見当たらない。また、太田南畝は、享和元年（一八〇一）の大坂滞在時に社寺を巡り、大長寺を訪れたときの見聞を『葦の若葉』に記している。南畝は、鯉塚に触れた上で「其石のかたにまた一つの石のしるしあり」と述べ、石に刻まれる二人の戒名と俗名を観察している。さらに「寛政七年内辰に七十五回忌の卒塔婆をたつ」と追善供養の卒塔婆にもふれているが、比翼塚の呼称は用いていない。(14) その後、明治大正期に出版された大阪の名所史跡の案内書をみると、「紙屋治兵衛及び小春の墓」「小春治兵衛墓」などと紹介したものが多く、(15) 昭和に刊行された書物に至って、「小春治兵衛情死の場所をこの寺の浦にあたり、今も比翼塚をのこす」などと比翼塚の名称が散見されるようになる。(16) 断定はできないが、文献をみる限り、比翼塚の呼称の普及は、上方よりも江戸の方が早かったようであり、実際に比翼塚の銘を刻んだ塚の実例も近世の造立となる目黒の比翼塚が早い例と思われる。

さて、昭和になると、比翼塚は学術研究の対象として次第に目を向けられるようになる。江戸や大阪だけでなく、各地の比翼塚を取り上げた論考や報告が郷土史や民俗学色のある雑誌に散見される。昭和九年（一九三四）に『旅と伝説』に発表された上野邦夫「霊験比翼塚」、同年の大木薫『日本各地伝説集第一巻』所収の「悟眞寺の比翼塚」、昭和一七年（一九四二）に『伊那』に発表された小林郊人の「比翼塚考察」などである。(17)上野の「霊験比翼塚」は、千葉県阿玉川村（現香取市）の比翼塚とその信仰の聞書、大木の「悟眞寺の比翼塚」は、長崎県長崎市の悟真寺にある比翼塚に纏わる伝説を報告しており、小林の「比翼塚考察」は、長野県下伊那郡泰阜村で発見された「二つ重ねの珍奇な墓碑」を比翼塚とみて考察している。

また、墓碑や墓制の視点から比翼塚を扱った研究もある。昭和七年（一九三二）刊行の礒ヶ谷紫江の『墓碑史蹟研究』は、東京巣鴨の慈眼寺にある浦里と時次郎の比翼塚を取り上げ、「二基連立シテ一ツノ臺石ニ棹石高尺、幅六、七寸位ノ剣形、全墓石型ハ位牌式」と形状を詳細に記録しており、「臺石の上段ニハ、九曜ト桐ノ双紋ヲ彫リ、右ニ、比廿一才、左ニ、翼廿四才」と「比翼」の言葉にかけて二人の享年を刻む塚の特徴も記している。(18)先にあげた山名正太郎の研究も、墓研究として比翼塚を考察したものであるが、発掘された古代の男女の埋葬墓をはじめ、無縁墓地に葬られた身元不明の男女の墓、筆者が飛騨の下呂の町はずれで見つけたという東西に離れて建つ男女の墓なども、同じ比翼塚として捉えており、(19)比翼塚と呼ばれてきた塚や墓が、男女を共に祀るという点で共通しながらも、事例の解釈については、研究者によって幅があったことがわかる。

二　比翼塚の諸事例と塚の形式

比翼塚は、近世に演劇化された男女のものが今日でもよく知られているが、調べてみると全国各地にあることがわ

表1 比翼塚の事例一覧

事例番号	所在地	対象者（男・女）	関係（男・女）	死亡・事件発生時期
事例1	北海道稚内市 稚内分屯地	幸田明・幸田美智子	海軍中尉・その妻	昭和二〇年
事例2	青森県弘前市 徳増寺	吉蔵・志ま	旅役者・町の娘	江戸時代
事例3	宮城県松島町 瑞巌寺	蜂谷小太郎・紅蓮尼	武士・商人の娘	鎌倉時代
事例4	茨城県筑西市 乙地区	丈部小春丸・地元女性	将門の使い・一般女性	天慶元年
事例5	東京都目黒区 目黒不動瀧泉寺	平井権八・小紫	元鳥取藩士・遊女	延宝七年
事例6	東京都品川区 妙国寺	与三郎・お富	商人の息子・親分の愛妾	江戸時代
事例7	東京都豊島区 慈眼寺	時次郎・浦里	商人の息子・遊女	明和六年
事例8	東京都新宿区 多聞院	島村抱月・松井須磨子	劇作家・女優	大正七年
事例9	東京都文京区 吉祥寺	吉三郎・お七	寺小姓・八百屋の娘	天和三年
事例10	東京都足立区 易行院	助六・揚巻	侠客・遊女	承応二年
事例11	東京都荒川区 浄閑寺	谷豊栄・盛紫	内務省役人・遊女	明治一八年
事例12	東京都東大和市 明楽寺	宮嶋巌・宮嶋喜与	元武士・その妻	明治六年
事例13	神奈川県箱根町 鎖雲寺	勝五郎・初花	武士・その妻	江戸時代
事例14	神奈川県大磯町 鴫立庵	調所五郎・湯山八重子	学生・一般女性	昭和七年
事例15	新潟県佐渡市 大滝寺墓地	仙次郎・おさん	商人・大工の娘	宝暦六年
事例16	石川県金沢市 卯辰山	十太郎・みね	不詳	江戸時代
事例17	岐阜県高山市 法華寺	楠木繁夫・三原純子	歌手・歌手	昭和三一年・昭和三四年
事例18	静岡県下田市 神子元島	与吉・おすみ	紀州の船人・その妻	江戸時代
事例19	愛知県豊橋市 高師緑地公園	鈴木悦・田村俊子	小説家・小説家	昭和八年・昭和二〇年

事例20	三重県伊勢市　大林寺	孫福斎・お紺	医者・遊女	寛政八年
事例21	京都府京都市北区　常照寺	灰屋紹益・吉野太夫	商人・太夫	元禄四年・寛永二〇年
事例22	京都府京都市東山区　本寿寺	菊池半九郎・お染	旗本・遊女	寛永三年
事例23	京都府京都市東山区　知恩院	武田泰淳・百合子	小説家・随筆家	昭和期
事例24	滋賀県大津市　西蓮寺	善兵衛・多賀花	呉服屋の手代・遊女	文化三年
事例25	大阪府大阪市都島区　大長寺	紙屋治兵衛・小春	商人・遊女	享保五年
事例26	大阪府大阪市天王寺区　銀山寺	半兵衛・お千代	八百屋の養子・その妻	享保七年
事例27	大阪府大東市　慈眼寺	久松・お染	油屋の丁稚・油屋の娘	宝永七年
事例28	奈良県五條市　桜井寺	半七・三勝	商人・遊女	元禄八年
事例29	兵庫県姫路市　慶雲寺	清十郎・お夏	但馬屋の娘・手代	寛文二年
事例30	兵庫県神戸市兵庫区　願成寺	平通盛・小宰相局	平安末期の武将・その妻	寿永三年
事例31	兵庫県加西市　女切峠	市兵衛・てる	糸屋の若者・村の娘	江戸時代
事例32	山口県萩市　弘法寺	房之允・菊代	小姓・藩主の愛妾	元禄年間
事例33	愛媛県松山市　軽ノ神社	木梨軽皇子・軽大娘皇女	皇子・皇女（兄弟）	允恭天皇の御代
事例34	福岡県直方市　随専寺	有井浮風・諸九尼	俳諧師・庄屋の妻	宝暦一二年・天明元年
事例35	福岡県筑紫野市　山家地区	荒井三十郎・渡辺金十郎妻	中津藩士・同僚の妻	安永九年
事例36	長崎県長崎市　悟真寺	伊藤小左衛門・神南屋定家	博多商人・遊女	寛文七年
事例37	長崎県長崎市　上小島地区	何旻徳・登倭	中国人青年・遊女	元禄三年
事例38	佐賀県佐賀市　大應寺	江副次郎・江副美子	戦死者・その婚約者	昭和一三年
事例39	大分県佐伯市　宇山地区	半蔵・お為	医師長男・寺の次女	寛延二年

表2　比翼塚の形式と建立時期

事例番号	形態と刻銘	建立年・建立時期
事例1	石碑型・比翼塚	昭和五六年
事例2	墓塔型（角柱）・名前並記	天保六年
事例3	石碑型・名前並記・比翼塚	昭和四三年
事例4	石碑型・比翼塚	大正一二年
事例5	石碑型・比翼塚	江戸時代、昭和三七年再建
事例6	墓塔型（板碑）・戒名並記	江戸時代、昭和三七年再建
事例7	墓塔並置型（角柱）・比翼塚　＊戒名（各）	江戸時代、昭和二八年再建
事例8	石碑型・芸術比翼塚	大正八年
事例9	石碑型・名前並記・比翼塚	昭和四一年、平成一九年再建
事例10	墓塔型（角柱）・戒名並記	文化九年
事例11	石碑型・新比翼塚	明治三一年
事例12	石碑並置型　＊氏名（各）	明治初期
事例13	墓塔並置型（五輪塔）	江戸時代
事例14	石碑型・大磯比翼塚	昭和時代
事例15	墓塔型（笠付塔婆）・戒名並記	江戸時代
事例16	石碑型・名前並記・比翼塚	文政一二年
事例17	石碑型・氏名並記	昭和五二年
事例18	石塔型・供養塔	江戸時代、昭和二八年再建
事例19	レリーフ型・名前並記・肖像	昭和六〇年

かってきた。塚の分布状況は、東京や大阪など都市部にやや偏在する傾向があるが、東北地方から九州地方まで広く存在する。それらの事例を塚の所在地、塚に葬られた人物、その身分や職業、男女の関係、死亡年代や事件が発生した時代について項目ごとに整理し、一覧表にしたものが表1である。ここで取り上げた比翼塚は、石造の碑塔類で、比翼塚として建立されたもの、つまり「比翼塚」の刻銘があるものと、その地域で比翼塚と呼ばれ、伝承されているものを対象とした。もちろんこれ以外にも各地にあると思われるが、現段階で筆者が把握している比翼塚の全国的な事例として提示し、これら諸事例に基づいて、塚の伝承や形式について概観したい。

各地で比翼塚として伝承されている諸事例を俯瞰してみると、夫婦を祀る例も

事例20	墓塔並置型（角柱）＊戒名・名前（各）	文化一三年、昭和初期に並置
事例21	墓塔型（五輪塔）・名前並記	昭和四六年
事例22	墓塔型（角柱）・戒名並記	江戸時代
事例23	石碑型・名前並記	昭和時代
事例24	墓塔型（角柱）・名前並記	文化三年
事例25	墓塔型（石仏丸彫）・戒名、名前並記	江戸時代
事例26	墓塔型（角柱）・戒名並記	江戸時代
事例27	石碑型（自然石）・名前並記	昭和時代
事例28	墓塔並置型（五輪塔）・戒名、氏名並記	昭和六年
事例29	墓塔並置型（五輪塔）	江戸時代
事例30	墓塔並置型（五輪塔）	近世以前
事例31	墓塔型（自然石）・戒名並記	江戸時代
事例32	丸石型	江戸時代
事例33	墓塔型（五輪塔）	近世以前
事例34	墓塔型（角柱）・名前並記	昭和時代
事例35	墓塔並置型　＊戒名（各）	江戸時代
事例36	石碑型・金嶼枯骨合葬之処	万延元年
事例37	石碑型・戒名並記	江戸時代
事例38	石碑型・比翼塚	昭和時代
事例39	墓塔型（角柱）・戒名並記	江戸時代

あるが、その多くは、この世では結ばれることなく亡くなった男女を供養し、祀るものが多い。二人の死に方については、心中あるいは男性の死後、女性がそのあとを追って自死している場合が多く、二人の悲しい死に様を憐れみ、供養のために塚を建てたという伝承が付随する。塚のある場所は、ほとんどが寺院の境内や付属の墓地の敷地内である。時代的には、古墳時代の皇族である木梨軽皇子と軽大娘皇女の塚、平安末期の武将の平通盛とその妻の小宰相局の塚など古い時代の塚もあるが、情死が流行した元禄から享保年間とその前後五十年程の時代、つまり一七世紀前半から一八世紀後半に起きた心中事件に由来する事例が多く確認された。それらは、武士や商人の男と遊女という男女の組合せが多く、それ以外の場合でも、職業や生きる世界を異にする男

女の関係がみられることがほぼ共通する。

また、比翼塚は、近代以後に起こった心中事件に由来して建立された事例も各地にみられる。それらは明治、大正、昭和を通してみられ、昭和期の比翼塚については、昭和七年（一九三二）に神奈川県大磯町の雑木林で、結婚が叶えられずに心中した男女の塚があり、坂田山心中事件としても知られる。当時「天国に結ぶ恋」などの見出しで新聞報道でも取り上げられて、若い男女の心中や自殺を誘発した。昭和七年八月一一日付の『横浜貿易新聞』では、二人が命を絶った坂田山が大磯海水浴場と並ぶ新名所となり、「杉の木立ちに皮をはいで、比翼塚の文字がはっきり刻みこまれている」という心中現場の様子や「天国焼き」という名物まで出来きて、参詣者や見物人が絶え間ない当時の状況を伝えている。(20)この二人の比翼塚は、同町の鴫立庵の敷地内にある。

戦争が生んだ比翼塚もある。昭和一三年に日中戦争で戦死した江副次郎と彼の死を聞き、その後を追った婚約者の比翼塚が佐賀県佐賀市北川副町の大應寺にあり、「軍国比翼塚」と呼ばれている。第二次世界大戦が終わった昭和二〇年（一九四五）八月には、北海道で日本帝国海軍宗谷防備隊の幸田明中尉とその妻が自決し、二人を慰霊する比翼塚が稚内市にある自衛隊の稚内分屯地内に建てられている。このように比翼塚は、近代以降も、不幸な死を遂げた男女のために建てられ続けているのである。

つぎに塚の形式について考察したい。表2は、前掲の事例ごとに、塚の形態と刻銘、建立の時期について整理したものである。なお、事例の番号は、表1と対応している。比翼塚を塚の形状や構造に着目して比較検討してみると、墓塔型、墓塔並置型、石碑型、石碑並置型、レリーフ型、その他におおよそ分類することができる。墓塔型は、亡くなった男女の墓が比翼塚として伝承されているもので、一つの墓で男女を祀る単基の石塔の形をとる。数の上では最も多く確認された。石造物の性格としては、仏式の供養塔であり、二人の戒名が正面に刻まれたものが多い。墓自体の形態は、一般的な石塔墓と外観上は変わりなく、五輪塔や笠付塔婆型、角柱型、石仏型など各種の形式がある。石碑型と比べると小型のものが多く、とくに近世期に造立された墓塔はその傾向が強い。滋賀県大津市の西蓮寺にある善兵衛と多賀花の塚や京都市東山区の本寿寺にある半九郎とお染の塚のように、境内に小堂などの施設を設けて、その中に塚を手厚く祀っている例もある。墓塔並置型は、男女それぞれの墓を横に並べる形で塚を築いたもので、男女それぞれの戒名や俗名、命日などが刻まれている。福岡県筑紫野市の山家地区にある荒井三十郎と同僚武士の妻の比翼塚のように、単に二つの石塔墓が並ぶ素朴なものから、三重県伊勢市の大林寺にある孫福斎とお紺の比翼塚のように、基壇を築いてその上に二つの墓塔を一段と高く並べて祀るものまであるが（写真1参照）、二つの墓塔を並べて祀るという独特の形は、比翼塚の形式上の特徴といえよう。

写真１　孫福斎とお紺の比翼塚
（三重県伊勢市・大林寺）

　このような墓塔型に対し、石碑型とは、丸みのある自然石や板状の石材を用いた碑型の塚である。石碑型は、墓塔型に比べると大き目のものが多く、比翼塚の文字を刻んだものも少なくない。目黒の比翼塚が典型例であり、これと同様に碑面の中央に大きく比翼塚の文字を陰刻している事例が各地にみられる。また、明治以降に作られた石碑型の比翼塚には、「新比翼塚」や「芸術比翼塚」など独自の刻銘を持つ塚もある。比翼塚の刻銘を持たない塚については、正面に男女の名前を併記しているものが多い。石碑型の多くは、単基の塚であるが、二つの石碑が並んで設けられている東京都東大和市のような事例もあり、分類上、石碑並置型とした。このほかに男女の肖像彫刻を伴う事例として、愛知県豊橋市にある鈴木悦と田村俊子の比翼塚があり、レリーフ型とした。また、これまでの類型に当てはまらない事例として、山口県萩市の弘法寺にある丸石型の比翼塚があり、その他に分類している。

さて、各地の比翼塚を類型化し、形式について整理してみたが、事例の数では、墓塔型がもっとも多い。比翼塚の文字を刻んだ石碑型がこの種の塚の標準的な形式と考えがちであるが、数の上では少ない。いまのところ目黒の比翼塚が近世期の造立例であり、金沢市の卯辰山にある比翼塚も文政期の紀年銘を持つ。この塚は、正面に「比翼塚」の文字、左右に「十太郎 みね」の名と「文化十二年丑六月 卯辰若連中」の刻銘があるが、被葬者は不詳である。(21)これらが比翼塚の刻銘を持つ近世の事例であるが、目黒の瀧泉寺にある現在の塚は、昭和三七年(一九六二)に再建されており、現存例となると、きわめて少ない。筑西市の塚は大正八年(一九一九)、文京区の吉祥寺の塚は昭和四一年(一九六六)、松島町の瑞巌寺の塚は昭和四三年(一九六八)に建てられており、前述の新比翼塚や芸術比翼塚も含め、建立の時期はいずれも近代である。一方、墓塔形式の比翼塚は、明治以後に建てられた例も若干あるものの、その多くは近世期の造立で、箱根町や姫路市、神戸市、松山市にある五輪塔を並置する形式の塚などは、成立年代が比較的古いと推測される。ただし、墓塔型の事例も、いつの時代から比翼塚と呼ばれていたのかは詳らかでない。塚の呼称、形式と成立年代との関係は、個別に検証する必要があるが、比翼塚と刻まれた文字塔が各地に普及するのは、近世の地誌などに比翼塚が目立ってあらわれないことも考え合わせると、それほど古いことではなかったと推測される。

三　比翼塚と文芸

比翼塚に葬られた男女と彼らの悲しい結末の物語は、演劇や文学と結びついて伝承され、語られることが多い。心中物と呼ばれる人形浄瑠璃や歌舞伎の作品が盛んにつくられるようになるのは、その題材となった男女の心中事件が多くみられた元禄から享保期とされ、元禄一六年(一七〇三)に大坂竹本座で初演された近松門左衛門作「曽根崎心中」の成功は、その後、多くの心中物の作品を生む契機となった[22]。この時期に心中事件を起こし、比翼塚が造られた男女の物語は、その多くが舞台での作品に仕立てられ、改作されながらも、上方や江戸を中心に上演が繰り返されてきた。基本的なあらすじは、社会や身分の制約を受けながら、互いに死を選ぶことで愛を貫くというものである。すでに本稿でふれた作品以外では、近松門左衛門作「お染半九郎」（半九郎・お染）、竹本三郎兵衛ほか作「艶容女舞衣」（半七・三勝）、紀海音作「お染久松袂の白しぼり」（久松・お染）、初世鶴賀若狭掾作「明烏夢泡雪」（時次郎・浦里）、近松徳三作「伊勢音頭恋寝刃」（福岡貢・お紺）、四世鶴屋南北作「浮世柄比翼稲妻」（権八・小紫）などが代表的なもので、作品の名題は、主人公の名前のみで呼ばれることも多い。舞台以外では、井原西鶴の「好色五人女」（吉三郎・お七）があり、お七に関しては、作者不詳であるが義太夫「八百屋お七歌祭文」や紀海音作の浄瑠璃「八百屋お七恋緋桜」などもよく知られた作品である[23]。

近代になっても、例えば、半九郎とお染を主人公とする作品には、大正四年（一九一五）に岡本綺堂が書いた「鳥辺山心中」があり、新歌舞伎の傑作といわれている[24]。清十郎とお夏は、寛文年間（一六六一～七二）から作品化され、西鶴や近松によって浮世草子や人形浄瑠璃として世に出されたが、明治三〇年（一八九七）には、島崎藤村が「四つの袖」という題で、二人を読んだ詩を発表している[25]。その後、昭和期に入っても、八百屋お七の事件などは、戯曲やオペラ、歌謡曲など幅広い分野で作品化され、覗きからくりや盆踊り歌、労作歌などの主題にもなって各地に広まっていった[26]。このほか、東京都荒川区の浄閑寺には、明治一八年（一八八五）に吉原の品川楼で心中した内務省役人の谷豊栄と遊女盛紫の比翼塚があるが、この二人の心中事件も、明治三三年（一九〇〇）に浅草宮戸座で「新比翼塚」と題する芝居に仕立てられている。塚にも「新比翼塚」の文字が刻まれており、宮戸座の人たちによって建てられたという[27]。

このように比翼塚が祀る男女の多くは、演劇を中心に世間の知るところとなり、作品の主人公のモデルを祀る比翼塚への関心を高めるとともに、塚への参詣を促したことと思われる。京都の本寿寺の比翼塚の周りには、八代目竹本錦太夫や近世に活躍した歌舞伎役者の墓が並んで建てられていることなども、その証左といえよう。また同時に、塚のある寺院では、塚にまつわる由来伝承を整えていったことも考えられる。

このような比翼塚と文芸との結びつきは、近代になると、作家や女優、歌手などを職業とする男女の塚の建立という形でも鮮明に現われてくる。その象徴的な事例に、文芸評論家で劇作家の島村抱月と、新劇女優として人気を博した松井須磨子の比翼塚がある。二人は大正二年（一九一三）に劇団芸術座を結成するが、抱月はその五年後にスペイン風邪で急逝し、須磨子もその二か月後に遺書を残して芸術倶楽部の道具部屋で縊死した。その比翼塚は、正面に「芸術比翼塚」の文字が刻まれ、同年に新宿区の多門院境内に川柳関係者によって建てられたが、利根川裕の「抱月拾遺」によれば、文芸評論家の坂本紅蓮堂の肝いりで実現したようである。坂本は、塚の趣旨について、「乃木夫妻の墳墓が忠君比翼塚ならば、この抱月須磨子のものは、芸術比翼塚である」と話していたという[28]。須磨子が亡くなった大正八年（一九一九）には、酔芙蓉なる作家によって、『新比翼塚　松井須磨子』という彼女の半生を描いた物語も早々に出版されており、二人の比翼塚も最後に登場している[29]。

これと類似する事例に、明治から昭和にかけての小説家である鈴木悦と田村俊子の比翼塚、流行歌の歌手として昭和期に活躍した楠木茂夫と三原純子の比翼塚がある。鈴木と田村の比翼塚は、愛知県豊橋市の高師緑地公園の敷地内にあり、塚の正面に施された円形の窓に二人の顔が浮彫りされている（写真2参照）。二人は、正式に結婚したが、死後、鈴木は豊橋市、田村は鎌倉市にある墓に入り、同じ場所で眠ることはなった。そのため後年、昭和六〇年（一九八五）に豊橋出身の杉田有窓子の発願により、瀬戸内寂聴の撰文を記した大型の石碑と並んで、二人の碑が造られた。瀬戸内は、田村俊子賞の第一回受賞者で、受賞作も田村の生涯を描いた『田村俊子』であったという縁から碑文を書いている。文学碑としての性格も強いが、瀬戸内は、撰文の冒頭で「この記念碑は鈴木悦と妻俊子の愛の比翼塚である」と記している。楠木茂夫と三原純子は、夫婦で音楽活動をしていたが、三原が結核になり、療養のため郷里の岐阜県高山市に戻ると、楠木は、東京の自宅でひとり縊死する。純子もまたその後を追うように療養先で死去した。二人の比翼塚は、昭和五二年（一九七七）に高山市の法華寺に建てられている。

生前に自らの比翼塚の建立を構想した作家もいる。武田泰淳は、随筆家である妻の武田百合子に二人だけの眠りの場所をつくろうと言って、「泰淳・百合子比翼之地」と書いた文字を残しておいたという。彼の墓は目黒の長泉院にあるが、妻が死後に分骨し、京都市の知恩院墓地に泰淳が残した文字を刻んだ石碑を建てた。その碑の建立に至る経緯と開眼供養の様子は、仏教学者で知恩院の僧侶であった佐藤密雄が「新比翼塚のこと」と題する随想の中で書いている。[30] これは文学者が自ら建立を計画した例であるが、先の二つの事例は、当人と縁のある作家仲間や彼らを慕う人たちが塚の建設を発起しており、また、東京都文京区の吉祥寺にある吉三郎とお七の比翼塚も、昭和四一年（一九六六）にお七生誕三百年を記念して、日本紀行文学会が建立している。

写真2　鈴木悦と田村俊子の碑
（愛知県豊橋市・高師緑地公園）

このように近代になっても、比翼塚が文芸に携わる人たちを惹きつける理由は、比翼塚から連想される近世情死劇の甘美さや前近代から培われた文学的情緒と無関係ではないと思われる。近世、近代を通じて、文芸との結びつきがみられることは、比翼塚の特徴としてあらためて指摘しておきたい。

四　塚の供養祭と信仰

比翼塚は、亡くなった男女の墓であることも多く、石造物としての性格は、基本的には供養塔であり、生前に思いを全うできなかった二人の慰霊碑ともいえる。したがって、塚のある場所は、寺院の境内や墓地が多く、盆や彼岸などに寺院の僧侶が塚前での読経や塔婆の奉納を行っている例が少なくないが、供養祭を特別に行っている地域もある。ここでは、宮城県松島町、兵庫県姫路市、大分県佐伯市の三つの供養祭を取り上げる。

松島町の瑞巌寺三聖堂の境内にある比翼塚は、毎年八月六日に「小太郎・紅蓮尼比翼塚供養祭」が行われる。供養祭は、平成二八年（二〇一六）で第五〇回目を迎えた。参加者は、松島町長と秋田県にかほ市長など両町市の関係者で、塚の前に祭壇を設けて供物をあげ、瑞巌寺の僧侶が読経して供養を行う。にかほ市から参列があるのは、昭和六二年（一九八七）に松島町と夫婦町の盟約を結んでいるからである。二つの地域が夫婦町となった理由は、紅蓮尼の郷里が秋田の象潟であったことによる。小太郎は、北条時頼の家臣である蜂谷美濃守の末裔で、彼の父が伊勢参りで親しくなった象潟商人の娘タニとの結婚の約束をするが病死してしまう。タニはそれを知って松島に行き、小太郎の父母に孝養を尽し、両親の死後、瑞巌寺の明極禅師の弟子となり、剃髪してその名を紅蓮とした。鎌倉時代の話として伝えられている。比翼塚の傍らには、小太郎が愛した梅の木があり、近くには紅蓮尼が詠んだ和歌を刻んだ石碑もある。平成二四年（二〇一二）には、夫婦町となって二五周年の節目を記念して銀婚式も松島町で盛大に行われ、比翼塚が取り持つ縁により、二つの地域の交流が深められている。

兵庫県姫路市では、毎年八月九日に「お夏清十郎まつり」が開催される。このまつりは、お夏・清十郎顕彰会が主催し、姫路市や姫路商工会議所、神戸新聞社などが後援する夏のイベントであり、平成二八年（二〇一六）で第六八回目となる。二人の比翼塚が建つ慶雲寺のある野里地区が会場となる。まつりは、慶雲寺境内で夕方から比翼塚の供養祭が行われた後、パレードと舞台公演となる。パレードは、威徳寺町から鍛治町に至る野里商店街で行われ、お夏役と清十郎役をはじめ、姫路市消防音楽隊、姫路や播磨地域の魅力を伝える女性として選ばれた姫路お城の女王、野里校区の子ども会、手踊り流しなどが続き、商店街に特設された舞台では、地区の幼稚園児や小中学校、高校の生徒による演奏、白鷺太鼓、日本舞踊、歌謡ショーなどが行われ、地域の夏まつりとして賑わいをみせる。比翼塚供養祭は、塚の前で慶雲寺の僧侶が読経し、次いで、参列した人たちが順番に焼香する。塚の周囲には、生花とお神酒、菓子や果実などが供えられ、塔婆が立てられる。参列者は、お夏役と清十郎役の二人、姫路お城の女王の三名、それに顕彰会の人たちが加わるが、参加は自由で、平成二八年の供養祭では、観光客やアマチュアカメラマンも焼香の列に並び、塚の前で手を合わせていた（写真3参照）。昭和五〇年代には、慶雲寺境内で、お夏清十郎に因んだ踊りも披露されていたという。[31]二人の比翼塚は、小型の五輪塔が長方型の台座の上に二つ並んでおり、刻銘はみられない。五輪塔とされるが、火輪の部分は宝篋印塔のよう隅飾を持つ。お夏の生家である但馬屋が、慶雲寺の末寺である久昌庵に建立したと伝えられており、昭和二六年に現在地に移転されている。[32]

写真3　清十郎とお夏の比翼塚と供養祭
（兵庫県姫路市・慶雲寺）

つぎに、九州にある比翼塚の供養祭を取り上げる。大分県佐伯市堅田の「お為半蔵比翼塚鎮魂供養祭」である。堅田では、寛延二年（一七四九）に医師の長男と龍正院という寺の次女が情死した事件があり、二人の名前を変えて「お為半蔵心中口説」をつくって踊ったところ、これが九州だけでなく、四国や中国地方にも広まったという。この口説きは、長音頭と呼ばれる七七調の歌詞の長い口説きで、盆踊りで唄われる。その伝播地の一つである宮崎県南郷村の人たちが平成五年（一九九三）に当地の比翼塚を見学に訪れ、佐伯史談会や地元の芸能保存会との交流会を持つが、これが契機となって「比翼塚・長音頭保存の会」が結成された。平成九年（一九九七）には、半蔵とお為の供養塔がこの保存会によって建立され、二五〇年忌の供養祭も佐伯市総合運動公園を会場として営まれた。これには、県内外からお為半蔵の口説きを伝える一三団体、千人以上が参加し、二人の供養が行われるとともに交流が図られた(33)。供養祭は、毎年四月二九日に行われ、供養塔と比翼塚に参加者一同がお参りし、その後、公民館で懇談会を行う。しかしながら、保存会員の高齢化によって、平成一七年（二〇〇五）に行われた供養祭が最後となった。

定例的な供養祭ではないが、比翼塚では、被葬者の年忌などの節目にも供養の儀礼が行われている。東京都足立区の易行院にある助六と揚巻の比翼塚は、文化九年（一八一二）に七代目市川團十郎によって建立され、このときに助六の一六〇年忌の法要を行っており、明治時代には九代目団十郎も法要を営んでいる。比翼塚は、この団十郎のように歌舞伎役者との結びつきもみられ、三重県伊勢市古市の大林寺にあり、「油屋騒動」の名で知られる孫福斎とお紺の塚については、二人の塚を並べて比翼塚としたのは三代目實川延若で、愛染堂と称するお堂も建てて、関西歌舞伎の名優連から行灯の寄贈もあったという。昭和八年（一九三三）には、延若も参列して盛大な法要が行われている。また、歌舞伎役者が心中事件を題材とした芝居の主人公を演じる場合、芝居の無事成功を祈願して、比翼塚に参詣することもみられる。大林寺の比翼塚の場合でも、孫福とお紺の心中に取材した「伊勢音頭恋寝刃」や「油屋お紺」などの舞台が行われるときには役者たちの参詣があり、近年では、中村時蔵や尾上菊之助などが訪れている(34)。

さて、最後に比翼塚の民間信仰としての面を各地の事例からみておきたい。比翼塚は、民間の信仰としては、相愛の男女の塚であることから、縁結びや恋愛成就など男女関係に関する祈願内容が第一にあげられる。目黒の権八と小紫の比翼塚は、この塚に祈れば縁結びの願いが叶うといって、願文を塚近くの木の枝に結ぶことがかつては見られた(35)。同じく東京では、易行院の助六と揚巻の比翼塚も、参詣すると良縁に恵まれるといわれている。また、京都鳥辺山にある本寿寺の半九郎とお染の比翼塚も縁結びのご利益があるとされ、塚を納める堂の格子には、今日でも願文が数多く巻き付けられている。男女の関係ということでは、巣鴨の慈眼寺の時次郎と浦里の比翼塚は、道楽止めの霊験があるとされ、「悪亭霊神」とも呼ばれていた。願いが成就するとその御礼として「奉悪亭霊神」と書いた卒塔婆を立てるしきたりがあり、戦災で焼失する以前のお堂には、駒札もたくさん掛かっていたという(36)。男女の問題だけではなく、病気平癒のご利益があるとされた比翼塚も少ないながら存在する。滋賀県大津市の西蓮寺にある善兵衛と多賀花の比翼塚がそれで、二人は死に臨み、自分たちはこの世で思いが叶わずに死んでいくが、残った人々の願い事を一つだけは叶えてあげたいと遺言したと伝えられている。この塚に参って願を掛けると霊験があり、とくに胸の病に霊験があらたかであるという(37)。また、現在は所在が確認できないが、千葉県阿玉川村にあった比翼塚は、お塚様とも呼ばれ、足の病気を癒してくれるとともに、縁結びのご利益もあり、近在から信仰を集めていたことが報告されている(38)。

おわりに

明治三〇年（一八九七）の『文学界』第四九号には、「夢がたり」と題した連作の中に「比翼の鳥」という散文詩が発表されている(39)。作者は大峰古日。後に民俗学を創設する柳田國男である。この詩は、柳田の幽世への強い関心があらわれた作品の一つと評されている(40)。しかし、柳田はその後、「塚と森の話」をはじめ、塚研究の論考をいくつも発表し、この分野の研究に意欲的であったが、比翼塚に目を向けることはなかった(41)。柳田が先鞭をつけなかったから、というわけでもないであろうが、その後の民俗学でも、比翼塚は研究対象として積極的に論じられることなく今日に至っている。

本稿では、こうした問題意識のもとに、民俗学では研究蓄積のない比翼塚の事例を集め、塚の形式や特徴、信仰などについて考察を試みた。比翼塚は、近世以来の心中文学との親和性が高く、近世情死劇の主人公に縁のある塚が今日でも有名である。こうした文芸的な色彩は、近代に建立された比翼塚にも底流しており、比翼塚の大きな特徴といえる。ただし、塚が祀る人物は、その実在性の確証を欠くものもあり、彼らを主人公とする歌舞伎などの芝居の流行とともに、塚の由来伝承が整えられてきたものもあったに違いない。それもまた比翼塚の特徴と考えておきたい。このような文芸との結びつきが強い比翼塚は、東京や大阪などの都市部に顕著であるが、比翼塚自体は、それ以外の地域にも少なからず確認され、それぞれに成立背景をもって伝承されている。祀られる男女についても、町人と遊女の組合せばかりでなく、時代に応じて様々な関係や死に至る動機があることが知られた。比翼塚は、前記のような特徴が指摘でき、各地への普及は近世以後のことと思われるが、必ずしも時代や地域に制約されることなく、男女の死に際して建立されてきたといえる。

また、比翼塚は、縁結びなどの庶民的な信仰も集めており、塚の供養祭も行われていて、姫路市のようにそれが現代的に展開している地域や、松島町のように塚を介して地域間交流に発展している地域もみられることは注目される。そして、多くの事例に共通するのは、比翼塚で祀られる男女やその二人の死が同時代の多くの人々の関心を集めており、また、塚の建立や供養をめぐって動いた人たちがいたことである。このような比翼塚をめぐる人々の行動は、どのような心意に基づくのであろうか。このことはさらに検討を要するが、文芸趣味的な動機だけでは説明できない向きもあり、塚で祀られるに至った男女の死に様や比翼塚が伝える悲哀の物語が日本人の心性に強く訴えかけるものがあるからであろう。なお、各地の塚の調査を通して、亡くなった男女の祟りを恐れ、その霊を鎮めるために塚を建てたという伝承が聞かれないことや、塚の被葬者が何らかの神格を得て篤く信仰されている例も確認されないことから、非業の死を遂げた人物を祀りながらも、比翼塚は人神信仰を基調とするものではない。ただし、大阪市北区にある露天神社は、天満屋の遊女お初が境内の森で情死したことから「お初天神」と呼ばれ、塚はないが、お初と徳兵衛の像があって恋愛成就の信仰を集めており、恋人たちの聖地ともなっている。こうした事例の存在を考慮すると、比翼塚と人を神に祀るということとの関係についても、民俗信仰の問題として検討の余地がありそうである。

また、比翼塚は、この世では結ばれなかった男女が来世での結婚や幸福を信じて死を選ぶという成立背景において、死後の世界が志向されており、きわめて来世的といえる。実際に比翼塚が建てられた男女が死後に「魂の結婚式」と称して式をあげている例もある。(42)これについては、形態は異なるが、冥婚や死霊結婚と呼ばれる習俗が思い起こされる。今後の展望として、日本人の来世観や死生観を考えるうえでも、比翼塚は一つの題材となりうると思われる。

註

（1）新村出編『広辞苑』第六版　岩波書店　二〇〇八年　二二八一頁。
（2）『國譯漢文大成』文学部第十七巻　國民文庫刊行会　一九二三年　一九〜二二頁。
（3）山中正太郎『墓と文明』雪華社　一九六三年　一一三〜一一四頁。
（4）西山松之助「近世封建社会の特異現象―情死・お蔭参り・富籤の流行―」『近世風俗と社会　西山松之助著作集第五巻』吉川弘文館　二〇一三年　五三七〜五四二頁。
（5）田中香涯『江戸時代の男女関係』有宏社　一九三〇年　八六〜一五一頁。
（6）『十方庵遊歴雑記』第二編・巻の下『江戸叢書』巻の四　江戸叢書刊行会　一九一六年　三五八〜三五九頁。
（7）斎藤月岑『江戸名所図会』須原屋茂兵衛ほか　一八三四〜一八三六年、柴田光彦・田正行編『馬琴書翰集成』第三巻　八木書店　二〇〇三年　二四九頁。
（8）松村春風『昔語古物會』兎屋誠　一八八三年　七六〜七七頁。
（9）Lord Redesdale, Algernon Betram Freeman-Mitford, Baron「THE LOVES OF GOMPACHI AND KOMURASAKI」『TALES OF OLD JAPAN』London, Macmillan and co. 1915（1871）pp.20–37

(10) グリフィス、山下英一訳『明治日本体験記』平凡社　一九八四年　九三頁。
(11) 水島春暁編『東京名所案内』長谷川常治郎　一八九〇年　七頁、『東京横浜一週間案内』史伝編纂所　一九〇一年　七〇頁。
(12) 『帝国画報臨時増刊　花嫁花婿』第二年第六号　富山房　一九〇六年、『東京近郊名所図会』第九巻　東陽堂　一九一一年　二一七～二一九頁。
(13) 秋里籬島編『摂津名所図会』森本太助ほか　一七九八年。村上石田編『播州名所巡覧図絵』塩屋忠兵衛ほか　一八〇四年。
(14) 太田南畝『葦の若葉』巻の一下『蜀山人全集巻二』吉川弘文館　一九〇七年　六九頁。
(15) 太田源太郎『浪花の栞』太田源太郎　一八九五年　四五頁、樋野亮一編『大阪案内』駸々堂　一九〇七年　二一～二二頁、首藤文雄編『大阪案内』日本電報通信大阪支局　一九〇九年　二一七頁。荒川狂逸編『大阪案内　公正諸番附』南陽新聞社　一九一九年。
(16) 東出清・光『大阪案内』大阪参文社　一九四一年　一七七頁、谷口梨花『芝居と地蹟』歌舞伎出版部　一九二八年　二八八～二九二頁、上方史蹟散策の会編『淀川往来』向陽書房　一九八四年　二〇〇～二〇二頁。
(17) 上野邦夫「霊験比翼塚」『旅と伝説』第七年第一号　一九三四年　一〇四～一〇八頁、大木薫『日本各地伝説集第一巻』赤海月社図書出版部　一九四二年　二六一～二七二頁、小林郊人「比翼塚考察」『伊那』四五六月号　一九四二年　六〇～六二頁。
(18) 礒ヶ谷紫江『墓碑史蹟研究』第九巻　後苑荘　一九三二年　一五七九～一五八〇頁。
(19) 山中正太郎前掲書　一一四～一一八頁。
(20) 大磯町編『大磯町史4　資料編　近現代2』大磯町　二〇〇一年　三〇二～三〇三頁。
(21) 北村三郎『卯辰山』宇都宮書店　一九六三年　一九頁、北村魚泡洞『金沢自然公園　卯辰山』北國新聞社　一九七二年　五九～六〇頁。
(22) 田中香涯　前掲書　九二～九三頁、西尾邦夫「心中文学の成立―殉死から心中へ―」『國文學論輯』第十七号　一九九六年　三五～五九頁。
(23) ここであげた人形浄瑠璃や歌舞伎などの作品については、『歌舞伎名作辞典』（演劇出版社　一九九六年）、早稲田大学演劇博物館編『演劇百科大事典』（平凡社　一九八三年）、服部幸雄ほか編『改訂増補歌舞伎事典』（平凡社　二〇〇〇年）などを参考とした。なお、作品名の後の括弧内には、主人公の名を男・女の順で記している。
(24) 岡本綺堂『綺堂戯曲集第一巻』春陽社　一九二五年　二三四～二三五頁。

(25)　島崎藤村『詩集』春陽堂　一九〇四年　六八～六九頁。
(26)　竹野静雄「八百屋お七の地方伝承」『芸能』二八巻一号　芸能学会　一九八六年。
(27)　森まゆみ「苔を掃うの記（四四）新比翼塚の話」『本』二五三号　一九九七年　講談社　五七頁。
(28)　利根川裕「抱月拾遺」『文藝論叢』第五巻　立正女子大学短期大学部文芸科　二〇一三年　三八～三九頁。
(29)　酔芙蓉『新比翼塚 松井須磨子』共成会出版部　一九一九年。
(30)　佐藤密雄「新比翼塚のこと」『眞理 仏教の生活と技術』一九七七年　四～七頁。
(31)　寺崎峻『はりまの風土と文化』聚海書林　一九七七年　一三三～一三五頁。
(32)　清十郎とお夏の墓と比翼塚については、『播磨学紀要』第三号（播磨学研究所　一九九七年）所収の橋本政次「お夏清十郎比翼塚」が来歴や諸説を検討しており、参考とした。
(33)　佐伯史談会編集発行『図説 新佐伯志』二〇〇八年　一三三～一三四頁。
(34)　伊勢市古市浄土宗西山禅林寺派大林寺「油屋騒動」「比翼塚」http://www.dairinji.com　二〇一七年閲覧。
(35)　平野實『傳説の武蔵野』東京史談会　一九五五年　一四一頁。
(36)　戸川幸夫『傳説パトロール』駿河台書房　一九五二年　六八～七二頁。
(37)　山田豊三郎『新修大津市9 南部地域』大津市役所　一九八六年　一七九～一八〇頁。
(38)　上野邦夫「霊験比翼塚」『旅と伝説』第七年第一号　一九三四年　一〇八頁。
(39)　大峰古日「夢がたり」『文学界』第四十九号　一八九七年　六～七頁。
(40)　来嶋靖生『森のふくろう―柳田国男の短歌』河出書房新社　一九八二年　一二六～一四四頁。
(41)　柳田國男『定本 柳田國男集』第十二巻　筑摩書房　一九六三年　四三五～五一六頁。
(42)　豊増幸子『肥前おんな風土記』佐賀新聞社　一九七六年　一二一～一二七頁。これは、佐賀市の大應寺にある比翼塚の事例で、昭和一三年（一九三八）六月に二人の遺骨を合わせた村葬が行われ、それに続いて結婚の儀礼が行われたことが報告されている。

雷電信仰の現在

――板倉雷電神社の信仰を中心として――

林　洋平

はじめに

地震、雷、洪水といった自然災害は、昔も今も変わらずに恐れられ続けている。その理由として、現在においてもいまだ、十分な対策が取りきれていないことがあげられる。中でも雷の被害は、電気や鉄道会社にとっては長年の課題であり、最近では新たに情報産業・精密機械工業が発展し、雷対策の必要性が増してきた。

かつては、雷は大雨を伴うものという認識が強く、農耕社会にとっては洪水や雹などの風水害と同義にも取られていた。そのため、雷神信仰や、各地の雷電神社を対象とした雷電信仰が興り、雷除け、雹乱除けという形での風水害回避のための祈願が行われていた。また一方では、雷の運ぶ雨は夏季の貴重な水源であり、雨乞いの信仰としても重要な意味を持っている。

筆者の関心事は、自然と人間のかかわりにある。雷への信仰は、科学の進歩により駆逐された他の不安と異なり、現在において未だ需要を持っているため、自然と人間のかかわりを見る格好の材料であるといえる。本稿では、雷をめぐる民俗、特に雷電信仰の現在について確認することで、今後の研究の足がかりとしたい。

雷電信仰については、すでに様々な民俗学の成果が見られるが、雷どころといわれる群馬県に地域を絞った調査はあまり行われておらず、全国の雷電神社の総本宮といわれる群馬県邑楽郡板倉町の雷電神社（以下板倉雷電神社）の信仰についても詳細な研究がなされていない。そのため、本稿では板倉雷電神社の信仰に焦点を当て、講集団を中心とした参拝者の信仰の様子を見ることで、現代における雷除け祈願の現状を明らかにしたい。

一　雷電信仰に関する先行研究

雷に関する研究は、神話や国文学の中に見られる雷神や天神を扱った雷神信仰の研究が先行して行われてきており、民俗学の分野でも、雷神信仰の変遷や雷神の性格などに力点を置いた研究が中心であった。近年では北関東を中心に、地域調査に基づいた民俗学の成果も見られるようになってきている。

大正一〇年（一九二一）に雑誌『郷土趣味』は雷神研究の特集号を組んでいる。その中で「雷神信仰」を論じた中山太郎は、雷神は雷害による恐怖が基礎をなしていたが、恐るべき神を和ませる意味で、祈雨神として農業神の一員に取り入れられていったことを論じている[1]。また、柳田國男も、昭和初期には「若宮部と雷神」を著し、北野天満宮などの力で御霊信仰と雷神信仰が結び付けられ、古来の雷神信仰がその自然的脅威を残しながらも政治的な意思などに絡められ広められていったという過程を論じている[2]。これらの研究では、雷神信仰の変遷や雷神の性格を考察するにとどまっており、人と雷のかかわり方や雷神祭祀の実態などについてあまり論じられていない。

昭和二二年（一九四七）に書かれた「苗忌竹の話」で柳田國男は、田んぼに竹を一本か二本あるいは四本立て、注連縄を張った苗忌竹という習俗に注目し、当時の人々の間で、雷が天に帰るためのものとされているこの習俗が、本来は田の神の御座であったのではないかと論じている[3]。それに先行して、角田序生は「雷が臍を取ると云う事」「雷電信仰に就いて」を発表しているが、雷神信仰は雷への恐怖心から来るとし、その基礎に、それに対する消極的で信頼的なものと、積極的で威制的なものという二つの正反対の気持ちが見られ、前者を神としての祀り上げ、後者を雷除けのまじないに繋がると分類している。[4] また、石田英一郎は、「桑原考」において、「クワバラクワバラ」や、「クワノキノマタ」という雷除けのまじないについても言及し、桑樹の神聖性を示すものだとしている。[5]

昭和四〇年（一九六五）代になると、地域に焦点をおいた研究がなされるようになる。昭和四二年（一九六七）の九学会連合による利根川総合調査では、利根川中流域の一つの中心として板倉町周辺が設定され、また、利根川流域に広く分布する大杉神社・雷電神社の調査も行われている。昭和四六年（一九七一）に発行された研究成果『利根川―自然・文化・社会―』で坪井洋文は、雷電神社が大杉神社と共に、境内社、小祠としての分布が圧倒的に多いこと、氏神神社の系統には影響されずに広く点在している点を指摘した。[6] 昭和四九年（一九七四）に発表された等々力貴子の「雷神信仰―東日本を中心として―」は、東日本の雷神信仰を詳細に調べているが、雷神信仰の原初的な信仰、変遷を探ることが目的とされる。雷神は、山上にあり雷害や水害への畏敬の念に依拠する「山上祭祀型」から、川などを伝って里に下り、河口に祀られ豊穣をもたらす「平地流出型」、里に定着し、農耕神としての性格から、様々な信仰と結びついた「平野祭祀型」、という三段階の流れを経てきたとする。[7]

群馬県では、県の教育委員会などで作られた『雷とからっ風』において、上州の名物である雷およびからっ風について、地理や気象の面からまとめ、さらに気象に関する民俗を県内で収集し、それを気象条件などに当てはめながら紹介している。[8] 雷にともなう雨や雹、災害や事故など広い視野で様々な面に言及していることが特徴に挙げられる。また、板倉町では昭和五一年（一九七六）から、『板倉町史』の刊行を行ったが、その中で、板倉雷電神社について、代参講の分布等について調査を行っている。これについては、詳しくは次章以降で述べる。

栃木県における雷神信仰研究の成果については、昭和五〇年（一九七五）からの松浦一行を中心とした下野民俗研究会による集団調査や、[9] 町田美奈子の「栃木の雷神信仰―下都賀郡大平町を中心に―」などがある。町田の調査によると、大平町では板倉雷電神社へも代参を行っており、板倉雷電神社と地元の雷電宮を重層的に信仰している様子が見られる。[10]

松井圭介は人文地理学の視点から、関東三雷神のひとつでもある茨城県つくば市の金村別雷神社の信仰圏について研究を行っている。松井は、金村別雷神社の信仰圏を近隣と外縁の二つに分け、さらに現在の講への聞き取りデータなどを元に、各信仰圏の参拝者の信仰形態を論じている。

地域を限定した研究としては、他に谷口貢による福島県周辺の雷神信仰の研究がある。谷口は、他の雷神信仰の研究ではあまり注目されてこなかった、雷電山に焦点を当て、登拝行事について論じており、これらの信仰が板倉雷電神社などの大神社からの影響が薄いということも述べている。[11]

近年の研究では、吉岡郁夫が『民俗学と自然科学』において、俗信などの民俗知識を自然科学におけるデータと照らし合わせることで、その妥当性や民俗知識の根拠を示そうとしている。[12] 平成一七年（二〇〇五）に群馬県安中市ふるさと学習館で開催された企画展『磯部蜃気楼の謎　雷と蜃気楼と神と人』においても、気象学的なデータを視野に入れた雷神信仰についての解説が行われている。[13] また、自然科学の分野でも、情報産業等における雷害リスクの増大にともなって、平成一五年（二〇〇三）に雷害リスク低減コンソーシアムなるものが設立された。主に雷害対策に関する各機関の連携や雷害に対する啓蒙普及などの活動を行っているが、その成果として『雷文化論』を発行している。[14] 平成一九年（二〇〇七）には、青柳智之によって『雷の民俗』が上梓された。青柳は雷の持つ恵与性と厄災性という両義性、また、雷の季節性という視点に立ち返り、膨大な量の調査を行い、雷のそれぞれの性質を実証的に示している。[15]

以上の先行研究を踏まえ、本研究では雷電神社の総本宮とされつつも研究成果の少ない群馬県の板倉雷電神社を中心にすえ、その信仰をまとめると共に、雷多発地帯である周辺地域の信仰と比較し、自然現象である「雷」に対する信仰研究への足がかりとしたい。板倉雷電神社は関東全域にわたる広い信仰圏を持っており、また、農耕従事者や土地の人間だけでない多岐に渡る参拝者を持つところに特徴がある。

二　板倉雷電神社の信仰

1　板倉雷電神社の概要

板倉雷電神社の別当寺は龍蔵寺であったが、元和二年（一六一六）以前に作成された龍蔵寺縁起には板倉雷電神社の創建にかかわる由緒が書かれている。[16] 縁起によると、板倉雷電神社はもともと、聖徳太子の祀った国御水分神の社であったとされる。その後、坂上田村麿によって社殿が作られ、その際に木材を調達した伊豆板倉山の神も一緒に祀られることになった。板倉山の神はその神威により別雷神とされたが、国御水分神と共に祀られることにより、雷を掌り水の恵みをもたらすとされた。さらに、雷との関係から菅原道真も祀られることとなり、雹乱除けにも利益があるとされていった。

板倉雷電神社のある群馬県邑楽郡板倉町は、群馬県の南東の端に位置し、栃木県、埼玉県と接する。かつての交通は、陸路では、埼玉県北埼玉郡新郷村から利根川を渡り館林方面を経由する日光脇往還から、館林古河往還や板倉道を通り板倉町へ到る道と、日光道を使い古河経由で館林古河往還から板倉町へ到る道があった。また、河川を使った交通では、板倉町飯野に河岸があり、明治期には東京との間で乗客の利用に供していた。飯野河岸は明治の終わりには利用を終えている。[17] その他にも、埼玉県の羽生や加須などの渡しを使って利根川を渡り板倉町へ到ることができた。現在では、東北自動車道や、邑楽郡千代田町の昭和橋、北埼玉郡北川辺町の埼玉大橋を通る自動車道を使って利根川を渡る交通路ができている。

板倉町は縄文・弥生時代の遺跡も多く発掘されており、かなり古くから人が定住している地域である。しかし、町域は群馬県内でも最も標高の低い土地にあたり、さらに、現在の地形においても、町の北側を渡良瀬川、南側を利根川、町を横切る形で谷田川が流れている。そのため、水はけが非常に悪く、「蛙が小便しても水が出る」などといわれる。堰の決壊で洪水が起こると、板倉町を含む周辺に水がたまり、通常二、三日、長い時では一〇日以上も水が引かないことがあった。そのため、この地域では、ミツカ（水塚）やアゲブネ（揚げ舟）など水に対する独特の民俗が多く見られる。

板倉雷電神社は、そのような板倉町の中でも、現在では整備が進み埋め立てられてしまった板倉沼という大きな沼と、御手洗沼の二つの沼に囲まれる地に位置している。明治三四年（一九〇一）に製版された『大日本名蹟図誌』には、「雷電神社之景」として、二つの沼に囲まれて、浮島のように鎮座する板倉雷電神社の様子が描かれている。

このような水に囲まれた立地条件のため、板倉雷電神社は雷除けだけでなく、干ばつ時などに水をもらいに来る雨乞いの信仰も盛んである。

2　氏子組織

板倉雷電神社の氏子は、邑楽郡板倉町の内、旧伊奈良村の範囲で、板倉町行政区一九区から二九区までの範囲にあたる。大字で分けると一九から二三区までと、二九区が大字板倉、二四区が大字原宿、二五区が大字岩田、二六、二七区が大字籾谷、二八区が大字内蔵新田となっている。このうち二九区は雷電神社を含む地域にあたり、氏子としての役割に他との特別な差異はないが、地付きの老人達は神葬祭を行っている。また、各区から一名ずつ板倉雷電神社の神社総代が出て、計一一名が総代となる。

総代の他に、各地区の三役（区長・副区長・会計）、さらに協力をしてくれる数名を合わせて氏子世話人会と称している。氏子世話人会は九〇名ほどで、大祭時の参拝、及び各地区に配られるお札を各戸に分配し集金を行う。世話人会はそのほかにも、節分や夏越祭りの際に参拝をする。今まで、大祭時にお札を売る手伝いを氏子で行うということなども試みてみたが、現在までは続いていない。

また、かつては板倉雷電神社の大祭時には太々神楽が奉納されており、明治から第二次大戦の頃までは氏子が神楽を舞っていたが、戦中戦後の講員の減少などから他村の神楽師に依頼するようになり、近年では神楽自体が行われなくなってしまった。祭りの担い手や氏子の役割は一定ではなく、時代と状況に合わせ常に変化していたことがわかる。

3　板倉雷電神社の例大祭

板倉雷電神社の祭りのうち、氏子や参拝者の参加する大きなものには、正月、節分、五月の例大祭、六月の夏越祭りがある。このうち五月の例大祭と夏越祭りは特に重要で、神社側からも氏子地域の範囲を超えて、参拝者に案内を出している。平成一九年度（二〇〇七）の調査を元に例大祭の詳細を述べる。

雷電神社例大祭は、五月一日より五月五日まで行われる。祭日には変遷があり、もともとは旧暦四月一日から三日であったが、明治期には暦が新暦となり月遅れの五月一日から三日に行うようになった。その後、祝日との兼ね合いで参拝者が来やすいであろうとの配慮から、昭和五〇年（一九七五）頃からは五月一日から五日まで期間を延長して行っている。暦が変わっても昭和四〇年（一九六五）頃までは、新暦四月一日に参拝に訪れる参拝者も多かったという。

祭りの当日には、神社周辺に多くの出店が出て、参拝者でごった返す。ツアーや講集団など遠方からバスで訪れる参拝者も多く、近くの公民館に臨時の駐車場を作り、群馬県警察が交通の誘導を行っている。

例大祭に訪れる参拝者は、氏子、講、一般参拝者に分けられる。それぞれの参拝者について、詳細に見てみたい。

まず氏子については、例大祭の五月二日に雷電神社氏子祭が行われる。三日からは参拝者が集中するため、その前日に行われている。氏子祭には氏子世話人会が参加し、午後一時頃より各地区の氏子総代、三役その他が雷電神社の社務所二階の広間に集まってくる。まず、受付の総代会々長らにお金を納め、地区の戸数分のお札を受け取る。この年には、板倉町長、県会議員も参列していた。

一時三〇分、宮司を先頭に総代会々長以下が並び、社務所から神社の本殿へ向かう。本殿に着くと世話人たちは、宮司ら神職五人を囲む形で、床の思い思いの所に腰をおろす。神事では、大字ごとの代表が玉串を奉納する。神事が終わると、再び社務所に戻り直会が行われた。直会では、宮司のほか、町長、県議が挨拶を行い、その後お神酒を飲んで流れ解散となった。五〇人強が参列しており、本殿内では、人が満杯となるため、座席を設けていない。

余談ではあるが、氏子祭当日の天気は快晴であった。氏子祭の直会が終わり、片付けもすんで、最後に総代会々長が社務所を出、筆者もそれに従ったが、一番最後であった筆者が社務所を出た瞬間、快晴の空に稲光が走り、すぐさまにわか雨となった。宮司は、このようなことのある土地柄だから、今でも板倉雷電神社が大事にされているんでしょうと、話していた。

総代らが受け取ったお札は世話人会の手で、氏子一七〇〇戸ほぼ全戸に配られるとともに、地区の境に辻札として立てられる。世話人会は、あくまで総代が中心であり、三役等はその手伝いといった形で、連絡なども総代を通して行われる。

続いて、講集団の参拝であるが、大祭の時期にお札をもらいに来る講が多い。詳しくは次章で述べるが、現在、神社側では、講を太々講、一時講、代参講の三種類に分類して把握している。

大祭時には昇殿をして祈願を行う講も多いが、かつては、その後社務所や客殿などで直会を行っていた。その際の料理は、神社の手伝いの人が川魚料理などを作ってお神酒と一緒に出していたが、これも昭和四〇年（一九六五）頃から、近所の川魚料理屋に頼むようになった。一時講が百人規模の大勢で来たときなどは、客殿や社務所をすべて解放しなければならないほどで、平成五年（一九九三）、神社側からも大変だからという意見が上がっており、川魚料理屋からも一度にそんなにたくさん出すのは大変だという話が出たので、取り止めることにした。現在では、客殿は、大祭時の五日間開け放しておくだけで直会は行っていない。

その他一般参拝者も周辺各地から訪れる。個人的な参拝者は神社では把握しきれていないが、多くが参拝をして氷嵐（雹乱）除のお札などを買っていく。大祭時には苗木市や農具市など様々な出店が、脇参道から裏手の駐車場まで、神社をぐるりと取り囲む。この時期は館林市花山町のつつじの見ごろなどとも重なっており、板倉雷電神社は館林七福神めぐりのコースに含まれているなど、ツアーや、行楽的な要素で訪れる人も多い。現在の講集団には、この行楽目的で継続しているものもある。

三　板倉講をめぐって

1　板倉講に関する資料

次に、前章で見た参拝者のうち、講に焦点を絞り、その信仰形態や地域分布、他の神社の信仰との関わりに目を向けてみたい。

板倉雷電神社の講集団（板倉講）に関して、昭和五五年（一九八〇）刊行の『板倉町史』には次のようにまとめられている。(18)

雷電講中には板倉町大字板倉字雲間　雷電神社に、農耕作物の豊穣祈願や雹乱除・雷除・干魃の時の雨乞いと水貰いのため、各耕地や村落を単位として講中を作り、旧三月初寅の日、または前寅の日（丑の日）から六月末から七月初旬の御礼繰（農休み）までの期間、講中では家並順に二〜三人で組をつくり「日参講中」と墨書した幟をもって板倉の雷電神社へ代参をする。「月参講中」は耕地の代表が二〜三人で毎月一回日を決めて月参講中の幟をたてて代参に来る。

一般的には旧暦初寅の日から旧六月の御礼繰りまでの期間、大麦・小麦・麻・カンピョー・煙草を耕作する地域では、雷がくると雹による被害が多いので畑作地帯では「雹乱除け」を、田の地帯では稲作への落雷による被害を除くため「雷除け」を、旧六月〜八月にかけては畑作地域では干魃になるので「雨乞い」といって、雷電神社より霊泉水を竹筒に入れて貰って帰り、田畑に竹筒の霊泉水を撒いたり、村鎮守に集って霊泉水を供えて雨乞い祈願をすると必ず慈雨に恵まれるといわれ、雨が降ると「御礼参り」といって耕地中で参詣に来る。

この様子は、先に示した今日の様子とは大きく異なるといわざるを得ない。現在神社側で認識している月参講は三箇所ほどで、神社側ではいずれも代参講として把握している。また、日参講については現在では板倉雷電神社まで参拝に訪れているものはない。

『板倉町史』の調査では、板倉雷電神社に保存されている『崇敬者世話人名簿』を用いている。この名簿は、昭和一八年（一九四三）以前に作成され、その後削除や修正が加えられたもので、各県別に分けられた世話人の住所と氏名の一覧が記録されている。

なお、『板倉町史』の調査では、『崇敬者世話人名簿』を元に雷電神社講社の数を数え、板倉町内での調査を足して講中総数を二一一講としている。(19) しかし、この『崇敬者世話人名簿』では、一行毎に世話人の住所と氏名が列挙される形になっており、一つの講に世話人が複数いる場合や、一村に複数太々講が存在しそれぞれに世話人がいる場合などが考えられるため、掲載されている世話人の数をそのまま講の数とすることはできない。また、世話人数名ごとに一括りとされているものが多くみられることから、この括り一つが一村落、もしくは一講であると考えるのが妥当であろう。この括りに沿って講数を数えると『崇敬者世話人名簿』掲載の講数は一二九八講となる。

この『崇敬者世話人名簿』の他に、板倉雷電神社の社務所には、平成一七年（二〇〇五）から使用されている、代参講・太々講・一時講の三つの講についての『講元世話人名簿』が存在する。

2　板倉講の形態

板倉講の呼び方は定まったものがあるわけではないが、板倉講や雷電講、他の雷電講と区別して板倉雷電講とした り、地区名を冠したものや一心講などといった各地区独自の名前をつけているものなどがある。実際には、講は地域ごとに様々な独自の形態を持ち、一括りにできるものではないが、板倉雷電神社での分類をもとにしてまとめておきたい。

神社側では各講を参拝の形態から以下のように把握している。なお、先にも述べたように、現在は下記をすべて、太々講・一時講・それ以外の代参講という名称でのみ分類している。

・太々講：太々神楽奉納講。かつての五人組を元としており、ほとんどが五人を一組としている。持ち回りで毎年一人ずつが大祭時などに訪れ、五年一回りでいったん上がりとなり、次の年から再度講を組みなおす。五人が厳格に守られていたのは昭和の初めまでで、それ以降は近所付き合いで四人一組や六人一組など、変形が見られる。現在、板倉雷電神社では太々神楽の奉納は行っていないため、地元の神社で太々神楽を奉納している講なども見られる。
・一時講：太々講が合体して大きくなったものなどを言い、講の全員が一度に訪れるのが特徴である。平成五年

（一九九三）頃までは二〇〇人で来る講などもあったが、現在は多くても数十人程度で、バスなどで訪れる。

・代参講：代参講の人数はまちまちで、形態も幅が広い。太々講と一時講に含まれないものを大まかに代参講としている。

・初祈祷講：初祈祷講はほとんどが代参講に含まれるが、正月にも祈祷に訪れる熱心な講である。

・日供講：代参講の一種だが、代参講と異なるのは、年に一、二回、神社で使う「お米」を供えにきた。埼玉県の吉川町からが多かったが、現在ではなくなってしまった。

・月参講：現在神社で把握しているのは三箇所くらいで、代参講と分類されている。幸手市の旧牛村では、かつて四月から七月まで毎月一回、輪番で二人の代参人を派遣して雹乱除けを祈願したが、まだ農家には自転車も少なく、歩いて任に当たった人もいたという[20]。

・日参講：現在では見られなくなってしまった。かつて行っていた板倉町大字板倉字石塚の例では、豊作祈願、雷雹除けのため、旧三月節句から半夏まで、板倉雷電神社に日参する。参加者は集落の全員で、日参者は家並び順に二人ずつの順番である。当番の印に「雷電神社日参札」と墨書きされた木札を回す[21]。

3　板倉講の分布

ここでは、第一節で紹介した昭和期の『崇敬者世話人名簿』及び平成一九年（二〇〇七）現在の『講元世話人名簿』を元に、板倉講の分布について見ていきたい。

まず、『崇敬者世話人名簿』及び『講元世話人名簿』に記載された講の県別内訳は左記の通りである。

表1・2からわかることは、まず、両者共に群馬県内よりも栃木・埼玉・茨城の三県からの参拝が圧倒的な割合を

占めているということである。また、『崇敬者世話人名簿』の段階では栃木県内の講数がもっとも多かったのに対し、『講元世話人名簿』では、全体的な減少傾向を見せるが、栃木県からの参拝者の減少が特に大きく、埼玉県との順位が逆転している。現在の板倉町では、埼玉からの講数が多いことに対して、親戚付き合いなども含めて「埼玉とは縁が切れない」などと表現される。

続いて、各名簿に記載されている講の所在地を地図上にプロットした図1と図2を比較したい。なお両図のうち、◎は板倉雷電神社、△と□は、板倉雷電神社と並んで関東の三雷神と称される茨城県つくば市の金村別雷神社、茨城県水戸市の別雷皇大神である。×は群馬県内である程度の講を持っている群馬県伊勢崎市境町伊与久の雷電神社である。

『講元世話人名簿』では全体的に密度が薄くなってしまってはいるものの、分布範囲は両者にほとんど差がないといってよいであろう。両者共に見られる特徴として、板倉雷電神社の近隣が台風の目のようにぽっかりと穴が空いている。板倉町内は氏子地域であり、また、かつて日参講や月参講が行われていた地域である。そのため、板倉雷電神社近隣には太々講や代参講といった講が存在していない。なお、昭和五〇年（一九七五）代の『板倉町史』の調査で

表1 『崇敬者世話人名簿』による板倉講県別内訳

群馬県	97 (7.5%)
栃木県	537 (41.4%)
埼玉県	433 (33.4%)
茨城県	147 (11.3%)
千葉県	37 (2.9%)
東京都	42 (3.2%)
神奈川県	1 (0.1%)
三重県	1 (0.1%)
広島県	1 (0.1%)
山口県	1 (0.1%)
北海道	1 (0.1%)
計	1298

表2 『講元世話人名簿』による板倉講県別内訳

群馬県	7 (1.7%)
栃木県	107 (26.2%)
埼玉県	214 (52.5%)
茨城県	55 (13.5%)
千葉県	20 (4.9%)
東京都	4 (1.0%)
岩手県	1 (0.2%)
計	408

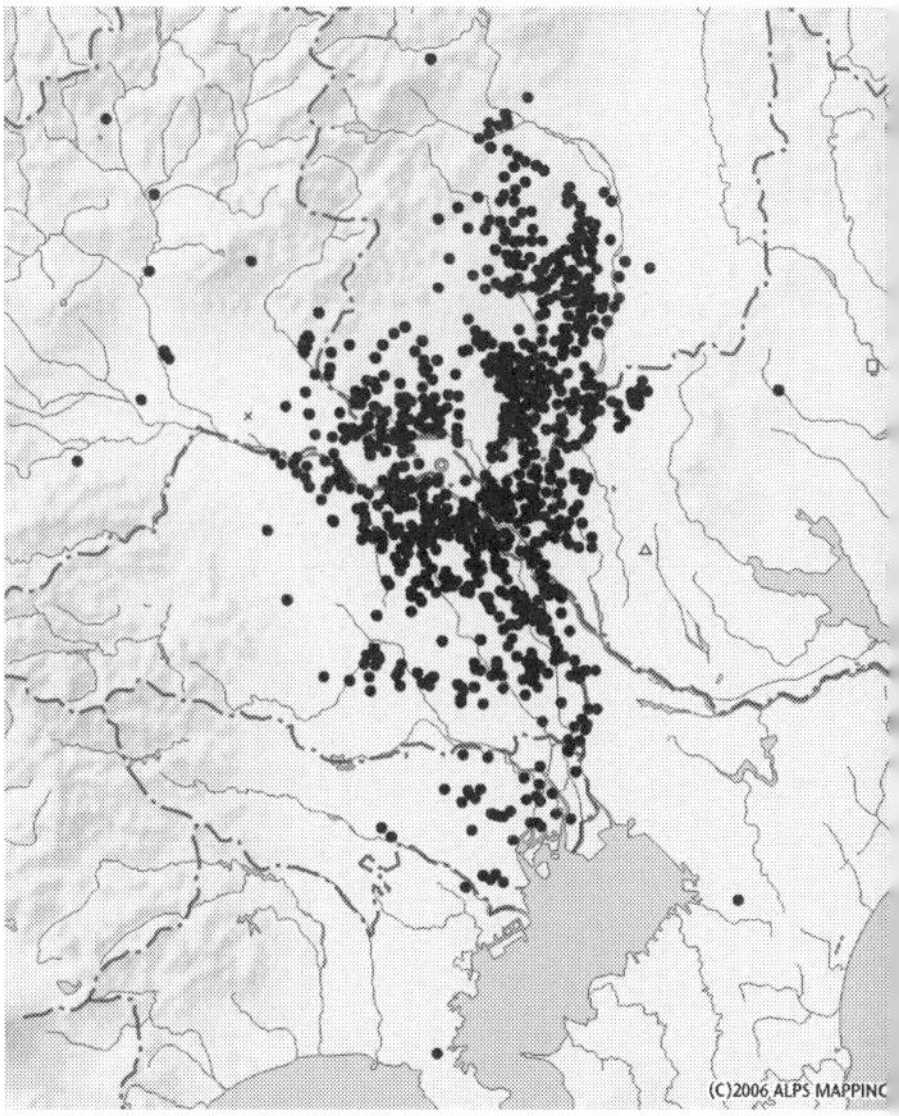

図１　崇敬者世話人名簿による板倉講の分布図

●板倉講の分布
◎板倉雷電神社
△金村別雷神社
□水戸の別雷皇大神
×伊与久の雷電神社

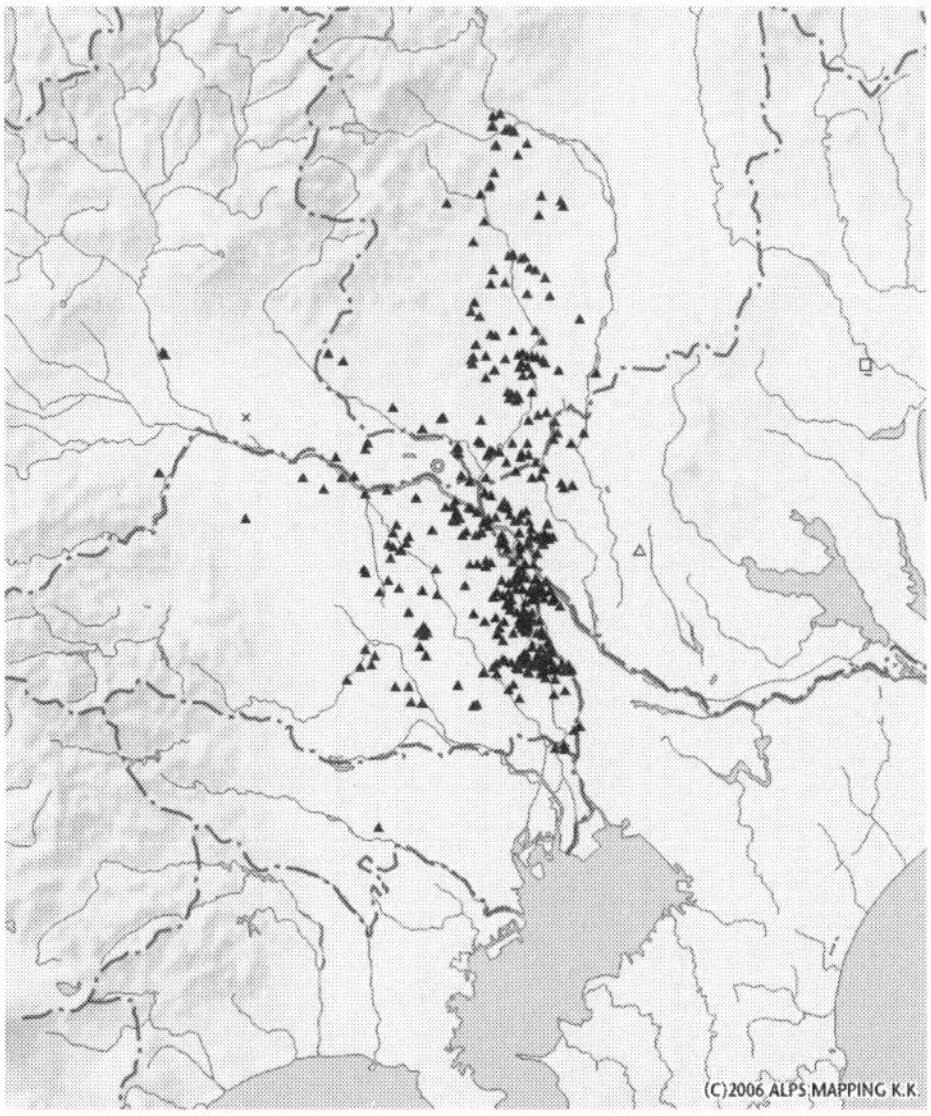

図２　講元世話人名簿による板倉講の分布図

▲板倉講の分布
◎板倉雷電神社
△金村別雷神社
□水戸の別雷皇大神
×伊与久の雷電神社

は、『崇敬者世話人名簿』とは別に、板倉町内に一〇〇件近い講が存在していたとされているが、詳細は不明である(22)。

『講元世話人名簿』では、埼玉県、特に江戸川と利根川に挟まれた地域に分布が色濃く残っている。また、このあたりを東の端として南北方向に分布が広がっているが、これ以上東方向にはほとんど広がっていない。距離的には栃木県の中央部に分布するものの方が圧倒的に離れているし、利根川や渡良瀬川を越えた地域にも分布しているので、交通の便による分布の限界とは考えられない。そこで確認したいのが、関東三雷神のひとつでもある金村別雷神社の存在である。金村別雷神社の信仰圏については、松井圭介の詳細な分析があるのでその図を引用させていただく。図3がそれである。この図を見れば一目瞭然であるが、千葉県、茨城県側の、板倉雷電神社の講分布とせめぎ合う位置まで金村別雷神社の信仰圏が迫っている。これにより、板倉雷電神社の講分布との競合であることが分かる。それを物語る例として、埼玉県吉川市は板倉雷電神社と金村別雷神社の両方の講が入り混じって分布している地域であるが、上内川地区では昭和二四年（一九四九）までは板倉雷電神社へ代参を行っており、二五年（一九五〇）から金村別雷神社へと切り替えている。[23] その理由は、単純に、距離的により近いほうへ切り替えたというものである。

また、群馬県内においても、境町伊与久の雷電神社のあたりで講の分布が途切れていることを考えると、雷電信仰における講分布は他の雷電信仰との兼ね合いが重要であったといえるのではなかろうか。

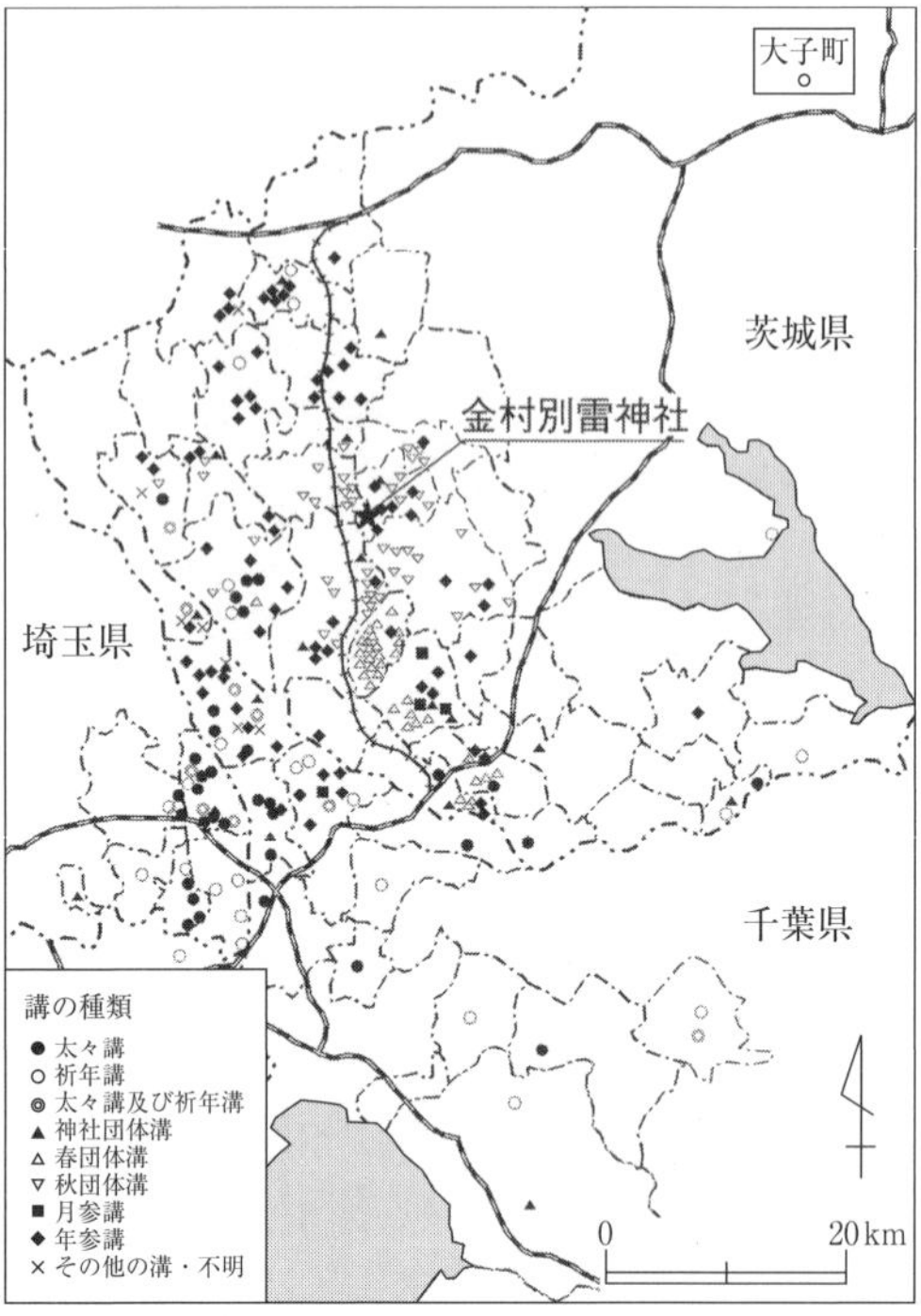

図3　金村講の分布（1995年）（松井圭介による）

次に他の信仰との比較を考えてみたい。板倉雷電神社の講の分布範囲は、榛名山や、神奈川の大山の信仰圏に含まれる。多くの地域で板倉雷電神社の他に、榛名、大山、戸隠といった水にかかわる信仰の講が作られている。中でも、榛名山は比較的近場ということと、雨雲が発生する山であることで、雨乞いの信仰が板倉雷電神社よりも盛んで、かつ雹乱除けの祈願も行っている。しかしながら、近年では各神社に対する講の区別を厳密に行わず、ゴッタ講などといわれて、各神社への代参の担当者を一度に決め、それぞれ分散して代参を行う形なども見られる。埼玉県北本市の事例では、近年ほとんどの講が独自の講行事を行わなくなってしまったが、ゴッタ講・大講といって、いくつかの講をまとめ、そこで各講の代参者を一度に決めてしまい、飲食なども一度にすませている。大字常光別所では、昔からの農家三九戸で、榛名講・石尊講・雷電講を一緒にしたゴッタ講を二月の第一日曜日に行っている。公会堂に集まり、榛名講四名、石尊講二名、雷電講二名の代参者をくじで決める。代参に決まった者は、三月から四月にかけて、都合の良い日に日帰りでお札をいただいてきて、各戸に配っている(24)。

ゴッタ講に見られるように、板倉雷電神社と榛名山や大山への信仰は競合を起こしているとは言えない。雨乞いは農業集落にとって、もっとも基本的な信仰なだけに、より多くの利益を求めて複数の社寺への祈願が同時に行われることも多い。しかし、雷除けという特徴的な信仰においては、板倉雷電神社と金村別雷神社の競合に見られるように、一箇所への参拝が基本となっているように思われる。

四　信仰集団の移り変わり

最後に、板倉雷電神社のご利益を求めて訪れる人々が、時代と共にどのように変化し、どういった現状におかれているのかを考えてみたい。

干ばつなどの生業における切実な悩みから解放された現在では、参拝の目的も、行楽や地域住民の懇親という面が強調されるようになっている。日参講や月参講など、日常生活への影響が大きい講は生活の変化により解体され、かつて、熱心に信仰を行っていたが故に地元に雷電社を勧請した講では、勧請した雷電社で祭りや神事を済ませてしまうところもある。信仰の簡素化が進み、集団的な講の信仰は徐々に個人的なものへと変化している。ただ、個人的というのは一人一人別々という意味ではなく、友人同士や仕事の仲間といった個人的な選択集団への変化ということである。最後に農家の地縁的な繋がりとは異なる新たな集団である企業の信仰について述べたい。

三重県松阪市にある中部電力株式会社松阪営業所は、明治三七年（一九〇四）、松阪水力電気株式会社として開業し、その後数度の合併や再編を経て昭和二六年（一九五一）、電力再編成に伴い、中部電力株式会社となった電力会社で、社屋の屋上に電気の守護神として板倉雷電神社の分社が祀られている。祈願内容は「安全と電力の安定供給」である。平成一三年（二〇〇一）までは、七月のお祭りのあと、営業所の総務担当者一名と、労働組合の役員一、二名が板倉の雷電神社まで参拝していた。しかし、平成一四年（二〇〇二）からは、経費節減のため、屋上の雷電神社のお賽銭箱にたまったお賽銭を板倉雷電神社に振り込み、その後、板倉雷電神社からお札が届くという形をとっている。

昭和四二年（一九六七）から四四年（一九六九）まで松阪営業所に勤務していた西口氏によると、当時は七月だけでなく、新年にもお祭りをしていたと記憶している。当時は、安全、雷除けと共に「ダムの水乞い」の意識を持ってお祀りしていたという。

中部電力松阪営業所では、明治の創設時から雷電神社を祀っている。電気と雷という共通項の元で雷電神社が選ばれたのであろう。祈願内容は雨乞いから安全、商売繁盛と、農村の講などに比べて積極的に利益を求める様子が見られる。板倉雷電神社では、鳶組合や鉄道会社などが集団で参拝していた記録も見られるが、宮司の最近の印象では、電気関係や情報関係の企業による参拝が増えてきているようだという。

東京電力の群馬県内の各支社では、平成一九年（二〇〇七）現在では下記のように、雷除け祈願を行っている。

群馬支社：六月頃、雷除けの祈願に、各設備グループ代表者がそろって板倉雷電神社へ参拝に行く。昭和四〇年（一九六五）代以前から行われていた。

前橋支社：板倉の雷電神社へは行っていないが、毎年六月頃、赤城神社へ参拝し、雷除けの祈願をしている。

高崎支社：かつては板倉の雷電神社へ行っていたが、一〇年前頃には妙義神社へ行くようになり、現在は、下仁田の中之嶽神社へ一五名くらいで参拝している。
太田支社：六月中に各課の代表者計一六名程度が板倉の雷電神社に参拝しお祓いを受ける。その後、お札をもらって各事業所に配る。二〇年以上前から行っており、営業所の創立頃から行っていたとも考えられる。
渋川支社：かつては板倉まで行っていたが、一日がかりになってしまうので、平成に変わる頃には近場である榛名神社へ行くようになった。六月中旬から七月の頭までに行き、除雷祈願のお祓いをしてもらい事業所分のお札をもらってくる。

群馬県内のすべての支社で雷除けの祈願が行われていることが分かる。神社への参拝などの行事は、かつては各営業所単位で行われていたが、現在、組織の改変によって営業所が廃止され各地区の支社が単位となった。高崎営業所は『崇敬者世話人名簿』にも名前が出ており、当時から参拝が行われていた様子がうかがえるが、経費節減などの影響で、現在板倉雷電神社に参拝しているのは、群馬県全体を取りまとめている群馬支社と、板倉雷電神社に比較的近い太田支社のみとなっている。その他は、近場の神社への参拝に切り替えている。この背景には、神社側が参拝者の希望に応じてさまざまな祈願内容に対応して行ったことが考えられる。

情報産業の参拝者が増えているというが、その背景には、次のような時代の変化がある。

現代の電化製品には必ずと言ってよいほどマイコンなどのＩＣチップが埋め込まれている。これらの精密機器は、技術の進歩と共に、より小型化、低電力化の、めまぐるしい発達を遂げているが、わずかな電力で動作するようになった反面、より少ない過電流、過電圧でも故障してしまうという問題点を持っている。それが、生産工場に対する落雷の被害を大きくしている。これらの工場では、雷が直撃しなくても、近くに落ちただけで、精密さを必要とする商品の品質が保証されなくなり、その被害額は時に数千万から数億円単位にのぼるそうである。

以上のような新たな集団が、今後、雷電信仰を支える基盤となることが考えられる。企業単位での信仰は新しいようで実際は古くからある。中部電力松阪営業所や東京電力に見られるように、企業においての信仰の下地はすでに整っている。科学的な対処を中心にすえながらも、今後、板倉雷電神社や他の雷電神社へ情報関連企業や精密機械工業など様々な職種が参拝に訪れることであろう。今後そういった参拝者の動向にも注目していきたい。

おわりに

本稿では、雷電信仰の一事例として、群馬県の板倉雷電神社の信仰を見た。板倉雷電神社には多くの神社信仰同様、氏子、講、一般参拝者という参拝者が存在している。氏子地域の人々からは、板倉雷電神社や雷が生活に深く密着していることを背景として、その活動の形態を様々に変化させながらも、積極的に板倉雷電神社へかかわっていこうという姿勢が見出せる。

講の分布図を作成してみると、他の雷電信仰とのせめぎ合いでその信仰圏が作られていることが見えてきた。雷除けという特徴的な祈願内容により、その信仰圏を確保し広めてきた雷電信仰であるが、他の神社の御利益の多様化によって、その優位性が衰えてきていることも確かである。また、個々の講や参拝者の活動状況を見てみると、信仰から行楽や親睦へと比重が変わってきていることも明らかになった。

さらに、社会組織の変化にともなって講が解体されても、個人単位での信仰へと移り変わって行く様子も見られた。農業村落の講が衰退していく中でも、新たに企業という集団での信仰が興りつつある。特に雷電信仰は、雷除けという現代社会においても通用する御利益に秀でており、その信仰は根強く、今後も新しい参拝者を獲得していくことが考えられる。

今後は、講のように把握しやすい信仰集団だけでなく個人の参拝者、特に様々な集団について注視することで、現代の信仰を深く知る手がかりとしていきたい。

註

（1）中山太郎「雷神研究」『郷土趣味』三巻三号　郷土趣味社　一九二一年。
（2）柳田國男「若宮部と雷神」『民族』二巻四号　民族発行所　一九二七年。
（3）柳田國男「苗忌竹の話」『村』二巻五号「村」刊行会　一九四七年（『定本　柳田國男集』一三巻所収　一九六三年 筑摩書房）。
（4）角田序生「雷が臍を取ると云ふ事」『旅と伝説』七巻六号　三元社　一九三四年、角田序生「雷電信仰に就て」『國學院雑誌』四七巻一〇号 國學院大學雑誌部 一九四一年。
（5）石田英一郎「桑原考―養蚕をめぐる文化伝播史の一節―」『桃太郎の母　ある文化史的研究』講談社　一九六六年。
（6）九学会連合『利根川―自然・文化・社会―』弘文堂　一九七一年。
（7）等々力貴子「雷神信仰―東日本を中心として―」『民俗学評論』一一号　大塚民俗学会　一九七四年。
（8）相葉伸編『雷とからっ風』みやま文庫　一九七五年。
（9）山中清次「栃木県南地方における雷神信仰」『民俗学評論』一五号　大塚民俗学会　一九七六年、松浦一行「栃木県の雷様」『宇都宮地理学年報』二五号 宇都宮大学地理学会　一九八四年。
（10）町田美奈子「栃木の雷神信仰―下都賀郡大平町を中心に―」『西郊民俗』一一三号　西郊民俗談話会　一九八五年。
（11）谷口貢「雷神信仰の一考察―福島県会津高田町の事例を中心に―」『東洋学研究所集刊』二八集　二松学舎大学東洋学研究所　一九九八年。
（12）吉岡郁夫『民俗学と自然科学』学生社　一九九〇年。
（13）安中市ふるさと学習館『磯部蜃気楼の謎　雷と蜃気楼と神と人』安中市ふるさと学習館　二〇〇五年。
（14）妹尾堅一郎『雷文化論』慶應義塾大学出版会　二〇〇七年。
（15）青柳智之『雷の民俗』大河書房　二〇〇七年。
（16）雷電神社『群馬県指定重要文化財　雷電神社社殿修理工事報告書』群馬県雷電神社　所収　一九九〇年。
（17）板倉町史編さん委員会『板倉町史　通史編上巻』板倉町史編さん委員会　一九八五年　六三七～六四五頁。

（18）板倉町史編さん委員会『板倉町史　別巻四　板倉町周辺の湿地の治水と利水』板倉町史編さん委員会　一九八〇年　二〇七～二一一頁。

（19）この世話人名簿は昭和一八年（一九四三）以前より昭和三〇年（一九五五）頃まで、修正し継ぎ足す形で使われているため、一時期の講社の数を正確に把握することはできない。

（20）幸手市史編さん室『幸手市史　民俗編』幸手市教育委員会　一九九八年　五三四～五三五頁。

（21）東京女子大学史学科郷土調査団『利根川中流地域水場のムラの民俗　群馬県邑楽郡板倉町石塚』東京女子大学史学科　一九六八年　一一六頁。

（22）板倉町史編さん委員会『板倉町史　別巻四　板倉町周辺の湿地の治水と利水』板倉町史編さん委員会　一九八〇年　二〇七～二〇八頁。

（23）吉川市教育委員会『吉川市史調査報告書第一集　旭地区の民俗Ⅰ』吉川市教育委員会　二〇〇二年　一四三～一四四頁。

（24）北本市教育委員会市史編さん室『北本市史　第六巻　民俗編』北本市教育委員会　一九八九年　六〇七～六一三頁。

見沼地域周辺における弁天信仰の諸相と課題

宇田　哲雄

序

弁天は、梵語でサラスバティ（Sarasvatī）と言って、もとはインドの川の女神であったのが、仏教の天部の中に取り入れられて、妙音天や美音天などと訳されたり、弁才天または弁財天と称されたものである。その川の流れの音と関わって、音楽や弁才を司る神と信じられていたが、後に財宝や福徳を授ける神としてあがめられた。特に相模の江の島、近江の竹生島、安芸の厳島は、「日本三大弁天」として知られている。

また弁天の信仰は、特に真言密教の普及にともなって次第に民俗宗教と習合し、極めて多種多様な実態をあらわしており、特に本来水の神としての性格をそなえていたことから、しばしば龍蛇のイメージを示しながら、湧水や池沼、湖岸や海辺の島などに祀られることが多い(1)。

このような弁天の信仰は、多種多様な面を持つことから、また水の神としての弁天についても、各地のいたる所の水辺に小祠等の形態で祀られていることから、日本人には極めて身近な神仏であるにもかかわらず、その研究はあまり進展していないようである。

ちなみに、埼玉県の北は上尾市から南は川口市にかけて広がっている見沼田圃は、もとは広大な沼であったものが、江戸時代の二度にわたる新田開発事業によって生まれた地域である。つまり、寛永六年（一六二九）に幕府代官（関東郡代）伊奈半十郎忠治によって約一二平方キロメートルの見沼溜井が造成され、八丁堤より下流八カ領の新田が灌漑され干拓され、また享保一三年（一七二八）には井澤弥惣兵衛為永によって、利根川から見沼代用水を引くことにより、見沼溜井が干拓された（図1参照）。

この見沼田圃の周辺には、古くからの氷川信仰や、大きな沼や溜池であった頃の新田開発に関わる龍神伝説が伝えられている。[2] それとともに、例えば「見沼の七弁天」をはじめとする、実に多くの弁天社が祀られ信仰されてきたのである。そこで本稿では、この見沼地域における弁天信仰を調査研究することにより、地域社会における水の神としての弁天信仰の様相と特色、今後の研究課題を明らかにしたい。

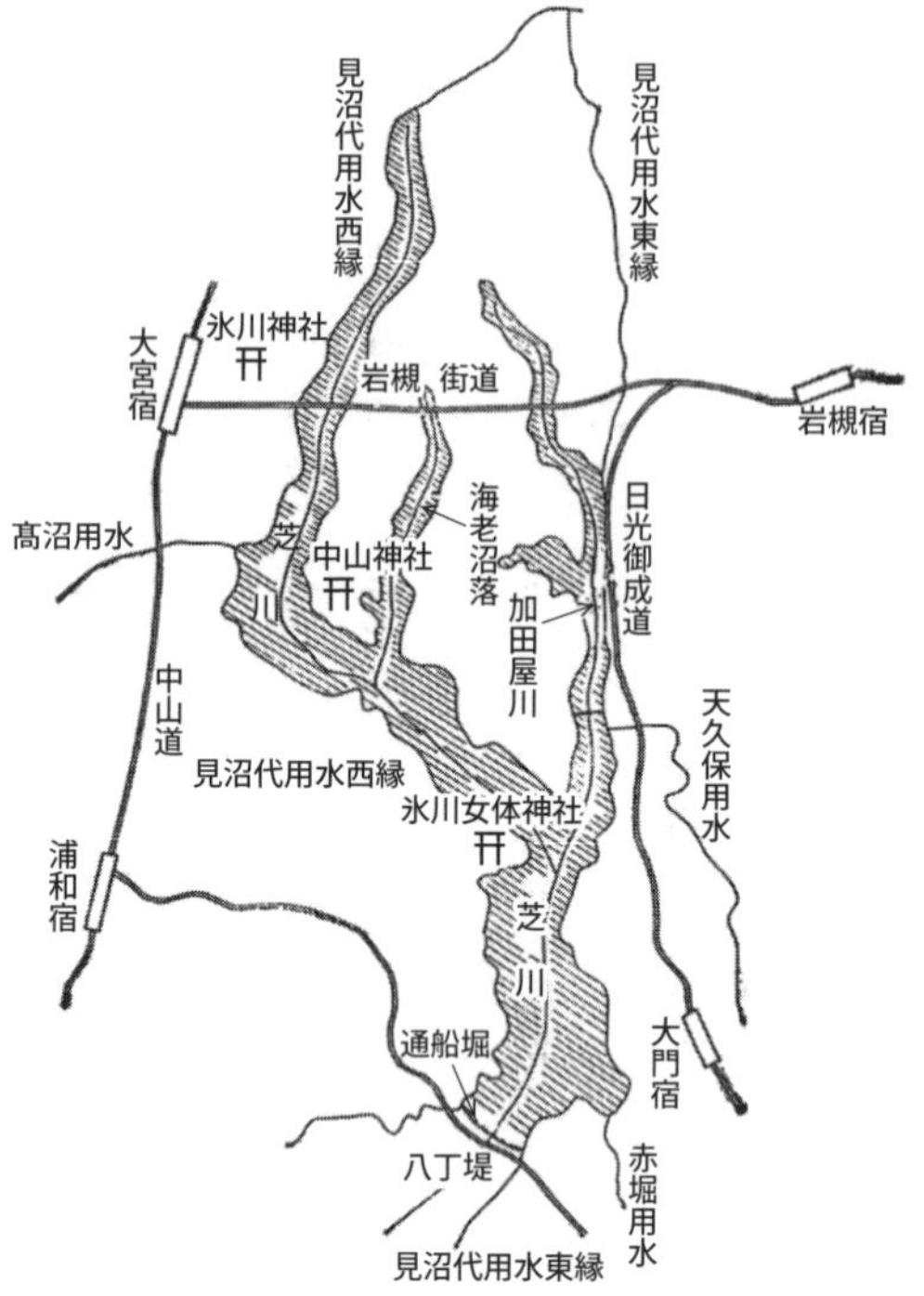

図1　見沼溜井位置図
（見沼代用水土地改良区『見沼代用水沿革史』より）

一　弁天信仰の研究小史

ここでは、今までの弁天信仰についての研究の概要を見ておく。

喜田貞吉は、弁才天が日本の古代の記録には少しも現れていないことを指摘し、我が国で最も古い近江の竹生島の弁財天について研究した。そうして、もとは浅井姫命という浅井郡地方の地主の姫神が、胆吹山の神と争って陸上から移り、琵琶湖の海中に島を造って住んだこと、そして大江匡房の『江談抄』の詩から、この姫神が弁才天になったこと、また、同様の形態をした相模の江の島弁才天は、養和二年（一一八二）四月に文覚上人が密かに鎮守府将軍藤原秀衡の調伏を祈るため勧請したこと、安芸の厳島明神の女神・市杵島姫命もまた弁才天として信じられるようになったことなどを指摘している(3)。

群馬県の民俗研究者である今井善一郎は、赤城山西麓の「湧玉（わくたま）」と呼ばれる泉が湧出する所に弁天社が祀られていること、榛名山中腹の溜池にも、ツツミの守り神として小島が造られて弁天社が祀られていることなどを報告している(4)。

宮田登は、弁才天への信仰は、その縁日が巳の日であることから、巳＝蛇つまり水の神の使命という感覚から発しており、災厄を払って運を改め直すという伝統的な考え方を背景とした巳に対する民俗的な信仰によって、著しく流行していったこと、江の島弁天が江戸中期頃に大流行したことなどを指摘し、「水際に祀られる女神が水の神の化身であり龍蛇を操る、こうした神格と真言宗との結びつきが、この信仰の謎を解く鍵だといえるだろう」と述べている(5)。

他に歴史学では、圭室文雄による江の島弁才天の支配関係と開帳の研究(6)、長谷川匡俊の「関東三弁天」の一つ下総の布施弁天の研究などがあげられる(7)。

以上のように、これまでの弁天信仰についての研究は、その様々な面が指摘されているが、決して多くはない。史料が残っている大弁天社はもちろんであるが、地域社会に民俗的に存在する数々の弁天社についても、あまりにも数多く様々な形で存在しているからか、未だ研究されているとは言いがたい。

以上のような理由で先のような課題を掲げたのであり、早速見沼地域周辺の弁天信仰について分析を加えることにしたい。

二　見沼地域周辺における弁財天

1　概　要

ここでは、見沼地域周辺に祀られている弁財天について、その概要から見ていく。

表1　見沼地域周辺の弁財天社一覧

No.	呼称	社名	所在地	場所	信仰者	祭祀年	由緒	備考
1	樋守弁才天		行田市大字下中条	見沼代用水元圦の吐き口右岸		享保一二年（一七二七）	井澤弥惣兵衛為永が見沼代用水元圦を築造後、水路の平安鎮護を祈願して勧請した。	下中条村の修験者金蔵院良諶が先達となり祭祀。現在見沼土地改良区の管理。
2	見沼弁財天（星川弁天）		久喜市菖蒲町上大崎	十六間堰ほとり		享保一六年（一七三一）	星川と見沼代用水の兼用区間の終点に位置し、見沼代用水の用排水調節の要となる場所に祀られる。	現在見沼土地改良区の管理。
3	弁天社		上尾市小泉	八合神社（明治に合祀）	旧弁財村	天文五年（一五三六）頃	『新編武蔵風土記稿』に「村内に弁天社あるを以って村名は起れりと云」とある。	天文五年（一五三六）別当寺昌福寺開山和尚寂する。
4	土呂弁天社	宗像神社	さいたま市北区土呂	弁天耕地	弁天耕地の氏神	安永六年（一七七七）以前	社殿内石祠に「辨財天　安永六丁酉四月吉日　松永孫三良」と刻まれている。	見沼の七弁天の一つ。一月二五日に弁天講を行う。

5	弁天様	宗像神社	さいたま市大宮区高鼻町	大宮氷川神社境内の神池				高鼻は見沼低地に突き出た大宮台地で、古代からの湧水地。湧水は見沼に注ぐ。
6	弁天様	宗像神社	さいたま市大宮区天沼	天沼神社境内			付近の熊野修験大日堂は井澤弥惣兵衛為永が最初に工事詰所をおいた場所。	明治四〇年に合祀。
7	弁天社	厳島社	さいたま市見沼区小深作	神明神社、見沼代用水東縁の左岸			もとは程島の無各社で、七月一四日に弁天講を行っている。	明治四二年に合祀。
8	見沼弁財天（溜井弁天）		さいたま市見沼区加田屋新田	見沼溜井の北端、見沼代用水東縁の左岸			見沼溜井開発の数十年前の延宝年間に開田され見沼干拓の発端となった場所。	現在見沼土地改良区の管理。
九　9	加田屋弁財天		さいたま市見沼区加田屋新田	見沼代用水東縁の左岸	坂東家	享保一六年（一七三一）	加田屋新田を開発した坂東家が祀る。	見沼の守り神。明治二九年（一八九六）に再建。
10	見沼弁財天（お宮弁財天）	宗像神社	さいたま市見沼区新右衛門新田		旧新右衛門新田村	宝暦一〇年（一七六〇）	享保一三年（一七二八）の見沼干拓によって造成された新田。大宮宿本陣の内倉新右衛門が開発。	見沼の七弁天の一つ。「お宮弁天」の伝説が伝えられている。
11	片柳沖郷の弁財天	（宮城県金華山）	さいたま市見沼区片柳	萬年寺南側の崖縁	沖郷三八軒		宮城県金華山の弁財天画（大正二年八月複製）	四月と一一月に弁天講を行う。
12	西山村の弁財天		さいたま市見沼区西山新田	ドブッ田の中の桜の根元にある浮島				脇には茶筒程の大蛇がとぐろを巻いていた。

13	御蔵の弁財天	厳島神社	さいたま市見沼区御蔵	弁天山崖縁の湧水池			安芸の宮島の弁財天を勧請。	享保一三年（一七二八）奉納の石灯籠。
14	中野の弁財天	宗像社	さいたま市見沼区中野	大橋家屋敷内（以前の東新井団地寄りの崖縁に祀られていた）		天正一九年（一五九一）	南中野・大橋亟右衛門の一四代前の先祖が、旗本青木氏とともに移入した時、近江国から持ってきた。	旱魃には弁天様の前で雨乞いをした。
15	中川の弁財天		さいたま市見沼区中川	松沢氏宅（元は円蔵院下の砂村分水路の脇）			対岸の下木崎の弁天様と一対をなす。	見沼の七弁天一四社の一つ。
16	井沢弁天	井沢社	さいたま市浦和区上木崎	見沼代用水西縁の近く	市川家（屋敷神）	元文年間（一七三六〜四一）		市川家は上木崎村の名主。井澤為永を深く崇敬した。
17	弁天様	宗像社	さいたま市緑区宮本	氷川女体神社磐船祭場				
18	代山の弁天様	厳島神社	さいたま市緑区代山字後谷津	見沼の東岸尾根の向こう側、弁天耕地	旧代山村		蛇神を祀る。代山城の裏鬼門にあたる。弁天堀には寛延二年（一七五〇）の石橋。	四月九日が祭礼。社殿の駆足三周で蛇が出ると伝える。名主厚沢家は元修験者。
19	弁天様		さいたま市緑区大門	大興寺の東側、白山山				弁天屋敷「ベテーテン」の地名。

20	間宮の弁財天		さいたま市緑区間宮	見沼代用水東縁東岸の弁天島	井上家		増田弥八の先代が祀ったのが始まり。戦後農地解放で井上家の所有となる。	見沼の八弁天の一つ。夜弁天様の主（大蛇）が現れた。
21	見沼弁天（山口弁天）	厳島神社	さいたま市緑区下山口新田				見沼の龍神の鱗がご神体と伝える。沼であった頃の「弁天と馬子」の伝説あり。	見沼の三弁天の一つ。
22	弁天様	「大弁財天女」	川口市東内野	羽黒神社（旧長福寺）境内		明治二年（一八六九）	石塔に「明治二年七月一八日、大弁財天女　開眼主中尾前、妙音院順説誌…、願主守谷惣吉他二人」とあり。	石塔と人頭蛇体石造物。
23	弁財天		川口市戸塚	西光院弁財天堂、根井堀用水西岸				大宮台地の東崖縁。湧水あり。以前は南方にあった。
24	平岡弁財天		川口市安行領家	赤堀用水西岸		寛政六年（一七九四）	石祠銘「寛政六年二月、奉遷宮辨財天女、武州足立郡赤山領安行村、導師行峰院栄信代、講衆惣村中」とあり。	大宮台地の東崖縁。湧水あり。
25	弁天様	蓮上弁財天	川口市安行領家	興禅院の東、赤堀用水の西岸			上野不忍池弁財天より勧請。	赤山龍三駄坂の伝説と関係あり。植木屋の弁天講あり。
26	弁天様		川口市上青木	芝川西岸、専称寺境内				人頭蛇体の石造物。
27	弁財天社		川口市青木	芝川の西岸、青木氷川神社境内				修験者が祭祀。

28	弁財天社		川口市鳩ヶ谷本町	見沼代用水東縁東岸、鳩ヶ谷氷川神社境内				
29	弁天様		川口市桜町	大宮台地東側の谷		寛文九年（一六六九）	旧裏寺村の弁天池跡に祀られた石祠。湧水により摘田稲作が行われた。	市指定史跡
30	弁財天		川口市赤井	見沼代用水東縁西岸、赤井氷川神社境内		寛政一一年（一七九九）	石祠に「寛政一一年、弁財天」とあり。	
31	弁天様	厳島社	川口市江戸	江戸袋氷川神社境内			神社前にあった、用水が流れ込む大きな池に祀られていた弁天社。	池は道路敷設時に埋められ、弁天社は境内に移転。
32	弁天様	厳島神社	川口市東本郷	辰井堀に隣接、氷川神社境内				辰井堀は見沼代用水東縁から分流している。
33	井水弁財天		川口市本蓮（蓮沼）	見沼代用水東縁西岸、普門寺境内			石祠に「井水弁財天、矢野重造」とあり。	石祠と蛇体石造物二基。

〈表1の出典〉

（1）見沼代用水土地改良区『見沼代用水路普請奉行・井澤弥惣兵衛為永』二〇一〇年　一二～一三頁。
（2）前掲（1）一四頁。
（3）埼玉県神社庁『埼玉の神社（北足立・児玉・南埼玉）』一九九八年　四二〇～四二一頁。
（4）前掲（3）二三四～二三五頁、『新編武蔵風土記稿』第七巻　雄山閣出版　三五五頁。
（5）前掲（3）二八六～二九三頁。

（6）前掲（3）二〇二～二〇三頁。
（7）前掲（3）二三八～二三九頁。
（8）前掲（1）一四頁。
（9）大宮市教育委員会『大宮をあるくⅠ（東部編）』一九八八年　八三頁、『片柳のむかし』刊行委員会『郷土をつづる・片柳のむかし』一九八八年　三八～三九頁。
（10）前掲（3）三一二～三一三頁、前掲（9）『片柳のむかし』刊行委員会　四〇～四一頁。
（11）前掲（9）『片柳のむかし』刊行委員会　三九頁。
（12）前掲（11）三九～四〇頁。
（13）前掲（11）四〇頁。
（14）前掲（11）四〇頁。
（15）前掲（11）四一頁。
（16）前掲（1）一一頁。
（17）前掲（3）一七六～一七九頁。
（18）美園郷土史の会「第二号・大門・野田地区の寺社について」『美園郷土史の会記録集』所収　一九九三年、前掲（4）一四六～一四七頁。
（19）前掲（18）美園郷土史の会「第四号・寺、古い地名、なまり言葉、その他」。
（20）浦和市『浦和市史調査報告書第九集』一九七九年　一六八頁、前掲（19）「第三号・大門・野田地区の寺社と石仏について」。
（21）早船ちよ・諸田森二『埼玉の伝説』一九七七年、浦和市『浦和市史・民俗編』一九八〇年　七九九～八〇〇頁、川口市『川口市史・民俗編』一九八〇年　九三〇～九三一頁。
（22）川口市教育委員会『川口市文化財調査報告書第三集』一九七五年。
（23）前掲（22）。
（24）前掲（22）。
（25）前掲（22）。
（26）川口市教育委員会『ふるさと川口の祈りのかたち―蛇と水の民俗世界―』二〇一六年　七頁。
（29）川口市立文化財センター URL http://www.kawaguchi - bunkazai.jp/center/bunkazai/CuluturalProps/bunkazai_133.html 参照。
（30）前掲（22）。
（31）前掲（3）五二～五三頁。
（32）前掲（3）五六～五七頁。
（33）前掲（22）（26）。

表1は、必ずしも全てを網羅してはいないが、近隣地域の民俗誌から弁天社として報告されている三三例を抽出し

たものである。その大まかな所在地は、表中1・2・3は旧見沼溜井地域（見沼田圃）より北方に位置し、特に1・2は、利根川から取水している見沼代用水路の重要箇所に鎮座している。18・19を除く4〜22の一七例が旧見沼溜井地域である見沼田圃に所在しており、18・19・23・29の四例は、見沼田圃の東側の大宮台地鳩ヶ谷支台を挟んだ谷に祀られている弁天社である。また、18と24〜33の一一例は、寛永六年（一六二九）に川口市木曽呂からさいたま市附島に造られた八丁堤より南方、つまり伊奈氏による寛永の見沼開発に田圃になった地域の弁天社である。

これらの「弁天様」と称される神社や祠のうち、社名が明らかなもので多い神社は、宗像神社が六社、厳島神社が六社である。村の鎮守として祀られている弁財天は3・4・10の三例、明らかに個人の家によって祀られているものは9・15・16・19・20・29の六例、神社境内にある弁財天は5・6・7・17・27・28・30・31・32・33の一〇例と多く、現在寺院によって管理されている弁財天は22・23・25・26・33の五例、1・2・8の三社は見沼代用水土地改良区が管理している。また11・12・13・18・21の五例は、村や地域が管理する小祠であり、明治期以来の合祀を考えると、かつてはこの形態が現在より多かったことが推測される。このように弁財天の祭祀形態は実に様々である。

三三例の中で祭祀年代の傾向がうかがえるものは多くは無く、推測の域を出ないが、天文五年（一五三六）が最も古く、次いで天正一九年（一五九一）、寛文九年（一六六九）があり、見沼代用水が引かれた享保年間（一七一六〜三六）頃のものが六例と多い。また、祭祀に修験者が関与しているとうかがえる例が1・16・18・27の四例見られた。

以上のように見沼地域周辺に祀られた弁財天社には、様々な形態がうかがえるのである。

2 「弁財」という村

芝川・見沼代用水西縁の北方の上尾市の、中山道が通る台地を挟んで西側に、「弁財村」という村があった。『新編武蔵風土記稿』によれば、この村は、「村内に弁天社あるを以って村名は起これりと云」とあり、「天水の地にして常に旱損あり」と記されている。また参考として、鎮守弁財天社の別当は、大谷山昌福寺と称する曹洞宗寺院で、開山和尚が天文五年（一五三六）に寂している。(8)

隣村の小泉は湧水の存在が記されていることから、おそらく弁財村は、古くから天水と湧水によって水田耕作を営むことができた村であり、検地も元和二年（一六一六）という早い時期に行われている。(9)弁財村の鎮守弁財天社は、明治四〇年（一九〇七）には、付近の六村とともに小泉の村社氷川神社に合祀され、現在は八合神社に祀られている。表1の3の弁財天社である。(10)

全国的に「弁天島」・「弁天池」などと称して、弁財天に関わる地名は多い。しかしなぜ弁財天が、単なる地名だけではなく、村の名前になりえたのであろうか。少なくともこの事例は、弁天社の勧請と弁天信仰が、すでに戦国から江戸時代の早い時期に行われていたことを示している。また、弁財天が、村の鎮守となり、村名として村の一つの個性になったことを考えれば、当時はまだ今日のように小祠や屋敷神などとして、数多くの弁天が祀られ信仰されてはいなかったのではないか。このように考えると、この周辺地域では、弁財村がおこった当時が、弁天信仰が庶民の地域社会に浸透していった最初の頃なのではないかと考える。

参考までに、同様の「弁財村」という村が、旧妻沼町（現熊谷市）に存在する。『新編武蔵風土記稿』には、「当村弁財天の古社有りしより村名起ると云、（中略）検地は貞享元年なり」とあり、また「弁財天社　村名なりしを見れば、古社なるべけれんと伝えを失う、薬王寺持」とされ、別当である薬王寺は、「古義真言宗、上野国邑楽郡赤岩村光恩寺末、弁財山醫王院と号す、本尊薬師を安ず」(11)とある。これについても同様なことが推察されるのである。

3　湧水池などに祀られた弁財天

見沼地域周辺から収集した三三の弁財天社の全ては、必ずしも見沼や見沼代用水と関わるものではない。

表1の13御蔵の弁財天は、弁天山の崖縁に水の湧き出る池があり、どんな旱魃の時でも水が枯れることはなかった。この池の中に大小二つの島があり、弁天社は大きな島に祀られている。(12)

23西光院弁天堂は大宮台地東側の崖上にあるが、昔からこの付近の崖下には各所に水が湧いており、この弁財天は、もとは南方の湧水の傍に祀られていた。その少し東を見沼溜井から引水した根井堀用水が流れている。

25興禅院の境内にある蓮上弁財天は、上野不忍池の弁財天より勧請したと伝えられているが、大宮台地東側の崖下の湧水池に祀られている。またこの弁財天は、伊奈氏の家臣藤田某が赤山陣屋の沼で切り捨てた大蛇の頭蓋骨を祀ったものとも伝えられている。(13) 毎年五月九日の縁日には、何軒かの植木屋たちによって弁天講が行われている。その東を見沼溜井から引水した赤堀用水が流れる。

その他3・5・24・28・29も同様であり、これら八例は、いずれも台地と低地に挟まれた谷に湧いた湧水池に水の神として祀られた弁財天であり、大宮台地周辺に見られる地形的・環境的特色を背景とした信仰であると考えられる。

また、江戸時代初期から伊奈氏によって先導された利根川東遷と荒川西遷に代表される治水事業と各所の新田開発事業によって、低湿地が新田に生まれ変わっていく長い過程には、見沼溜井の他にも、数多くの池や沼が存在していた。(14) 31や32は、祀られている地形や地名から見て、そのような池に水の神として祀られた弁財天であると思われる。

このように見沼地域周辺では、弁財天が水の神として祀られているが、全てが見沼に関わるものではなく、湧水に関わるものや他の池・沼に関わるものがあり、少なくともそれら三つのタイプが地域に共存しているのである。

4　見沼開発に関わる弁財天――「見沼の七弁天」――

見沼に関わる弁財天は、1・2・4・8・9・10・15・16・17・20・21の一一例である。ここでは、見沼に関わる弁財天を見ていく。

写真１　溜井弁天（さいたま市見沼区加田屋新田）

まず、見沼代用水土地改良区刊行の『見沼代用水路普請奉行・井澤弥惣兵為永』によれば、井澤弥惣兵衛為永は、享保の見沼開発の際に、水路沿岸要所に弁財天社を勧請し灯明料を寄進して、水路の平安と豊作を祈願したと伝えられている(15)。また、さいたま市設置の説明板「見沼の七弁天」によれば、見沼に沿って七つの弁天社が祀られているため、これらは総称して「見沼の七弁天」と呼ばれ、見沼に面した台地の各所に社があって、「弁天下」などの地名も残っていると言う。ただし、どの社をもって七弁天とするかは定かではないと言う(16)。

1行田市大字下中条にある樋守弁財天は、もとは利根川からの見沼代用水路の吐き口という要所に祀られていたもので、現在は元入公園内に井澤弥惣兵衛為永を祀る井沢祠と合祀されている。見沼土地改良区所蔵古文書からこの弁財天は、井澤弥惣兵衛為永が、享保一二年（一七二七）の見沼代用水元入築造後に、地元の修験者金蔵院良諶の先達により、平安鎮護を祈願して勧請したものである(17)。当弁財天の祭祀に、修験者が関わっていることは興味深い。

2久喜市菖蒲町上大崎の星川弁天は、見沼代用水路の星川との兼用区間終点で、用排水調節の要である十六間堰のほとりに祀られている。享保一六年（一七三一）頃の創建と伝えられる(18)。

8さいたま市見沼区加田屋新田にある溜井弁天は、見沼溜井の北端にあたり、当地が延宝年間（一六七三〜八一）に開田された、見沼干拓の発端となった由緒ある場所として祀られた（写真1参照）[19]。

この三社は、いずれも別名「見沼弁財天」とも称され、享保年間（一七一六～三六）の井澤弥惣兵衛為永による開発を契機に祀られたものとして、「見沼の七弁天」に数えられており、現在は見沼代用水土地改良区に管理されている。

4北区土呂の土呂弁天社は、宗像神社が祀られているが、見沼の西岸に所在し、現地の説明板に「当社の創始は不詳であるが、古来見沼七弁天の一つと称され、土呂の弁天耕地住民の氏神として尊信されてきた」と記されており、一月二五日に弁天講が行われている[20]。

10見沼区新右衛門新田は、享保一三年（一七二八）の見沼干拓によって造成された新田で、村名は開発者内倉新右衛門の名をとったものであり、弁天社を鎮守としている。当社は、宝暦一〇年（一七六〇）の創建と伝えられ、見沼の七弁天の一つとされてきたが、明治の神仏分離によって宗像神社に改称された[21]。また当社は、別名「お宮弁天」とも称され、見沼の龍神伝説を伝えている。

15見沼区中川の弁財天は、かつては円蔵院下の砂村分水路の脇に祀られていたとのことで、向こう岸の浦和区下木崎の弁天社と一対となっており、「見沼七弁天十四社」の一つとされている[22]。

「見沼の七弁天」と伝えているのは以上の六社である。ただし、15の「見沼七弁天十四社」は、七つの弁天がいずれも対になっていると認識されていることから称されていると推測され、当初に言われていた「見沼の七弁天」の意味が分からなくなった後に、言われ出した可能性があるのではないか。

これと同様な例と思われる例が20緑区間宮の弁天社で、当地では「見沼の八弁天」の一つであるという。地元では「見沼の弁天様」と称され、弁天島の浅間社の隣に祀られていたが[23]、増田弥八という人の先代が勧請したと伝えられる。昔はこの弁財天の主の大蛇が夜な夜な現れたという伝説がある[24]。

次に、9加田屋弁財天は、見沼代用水東縁沿いの加田屋新田を望む一角に祀られ、加田屋新田を開発した坂東家が、

写真2　山口弁天（さいたま市緑区下山口新田）

享保一六年（一七三一）に祀った社で、見沼の守り神であるとされている[25]。

21緑区下山口新田の山口弁天は、見沼代用水東縁が、八丁堤の東端にて、それまで見沼溜井から引水していた旧東四カ領用水路に接続する要所の台地に祀られている[26]。当社は、別名「見沼弁天」とも称され、「見沼三弁天」の一つともされており、馬子と見沼の龍神伝説を伝えている（写真2参照）[27]。

18井沢弁天は、浦和区上木崎の見沼代用水西縁近くにあり、井澤弥惣兵衛為永を深く崇敬していた元名主市川家の屋敷神で、元文年間（一七三六〜四一）の創建と言われている[28]。17については、緑区宮本の氷川女体神社の磐船祭祭祀場の一角に祀られているが、今のところ詳しいことは不明である。

以上のように見沼に関わる弁財天は、水の神として祀られ信仰されてきたのではあるが、「見沼の七弁天」と称されている弁財天をはじめとして、井澤弥惣兵衛為永や享保の新田開発に深く関わっているのである。ただし、七弁天や八弁天、三弁天といったいくつかの弁天社をもって行う総称とその意味については、現在その該当社も判然としないことから、今後の課題としたい。

三　見沼の龍神と弁財天社縁起

ここでは、見沼開発に関わっている弁財天について詳細に分析するために、弁天社に伝承された見沼の龍神との伝説を見ていく。

まず21山口弁天について、下山口新田（現さいたま市）に伝承されている「馬子と弁財天」という伝説である。

下山口新田のある家の馬子が千住からカラ馬を引いて帰ってくる途中、西新井宿（現川口市）までくると、前方に旅姿の美女が疲れた様子で歩いているのを見かけた。夏の午後のことであった。馬子がこの美女に声をかけると、美女は、木曽呂橋（山口橋）あたりまで行きたいが、日のあるうちに行けそうもないので馬に乗せてほしいと言った。馬子は快く馬に乗せ、やがて木曽呂橋に着くと、美女はお礼を言い、桐の小箱を馬子に差し出し、この箱はどんなことがあっても開けて見てはならないと言い残し、見沼代用水の彼方に姿を消した。馬子は家に帰るとこのことを主人に話し、この箱を差し上げた。同家では、この箱を持つようになってからは喜び事が続き、家は栄えた。ところがある時、不思議なもの見たさに主人は、ついにこの箱を開けてしまった。中には、小判大のウロコ一枚が入っていただけであった。そして同家は、この時を境に不幸が続き、下山口新田はいうまでもなく見沼一帯が風雨に見舞われることが多く、人々は大変困った。村人たちは、あの美女は龍の化身であったのではないか、箱を開けたことを怒っての仕打ちと思い、龍神を慰めるために、美女が消えたあたりに龍神を祀ることにした。以後同家の不幸も去り、見沼新田一帯は豊作が続いたという。この社が山口弁天であるという。(29)

この伝説は、山口弁天の祀られた縁起を語っているが、大意としては、見沼の龍神との遭遇によってはじめは幸運を受けていたが、小箱を開けることで龍神の意に背いて不幸（龍神の祟りか）に見舞われたことから、弁財天として祀ったのである。

これと同様な伝説は川口市にも伝承されており、内野村（現川口市東内野）の百姓蓮見左之次郎が千住大橋から若い娘を乗せ、山口弁天の所で降ろし、決して中を見るなと言って紙包みを渡される。思い切って紙包みをあけると、二銭銅貨くらいの大きさの蛇のウロコが二枚入っており、村人は、さては見沼開発後、印旛沼に移ったといわれた見沼の主の大蛇が懐かしくなって帰ってきたのだろうと噂したものだという。(30) これは、娘（見沼の主の大蛇）と遭遇した時にはすでに山口弁天が祀られていること、主の意に背いても祟りなどがないこと、主である大蛇は印旛沼に移ったとされていることなどから、下山口新田の話よりも後世に変化をみた話なのではないかと思われる。また川口市差間でも同様な伝説を伝えている。

これらの話に対して、もう一つ類似した山口弁天の縁起が伝えられている。

これは、まだ見沼が沼地であった頃の話で、馬方の平吉が、千住市場へ野菜を運んだ帰り道、名主の末娘茅野への土産も買って上機嫌でいたところに、西新井宿から木曽呂橋まで馬に乗せた旅姿の若く美しい娘に恋をしてしまう話である。木曽呂橋のたもとに着くと、お礼を言って、娘は満々と水をたたえている見沼の沼の上を、まるで道を歩くように、すすすぅーっと歩いて消えていったという。平吉は、再びその娘に逢いたくて、篠竹で笛をつくり、木曽呂橋の上に立って手作りの笛を鳴らして祈った。そして満月の晩、橋の上で平吉が笛を吹いていると、笛の音に合わせて琵琶を鳴らしながら、このあいだの娘が見沼の水の上をすべるようにして近づいてきた。娘は、このあいだのお礼にと、決して蓋を開けるなと言って、玉手箱を差し出した。それからというもの平吉は、幸運ばかりが続き、あっという間に村で指折りの金持ちになった。しかしあるとき、平吉は玉手箱の蓋を開けてしまう。すると、中から白い蛇が一匹這い出して、見沼の水の中へ消えていった。玉手箱には、金色のウロコが一枚残っていた。平吉は、「このウロコは、見沼の守りの龍神のものに違いない。それでは白い蛇は、若い娘の化身か、龍神の使い女か」と悩んだ。それからというもの平吉は、もとの馬方にもどっていった。しかし、平吉に恋焦がれていた名主の末娘茅野は、身分は違っても親の反対を押し切り、平吉に嫁入りすることになった。平吉は、村人たちや茅野の父親とも相談し、見沼べりに社を建て、ウロコの入った玉手箱をご神体として祀ることにした。これが下山口村の弁財天社の起こりである(31)。

この話は、前の二つの伝説に比べると最も古態を示す伝説であると思われる。それは、琵琶を持った美しい娘、つまり馬に乗せた娘は弁財天女なのであり、見沼の龍神と関係があること、この交渉は大きな繁栄をもたらし、とくに弁財天女との恋愛は大きな魅力があること、最後に「見るなの約束」に背いて関係が切れたことなどを物語っているからである。そしてこれは、神話において、禁じられたのぞき見によって海神の宮との絶縁が語られる話と同様である(32)。

最後に、10新右衛門新田の「お宮弁天」という見沼の龍神に関わる伝説が伝えられている。

この地を開拓した大宮宿の新右衛門にお宮という美しい娘がいた。お宮は、別名「見沼小町」と呼ばれ、嫁の話も降るほどあったが、お宮には真蔵という愛しい若者がいたので、どの嫁入りの話にも耳をかさなかった。ところが娘は、ふとした風邪がもとで重い病気にかかり、全く医薬の効き目もなく、日に日にやせ細っていくばかりであった。親達の心配はもとよりであるが、心優しい真蔵は、自分の生命を縮めてもと、神にお宮の病気平癒を一心不乱に祈った。しかし、お宮の容態はますます重くなっていった。ある日、娘は真蔵を枕辺に呼んで言った。「私の寿命は三日ともちません。今だから言いますが、花鳥使（結婚を求めるための使者）の中に見沼の龍神の化身がいたのです。私の病気は、見沼の龍神が二人の仲をねたんで、私の夢の中で毒蛇の正体を現わし、私にその毒気を吹きかけた日からのもので、もうとても助かりません。龍神に見染められたのが私の不運だったので、もう私のことは諦めてください。」と苦しい息の下から絶え絶えに言った。真蔵は、驚き悲しんだが、今はどうするすべもない。そうするうちに三日がたち、ついにお宮は死んでしまった。思いあまった真蔵は、頭を丸め、墨染めの衣に身を包んで行脚の旅に出て行った。そして、受けたお布施で弁天の像を刻み、お宮弁天と名付けて愛しい人の霊を慰めたといわれ、それが新右衛門新田の弁財天であるという(33)。

この話は、お宮弁天の縁起伝承であり、また見沼を開発された龍神の祟りとも受けとれる話であるが、後に弁財天となる開発者の娘が龍神からの求婚を断るというかたちで、見沼の龍神との関係を断っているのである。

そもそも我が国では他に、家系の由緒などを誇るために積極的に水の神や龍蛇との交渉を語る話が伝承されていることを考えれば(34)、山口弁天における約束に背く絶縁も、またこのお宮弁天における求婚への断りも、何故あえて見沼の龍神との絶縁を語らなければならなかったのであろうか。そして弁財天は、見沼の龍神と人間との絶縁において、大変重要な役割を果たしていると考える。このことは、日本人の水の神への信仰の変遷を考えるうえで大変重要なのではないか。

四　氷川信仰と弁財天

この地域の弁財天社は、10新右衛門新田のように鎮守であることもあるが、多くは小祠として祀られており、鎮守の境内社となっていることも多い。また、宗像神社や厳島神社、宮城金華山や上野不忍池の弁天など、ある時代の勧請等によるものであろう様々な弁天が祀られ、「弁天様」と称されている。とくにこれらの弁天社が、氷川神社の境内社となっている場合も多く、それらは、神社の外に祀られていた小祠を合祀した例も少なくない。表1の3・5・17・27・28・30・31・32が、氷川神社境内に祀られている。

5さいたま市大宮区高鼻町に鎮座する氷川神社は、武蔵国一の宮であり、境内の神池に宗像社を祀っている。「氷川大宮縁起」によれば、第五代孝昭天皇の御代三年四月未の日、出雲国、氷の川上に鎮座する杵築大社を遷して氷川神社の神号を賜ると伝えている。氷川は、出雲国の大河である肥河（斐伊川）からきているという。この氷川神社は、芝川の右岸、見沼の奥まった低地に突き出た大宮台地上の「高鼻」に鎮座している。ここは古代からの湧水地であるとされており、ここから湧き出る清冽な水は、絶えることがなく、境内の蛇の池から神池に入り、さらに神沼である見沼に注いでいる。つまり氷川神は、見沼をはじめとする低地をおさめるための、谷津に座す水を司る神であったのである。[35] そして氷川神は、周辺の数多くの地域社会に鎮守神として祀られていった。

また、紀州熊野三所権現の影響があり、見沼のほとりに、大宮区高鼻の氷川神社（男体社）と緑区宮本の氷川女体神社（女体社）、見沼区中川の中山神社（氷王子社）の三社が一体となって氷川明神と称し、見沼を祭祀していたとされている。[36] しかし、氷川女体神社が鎮座する宮本は、三室（みむろ）の地名があり、これは御室すなわち神が鎮座する場所であり、見沼は御沼であって、出雲国から氷川信仰が入ってくる以前から、当地には、産土神として、見沼の安定を祈る水の女神が祀られていたものとされている。[37] このように考えると、もともと水の女神が信仰されていた見沼に、古代に出雲国から水を司る氷川信仰が取り入れられた後、おそらく主としては近世になって弁財天信仰が盛んに取り入れられたのであろう。また、元来から行われていた水の女神への信仰の上に、氷川神と弁財天の二つの外来信仰が仲良く共存しているところに、見沼地域の水の神信仰の特色があると考えられる。その新旧の信仰を重層的に伝えている点では、日本人の民間信仰における特色の一面を示していると言ってもよいのではないか。

また、緑区宮本の氷川女体神社では、享保年間（一七一六～三六）の見沼干拓まで、隔年の九月八日に、神社から御輿を乗せた御座船が見沼を南下し、「四本竹」と称する御旅所で瓶子に入れた神酒を沼の主である龍に供献する「御船祭」が行われていた。[38] また氷川女体神社から中川の氷川社下にしつらえた御旅所までも、船にのせた御本霊をお送りする古式があったという。[39] これは、少なくとも中世にまで遡る行事であるとされている。

これと同様な御船祭が、見沼ではなく、さいたま市西区島根の氷川神社でも行われていたことが、神官の文書に記されている。それによると、すでに正保三年（一六四六）には廃止されていたが、「村々氏子役人どもあつまり関川まで御輿出し舟遊び、慈宝院弁財天にて御神供そなえ、みこ神楽あげ、御神供神酒を氏子頂戴いたし、それより諏訪ノ原に上り、社内に御入遊ばされ候、（傍線筆者）とある。[40]

この事例から指摘できることは、御船祭という祭祀形態が、見沼に特有と言うよりもむしろ、氷川信仰に関係する行事である可能性はないかということと、なぜこの古式とされる神事の中に弁財天が重要な役割を担っているのかという二点である。これについては、今後の課題としたい。

結　語

以上のように本稿では、見沼周辺という地域に限定して、弁財天信仰について事例を収集し分析を行った。

その結果、鎮守・小祠・屋敷神など様々な形態があり、早い時期では近世初頭に庶民に入り村名にもなった例があること、水の神としての性格は広く認められ、湧水池に祀られる弁財天や他の池沼に祀られる例、新田開発に関わる弁財天の三つの形態が見られ、それらが共存していることが確認できた。またそれは、それぞれが地域の特色に基づいているものと思われる。とくに新田開発に関わる弁財天は、「見沼の七弁天」と称されるように、見沼に特徴的な弁天信仰であると思われ、弁財天社の縁起伝承として、人間と見沼の龍神との絶縁を物語る伝説を伝えている。その龍神との絶縁に重要な役割を果たしているのが弁財天女なのである。このことは、宮田登が、水際に祀られる女神である弁財天は、龍蛇を操り、龍を鎮める霊力を持つと指摘したことが想起され(41)、日本人の水の神への信仰の変遷を考えるうえでも重要なのではないか。最後に、古代以前から存在していた水の女神への信仰に対して、古代に出雲から移入された氷川信仰と、後世に取り入れられた弁天信仰が共存していることも大きな特色と言えるのではないか。

註

(1) 大島建彦「弁天信仰と民俗」『疫神と福神』所収　三弥井書店　二〇〇八年　三一二頁。
(2) 宇田哲雄「見沼に蓮を作らない話―伝承という行為の一面―」『民俗』第一四五号　一九九三年。
宇田哲雄「見沼の主の引越し―新田開発と民間伝承―」『浦和市史研究』第一一号　一九九六年。
(3) 喜田貞吉「弁才天女考」『福神』　宝文館出版、一九七六年　二三九～二六一頁。
(4) 今井善一郎「弁天小考」　今井善一郎著作集刊行会編『今井善一郎著作集・民俗編』所収　换乎堂、一九七七年　一二七～一三一頁。
(5) 宮田登「弁天信仰」　宮本袈裟雄編　一九八六年　『福神信仰』所収　雄山閣出版　一九七六年　二六一～二六七頁。
(6) 圭室文雄「江の島の支配と弁才天信仰」　宮本袈裟雄編　一九八六年　『福神信仰』所収　雄山閣出版　一九八〇年　二六九～二八四頁。
(7) 長谷川匡俊「布施弁天と庶民信仰」　桜井徳太郎編『日本宗教の複合的構造』所収　弘文堂　一九七八年　五三七～五六〇頁。
(8) 『新編武蔵風土記稿』第七巻（巻之百四十七、足立郡之十三）雄山閣出版　三三五頁。
(9) 見沼代用水土地改良区『見沼代用水沿革史』、一九五七年　三四頁。
(10) 埼玉県神社庁『埼玉の神社―北足立・児玉・南埼玉―』一九八八年　四二〇～四二一頁。
(11) 『新編武蔵風土記稿』第十一巻（巻之二百二十九、幡羅郡之四）　雄山閣出版　二一四頁。
(12) 片柳のむかし刊行委員会『郷土をつづる・片柳のむかし』一九八八年　四〇頁。
(13) 川口市教育委員会『ふるさと川口の祈りのかたち―蛇と水の民俗世界―』二〇一六年　八～一〇頁。

(14)　前掲（9）一九～二四頁。
(15)　見沼代用水土地改良区『見沼代用水路普請奉行・井澤弥惣兵衛為永』二〇一〇年　一二頁。
(16)　さいたま市「見沼の七弁天」説明板。
(17)　前掲（15）一二～一三頁。
(18)　前掲（15）一四頁。
(19)　前掲（15）一四頁。
(20)　前掲（10）二三四～二三五頁。
(21)　前掲（10）三一二～三一三頁。
　　前掲（12）四〇～四一頁。
(22)　前掲（12）四一頁。
(23)　美園郷土史の会『美園郷土史の会記録』第三集、一九八一年　四五～四六頁。
(24)　浦和市『浦和市史調査報告書』第九集、一九七九年　一六八頁。
(25)　大宮市教育委員会『大宮をあるくⅠ～東部編～』一九八八年　八三頁。
　　前掲（12）三八～三九頁。
(26)　前掲（9）一二七頁。
(27)　川口市『川口市史・民俗編』一九八〇年　九三〇～九三一頁。
　　浦和市『浦和市史・民俗編』一九八〇年　七九九～八〇〇頁。
(28)　前掲（12）四一頁。
(29)　前掲（27）浦和市。
(30)　前掲（27）川口市。
(31)　早船ちよ・諸田森二『埼玉の伝説』一九七七年　角川書店。
(32)　千葉徳爾「田仕事と河童」大島建彦編『河童』所収　岩崎美術社、一九五七年　二八頁。
(33)　大宮市『大宮市史・民俗・文化財編』一九六九年　五九四～五九五頁。
(34)　前掲（32）一九頁。

（35）前掲（10）二八六頁。
（36）前掲（10）二八七頁。
（37）青木義脩『さいたま市の歴史と文化を知る本』さきたま出版会　二〇一四年　二三六頁。
野尻靖『氷川女體神社』さきたま出版会　二〇〇七年　四～五頁。
（38）浦和市郷土博物館『見沼・その歴史と文化』一九九八年　一三三頁。
（39）前掲（33）五三二頁。
（40）前掲（33）五三四頁。
（41）前掲（5）二六六～二六七頁。

六十六部をめぐる史実と伝承
――東京都多摩市落合の小林家の事例を中心に――

乾　賢太郎

はじめに

六十六部とは、日本の六十六ヵ国に法華経を納めて諸国を巡礼する行者のことで、六部や廻国聖とも言う。六十六部の端緒は中世と言われているが、一六世紀になると、経典を小型の経筒に入れて、各地の寺社に奉納し、経塚を築く習慣を行うようになった。時代が下ると、単に諸国の寺社を巡礼する者も六十六部と呼ばれるようになり、さらには人々から金銭をすがる者へ身を変える者もいた。江戸時代は多くの六十六部が現れた時代であったとともに、廻国の成就を記念して廻国供養塔（または、廻国塔）を建てる習俗が広がり、全国各地にその跡が残る。近代に入ると、巡礼は乞食・物乞いの類にほかならないとする視点が次第に強調されるに至り、明治四年（一八七一）の太政官布告により、職業的廻国者集団の活動が禁止された。(1) しかし、六十六部は地域によって、口承の中に残ることもあり、彼らの存在の一端を語りの中から垣間見ることもできる。

さて、六十六部は民間宗教者研究の主要テーマとして長年注目されてきたが、「関心の高まりや資料発掘の努力にもかかわらず、六十六部廻国という巡歴のあり方とその実践者たちの像には依然として茫然とした部分が残り、十分に鮮明とは言えないもどかしさがあることは否定できない」という状況があった。(2) このような課題を乗り越えるために、平成一〇年(一九九八)一二月に「六十六部シンポジウム―廻国巡礼の発生とその変貌―」が開催され、後日シンポジウムを主催した巡礼研究会が編者となって、『巡礼論集2　六十六部廻国巡礼の諸相』が刊行された。ここでは、考古学・歴史学・民俗学・国文学などの研究者らが中世から近代にいたる各時代を担当し、各学問領域からのアプローチによって、それまでにはなかった複合的な視点を提示したと言える。

この著作の出版を境に六部に関する研究は新たな局面を迎えたが、六十六部の研究の第一線で活躍している小嶋博巳は、六十六部に関連する資料に①納経の請取状(近世は納経帳)、②六十六部縁起、③経筒、④納経塔、⑤石造物(主に廻国供養塔)を挙げている。小嶋は中でも廻国供養塔に着目し、全国の廻国塔をデータベース化することで、造立の年代・分布・目的・関与者などについて傾向とその背景について導き出している。(3)

また、前記の物質資料の分析だけではなく、松崎憲三や川島秀一が口頭伝承から民俗社会で語られる六十六部について明らかにしているように、伝承資料の考察も六十六部の研究にとっては重要なものと言えるだろう。(4) このように、各研究分野では文書資料・物質資料・伝承資料の解析をとおして、六十六部の実像に迫ろうとしてきたが、西海賢二は「今は多くの「廻国行者」の実態を把握することが迫られている」との問題意識のもと、各資料を組み合わせながら、東京都葛飾区新小岩に存在した六十六部の足跡を描写している。(5)

本稿でも六十六部にまつわる様々な資料を検討することで、近世の六十六部の実像に迫りたいと考えているが、特に東京都多摩市落合の小林孝好家の先祖である内田権四郎(後に廻山法師と名乗る)を事例に、近世の六十六部の一端を提示したいと思う。

一　多摩市の六十六部に関する資料

本稿の対象地として扱う東京都多摩市には、六十六部に関連する資料がいくつか確認できる。本節では、これらを紹介することにしたい。

1　「日本廻国六十六部宿帳」

代表的な文書資料としては、多摩市乞田の有山家に伝わる「日本廻国六十六部宿帳」（以下、「宿帳」と略す）が挙げられる。有山家は江戸時代中期から乞田村の名主を歴任した家で、乞田の鎮守である八幡神社の氏子総代を務めていた。その一方で、有山家は多くの巡礼者を屋敷に泊めたことが想定され、それを示すものとして延享元年（一七四四）から明和九年（一七七二）に至る「宿帳」が残されている。この二八年の間に六〇九件もの宿泊の記録があり、北は陸奥国・出羽国、南は日向国から巡礼者が訪れていたことがわかる。その中でも、武蔵国からの巡礼者が一三七件（その内、江戸は八〇件）と最も多く、下総国は四七件、信濃国は四三件、常陸国は四〇件と続く。このことから、巡礼者たちは関東やその周辺地から有山家に訪れていたことが把握できるだろう。「宿帳」の中で六十六部あるいは六部と表記されているのは二四件あり、女性や一六歳という年齢の六十六部もいたことが判明した。その他、何度も来訪し長期滞在した行者、諸国や坂東三十三ヶ所観音霊場の途中に宿泊した行者、寺院の僧侶、諸国を行脚する座頭などの名前が見え、実に多様な信仰者や職業的廻国者たちが多摩の地に訪れていたことが窺える。

2　廻国供養塔

次に物質資料としては、六十六部が建立した廻国供養塔（以下、廻国塔と略す）の存在が挙げられる。多摩市においては、四基の廻国塔が確認できる。一基目は、多摩市豊ヶ丘の地蔵堂内にある丸彫地蔵立像で、「奉納大乗妙典六十六部日本廻国供養」「武刕乞田村願主是心」の銘が見えるが、建立年は定かではない。二基目は、同市永山の阿弥陀堂の外にある丸彫地蔵立像で、「大乗妙典六十六部供養」「申二月吉日　願主　□（定カ）法」とあり、刻銘から享保元年（一七一六）二月に建立されたことが推測される。三基目は、同市和田の高蔵院の境内にある万霊塔と兼ねた供養塔で、文字や梵字を刻んだ六角柱の形状となっている。ここには、上和田村の小林甚□（欠損）、与兵衛、高蔵院第五世法印裕賢らが享保七年（一七二二）に建立したことが記されている。そして、四基目は、同市愛宕の下落合八坂神社にある宝暦三年（一七五三）八月建立の廻国塔だが、これについては後述したいと思う。

3　六部塚の伝承

さて、多摩市において六十六部の伝承はいくつか残るが、ここでは六部塚の伝承について触れたい(6)。六十六部を供養した六部塚は、多摩市落合の唐木田と町田市の上小山田の境にあったもので、かつては直径二メートルくらいの塚の上に石碑があったという。しかし、昭和四八年（一九七三）に多摩市と町田市との境界が変更し、六部塚のあった場所が多摩市に編入したことから、塚の石碑は上小山田の人々が田中谷戸倶楽部（町田市上小山田町）に移してしまった。地域の言い伝えによると、六部塚は行き倒れになった比丘尼を葬った場所とされている。この比丘尼は、凶作で取り立てが厳しかった伊那（長野県南東部）の郡代を直訴するため、江戸に向かった男性の妻で、夫が見つからず出家して西順という名の六十六部になった。西順が上小山田村に訪れ、阿弥陀如来像を抱えたまま行き倒れになってしまい、寛保二年（一七四二）に村人で手厚く供養した。それから二年後、村人の供養に感銘を受けた旅の老僧が墓に土を盛り上げて塚を築いたそうである。さらに、時代は下り、西順の子孫の片桐勘四郎が六十六部となり、諸国を巡っていたところ、西順の墓にたどり着いたが、彼もまた行き倒れになってしまった。村人は再び塚に葬り、嘉永三年

（一八五〇）に塚の上に石碑を建てたと言われている。
以上のように、東京都多摩市においても六十六部にまつわる史実と伝承が確認できるが、次節では多摩市の旧家に伝わる六十六部について詳しく考えることにする。

二　小林家の六十六部

1　多摩市落合の概要

本題に入る前に六十六部が暮らした多摩市落合という地域について説明しておこう。落合は多摩市の南西部に位置する地域で、北は八王子市、南は町田市に接している。集落は南北に小野路へ続く道、乞田川沿いの道、さらにそこから小山田へ延びる道といった道沿いに形成された。多摩ニュータウンの開発前、地域内の多くは丘陵地にみられる谷戸（山と谷が合わさった地形）が発達した場所であり、谷戸には豊富な地下水が湧いて小川を形作っていた。小川は落合を流れる乞田川に合流し、自然の用水路的な役割も果たしていた。これにより、谷戸には湿田、乞田川やその支流には乾田を築き、稲を栽培していた。また、平地や丘陵地を開墾して畑を作り、陸稲、麦、蔬菜、蕎麦、薩摩芋、馬鈴薯、里芋なども育てていた。

ところで、落合は古代からの歴史が確認できるが、ここでは現在の地域の形成に大きな影響を及ぼした江戸時代の変遷について概略を述べることにする。天正一八年（一五九〇）、多摩を含む武蔵国の一部を領地としていた後北条氏が滅びると、元和年間（一六一五〜二三）には徳川幕府の代官所の支配となった。寛文四年（一六六四）には常陸国土浦城主の土屋但馬守の知行地となり、延宝元年（一六七三）には柚木（東京都八王子市）・乞田（同多摩市）とともに、再び徳川氏の直轄地となり代官支配となった。元禄一一年（一六九八）、旗本の松平次郎左衛門が武州多摩郡柚木領上落合村（小字は山王下・中組・唐木田）を、旗本の曽我七兵衛が下落合村（小字は上之根・青木葉）を治めたことで、落合村を二分することになった。今もなお、落合を上（カミ）・下（シモ）で分けて呼ぶのは、この時の名残である。次項で述べる小林家は下落合村の上之根に位置しており、代々にわたって当地で暮らし続けてきた旧家である。

明治三年（一八七〇）、落合の上と下は再度一村に統合されて落合村となり、同四年（一八七一）には神奈川県に属することになった。同二二年（一八八九）には、町村制の施行に伴い、落合村を含む八か村と二つの飛地が合併して、多摩村が成立した。同二六年（一八九三）になると、三多摩が神奈川県から東京府へ移管されたことにより、東京府南多摩郡多摩村となった（昭和一八年（一九四三）から東京都となる）。昭和三九年（一九六四）には多摩町に、同四六年（一九七一）には多摩市となって現在に至る。

2　小林家について

多摩市落合の小林孝好家（以下、小林家と略す）の家系には、安永九年（一七八〇）に没した六十六部が存在した。ここから、小林家の六十六部であった廻山法師こと、内田権四郎の足跡について述べていくが、断りのない限り、本稿で取り上げる物質資料は小林家と彼らが暮らす地域に伝来する品々であり、伝承資料は小林家やその周辺に伝わる語りであることを予め断っておきたい。

江戸時代の小林家については、落合村の中でどのような位置を占めていたのかは詳細不明である。(7)しかし、屋号を「イチョウノキ（銀杏の木）」とし、『落合村旧記』には、この銀杏の木について「いてふの木といふハ古江銀杏之大木有リ枝さかしまニ出しと申事也」と記録されている。(8)小林家によると、今から三〇〇年程前、多摩市落合一丁目にある保育園のあたりに小林家の屋敷はあったという。屋敷には屋号の由来となった銀杏の木があったが、約二〇〇年前、当地が火事にあったことから、現在の多摩都市モノレール線と多摩ニュータウン通りが交差するあたりに屋敷を移した。屋敷の移動がいつだったのかは明らかになっていないが、現在の敷地内で祀る愛宕・稲荷・金毘羅の棟札を見ると、文化一二年（一八一五）二月と記されているので、この頃に屋敷を移転し、屋敷神を祀り直した可能性がある。その後、移転前に屋敷があった場所は小林家の畑となり、古屋敷と呼ばれた。

屋号については、次の話しが小林家に伝わる。ある時代に将軍が小林家を訪れ、持っていた杖で地面を突いたところ、その杖が根付き、大きな銀杏の木になったという伝承である。あるいは、馬をつなぐため、銀杏の木を杭として打ったところ、大樹になったことを屋号の由来とする説もある。なお、小林家の家紋は「鶴の丸」で鎌倉の鶴岡八幡宮と同じ紋であることから、源氏とのつながりも家に伝えられており、源頼朝あるいは北条時政の前世の姿を六十六部であったと説く頼朝坊廻国伝説との関連も考えられる(9)。これは、後述する小林家の六十六部も頼朝坊伝説の影響を受けていることも想定されるが、ここでは可能性を指摘するだけに留めておく。

さて、小林家の過去帳によると、初代に小林市右衛門（宝永元年（一七〇四）没）と、寺沢本家から入った寺沢八右衛門（享保一七年（一七一七）没）の名前が見える。そして、二代目を継いだのが、内田本家から入った内田権四郎（安永九年（一七八〇）没）であった（写真1参照）。この権四郎こそが、廻山法師という法名を名乗り、日本の各地をめぐった六十六部だったのである。なお、小林家の歴代当主については過去帳をもとに表1にまとめた。

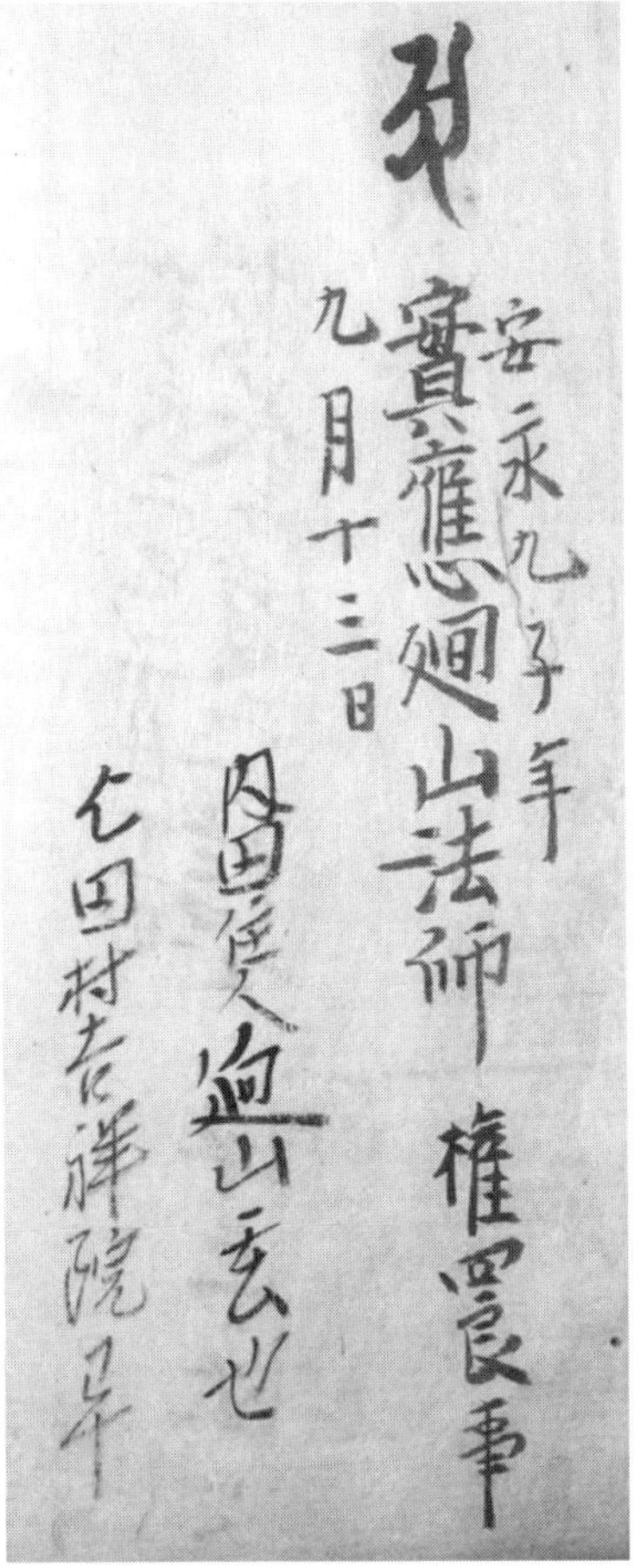

写真1　小林家の過去帳の一部

表1　小林家の歴代当主

歴代	氏名	没年月日	享年	備考
初代	小林市右衛門	宝永元年（一七〇四）八月一五日	―	
	寺沢八右衛門	享保一七年（一七一七）一〇月二五日	―	寺沢本家
二代	内田権四郎	安永九年（一七八〇）九月一三日	―	廻山法師（六十六部）、内田本家
三代	小林平六	安永二年（一七七三）二月一一日	―	
四代	小林平之丞	天保七年（一八三六）二月一一日	―	
五代	小林平左衛門	天保一一年（一八四〇）四月二五日	―	
六代	小林吉五郎	文久二年（一八六二）一〇月八日	―	
七代	小林喜代治	明治三〇年（一八九七）一月二九日	五七歳	富士行者
八代	小林豊治	明治三八年（一九〇五）三月二三日	四〇歳	
九代	小林利政	昭和五九年（一九八四）五月一二日	九三歳	
一〇代	小林正治	平成一四年（二〇〇二）一〇月二四日	八〇歳	
一一代	小林孝好			現当主

3　廻山法師の足跡

小林家の二代目当主であった内田権四郎が、六十六部の廻山法師になった経緯は今のところ不明である。しかし、先述した過去帳によると、享保一九年（一七三四）五月一日に内田本家の内田権四郎父が逝去したことが見えることから、権四郎の父の死をきっかけとして、その菩提を弔うために六十六部の活動を始めたのかもしれない。以下、権四郎の関連する事項については表2を参照されたい。

表2　内田権四郎（後に廻山法師）の関連年表

和暦	西暦	月日	内容	出典・備考
享保一九年	一七三四	五月一日	内田権四郎父（内田本家）逝去	小林家過去帳より
延享四年	一七四七	三月	納札「奉納大乗妙典六十六部日本廻国」	
		四月	武蔵国惣社六所宮（大國魂神社、東京都府中市）で納経	納経帳「廻国納経帳　全」より
		四月一五日	諏訪山吉祥寺（同文京区）で納経	納経帳「廻国納経帳　全」より
延享五年	一七四八	一月一四日	武甲山蔵王大権現（武甲山御嶽神社、埼玉県秩父郡横瀬町）で納経	納経帳「廻国納経帳　全」より
		一月一五日	正八幡宮（上野国一社八幡宮、群馬県高崎市）に納経	納経帳「廻国納経帳　全」より
		二月一一日	秩父三十四箇所霊場の第一八番札所の神門寺（埼玉県秩父市）で納経	納経帳「大乗妙典納経所記　全」より
		四月二一日	上総の霊應寺（飯香岡八幡宮別当だったが、廃寺。千葉県市原市）で納経	納経帳「大乗妙典納経所記　全」より
寛延二年	一七四九	一一月二〇日	阿波の四国八十八箇所霊場の第一六番札所の観音寺（徳島県徳島市）、第一七番札所の妙照寺（井戸寺、同徳島市）で納経	納経帳「奉納大乗妙典」より
		一二月一〇日	阿波の四国八十八箇所霊場の第二三番札所の薬王寺（同海部郡美波町）で納経	納経帳「奉納大乗妙典」より
		一二月一七日	土佐の四国八十八箇所霊場の第二四番札所の最御崎寺（高知県室戸市）で納経	納経帳「奉納大乗妙典」より

寛延四年	一七五一	六月七日	豆州一ノ宮三嶋大明神（三嶋大社、静岡県三島市）で納経	納経帳「奉納大乗妙典」より
		六月	三嶋国分寺（伊豆国分寺、同三島市）で納経	納経帳「奉納大乗妙典」より
		七月九日	大雄山の報恩禅院（神奈川県南足柄市）と大慈院（同南足柄市）で納経	納経帳「奉納大乗妙典」より
宝暦三年	一七五三	正月二〇日	大杉大明神（大杉神社、茨城県稲敷市）で納経	納経帳「奉納大乗妙典」より
		八月	六十六部供養塔の建立	
宝暦五年	一七五五	一〇月	納札「六十六部供養佛」	
		一一月八日	往来手形の発行	作成は吉祥院（多摩市乞田）
宝暦七年	一七五七	一一月一四日	権四郎母逝去	小林家過去帳より
明和八年	一七七一	正月	版本『西国三十三所順礼記』	廻山法師のものか？
安永九年	一七八〇	九月一三日	逝去（戒名は「實應廻山法師」）	「小林家過去帳」より

権四郎に関する初出の資料は、延享四年（一七四七）三月の銘がある納札である（写真2参照）。納札とは、巡礼者が参詣の折に寺社の壁や天井に打ち付けていく札のことで、彼らは旅に出る前に版木を作り、札を刷っていた。延享四年の納札には、「天下泰平　国土安全」「奉納大乗妙典六十六部日本廻国」「延享四歳　三月吉日」「武州江戸北紺屋町　行者　権四郎」とある。当時の権四郎は、廻山法師とまだ名乗らず、しかも武州江戸北紺屋町に身を寄せてい

写真2　延享4年3月銘の納札

たことが想定される。

次に権四郎が使用した納経帳について触れよう。納経帳とは、観音経を納めた証として、本尊を表す梵字と本尊の名前、寺社の名称を墨書する帳面のことだが、この帳面に記された寺社を追うことで、廻山法師の足跡をたどることができる。しかし、史料の損傷が激しく、簿冊を開けることが困難だったため、史料の一部しか確認できなかったことを予め留意いただきたい。

写真3　納経帳「廻国納経帳　全」

小林家には、表紙に「廻国納経帳 全」、「大乗妙典納経所記 全」、「奉納大乗妙典」と書かれた三冊の納経帳が現存する（写真3参照）。まず、「廻国納経帳 全」だが、延享四年四月に武蔵国惣社六所宮（大國魂神社、東京都府中市）で納経を始めていることがわかる。先に述べた延享四年三月の銘の納札は、この時の巡礼の旅のために用意されたものであろう。同年四月一五日には諏訪山吉祥寺（同文京区）を訪れた。延享五年（一七四八）一月一四日には武甲山蔵王大権現（武甲山御嶽神社、埼玉県秩父郡横瀬町）、同年一月一五日には正八幡宮（上野国一社八幡宮、群馬県高崎市）で納経した。そして、「大乗妙典納経所記 全」には前記の巡礼の続きが記されている。延享五年二月一一日には秩父第十八番札所の神門寺（埼玉県秩父市）、同年四月二一日には上総の霊應寺（飯香岡八幡宮別当だったが、明治三年の廃仏毀釈のため廃寺。千葉県市原市）で納経している。最後に、「奉納大乗妙典」を見ると、関東を脱して他地域への向かっていたことが確認できる。寛延二年（一七四九）一一月二

写真4　宝暦3年8月建立の廻国供養塔

〇日には、阿波で四国第十六番札所の観音寺（徳島県徳島市）と第十七番札所の妙照寺（井戸寺、同徳島市）、同年一二月一〇日には阿波の四国第二十三番札所の薬王寺（同海部郡美波町）、同月一七日には第二十四番札所の最御崎寺《ほつみさきじ》（高知県室戸市）に訪れた。寛延四年（一七五一）六月七日には豆州一ノ宮の三嶋大明神（三嶋大社、静岡県三島市）、同月には三嶋国分寺（伊豆国分寺、同三島市）でも納経していた。同年七月九日には大雄山の報恩禅院（神奈川県足柄下郡箱根町）と大慈院（同南足柄市）、宝暦三年（一七五三）正月二〇日には大杉大明神（大杉神社、茨城県稲敷市）に赴いていた。

以上、断片的ではあるが権四郎の巡礼をたどってみた。旅の始まりは武蔵国惣社六所宮であったが、その後は関東の巡礼地へと展開した様子が窺える。寛延二年には四国八十八ヶ所霊場を巡っていたと思われ、東海道筋を経由しながら関東方面へと戻ってきたと考えられる。

さて、納経帳の記述から権四郎は宝暦三年まで廻国していたことが確認できたが、同年八月に廻国塔を建立した（写真4参照）。廻国塔は廻国修行の達成の証や、諸国の神仏との結縁の証として建立されることがあり、権四郎も先に挙げた巡礼を達成し終えたことの証として建立したと推測される。かつての小林家の敷地に建てられた丸彫立像の地蔵菩薩が付く廻国塔（総高一四三センチメートル）の台石には、次の刻銘が見える。

写真5　往来手形
（宝暦5年11月8日付）

［右面］宝暦三乙亥天八月吉日
奉納大乗妙典
［正面］梵字「カ」
六十六部供養佛
［左面］武刕柚木領落合村
施主廻山

この刻銘を見てもわかるとおり、この時から権四郎は廻山の名を使い始めていた(10)。宝暦五年（一七五五）一〇月銘で「六十六部供養佛」と書かれた納札にも「武州落合村　願主　廻山」とあることから、権四郎は廻国塔の建立以降、廻山という法名を用いることになるが（写真5参照）、宝暦五年（一七五五）一一月八日の往来手形には次のことが記されている。

往来手形之事

一　此廻山と申僧代々眞言宗ニ而拙（カ）出寺弟子ニ紛無御座候
此度諸国修行に罷出候所々　御番所無相違御通シ
可被下候　往来手形仍而如件
宝暦五乙亥年十一月八日
武州多摩郡柚木領乞田村
眞言宗新儀　吉祥院
国々御番所
御役□□（虫損）

写真6　廻山法師の墓石

一　此僧廻山儀眞言宗ニ而拙寺弟子ニ
紛レ無御座候　此度
諸国修行ニ罷越候　他所ニ而若煩
候節者以御慈悲
御世話頼入候　万一遠国□□□□（虫損）
在方へ御届ニおよび
不申候間□□□（虫損）取置可被下候　以
上
武州多摩郡柚木領乞田村
吉祥院

これは、廻山が小林家の菩提寺である吉祥院（多摩市乞田）の弟子となり、当寺に往来手形を作成してもらったことを著しているが、権四郎が実際に僧侶になったことで法名を与えられた可能性もある。その証左として、建立年は不明だが、廻山の墓石は僧侶の墓塔として用いられる無縫塔（卵塔）であることを指摘しておきたい（写真6参照）。墓石の正面には「實應廻山法師霊位」、左側面には「施主　内田権四郎」と刻まれている。

その他にも廻山法師と関わりがあるとされる資料が小林家には伝来する。例えば、現在小林家の仏壇に納められている三尊像は、廻山法師が廻国の時に持ち歩いたと伝わるものである。もともとは古くなり、黒ずんでいたが、昭和五一年（一九七六）頃に金色に塗り直した。また、三尊像とともに祀られる立像の小さな金銅仏は約三〇〇年前に屋敷が火災にあった時、屋敷から持ち出したものだと言われている。小林家で保管されている鉦は、その裏に「内田」の銘があることから、内田姓を名乗った廻山法師が使用したものであろう（写真7参照）。ちなみに、もう一つの銘で

写真７　廻山法師が使用したと伝わる鉦

ある「西村和泉守」は、初代が延宝年間の頃（一六七三〜八一）より始め、一一代目が大正時代まで続けた鋳物師のことである。さらに、廻山法師が使用したと伝わる数珠も現存している。このように、廻山法師が使用したと伝わる資料が現存するということは、六十六部を輩出した家ならではの事例と言えよう。

三　小林家の末裔たち

小林家には廻山法師以降も、寺社に関する数多くの史料が残されている。すなわち、小林家伝来の文書群は三六九点を数えるが、この文書群の最大の特徴は信仰に関する資料の多さである(11)。これは、廻山に関するものだけではなく、彼の跡を継いだ末裔たちも信仰心の篤い人々であったことが想像できよう。

例えば、四代目の小林平之丞（天保七年（一八三六）二月没）は、年代不明の「神仏仏閣参リ所帳」という道中記を記した。これは平之丞が東海道の各寺社を参拝しながら、伊勢参りを行ったもので、伊勢参宮後も西国霊場や、奈良・京都・大阪などの著名な寺社に詣でて、中仙道を経由して、信濃の善光寺・戸隠山に赴くというルートで巡っている。正月から三月の間に行われた寺社巡りは、東国の人々による伊勢参りの典型的なルートで、平之丞も伊勢参りを目的としながら、他の国々も巡ったものと考えられる。また、天明六年（一七八六）九月の「西国廿一番丹波国穴太寺《あなおじ》勧進蝶《ママ》」は、穴太寺の多宝塔の再建時の勧進帳だが、年代から考えると、平之丞はこの勧進にも関与したと考えられる。

五代目の小林平左衛門（天保一一年（一八四〇）四月没）は、文化四年（一八〇七）から文政四年（一八二一）の間に、山口観音（埼玉県所沢市）へ参詣に赴いていたことを示す記録が残っており、彼も何らかの動機から山口観音への参詣を恒常的に行っていたと言えよう。

この他にも、廻山法師や歴代の当主が集めたと思われる、寺社の御札や御影（神仏の図像）の掛軸も多く残っており、廻山以来も篤信的な当主がいたことが理解できるだろう。

さらに時代が下ると、七代目の小林喜代治（明治三〇年（一八九七）に五七歳で没）は、富士信仰の行者として活動していたことが現存する資料から窺える。喜代治に辞令を出した教団の一つである富士一山教会は、明治六年（一八七三）に浅間神社（富士山本宮浅間神社）の宮司であった宍戸半（一八四四～八四）が創設した教団で、明治時代初期に多数分立していた富士講を統合する目的として作られたが[12]、喜代治は明治九年（一八七六）九月に「周旋方任命状」を出されたことから、教団の教えを広める周旋方に任命されたのである。

明治八年（一八七五）に富士一山教会は、伊藤六郎兵衛（一八二九～九四）を開祖とする丸山教会と合併するが、後に扶桑教本部側（一山教会は扶桑協会、神道扶桑派、扶桑教の順に改称）と丸山教会側との間に生まれた意見の相違を機に、明治一八年（一八八五）に丸山教会は扶桑教本部から離れ、丸山教として独立し、独自の教団を築くことになった[13]。喜代治は明治一五年（一八八二）四月の「丸山本部周旋頭任命状」、同一六年（一八八三）三月の「丸山本部九等講長認可状」を一山教会側の扶桑教から受け取り、同二六年（一八九三）一月には「丸山教取締任命状」を丸山教から出されていることから、富士信仰系の教派神道教団の一翼を担って活動していたことがわかる。

以上のように、廻山以降の当主たちも篤信的な行為を行っていたが、それらが廻山の影響下にあったものかどうかは定かではない。しかし、小林家には廻山との関係を説く由来が残り、彼が使用したとされる資料がいくつも存在する。廻山にまつわる史実と伝承が受け継がれてきたという下地があるからこそ、篤信的な活動をした当主が輩出されたのではなかろうか。小林家に伝わる六十六部の存在こそが、当家を形成するためのアイデンティティになっていたのかもしれない。

おわりに

本稿では、冒頭で多摩市に残る六十六部の関連資料を紹介し、その後は小林家の六十六部の足跡をたどってみた。資料上の制約もあり、六十六部の全てを描き出したわけではないが、廻山法師にまつわる各資料を掛け合わせることで、彼が生きた痕跡を垣間見ることができたのではなかろうか。限られた資料の中で六十六部の実態を知ることは容易なことではないが、多種多様な資料を扱うことで、民間宗教者の実像がより具体的・立体的になるものだと考える。また、廻山法師の場合には小林家の末裔にも影響を与えた可能性があることから、六十六部を含む民間宗教者研究においては、対象とする宗教者が後世の人々の思考や行動にどのような作用をもたらしたのかついても配慮する必要があるだろう。

註

（1）小嶋博巳は、明治四年（一八七一）の太政官布告、いわゆる「六十六部の禁令」について、「背景には明治政府が進めようとしていた富国強兵策があるわけで、生産者を確保する必要がある、戸籍に編成して働かせる必要がある。こういう要請があって、本貫地を離れてあちらこちらと移動して門付けをするような集団が禁圧されていった」と指摘している（小嶋博巳「廻国供養塔から六十六部を考える」日本石仏研究会編『日本の石仏　第一五七号』日本石仏協会　二〇一六年　一六頁）。

（2）巡礼研究会編『巡礼論集二　六十六部廻国巡礼の諸相』岩田書院　二〇〇三年　九頁。

（3）前掲註（1）四〜三四頁。

（4）松崎憲三『巡りのフォークロア―遊行仏の研究―』名著出版　一九八五年　九五〜一一三頁、川島秀一「民俗社会の六部伝承」前掲『巡礼論集二　六十六部廻国巡礼の諸相』八五〜一〇三頁。

（5）西海賢二「廻国行者と地域社会―佐藤治良右衛門を中心にして―」圭室文雄編『日本人の宗教と庶民信仰』吉川弘文館　二〇〇

六年　二六一～二七八頁。

(6) 町田市文化財保護審議会編『町田の民話と伝承　第一集』町田市教育委員会　一九九七年　三～五頁。

(7) 多摩市教育委員会編『多摩市文化財調査資料—文書篇一—』多摩市教育委員会　一九七八年　一九〇～一九一頁。

(8)『落合村旧記』は、宝暦一三年（一七六三）に上落合村の名主であった川井五兵衛の指図により、組頭の横倉重右衛門が記したものを、天保一四年（一八四三）に下落合村の有山文右衛門によって書き写されたものと想定されている（多摩市教育委員会教育振興課編『落合村旧記』多摩市教育委員会教育振興課　二〇一一年三月　一五頁）。

(9) 頼朝坊廻国伝説については、小嶋博巳「六十六部縁起と頼朝坊廻国伝説」真野俊和編『講座日本の巡礼　第二巻　聖蹟巡礼』雄山閣出版　一九九六年　二六八～二八九頁）で詳しく解説されている。

(10) 廻山の名が刻まれている廻国塔は、多摩ニュータウン開発による区画整理の影響で、昭和五五年（一九八〇）七月に地域にあった様々な石仏とともに、多摩市内の下落合八坂神社に移転し、現在は同地に鎮座している（パルテノン多摩編『開発を見つめた石仏たち～多摩ニュータウン開発と石仏の移動～』パルテノン多摩　二〇一一年　二七～二八頁）。なお、梵字の「カ」は地蔵菩薩を表す。

(11) 多摩市史編集委員会編『多摩市史　資料編二　近世　社会経済』多摩市　一九九五年　二二八～二二九頁。

(12) 平野榮次「明治前期における富士講の糾合と教派神道の活動」同『平野榮次著作集一　富士信仰と富士講』岩田書院　二〇〇四年　二〇四～二〇八頁。

(13) 前掲註（12）二一九～二二一頁。

御柱祭における鳥居の建立
――式年造営の視点からの再考――

金野　啓史

はじめに

成城大学民俗学研究所では、松崎憲三先生を代表として、共同研究「式年祭の基礎的研究～諏訪系神社における御柱祭を中心に～」を、平成一六年（二〇〇四）から一八年（二〇〇六）にかけて行った。この共同研究は、周期的に行われる式年祭の中で、特に諏訪系神社の御柱祭を取り上げ、大宮である諏訪大社のみならず諏訪地方における小宮の御柱祭や類似行事を視野に入れ、御柱祭の民俗宗教的意味や、文化的・社会的意味を明らかにしようとしたものであった。

筆者はこの共同研究の末席に加えていただき、小宮祭を担当して長野県諏訪地方南部の茅野市、富士見町での調査を行う機会をいただいた。その成果は「小宮と祝神の御柱祭―諏訪地方南部（茅野市・富士見町）の事例から―」(1)にまとめたが、そこでは小宮祭の多様さを例示したうえで、その多様さは諏訪大社の御柱祭に見られる諸要素を取捨選択して再構築されたものであり、祭の催行には地域アイデンティティの発露の場としての機能があるとした。また、本稿でも触れるが、この地域の小宮祭の中には御柱を鳥居に加工して建立する事例があり、これについては「鳥居を建立する御柱祭―茅野市の事例から―」[2]という小報告をまとめた。それから一〇年余の時間が経過して、当時の自身の研究を振り返ってみると、小宮祭の多様性や機能の理解に力点が置かれ、鳥居の建立などの諸要素が小宮祭の中でどのような意味をもつかといった点への視座が欠けていたと感じられた。そこで本稿では、鳥居を建立する小宮祭などの事例を再度取り上げ、さきの共同研究では鳥居を建立する小宮祭の社会的な機能に着目して分析を行ったのに対し、式年祭という視点から、小宮祭における鳥居の建立についての分析を行ってみたい。

一　式年造営と御柱祭

1　諏訪大社の御柱祭

諏訪大社の御柱祭は「式年造営御柱大祭」であり、一定の年限（式年）に社殿などを建立（造営）する祭で、寅年と申年の七年目ごとに行われる。

この御柱祭の前後には、神輿を納める宝殿の建て替えと遷座が行われ、これを式年祭の本義としてとらえることもできようが、これらは諏訪大社の神職が中心になって行われる。これに対して御柱祭は、氏子の奉仕によって御柱の切り出し、曳行、建立が行われる点が異なり、祭礼の費用なども氏子が負担する。

諏訪大社における式年造営は延文六年（一三五六）に記された縁起「諏訪大明神画詞」に「寅申ノ干支ニ当社造営アリ。一国ノ貢祝、永代ノ課訳、桓武ノ御宇ニ始レリ」とあり、桓武天皇の時代から、寅年と申年に信濃一国の奉仕によって造営が行われるようになったと考えられている。この造営では、社殿のみならず御柱や鳥居、玉垣などすべての建造物を建て替えていたとされる。御柱については、上社の造営について記した嘉暦四年（一三二九）の「大宮御造栄之目録」に社殿造営関係の記載の後に四本の御柱について記されていることや、さきの「諏訪大明神画詞」における同様の記述から、御柱にかかわる祭祀は少なくとも神社にとっては造営に従属する行事に過ぎず、中世には「御柱祭」という名称はもちろん、独立した祭りとしての実態もなかったとされる。(3)

しかし、その後遅くとも一五世紀後半には、御柱を曳行して神社境内に建てる行事は重要な祭りとして認識され、独立した祭りとしての姿をとるようになったと見られている。さらに天正六年（一五七八）の「上諏方造宮帳」と「下諏方春秋両宮御造営帳」の記載から、御柱の曳行が社殿造営よりも重要な祭りとして形を整えてきたことが示唆され、また現在の御柱祭に見られる諸要素の史料上の初見がこの時期に集中していることから、一六世紀末から近世初頭にかけてが、現在見るような御柱祭の成立時期であった可能性が高いと指摘されている。(4)

また、近世期は藩主導で行われてきた御柱祭は、明治維新以降は郡内町村長の協議により行われ、昭和二五年（一九五〇）からは諏訪大社大総代会の協議に基づいて行われるようになった。これと並行して、御柱の曳き手などの人足は、従来の割当制から、希望すれば御柱を曳けるように変った。このような経過を経て、御柱祭は「諏訪人」の祭りとして認識されるようになったとする見解もある。(5)

御柱祭は、諏訪大社における社殿などの式年造営の一部であったものが、中世末から近世初頭にかけて独立して形態を整え、民衆が参加する巨大な祭礼へと進展していったととらえることができよう。

2　小宮祭

諏訪大社の氏子たちによって行われる御柱祭は、諏訪大社の上社、下社だけでなく、その氏子たちが地域で祀る鎮守社や諏訪大社の摂末社など、いわゆる小宮でも行われ、大宮である諏訪大社に対して「小宮祭」と呼ばれる。(6)また、御柱祭は同族（マキ）で祀る祝神や、(7)その他小祠などでも行われる。

小宮祭は諏訪大社の御柱祭に倣ったもので、江戸時代に始まったとされるが、昭和あるいは平成の時代になって

〝地域おこし〟の目的で始められたものも多い。また、小宮祭を行う神社は諏訪神社だけでなく、八幡社や大山祇社など様々な祭神を祀る神社で行われる。その一方で諏訪神社でありながら御柱祭を行わない神社もある。一例をあげると、富士見町高森区の高森諏訪神社では、祭神である建御雷命は諏訪大社の一二番目の息子でありながら素行が悪かったため、祭礼は行うが御柱は建てないとされていた。しかし周辺の集落では御柱祭が行われていたことに刺激され、若者が中心になって地域を盛り上げようと昭和六一年（一九八六）から御柱祭が始められた。

小宮祭には諏訪大社の御柱祭に見られる要素を模したものも多く、諏訪市南部、茅野市、富士見町、原村といった諏訪大社上社の氏子地域では、上社の御柱と同様に、メドテコと呼ばれる二本の大きな梃子棒を御柱の前後にV字型に取り付ける。また、上社の御柱祭では曳行の途中に御柱が宮川を越える「川越し」が見せ場になっているが、さきの高森諏訪神社では集落に川がないため、曳行の途中にポンプで揚げた用水の水を御柱に向かって放水し、これを「川越し」としている。後述する茅野市湖東須栗平では、高地にあって川がないため、白山神社の御柱を用水に入れて流すことで「川越し」としている。

ともあれ、このような小宮祭は、その多くが諏訪大社の御柱祭と同じ年に行われ、祀り手の持ち山などから切り出した御柱を曳行し、社殿の四周もしくは神域の四隅に建立する。諏訪大社の御柱祭では、その前後に宝殿の造営と遷座が行われるのに対し、小宮祭では社殿の造営と遷座が伴わない点が異なっているが、御柱の曳行や建御柱は諏訪大社のそれを模したものと言えよう。

しかしこのような小宮祭の中には、冒頭でも触れたように、御柱を鳥居に加工するものや、鳥居の建立を伴う祝神の小宮祭などが散見される。次章では、そのような事例を改めて紹介し、式年祭という視座に立った分析につなげてみたい。

二　御柱祭における鳥居の建立

1　小宮祭における鳥居の建立

小宮祭において鳥居を建立する事例としては、まず茅野市本町（矢ヶ崎）の御座石神社と大年社があげられる。両社の小宮祭では、山から切り出し曳行した御柱を鳥居に加工し、境内に建てる。また、茅野市仲町の大塚神社では不定期ながら小宮祭の際に鳥居を建て直し、茅野市金沢では鎮守社の小宮祭に合わせて集落内の地域ごとに祀る神社の鳥居を建て替えている。ここでは、これらの中から茅野市本町区の御座石神社・大年社の事例と、茅野市金沢の事例を紹介する。

①御座石神社と大年社の小宮祭

茅野市の本町区はかつての矢ヶ崎村の一部であり、同村は諏訪神社の神領である「諏訪十郷」の一つであった。他村との合併により明治七年（一八七四）に永明村、昭和二三年（一九四八）にちの町となり、合併を経て昭和三三年（一九五八）から茅野市の一部となった。昭和五二年（一九七七）からは本町西、本町東の町名が用いられているが、両町の総称としては自治会区名の本町区が用いられ、矢ヶ崎と呼ばれることも多い。なお、旧永明村は旧宮川村と共に「ちの地区」として諏訪大社上社の御柱を曳く役を担っている。

御座石神社は矢ヶ崎村の氏神社であり、地域の北端に祀られ、現在は本町区を氏子の範囲としている。祭神は高志沼河姫命で、諏訪大社上社の祭神である建御名方命の母神であり、当社は諏訪大社の摂社と位置付けられている。諏訪明神が高志（越）の国から母神を迎えた際、鹿に乗り大門峠を越えてこの地に来た母神は、社前の石に降り立ち履物を履き替えたとされる。

例祭は矢ヶ崎祭とも呼ばれ、四月二七日に行われる。境内の醸造所でどぶろくを醸し、別火を用いて煮物をして神

写真１　御座石神社〔長野県茅野市　平成29年(2017年)〕
石造の鳥居の奥に小宮祭で建てる木造の鳥居がある。

供を調製する。神供は鹿肉と、どぶろくの粕で合えたウドで、参拝者にも振舞われる。このため「どぶろく祭」「うど祭」の異名もある。

大年社は茅野駅の西にあたる茅野市ちのにあるが、この地区の氏神社ではなく、本町区により祀られている。諏訪大社上社の摂社で祭神を大年神とするが、創建年代は明らかでない。この神社は諏訪大社の大祝の職位（即位）に当たって御社参りをする一三社の一つになっており、諏訪大社との関係が深い。また、例祭は御座石神社と同じ四月二七日で、御座石神社で饗膳の用意が整うと野火をあげ、その煙を見た諏訪大社の神官は、大年社に詣でた後、御座石神社を訪れて祭事を執り行う。なお、大年社の境内には地元駅前地区により祀られる天満宮があり、大年社と同じ日に小宮祭が行われ御柱が建てられる。

御座石神社と大年社では、諏訪大社の御柱が行われる寅年と申年の九月から一〇月頃に、二日間かけて同時に小宮祭が行われる。平成二八年（二〇一六）の小宮祭は一〇月一日、二日に行われた。祭は小宮祭のほかに「御柱祭」あるいは「御柱」と呼ばれ、曳行される丸太の呼称もまた「御柱」であり「御座石神社一之柱」などと記される。

両社とも山出しと里曳きを一度に行うが、大年社は一日目のうちに神社までに曳き付け鳥居を建立する。一方の御座石神社は、初日は大年社と共に麓まで御柱を下ろし、二日目に町内を曳行して御座石神社に曳き付け鳥居を建てる。

なお、御座石神社には昭和三七年（一九六二）に建立された石造の鳥居があるが（写真1参照）、大年社には常設の鳥居はない。鳥居に用いる御柱は両社とも二本で、永明寺山という旧矢ヶ崎村の持山から切り出す。以下は平成一六年（二〇〇四）九月一八日、一九日に実見した模様である。

九月一八日の朝、出発地である永明寺山の麓の検校庵という尼寺の前に、御座石神社一之柱、大年社一之柱、御座石神社二之柱、大年社二之柱の順に並び、他に祭日を同じくする駅前地区の天満宮の一之柱と、矢ヶ崎村から分離した旧塚原村の鎮守神社の御柱四本が並ぶ。このうち本町区の氏子が曳くのは御座石神社と大年社の一之柱で、両社の二之柱は途中の休憩所までトラックで牽引される。また、鎮守神社と天満宮の御柱には、諏訪大社上社と同様に前後にV字型のメドテコが付けられるが、御座石神社と大年社の御柱にはマエメドのみが取り付けられる。

写真2　御座石神社御柱の曳行
〔長野県茅野市　平成16年(2004)〕

検校庵を午前八時に出発すると、約一時間半で休憩所に到着する。本町区が曳行する御柱には、同地区の子供たちが同行し、道々で木遣を披露する。また曳行の際にはマエメドに子供たちが乗る（写真2参照）。

休憩所では御座石神社の二本の御柱は休憩所近くの駐車場に入り、この日の曳行を終える。演芸の披露が行われた後、それまでの御座石神社一之柱の曳き手は大年社の二之柱を担当し、大年社の二本の御柱は人力で曳行され、茅野市役所、茅野駅などを経由

写真3　大年社の鳥居の建立
〔長野県茅野市　平成16年(2004)〕

して三時間ほどで大年社に曳き付けられる。引き付け後曳き手は昼食をとり、その後宝投げや演芸の披露が行われる。その一方で、曳き付けの直後から、木造り、すなわち鳥居の加工が始まる。この鳥居は柱が垂直な黒木鳥居というもので、本来は樹皮を残さなければならないが、樹皮を残すと持ちが悪くなるため、現在は皮を剥いている。

曳行した二本の御柱のうち、一之御柱は鳥居の柱と笠木になり、二之御柱はもう一方の柱と貫木になる。斧、手斧、チェーンソーなどを用いてそれぞれの部位にホゾやホゾ穴を加工し、人力とクレーンを併用して組み立てを行う。鳥居が組み立てられると、笠木に懸けたワイヤーを車地（巻上げ機）で巻き上げ鳥居を建てる（写真3参照）。建立後、諏訪大社の神官による神事が行われ、参列者全員が鳥居をくぐり万歳を三唱して、小宮祭は終わる。

翌日は御座石神社の御柱祭が行われるが、町内の曳行ルートが異なるほかは、大年社とほぼ同じ内容で祭事が行われる。

以上述べてきた御座石神社と大年社の小宮祭りは、御柱を鳥居に加工して境内に建てる点は特異であるが、そこに至るまでの過程は、他地域の御柱と同じであることを指摘しておきたい。

御座石神社には石造の鳥居があるにもかかわらず、御柱を鳥居に加工する理由については、祭神が女神だから御柱は建てず、代わりに丸太の鳥居を建てるのだと説明される。一方の大年社についての説明は特にないが、御座石神社の氏子は御柱ではなく鳥居を建てるものだとされ、次節で述べるように、本町区ではマキで祀る祝神の御柱祭においても鳥居が建てられる（写真4参照）。

②茅野市金沢の小宮祭

茅野市金沢では、集落内の各地区で祀る小宮で、御柱と共に鳥居が建立される。

この集落は甲州道中の宿場町であり、当初は現在地の北西にあって青柳宿と称していたが、度重なる火災や宮川の洪水に遭って慶安四年（一六五一）に現在地に移転し金沢宿となった。江戸側から上上町、上町、中町、下町に区分けされている。

金沢集落全体では中町にある青柳神社を鎮守としているが、上上町と上町では金毘羅宮を、下町では金山権現を祀っている。寅年と申年の一〇月頃[8]に青柳神社の小宮祭が行われ、その際には金毘羅宮と金山権現をはじめとする摂末社などでも御柱が建てられ、同時に鳥居が建て替えられる。鳥居は二本の柱の間に板材の貫木を渡した簡素な形態で、集落内の庚申塔などでは細い柱の間に縄を張っただけの簡略化したものも見られる。

写真4　青柳神社〔長野県茅野市　平成29年(2017)〕
右側の一之御柱の背後に秋葉神社の鳥居が見える

青柳神社は集落を望む山の斜面に立地しており、社殿に並んで秋葉神社の小祠が祀られている。両社の境内は一体になっており、青柳神社の四本の御柱は、秋葉神社を含めた境内地の四隅に建てられ、秋葉神社独自の御柱はない。両社の参道の石段は別々に設けられており、石造の鳥居が常設されている青柳神社に対し、秋葉神社では石段の下に木造の鳥居が建てられる（写真4参照）。

上町に祀られる金毘羅宮でも、境内地の四隅に御柱が建てられる。同社には石造の鳥居が無く、参道の石段を少し下った場所に木製の鳥居が建てられる。

下町の金山権現は、甲州街道に面した権現の森と呼ばれる叢林の奥に祀られる石造の祠である。御嶽座王権現、不動明王、津島牛頭天王などと共に周囲を玉垣で囲われ、御柱はこの玉垣の四周に建てられる。街道に面しては石造の鳥居があるが、その脇には道祖神が祀られ、小宮祭の際に鳥居が建て替えられる。

こうした金沢集落の御柱や鳥居の柱は、小宮祭に際して青柳神社の役員が手配して村持ちの山から切り出す。このうち青柳神社と金山権現のそれぞれ四本の御柱については、小宮祭当日に里曳きが行われる。現在は下町の氏子が権現様の一之御柱を、その他の氏子が青柳神社の一之御柱を曳行し、その他はトラックを用いて運ぶが、かつてはすべての御柱を人力で曳いていたという。

これら二社以外の御柱や鳥居の柱は、それぞれの地区ごとに建立される。権現の森の道祖神の鳥居は小宮祭の前日に役員が建て替え、金毘羅宮でも御柱と鳥居を建てるのは役員で、住民総出で御柱を曳くことは現在行っていない。

2　祝神の御柱祭

以上は地域が祀る鎮守などの小宮祭で、鳥居を建立する事例であった。この他にもマキなどと呼ばれる一族で祀る祝神の御柱祭においても、鳥居を建立する例がみられる。

①茅野市本町区

さきの御座石神社、大年社を祀る本町区には、石田、細田、竹内など一五の古い姓があり、原則として姓を同じくする一族によって祝神が祀られ[9]「石田祝神」「細田祝神」などと呼ばれている。このうち石田姓の一五軒が祀る石田祝神は、三〇〇年の歴史を持つ水の神様とされ、小祠の前には木製の鳥居が建てられている（写真5参照）。この鳥居

写真5　石田祝神〔長野県茅野市　平成29年(2017)〕

は諏訪大社の御柱祭の年の一〇月に行われる石田祝神の御柱祭の折に、御柱と共に建て替えられている。九月のうちに古い鳥居を撤去しておき、一〇月になって諏訪大社上社から御幣が配られた後に、小宮祭を行う。鳥居に用いる木材は二本で、御座石神社と同じく永明寺山から切り出すが、現在は人手の都合で里曳きを行うのは石田祝神一之御柱のみで、その他は自動車で運搬する。鳥居にする木材は御座石神社と同様に一本を二分して柱、笠木、貫木に加工し組み立てる。

一方、同じく石田祝神と称するが石田姓と竹内姓によって祀られる祝神は、平成一〇年（一九九八）に石造の鳥居が建立されたため、御柱祭において木造の鳥居の建立は行われず、御柱のみが建てられる。

なお、平成一八年（二〇〇六）の調査の際に、御座石神社の氏子は、末社や祝神であっても御柱ではなく鳥居を建てるのが本来の姿だと、伺った記録があることを付記しておく。(10)

②茅野市湖東須栗平

須栗平は茅野市北東部の標高一〇〇〇メートルを超える八ヶ岳山麓の高原地帯に位置する、正保四年（一六四七）に開拓された新田集落である。鎮守の白山神社は六月二〇日を例祭としているが、寅年と申年には御柱祭が行われ、六月一〇日前後の日曜日を木造り、例祭日の二八日前後を里曳きとしている。

木造りが行われる六月一〇日は「神立祭」の祭日で、集落内の水神社、疱瘡神社のほか、「マキの神様」の手入れをし、併せて公民館の手入れもして直会をする日であり、「塚改め」や「塚めぐり」などとも呼ばれる。御柱の年には、この日にそれらの小祠にも御柱が建てられるが、石造の鳥居が常設されていないマキの神様においては、この時御柱と共に鳥居を作り直す。水神社と疱瘡神社は区有林から、マキの神様の御柱と鳥居はマキを構成する人の持ち山から切り出すが曳行はしない。

写真６　姫宮神社〔長野県茅野市　平成29年(2017)〕
社殿の手前に二柱の祝神が祀られ、それぞれ御柱と鳥居が建っている。

③茅野市宮川中河原

中河原は諏訪大社上社から東へ一キロあまりの距離にある集落で、高志沼河比売姫を祀る姫宮神社を鎮守としている。[11]例祭は一月三日の元始祭、四月例祭、一一月例祭で、神職と氏子役員のみで執り行われるが、寅年と申年には御柱が行われ、七月に山出し、九月に曳き付け（里曳き）が行われる。

この集落には浜、波間、五味、溝口の四つの姓があり、それぞれマキの神として祝神を祀り、[12]姫宮神社の境内には三柱の祝神の祠がある。例年の祭事は正月に注連縄を替え供え餅をする程度だが、寅年・申年には、姫宮神社の小宮祭が終わった九月から一〇月にかけて、それぞれのマキで日を決めて御柱祭が行われる。「マキの御柱」などと呼ばれ、他所に出ていった人も帰郷し、公民館などを会場に盛大な直会が行われる。

この「マキの御柱」では、祝神の周囲に四本の御柱を建てるとともに、鳥居を新たに建て替える。鳥居に用いる木材は二本で、これを柱にして板材の貫木を渡して鳥居にする。鳥居の柱は御柱と同じく集落の持山から切り出し、かつては御柱四本と鳥居の柱二本が曳行されたというが、人手が減った昭和末頃からは役員によりトラックで運ばれるようになり、人数が最も多い浜マキの御柱でも曳行するのは一之御柱だけになっている。この鳥居は石造のものがある場合には建てる必要がなく、石造の鳥居がある姫宮神社の鳥居は建立しない。また境内社にも御柱は建てるが、鳥居は設けない（写真6参照）。

三　式年造営ということ

これまで述べてきた事例のうち、御座石神社の小宮祭は、同社に常設の鳥居がありながら、御柱を鳥居に加工して建立するというもので、祭事の目的は鳥居の建立に置かれている。これに対して、金沢、中河原、須栗平などでは、地域やマキで祀る社に常設の鳥居がない場合は鳥居を建立するというもので、祭事の主眼はあくまで御柱の建立にあり、鳥居の建立はそれに伴って祭場を更新する行為であると見ることができる。

御座石神社と大年社の小宮祭について、筆者はかつて、御柱ではなく鳥居を建てることによって、御座石神社の氏子たちの他地域に対する優位性が主張されると指摘した。諏訪明神の母神を祀り、諏訪大社と緊密な関係にあることによる他地域からの差別化であり、そこには地域の結合を生む機能があると述べた。

そのような意味合いや機能の違いはあるとしても、いずれの事例においても、七年目に一度という周期の中で、神を迎える施設を、何らかの形で新しくしていることは共通しており、鳥居もまた、その式年造営の営みの中で、更新されるべきものであった。

諏訪大社の式年造営に付随する行事であった御柱に関する祭事が独立し巨大化していった歴史的な経過については

さきに触れたが、七年目に一度という時の刻みの中で、鳥居を御柱と共に建て直すものとされてきた名残が、御座石神社・大年社の小宮祭や、各地の祝神での鳥居の建立という行為に受け継がれてきたと、筆者は見ている。

例外はあるものの、小宮祭は諏訪大社の御柱祭が終わってから行われ、祝神などの御柱祭は小宮祭と同時かその後に行われる。諏訪地方の神社には諏訪大社→小宮→祝神といって階層があり、この階層に従った時間経過の中で御柱祭が行われ、その内容が模倣・踏襲されてきた。本町区の祝神の鳥居が鎮守社である御座石神社と同じ黒木鳥居の様式であり、二本の柱に貫木を通しただけの他地域の鳥居と異なるのはこうした階層に基づく様式の模倣・踏襲ととらえられる。そのような模倣・踏襲の中で継承された行為が、数え七年に一度の鳥居の建立であったと言えよう。

本町区の御座石神社と大年社では、鳥居に加工する丸太を御柱と呼び、他地域の小宮祭と同様な御柱の曳行が行われる。また、中河原の祝神においては、鳥居の柱は御柱と同じ意味合いがあり、御柱と同様な扱いで山から切り出すものだと言われる。金沢や須栗平での鳥居の柱の扱いは、御柱に比べるといささか簡便なように見受けられるが、それらの地域においても鳥居の柱が御柱と同じ山から切り出されることを鑑みるならば、そこには鳥居を御柱と同等のものとして扱う、中河原などと通底する意識があったと見て良かろう。

諏訪地方でよく聞かれる御柱の説明は、諏訪大社の社殿は七年に一度建て替えるものだが、それは大変だから御柱を建てるようになった、というものである。こうした御柱の社殿代用説は未だ仮説の域を出てはいないと筆者は考えるが、仮に御柱を社殿の代用とするのであれば、聖域の表示である鳥居がこれに伴うことによって、はじめて神の祭場が形づくられる。

小宮祭や祝神の御柱祭における鳥居の建立は、神の祭場の施設が恒常化していく過程を暗に示しているだけでなく、神祭りの原初的なあり方を示唆する事象であると言えよう。

むすびにかえて

御柱とは何かという問いに対しては、神の依代とする説、聖域の標示とする説、社殿建て替えの代用とする説などあり、未だ決着をみていない。本稿でもその問いに対する答えを明らかにすることはできない。ここでは「式年造営御柱大祭」という祭礼の名称に鑑みて、数え七年に一度建立して新しくすべきものの一つに、社殿などと並んで、御柱があったとするにとどめておきたい。

本稿は茅野市と富士見町の事例を基にしたものである。筆者はさきの共同研究のまとめの中で、御柱祭の調査対象をより広くすることを自らの課題としたが、それは未だ実行できていない。しかし、一〇年余りの時を経て、改めて当時のデータを読み返し、現地を歩いてみると、神と人の関係を探るうえでの時間的、空間的、あるいは社会的な様々な可能性が、御柱祭には内包されているように感じられる。ここで改めて自らに課した命題を明らかにすることは控えるが、本稿を契機に、細く長く御柱祭に向き合っていきたいと感じている。

最後に、御柱祭に関するご教示を賜った皆様に御礼を申し上げるとともに、この御柱祭のみならず、様々な民俗学的な課題に向き合う機会を与えてくださった松崎先生への学恩に感謝しつつ、稿を閉じたい。

註

（1）拙稿松崎憲三編『諏訪系神社の御柱祭　式年祭の歴史民俗学的研究』岩田書院　二〇〇七年所収。
（2）拙稿『民俗学研究所紀要』第三〇集　成城大学民俗学研究所　二〇〇六年所収。
（3）島田潔「近年の御柱祭にみる不変と可変―社会意識と祭りの動態―」　松崎憲三編『諏訪系神社の御柱祭　式年祭の歴史民俗学的研究』　岩田書院　二〇〇七年　四五頁。
（4）島田潔「近年の御柱祭にみる不変と可変―社会意識と祭りの動態―」　前掲書　四五～五〇頁。

（5）島田潔「近年の御柱祭にみる不変と可変―社会意識と祭りの動態―」前掲書　五一～五二頁。

（6）なお、小宮という呼称が示す具体的な内容は諏訪地方においても一定していない。大宮である諏訪大社に対してそれ以外のすべての神社を指すというものと、小宮とは集落の鎮守や諏訪大社の摂末社を指し、一族（マキ）で祀る祝神などは含めないとするものがある。本稿では、異論はあろうが、便宜的に小宮の語を後者の意で用い、小宮祭は小宮の御柱祭を示す語として用いることにする。

（7）地域によっては祝神の呼称を用いない場合もあるが、本稿ではマキで祀る神社を祝神としておく。

（8）平成二八年（二〇一六）は一〇月一〇日に小宮祭が行われた。

（9）同じ姓でも系譜が異なるものもある。

（10）その後一〇年余りが経過し、確認は叶わなくなってしまった。

（11）伍竜女宮大明神とする記録もある（天文一二年横内村御柱文書）。

（12）当地ではマキとは姓の系列であると説明される。

「めがね弘法」の信仰と目薬
――その誕生と再編をめぐって――

越川　次郎

はじめに

寺院で薬が販売されている光景は、かつては珍しいものではなかった。(1) しかし、昭和五四年（一九七九）に全面実施されたGMP（医薬品の製造及び品質管理に関する基準）をはじめとする薬事諸法規による規制のため、現在ではそれらをほとんど見ることができない。寺院で売られていた薬の多くには、それぞれの寺院にかかわる信仰が付随していた。薬の由来も、寺院と関連付けた伝説に彩られていた。それらも、多くが失われてしまったが、現在も製薬方法や成分、販売方法、形態などを変えながら、わずかに存続している寺院売薬もある。それらは、なぜ現在まで存続しえたのであろうか。そして、現在の寺院売薬における信仰とはどのようなものなのであろうか。本稿では、このような問題意識のもと、愛知県知多市の大智院（真言宗）で販売されている目薬について検討する。目薬の由来や歴史を寺院の歴史とあわせてトレースし、現在の目薬について報告を行う。それらを踏まえて、現在の大智院の信仰と目薬について考察する。

なお、民俗学において、現在の寺院売薬に関する研究は、筆者が多少手掛けたもの以外はほとんど見られないのが現状である。(2) 売薬の歴史的な検討については、薬史学をはじめとして数が多い。(3) 民俗学的視点からのアプローチも散見されるが、(4) 薬の現在とその信仰に注目したものは見られない。しかし、寺院売薬とそれに寄せられた信仰的心意を探る試みは、失われつつある信仰と心意現象を明らかにするとともに、それらの変容とその背景を知るという意味においても意義のあるものと考える。

一 「めがね弘法」大智院とその信仰

1 大智院について

金照山大智院（愛知県知多市南粕谷本町）は、聖徳太子開創と伝わる（開創年代は不明）、真言宗智山派の寺院である。正式名称は「金照山清水寺大智院」である。寺号と院号の変遷については、不明な点が多い。尾張藩の官撰地誌で宝暦二年（一七五二）成立の『張州府志』を参照すると次のように記されている。(5)「清水寺　南粕谷村に在り。金照山大恩院と號す。眞言宗。蜂須賀村蓮華寺に屬す。（原文は漢文）」。また、『張州府志』に続く尾張藩官撰地誌で、嘉永元年（一八四八）成立の『尾張志』には「清水寺　南粕谷村にありて金照山大智院と号し蜂須賀村蓮華寺の末なり」とある。(6)『張州府志』では「大恩院」という院号であったが、『尾張志』では「大智院」となっている。両者の成立年の間に、院号は現在の「大智院」に改められたようである。いずれにせよ、両史料とも「清水寺」で項目がたてられている。このことから、当時は山号・寺号・院号のうち、公称としては寺号「清水寺」を用いていたことがわかる。しかし現在、主に用いられているのは寺号よりも「大智院」の院号であり、その変遷の詳細は不明である。(7)

本尊は聖観音菩薩、前立は馬頭観世音菩薩である。文明年間には、中興開山とされる紹長が寺内の興隆をはかり、七坊社があったといわれる。(8) 明応七年、紹長が住持の際に、大野城（愛知県常滑市）城主であった佐治為永の祈願所となった[9]。

かつては「楊柳山」という山号であった。しかし、天正一二年（一五八四）に起きた大野城（宮山城）戦乱においても兵火を被ることもなく、元禄五年（一六九二）に現在の「金照山」に山号を改めている[10]。住職は、長谷川実彰氏である（二〇一七年現在）。

2 大智院の信仰

大智院の弘法大師像は、「身代り大師」と呼ばれ、人の苦難を代わりに受けてくれるという。特徴的であるのは、この像はサングラスのように黒く煤けた眼鏡をかけていることで、「めがね弘法」とも呼ばれている。この「めがね弘法」は、後述の由来により現在でも眼病平癒の信仰を受けており、現在ではこの名称が広く知られている（写真1参照）。

写真１　大智院　めがね弘法像

眼に関する信仰以外では、次のものがある。本尊前立の馬頭観音菩薩には、子供の虫封じのご利益があるとされ、毎年二月一八日に「馬頭観音大祭」が挙行される。境内納経所の東に「護国大師」および「二十一修行大師」がある。「開運成就」「交通安全」などを祈願し、この周りを三度回るというものである。また境内の本堂西南には、「かばん石」と呼ばれるものがある。これには、昔、泥棒が盗んだ鞄をここにおいたところ、石に変わってしまったという由来がある。祈願したことが成就するなら、この石は軽く感じられ、叶わないなら重く感じられるという。「めがね弘法」像の賽銭箱のところには、二〇センチから三〇センチほどの木で作成された手形や足形がある。これらは、かなり摩滅しており、角が取れ丸くなっている。「めがね弘法」にお参りする際に、自分の悪い箇所と同じ部分をさすって、その治癒を祈願する。また大智院では、様々な祈祷も行っている。具体的な祈祷内容は、眼病平癒、視力増強、家内安全、開運招福、身体健全、交通安全、試験合格、安産、虫封である。

参拝者用駐車場の北側には、樹齢一三〇〇年以上を経たクスノキの大木がある。現地では「やおびくさん」「やおひめさん」と呼ばれ親しまれている。この木には、八百比丘尼伝承が付随している。八百比丘尼が諸国巡礼の途中に大智院に立ち寄り、クスノキを自らの手で植えたというものである。そして、自分が亡くなった後はこの木の精になると言い残して若狭に帰り、その地で入定したという。このクスノキは女性の信仰が厚く、今でもクスノキの保存会が結成されているが、その会員は女性のみである。また、かつては女の子が生まれると、このクスノキの葉を持って行って産湯に入れてつからせるという信仰があった(11)。また、近年クスノキの東側に「慈母観音」という五メートルほどの像が立てられた。ちなみに、このクスノキの古木には、深く大きな裂け目が認められるが、これは船の舳先と接触してできたものだという伝承もある。

3 「めがね弘法」の由来

「めがね弘法」の由来は、住職長谷川氏の談話および大智院のリーフレットによると、おおよそ次のようなものである。弘法大師が知多巡錫のとき、「我を帰依する者、一切の罪を消滅し、諸々の有情を安楽ならしめ、業病難病を解脱す、福力常具足し、穀麦財宝ことごとく皆の意の如く得せしめ、悪業煩悩の心を開眼せしむべし」と述べ、自身の像を残した。いつからか、その弘法大師像は、人々の様々な苦しみを代わりに引き受けてくれるという、ご利益が信じられるようになり、「身代わり大師」の名で近隣に知られるようになった。

安政七年（一八六〇）旧暦三月二一日の弘法大師正御影供法要の際に、盲目の老人が立ち寄り、弘法大師に祈願した。その後、当時の住職の夢に弘法大師が現れ、老人の眼鏡を自分の像にかけるように言ったという。言われたとおりに弘法大師像に眼鏡をかけようとしたところ、像の左目が傷ついており、老人は目が見えるようになったという。老人は感謝して、この眼鏡を残して去った。それ以来、弘法大師像は老人の眼鏡をかけたままで、眼病平癒の「めがね弘法」として現在でも信仰されている。

「めがね弘法」に関わる行事としては次のようなものがある。まず、毎月第四日曜日に「めがね弘法縁日」が行われている。これは、月詣りの縁日で、光明真言曼陀羅の朱印布を手にして参詣する。次に、毎年一〇月第四日曜日に「めがね弘法大祭」(12)が行われる。眼病平癒・健眼長寿の加持祈祷が行われる。また、「めがね供養」と称するお焚きあげ供養が行われ、この際に、先がよく見え心眼を開くといわれる「先見粥」やメグスリノキ茶がふるまわれる。

二　大智院の目薬誕生をめぐって

1　大智院の目薬について

大智院の境内西端に、金照堂薬房という薬店がある。ここでは、「ワコーリス40EX」という目薬が販売されている。パッケージには、眼鏡をかけた弘法大師、すなわち「めがね弘法」の図案がある（写真2参照）。この目薬は、大智院のブランド製品であるが、寺院がそれを作っているわけではなく、製薬会社に依頼して工場で作ったものを納品している。いわゆる受託生産品である。(13)パッケージ背面に記載された効能は次のようなものである。「目のかすみ（目やにの多いときなど）、目の疲れ、結膜充血、目のかゆみ、眼瞼炎（まぶたのただれ）、紫外線その他の光線による眼炎（雪目など）、眼病予防（水泳のあと、ほこりや汗が目に入ったときなど）、ハードコンタクトレンズを装着しているときの不快感」。成分は、酢酸d-α-トコフェロール（ビタミンE）、ピリドキシン塩酸塩（ビタミンB6）などのビタミンをはじめ、効

写真2　大智院の目薬

能に沿ったものが含有されている。[14] 価格は七〇〇円（税込み）である。

なお、かつては「ビタオキソール内服液」という名称のドリンク剤も販売していた。[15] これも受託生産であったが、生産していた企業の都合により販売中止となった。効能は、薬瓶背面の説明書によると「神経痛・筋肉痛・関節痛（腰痛、肩こり、五十肩など）、手足のしびれ、便秘、眼精疲労、脚気」となっている。

2　眼病信仰の水から目薬へ

この目薬は、製品そのものは、ドラッグストアで販売されている目薬と同類のものである。しかし、「めがね弘法」の目薬には、先行形態となる眼病治癒信仰が付随しているという点で、一般の目薬とは異なるものである。

先述の八百比丘尼お手植えのクスノキの根元の東側に、清水が湧いていて井戸があった。[16] かつて、この井戸で眼病治癒を祈願し、目を洗うという信仰があった。大智院の住職である長谷川氏によると、その信仰は、「めがね弘法」の信仰が成立する安政七年（一八六〇）以前から存在していたという。

大智院には、江戸時代においてこの寺院で用いられていた「清水寺」という寺号に関連づけたとおもわれる水の信仰が存在していた。境内にある梵鐘の近くに、「清水」の文字が側面に彫られている古い手水鉢がある。これをよく見てみると、縁の所々に穴を掘った形跡がある。[17] これは、いわゆる「盃状穴」である。「盃状穴」は、石造物に人為的にあけられた穴で、寺社に多く見られる。中でも手水鉢に多いことがわかっている。「盃状穴」は、歴史的に二系統に別れるとされる。一つは、古代に朝鮮半島から伝播したもので、祭祀的な目的で掘られたもの[18]。もう一つは、江戸時代に盛んに掘られたもので、民間信仰のために掘られたものである[19]。寺社の手水鉢に多く見られるものは、明らかに後者である。大智院の場合は、庫裡の中庭に移動させた手水鉢にも同様の穴が認められ、寺院内の他の石造物には見られない。これらのことから、大智院の「清水」の信仰が手水鉢の「盃状穴」と結びついていたことがわかる。

このように、大智院には、「清水」の信仰が存在しており、その一つに、クスノキの井戸水で眼を洗う信仰があった。そして、幕末の安政七年（一八六〇）に先述の「めがね弘法」のできごとが起こり、大智院の眼病信仰は近隣に広まっていった。井戸水の信仰もそれまで以上に、名が知られるようになっていった。すなわち、「清水」信仰を、新たに誕生した「めがね弘法」信仰が補強したことになる。住職の長谷川氏によれば、井戸水を「金剛清水」「お大師様の水」と呼び、毎朝汲んできて本堂で祈祷を行い、それを瓶に入れて眼病治癒を期待する人々に配っていたという。はじめは、それによって治ったと信じる人々が、様々なお礼の品を持ってきていた。いつからか判然としないが、そのうちに金額がついて金銭と引き換えに水の瓶を渡すようになった。水を買いに来る人々は、それを「目薬」と呼んでいた。大容量の容器を持参して、水を汲んでいく信徒も多かったという。

この「目薬」と呼ばれていた水が、医薬品の目薬に変わっていったのには二つの契機があった。まず、昭和二八年（一九五三）の台風一三号による被害である。九月一八日にグアム島の南東海上で発生した台風第一三号は、二五日一七時に三重県志摩半島を横断し、伊勢湾を経て一八時半頃、愛知県知多半島に上陸した[20]。大智院の所在する愛知県では、死者七二名、行方不明者三名、負傷者一七一一名、家屋全壊一四七七戸、床上浸水三万一八〇一戸、という甚大な被害を出した[21]。大智院では、この台風により、クスノキの井戸が埋まってしまった。

次の二点目が、決定的なできごとであった。昭和三〇年代に、井戸の水を販売し、それで目を洗うという行為は、薬事法に抵触するのではないかということが問題となった(22)。当時、具体的に薬事法のどの条項に関して、どの程度問題視されたのか、今となっては判然としない。しかし、井戸の水が「医薬品」に該当するとされたのであれば、薬事法第二条が問題となったのだろう。それは、「医薬品」の定義に関する条項である。

第二条　この法律で『医薬品』とは、次に掲げる物をいう。
（一）日本薬局方に収められている物
（二）人又は動物の疾病の診断、治療又は予防に使用されることが目的とされている物であつて、機械器具、歯科材料、医療用品及び衛生用品（以下『機械器具等』という。）でないもの（医薬部外品を除く。）
（三）人又は動物の身体の構造又は機能に影響を及ぼすことが目的とされている物であつて、機械器具等でないもの（医薬部外品及び化粧品を除く。）

この場合、問題となるのは（二）および（三）である。大智院の水は、信仰における形態のひとつと考えれば、これはあくまで信仰物であり、お守りやお札と同じ扱いであるという寺院側からの反論もできる。しかし、その現象のみを端的に見るなら、それは「医薬品」に該当するという行政の判断があったと考えられる。

これに類する議論は、改正薬事法施行以前から存在していた。例えば、昭和三〇年七月一九日付の徳島県衛生部長より、厚生省薬事課長宛の「薬事法上の疑義について」と題する照会文書に次のものがある（薬事第七二八号）。

つぎのとおり、疑義がありますから、おたずねします。最近覚せい剤違反事件にともなつて覚せい剤と称しアンプル入の贋品（無標示）――（内容は、常水、蒸溜水、食塩水等がある。）を売買している事実があるが、これらは無登録業者として薬事法第四十四条第三号、第八号に該当するものとみなしてよいかどうか。即ち覚せい剤売買ルートに関係した一特定人について警察が調査した場合、売買したものが前記アンプルで覚せい剤を検出せず内容が食塩水、常水、蒸溜水等の場合これを医薬品とみなすかどうか。

これに対して、厚生省薬事課長から、次の回答があった（昭和三〇年一〇月一二日　薬事第二九六号）。

標記について昭和三十年七月十九日薬第七二八号をもつて照会があつたが、照会にかかるものは、薬事法第三条第四項第二号に掲げる医薬品として取り扱うべきであり、該品を医薬品販売業の登録を受けずに販売する場合は、薬事法第二十九条第一項に違反するか、又は同法第四十四条第八号に該当し、また同法第四十四条第三号に該当する。

ここでは、単なる水や食塩水を「覚せい剤」と称して販売していた事案について、この水を医薬品とするか、という疑義に対し、厚生省は「医薬品」とみなすべきという判断を示している。販売者が効能を謳ったり、名称に効能を表したりした場合は、たとえ販売物自体に効能がなくても、それは「医薬品」とみなすとしている。この判断に従えば、大智院の水は「医薬品」ということになる。すなわち、現在のサプリメントが効能を表記すると「医薬品」とされ薬事法の規制を受けるのと同様である。大智院の井戸水を眼病によいとして頒布すれば、それは「医薬品」とみなされ、薬事法の規制に沿ったものとしなければならない。また、先述のようにこの水が「目薬」と呼ばれていたことをも合わせて考慮すれば、薬事法による規制は不可避的だったといえる。

上記のような諸事情から、大智院のクスノキの根元にあった井戸水を目に良い「目薬」として頒布することは不可能となった。しかし、檀家や信徒の人々から、それを惜しむ声があがり、ある檀家の薬店店主が富山県の製薬会社を紹介してくれたという。そして、製薬会社で作られた「医薬品」の目薬が誕生し、販売が開始された。販売開始時の目薬は、筒状のガラスに入っており、底部のゴムを押すことにより点眼するものであった。はじめは境内に目薬を置いて販売していたが、その後、境内に設置した「金照堂薬房」で販売する形態になった。これも、薬事規制への対応である。

目薬の売り上げは、多い時は、年間一万本を超えていたという。購入者としては、近隣の檀家の人々をはじめ、知多四国八十八箇所の第七一番ということもあり、札所めぐりの信徒も多い。それに加え参詣講の人々があげられる。長谷川氏によれば、参詣講は最盛期で八〇〇講を数えたという[23]。合わせて、最も多い時期で一二万人の参詣者があった。昭和三〇～四〇年代の頃のことである。このような人々が、大智院の目薬を購入していった。

三　大智院をめぐる信仰の再編・付加とリアリティ

1　希薄化するリアリティと眼病信仰の再編

先述のように「めがね弘法」大智院には、クスノキの大木があり、これには八百比丘尼伝説が伴っている。その根元にあった井戸の水を、大智院では「金剛清水」と呼んでいた。この水が、目に良いとして配布されていた。檀信徒はこの水を「目薬」と呼び、大きな容器を持参して大量に持ち帰る者もいた。台風被害と薬事法との関わりで、この井戸水の頒布はされなくなった。しかし、それを惜しむ檀信徒の強い要望により、製薬工場により作られた医薬品の目薬が頒布されるようになった。目薬は容器やパッケージ、名称などの変更を経つつも、境内の薬店で現在も販売されている。

クスノキの井戸水の代替となった目薬は工場製造の医薬品であり、それ自体には信仰的要素を持たない。従って、目薬における信仰的要素は、製薬工場を離れ、大智院に納品された後に付加されたものである。すなわち、目薬の需要者側によって信仰的要素を持たされたことになる。つまり、寺院にかかわる物質（寺院の井戸水）は、目薬を成立させる必須の条件ではなかった。寺院の湧水にかぎらず、信仰のアイテムとして認められれば、信仰とは何ら関係のない「医薬品」の液体でも問題なかったのである。これは何を意味するのであろうか。この点について、大智院の現在の信仰のあり方を踏まえて考えてみたい。

「めがね弘法」大智院は、眼病治癒の信仰で知られるが、先に見たように眼病以外の信仰もある。それらは、消滅しかかっているものもあれば、眼病信仰と同様に形を変えて存続しているものもある。例えば、大智院には養鶏・養蚕守護の信仰があったが、現在は年間一―二名がお札を求めに来る程度にまで衰退している。かつては、大智院周辺の地域では養鶏や養蚕が盛んに行なわれていた。住職の長谷川氏によれば、養蚕の最盛期には、年間数百枚も蚕のお札を出していたという。また、本尊前立の馬頭観音には、先述のように農耕馬や軍馬、荷役馬の信仰があり、祈祷を行なっていたが、それらは現在失われている。このような相違がなぜ起きるのか。

大智院の信仰は、その多くが現世利益的な信仰である。現世利益は、「仏や菩薩の慈悲、また修行などによりこの世で得られる幸福や利益」で、「一般には祈願や呪術的な行為により得られる直接的利益」であるが(24)、それらの祈願や呪術的な行為をする際、神仏に具体的な願い事を託すのが特徴である。その内容は、人々の今現在の人生に直接関わっている。それは、例えば目が霞んでよく見えないとか、手が痛くて仕事にならない、または蚕の虫害や病気を防いで繭の生産を増やしたいなどの、当事者にとっては、現在又は近い将来の生活に直結する問題である。それらへの対処の一つが、神仏への祈願である。

そしてそれが行われるには、人々が共有しているリアリティが存在している必要がある。例えば、身代わりに手を痛めてくれる弘法大師という存在に、人々の間で現実感が共有されていなければ、この信仰は成立しない。大智院で養蚕や養鶏のお札が数百枚出ていたという事実は、養蚕や養鶏が生業として盛んに行われていたという事実を物語るが、それだけではもちろん養蚕や養鶏の信仰は成立しない。養蚕や養鶏を守護してくれるという、神仏の存在が人々の間に実感のあるものとして共有されていなければならない。

したがって、信仰が消滅していく理由は、その信仰内容が人々の生活に関わりがなくなったか、その信仰自体に対するリアリティが失われたかのいずれかである。[25] 養蚕や養鶏の信仰がほぼ消滅してしまったのは、前者によるのであろう。人々の側にその必要がなくなったのである。つまり、人々の生業として養蚕や養鶏が成立しなくなり、彼等の生活と関わりがなくなったのである。

同様に、馬頭観音の信仰も農耕馬や軍馬、荷役馬の消滅とともになくなっていったが、馬頭観音自体に対する信仰は、現在でも存在している。先述のように二月二八日には馬頭観音大祭では子どもの虫封じが行なわれる。この場合は、馬頭観音における馬以外の信仰は現在でもリアリティが失われずに存続しているが、馬に関する信仰は、人々の生活に馬が関わらなくなるとともにその必然性が失われ消滅していった。しかし、現在馬頭観音に関するものとして「馬油」が境内で販売されている。これは、ある信徒が、「〝馬頭さん〟があるから馬の油置いたら」と提案し、試みに販売してみたところ、かなり売れたのである。馬油は、問屋から仕入れているもので、それ自体に信仰的要素は存在しない。しかし、信徒は、馬頭観音が祀られている大智院で馬油を買うことにより、そこに信仰的なものを感じている。それは、馬頭観音の像容や「馬」の文字から連想されて形成された、かすかな馬頭観音のリアリティといえる。大智院信仰において、馬頭観音にたいするリアリティは、希薄化することはあっても、消滅することなく現代に適応しながら存続している。希薄化した信仰のリアリティのなかで、外部から馬油のような、現代に存在するものを素材にして馬頭観音信仰を再編しているのである。

大智院は近年、学業の仏として知られるようになってきた。これは、大智院側から働きかけたわけではなく、全く自然発生的なものである。住職の長谷川氏が、若い学生の参拝が多くなったことに疑問を感じ、訪れた学生に聞いてみたところ次のように答えたという。愛〝知〟県の〝知〟多半島にある大〝智〟院は、「ち」が三つもあるお寺だから、知恵がいっぱいつく。このようなことから、入学試験を受ける高校生が口コミで来るようになったのである。「知」が三つ重なるという大智院の属性と学力アップとを関連付け、そこにリアリティを感じている。それが多くの受験生に共有され、大智院を参拝する契機となっている。話として聞くことはできなかったが、弘法大師が眼鏡をかけているという像容も、受験生には勉強ができる弘法大師のように見え、この信仰のリアリティを増すのに一役買っているかもしれない。ともあれ、これは受験という特定の状況下に置かれた学生たちが共有するリアリティによって成立した、大智院の新たな信仰である。

このように大智院の信仰は、現代の人々をとりまく環境にあわせて変容している。いやむしろ、信仰する側の人々が、自分たちが持っている多元的なリアリティを重ねあわせて、大智院の信仰を再編しつつ新たな要素を付加しているといってよい。

2　大智院の眼病信仰と目薬のリアリティ

大智院の眼病信仰と目薬も、このような大智院の信仰の中に存在している。例えば、眼病信仰に関しては、「目が治る」から「芽が出る」さらに「視界がひらける」に転じて仕事がうまく行くように、またリストラに合わないように、という祈願が近年は多くなっている。会社員の厳しい現実に対応した眼病信仰が成立、展開している。また、次のように信仰が展開している例がある。眼病は医学的には、白内障や緑内障、黄斑変性症など様々な種類がある。それは、医学的には他の病気が関与している場合もあるため、例えば糖尿病平癒などの祈願に来るという人もいるという。また、テレビの見過ぎやゲームのし過ぎで、仮性近視になってしまった子供のために祈願に来る人もいる。なお目薬は、現在も先述のように形態を変えながら存続しているが、さらには、メグスリノキのお茶を境内で販売し、取りやめていたドリンクの販売を別商品にかえて再開している。目薬周辺の信仰としていくつかの要素が付加されている。

このように、大智院の眼病信仰も、現在を生きる人々を囲繞する現実に対応するかたちで再編や付加を繰返しながら、信仰のリアリティを維持している。

そもそも大智院の「目薬」と呼ばれた水は、人々との関わりが希薄になったわけでもなく、リアリティが失われたわけでもない。法的規制との関連で、寺院や檀信徒らの意志とは関係なく、事実上強制的に消滅させられたものである。そして、眼病治癒の水信仰の存続を求める檀信徒によって誕生した信仰アイテムが大智院の目薬である。寺院と檀信徒が共同で、一時消滅した信仰の残滓から、制限された状況で利用できる素材を用いて、眼病信仰を再編したのである。このことは、目薬が誕生した当時、大智院の水の信仰においては、液体の変更など問題にはならないほどの強いリアリティが檀信徒の間で共有されていたことを示唆している。そして、目薬が少なくとも五〇年以上存続しているという事実は、目薬を使う人々の信仰の中に目薬が位置付けられていることを意味している。

しかし近年は、目薬における信仰的なリアリティは希薄化していっているらしい。住職の妻であり、檀信徒と接する機会の多い長谷川美佐子氏は、大智院信仰の変化と目薬に関して次のように語る（括弧内は筆者による補足）。

「講のかたも真剣な方々だけで、講長さんがみえても一〇人から一五人くらい」「八十八ヶ所のお参りの方がバスで五〇人、昔は（来ていた）。今はマイカーやタクシーで、さっと来てさっと帰る」「先達も信仰の仕方が違う〝一人先達〟という人が多い。友達とくるとか」。

「気持ちの問題で、（目薬を買っていく人は）めがね弘法さんを信仰している、手を合わせる人が多い。そういう人にはご利益があると思う」「手を合わせているよ、とか、これで一年頑張るねという声も聞く。一年分まとめて一〇本という人もいる。治ると思ってやらないと、効かない」「目薬を四〇年近くも使っていていて医者に行っていない、という人もいる」。

「この霊場（大智院）で一番貢献度の高い愛岐大師講がある。（講元の）Nさん（仮名）は平成一七年に亡くなった。（Nさんは）先々代と仲が良かった。講はまだ残っている。婿さんが跡継いで、バスで昨日来た」。

「観光バスに乗ってきて、（『めがね弘法』の由来や目薬の）話を聞いて、ほんとに効くのという人がいるけど、そういう人には、もう絶対無理ですという。その人の気持ちがないと、何も効かないから」。

彼女は、「信仰心」を「気持ちの問題」と言い換えている。これは、一般的には「信仰」に説明が必要になるほど、リアリティが希薄化しているともいえる。それは、講の参詣の人数や参詣の手段の違いとなって現れていると、彼女は感じている。そして、信仰心のより強い人が目薬を買っていき、そのような人に効き目があると考えている。「めがね弘法」の存在にリアリティを感じられる人が、目薬の存在を支えているのである。

結びにかえて

信仰が消滅する原因は先に述べたが、信仰が存続していく原因は、その裏返しにほかならない。どのように形や内容が変わっても、信仰が存続していくためには、その根底には神仏の存在が少しでも意識されて共有されていなければならない。大智院における様々な信仰は、その時代に対応しながら生きる人々によって、消滅や誕生、再編を繰り返している。大智院の眼病信仰や目薬も同様である。眼病治癒の「めがね弘法」がリアリティのあるものとして共有できる人々がいる限り、この信仰はそれらの人々に対応する形で変容しながら存続していくであろう。それを、検討し続けていくことも、民俗学の多様な研究テーマにおいて意義のあることであると考える。

註

（1）この問題に関して、全国的な調査研究は行われておらず、正確な数は不明である。しかし、吉岡信が江戸売薬について行った文献調査は参考になる（吉岡信「附表・江戸売薬」『近世日本薬業史研究』薬事日報社　一九八九年）。その中で、寺院が販売、または関与していると思われる売薬は三八点あった。筆者はかつて名古屋とその近隣における江戸時代の売薬について文献調査を行った際、二三〇点中二二点が、寺院が販売、または関与していると思われる薬であった。なお、名古屋とその近隣に関しては、それらの薬は一つも現存していないことを確認している。

（2）例えば、越川次郎「薬と信仰」『日本民俗学』（二二二　二〇〇〇年）などがあげられる。

（3）薬史学の分野では、日本薬史学会が中心となり活発に研究が行われている。平成二八年（二〇一六）には、『薬学史事典』（日本薬史学会編　薬事日報社　二〇一六年）が刊行され、売薬についても多くのページが割かれている。

（4）例えば近年では、池端夏実「三代で支えた阿仁町根子の配置売薬—本マタギ佐藤仁三郎から受け継がれた懸帳簿と行商道具」（『帝塚山大学大学院人文科学研究科紀要』一六　二〇一四年）などがあげられる。

（5）花見朔巳、川上多助（校訂）『張州府志』愛知県郷土資料刊行会　一九七四年　七五七頁。

（6）深田正韶『尾張志』（上）歴史図書社　一九六九年　八二七頁。

（7）現住職、長谷川実彰氏は、もともと「清水寺」という寺院が近くに存在し、大智院はその支院ではなかったかと推測している。その傍証として、大智院には火災などの災害の過去がないにもかかわらず、古文書が極めて少ないことをあげている。

（8）知多市誌編さん委員会『知多市誌』本文編　知多市役所　一九八一年　八一六頁。

（9）大智院リーフレットより。

（10）知多市誌編さん委員会『知多市誌』本文編　知多市役所　一九八一年　八一六頁。

（11）いつまでこの信仰があったかは、定かでないが、大智院住職の長谷川氏によれば昭和三〇年代ごろまではあったとのことである。

（12）お焚きあげは、環境への配慮から現在は行われていない。メガネやコンタクトレンズは境内にある「めがね塚」に納められていたが、近年では供養の上スリランカに贈っている。

（13）そのため、パッケージデザインを変えた同名の目薬が、生産している製薬会社から販売されている。

（14）他に、パンテノール、ネオスチグミンメチル硫酸塩、コンドロイチン硫酸エステルナトリウム、タウリン、クロルフェニラミンマレイン酸塩、イプシロン—アミノカプロン酸、ホウ酸、塩化ナトリウム、l—メントール、d—ボルネオール、ゲラニオール、

(15) ポリオキシエチレン硬化ヒマシ油、エデト酸ナトリウム、クロロブタノール、塩化ベンザルコニウムを含有している。住職の妻である長谷川美佐子氏によると、このドリンク剤は、味は甘く「リポビタン」や「チオビタ」よりもよく効いたとのことである。
(16) 今は完全に埋めてしまい、残された空気穴だけがその存在をうかがわせている。
(17) 大智院住職、長谷川実彰氏のご教示による。
(18) 野村龍雄『盃状穴―山口県東部の分布と穿穴対象―』一九九八年　私家版　一九九八年　五八頁。
(19) 野村龍雄『盃状穴―山口県東部の分布と穿穴対象―』一九九八年　私家版　一九九八年　二頁。
(20) 気象庁「台風第13号」http://www.data.jma.go.jp/obd/stats/data/bosai/report/1953/19530922/19530922.html　二〇一七年四月一日閲覧。
(21) 愛知県「過去の災害情報」http://www.pref.aichi.jp/soshiki/saigaitaisaku/0000013241.html　二〇一七年四月一日閲覧。
(22) 大智院住職長谷川氏によると、どのような契機でこの件が問題視されたのかは不明である。ただ、行政から直接指導は来なかったとのことである。信徒や檀家の人から指摘されたのではないかと長谷川氏は述べている。
(23) なお、参詣講については、現在六〇講程度まで減少しているという。
(24) 福田アジオほか（編）『日本民俗大辞典』上　一九九九年　吉川弘文館　五八〇頁。
(25) 共同祈願であれば、なおわかりやすい。現在は、文化財保護という目的によって行なわれることもある「虫送り」は、稲作の被害をもたらすウンカという虫を村の外へ送り出す共同祈願である。その虫は、怨霊などの超自然的存在と捉えられていた。例えば、源平合戦により戦死した斎藤実盛の怨霊を稲の害虫とする事例は、愛知県をはじめ全国に分布している。そこには、害虫により自分達が育てた稲が駄目になってしまうという、眼前の現実がある。そしてその虫の正体は怨霊であるというリアリティが共有されていた。この共同祈願は、強力な殺虫剤の普及により急速に衰え、消滅していった。この場合は、その信仰と関わりのないところで虫害が解決してしまい、リアリティを失ってしまったからである。

第二部　暮らしとまつり

生業の工夫と選択

遊漁としての釣り文化

――近代における釣り堀の発展――

鄧　君　龍

はじめに

日本人の釣りとの付き合いは、釣針の出土から古くは石器時代まで遡ることができ、神代であれば釣針をめぐる海幸山幸の神話がある。この歴史の長さに比して、爾来の釣漁技術が「一貫旧套を墨守して今日に至っている」ことは釣漁技術史を整理した澁澤敬三が指摘している通りである。

澁澤は「装餌鉤を糸につけて手に持ち、あるいは竿に結び、魚族を誘致かつ引っ懸け捕獲する釣漁技術の本質は、悠久なる歴史とともに渝《かわ》ることなく現代に至るまで一貫している」（ルビ筆者）とし、その変遷を強いて区分する場合、次のような三期に大別できるという。第一期は長期にわたり渋滞不変だったと考えられる時期である。第二期は、世の平穏、人口増加、都市の発達、経済および文化向上がもたらした魚族消費量増大によって釣漁記録もやや活発化した時期である。この時期の資料にみる釣具は、「その本質はなんら変化なきも、細部の改良考案が著しく目立ってくる」と述べ、その背景に「この時代における他の産業技術の発達が釣具改良に異常の影響と可能とを与え」ていることを指摘している。第三期は出漁範囲を広めたり漁場往復時間短縮を図ったりといった生産力を増進させた時期である。しかし釣漁技術の変化の面では今日まで江戸時代からの延長に過ぎない(1)。

釣具の発達史や澁澤の釣漁技術史を除き(2)、民俗学の分野において釣り文化を対象にした研究は豊富ではなく、遊漁の変遷を論じたものは管見の限り見当たらない(3)。

本稿では釣りによる遊漁の場として釣り堀を取り上げ、釣りが趣味や週末の行楽として定着し、そのなかで釣り堀も普及していくまでにどのような変遷をたどったか、文献資料を手がかりに考察する。つまり遊漁としての釣りの場がどのように提供され、それがどのように享受されたかを明らかにし、釣り堀が発展していく様相を読み解いていきたい。

一　近世期の釣り堀

1　遊漁の発展

実際に釣りをした記録としては万治二年（一六五九）に松平大和守直矩が行なった舟でのハゼ釣り釣行が最初のものとされている。

江戸時代に娯楽としての釣りを行なっていたことが確かなのは、生活に余裕のあった武士たちである。武士たちが釣りを好み、釣り道具の発展に寄与したことは、元禄頃に製作が専業化するようになった釣針の名称に表れている。日本最古の釣り専門書とされる『何羨録』(4)に紹介されている釣針は個人名を冠するものが多く、その一部は武士であろうと指摘されている(5)（資料1参照）。この『何羨録』自体も旗本であった津軽采女によって書かれている。

江戸時代、江戸市中に釣り文化が発展し始めたのは、戦乱が絶えて武士の世界に時間と心のゆとりが生まれたこと、地理的条件として釣り場環境が整っていたこと、殺生を厭う仏教思想からの解放、テグスの伝来の四点が背景として

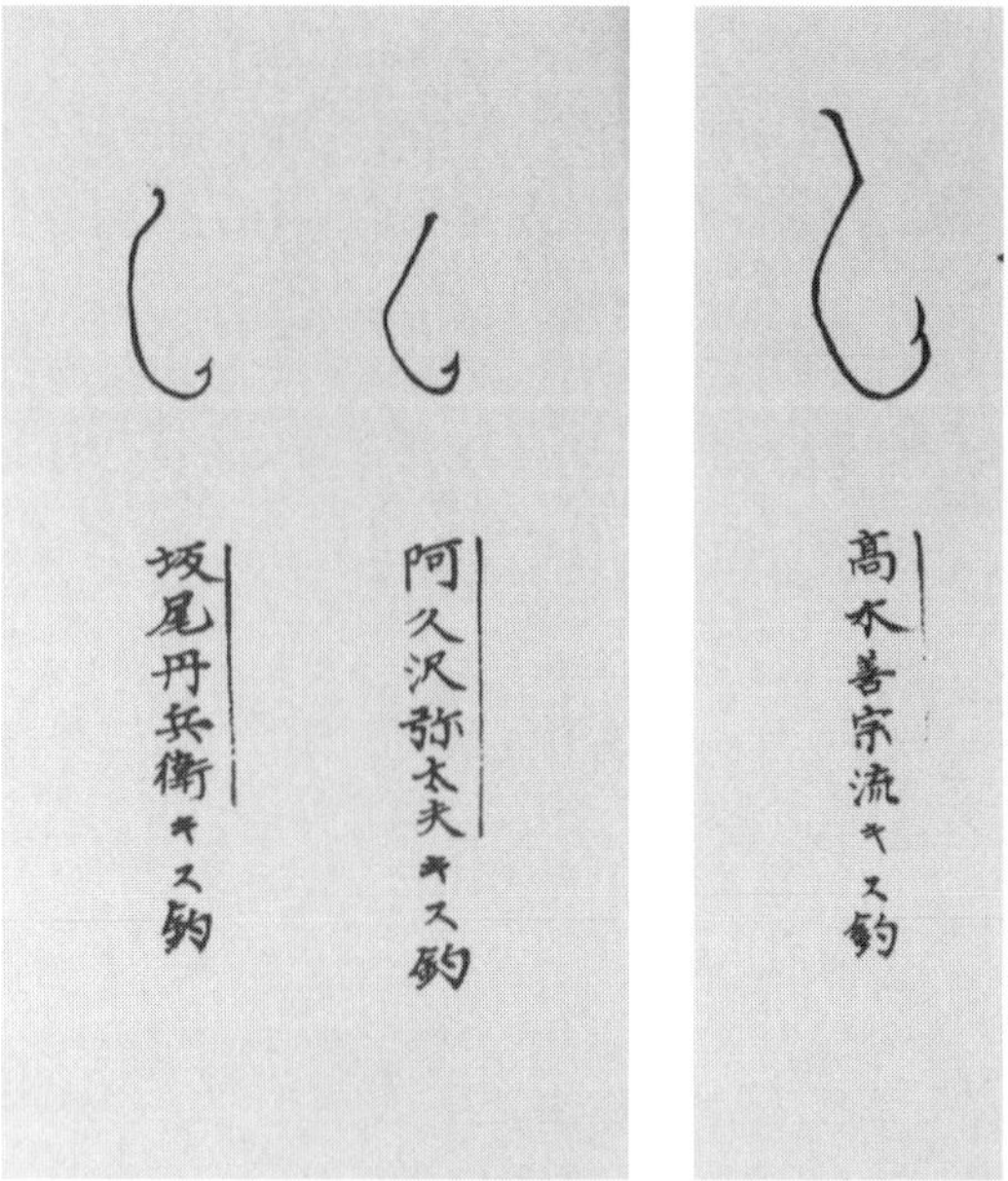

資料1　武士の名前と思われる名称の釣り針
出典：津軽采女正『河羨録』享保８年（1723）（根本順吉『江戸科学古典叢書』22　恒和出版　1979年所収151頁）

考えられている。(6) 江戸時代中期から後期にかけては『何羨録』を種本とする、『漁人道知邊』（明和七年・一七七〇）や『暗夜のあかり』（天明八年・一七八八）といった庶民層に向けられた釣り入門書も現れはじめた。こうしたことから庶民層に広がる娯楽文化としての釣りは江戸時代を起点に考えるのが適当であろう。

ただし、それまでにも遊漁があったことは留意する必要がある。(7) 国史に現れる天皇の釣りも遊漁であった。平安時代には寝殿造の釣殿という施設で釣りも行なわれていたであろうことは、納涼のために人工の池に魚を放して網で捕っていたという平安中期の長編物語『宇津保物語』の内容から推測できる。(8) また、基本的に釣漁は網漁に対して漁獲量で劣り、魚種によっては漁夫が行なう場合であっても遊漁的な性格があったようである。江戸湾で釣られる魚のうち、キスやハゼは釣りを楽しむための対象であったし、擬餌針が使われる川漁も同様である。

2　釣り堀の出現

料金を支払って利用する釣り場に「釣堀」の語が用いられるのは、江戸時代後期に書かれた『釣客伝』(9)が最初であろう。『釣客伝』には、他に江の島にあった旅籠もしくは茶屋の「釵」[10]が釣り場として紹介されており、釣り堀と同様の遊漁の場として例に挙げることができる。また、入門者に向けた釣り指南書である『暗夜のあかり』には、百堀と呼ばれる釣り場が紹介されている。

又近年百堀といふ事初り所〻に多くはやり釣竿乃数も夥しく其外諸道具美を尽し色々好人の思ひ〳〵に物入して楽しめりさのみ浦やむべきにあらず陸釣は第一在邊或ハ野田の見晴しをこそ楽しみ一体無心にして物事にかかわらず身をこなし気を養ふことを肝要とす依て釣りを好める老若男女に無病なり[11]

多数存在した百堀のうち、藪の内[12]にあったものについては『遊歴雑記』から詳細を知ることができる。

藪の内の屋敷の奥には百堀と號して、大なる池二ツ三ツ堀開き潮水を引、川水を堰入つ、鯔《ぼら》、海老、鮠《はや》の類若干を成立て釣らしめ、又鯉、鮒、鯎《うぐい》の類を釣する池も廣ければ巧者なる人は此頃大鯔三本まで釣上げしと巷談まち〳〵にいひあえり[13]

藪の内にあった百堀は、養魚した様々な魚を汽水の池で釣らせる場であり、そこでの釣果は人々の噂話になった。所持する釣竿の数や釣具の美しさを楽しむ百堀の釣り客はやはり余裕のある階級だったと推察されるが、こうした釣りを羨む必要はなく、見晴しをこそ楽しみ気を養うことが肝要だとする先の『闇夜のあかり』の提言は一般に向けられている。

これ以前にも釣りを楽しむ人工施設は存在したであろうが、本稿では釣り客から対価を得て釣り場を運営しようとするものを「釣り堀」と呼んでその変遷を確認したい。

3　釣り堀の遊び方

百堀以降の釣り堀においては既に多様な経営がなされていた。『釣客伝』には釣り堀について、「所に寄、出勘定堀、又ハ一日何程の〆切堀もあり。出勘定堀ハ、釣たる鮒を味噌漉に一杯何程、又ハ釣の鮒に掛る堀主も有」[14]といい、釣った魚の量で料金を決めるものや、一日いくらの入漁料を徴収するものがあった。この頃、釣り堀では一人で一七、八本もの釣竿を扱うようになったというが、十数本もの釣竿を一人で扱うには、水中に立ち込むことなく、魚のいる場所まで釣竿が届く環境が必要である。釣り堀は自然の釣り場と比べ、そうした環境が整っていることに利点があったのかもしれない。「俗に云煎餅焼と等しく、兎角竿を打直し、餌付替、手まめに根を砕き釣るを釣堀の楽とするなり」と説いているように、釣り堀ならではの楽しみ方があった。千住掃部宿鮒屋与兵衛堀という出勘定堀には、「連堀」といって複数人のグループで釣った魚をその人数で割って勘定する方法もあった[15]。これによって「初心者もベテランも、恨みっこなしの楽しい釣りの仲間になれた」[16]という解釈もあるが、技量の近い者同士が連れ立って競う場にすることで集客を見込んだとも考えられる。グループを組んで釣りをすれば釣り場の確保にも有利だったであろう。

釣り堀では鯉の引っ掛け釣りも行なわれたが、その遊び方もまた公平性を期したもので競争的な釣りであった。

鯉の引掛に魚取にてなし。勝負の引掛心得ハ、先、釣連中拾人と定め、鯉を大小に不拘一人分五本当に入、都合五拾本、右の代弐拾五匁の割。拾人にて引掛、尤釣人の居所ハ線香一本にて順々に替るなり。竿・糸・針大丈夫に致し、弐本針又ハ碇針、是ハ連中相談の上にて用ゆ。始る節ハ堀主帳面を前に置、銘々始るなり。此釣ハ鯉水より不上、鯉引掛たる時、其様子堀主江為見、堀主魚の掛り所能あれハ、誰様一本と帳面江印すなり。又の掛り処に寄、堀主不請合、追々引掛魚数五拾本満れハ、先帳〆致し、誰様何本と勘定致す事、一ツ堀にて両度引掛致すなり。仕舞に右の鯉を引ケを立、堀主江返し、残り代料にて持帰るなり。

引掛下手・上手・名人有。扨、名人ハ右の竿にて引掛、堀主江為見、堀主宜とあれは、右の竿先をゆるめ、魚離れ行所、左の竿にて引掛、一本の鯉を両度引掛るなり。此堀江銭貫ひ来るなり。稍ともすれは、其者素肌にて堀江飛入る。右に付堀主無拠銭を遣すなり。今はなし。先ツ心得べし(17)

引っ掛け釣りは、多く釣った者は釣った鯉の値段で釣り堀の使用料を賄い、場合によってはそれ以上に得をするような一種のギャンブルであった。公平性を期すために、あらかじめ参加人数を定めておき、線香一本が燃え尽きるごとに順々に釣り場を変える時間制としている。また、釣りの仕掛けも相談によって決めている。魚を持ち帰って食べることはしないことからもゲーム性の高い釣りといえよう。名人ともなると釣って掘主へみせた魚が竿先をゆるめて離れていくところを別の竿で再び引っ掛けるようなこともあった。釣ったそばから堀主が魚の掛かり所を逐一確かめる勝負で、引っ掛けとはいうものの恐らく尾鰭などに引っ掛かった場合は無効となった。以前までは銭がもらえないと釣り堀に飛び込もうとするような物乞いも来ていたというから、活況を呈していた場だったようである。

『釣客伝』では、水温が下がって魚が釣れなくなる一一月末頃には、言葉通り鯉や鮒を引っ掛ける釣りも行なわれ、カエシのない釣針を使って横合わせの釣り方をしたというから(18)、こちらは釣針が魚の口以外に掛かっていたとしても有効だったのであろう。こうした釣りは連堀か、場合によっては釣り取りのルールとなる。この釣りでは碇針(19)が便利であるが、やはり参加者の合意が必要とされ、公平で競争的なゲーム性のある遊び方がなされた。ゲーム性のある遊びであることは以降においても釣り堀の特徴である。

こうしたゲーム性を帯びた遊びを批判的に捉え、釣りと呼べるものではなく興もないと断じる考え方もあった。天保元年（一八三〇）刊の『嬉遊笑覧』では「堀釣」の項目で釣り堀を次のように説明している。

堀釣といふは池中に諸魚を放ち置て價を定めて釣人につらしむ釣に中らぬ鯉また鯔魚などは尾鰭の糸にさはるを見て急に引てひきかくるをひきかけといふ釣にはあらず興もなきわざなれども此堀本所深川處々にありて好みてゆくものあり(20)

釣り堀が人工的な場であるために釣りの楽しみが損なわれているという見方は現在でも根強いが、この時代においても人工的な場で釣りをすることに白々しさを覚える人もいたことを読み取ることができる。しかしこれらがまったく相容れないものではないということは、次のような釣り堀の利用から理解できる。

糸ハ手延ひ致し、針ハ八月頃は壱本吉。九月より二本針・天秤用、針八厘一分大輪の形吉。餌ハ八月頃は岡餌・川餌差交、九月初めより糸目を用べし。正月同断、二月ハ糸目・川餌なり。夫より野釣りなり(21)

釣りの対象魚や仕掛けは当然季節や環境によって変えていくものであるが、一年の内で三月頃から七月頃までは野釣りの季節とされている。釣り堀での釣りも、江戸時代の釣り文化のなかでは季節的な釣りの一つとして捉えることができる。冬季の釣り堀の様子は、交易国調査のために来日していたプロイセンの使節団員が江戸北部の釣り堀を観覧した際の記録にも残されている。

いろいろな大きさの池が掘られており、そこには魚がいて、客は入場料を払って釣をすることができる。多くの

資料2　プロイセンの使節団員による釣り堀の風景画

出典：Sebastian Dobson ほか編『プロイセン・ドイツが観た幕末日本』Iudicium Verlag GmbH　2012年　227頁

人々が小さな腰掛に坐り、それぞれ煙管に火をつけるため素焼の火桶を置き、ある者は茶を飲むため、湯沸かしを傍に持っている。みな釣糸を深く見入って、非常に真面目な顔つきで、外界のことなど忘れ去った風情である。大部分の人びとは裕福な身分であるらしい。彼らはわれわれが通り過ぎてもほとんど目を上げもしなかった。池にはいろいろの種類や大きさの魚がおり、またそれに従って入場料もまちまちである。獲物を家へ持って帰る場合、半日釣をして天保銭一枚から十枚まである(22)

使節団員が釣り堀を訪れたのは万延元年（一八六〇）の一一月か一二月頃だったので、寒さをしのぎながらの釣りをみた（資料2参照）。江戸時代には「釣った魚は必ず食卓に載せられ(23)」、「純粋に釣ることだけを楽しむ欧米風ゲーム・フィッシングの普及は第二次大戦後のこと(24)」とは一概にはいえない。江戸時代の江戸市中の釣り堀では、明らかなゲーム・フィッシングが既に行なわれていたのである。

江戸時代後期、金魚の飼育や朝顔の栽培といった趣味文化が盛んだったなか、釣行も同様に趣味として楽しまれていたことは、釣り場案内である『東都釣独稽古の図』（天保年間・一八三〇～一八四三）や『東都釣場案内』（天保四年・一八三三）といった一般向けの釣り場案内図の存在からうかがうことができる。また、この頃は漁夫、庶民層、武士の釣りは相互干渉的に関係していたようで、『釣客伝』の著者黒田五柳が遊漁者として鰹釣り漁船に乗って漁に参加していた例から、上級の遊漁が漁夫の生業のなかに包含される構造があったことが指摘されている。(25)

町人文化が栄える文化・文政年間の頃には庶民層まで釣り熱が広がり、江戸の川魚が捕り尽くされる程釣りが盛んになった(26)ことは釣り堀を検証する上で重要である。まずは、特に生活に余裕のあった者のための釣り堀ができたが、やがて庶民の欲求に応えるべく釣り堀文化は進展をみせる。

二　近代における釣り堀の普及

1　一般に向けられた釣り堀の新規開設

近世期の釣り堀は、技量によっては鯉の引っ掛け釣りのようなギャンブル性を持つ釣りを楽しむことが可能であったが、基本的には所持する釣竿の数や釣具の美しさを楽しむような、生活に余裕のある者が楽しむ場であった。それが明治時代になると贅を尽くすといった面は落ち着いたようで、慶応三年（一八六七）生まれの幸田露伴は次のように述べている。

今日の釣堀は余り立派なものではないが、その頃は上流の人を曳きつける充分な設備がしてあつた。釣客も亦緞子の坐蒲団を池の周囲に敷いて、其許に竿掛を造らへて、扇を拡げたやうに綺麗な竿をヅラリと掛け並べるといふやうなものだつた。すべてが恁ういふ次第であるから、餌の如きも手に取つて不潔に感ぜられる丶ものでは釣合がとれぬ。即ち人工的のものを造らへるに至つた。其当時岐阜屋といふ釣堀屋が有つた。これは名高いもので、恰かもしばく〳〵唐詩に上つて居る唐時代の薛氏の池とでも云つてよかろうか、可なり上流の人が誰も誰も行ったものらしい(27)

明治時代の文献には贅を尽くすといった表現は見当たらなくなり、釣り堀はゲーム性を追求しながら行楽を楽しもうとする人々に向けられたものとなっていく。明治一一年（一八七八）に刊行された『懐中東京案内』の「釣堀并ニ値段」には次のように案内されている。

向嶋寺島村　鮒百目ニ付五銭　鯉百目ニ付十二銭
本所緑町五丁目太古庵　一人前十五銭　但し五百目以上御釣上げの時ハ右の割合を以て代料申受候
浅草田甫千束村畑家　西堀一日五十銭　東堀仝十八銭七厘五　但しさお三本限り
浅草壽町　一日十銭　半日六銭
深川高橋観音内　一日十銭(28)

目方によって料金を定めているのは釣った魚を持ち帰ったからであろう。浅草田甫千束村畑家が池によって料金を変えているのは、それぞれの池に入っている魚の成長具合や魚種の違いによるものと思われる。また、釣竿の数を三本に限定しているが、漁獲量を制限して長時間に及ぶ釣りでも公平に釣れるよう配慮したものと思われる。より多くの釣り客が同時に釣りをすることを見込んでのことかもしれない。

有名な釣り堀は『耶麻登道知辺』（明治七年・一八七四）(29)といった案内書にみることができ、この時期から釣り堀が一般向けに次々開設されていったことは新聞の広告からも知ることができる。表は釣り堀を広告する読売新聞の記事を年代順にまとめたものである。

表　明治期における釣り堀の広告等（『読売新聞』より筆者作成）

No.	掲載日	発行形態	頁	釣り堀名	所在	内容	開設日再開日	魚種	釣り堀の特徴	備考
1	一八七六年四月二四日	朝刊	二	―	本所の常盤座そば	釣り堀の評判	―	―	「築山その外の景色は一層みごと」「千葉周作先生が釣ぼりを始め鯉一式の料理も有り」	
2	一八七八年三月二六日	朝刊	一	―	橋場の總泉寺前	鯉に懸賞をつけた釣り堀の開設	―	鯉	「鯉へ一番二番の印つけ一番を釣上た者へは五圓の絹地を出し二番を釣ると何々三ばんは何と品をわけて出す趣向」	
3	一八八〇年一〇月一六日	朝刊	三	―	品川歩行新宿本岩槻の温泉	湯殿開き	一〇月一五日	―	「來客の便利の爲今度座敷續きの明地へ立派な風呂場を建て昨日が湯殿開き」（風呂場「不老泉」に併設）	釣り堀があったことが分かるのは一八八〇年一〇月二四日朝刊四頁の記事。
4	一八八一年一月一二日	朝刊	二	―	根津八重垣町の裏手（里俗三浦坂下）	第二回内国勧業博覧会が迫り釣り堀づくりを急ぐ	―	―	「千坪余（釣り堀の大きさ）」	「貸座敷大松葉樓の主人渡邊清吉の思ひ付にて（中略）釣堀を掘るとて昨今數人の懲役人を雇ッて頻りに堀立中」

5	一八八一年四月一六日	朝刊	四	—	深川區東大工町拾一番地葡萄畑（山崎傳左衛門）	広告（開設）	四月一九日	—	「諸魚澤山生込み」「御壹人前金七銭」「本日は晝食代り鹿辨當差上候」	「賑々敷御來車之程奉願候」
6	一八八一年七月一六日	朝刊	四	—	深川富川町十九番地元本田邸（藤井）	広告	—	鯉、鮒、ボラ、イナ、セイゴ、鰻など	「（魚が）澤山」	
7	一八八二年五月五日	朝刊	四	花遊園	向島秋葉山内	広告（開設）	五月一日	—	「豊寧を見原し山及古木の中」	「諸彦御來車を乞」
8	一八八二年五月一三日	朝刊	四	花遊園	向島秋葉山内	広告（開設）	五月一日	—	「豊寧を見原し山及古木の中」	「諸彦御來車を乞」
9	一八八二年九月九日	朝刊	四	玉迺家	上野新坂上	広告（開設）	一〇月八日	鯉、鮒、鯰など	「三百余坪の池の内に開墾の始め鯉鮒或ハ鯰などのおぼこを放し置き候處當節に至り余程成長致し候に付御遊漁の爲釣ぼり相開候」	「御入湯かたがた（本文踊り字）不相替御來車の程奉希候」
10	一八八二年九月一四日	朝刊	四	玉迺家	上野新坂上	広告（開設）	一〇月八日	鯉、鮒、鯰など	「三百余坪の池の内に開墾の始め鯉鮒或ハ鯰などのおぼこを放し置き候處當節に至り余程成長致し候に付御遊漁の爲釣ぼり相開候」	「御入湯かたがた（本文踊り字）不相替御來車の程奉希候」

11	一八八二年九月二九日	朝刊	四	玉迺家	上野新坂上	広告（開設）	一〇月八日	鯉、鮒、鯰など	「三百余坪の池の内に開墾の始め鯉鮒或ハ鯰などのおぼこを放し置き候處當節に至り余程成長致し候に付御遊漁の爲釣ぼり相開候」	「御入湯かたがた（本文踊り字）不相替御來車の程奉希候」
12	一八八二年一〇月八日	朝刊	四	太古庵	本所三ツ目通り永倉町一番地	広告（再開）	一〇月五日	鯉、鮒、ボラ	「昨年鯔數萬鯉鮒とも飼付當時能く成長せり」	「暫らく中絶の處（中略）開園」「垂釣嗜好の諸彦御來車あらんことを」
13	一八八三年五月二九日	朝刊	四	梅園	小村井村（亀戸天神近傍）	広告（開設）	六月一日	―	「壹人に付金十二銭」	
14	一八八三年九月一九日	朝刊	四	梅園	小村井村（亀戸天神裏）	広告（再開）	九月二〇日	―	―	「本月十日より池浚初め候に付釣堀相休居候處昨十八日迄に出來間明廿日より相開候」
15	一八八四年六月一〇日	朝刊	四	―	府下大森村森ヶ崎新田（田中常次郎）	広告	今般	イナ、ボラ	「とあみ」「いな壹尾に付壹銭五厘　ぼら同七銭」	「御遊歩旁々御來車の程伏て奉願上候」
16	一八八四年七月二二日	朝刊	四	古原	深川東大工町三十二番地	広告（開設）	七月二三日	鯉、イナ、鮒	「開日ゟ三日間一名十銭」	
17	一八八四年七月二四日	朝刊	四	古原	深川東大工町三十二番地	広告（開設）	七月二三日	鯉、イナ、鮒	「開日ゟ三日間一名十銭」	

18	一八八四年一〇月四日	朝刊	四	角山	深川冬木町十番地	広告（再開）	今般	鯉、鮒、イナ	「（魚が）澤山」	「過日の暴風雨に付是迄閉業の處今般開業」「四方の諸君陸續御來車を乞ふ」
19	一八八五年四月一日	朝刊	四	神保園	神田北神保町八番地	広告（開設）	四月三日	鯉、鮒	「なんでもかんでも貸席つりぼり」「（魚が）澤山」「梅林鶯聲を聞き魚つれる事妙なり」	「三日の間景物さしあげます」
20	一八八五年四月一九日	朝刊	四	神保園	神田北神保町八番地	広告	—	—	—	「能楽を相催す」
21	一八八五年六月二日	朝刊	四	春秋園	浅草區小島町十九番地（佐藤）	広告	六月一日	—	「但麁景呈上」	「御來車奉希候」
22	一八八五年六月一七日	朝刊	四	大森村森ヶ崎釣堀	府下大森々ヶ崎（田中常次郎）	広告	—	—	「爲避暑新に水亭を設け新鮮の魚を手料し水筒を開の用意整ひたり」	「當年も釣魚投網の期節に向追々貴紳方の御來遊あるを以て（中略）陸續御來車あらん」
23	一八八五年八月一日	朝刊	四	春秋園	浅草小島町十九番地	広告（開設）	八月一日	—	「安價」「半日分六銭」	
24	一八八五年一〇月一〇日	朝刊	四	梅園	小むら井	広告（再開）	一〇月一一日	—	—	「暑中以來休居候處最早秋冷に相成候に付（中略）相開候」
25	一八八六年三月一八日	朝刊	四	大徳	下谷區南稲荷町六十番地	広告	三月二〇日	鯉、鮒	「御一名一日分金十四銭　同半日分十銭」「（魚が）澤山」	「當廿日ゟ三日間景物差上候」

26	一八八六年三月一九日	朝刊	四	華やしき	牛込赤城下西五軒町	広告（再開）	三月二〇日	鯉、鮒、鯰	「こひふな並になまづ澤山」「一日料金拾五銭並に半日拾銭」	「例年の通本月廿日より三日の間依て麁景を呈し候」
27	一八八六年六月一六日	朝刊	四	春秋園	浅草小島町十九番地	広告	六月一六日	―	「上等　廉價にて大當り　並池　大安にてつれます」	
28	一八八八年七月八日	朝刊	二	本郷區菊坂下釣堀	本郷區菊坂下	蛍の縦覧	―	―	―	「庭園内に四間四方の大籠を四ヵ所へ置きこれに數萬の螢を放ちて明九日より縦覧させる」
29	一八八九年四月三〇日	朝刊	四	釣魚屋	上野新坂下鶯渓温泉のとなり	広告（開設）	五月一日	鯉、鮒、鯰	―	「陸續御來車を乞」
30	一八八九年七月一二日	朝刊	三	大國屋	目黒	広告	―	―	「納涼　時節柄庭園廣釣堀湯　風呂供候」	「御來車願」
31	一八九〇年一〇月二七日	別刷	一	角山	冬木町拾番地	広告（開設）	一〇月二六日	―	―	
32	一八九一年一二月四日	朝刊	四	角山	冬木町十番地	広告	―	鯉、鮒、鯰	「（魚が）澤山」	「不相變御來車御來遊釣被成降度奉願上候」
33	一八九二年八月二三日	朝刊	四	池松庵	深川元加賀町細井	広告（開設）	八月二一日	―	「三拾銭拾五銭拾銭半日七がけ」	

34	一八九三年九月二一日	朝刊	四	—	深川區平富町一丁目富岡八幡前蓬莱橋向ふ	広告（開設）	九月二一日	イナ、ボラ	「御待兼の大ぼらいな釣堀」	
35	一八九五年九月九日	朝刊	六	大國屋	目黒	広告	—	—	「萩　百日紅の盛り根に唧蟲の音澄渡より月を眺釣堀の御遊」	
36	一八九六年五月二四日	朝刊	六	藤の戸	中仙道大宮公園	広告	—	—	「和洋御料理、休泊亞兒加里　鑛泉場大釣堀」	「出初に付例年の通り見沼川に船を浮べ候」
37	一八九六年六月一九日	朝刊	五	樹木屋	南葛飾郡葛西村地先妙見島	広告	—	—	「一人前一日金廿銭」「従來の池を改良□し多くの魚類を放養し四邊樹木繁り是も幽邃の場所に候」	「釣道具ゑさ御持参の事御辨當は有合せものなれば差上候」「避暑旁御來遊の程奉希上候」「御光來の説は新大橋より汽船にて新川口へ揚りてそれより一町程南へ入る所に御座候」
38	一八九六年七月一二日	朝刊	六	松源分店	入谷水の谷（電話千四百七十八番）	広告	—	—	「御納涼適當　七草植込御眺めよろし温浴設けてあり升」「近傍本場朝顔」	「庭園の池にて釣の慰さみ」「御料理並に隣家旅亭も御輕便を専一と致し候」
39	一九〇一年四月三〇日	朝刊	四	—	市谷谷町俗（俗に新坂下）	広告	五月二日	—	「在來の五十坪ほどの地へ新たに堀増」	

※解読不能な文字は□とした。

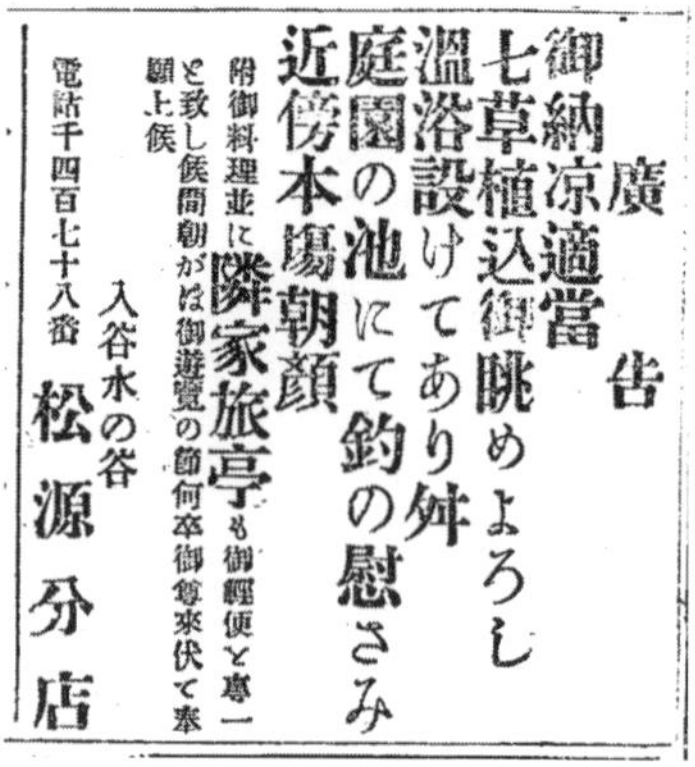

廣告
御納涼適當
七草植込御眺めよろし
溫浴設けてあり幷
庭園の池にて釣の慰さみ
近傍本場朝顔
附御料理並に隣家旅亭も御輕便と專一と致し候間朝がほ御遊覧の節何卒御尊來伏て奉願上候
入谷水の谷
電話千四百七十八番
松源分店

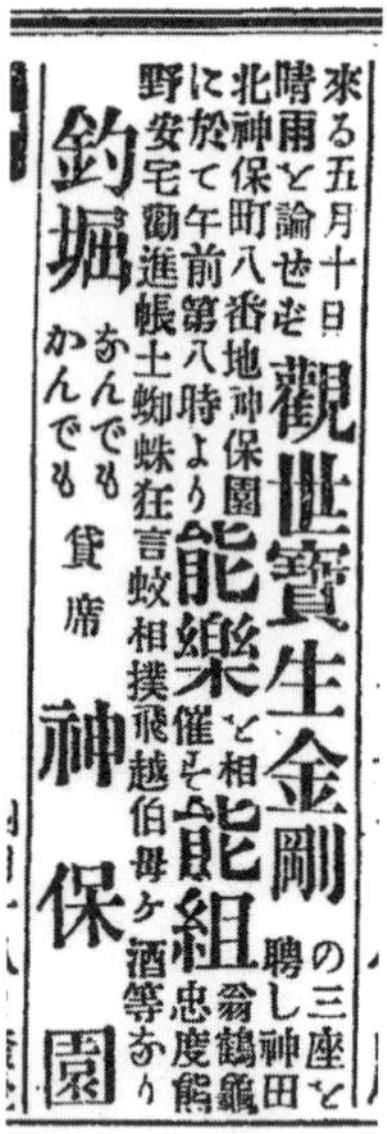

來る五月十日晴雨と論ぜず觀世寶生金剛の三座と聘し神田北神保町八番地神保園に於て午前第八時より能樂と相催ぞ能組翁鶴亀忠度熊野安宅勸進帳土蜘蛛狂言蚊相撲飛越伯母ヶ酒等あり
釣堀
あんでもかんでも
貸席
神保園

資料３　明治期の釣り堀の新聞広告
出典：『読売新聞』1885年４月19日朝刊４頁、『読売新聞』1896年７月12日朝刊六頁

当時の釣り堀は基本的には池や河川の端などを利用したものだったであろうが、その所在や魚種から淡水池とともに汽水域にもあったことが分かる。対象魚であったイナとボラやセイゴは海水域や河口付近の汽水域に生息する魚である。

この頃の釣り堀に客が求めたのは、魚がたくさんいること、よく成長していること、安いこと、心を休ませられる環境であることとまとめることができる。新聞には、№30・38のように納涼に誘うもの、№28・38の釣りと併せて蛍や朝顔の観賞を勧めるもの、№３、９〜11、30、36、38のように入浴施設や宿泊施設とともに紹介されているものもみられ、行楽の場として利用されていたと推測される（資料３参照）。№15・22の大森村森ヶ崎の釣り堀は投網をさせる珍しい釣り堀であるが、開設からほぼ一年後の六月に「當年も釣魚投網の期節に向追々貴紳方の御來遊」があるため水亭なるものを増設している。

また、「御来車之程奉願」というような文句を併記した例や地続きであることを伝える内容も多く、身近な釣り場というよりも少し離れた行楽地としてイメージされていたのかもしれない。№37の樹木屋のように「御光來の説は新大橋より汽船にて新川口へ揚りてそれより一町程南へ入る所に御座候」と、わざわざ汽船を経由して行くような釣り堀もあった。

釣り堀には必ず魚がいるとはいっても、季節に関わりなく遊ぶことができるということはなく、なかには期間を限定して開業している釣り堀もあった。例えば、一九〇一年の週刊新聞『太平洋』に掲載された深川区池主の話によれば、一年中通して釣らせている釣り堀は数える程しかなく、釣り堀のなかには片手間に金魚を扱うところもあったという。[30] また、釣り堀でも「春は三月の下旬から四、五、六月、夫から極暑になると、どうしても喰ひが悪いから九、十月一ぱい、此の時分は海でも陸でも、釣り時」であり、釣り堀もたいていこの時期に開業する。[31]

No.24の梅園は、「暑中以來休居候處最早秋冷に相成候に付本月十一日より相開候」と釣り堀再開を告知しており、暑中期間休業していたものを一〇月になって再開したものである。これは深川区池主の話を裏付ける例である。No.26の華やしきは、「列年の通本月廿日より」開業すると表記されていることから毎年三月に再開しているようである。No.12の太古庵は「昨年鯔数萬鯉鮒とも飼付當時能く成長」したために再び開園する旨を伝えているから、幼魚を仕入れた後、魚の成長を待っていたものと思われる。ボラ池の場合、五月頃に幼魚をたくさん入れ、それが秋になると釣れるようになる。また前年に放してあったボラであれば六月中旬頃から釣れるようになる。[32] 表でイナあるいはボラを対象魚にしているNo.6、12、15〜18、34の釣り堀の開設・再開日も、六、七、九、一〇月に集中している。「深川を初め牛込小石川下谷等にある釣堀は三月一日より開業し三日間は一日分五十銭夫れより三拾銭に値下げを為すと云ふ」[33] から、深川・牛込・小石川・下谷などの釣り堀では、休業期間や料金について協定があったのかもしれない。

2　釣り堀への課税と混乱

釣り堀は明治期に入って盛んになったようにみえたが、明治二〇年代には急減していった。東京府下の地方税賦課法科目中には遊戯場税という項目があり、釣り堀が該当するかどうかが問題となっていたのを、明治二一年（一八八八）時点では神田区収税長によって遊戯場にあたらないことが認められたが、[34] 明治二四年（一八九二）には府達により遊技場に含まれることになった。これによって釣り堀業を辞める者も少なくなかったという。記事は次の通りである。

○釣堀開業者月税の高さに驚く　根津下谷浅草乃至本所深川等の場末に住む者の中には目下暖気の期節に差向ひたるより自分の慰みを兼ね一つは活計の補ひの爲釣堀りを開業せんと準備するもの多けれども舊冬發布の府達に據り釣堀りも遊技場中に含有さるることとなりしに付き月税五十錢を徴集さるるとの事より釣堀開業の連中は大に驚き俄かに中止するもの少なからざる由(35)

これを機に、一五銭程度であった釣り堀の料金も、値上がりしていった。先述の深川区池主の話では、「一日三十銭、半日二十銭とか、百目が何程とか安くする向向もあ」るが、「此地（深川）では家によると一日六十五銭、半日が四十銭、日曜に限つて一圓の釣代」になったといい、一〇年の間に二倍から六倍以上の料金になっている。こうしたなかで料金が安い釣り堀があれば、魚が少なく、また引取魚をしていた(36)。池は放置すれば荒れ、水が変われば魚はすぐに死ぬため、釣り堀程「間職に合はない」ものはなく、釣り堀の数は減少していった(37)。

同じく明治三四年（一九〇一）の新聞記事では、「都下で釣堀の場所は、七八年前までは随分沢山あつたが、其後地代が高くなる、魚の値段も高くなる、と言つて釣料を引揚げると、客は來ず、却々引合はぬ處から、追々と其の数が減少して、今では二十ヶ所位しかない」とされている。料金が高い釣り堀には鯉だけでなくボラが多く放流してある。本所や深川のこうした釣り堀以外では大体一日三五銭半日二五銭程である(38)。釣り堀の料金が高くなり、七月頃のシーズンに本所や深川の釣り堀をみても釣り客は四、五人といった不景気な状況であったが、その原因は他に「大川筋や臺場最寄りの繁昌なる反影」や「魚の相場の騰貴」とも考えられた(39)。

当時、川の魚を仕入れると上等なものでは百目二四、五銭になり(40)、生簀の魚であれば半分の値段で仕入れることができた。ただ生簀の魚は、「汐入りの池」であればまだ良いが、淡水池では活きが悪く、味が劣り、肉が柔らかく、使い物にならなかった[41]。魚の仕入れは当時本所や深川に集まっていた養魚所からが大半で、洲崎養魚株式会社、砂村養魚株式会社、千田養魚合資会社など、基本的に市場相手の事業者から買い取っていた。釣り堀が本所や深川に偏在していたのも、第一に川が近く、第二にこうした供給者たる養魚場がその辺りに集中していたからであった[42]。特に砂村養魚株式会社は規模が大きかったのか、新聞でも「釣堀で釣る魚は、鯉、鯔、鮒等であるが、是等の魚は、皆、砂村の養魚場で育てたもので、鯉は元値が百目に付十二銭位」とされている[43]。

釣り堀の不況は、釣り客を呼び込もうとする釣り堀の工夫によって結果的に競争性と行楽色を強めることになった。釣り客は一義的には魚と向き合うが、釣り堀や他の釣り客との勝負を意識し、駆け引きを経験した。

釣り憎いのを釣るのが釣師の自慢で極々静かに気を長くして足に痺の切れるのも厭はないで居ると、流石の鯉も根気に負けて終には釣り上げられる、斯ういふ風に釣られた日には鯉も敵はぬが第一釣堀屋が堪らぬので（中略）根津浅草叉は本所と云ふ様な處に居る老巧の釣堀屋は忽ち一策を案じて料銭一日分を廿五銭引上げ澤山の鯉を溜へ放して釣れれば夫を百目十四銭の割で買戻すと云ふ事にしたから、釣師は再び熱を持つて其處へ蟻集した、何が扨元々釣堀屋が客を呼ぶ趣向で、魚が一向いぢめていないからドシ〳〵餌に就いて上手な釣師は一日に五百目も七百目も釣り上げ、散々楽しんで四五十銭の銭が儲かるから此に衰へた釣堀稼業は再興して市中に釣専門の道楽者が夥しく増加した、けれども釣堀屋ハ何時までも澤山釣れる様にして置いてハ立ち行かう筈がないから、例の撒餌を始めた上に一旦釣られて鈎に懲りてゐる買戻しの魚を澤山蓄へ置き、之を新魚と號して溜へ入れて釣堀開きをする様に爲つた、新魚が入ったとさへ云へばいつでも澤山釣れると思ふて集る釣師は件の計客にたばかられて出て來たが、今度は一向に釣れず、反對に釣料ばかり取られたから漸うそれかと心付いた[44]

釣り堀には源平釣りや懸賞釣りという遊び方もあった。源平釣りは、赤白の旗を目印として、五人なり七人なりの組をつくって分かれ、釣り上げた鯉の量によって勝負するものである。(45) 釣り堀が客を呼びこむために始め、「十人でも二十人でも、二た組に分けて、澤山釣れば釣る程、反物だの時計だのを、お景物に差出した」ともいわれる。(46) 懸賞釣りは、三日間の成績を平均して番付をつくるものである。ただ、この番付で良い位置を占めるよりも、大きな鯉を釣り上げた者の方が技量ありとされた。客同士が競う懸賞金のみならず釣り堀からも景品が与えられるため、上手な客は釣り代だけでなく鰻丼まで奢らせて無料で遊ぶこともあった。(47)

3　釣り堀文化の定着と批判的見解

明治時代後期から昭和初期にかけて、釣りは文筆家に親しまれたようで、釣りに関する随筆が多い。

幸田露伴は、釣りをする人には利益のためにする漁夫と娯楽のためにする遊漁者の二種があるといい、次のように整理している。漁夫の釣りは安く有効な餌料を使い、竿や糸を強くする。また、魚の取り込みを速くし、多く捕ろうとする。これに対して、遊漁者の釣りは興を得ることを目的としており、竿を敏感にして糸も細くすることによって精細に魚の反応を感じ取る。餌料は有効であればよく、必ずしも安くする必要はない。また、魚の取り込みを速やかにする必要はなく、漁獲の多少を問題にしない。このように二者は目的も性質も違い、「漁獲の多寡と興趣の深浅とは、正比を為さずして反比を為すが如し。(中略) 遊漁者たるもの何を苦んで生計の為に齷齪たる漁夫の態度を学ぶを要せんや。遊漁者は応に自ら寛くし自ら重んじ、悠然として水雲の間に楽むべきなり」という。釣りをする際の楽しみ方については、「遊技娯楽はその遊戯娯楽のための遊技娯楽にあらず、遊技娯楽は其の人の身肢を鍛錬し心神を怡悦せしめて、而して後おのづから其人の本来の職業に対する気力を鼓舞振作し意楽を熾盛増進し、以て其の職業上に於ける腐気を排去し精彩を附与するに至つて、始めて遊技娯楽の真旨に適し妙用を果せりといふべし」という。(48)

幸田の説を受けて中村星湖は、職漁と遊漁との関係が、労働と遊戯、緊張と弛緩、疲労と休息の関係にあるといい、釣りが労働の丁度対極にあるものと位置付けている。また、当時の釣りを取り巻く世相について、「近来、スポーツ熱の盛んなのに連れて、釣もまた一種のスポーツとして人々に愛好され、土曜から日曜にかけて、野川に、渓谷に、湖沼に、海洋に、釣竿をかついで出かける者がすくなくない。新聞や、雑誌なども、釣の案内その他のために、特別の欄を設けて、宣伝や紹介につとめてゐる」(49)といい、それが社会的重要事項とみるべき著しい現象であるとしている。当時の釣行については、「西洋風のスポーツ流行熱に浮かされてか、週に一度の日曜、又は月に、季節に、年に幾度かの祝祭休暇などには、グラウンドで遊戯や運動を試み、山野にハイキングに出かけ、湖海に釣に行つたりするものを見かける」(50)というように、行楽色が強まってきたことが分かる。このような現象は「何もブルジョア（有産階級）に限つたことではなく、プロレタリア（無産階級）の方面にも近来よほど際立つて来た」と感じ、「生活の行き詰り毎に見受けられる、自然回帰の思想なり行為なりが、この頃また頭を擡げだしたのでもあらう」(51)と考察している。

こうした自然を楽しもうとする行楽的な釣りのなかで、人工的に設えた釣り堀の存在への否定的な見解は少なくなかった。「人によつては全く變つて釣堀に行く。水野政務次官の如きは釣堀りに鯉を釣りに行く。（中略）釣堀の鯉は、毎日〳〵虐められて、なか〳〵さかしいものだ、そのさかしいのを、欺しながら釣ると云ふんは味も深い」(52)というように独特の楽しみがあるという考え方や、「釣堀は遊戯として最上の娯楽である。釣の趣味が一般に普及された結果で（中略）釣堀の御定連には華族もあれば職人も金持もお役人から俳優もあると云ふ風に、身分の差別はなくいはゆる一視同仁の感がある」(53)というように誰にでも楽しめるものだとする考え方があった。その一方で、「初心の人、殊に婦人や子供のためには在つても」良いし、いわゆる通があるから一概にはいえないが、釣り堀の魚は「現世的溌剌さが失はれてゐ」て、決して面白いものではなく、賭博釣りは弊害であるし、魚を飼うこと自体が不自然であるなどともいわれた(54)。

まとめ――釣り堀の展開――

近世期に遊漁の流行の中で出現した釣り堀は、主に生活に余裕のある者によって楽しまれ、明治期には行楽の場として利用された。この頃釣り堀を宣伝する広告に「御来車之程奉願候」という文句が多かったことは、交通の発達に伴って増える行楽客を見込んだものと考えられる。明治二四年（一八九二）には釣り堀が課税対象になったことで利用料が高騰し、釣り堀の数は急減していくが、競争的な楽しみによって釣り客を引きつける工夫がなされた。江戸時代には野釣りの季節とされた時期を含む「釣り時」に、明治期には釣り堀の新規開設が集中していたことは、釣り堀が自然の釣り場に拮抗する行楽の場になったことを示している。釣り堀への批判的見解も、こうした釣り堀文化の定着に対する反応の一つとみることができる。

その後、釣り堀は釣りが趣味や週末の行楽として定着するのに伴って流行していく。昭和初期には屋外のプール施設を釣り堀に転用する例もあった。釣り堀の隆盛は第二次世界大戦に向かって一時沈静化したが、戦後の高度経済成長期からは空前の釣りブームが訪れ、室内釣り堀が一時的に大流行し、漫画やテレビでも釣りが題材になった。

野釣りと比べて競争的な楽しみを趣とすることは時代を通じた釣り堀の特徴であるが、それは人工的な釣り場における遊び方の必然的な形というだけでなく景気の反映でもあった。釣り堀は都市部に生まれた遊漁としての釣りの需要に応えるものであった。

本稿では近世から明治期までの範囲を対象にして釣り堀の発展を確認したが、以降の行楽の流行・定着と釣り堀流行の関係については、稿を改めて検討したい。

註

（1）澁澤敬三「日本釣漁技術史小考」一九六二年（網野善彦ほか編『澁澤敬三著作集』二巻　平凡社　一九九二年所収　三九五〜三九八頁）。
（2）宮本常一「兵庫県下釣針および蜍製造販売聞書」『産業史三篇』未来社　一九七六年。
（3）生業としての漁労ではなく、遊戯性に重きをおき、個人のレクリエーションを目的に魚を捕ること。
（4）津軽采女正『河羨録』享保八年（一七二三）（根本順吉『江戸科学古典叢書』二一　恒和出版　一九七九年所収）。書名は写本等により『何羨録』と『河羨録』とがあるが、正しくは『何羨録』とされていることから（長辻象平『江戸の釣り—水辺に開いた趣味文化』平凡社　二〇〇三年　六二〜六四頁）、本文では『何羨録』で統一した。
（5）註（4）長辻前掲書　四二頁。
（6）註（4）長辻前掲書　七頁、二二〜二六頁。
（7）宮本常一「釣漁の技術的展開」日本民俗文化研究所編『日本水産史』角川書店　一九五七年　九三頁。
（8）荒俣宏『世界大博物図鑑』第二巻　平凡社　一九八九年　一三五頁。
（9）黒田五柳『釣客伝』天保一三〜弘化三年（一八四二〜一八四六年）（佐藤常雄ほか編『日本農書全集』五九　農山漁村文化協会　一九九七年所収）。『釣客伝』の成立年代については諸説ある。大橋青湖は文政年間としているが根拠は示していない（『釣魚秘傳集』第一書房　一九三〇年）。記述内容に天保一三年とあることから天保末年の成立とも考えられていたが、金森直治は文鳳堂雑纂所収本の署名から弘化三年としている（金森直治編「解題」『集成日本の釣り文学　近世・釣り文学』別巻二　作品社　一九九七年）。
（10）註（9）黒田前掲書　二八八頁。「魬魚（ぎょぎょ）」に註を付して「魬は䉪（いけすの意）と同じ。いけすの中に入れられた魚」としている。
（11）里旭『闇夜のあかり』天明八年（一七八八）（国立国会図書館所蔵白井文庫本　写本年代不明）。
（12）藪の内は「深川霊巌寺後通川向ふ」にある。
（13）釈敬順『十方庵遊歴雑記』四編下　文政六年（一八二三年）（『江戸叢書』巻の六　江戸叢書刊行会　一九一六年所収　三五三〜三五四頁）。
（14）註（9）黒田前掲書　三八六頁。

(15) 註（9）黒田前掲書　三八八頁。
(16) 棚橋正博『江戸の道楽』講談社　一九九九年　九六頁。
(17) 註（9）黒田前掲書　三八八〜三八九頁。
(18) 魚を掛ける際に上ではなく横に向かって竿を振ることで魚の口でなくとも魚体のどこかに針を引っ掛けようとする釣り方。
(19) 釣針を束ね、船の碇のような形にしたもの。
(20) 喜多村信節『嬉遊笑覧』一八三〇年（『嬉遊笑覧』上　成光館出版部　一九三二年所収　六一〇頁）。
(21) 註（9）黒田前掲書　三八七頁。
(22) 中井晶夫訳『オイレンブルク日本遠征記』上（『新異国叢書』第一集第一二巻　雄松堂書店　一九六九年所収　二三五〜二三六頁）。
(23) 棚橋正博ほか編『絵で読む　江戸のくらし風俗大事典』柏書房　二〇〇四年　二三六頁。
(24) 仲村祥一「釣り」石川弘義ほか編『大衆文化事典』弘文堂　一九九一年　五一三頁。
(25) 太田尚宏「釣客伝　解題」『日本農書全集』五九　農山漁村文化協会　一九九七年　四〇七〜四〇八頁。
(26) 註（8）荒俣前掲書　一三五頁。
(27) 幸田露伴「江戸時代の釣」一九一一年（『集成日本の釣り文学　釣りひと筋』第一巻　作品社　一九九五年所収　二七〜二八頁）。
(28) 福田栄造編『懐中東京案内』同盟舎　一八七八年。三年後に刊行された兒玉永成（増補人）『増補改訂東京案内』一八八一年（龍溪書舎編集部編『近代日本地誌叢書』東京編一八　龍溪書舎　一九九二年所収）には「本所外手丁」が追加されている。
(29) 瓜生政和『耶麻登道知辺　東京の部』上　明治学舎　一八七四年。
(30) 早稲田大学図書館編「釣堀（一）深川区某池主の話」『太平洋』一九〇一年（『精選近代文芸雑誌集』三〇二　二―一〇　雄松堂フイルム出版　二〇〇三年所収）。
(31) 早稲田大学図書館編「釣堀（二）」『太平洋』一九〇一年（『精選近代文芸雑誌集』三〇二　二―一一　雄松堂フイルム出版　二〇〇三年所収）。
(32)『読売新聞』一九〇一年五月二日朝刊　四頁。
(33)『読売新聞』一八九二年二月二八日朝刊　三頁。
(34)『読売新聞』一八八八年八月一九日朝刊　二頁。

(35)『読売新聞』一八九二年三月二五日別刷　一頁。
(36) 釣り客が決まった目方以上に釣った際、釣り堀が買い取って池に戻すこと。
(37) 註(30)早稲田大学図書館編前掲書。
(38)『読売新聞』一九〇一年四月二九日朝刊　三頁。
(39) 東京雑誌社編『東京』一四　東京雑誌社　一九〇四年　六三頁。
(40)「二百匁以上の鯉は、元直が十八銭位もする」ともされた(『読売新聞』一九〇一年五月二日朝刊四頁)。
(41) 註(31)早稲田大学図書館編前掲書。
(42) 註(39)東京雑誌社編前掲書　六三頁。
(43)『読売新聞』一九〇一年四月二九日朝刊　三頁。
(44)『読売新聞』一九〇二年五月一一日別刷　二頁。
(45)『読売新聞』一九〇五年七月二〇日朝刊　三頁。
(46) 註(30)早稲田大学図書館編前掲書。
(47)『読売新聞』一九〇五年七月二〇日朝刊　三頁。
(48) 幸田露伴「遊漁の説」一九〇六年(『集成日本の釣り文学　釣りひと筋』第一巻　作品社　一九九五年所収　四五頁)。
(49) 中村星湖「釣の哲理」一九三五年(『集成日本の釣り文学　釣りひと筋』第一巻　作品社　一九九五年所収　六一頁)。
(50) 註(49)中村前掲書　八四頁。
(51) 註(49)中村前掲書　八四頁。
(52)『読売新聞』一九二六年六月一六日朝刊　九頁。
(53)『読売新聞』一九二六年九月一四日朝刊　一〇頁。
(54) 佐藤惣之助「日本の釣技」一九三四年(『集成日本の釣り文学　釣りひと筋』第一巻　作品社　一九九五年所収　一一二頁)。

東京内湾の肥料としての貝《キサゴ》

秋山　笑子

はじめに

現在の東京湾の神奈川県横須賀市走水と千葉県富津市富津岬を結ぶラインより北の海域は、かつて内洋または裏海と呼ばれ、内湾とされていた。これより以南は外湾に属していた(1)。東京湾口幅は約七キロメートルで、外海との海水交換が制限された閉鎖性の強い海域である。東京内湾以南には急激に深い海底谷があるが、内湾は水深が約五〇メートル以下と浅く、底質は泥と砂がほとんどで、千葉県側及び湾奥は水深二〇メートル未満の海域が広がっている。それに対して、神奈川県側は水深が深く、幕末以降に横浜と横須賀が港として発達する地形的な要因となる。これらの地形的特性は、東京内湾の生業にも大きな影響を与えたと考えられる。

本論考では、東京内湾の肥料としての貝《キサゴ》を題材として、漁撈と農業をつなぐ生業のあり方について検討する。また、それぞれの地域の環境と生業とのかかわりを相互比較することにより、環境特性が生業に与えた影響を明らかにするとともに、都市近郊の湾岸における生業のありようを明らかにしたいと考える。

一　水産肥料に関する先行研究

近世史研究では、江戸時代初期の新田開発により必要となった干鰯や鰊粕などの海産肥料について、山口和雄や荒井英次等による研究成果がある。また、これらの海産肥料は、関東から江戸や関西等へ流通経路が確立しており、それに関わる経済史などについても精緻な研究の蓄積がある。(2) 安房の干鰯については、館山市立博物館の特別展図録「安房の干鰯―いわしと暮らす、いわしでつながる―」で詳しく紹介している。(3)

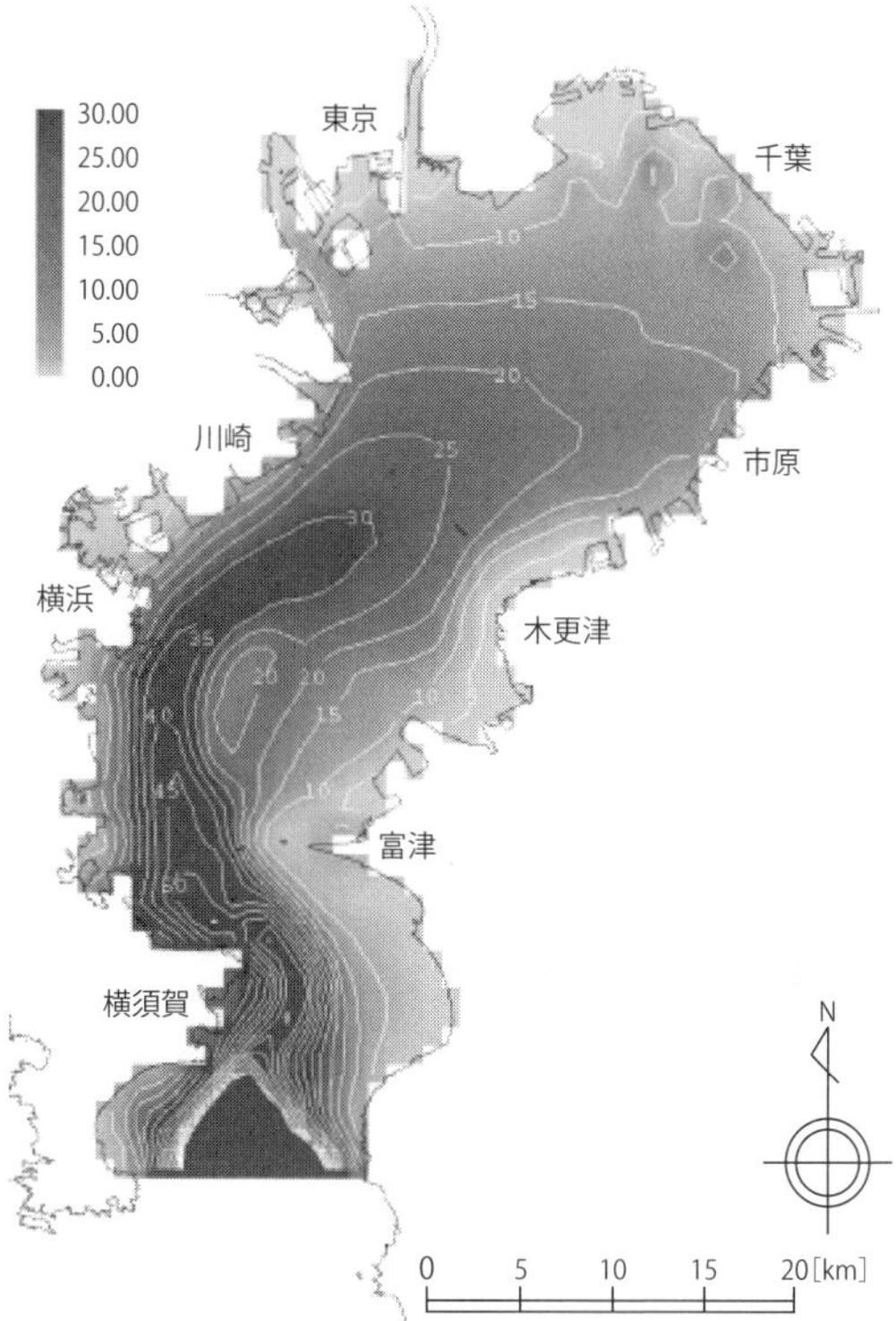

図1　東京湾水深図

千葉県ホームページ（2017年1月4日参照）の図を参考に作成

水産肥料ではないが、下肥については、葛飾区郷土と天文の博物館で平成一六年度特別展「肥やしのチカラ」と平成二五年度特別展「肥やしの底チカラ」が開催された。(4)

内水面の藻「モク」を肥料とした習俗については、平塚純一等によりまとめられた全国的な研究成果や白鳥幸治の印旛沼を中心とした研究がある。(5) また、モクだけではなく、泥を田に肥料として入れる習俗が利根川下流域では行われていた。(6)

海藻類と貝類を肥料とする事例に

ついては、印南敏秀が海辺の藻の重要性に注目し、海辺の生活文化と多様な関わりを明らかにしている。[7] 中でも、三河湾や有明海の事例から、藻類に注目して魚介類との関わりや海岸部の松の多様な資源利用について注目している。そして、これからの漁業資源の問題や文化資源としての里海の重要性に言及し、海と陸の生活文化の関わりについて記している。[8] しかし、同論文中で肥料として活用された貝類については指摘しているものの、まとまりをもった習俗として捉えていない。

キサゴの肥料としての利用については、長島光二の「近世市原郡農村と貝肥採取―史料と考察―」[9] と多田憲美「近世西上総地方における蚯相論―米の増産にかける農民の悲願―」[10] が詳しい。特に、多田論文は『袖ケ浦町史』編さんの過程で発見された史料を中心に、異常と思われるまでにキサゴに執着した農民の生々しい生活の営みを明らかにしようとした労作である。

このように、これまで近世史研究を中心に海産肥料の干鰯等の流通経済に関わる研究が中心に進められてきた。民俗学の問題意識としては、松崎憲三が「民俗の変貌と地域研究」を考える中で、民俗事象の維持と変貌の問題を注視し、その維持と消失について民俗誌の「作成の対象地域を、所謂ムラやマチのレベルからより範囲を広げて、一つの文化圏を対象とする視点」を持つことを提唱している。[11]

また、近年は生業と自然の関係について重要であると考える研究が進んでいる。中でも、複合生業論を提唱した安室知は「自然観」に注目し、生活世界にある自然の事物や現象に人がいかに対峙するかを時代性・地域性の中に見ていくことで現在につながるものとして捉える立場をとっている。[12]

本論は、これらの研究史の把握によって研究すべき課題として、東京内湾という地域を一つの文化圏ととらえて習俗や盛衰を明らかにする地域研究の視点と、生物の生態や環境と習俗の地域性を探る視点を重視するものである。この二つの視点から、民俗事象として肥料としての貝《キサゴ》を取り上げることで、都市近郊における生活戦略につ

写真１　イボキサゴ

所蔵：千葉県立中央博物館

いて検討を加えていきたい。

二　生物としてのキサゴ

まず、キサゴの生物学的な側面を整理しておこう。分類としては、軟体動物門腹足綱前鰓亜綱古腹足目ニシキウズガイ科キサゴ属に属する。キサゴ属はいわゆるカタツムリ形で、殻の内側は真珠光沢を帯び、国内に一三六種いるとされる(13)。東京内湾や九十九里浜では、キサゴ、ダンベイキサゴ、イボキサゴの三種が確認されている。ダンベイキサゴは殻径三センチ前後になり、関東の市場ではナガラミ、またはナガラメと呼ばれ、食用として流通している。それに対して、九十九里浜沿岸では、茹でて食べられる。それに対して、キサゴとイボキサゴはよく似ており、見分けることは極めて難しいという。イボキサゴの殻径は約二センチと小さく、砂質干潟に生息し、キサゴは外海的環境の砂底に生息する特徴がある。イボキサゴは小さいために、身を食することは難しいが、スープにすると美味であるという。そして、東京内湾の貝塚で多く出土している(14)。また、おはじきの起源になった貝として有名である。

近年、干潟の環境悪化によりイボキサゴはレッドデータ生物リストに掲載されており、保全や保護の観点から研究が進んでいる(15)。佐藤武宏の東京湾盤洲干潟での研究で、イボキサゴは砂質干潟や泥質干潟に見られ、排他的に高密度に生息することが確認された。また、春から夏にかけて繁殖の準備を行い、秋季に一気に放精放卵を行うと考えられ、幼個体は汀線に近い場所に生息し、繁殖に参加する時期になって移動する。寿命は約四年弱、最大殻径が二三ミリに達することが明らかになっている(16)。

三　千葉県でのキサゴの肥料としての利用

徳川家康が江戸に開府すると、関西から漁夫が移住し、本格的に漁撈が行われるようになる。第一期は佃島など関西の漁撈者の移住による発展する時期で、第二期は内海三十八職として漁法が定着した時期で、第三期は様々な料理が生み出された円熟期といえる。

内湾は天領であり、八四浦（「本猟場」ともいう専業漁村）と一八の磯付村（漁撈と農業を生業とした村）に分けられていた。磯付村は、舟を使わない徒歩の漁撈のみが許され、漁場は水深三尺までの地先漁のみが認められ、肥取漁として貝類や藻草は田畑肥とすることが認められていた。但し、これら漁獲物の売買は禁止されていた。

その後、漁撈活動が盛んになるにつれて、漁猟場稼場での相論が生じ、その都度幕府に訴え出て裁断を下してもらうようになる。内湾でのキサゴ漁についても、相論の史料等があり、それらを整理することにより東京湾内湾のキサゴの肥料としての利用について検討する。

1　千葉県でのキサゴ採取について

東京内湾の千葉県側では、南は富津から東京都の境である浦安までの地域で、キサゴを肥料とする習俗が江戸時代から第二次世界大戦前まであったと思われる[17]。江戸時代には、キサゴ採取をめぐって、専業漁村と磯付村等の集落による相論が起っていた。これら近世から近代にかけての史料と民俗の両面から整理し、キサゴ採取がどのように行われていたか考察していきたい。

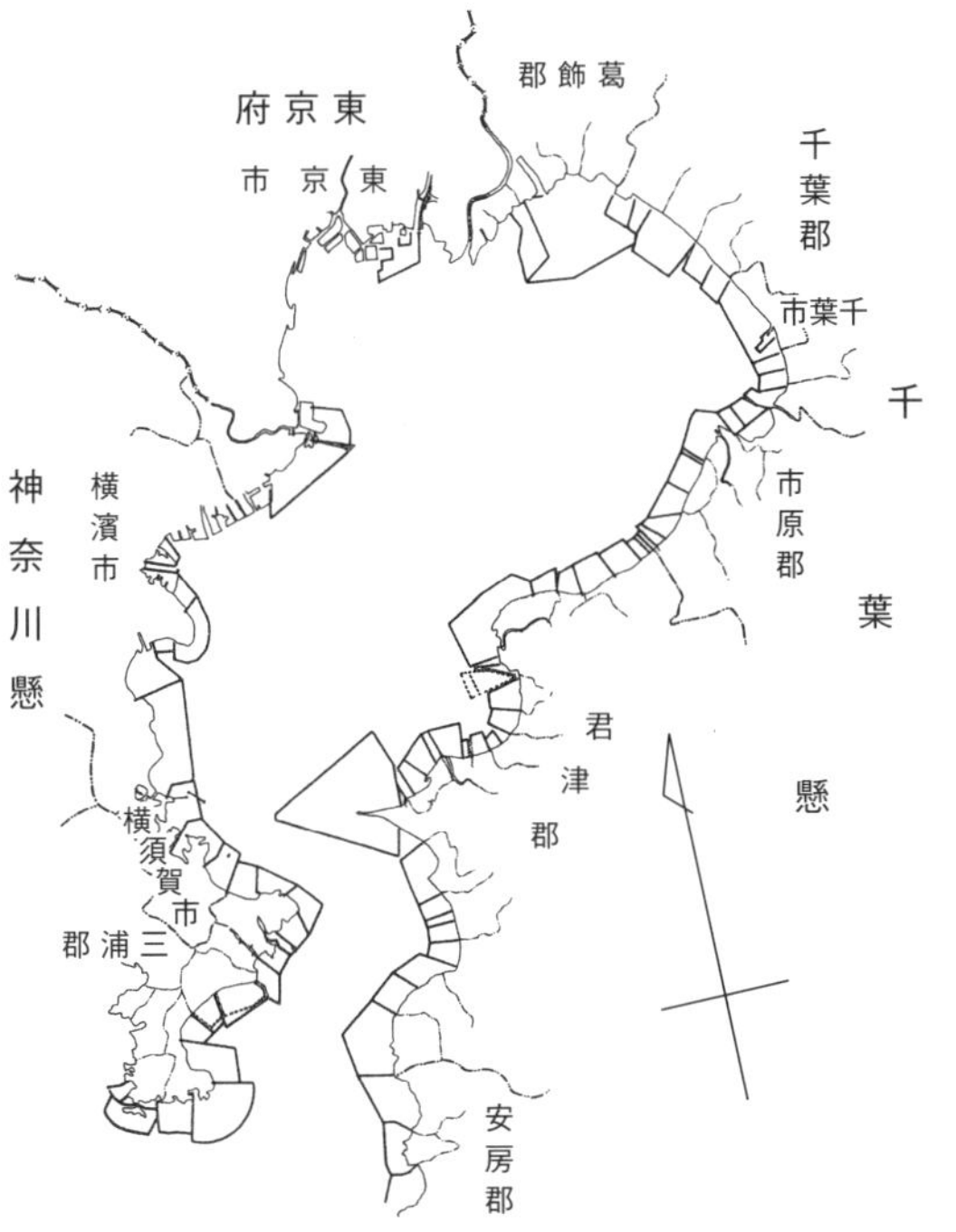

図２　東京湾専用漁業漁場連絡図

『東京内湾漁業史料』を参考に作成

①　富津市域のキサゴ採取

富津市域では、近世文書などの相論に関する史料は管見の限り発見できていない。しかし、昭和四二年（一九六七）に発行された『東京湾の漁撈と人生　東京湾漁撈習俗調査報告書』には、富津でキサゴを砕いて、ヒトデと同じように肥料にしていたとの記述がある[18]。東京内湾でのキサゴ採取の南限といえるのではないだろうか。

②　君津市域のキサゴ採取

君津市域では、秣の不足しがちな海岸部の村でキサゴが肥料として使用されていた。年代不明であるが、田肥としてのキサゴ採取についての大和田自治会が所蔵していた文書が残っている。

一私共配下百姓忠三外弐人者、昨廿四日其御浦江立入、田地大切成ル肥きさご盗かき仕候処、三ケ村御百姓中ゟ御取捕ニ預り、船並羽口等海岸迄村々御役人中御立海引上置(波線は筆者、以下の史料も同様)(19)

これは、配下の百姓たちが船で浦に立ち入ってこの田にとって大切な肥料であるキサゴを盗みかきしたことについての詫び状である。時も場所もわからないが、君津市域でキサゴを肥料とすることが行われていたことを示す史料であろう。

③　木更津市域のキサゴ採取

木更津市域での史料は今回発見できなかったが、袖ケ浦市の鳥飼宏親家文書にキサゴを肥料とした範囲として南限を桜井村(現木更津市)としており、キサゴ採取が行われていた可能性がある。(20)

④　袖ケ浦市域のキサゴ採取

田肥としてのキサゴ採取について、一番多く史料が残っているのは袖ケ浦市域である。まず、宝永三年(一七〇六)に起こった相論について抜粋する。

上総国望陀郡奈良輪村与同郡蔵波村争論裁許之条々

一、奈良輪村百姓訴候者奈良輪浦ニ而きさこ取処、蔵波村之者ニ舟三艘猟道具被押取由申之、

(一部省略)

一、神納村内萩原野古来野銭出之奈良輪村請野ニ候、野続うりかい野奈良輪村江渡置候ニ付奈良輪浦江入会候由

神納村訴候、萩野原・うりかい野共永弐貫弐百五十文之野銭場候、謂然きさご多有之年者神納村も浦江入候由奈良輪村答之、隣郷相尋処岡郷ニ而入会候例有之、其上きさご取候道具神納村之者数年致所持候間、向後永三百文出之奈良輪村浦江年々神納村可入会事(21)

表1　袖ケ浦市域キサゴ相論等史料一覧表

No.	年号	西暦	浦名・村名	相手村	内容	出典
1	元禄六年	一六九三	久保田浦	蔵波村	蔵波村の者が久保田浦で度々舟を据えてキサゴカキをしたので、たふなどが取り上げられた。	『袖ケ浦町史史料編Ⅱ』四一四～四一五頁
2	宝永三年	一七〇六	奈良輪村	蔵波村	奈良輪村の浦で蔵波村の者が苗代こやしにするためキサゴカキをしたので、船などを取り上げた。	『袖ケ浦市史資料編二近世』四一六～四一七頁
3	安永九年	一七八〇	奈良輪村	神納村	神納村の者が奈良輪浦でとったキサゴを売買したことで訴え出た。	『袖ケ浦町史史料編Ⅱ』四四八～四五〇頁
4	寛政五年	一七九三	久保田村	代宿村	代宿村が約定を破ってキサゴカキをしたので、耕割を再確認した。	『袖ケ浦町史史料編Ⅱ』四一七～四一九頁
5	文化元年	一八〇四	久保田村	代宿村	キサゴカキ場の境杭が紛失したので、寛政年間の協定による杭を立て直した。	『袖ケ浦町史史料編Ⅱ』四二二～四二四頁
6	天保九年	一八三八	奈良輪村	蔵波村	キサゴ札を所持する代宿村は、分与するキサゴ札を書き替える際に札一枚につき金三朱を徴収し、こうして得た金二四両を村運上金に充当した。	『千葉県の歴史　通史編近世一』九二六～九二七頁
7	天保一〇年	一八三九	奈良輪村	神納村	神納村は奈良輪村へ永三百文をキサゴ代としてさしだしているが、その内容についての証文。	『袖ケ浦町史史料編Ⅱ』四五三～四五九頁
8	天保一二年	一八四一	奈良輪村	神納村	奈良輪村浦でキサゴ取をしていたところ、蔵波村の者に船三艘と猟道具を押収された。	『袖ケ浦町史史料編Ⅱ』四六一～四六三頁

9	安政二年	一八五五	久保田浦		久保田浦きさご株連名帳	『袖ケ浦町史史料編Ⅱ』三八五～三八七頁
10	安政七年	一八六〇	蔵並村		蔵波村で、村人が順番でキサゴの漁場の監視にあたった。	『千葉県の歴史　通史編近世二』九二六～九二七頁
11	慶応元年	一八六五	奈良輪村	神納村	神納村は奈良輪村から木札一五〇枚・紙札一五枚合計一六五枚のキサゴ札を分与された。	『袖ケ浦市史資料編二近世』三八八～三九〇頁
12	明治八年	一八七五			奈良輪村、蔵波村、久保田村で一万樽、代宿村で五千樽のキサゴを肥料とした出荷した。	『袖ケ浦市史資料編三近現代』三二一～四三頁

これは、奈良輪村の百姓が訴えた文書で、奈良輪浦でキサゴを取っていたところ蔵波村の者に船三艘と猟道具を押収されたことで相論になったとある。また、神納村は奈良輪村に永二貫二五〇文支払って入会で利用しているとある。キサゴについて「きさご」「蚶」「生砂子」などの表現が史料の中で使われる。[22] このような海論は、草肥確保のために山野の所有や利用をめぐる紛争である、いわゆる山論が一七世紀に激増する時期とほぼ同時期であるといえる。

その後も市内の海岸沿いの集落を中心に度々起こったキサゴ相論などについて、まとめたのが表1で、一二点の史料が確認できた。これらの相論について分析した多田憲美論文では、キサゴに関する争論の発端は、すべてキサゴ採りの最中に起こっており、キサゴが一時に大量に発生し、大漁、不漁の差がはなはだしく、太布（タブ）という採取道具がキサゴを根こそぎ掻きさらってしまうことにより起きているとしている。[23]

また、専業漁村と海のない村との相論に注目し、特に専業漁村である奈良輪村とその南東につながる海はないが広大な秣場を持つ神納村との事例を取り上げている。神納村は、一六〇〇年代当初は海の入会権がなかったが、宝永三年（一七〇六）に入会権を確立した。その後も田肥の必要からキサゴへの依存度が高まり、度々相論になる。天保一

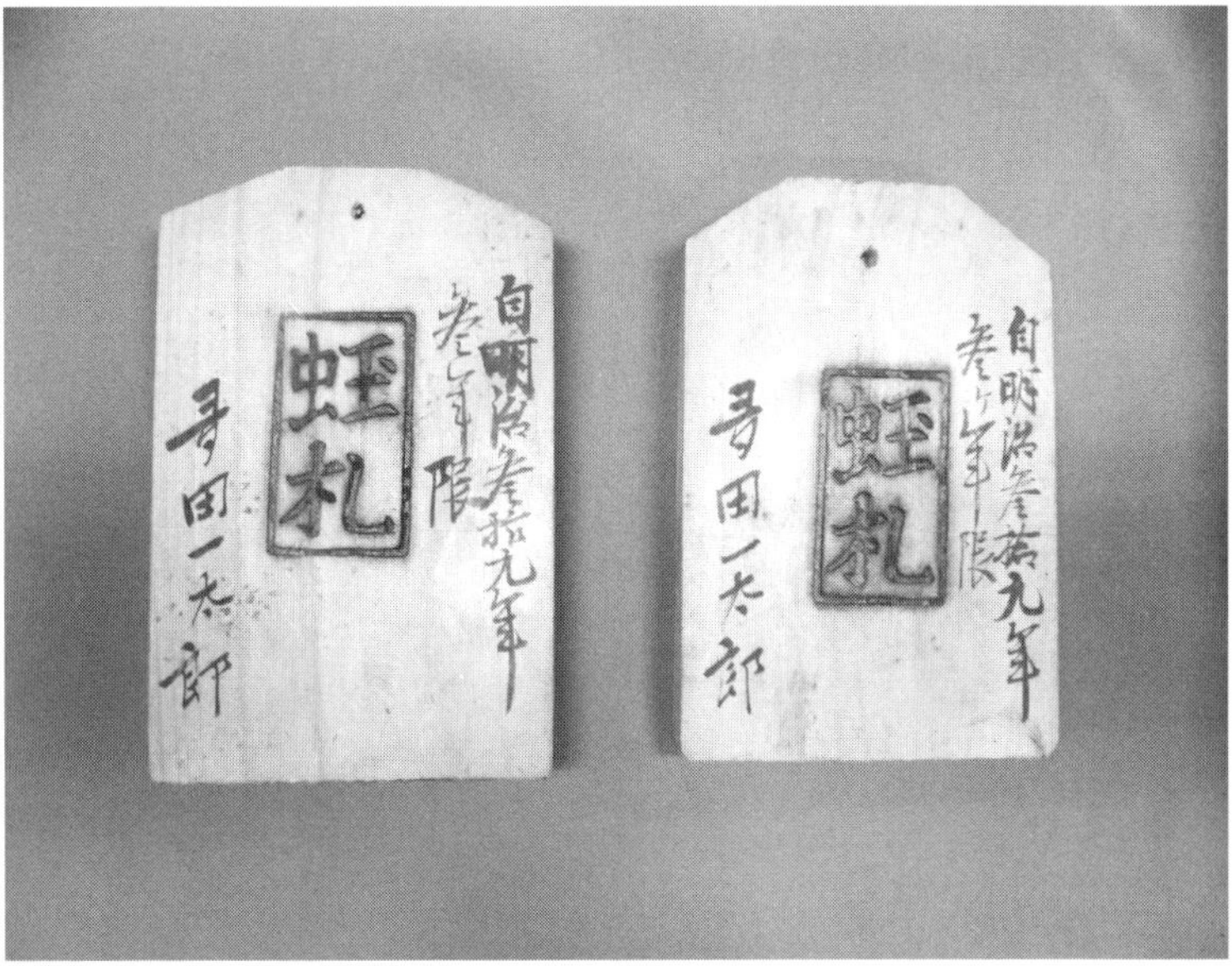

写真2　キサゴフダ

所蔵：袖ケ浦市郷土博物館

〇年（一八三九）の史料には、奈良輪村から神納村へ木札およそ二〇〇枚を渡している。これが、キサゴフダである。このような札が発生した背景には、神納村は水害にあいやすい土地柄であり、キサゴを利用しないと近隣他村と同等の収量にならなかったためではないかと多田は結論づけている。[24]

『袖ケ浦市史　自然　民俗編』では、第二次世界大戦前までの海岸線の長浦・昭和地区での苗代田へのキサゴ利用について、干鰯や豆板などは値が張ってなかなか利用できなかったとして、次のように記している。

> キシャゴ採り当日は、「始め」の合図のホラ貝が吹かれると一斉にベカ舟で沖に出た。長い柄と鉄の刃のついたキシャゴタブで海底を引っかくと網にキシャゴがたまった。キシャゴを採る人は一軒ずつ一枚のキシャゴフダを漁協から買い、必要ならよその家の札を買った。オカの村の人で、札を買いに来た人もあった。一反当たり一斗樽で五、六杯入れた。キシャゴを田にしっかり入れれば化

学肥料はほとんどいらなかった。外にリン酸肥料をある程度入れれば十分であった(25)

キシャゴ採りは、五月の節句以後三、四回で、腐りやすいのでその翌日には田に貝殻のついたまま撒いたので、貝殻で足が痛くなるほどだったという。キサゴをしっかり入れれば化学肥料はほとんどいらなかったということからも、キサゴは植物の成長を促す窒素肥料として有効だった。これらのことから、キサゴを肥料として活用することは、第二次世界大戦前まで行われており、キサゴフダもその頃まで使われていたことがわかる。

⑤ 市原市域のキサゴ採取

市原市域についても史料が多く残っている。市内の海岸沿いの集落を中心に度々起こったキサゴ相論などについて、まとめたのが表2である。

表2　市原市域キサゴ相論等史料一覧表

№.	年号	西暦	浦名・村名	相手村	内容	出典
1	正徳四年	一七一四	青柳村七平	同村次郎平衛	青柳村七平と同村次郎平衛がキサゴ札について相論。	『市原市史資料集（近世編二）』六七九頁
2	享保二年	一七一七	青柳村	今津村	青柳村と今津村でキサゴ掻している時村境について争う。	『市原市史資料集（近世編二）』六八七～六八八頁
3	享保九―一〇年	一七二四―一七二五	青柳村浦	松ヶ島村	松ヶ島村が用水代としているキサゴ札について相論。	『市原市史資料集（近世編二）』六七九～六八三頁
4	享保一五年	一七三〇	町田村		田の肥やしは五井浦でキサゴを掻き、一反につき二駄ほど入れる。	『市原市史資料集（近世編二）』六八三頁
5	元文五年	一七四〇	青柳村浦	松ヶ島村・飯沼村	松ヶ島村と飯沼村が用水代としているキサゴ札について相論。	『市原市史資料集（近世編二）』六八三～六八五頁

6	寛保二年	一七四二	今津朝山村	姉崎村	入会キサゴ磯貝採について今津朝山村と姉崎村の村境に関する相論。	『市原市史資料集（近世編二）』六九三～六九四頁
7	宝暦八年	一七五八	青柳村浦		青柳村でキサゴ札を四七〇枚出すことを確認している。	『市原市史資料集（近世編二）』六八六～六八七頁
8	天明元年	一七八一	五井村		キサゴ掻き等磯稼ぎにつき南北五井村と玉前新田役人請証文	『市原市史資料集（近世編二）』六九七頁
9	文化六年	一八〇九	青柳村	同村次郎平衛	キサゴ札について相論。	『市原市史資料集（近世編二）』六九〇～六九一頁
10	文政二年	一八一九	不入斗村	椎津村	キサゴ札について相論。	『市原市史資料集（近世編二）』六九四～六九五頁
11	弘化四年	一八四七	青柳村	出津村	青柳村浦へ出津村の者が大勢押し入ってキサゴ掻したことについて。	『市原市史資料集（近世編二）』六九一～六九二頁
12	嘉永元年	一八四八	青柳村浦	五井村	キサゴ掻きをする時に青柳村で番舟を付けているが、大勢押しかけて争いになったことで相論。	『市原市史資料集（近世編二）』六八二頁
13	嘉永四年	一八五一	青柳村		キサゴ掻きについて、三か郷での争い。	『市原市史資料集（近世編二）』六九二～六九三頁
14	万延二年	一八六一	不入斗村		椎津村の者が、販売目的で採取したキサゴを販売している。	長島光二「近世市原郡農村と貝肥採取—史料と考察—」六一頁

市原市域の史料として注目されるのは、キサゴが販売目的で採取されて流通していたことを示す史料である。不入斗村名主太郎太夫の日記『辛酉年中日記帳』の万延二年（一八六一）の四月一三日「椎津富士屋ゟ海蜷百杯付ル」一四日「船主ゟ海蜷二百杯付ル」などと記されている(26)。

このように、キサゴは漁業資源として、販売の対象になっていった(27)。

⑥ 千葉市域のキサゴ採取

千葉市域でもキサゴを採取して、田の肥料としたことは史料に残っている(28)。史料数が少ないので詳細は不明であるが、キサゴ札やキサゴの販売が、現袖ケ浦市や市原市と同様に行われていたと考えられる。

表3 千葉市域キサゴ相論等史料一覧表

No.	年号	西暦	浦名・村名	相手村	内容	出典
1	寛文九年	一六六九	寒川	千葉寺	周辺の村々が田畑肥料としてキサゴを採取するのは、両村の意義が無ければ従来通り行う。	『千葉市南部の歴史』四六頁
2	延宝三年	一六七五	八幡村	北生実村	村田川流の浦で、八幡村の者が大勢出てキサゴを乱獲したので、訴え出た。	『千葉県史料』近世篇下総国（下）三六～三八頁
3	元禄七年	一六九四	曽我野村浦	南生実村	曽我野村浦で南生実村の者が寄砂子（キサゴ）を取ったことで、浦境相論となった。	『旧藩時漁業裁許例』六二～六三頁
4	元禄七年	一六九四	浜野村	生実村	村田、浜野、生実の三ケ村に、寄砂子札（キサゴ札）を出した	『旧藩時漁業裁許例』六三～六四頁
5	文政六年	一八二三	八幡浦	村田、浜野、北生実	八幡村と村田村、北生実村の名主が、キサゴを採取のための入会地を検分していた時の相論について。	『千葉市史史料編三』五〇五頁

⑦ 習志野市域でのキサゴ採取

習志野でも他市域と同様にキサゴ採取が行われていた。鷺沼村の医師渡辺東淵が記した『渡辺東淵雑録』の天保一四年（一八四三）八、九月に、キサゴがたくさん取れたという記述がある(29)。また、鷺沼村、谷津村、久々田村、船橋村などが表4のようにキサゴ取りを行っていた。

⑧　船橋市域のキサゴ採取

船橋浦では、安政三年（一八五六）に、谷津（現習志野市）、西海神（現船橋市）等の村々がキサゴ掻取について申し合わせを定めた。その中に他の貝類に関する記述が含まれている。

一、きさご掻取の時が、外貝類の重に生立つ時節に当れば、定めた日の前に村役人方に申出て掻取の村々に通達し、それぞれの役人どもと百姓惣代、漁師惣代、立会い掻きためし、外貝類の重に生じて居る場所は、相互に勘弁して濫りに取らぬ様にし、漁師どもの難儀にならぬ様にすべきこと。

この史料により、他の貝類の生育に影響がないように気を付けていたことがわかる。そして、明治二五年（一八九二）に五日市と漁師町、海神漁師との間で協定が成立した。

一、明治二十五年九月より向う六十箇年間五日市は三番瀬に入ってきさご掻きはしないこと。ただし高瀬にだけは従来通り入ってもよいこと

翌年一月には、海神でも下組漁師仲間と上中組農家との間で、今後六〇年間三番瀬でのきさご掻きはしないことを決めた。(30)

船橋浦での特徴は、他の貝類の資源保護施策のためにキサゴ採取を規制をしていることだといえる。

表4　習志野市・船橋市域キサゴ相論等史料一覧表

No.	年号	西暦	浦名・村名	相手村	内容	出典
1	享保一二年	一七二七	鷺沼村	船橋村九日市	昔から馬加浦で入会でキサゴやカワナを田地肥しにしてきたが、船橋村九日市と藻草盗で争いとなった相論。	『習志野市史　第三巻史料編Ⅱ』三四六～三四八頁
2	明和四年	一七六七	谷津村	船橋村	キサゴは田地肥として日を定めてとっていたが、漁師が百姓の道具を取ったことで相論。	『習志野市史　第三巻史料編Ⅱ』三五二～三五五頁
3	寛政一二年	一八〇〇	久々田村	谷津村	キサゴ、カフナは田肥として掻きとっていたが、その時アサリやハマグリを道具で掻きとったということで相論。	『習志野市史　第三巻史料編Ⅱ』三六四～三六六頁
4	享和元年	一八〇一	久々田村	谷津村	キサゴ取りは認められているが、アサリ、ハマグリ類を取ったことについての相論。	『習志野市史　第三巻史料編Ⅱ』三六七～三七一頁
5	安政三年	一八五六	谷津村	船橋村	前々からキサゴ掻取を苗代の節三日、植田の節三日取っていたが、その時期は他貝類が生育する時期でもあり、掻ためしをするという議定。	『習志野市史　第三巻史料編Ⅱ』三八七～三九〇頁

⑨　市川市域のキサゴ採取

市川市域については、相論の史料は見つからなかった。また、村明細帳には田肥として下肥の記載が多く、キサゴについてはなかった[31]。市川地域は、江戸から江戸川を使って葛西船で下肥を大量に使用しており、キサゴは使わなかった可能性がある。

⑩　浦安市域のキサゴ採取

『浦安町誌』には、「豆ガニやキシャゴ（イボキサゴ）を江戸時代から昭和中期まで田に撒いて稲の肥料としていたと記している。[32] また、天明二年（一七八二）に船橋村と葛西村、猫実村（現浦安市）、堀江村（現浦安市）等がキサゴ取について相論となっている。

東京内湾の千葉県でのキサゴ採取は、内湾沿いに富津市から浦安市まで盛んに行われ、苗代田の肥料として活用されていたことが確認できた。[33] 次に、東京都ではどうだったのか、検討したい。

四　東京都でのキサゴの肥料としての利用

東京都内でキサゴ採取が出てくるのは、葛西村浦（現江戸川区）の事例である。浦安市域で述べたように、天明二年（一七八二）船橋村と葛西村等が漁場侵漁について相論となった史料では「きさご取り」に限って日を定めて出猟してもよいことになっていた。また、文化二年（一八〇五）「東宇喜田村々方様子御尋書上帳」には、次のように記されている。

> 肥は、当浦よりあみ・ざつこと申す小えびを取肥に仕、其外あをさ・きさご・刈草、江戸より下肥等取相用申候[34]

東宇喜田村では、田畑の肥料をざっこ、あおさ、きさご、刈草、下肥などを使っている。この地域は、現在の浦安市の旧江戸川を挟んだ対岸にあたる。

江戸で最も盛んに漁撈を行っていた浦のひとつである羽田大森村（現大田区）では村前の貝藻を田畑の肥料にしているが、史料の中にはキサゴについては出てこない。[35]

また、明治一三年（一八八〇）に水揚げされた魚介類の貝之部にキサゴは含まれておらず、肥料として「フジ貝」

が挙げられている[36]。

これらの史料からは、東京都では、葛西以外は肥料としてのキサゴの利用は確認できなかった。

五　神奈川県でのキサゴの肥料としての利用

神奈川県のキサゴを田肥として利用していた事例は発見できなかった。

川崎市大師河原（現川崎区昭和、青山）では、海の深い所にある「エボロ」という貝を田圃に入れて肥料にしたという。また、明治末頃までは、あさり、蛤類の貝を採って来て肥だめに入れておくと貝は下に沈み、腐った水を田圃の肥料にした。千葉からも舟でこれ等の貝を取りに来た。千葉では貝のまま田にまいて肥料にしたという[37]。

これらの史料から、神奈川県では肥料としてのキサゴの利用は確認できなかった。

結　論

東京内湾における肥料としてのキサゴの利用は、千葉県富津市から東京都江戸川区葛西までの地域で、キサゴを肥料として利用する事例が確認された。

遠浅で干潟が発達した東京内湾は、魚介類の宝庫であり、「貝が湧く」というように砂浜には多くの貝類が生息していた。明治二八～二九年（一八九五～一八九六）の調査報告では魚介類の産額でバカガイ一〇万一〇〇〇円、アサリ三万三〇〇〇円、イボキサゴ二万一〇〇〇円、ハマグリ一万四〇〇〇円等となっている[38]。この金額は、市場に出回る額を算定したにすぎない。磯付村の人々の日々の糧となり、肥料になった分も入れれば莫大な金額となるだろう。

特に、富津岬より内湾は穏やかであり、千葉県側は広大な干潟が続いていた。この環境は、キサゴの幼個体が汀線に近い場所に生息し、繁殖に参加する時期になって移動するという生態に適していたといえるだろう。

では、なぜ東京の葛西より西側と現神奈川県側でキサゴの採取が確認できないのだろうか。これについては生物学的な研究成果を待ちたいが、ひとつの仮説として汀の減少とキサゴの生息域に関係があるのではないかと考える(39)。江戸内湾の埋立は徳川家康の江戸入府直後から始められた。江戸の人口が爆発的に増加する中で埋め立てが進むことで、イボキサゴの幼個体の生息地である汀が失われていった。葛西や現浦安市周辺の干潟は、江戸川が運ぶ土砂が堆積し、江戸川の淡水と海水が混ざる汽水域である。現在東京湾でイボキサゴが生息しているのは小櫃川河口干潟のみであり、汀と汽水域が保全されていた千葉県側にのみキサゴが生育し、その生息域でキサゴを肥料として利用する習俗が伝承されるようになっていったのではないかと考える。キサゴを肥料として利用する習俗は、自然環境と生業とのつながり、また漁撈と農業の関係性を考えるうえで重要であると思われる。

但し、神奈川県側については、明治時代以降は横浜港や横須賀港の舟運のために盛んに浚渫が行われるようになった影響が考えられるが、近世期にキサゴ採取に関わる相論などが無かったのかどうか調査を進める必要があるだろう。

そして、肥料としてキサゴを利用した年代は江戸時代初期から第二次世界大戦前頃までであることが明らかになった。江戸時代には各地でキサゴ採取をめぐって相論が起り、キサゴフダを出すなど、採取に制限を加えた。これは、当初は各村でのキサゴの配分が少なくなることから起こっていたことである。しかし、安政三年（一八五六）の船橋の事例ではほかの貝の採取への影響を鑑みて、制限している。また、明治二五年（一八九二）には期限を限って採取を禁止する措置が取られた。これは、漁民たちが東京湾の漁獲高が減少する状況下で明治後期に東京湾でアサリなどの貝養殖技術を新たに導入する時期と重なっている。その後、アサリなどの貝類の養殖が盛んになっていき、肥料としてのキサゴの採取は制限されていく。つまり、貝養殖を契機とした新たな生活戦略により、キサゴの肥料としての活用が制限され生業の構造変化へと結びついていったと考えられる。筆者は都市近郊低湿地における生業の意味を検討する中で、技術の導入を生業戦略として取り入れる構造について考察した[40]。本論で扱ったキサゴを肥料として利用する習俗の消失の一因は、生業戦略として貝類の養殖を行う中でキサゴ採取が阻害要因となり、失われていったと位置付けることができると考える。

おわりに

本論では東京内湾の肥料としての貝《キサゴ》を題材として、漁撈と農業をつなぐ生業のあり方について検討した。

現在、干潟の環境悪化によりイボキサゴが減少しており、保全や保護の観点から研究が進んでいる。これは干潟を保全することの重要性とその再生のために必要なことであると考えるが、生物学的な見地からだけではなく、歴史学や民俗学を包括した研究であることが必要ではないだろうか。「一つの文化圏を対象とする視点」[41]は、自然、歴史、民俗など様々な分野を超えた視点であると考える。

註

（1）織田完之『内湾漁制通考』一九〇三年　三〜四頁、国会図書館デジタルコレクション、http://dl.ndl.go.jp/info:ndljp/pid/796387 二〇一七年四月二九日参照。

（2）山口和雄編『九十九里旧地曳網漁業』アチックミューゼアム　一九三七年、荒井英次「近世農村における魚肥使用の拡大」『日本歴史』二六四　一九七〇年、原直史『日本近世の地域と流通』山川出版社　一九九六年、中西聡『近世・近代日本の市場構造』東京大学出版会　一九九八年を想起されたい。

（3）館山市立博物館　平成二五年度特別展図録『安房の干鰯：いわしと暮らす、いわしでつながる』二〇一四年。また、平成二九年度には千葉県立関宿城博物館で企画展「鰯は弱いが役に立つ―肥料の王様 干鰯―」が開催された。

（4）葛飾区郷土と天文の博物館　平成一六年度特別展図録『肥やしのチカラ』二〇〇五年、平成二五年度特別展『肥やしの底チカラ』二〇一三年

（5）平塚純一・山室真澄・石飛裕『里湖モク採り物語』生物研究社　二〇〇六年、白鳥浩治『生きている印旛沼―民俗と自然』崙書房出版　二〇〇六年。

（6）千葉県立中央博物館大利根分館「土運び」デジタルミュージアム「水郷の原風景」、https://www.chiba-muse.or.jp/OTONE/genhukei/ine-02.html、二〇一七年四月二九日参照。

（7）印南敏秀『里海の生活誌　文化資源としての藻と松』みずのわ出版　二〇一〇年。

（8）前掲　註（6）七九～九五頁。

（9）長島光二「近世市原郡農村と貝肥採取―史料と考察―」『市原地方史研究』一三　一九八四年　四一～六四頁。

（10）多田憲美「近世西上総地方における蚯相論―米の増産にかける農民の悲願―」『歴史読本』三一（五）（四二五）［一七九］　一九八六年　二四八～二六九頁。

（11）松崎憲三「民俗の変貌と地域研究」『日本民俗学』一九〇　一九九二年　一四～二六頁。

（12）安室知『自然観の民俗学　生活世界の分類と命名』慶友社　二〇一六年　Ⅷ―Ⅺ頁。

（13）「ぼうずコンニャクの市場魚貝類図鑑」「キサゴ」http://www.zukan-bouz.com/syu/%E3%82%AD%E3%82%B5%E3%82%B4、二〇一六年一二月一二日参照。

（14）西野雅人「中期の環状貝塚と集落」『季刊考古学』一〇五　二九～三三頁ほか。また、千葉県の貝塚でのキサゴの発掘について、西野雅人氏にご教示を得た。

（15）「千葉県の保護上重要な野生生物―千葉県レッドデータブック―動物編（二〇一一年改訂版）。http://www.bdcchiba.jp/endangered/rdb-a/rdb-2011re/rdb-201112kai.pdf　四七六頁、二〇一六年一二月一二日参照。また、千葉県のキサゴ生息については、千葉県立中央博物館黒住耐二氏にご教示を得た。

（16）佐藤武弘「東京湾盤洲干潟におけるイボキサゴの成長について」『神奈川県立博物館研究報告・自然科学』四一　二〇一二年　一～八頁。

（17）但し、行っていた年代には地域差がある。

（18）『東京湾の漁撈と人生　東京湾漁撈習俗調査報告書』千葉県教育委員会編　一九六七年　四九～五一頁。

(19)『君津市史　史料集Ⅱ　近世Ⅱ』一九九二年　二六九頁　二九三～二九四頁。
(20)『袖ケ浦町史　通史編　上巻』一九八五年　八〇六頁。
(21)水本邦彦『草山の語る近世』山川出版社　二〇〇三　五八～六一頁。
(22)前掲　註（9）二六〇頁。
(23)前掲　註（9）二六八頁。
(24)『袖ケ浦市史　自然・民俗編』一九九九年　三五三～三五四頁。
(25)市原市域には、貝を原料とする肥料工場があったというが確認できなかった。今後調査を進めていきたい。
(26)前掲　註（9）六一頁。
(27)『千葉市史　近世近代編』一九七四年　九四頁、『千葉市南部の歴史』一九八六年　四六～五九頁。
(28)『習志野市史　第一巻　通史』一九九五年　四二二～四二六頁。
(29)『船橋市史　前篇』一九五九年　二五一～二五二頁。
(30)『浦安町史』一九六九年　九七頁。
(31)但し、市川市は史料を発見できなかった。また、千葉県の九十九里周辺の畑でキサゴを肥料として使っていたという聞き取りはできたが、習俗として定着したものであったのかどうかは不明である。
(32)『江戸川区史』一九五五年　四〇八～四〇九頁。
(33)前掲　註（19）四七～五〇頁。
(34)『東京市史稿』市街篇第三二　一九九八年　四七～五〇頁。
(35)『東京内湾漁撈習俗調査報告書』一九六七年　四〇頁。
(36)前掲　註（34）四〇頁。
(37)『川崎市文化財調査集録　第三集』一九六七年　八六～八七頁、『川崎市史　別編　民俗』一九九一年　二一二頁。大師の海周辺の貝類の肥料としての利用については、川崎市市民ミュージアム学芸員の高橋典子氏からご教示を得た。
(38)西野雅人「明治期に記録された東京湾の魚貝類相――農商務省水産局『東京湾魚場調査報告』から」『動物考古学』一四　二〇〇〇年　四二頁。
(39)江戸内湾の埋立とキサゴとの関係については、大田区立郷土博物館からご教示を得た。

(40) 秋山笑子提出学位論文「都市近郊低湿地における生業の研究―近現代の河川沿い集落にみる生活戦略―」二〇一五年　総合研究大学院大学。

(41) 前掲　註(11)一四〜一六頁。

描かれた明治期の天蚕飼育

――京都府大原神社　奉納絵馬――

佐野　和子

はじめに

淡緑色の天蚕の繭から取れる糸は「繊維のダイアモンド」と呼ばれ貴重な糸と認識されている。天蚕の糸は、家蚕（カイコ）の糸に比べ光沢があり、丈夫である。さらに多孔性のため独特の風合いを持ち、保温、保湿性、紫外線遮蔽力、抗菌性に優れている。そのような特性を持つ天蚕の繭を採取するために、天明（一七八一～一七八九）の頃から、本来は野山に自生するヤママユを、飼育することが始まった。[1] 以来、盛衰はあっても今日まで天蚕飼育は続いている。その飼育の様子を描いた絵馬が、京都府福知山市三和町大原に建つ大原神社に、明治一七年（一八八四）、田中敬造によって奉納され、現存している。家蚕飼育に関係する絵馬は多数存在するが、天蚕飼育の絵馬は、他にないと思われる。その絵馬には、採卵し、孵化からそれに続く飼育の様子、最後に糸を取るまでの工程が描かれており、当時の飼育の様子がわかる貴重な資料と考える。小稿では、図柄の解読は、すでに先行研究があるので、[2] それに依拠し、筆者の見解も加えてみたい。そして奉納者、田中敬造が、その土地では全く新しい、天蚕飼育という養蚕業に取り組もうと考えた背景や、飼育技術の習得について、当時の天蚕に関する政府の意向や刊行物から考察し、明治時代の天蚕飼育全体の流れをみる。さらに現在の天蚕飼育の状況を報告し、絵馬に描かれた飼育との技術面での比較や、飼育者の天蚕飼育や天蚕に対する心情にも言及したい。

なお天蚕の表記は、現在一般的に使われ、農林水産省でも使用する「天蚕」の文字を使うが、片仮名表記も併用する。(3)

一　天蚕

天蚕は絹糸昆虫の一種で、昆虫綱、鱗翅目、カイコガ上科、ヤママユガ科に分類される。昆虫学での和名はヤママユガである。ヤママユ(山繭)、テンサン(天蚕)と呼称、記載されることが多いが、民俗語彙としてはヤママユ、ヤママイ、ヤマンマイ、ヤマオコ、ヤマコ、ヤマゴサマ、テンサンなどがある。日本原産で、ほぼ日本中の山野に生息する。その生活サイクルは、一年に一回発生する一化性で完全変態する。卵で越冬し、自然条件下では四月から五月にかけて孵化する。その時の体長は約四ミリ、黄色の体色で全身黒色の毛でおおわれている。その後四眠五齢、約五十日を経て、体色が緑色になり体長七〜八センチ、体重一七〜二〇グラムに成長する(写真1参照)。六月中旬から下旬に、食樹の葉を二〜三枚綴り合わせて営繭する。繭の中で蛹化して三〇日から六〇日夏眠し七月下旬から九月下旬の夕方から夜にかけて羽化する。成虫雌の体長は約四、五センチ、翅開帳一二〜一八センチで雄はやや小さい。成虫の寿命は、およそ一週間でその間食餌はしない。交尾は夜間行い、翌日から数日かけて、百から三百粒の卵を食樹の枝に産卵する。卵の中で幼虫化し休眠して冬を越す。生態は警戒心が強く、集合を嫌い他の個体が近づくと噛みつくこともある。脚の把握力が強く、移動性が大きい。水分を多く求める習性がある。

吐糸の長さは、繭の大きさは家蚕より大きいが、家蚕は一二〇〇〜一五〇〇メートルであるのに対し、約七〇〇

写真１　ヤママユの５齢幼虫

メートルと少ない。繭層構造が不揃いのため、解舒率が悪く繰糸しにくいためである。

天蚕糸や繭は古くから活用され、纏向遺跡から出土した三世紀後半の巾着状の絹製品が、天蚕糸製だったことも判明している(4)。利用法は繊維として反物、洋服地、布地、ネクタイ、ショール、マフラー、タペストリーなどに使用される。また繭のままで、コサージュやブーケ、ブローチ、キーホルダーなどのアクセサリーに加工され、化粧品の素材としても使われる。近年は卵中の物質を、抗癌治療薬として実用化する研究が進められている(5)。

二　大型絵馬「天蚕飼育之図」

丹波国何鹿郡田野（現京都府綾部市田野町）に、安政元年（一八五四）に誕生した田中敬造が、いかなる経緯で明治一七年（一八八四）大原神社に「天蚕飼育之図」を奉納したのか、『丹陽教会五十年史』と『綾部市史』下巻から探ってみる。その後に「天蚕飼育之図」の図柄の内容を説明する。

1　田中敬造のこと

田中敬造の生まれた田野は、何鹿郡の南端に位置し、三方を山に囲まれ、大原神社のある天田郡に接している。天保年間（一八三〇〜一八四四）佐藤信淵によって書かれた『巡察記』には「家数四五軒、二一〇余人が住み、桑も生じ蠶《カイコ》など細小の利あり」と記され、田中敬造が生まれた頃には、養蚕が行われていた可能性が推察できる。彼が天蚕飼育を始めた頃は、戸数六〇戸の純農村で、氏神は山王神社、寺は真言宗千住院で、全戸が千住院の檀家であった。[6]

田中敬造は「少壮気鋭、非常に進取的気性に富んだ人」であったが「天蚕も柞蚕も苦心の功報いられず、結局失敗に終わった」という。[7]

彼は明治六年（一八七三）頃、明治五年（一八七二）八月に出された「山蠶養法告諭書」を読み、天蚕飼育を始めた。この時二〇歳前後である。天蚕飼育が盛んな信州に視察に行くなど、努力を重ねて、天蚕飼育を続ける中で、明治一七年（一八八四）、大原神社に大絵馬「天蚕飼育之図」を奉納したのである。明治一九年（一八八六）一月下旬、柞蚕飼育の視察のため愛媛県に行き三月二三日に帰村した。[8]この年から柞蚕飼育も開始した。愛媛県に滞在中に彼に大きな変化が生じる。愛媛県大洲市に滞在中、たまたま聞いたキリスト教の講演会に魅せられ聖書を購入し、帰路、神戸に寄って神戸教会の牧師から教えを受けた。帰村すると早速、村民に道を説き、二人が求道の道に参加した。明治二〇年（一八八七）八月に田中敬造とこの二人は洗礼を受け、何鹿郡における最初のキリスト教信者となった。しかし村民の反対は激しく、一時はこの三軒に連判状を以って絶交を申し渡した。このことで天蚕飼育に必要な人員が集められなくなり、天蚕柞蚕飼育の失敗に繋がるのではないかと想像できる。天蚕柞蚕飼育を中止した時期については書かれていない。明治二六年（一八九三）、かつて丹波で牧師をしていた留岡幸助の勧めで、一緒に洗礼を受けた者と共に、北海道旭川に移住した。後に留岡の創った「北海道家庭学校」の経営にも参加していたという。没年は不明。

彼は郡是製糸株式会社（現グンゼ）を明治二九年（一八九六）に創立した、波多野鶴吉（一八五八〜一九一八）と親交があり、波多野は「田野には二つの恩がある。足を向けては寝られぬ」と語っていたという妻、葉那の言がある。「一つは田野において基督教の導きを受け信仰の新生涯に入ったこと。もう一つは田中敬造氏の天蚕飼育を見に行って、屋外で自然任せに飼育する天蚕は危険で山師的である。地方の産業としては、やはり家蚕でなくてはいけない、ということを痛感し、その方面に進んだことだ」という。(9)

右のような生き方をした田中敬造はいかなる気持ちで、絵馬を奉納したのであろうか。その絵馬について見てみる。

2 「天蚕飼育之図」について

奉納場所である大原神社は、弘安二年（一二七九）桑田郡樫原から現在地に遷座したと伝えられる。現在の社殿は寛政八年（一七九六）に再建されたもので、昭和五九年（一九八四）京都府の有形文化財に指定されている。安産の神として信仰され、産屋が残されていることでも知られる。また『養蚕秘録』上巻に「養蚕の神なり」(10)と記載されているように、養蚕を営む人々に信仰された。また境内には、文久三年（一八六三）再建の絵馬堂があり、慶応四年（一八六八）奉納の「四季耕作図」や、今は幣殿に奉納されている、慶長四年（一五九九）に奉納された「黒馬図」「白馬図」など、多くの絵馬と句額を所蔵する。これらは、平成五年（一九九三）すべて三和町の文化財に指定された。(11)

「天蚕飼育之図」は幣殿に大切に奉納され色落ちの修復もなされている。

絵師は円山派長谷川素后（一七九二〜一八六五）の弟子、安藤貫山(12)で、田中敬造と同じ何鹿郡の上町出身である。

奉納年は明治一七年（一八六四）二月で、扁額形式の縦一一五センチ、横一八一、五センチの大絵馬である。

3 「天蚕飼育之図」の解説

先行研究、角山幸洋「丹後の絹」をもとに、写真2の「図左下」から見ていく。「種取り」の作業で、棒にいくつ

写真２　絵馬「天蚕飼育之図」
京都大原神社　社殿内〔平成27年(2015) 3月27日撮影〕

もの籠が下がっている。籠の中には、雌雄のヤママユガの成虫が入っていて交尾し、雌は卵管を竹籠の網目から出し、籠の外側に産卵する。奥の屋内では藁製と思われる入れ物の中で孵化させ、食樹の葉を与えている。角山は養蚕で行われる「箱飼」と表現している。箱飼については、明治五年（一八七二）「山蠶養方告諭書」に「種を塗りたる器に並べ置虫出れば新芽をおおい」とあり、明治一三年（一八八〇）刊『山繭筒飼養法概略』にも「卵を小盆に入れ、発生の虫の上に飼葉の新芽をおおいおき、それに、はいかかる虫を箸で飼育する枝につける」とあるので、筆者もその場面と考える。その隣の部屋の作業を、角山は「棚飼」としているが、筆者は現行の天蚕飼育見聞から得た知識と天蚕の性質から考えて、そうではないと考える。確かに棚が組まれ籠が入れられている。家蚕の養蚕では一般的な飼育方法である。しかし天蚕は移動性が大きく、多くの水分を必要とする。食樹を枝ごと与えても、水に挿さない状態では、すぐ枯れてしまい用をなさない。さらにその場面には食樹は描かれていない。以上の理由から筆者は、繭を乾燥させている場面と考える。繭の収穫法は、天蚕が営繭した状態の枝を切って、棒や竿に掛けて乾燥させる。その後巻いている葉を取り除き、繭だけ籠に広げて乾燥する。この方法は、明治時代に刊行された飼育技術書にも書かれており、現在でも、繭は巻いている葉ごと籠に広げて乾燥させる。

「図左上」は山飼という方法である。樹木が連なり、鳥などの被害を防ぐための見張り小屋が置かれている。二人の人が卵の付いた種紙を樹木の枝に付けている。他の一人は棒を持って鳥を追っている。もう一人は天秤棒を担いでいる。樹木にかける水を運んでいるのであろうか。

「図右上」には、二階建ての建物が描かれ、「養蚕拡大」と書かれた旗が立っている。家の中では三人が商取引をしていると思われる。同室の二人は外を眺めている。下の庭では葦簀を張ってその中で飼育を行なっている。いわゆる簀飼である。中に樽のようなものを並べ、樽の蓋に穴をあけて、食樹の枝を挿し、その枝に幼虫を付ける。葉が不足する前に、枝を新しいものと交換する。周辺には、水を運ぶ人や新しい枝を運び込む人も描かれている。

「図右下」では、屋内で製糸している。コンロの上に鍋をかけ、繭を煮て、座繰りで糸を引いている。『養蚕秘録』図五一「丹波、丹後、但馬糸とる図」と同様の方法である。右の棟では揚げ返しの作業をしている。

以上のことから「天蚕飼育之図」には、採卵し山飼、樽飼の方法で飼育を行ない、繭を取って乾燥させた後に製糸するまでの工程が描かれていることが分かる。

上記の説明は角山幸洋「丹後の絹」、須藤功『大絵馬ものがたり』[13]二、および筆者が平成二五年（二〇一三）三月、大原神社宮司、林秀俊氏のご厚意により「天蚕飼育之図」を実見した結果を、概括したものである。

4 「天蚕飼育之図」の評価

角山幸洋は図柄説明の最後に「天蚕飼育の作業は、少なくても現実に行われていた状況を、忠実に描き出しているものとみてよく、この地方に於ける天蚕飼育を示す資料として貴重な価値をもっていると思われる」と述べている。[14]

一方『三和町史』には「当地方の様子かどうかについては、高楼二階建ての檀那衆の服装や高楼に聳える旗など、日本離れした図柄もあり検討を要する」[15]とある。筆者は角山幸洋の説に賛同する。なぜならば、絵師安藤貫山は、写生派と呼ばれる円山派の流れを汲む画家であること、田中敬造と同じ何鹿郡出身であることから、実際に飼育の様子を見学した可能性も高く、かなり正確に描いたと考えるからである。ただし絵馬の慣例で一部は他の作品を参考にした可能性は考えられる。例えば『綾部市史』下巻の見返しに使われている、明治一五年制作「郷土蚕桑風俗図絵」[16]の製糸の図柄は、「天蚕飼育之図」の製糸の場面と類似している。

なお須藤功によれば、「養蚕関係の大絵馬は、氏の調査では全国に二六点あり、そのうち二五点は東日本のもので、西日本ではこの「天蚕飼育之図」のみである」という[17]。絵馬研究の上からも、この絵馬は貴重な作品であると言えよう。

最後に、田中敬造が明治一七年（一八八四）、大原神社に天蚕飼育の様子を描いた大絵馬を奉納した心情を推測してみたい。大原神社は養蚕の神様である。まずは天蚕飼育が上手くいくことを、祈願したであろう。ではなぜ明治一七年なのであろうか。『丹陽教会五十年史』には、「天蚕飼育が苦心の功報いられず結局失敗に終わった」と記されているが、大絵馬を奉納するにはかなりの費用を必要とする。絵師も著名な画家の高弟と言われた人である。この時期は彼が飼育を始めてから一〇年、良い結果が得られたのではないだろうか。そのことの感謝と、成功したことの記念であるかもしれない。さらに大原神社に参詣に来る人に、自分が行っている、政府の奨励する新しい養蚕業を知らしめる意図が、あったのではなかろうか。

また岩井宏實『絵馬』[18]によれば、「明治時代は絵馬奉納の習俗が盛んで、京都にも多い」とあり、そのような背景もあったかもしれない。

次の章では、田中敬造が天蚕飼育を試みようと考えたきっかけとなった、政府の奨励は、どのような内容で、どう普及したか、明治時代に於ける天蚕飼育の様相をみてみる。

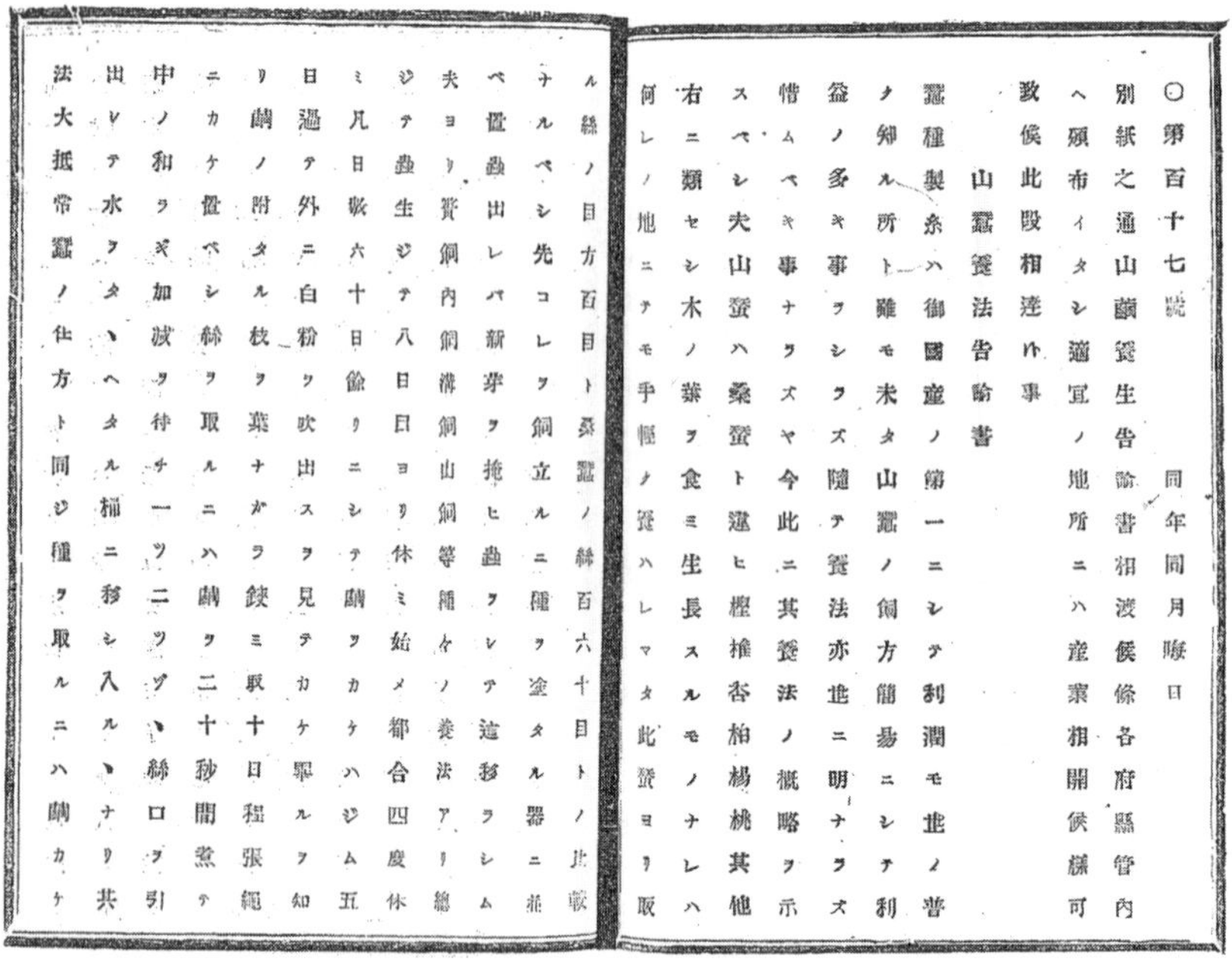
○第百十七號　同年同月晦日
別紙之通山繭養生告諭書相渡候條各府縣管内
へ頒布イタシ適宜ノ地所ニハ産業相開候樣可
致候此段相達候事
山蠶養法告諭書
蠶種製糸ハ御國産ノ第一ニシテ利潤モ世ノ普
ク知ル所ト雖モ未タ山蠶ノ飼方簡易ニシテ利
益ノ多キ事ヲシラズ随テ養法亦世ニ明ナラズ
惜ムベキ事ナラズヤ今此ニ其養法ノ概略ヲ示
スベシ夫山蠶ハ桑蠶ト違ヒ樫椎杏柏楊桃其他
右ニ類セシ木ノ葉ヲ食ミ生長スルモノナレハ
何レノ地ニテモ手軽ノ養ハレマタ此蠶ヨリ取
ル絲ノ目方百目ト桑蠶ノ絲百六十目トノ比較
ナルベシ先コレヲ飼立ルニ種ヲ塗タル器ニ並
ベ置蟲出レバ新芽ヲ掩ヒ蟲ヲレテ遣移ラシム
夫ヨリ簀飼内飼溝飼山飼等種々ノ養法アリ總
ジテ蟲生ジテ八日目ヨリ休ミ始メ都合四度休
ミ凡日數六十日餘リニシテ繭ヲカケハジム五
日過テ外ニ白粉ヲ吹出スヲ見テカケ畢ルヲ知
リ繭ノ附タル枝ヲ葉ナガラ鋏ミ取十日程張繩
ニカケ置ベシ絲ヲ取ルニハ繭ヲ二十秒間煮テ
中ノ和ラギ加減ヲ待チ一ツ二ツヅヽ絲口ヲ引
出シテ水ヲタヽヘタル桶ニ移シ入ルヽナリ共
法大抵常蠶ノ仕方ト同ジ種ヲ取ルニハ繭カケ

図1　山蠶養法告諭書

大蔵省布達　明治5年（1872）

三　明治時代の天蚕飼育

1　「山蠶養法告諭書」の概略

田中敬造が天蚕飼育を始めるきっかけとなった、明治五年（一八七二）に出された、大蔵省布達「山蠶養法告諭書」の概略を記す（図1参照）。

蚕種や製糸が御国産の第一であり利潤も良いことは知られているが、山蚕は、飼方が簡単で利益も多いことは知られず、養法も明らかでなく、惜しいことである。そこで養法の概略を示す、と書いて、樫などの食樹の名前をあげ、どこの土地でも手軽に養えるとし、孵化した虫の飼育法は簀飼、内飼、溝飼、山飼など種々ありと書く。続いて山蚕の生活サイクルを述べ、営繭後、繭の付いた枝を切って、十日ほど張縄に掛けておく。次いで糸取りと種取りの方法を書き、種の保存法を書く。そして種を取るには簀飼が良く、糸を取るには山飼が適しているとする。さらに内飼、簀飼では一人で二万五千の繭を得、立木飼（山飼）では五万の繭で四六斤九分余の糸を製し上がる、とある。またこの糸は外国人が好む物であるが、輸出が少なく対応出来ない。この養法が広まり製糸が増えれば、常蚕（家蚕）に次ぐであろうと述べる。この養法は痩せて耕作に適さない土地でも、樫などさえあれば、飼方は容易で方法は難しくないので、「無産ノ者或ハ農務ニ余暇アル者ハ必ズ此養蚕ヲツトメ下ハ自己ノ活計ヲ立上ハ御国益ヲ助クベシ依テ告諭ニ及ブモノ也」と括っている。

記載されている天蚕飼育の方法に関しては、文政一一年（一八二八）刊『山繭養法秘伝抄』や以下の明治時代の刊行物とほぼ同様である。一方、一人で収穫できる繭の量は卵の使用量が不明のため断言できないが、多すぎると思われる。

2　明治期の天蚕関係刊行物

「山蠶養法告諭書」以前にも表1が示すように[19]、天蚕の飼育書が発刊され、以後続く。著者は、ほとんど天蚕飼育体験者で、自分の経験を基に執筆している。内容は文政一一年刊『山繭養法秘伝抄』と同じく飼育技術書といえるが、大きく違う点は、明治時代のものには、飼育法が簡単であること、利潤が大きく、国益にもなるなど、天蚕飼育の利点が書かれていることである。

内容は種の貯蔵、孵化、飼育法、集繭、乾燥、採種、製糸、織りと一連の作業について記載する。飼育法には山飼、内飼（樽、花瓶、甕）、簀飼、溝飼、池飼、筒飼があると記され、全部の方法の説明をしている本もあれば、何種類かのものもあるが、どの本も一様に山飼が一番良い方法だとしている。このほかに蠶病や、虫や鳥などの、飼育に障害になるものの駆除の方法を記載している本もある。蠶病については、明治四年（一八七一）刊『山蠶やしない草』には山蚕の病気の原因は、季候の不順によると書かれているが、明治四四年（一九一一）刊『天蠶柞蠶論』には主因は

表1　明治期　天蚕関係刊行物

著者	書名	刊行年	備考
北澤始芳　木下助之	増補山繭養法秘伝抄	明治初年	北澤始芳『山繭養法秘伝抄』（文政一一年）に木下助之が総論と補遺を加筆
不明	養蠶集成　山繭の部	明治初年	『教草野蠶一覧』文中に本書を参照と記載
椎猿陳人	山蠶やしない草　全	明治四年	同年、同内容のものが『山蠶養育之箇条』の名で刊行
弘業会社編	山蚕飼立仕様法　全	不明	明治六年に改訂版を刊行
佐伯義門	山蠶養法全	明治六年	
松川半山	山蠶飼方之図	明治六年	木版彩色本・上記『山蠶養法』下の後に載る
信夫粲	教草	明治九年	教草第六　山蠶《ヤママユ》一覧　執筆は明治五年
佐伯義門	山蠶養法	明治九年	
尾崎行正	山蠶或問上下　附野蠶養法	明治一〇年	本書の野蠶はクワコを指す。出版人は息子の尾崎行雄
佐伯義門	山蠶養法　上下	明治一〇年	
安藤広重（三代）	錦絵　野蠶養之図	明治一〇年	『大日本物産図会』の中の一枚（図2参照）
大日本天蠶会社	天蠶飼養実験日記	明治一一年	
佐伯義門	天蠶新論　全	明治一二年	本文中、天蠶に「やままゆ」のルビを付ける
水谷潜蛙	山繭筒飼養法概略	明治一三年	竹筒を用いる飼育法。種販売も行うことと記載
小林瀧蔵	印度種天蠶飼養法　心得	明治一四年	愛媛県勧業報告附録　明治一四年から柞蚕飼育
桜井広政　塚元武平治	天蠶養法新説	明治一六年	柞蚕飼育書
香山賢明	印度種天蠶飼養手引草全	明治一七年	柞蚕飼育書

大内宗義	天日蠶伝習書	明治三五年	
田村兼蔵	日本野蠶論	明治三六年	野蚕全体の説明と天蚕飼育法
須田金之助	野生絹絲虫論	明治三七年	天蠶と作蚕飼育での収支と益金の比較も記載
石田孫太郎	春夏秋蠶天蠶柞蠶豊作法大全	明治四〇年	
松島利貞 曽根原克雄	天蠶柞蠶論	明治四四年	飼育法以外に生理・病理等について詳細に記載

（栗林茂治氏作成表に筆者加筆）


他の生物の寄生によるとし、微粒子病、アンズ病、蠁蛆病、硬化病をあげている。生物学研究の進歩が感じられる。

また明治三七年（一九〇四）刊『野生絹絲虫論』には、一反歩に天蚕を飼育した場合、種代や人件費などの支出と、繭の売上金を収支決算して、七百円の益金があると、収益についても言及している。

次に、1、2でみてきたような背景をふまえ、明治時代の天蚕飼育の実態を明らかにする。

3　明治時代の天蚕飼育状況

明治五年（一八七二）に「山蚕養法告諭書」が出され、次々と飼育技術書も刊行され、さらに明治七年（一八七四）に、長野県安曇野に蚕種会社が設立された。[20] 同様に明治一一年（一八七八）には下村廣畝や佐伯義門等によって東京三田に「大日本天蚕会社」が設立され、種や繭、製品が販売された。同社では下総小金原に伝習所をつくり、希望者に天蚕飼育の方法を伝授した。[21] このような状況の中で、天蚕飼育は、どのような地域で行われていたのか、記録に残っている府県名をあげてみる。

①「明治七年府県物産表」[22]　＊県名は記載順

図２　但馬国野蚕養之図

大日本物産図会上巻　三代歌川広重　明治10年

兵庫県、新潟県、山梨県、岐阜県、筑摩県（信濃、飛驒）、岩手県、石川県、小倉県。

②明治八年（一八七五）『日本地誌略物産弁』(23)

信濃国高井郡中野村と安曇郡、但馬国美含郡。

③明治一〇年（一八七七）『山蚕或問』

武蔵国多摩郡、信濃国筑摩郡、伊勢国度会郡と一志郡、羽前国最上郡最上川辺、羽後国仙北郡、磐城国石川郡、肥後国、備前、備中。

④明治九年（一八七六）～一六年（一八八三）までの間に長野県南安曇郡有明村に山繭（天蚕）の種を注文してきた県

＊多い所は一升、少ない所は百粒。(24)

山梨県、岩手県、大阪府、三重県、長崎県、千葉県、山形県、埼玉県、新潟県、京都府。

⑤明治一七年（一八八四）山繭産額「農商務省総務報告課第一次農商務統計表」（表２参照）

埼玉県、茨城県、三重県、山梨県、岐阜県、長野県、福島県、広島県、山口県、徳島県、大分県。

⑥明治三六年（一九〇三）『日本野蚕論』

表2　明治16・17年の山繭産額

県名	山繭産額（石）
埼玉	58
茨城	213
三重	3
山梨	96
岐阜	3
長野	34
福島	176
広島	8
山口	1
徳島	52
大分	9

農商務省総務報告課第一次農商務統計表明治17年

表3　長野県における天蚕飼育戸数

年	飼育戸数（戸）
明治24年	243
27年	373
30年	297
33年	210
36年	208
39年	221
41年	192

（『天蠶柞蠶論』より作成）

表4　明治期の家蚕収繭量

年	収繭量（千ｔ）
明治19年	41
24年	58
29年	67
34年	93
39年	110
44年	156

（「養蚕累年統計表」農林省農林経済局統計調査部編　昭和36年）

飼育するのは、長野県と茨城県のみ。
①②③は卵を産出した所、④は卵を購入した所、⑤は繭を産出した所で、いずれも天蚕飼育を行なっていたと考えられる。

天蚕飼育は全国的に行われていたのである。しかし明治三六年『日本野蚕論』の記載で天蚕飼育の減少が読み取れる。表3は飼育を続けている長野県の事例であるが、ここでも明治二七年（一八九四）を頂点として減少が明らかである。減少の原因は何であろうか。二点考えられる。一つは天蚕飼育が「山蠶養法告諭書」や各飼育指導書が説くようには、簡単ではなかったことである。天候に左右され、鳥やクモ、アリなど飼育の障害になる生き物も多く、収繭量が少なく、考えていたような収益が得られず、続ける人が減っていったのであろう。また繭や糸の値段の変動が大きく、収益が不安定だったと考えられる。二つには家蚕飼育が盛んになってきたためであろう。表4は記録が残る明治一九年（一八八六）以降の家蚕の収繭量であるが、年々繭の収穫が増加している。[25] 種や飼育法の改良が進み、さらに春蚕、夏蚕に続き秋蚕も飼育できるようになった。[26] そのことが増加の理由としてあげられる。飼育回数が増加し、収益が増えることが分かれば、波多野鶴吉に山師的と評された天蚕飼育より、安定した家蚕飼育に移行する人がいるのは当然であろう。かくして天蚕飼育は衰退していった。では天蚕飼育は、消滅してしまったのであろうか。現在の状況をみてみよう。

四　現在の天蚕飼育

明治四四年（一九一一）刊の『天蚕柞蚕論』によれば、「その当時天蚕飼育を行なっていた所は、長野県南安曇郡有明村地方のみであった」という。[27]しかし、昭和末年の頃から、天蚕飼育は再び盛んになった。記録が取られるようになった昭和六二年（一九八七）以降、最も飼育都府県数、飼育市町村が多かったのは平成三年（一九九一）である。この時、天蚕飼育は、三一都府県、一三九市町村で行なわれていた。この時期に、飼育を行なっていた市町村は「町おこし、村おこし事業」として、取り組んでいた所が多かった。しかしこの年をピークに減少し続け、平成二〇年（二〇〇八）には飼育を行なっている県は、八県のみで、そのなかの一三市町村で飼育が行われていた。[28]この年以降、記録はとられていないが、筆者の調査では、現在はさらに減少している。そんな中、日本一の規模で現在も飼育を継続している、群馬県吾妻郡中之条町に住む登坂昭夫、美祢夫妻の天蚕飼育状況を紹介し、大絵馬「天蚕飼育之図」に描かれた飼育法と比較してみたい。

登坂家は以前から米作りに加え、大規模に養蚕を行なっていた。しかし昭和の後半頃から、中国などから、安価な繭や糸が輸入され、繭価の暴落など、養蚕業の先行きが不安定になってきた。そんな時、農協からの勧めがあり、平成元年（一九八九）に天蚕飼育を開始した。まず桑畑だった所に櫟の苗を植え、天蚕飼育の技術を習得するために、先進地である穂高へ見学に行った。田中敬造が長野や愛媛へ行ったことと同様である。以来、櫟の成長を待って、美祢氏と共に天蚕飼育に取り組んでいる。家蚕飼育で育んだ経験知を活かし、群馬県蚕糸試験場の、清水治氏の指導助言を得、自らも日本野蚕学会に所属し、天蚕に関する情報収集に努めている。当初は農協が繭を買い上げ、製品化していた。しかし平成一五年（二〇〇三）、農協が、その事業から撤退したのを機に、飼育だけでなく、製糸や製品作りまで行っている。一部の糸は、織元に出して反物やネクタイ、ショールに加工している。

飼育を行なう圃場の広さは一ヘクタール余、そこに三七棟のパイプハウスが並ぶ（写真3参照）。ハウスの中には一五本ずつ二列に作業しやすい高さに剪定された櫟が並ぶ。田中敬造の時代は、自然林使用のため、櫟などの食樹の背が高く、梯子を使って、種付けや採繭の作業をしなくてはならなかった。鳥に幼虫を食べられないように、見張り小屋を建て、鳴子や竹を使用したが、現在は、パイプハウスにネットをかけて、その中で作業する。

飼育工程は基本的には明治時代と変わらない。雪が解けたら作業の始まりである。櫟の剪定、下草刈り、害虫や病原菌駆除のために、地面に石灰を撒いて飼育の準備をする。この飼育方法を明治時代の用語では山飼という。

飼育工程のはじめは、山付けといって卵を木に付ける。ガムテープに卵を三〇粒付け、消毒と粘着力をなくすためにパフソールという消毒粉を付ける。明治時代には、和紙に蕨粉や小麦粉で作った糊を使って卵を付けた。この和紙に卵を付ける方法は、現在も用いている所がある。卵の付いたガムテープを一樹に一枚の割合でホッチキスを使って付けていく。二、三日で孵化は完了する。孵化率は八割程度である。この後幼虫が四眠五齢を経て繭を作るまでのおよそ五〇日間、毎日欠かさず圃場に行き、下に落ちた幼虫や葉の少ない木にいる幼虫を、葉の多い木に移し、アリなどの害虫駆除や雑草刈りを行なう。明治時代は、飼育場が広く食樹は高く、蓋うものがないため、何人もの人手が必要で、そのための人件費がかかった。七月中旬、二、三枚の葉を綴り合わせ、その中に繭を作る。一般に営繭率は三割程度と言われるが、登坂氏は毎年五割程度であるという。繭に触って固くなったら、収繭する。『山蠶養法告諭書』には白い粉が吹くのを、収繭の合図にすると書いてある。葉の付いたままの繭を、自然乾燥させ、毛羽を取り、選繭をして製糸用と採卵用に分ける。製糸用の繭は乾燥機を使って乾燥し保管する。卵の取り方は明治時代と同様に雌雄を

写真３　登坂農園飼育圃場

群馬県吾妻郡中之条町

籠の中に入れ、交尾、産卵、一一月末に卵を籠からもぎ取り、群馬県蚕糸試験場に保管を依頼する。

このように見ていくと、現代でも、天蚕飼育は「山蠶養法告諭書」や各飼育技術書が書いているようには、簡単でないことが分かるであろう。天蚕の様子をよく観察し、細心の注意を払って飼育にあたり、創意工夫も必要である。科学的知識や情報が今より少ない、明治時代の飼育の困難さが推察できる。そのうえ予測通りの収穫が得られず、あるいは繭はたくさん収穫できても、需要が少ない場合もあり、常に高い利潤を得ることは、困難であったと思われる。

現在の天蚕飼育者、登坂氏夫妻は、平成元年（一九八九）の飼育開始以来、一度の違作もなく、病気の発生もない。個人で大規模飼育を行ない、順調であることで、多くの天蚕関係者から注目されている。平成二二年（二〇一〇）には、天皇皇后両陛下の行幸啓もあった。

経済的効果を考えると、明治時代同様、難しい面も多いようであるが、御夫妻は、人との交流の広がりを楽しみ、ヤマオコは、かわいいと言って、飼育を続けている。

結びにかえて

明治一七年（一八八四）田中敬造によって、京都大原神社に奉納された大絵馬は、奉納当時、現在の綾部市に於いて、天蚕の飼育が行われていたことを伝えている。その図柄からは、種取、孵化、飼育、収繭、乾燥、製糸と続く天蚕飼育の工程が読み取れる。描かれた飼育の流れや方法は、明治五年（一八七二）に大蔵省布達として出された「山蠶養法告諭書」や、明治期の天蚕に関する刊行物に記載されている飼育法と合致する。また、現在の飼育法と共通する作業が多いことも、看取できる。

奉納者の田中敬造は「山蠶養法告諭書」を見て、天蚕飼育を開始したという。飼育技術を習得するために、天蚕飼育の先進地である長野県や、柞蚕飼育で成果を上げていた愛媛県へ、実地見学にも行っている。そのような努力が実って、大絵馬奉納となったのであろう。しかし、その後、結果的には「天蚕、柞蚕も苦心の功、報いられず、結局失敗に終わった」。だが、彼の行った天蚕飼育とその様子を描いた大絵馬奉納は、後世の人間に、明治時代の天蚕飼育の事例を教示し、同時代の郡是製糸株式会社の創始者である、波多野鶴吉に「天蚕飼育は山師的である。地方産業はやはり家蚕でなくてはいけない」と気づかせたなど、大きな功績を残した。明治二六年（一八九三）に、「キリスト教の伝道」という新たな目標を持って、北海道に移住した。『丹陽教会五十年史』には「旭川に移住し、大いに成功した」と書かれている。

明治政府が明治五年（一八七二）に「山蠶養法告諭書」を全国に布達したのは、殖産興業政策の一環である。家蚕の繭や糸の不足を補うために、飼育が簡単で、全国どこでも、たとえ耕作に適さない土地であっても、樫や櫟などの天蚕の食樹さえあれば飼育でき、利潤が得られると推奨した。それに追従するように、次々と天蚕飼育を勧める飼育技術書が刊行された。それを受けて天蚕飼育は全国的に広まっていった。しかし天候に左右され、鳥や虫による被害もあり、思うような利益を上げられず、天蚕飼育は、明治三〇年代には大幅に減少した。

再び天蚕飼育が全国で始められるのは、昭和の末年頃である。各市町村や農協などが、進んで天蚕飼育を勧めた。この時は明治期とは異なり、家蚕の繭や糸の補足ではなく、天蚕糸の持つ光沢や丈夫さなどの、特性を活かした利用を推奨した。飼育の目的を村おこし・町おこしに利用したいと考えた市町村も多かった。しかし、この時もまた間もなく飼育農家は減少していった。しかし全く消滅したわけではなく、現在も養蚕業としてより良い繭の生産を目標に飼育を続けている農家が存在する。あるいはグループで飼育を行ない、収穫した繭を販売するだけでなく、それを使ってショールやアクセサリーなど製品作りを楽しみ、人との交流を目的の一つにしている団体もある[29]。ヤママユ幼虫の警戒心の強い行動や、繭の美しさが、人々を引き付けるのであろうか。また教材として天蚕飼育を取り入れている学校もある[30]。飼育を通して、生き物への興味関心が高まり、命の大切さを知り、自然界全体へも目を向けるきっかけになろう。

このように現在の天蚕飼育は、養蚕業としてだけではない、飼育目的の多様化がみられる。

今後は、現在飼育を行っている、農家やグループへの調査を続け、その変化や、変化の要因、飼育にあたっての、創意や工夫、天蚕に対する心意などを探っていきたい。また新しく始まった奄美大島における、天蚕の大量飼育の進展にも、注目したい[31]。

註

（1）赤沼治男『最新天蚕及柞蚕論』蚕業新報社　一九三四年　二五頁。

（2）角山幸洋「丹後の絹」丹後郷土資料館編『丹後の紡織』Ⅱ　京都府教育委員会　一九八六年　二八頁、四九〜五二頁。
（3）栗林茂治「絹糸昆虫の名前の由来」『野蚕』四七号日本野蚕学会報　二〇〇二年　一〇頁。明治一一年「大日本天蚕会社」が下村廣畝、佐伯義門等によって設立された。彼らは「天蚕」と書いて「やままゆ」と読ませたが、次第に「てんさん」と読まれるようになった。佐伯義門は著書『天蠶新論』の中で「天蠶（やままゆ）は天然自ら養う虫也」それ故「天蠶の天に逆はずして之を養えば」飼い易く利益も多い、と記している。
（4）川原一樹他「纏向遺跡出土巾着状布製品の質量分析」『纏向学研究』第一号　桜井市纏向学研究センター　二〇一三年　八〇〜八四頁。
（5）藤崎憲治『昆虫未来学』二〇一〇年　二〇八頁。
（6）江口善次・日高八十七『信濃蠶絲業史』（大日本蚕糸会信濃支会　一九三七年　七〇三頁）によれば、柞蚕は野蚕の一種で、明治一〇年、黒田清隆が清国駐在の森有礼に請い、山東省産の柞蚕繭八八顆を輸入し飼育したのが、日本における柞蚕飼育の始まりという。
（7）村島渚『丹陽教会五十年史』丹陽基督教会　一九四三年　六頁。はしがき文中に田中敬造の手記が残されていたとの記載がある。
（8）愛媛県史編さん委員会『愛媛県史』社会経済1（愛媛県　一九八六年　八三四〜八三五頁）によれば、明治一四年柞蚕種卵を東京から購入し、東京神田の小林滝蔵を教師として招き柞蚕飼育を試みた。結果成功し「柞蚕本場」と自他ともに認められたが、繭価の低落や病虫害被害で、四、五年で低迷した。
（9）村島渚『丹陽教会五十年史』前掲書　一九頁。
（10）上垣守國『養蚕秘録』一八〇三年『日本農書全集』35　農文協　一九八一年　二三頁。
（11）三和町史編さん委員会『三和町史』上巻（通史編）三和町　一九九五年　五九四〜六〇四頁。
（12）村井挙堂『丹波人物志』（臨川書店　一九六〇年　二三〇頁）に長谷川素后の高弟と記載されている。現綾部市上町出身。生没年不明。
（13）須藤功『大絵馬ものがたり』二　諸職の技　農文協　二〇〇九年　一三二〜一三四頁。
（14）角山幸洋「丹後の絹」前掲書　二八頁。
（15）三和町史編さん委員会『三和町史』上巻　前掲書　六〇三頁。
（16）綾部市史編さん委員会『綾部市史』下巻　綾部市役所　一九七九年　見返し。

(17)「郷土蚕桑風俗図絵」は現在グンゼ博物館所蔵で、図絵を上下にして掛け軸になっている。長さ約二m、幅約八十㎝。制作年月日は明治一五年七月一〇日。絵師は嶋三。以上グンゼ博物館の教示。
(18) 須藤功『大絵馬ものがたり』前掲書　一一四頁。
(19) 岩井宏實『絵馬』法政大学出版局　一九七四年　一〇一頁。
(20) 表1の書籍類は、主に国会図書館の所蔵品で、東京農工大学、京都工芸繊維大学、九州大学農学部、農林水産省蚕桑試験場も一部所蔵している。ヤママユの表記は本によって異なり、野蠶（やままゆ）、山蠶、山繭、天蠶（やままゆ）、天蠶（てんさん）が使用されている。
(21) 長野県史刊行会『長野県史』近代資料編　第五巻（三）　長野県　一九八〇年　三八九～三九一頁。
(22) 栗林茂治「絹糸昆虫の名前の由来」前掲書　一〇頁。
(23)『明治前期産業発達史資料』第1集　明治文献資料刊行会　一九五九年。
(24) 床井弘・斉藤時康編『日本地誌略物産弁』一八七五年『生活の古典双書』八坂書房　一九七九年　六〇頁、一一四頁。
(25) 江口善次・日高八十七『信濃蠶絲業史』前掲本　六五八～六五九頁。
(26)「養蚕累年統計表」農林省経済局統計調査部編　一九六一。
(27) 村松敏「明治の養蚕業と養蚕技術」『明治農書全集』9　農文協　一九八三年　三三九頁。
(28) 松島利貞・曽根原克雄『天蠶作蠶論』以文館　一九一一年　六二六頁。
(29) 平成二〇年度「蚕業に関する参考統計」農林水産省生産局生産流通振興課　一七頁。
(30)「白鷹天蚕会」（山形県西置賜郡白鷹町）、「りょうぜん天蚕の会」（福島県伊達郡霊山町）、「可部山まゆ同好会」（広島県広島市可部）。
(31) 齊藤準「洛北のヤママユ」京都学研究会編『京都を学ぶ』洛北編　ナカニシヤ出版　二〇一六年　五二～六九頁。
(32) 佐野和子「山繭飼育考」年報『月曜ゼミナール』第五号　月曜ゼミナール　二〇一三年　二二三～二四六頁。
(33) 日本野蚕学会第二三回大会（二〇一七年）で発表された。野蚕研究者が中心となって、天蚕奄美以南亜種を大島紬に利用することを目的に、大量飼育する。

「銘菓」のなかの蚕糸業

――製菓業者の蚕糸業に対するイメージについて――

吉井　勇也

はじめに

地域に根ざした産業やなりわい、いわゆる「地場産業」について考えるさいに、まずその産業やなりわいが、どのように地域と関わりをもち、縁を取り結んでいるかという点が注目されよう。例えば、筆者がテーマとしてきた、なりわいとしての養蚕業を例とすると、現金収入の獲得手段として養蚕が位置づけられ、農家のなりわいとして広く浸透するなか、養蚕に適した環境を整備するために家屋が改修されたり、飼育行程のありさまを表現する言葉が新たに生み出されたり、場合によっては儀礼や行事・芸能といったものが実施されたりすることもあった。これらは、おもに養蚕の成功を目的として、従来の生活を修正・変更して行われてきたものと整理できる。

その一方で、なりわいとしての養蚕とは直接関わらずに、文学作品・演劇・教材といった内容で、養蚕業が題材化される例も存在する。こうしたものは、なりわいとしての養蚕の成功とは直接結びつかないものの、巧みに養蚕を活用しつつ、別に新たな目的を設定して実施されるものとして整理できる。

本稿では、後者に関する検討を目的とするうえで、群馬県内の製菓業者が「銘菓」として製造販売する菓子のなかで、蚕糸業に題材を求めたものを事例とし、考察を試みる。今日、群馬県内のみやげもの店で販売されている菓子類をみると、蚕糸業にちなんだと思われるものを多く目にすることができる。これは、平成二六年（二〇一四）に世界遺産へ登録された、「富岡製糸場と絹産業遺産群」と関連づけたものも少なくない。産業やなりわいとして営まれる蚕糸業が、どのように取り込まれ、題材化されることで、銘菓（製品）が創出されるのかという点に着目することで、蚕糸業の成功とは直接的に結びつかない場で展開される、製菓業者独自の情報収集のありかたやこだわりへのアプローチを目指していく。こうした試みを、産業・なりわいと地域との関わりを示す分野としてとらえていきたい。

一　問題の設定と用語の規定

近代における菓子や銘菓の成立について、歴史学からの研究が近年蓄積されつつある。おもな研究として、本稿で扱う菓子を含め、みやげものの歴史的なアプローチを行っている鈴木勇一郎の業績があげられる。鈴木の関心は、近代のみやげものがどのように形成され、変容してきたのかという点にあり、鉄道・軍隊・博覧会という代表的な近代の装置との関係性について検討することで、近代のみやげものの特性を浮かびあがらせている(1)。とくに行政主導による博覧会・共進会や、地域振興を目的とした奨励政策などとの関わりにおいて、菓子が新たに創出されたり、既成のものが改良されたりしていく事例について、その実態をつぶさに取りあげた研究もみられる(2)。これらの研究は、菓子・みやげもの・特産品をめぐる自治体・観光協会・同業者組合・地域おこしなどとの影響関係を、主として論じたものといえる。本稿で扱う事例にも、こうした地域振興を目的とした奨励事業との関わりを示すものが存在している。

一方で注目したいのは、橋本和也によるみやげもの研究である。橋本によると、観光客を迎える地元側からの視点として、観光によるまちづくりを実現した地域が、いかに、「地域文化資源」を自ら育て上げ、売りものにしてきたかを明らかにするとして、重要なのは、売り出す観光対象の客観的「真正性」（ほんものらしさ）ではなく、地域の人々が工夫を凝らし、観光対象を地域の「売りもの」にしようと努力する活動そのものであるとし、そこに表れる真摯さ・誠実さに着目している(3)。橋本の論を踏まえつつ筆者の関心を示すと、個々の製菓業者が、観光客を迎える側の立場から、蚕糸業にちなんだ「銘菓」をどのように育て上げていったのかという点が重要となる。

以上、先行研究に対する本稿の立場をまとめれば、製品としての菓子そのものの特徴だけを分類・類型化するのではなく、菓子開発にいたる実践について取り扱うという方向性で進めていくことになる。製菓業者にとって、蚕糸業をどのようにみているかといった点を検討し、やがては、どのようにイメージしているかという問いへと接近できればと考えている。

ここで、本稿で使用する「銘菓」という言葉について規定しておくが、調査の過程で複数の製菓業者に尋ねてみると、自分の店で開発して、売り出すものであれば、「銘菓」を自由に名乗っても構わないという性質のものであるらしく、知名度を伴うことが好ましいが、明確な基準はないとしている。このため、「特定の固有名詞をもつ菓子」といった、ゆるやかな内容で使用していくが、本稿の目的とのかねあいから、開発・販売にあたり地域と何かしらの関連づけが試みられている菓子という条件も含むものとしたい。また「製菓業者」についても、菓子匠・菓匠・菓子司という類似の呼称が存在するが、ここでは、菓子を製造販売する業者として、「製菓業者」という用語を使うことにする。

二　蚕糸業を題材とした銘菓の時系列的把握

今日販売されている蚕糸業を題材とした銘菓のなかには、古いものでは一世紀も前に開発され、比較的長期間にわたって命脈を保っているものがある。つまり製菓業者が蚕糸業を題材化するという行為そのものに、一定の歴史性を見出すことができ、かつ購買の対象となって支持されてきたことも意味するといえる。ここでは、蚕糸業を題材とした銘菓に関する群馬県内の事項を時系列的に整理して、その歴史的な側面をうかがうことにしたい。

管見の範囲における記録上の初出は、明治四二年（一九〇九）の第一回藤岡町特殊生産物考案懸賞において、蚕糸業にちなんだと思われる銘菓が、複数点当選を果たしているとされる内容である。この懸賞の目的は「藤岡町ニ特殊生産物ヲ発見シ将来発展ノ一助ト為サントス」るものであったとされ、その四等当選のなかに「婦ぢの錦」、五等当選に「絹の里」、選外佳品に「塩せんべい国の華」（一名蚕せんべい）の名前があげられている。[4]この四等当選を果たしている「婦ぢの錦」（筆者註・「婦志の錦」とも表記される。引用部分を除き「婦志の錦」で統一する）は、現在も藤岡市内にある同一の製菓業者によって製造販売されているものであるが、その開発の沿革変遷を記した資料によると、明治三八年（一九〇五）年に行われた藤岡町生産物考案会に、もともと「藤岡桑の光」という名称で出品されたもので、審査の結果、藤岡の地名にちなみ「婦志の錦」と改名されたとしている。[5]近代以降の銘菓やみやげものが、博覧会や品評会に出品され、製品改良されていく点を述べた鈴木・佐藤・中園らの研究と同様に、この「婦志の錦」も積極的に同様の催しへの出品を重ねていたことがうかがえる。大正二年（一九一三）に発行された『生絹の藤岡』（筆者註・地元生産の絹と商家の案内を目的とした文献）に掲載された広告にも、「滋養御菓子　元祖婦ぢ乃錦」という製品名の横に工芸品展覧会や手士産品の品評会で褒状を受けたり生産物懸賞で当選するなどしたことが併記されている。[6]

ちなみに、明治・大正期における同菓子の実態や製法を資料上で跡付けることはできないが、昭和九年（一九三四）一一月に群馬県で実施された陸軍特別大演習にさいして、その一般献上品として同菓子が選定されたおり、その製法の概要を記録した資料が残されている。同資料によると「精糖、糯米粉、大麦粉、片栗粉、引茶ヲ機械ニテ混合シ木型ニ移シ繭桑葉、蛾、絲、蚕種子ノ五種ニ作ル」とあり、蚕糸業に題材をとって五種類の打ち菓子を製造する特徴は、現在製造販売されているものと基本的に変わりはない。[7]なお、これ以外にも、「糸姫餅」が天覧品として選定されている。このように、明治時代から昭和戦前期にかけて、蚕糸業にちなんでいると考えられる銘菓が製造・販売され、各種懸賞や展覧会に出品されたり、皇室への献上品・天覧品として選定されたりしている。

第二次大戦後からの約二〇年間については、充分な資料を確認できていないが、昭和四〇年（一九六五）に秋田県で開催された第一六回全国菓子大博覧会において、「糸の都」「絹の流れ」「織物せんべい」「絹織羊羹」が受賞していることから、製品の開発や製造販売が継続していたことが推定される。つづく昭和四三年（一九六八）に北海道で開催された第一七回全国菓子大博覧会でも、「糸の都」「婦ぢの錦」「糸くるま」「絹の流れ」「織処最中」といった銘菓が受賞している(8)。次項で検討を行う銘菓の多くも、この昭和四〇年代から五〇年代にかけて開発されており、近年の世界遺産登録の影響と無縁な時期にもかかわらず、蚕糸業を題材とした銘菓製造販売が少なからず行われていたといえる。

ここで地理的な特徴について触れておくと、全国菓子大博覧会で受賞した菓子は、前橋・桐生・伊勢崎・藤岡といった地域から出品されていた。前橋には第二次大戦以前より製糸工場が建ち並び、桐生・伊勢崎については、桐生織物・伊勢崎銘仙といった絹を原材料とする産業の行われていた地域という特色がある。藤岡については、註6であげた『生絹の藤岡』に紹介されている藤山絹が生産されていたが、あるいは明治期より全国的な知名度を誇っていた養蚕学校である高山社の所在地という点の影響も推測される。

以上、蚕糸業を題材とした銘菓を時系列的に整理することで、近年の世界遺産登録による影響以前にも、こうした製品が創出され、作り続けられていたことが分かる。ただし、菓子として蚕糸業を題材化する行為について、産業としての蚕糸業の推移を考え合わせると、一様に理解できない点もある。

手島仁・山口聰の整理によると、昭和六年（一九三〇）の『群馬県統計書』から生産額五〇万円以上の品目を抽出したさい、上位品目に織物、蚕糸類、繭、紡績と、蚕糸業関係産業が占めているとされ、同産業が群馬県における基幹産業であったことが分かる。(9) また第二次大戦後の動向について宮崎俊弥によると、昭和三四年（一九六四）から養蚕戸数が減少し、五〇年代から急速に減少するものの、収繭量は昭和四〇年代末まで高水準を維持していた。しかし昭和三〇年代末期から生糸の輸入が始まり、同四一年（一九六六）には、輸入数量が輸出数量を上回ることで繭価の低迷が起こり、養蚕業が衰退していく一因となっていった。(10)

つまり、昭和四〇年代まで蚕糸業は群馬県を代表する産業であったものの、蚕糸業自体が昭和三〇年代より下降線をたどり始め、やがて安価な外国産生糸の輸入に圧迫されるなどしながら、他産業に対する優位性を弱めていくことになる。ところが、第二次大戦前の蚕糸業隆盛期から開発販売されてきた蚕糸業を題材とした菓子は、依然として昭和四〇年代以降も生産され続け、新たに創出され続けている。

それでは、製菓業者にとって蚕糸業を題材とする菓子を開発することに、どのような動機があったのであろうか。蚕糸業に対するとらえかたも含め、次項で検討を試みたい。

三　銘菓開発をめぐる蚕糸業の扱い

ここからは、昭和四〇年代以降に創出された、蚕糸業を題材とした銘菓について、その開発過程に焦点をしぼって検討していく。いわゆる銘菓と呼ばれるものを購入すると、一般的に「菓子本体」と「しおり（菓子に添付された説明書き）」、「包装など」がセットになっていることが多い。本稿でも、「菓子本体」と「しおり」の双方について検討を行う。また、開発の過程を「開発の動機」「情報の収集」「製品（製品そのもの、しおり）化における情報の選別」の三点から扱い、製菓業者による蚕糸業の扱いかたをみていきたい。事例として扱うのは、次の五点である。

（a）まゆの詩。みどり市・青柳。焼き菓子。昭和四三年ころに開発。

（b）まゆすがた。伊勢崎市・赤石屋。もなか。昭和四〇～五〇年代ころに開発。

（c）まゆひめ。富岡市・はら田。マシュマロ加工菓子。昭和五〇年代に開発。
（d）まゆこもり。富岡市・田島屋。打ち菓子（葛湯）。昭和五〇年代？に開発。
（e）桐生のまゆ玉。桐生市・日盛堂。焼き菓子。平成一二年に開発。

いずれも繭形をした菓子であり、「富岡製糸場と絹産業遺産群」の世界遺産登録以前に開発されたもので、平成二四年（二〇一二）年現在、群馬県内で販売されている。それぞれ、菓子そのものの観察と、開発にあたった製菓業者への聞き書き調査を実施している。

1　開発の動機

まず、「開発の動機」について、次のような内容が聞き書きによって得られた。

（a）まゆの詩　地元の大間々は、かつて絹の市場があり、繭の集散地だった。さらに群馬県は、繭の出荷で日本一であるため、銘菓の題材としては「もってこい」だった。

（b）まゆすがた　「東は桐生、西は西陣」といわれているが、伊勢崎は銘仙が有名だった。絹で銘仙を織る業者があった。ここで使われる絹は繭から作られている。伊勢崎は「糸の街」というほどなので、これを題材に製品化しようと考えた。繭は、他の地域の人からみて、伊勢崎のものだと分かるもの。太田市にとってのスバル最中（筆者註・自動車メーカーＳＵＢＡＲＵの製品をかたどったもなか菓子。同社は群馬県太田市に工場をもつ）や、江東区にとってのスカイツリーにちなんだお菓子と同じようなもの。伊勢崎の銘菓として、手みやげとして持っていってもらい、伊勢崎のことを知ってもらいたい。

（c）まゆひめ　亡くなった父親と一緒に考えた。「はら田」は、製糸場（筆者註・富岡製糸場）の目の前で仕事をさせてもらっているため、繭を題材とした菓子を作った。「はら田」は昭和二〇年代創業の菓子屋で、お腹を空かせた富岡製糸の従業員が、カラタチの垣根越しに「はら田」の商品を購入した。製糸場から電話があって、商品を納めたこともあった。「まゆひめ」は、富岡の名物として、歴史を学びながら富岡を思い出してもらいたいという思いを込めている。

（d）まゆこもり　富岡には、これといったおみやげがなかった。富岡のお菓子を作るにあたり、富岡製糸にちなんだ繭を題材にし、葛粉を使って製品化した。富岡製糸が世界遺産関係で騒がれてきたのは最近のことで、開発当初は、それほどでもなかった。それでも富岡の人にとっては、知名度があった。

（e）桐生のまゆ玉　桐生らしいものを作ろうとしたが、帯や反物については、他店が先に商品の題材にしていたため、繭を題材にすることにした。桐生で繭を題材にしたお菓子は、あまりなかった。桐生は機織で有名で、群馬県といえば繭と生糸であり、機織の原料となる繭を題材にしようと考えた。織物の有名な桐生だが、大仏のある鎌倉のように、観光客がどっと来るような土地ではない。このため、発想としては、観光客に売るというよりも、地元桐生の人に買ってもらい、東京など他所へのおみやげとして持って行ってもらいたいと考えている。「桐生のまゆ玉」開発時、絹産業遺産群の世界遺産登録のことは考えなかった。

いずれの事例も、開発の動機として、繭・絹市場・伊勢崎銘仙などの蚕糸・繊維業や、地域との関わりが語られているが、地域の特色を表すものとしての「蚕糸業」という理解が共通してみられる。ちなみに、こうした菓子の開発について、蚕糸業界からの開発依頼はなく、同業者・組合からの指導・斡旋・流行現象についても、多くの店で、そのようなことはなかったといわれ、独自の開発であるとされる。ディスカバージャパンや、地域おこし運動の影響など、菓子をめぐる大きな動向の影響も注目されるが、直接的な証言は得られていない。

また、蚕糸業は群馬県の基幹産業であったため、地場産業として根づいた蚕糸業のありかたが、その地域の特徴を表すものとして菓子業者にとらえられているという点は理解できる。ただし、先述したように蚕糸業のピークを過ぎた昭和五〇年代以降になってから、あえて菓子の題材にするという点に、あらためて注意する必要がある。

2 情報の収集

つぎに、製品開発にあたり、どのように蚕糸業に関する情報を集めたか、という事例を紹介していく。

(a)まゆの詩　開発にあたり、自身の繭の記憶を頼りにした。とくに形を追求した。実家の養蚕を手伝っているころ、一年に四～五回飼っていた。桑摘みや繭をかく作業を手伝っていた。製品の命名が難航したさい、当時、短歌をやっていた親類縁者に頼んで、案を出してもらった。包装紙やしおりに印刷されている短歌も作ってもらった。

(b)まゆすがた　開発にあたり、先々代の社長が、銘仙業者の工場を訪ねて繭の姿を見た。繭の表面のような模様を再現できるように、焼型を造ってもらった。そのさい、イメージとなる絵や、実物の繭を型職人のもとへ持っていった。

(d)まゆこもり　「まゆこもり」の木型を造ってもらうときに、以前から田島屋にあった繭の型の木型を職人に見せた。田島屋では、婚礼などのお祝いの引き出物用に、打ちものを製造していた。そのさいに使っていた繭の形の型があった。繭形の打ちものは、「まゆこもり」よりも小さかった。「まゆこもり」の命名にあたり、学校の先生で懇意にしている人物と相談した。「まゆこもり」という言葉が詠まれている柿本人麻呂の歌も、自分で探したわけではない。しおりの文章に使う内容も、識者に調べてもらうことがある。

(e)桐生のまゆ玉　開発にあたり「適当なものは作れない」と考えたため、近所に住んでいる人物から、繭の特徴や繭の話を教えてもらった。この人物は、かつて県で繭の専門職員をしていた。挿絵の図案に使う桑の葉も、この人物から実物を持ってきてもらった。群馬県立絹の里(筆者註・蚕糸業をテーマとした博物館)にも、何度か本物の繭を見に行った。

情報の収集にあたっては、店にあるものや開発者自身の記憶を参照して情報を得る場合と、他者から情報を得る場合とがあることが分かる。製品化にあたり、菓子そのものに関する情報から、命名、しおりに使用する文章の情報にいたるまで収集し、店によって情報取得のルート、情報の内容が異なっている。製菓業者が、繭の特徴をとらえていき、実態としての蚕糸業へ接近し、情報を収集する努力を払っていた。

3　製品化（菓子本体、添付のしおり）

つづいて、製品化段階における工夫について述べていくが、ここでは「菓子本体」と「しおり」に分けて検討を加えていく。

①　菓子本体

まず、菓子本体について、菓子そのものに凝らされた工夫に対する聞き書きから、蚕糸業に関するいかなる情報をどのように活用し、そこから銘菓としての強調点を見出しているかを検討していく。また菓子本体の観察内容についても併記していく。

（a）まゆの詩　開発にあたり、話者自身の繭の記憶を頼りにした。とくに形を追求した。A市のB店で製造販売している繭型の菓子は、表面を砂糖のもなかで包んでいる。これに対して「時代の流れ」を考えつつ、「甘いだけでは売れない」と思い、そこでチョコレートコーティングの工夫にした。

（観察）実物の繭よりも大きい。形を繭に似せているが、漂白された白さではなく、ややベージュがかった白さをしている。

（b）まゆすがた　繭にちなんだ菓子ということで、特徴を出しているところは、もなかの皮の模様。一般的なもなか菓子の皮ではなく、繭の表面のような風合いを再現している。白とコガシ（焦がし）の二種類作っている。コガシのような色をした繭は、実際には存在しないが、中身の餡を黒餡・白餡で変えるため、二種類作った。（観察）繭表面の「模様」を再現。「コガシ色の繭」の創作。

（c）まゆひめ　生地はマシュマロを使い、シルクをイメージしている。生繭ではなく、絹のイメージで、光沢があり、触ってなめらかな様子を表すのに、マシュマロを使った。（観察）繭でありながら、シルクの感触をイメージ。

（d）まゆこもり　木型を造ってもらうときに、以前から田島屋にあった繭形の木型を職人に見せた。大きさは、繭くらいにしている。あまり大きくし過ぎると、グロテスクになる。そのまま干菓子として、かじることもできるが、お湯などで溶くことを念頭に置いた商品のため、干菓子としての食感・舌触りについて、とくに工夫はない。通常のプレーン以外にも、抹茶味、生姜味、ココア味、シルク入り、桑の葉入りなどの種類を展開している。春限定で、少しピンク色をした、さくら味の「まゆこもり」も製造している。（観察）実物の繭の大きさに近い。店にすでに存在していた「繭」の型を踏襲。複数の種類を展開するうえで、色のヴァリエーションをもつ「繭」を創作。

（e）桐生のまゆ玉　繭型の菓子を売っている店のなかには、繭型の真ん中を「くぼめる」（くびれさせる）ところもあるが、くびれ過ぎないようにしている。菓子として、綺麗なものを作ろうとしていて、繭の白さと、金箔を組み合わせるのが良いと考えた。金箔をかけるのは、他所の店ではやっていない特色である。ただの白い菓子では、この値段では売れない。一つ一つが、緑色の「敷紙」（逆王冠型のビニール）に納められている。緑色の理由は、桑の葉のなかに繭があるのを表している。また箱のなかに、枠のように仕切るトレーが入っていることについて、「実際の繭は、名前はなんというのか分からないが、枠のなかに入っているので、それに見立てた」

という（筆者註・蚕に繭を作らせる道具である枠状の回転蔟を表現している）。

（観察）形を重視する一方で、商品全体の色彩感覚も大切にしている。また蚕糸業にちなんだ要素を、一つの菓子折りのなかに凝縮し「組み合わせ」のありかたを工夫している。

以上の事例をまとめると、まず一点として、情報として集めた蚕繭の生態的特徴を、菓子開発に活用しているという特徴がうかがわれる。とくに蚕繭の形や性質を重視して、銘菓開発に活かす姿勢が強いといえる。それは、単純に繭形を意識して楕円形に成形するというものではなく、先に示した事例のように蚕繭の再現について個々に異なる着眼点をもち、店ごとの個性を表しているといえる。その一方で、蚕の生態的特徴や蚕糸業の実態上、「ありえない」造型や組み合わせが、菓子のなかで表現されてもいる。いくつか例を示せば、（a）まゆの詩についていえば、開発にあたり、話者自身の繭の記憶を頼りにして形を追求したとしつつも、実物の繭よりも大きく作り、色もややベージュがかった白さとしている。（c）まゆひめも、繭の形状をとりつつも、その感触を繭のカサカサとしたものとせず、マシュマロを使用することでシルクのようななめらかな感触にしている。ユニーク事例として（e）桐生のまゆ玉は、前述のように繭の専門職員に相談するなどして、くびれの加減をするというほどまでに形状へこだわりを見せ、箱内の配置方法に関していえば、枠状のトレー（回転蔟）・緑色の敷紙（桑葉）を使い、そのなかに菓子（繭）を納めているというように、蚕の飼育行程にちなんだものが表現されている。ただ、実際の飼育の場において、行程のタイミングが異なる蔟・桑葉・繭が同時併存して、目の前に飛び込んでくることはない。菓子業者が工夫を凝らし、収集した個々の情報を独創的に組み合わせて菓子箱のなかで凝縮することで、視覚的にも綺麗で、蚕糸業の特徴をいくつも盛り込んだ菓子が作られている。こうした点を整理すると、銘菓開発に対する向きあいかたとして、蚕繭の生態的特徴へ近づけようとするのか、あるいは、あえて、蚕の生態的特徴や飼育行程の実態から「逸脱」していくことで菓子としての独創性を表現しようとするかという、二つの向き合いかたがあるものと想定できる。

② しおり

つぎに「しおり」について、事例として、しおり文面の原文や概要、あるいはその特徴を紹介する。

(a)まゆの詩 「あかがね街道に沿う大間々町はその昔繭や生糸の集散地として栄えたところです。『まゆの詩』はそうした郷愁と今もなお受け継がれている養蚕にヒントを得て創り出された銘菓です。風味の良い黄身餡を包んだ焼菓子にホワイトチョコレートをかけたものでそれはふるさとの養蚕、繭を再現しました」。

(c)まゆひめ 表紙に座繰りを引く日本髪着物姿の女性のイラストが描かれている。文面として、渡来人の生産活動としての養蚕・機織り、貫前神社特殊神事として機織りの儀式、官営富岡製糸場の果たした意義、「富岡シルク」の海外における名声、地元の養蚕業の功績などを述べている。そのうえで、「このように、当地は古代から養蚕、製糸とは切っても切れない縁があり、この伝統は現在まで受けつがれています。このような事蹟にちなみ、銘菓「まゆひめ」を製造いたしました」。

(d)まゆこもり 七日市藩(筆者註・近世期、富岡市に置かれた藩)から将軍への葛粉の献上記録、富岡製糸場、組合製糸甘楽社、養蚕農家の存在について述べている。そのうえで、「このように繭はわがまち富岡のかけがいのない産物でした。これらに因んで作りあげたものが「まゆこもり」です。献上品と同様に原料を厳しく吟味しておりますので、富岡の一大産品であった繭に想いを馳せながら、絹のようにしっとりとした味わいのある葛湯を存分にご賞味くださいませ」。また柿本人麻呂の和歌も添えられている。

(e)桐生のまゆ玉 (商品名シールの文面)「銘菓 純金(繭形の囲い線のなかに記載) 桐生のまゆ玉」「群馬県の繭と生糸の生産量は日本一で、桐生ではすぐれた絹織物を昔からつくり出してきています。お菓子の敷紙は、蚕が食べる桑の葉を表現しています。」。

銘菓に添付された「しおり」は、菓子本体を補うもので、銘菓を生んだ地域に思いを馳せさせる「物語」の形成を助ける役割をもっている。そのなかで、歴史的な内容が、豊富に取り込まれている。事例の整理を行えば、「しおり」において、開発の動機であげられた蚕糸業に関連した事項に対し、歴史的な把握や意味付けが行われている。銘菓や、それを生んだ土地が、歴史的連続性のなかに位置づけられていく「物語」を提示しているといえる。

考察と結語

地域と蚕糸業の関わりを考えるうえで、産業としての蚕糸業とは直接的に結びつかない場で展開される活動に着目し、とくに蚕糸業に銘菓開発の題材を求めようとする製菓業者の取り組みについて報告を行った。製菓業者が、蚕糸業をどのようにとらえているかという点を考察し、やがては、どのようにイメージしているかという問いへの接近も試みた。

まず、蚕糸業を題材とした銘菓に関する事項を時系列的に整理することで、比較的古い年代からこうした取り組みが行われてきたことを把握した。一方で、産業としての蚕糸業が動揺・衰退期を迎える昭和四〇年代以降も、蚕糸業を題材とした銘菓は生産され続け、新たに創出され続けている点も明らかになった。こうした時期の製菓業者にとって、題材としている蚕糸業をどのようにとらえているのかという問いが浮上する。

以上を踏まえ、昭和四〇年代以降に創出された、蚕糸業を題材とした銘菓について、その開発過程に関する検討を目指し、とくに「開発の動機」「情報の収集」「製品（製品本体、しおり）化」の三点から、製菓業者による蚕糸業の扱いかたを考察した。まず「開発の動機」については、いずれの事例も、繭・絹市場・伊勢崎銘仙など蚕糸業関係の事象をとりあげ、それを地域の特色を表すものとしてとらえる理解が共通してみられた。「情報の収集」については、製菓業者が、店にあるものや開発者自身の記憶を参照して情報を得る場合と、他者から情報を得る場合とがあることが分かった。ただ、いずれにしても、繭の特徴や地域の蚕糸業をとらえるうえで、個々に重視するポイントを見つけて接近し、情報を収集する努力を払っていた点は重要であろう。他ならぬ銘菓開発における「真摯さ・誠実さ」のみせどころの一つといえる。最後に「製品（菓子本体、しおり）化」について、まず「菓子本体」に対しては、いずれの事例でも「蚕繭の生態的特徴への接近（とくに蚕繭の形状に対する重視）」と、「蚕糸業の実態からの逸脱」という両側面が見受けられた。ここから、蚕糸業に対する「本物らしさ」を重視しつつも、それにとらわれない独創性も重んじるという往復のなかで、銘菓開発を行っているものと推察した。

なお、「しおり」に対しては、開発の動機であげられた蚕糸業に関連した事項について、歴史的な把握や意味付けが行われている。昭和四〇年代以降も、製菓業者が題材としてきた蚕糸業に対するイメージとは、つまりは現行の地場産業というよりも、地域のなかで時間的な蓄積をもつ産業としての意味合いのほうが重んじられたものと考えられる。

こうした蚕糸業に対するイメージの違いは、事物を同時代における文化のコンテクストのなかでとらえるべきと論じた、篠原徹による伝承論とも接続が可能と考える(11)。現在において産業としての蚕糸業と直接関わることなく生活していると、蚕糸業とは歴史性を想起させる事象としてイメージされやすいといえるのかもしれない。一方で、蚕糸業が基幹産業として位置づけられていた当時に創出されたであろう「婦志の錦」は、前述の通り、繭・桑葉・蛾・絲・蚕種の五種類からなり、とりわけ蚕種は緻密に当時の蚕種紙の特徴を再現してみせている。また全体として、「五種類を組み合わせた繭のストーリーが売りになっていて、地場産業としての蚕を知らしめる目的があったのではないか」と、製菓業者自身が筆者に語っている。同菓子は、ことさらに蚕糸業の歴史性を強調することはなく、蚕種（卵）から繭を営ませるまでの行程を表現しつつ、誇るべき現役の地場産業としての蚕糸業を地域の特色ととらえ、これを題材化し開発されたものだったと考えられる。以上は、銘菓を通して蚕糸業に対するとらえかたやイメージの変化の一端をうかがう、一つの試みである。

註

（1）鈴木勇一郎『おみやげと鉄道　名物で語る日本近代史』講談社　二〇一三年　一七〜一八、二四八〜二五二頁。
（2）佐藤正三郎「博覧会出品解説書に見る山形名菓「のし梅」の製品改良」『和菓子』第二二号　株式会社　虎屋　二〇一五年、あるいは、中園美穂「地域の名菓を探る〜近代青森県にとっての「名菓」とは何か〜」『弘前大学國史研究』第一三九号　弘前大学國史研究会　二〇一五年　など。本稿で扱う群馬県内における特産品開発・奨励をめぐる、官・民双方の取り組みを検討したものに、手島仁・山口聰「近代群馬の名産」『群馬県立歴史博物館紀要』第二八号　二〇〇七年　がある。
（3）橋本和也『観光経験の人類学　みやげものとガイドの「ものがたり」をめぐって』世界思想社　二〇一一年　二一、二二頁。
（4）藤岡市史編さん委員会『藤岡市史　資料編　近代・現代』一九九四年　六一六〜六一八頁。
（5）群馬県『昭和九年十一月陸軍特別大演習並地方行幸群馬県記録』一九三六年　二五八頁。
（6）星野幸次郎ほか『生絹の藤岡』藤岡生絹太織商同業組合　一九一三年。
（7）註（5）に同じ。
（8）群馬県菓子工業組合ほか『群馬県菓子業界史』群馬県菓子業者大会本部　一九七〇年　一二四、一二七、一二八頁。
（9）手島仁・山口聰「近代群馬の名産」前掲註（2）五七、六三頁。
（10）宮崎俊弥『群馬県農業史　下』みやま文庫　二〇〇九年　一五八〜一六三頁。
（11）篠原徹「暮らしの自然誌とその歴史性」『信濃』第五六巻第一号　信濃史学会　二〇〇四年　三〜五頁。

野菜の品種転換に関する予備的考察
——江戸川区における小松菜のF1品種化を事例に——

荒　一能

はじめに

農家が使う野菜の種子は、昭和三〇年代（一九五五〜一九六四）に栽培しやすく均質で味も良いF1品種（一代交配種）が登場すると、瞬く間にF1品種へと変わっていった。結果、それまで地域ごとで栽培されていた多種多様な在来品種、固定種と呼ばれる野菜は姿を消していったのである。近年は在来品種、固定種を地域に根ざした個性豊かな野菜として見直し、伝統野菜として再び栽培する動きがみられる。しかし、これはあくまでも少数で、多くの農家は栽培作物をF1品種へと切り替え栽培している。

小稿では、東京都江戸川区を調査地として、どのように農家が在来品種、固定種の小松菜からF1品種の小松菜に転換していったのか、F1品種を販売する種子屋の関与にも注意しながら、F1品種の小松菜の導入、その普及と展開について検討していく。

一　先行研究の整理と問題の所在

野菜の品種には大きく分けて在来品種、固定種、F_1品種という三つの枠組みがある(1)。在来品種は各地域で長年栽培され、風土に適応した品種であり、同じ種類でも栽培される地域によって姿形や味まで異なるものになる。固定種は篤農家や種子屋が中心となって、在来品種から形や大きさのそろった品種を選抜・固定し、品質を均質化した品種である。固定種が作られた背景には、近代に入り都市化が進み、野菜の商品化が求められた状況があった。それに伴い、固定種を作り出し、各地に種子が流通するようになる。昭和後期にはF_1品種が登場する。F_1品種とは、異なる性質の種をかけ合わせて作った雑種一代目のことである。播種してからできる一代目は、固定種よりも栽培が容易で収量も多く、かつ形や大きさも一定になる。そのため、F_1品種は固定種に替わって広く普及していった。在来品種、固定種は自家採種が可能であり、再生産することができる。一方、F_1品種は一代目同士をかけ合わせて自分で栽培すると、できた作物にバラつきが生じ、作物としては一代目より品質の劣ったものができる。このように、F_1品種は自家採種ができないため、種子屋からの購入に頼る必要がある。こうして、F_1品種の普及により、それまで継承されてきた在来品種、固定種の品種育成・採種技術は廃れ、消滅していった野菜も多い。

このような品種の変化について青葉高は、「いずれにしても近年は情報の伝達が早く、輸送機関も発達しているので、商品生産を目的とした栽培では産地を形成して生産物を規格化する傾向が強い。このため品種は統一されて画一化が進み、古い在来品種は急速に消え去り、一代雑種などの新品種の時代になってしまった」と述べている(2)。

品種の変化については、歴史学の分野で行政や種子屋の史料を元に、明治中後期以降、野菜の種子需要が拡大するなか、種子がどのように開発、流通していたかを考察した研究がなされている。

例えば、渡辺善次郎は、公的機関が明治以降海外から様々な野菜の種子を輸入し、国内で栽培できるように種苗の開発導入を開始するものの失敗し、結局篤農家を中心とする民間種苗業者が新品種の育成及び開発を引き継ぎ成果を挙げていた点や、種子屋による種子のカタログが存在し、種子が全国的に流通していたことを提示している(3)。また、種子の流通に関しては、清水克志が、盛岡にある種子屋の史料から、種子屋が種子の販売だけでなく、育種や採種は地元の農家に依頼するなどのローカルなネットワークを保ちつつ、種子屋間では全国的な交流を持ち、育種した新品種を全国に流通させていたことを指摘している(4)。清水の研究から、種子屋が近代日本における重層的な野菜種子流通を主導してきたことが分かる。また、阿部希望も明治中後期以降の種子屋が担ってきた役割について種子の売買に加え、種子の生産及び採種農家の手配、新品種の開発・普及を担うだけでなく、遠隔地で作られた新品種や各地域内のみで作られていた種子を種子屋同士で流通し合い、場合によっては仕入れた新品種を農家へ普及させるために栽培の指導を行なっていたことなどを明らかにしている(5)。

また、阿部は現代でも種子の流通と販売方法が、近代に成立した形式を踏襲している点について、「大手種苗会社だけで対応するよりも、長年にわたり地域に密着し、農家との面会頻度が高い中小生産卸会社や小売商を介するほうが品種情報の提供や栽培技術の指導など、農家ニーズへの細やかな対応が可能となる。種子屋の分業化は、種子の量的対応だけではなく、農家との信頼取引を成立させるうえでも重要な機能を果たしているのである」と述べる(6)。このように、見た目からは優劣の判断がつきにくく、栽培してみなければ結果がでない種子という特殊な商品を売買する上で、種子屋と農家との信頼関係、特に農家と直接対面する中小生産卸会社や小売商は重要な役割を担っているのである。

F_1品種が主流になった反動というべきか、現在では在来品種、固定種といった昔から栽培していたとされる地域特有の野菜が注目を集めている(7)。増田昭子は在来品種が継承されている状況に注目し、現代における自家採種や栽培の様子などを報告している(8)。

表1：江戸川区にける農家数の推移

（戸）

年	農家数合計	専業	兼業
1950	3293	1460	1833
1960	2273	602	1671
1970	1960	252	1708
1980	788	124	664
1990	547	76	471
2000	251	66	185
2010	111	62	49

『市町村別統計表　1950年世界農業センサス』、『1960年世界農林業センサス市町村別統計表』、『1970年世界農林業センサス　東京都統計書』、『1980年世界農林業センサス　東京都統計書』、『1990年世界農林業センサス　第1巻　東京都統計書』、『2000年世界農林業センサス　第1巻　東京都統計書』、『2010年世界農林業センサス　第1巻　東京都統計書』より筆者作成

表2：江戸川区における耕地面積の推移

1950、1960年は町

1965年からha

年	総数	田	畑	樹園地
1950	1601	1084	516	1
1960	1346	922	424	−
1970	765	457	308	0
1980	265	27	200	38
1990	219	31	175	13
2000	129	20	103	6
2010	79	12	59	8

『市町村別統計表　1950年世界農業センサス』、『1960年世界農林業センサス市町村別統計表』、『1970年世界農林業センサス　東京都統計書』、『1980年世界農林業センサス　東京都統計書』、『1990年世界農林業センサス　第1巻　東京都統計書』、『2000年世界農林業センサス　第1巻　東京都統計書』、『2010年世界農林業センサス　第1巻　東京都統計書』より筆者作成

このように、従来の研究は主に種子屋の方からアプローチがなされていたが、農家側が栽培する品種を在来品種、固定種からF_1品種へと転換した際の状況やその普及していく過程などについてはあまり検討されていないといえよう。

二　調査地概要

小稿の調査地東京都江戸川区についての概要を整理してゆく。江戸川区は東京都二三区内で最東部、江戸川をはさんで千葉県市川市に接する地域である。

『世界農林業センサス』によると、昭和二五年（一九五〇）の農家数は三二九三戸（内専業農家一四六〇、兼業農家一八三三戸）、耕地面積は総数一六〇一町（田一〇八四、畑五一六町）で、約一五八七ヘクタールが耕地であった（表1・2参照）。しかし、徐々に農家数・耕地面積ともに減少していく。昭和五五年（一九八〇）には七八八戸（内専業農家一二四、兼業農家六六四戸）、耕地面積は総数二六五ヘクタール（田二七、畑二〇〇ヘクタール）になる。この時点で畑の耕地面積が田の耕地面積を上回るようになる。

平成二二年（二〇一〇）には、農家数は一一一戸（内専業農家六二、兼業農家四九戸）、耕地面積は総計七九ヘクタールであり、その内畑が五九ヘクタールになる。

『東京市農業に関する調査』にて昭和初年（一九三〇）頃の江戸川区の農業の状況が報告されている。[9] それによると「西一之江の耕地は大正拾年前後の蔬菜高價の際より水田より畑へと變化して行つたが、市域膨張擴と共に移住者多く耕地は宅地及び工場化しつゝある。現在は面積に於て水田五、畑一の割合になつて居り、水田は蓮根六、水稲四の割合で作付られてゐる」とある。[10] この報告から、大正期までは、稲作を行ないつつ、野菜類を中心とする畑作も同時に行なう地域であったことが分かる。栽培する野菜は都市部に近いこともあり、市場が求める野菜を適宜選択していた。それが大正期から戦後になると、田・畑ともに耕地面積が減少し、米や果菜類の栽培から集約的な生産が可能となる軟弱野菜の栽培にシフトしていく。この時点では小松菜は数ある作物の内の一つであった。

それが昭和四〇年代（一九六五〜一九七四）になると、小松菜が緑黄色野菜として注目を集め、人気が出たという。また、同時期に小松菜の周年栽培が確立される。昭和五〇年代（一九七五〜一九八四）には、畝をビニールで覆うトンネルやビニールハウスが各農家に普及し始める。それに合わせて周年栽培に対応した小松菜の品種が育成され、小松菜のみを周年で作付する農業が主流となる。日本で最初に商品化されたF_1品種は、昭和二三年（一九四八）の「福寿二号」というトマトである。それから様々な野菜のF_1品種が開発され、普及していく。一方、F_1品種の小松菜が登場したのは昭和五二年（一九七七）であり、他の作物のF_1品種よりも比較的近年に登場している。このことから、F_1品種の登場に対する農家の反応がより確認しやすいといえよう。現在では宅地化により農家・農地ともに大幅に減少してしまったものの、専業農家として小松菜の周年栽培または花卉栽培を営む農家が存在している（写真1参照）。

現在の小松菜栽培は、一つの畑に年間五、六回の作付を行なう。多く作付する農家では、年八回にのぼるという。ハウス内の畑が空いたら、一人が一日に収穫できる百束程度の作業量を見極め、無理なく収穫できる範囲の作付を行

写真１　現在の小松菜栽培

なう。収穫量から逆算した小松菜単体での作付の計画を立てるため、他の作物を同時並行的に栽培することは難しい状況にある。このため、江戸川区の農家は小松菜に特化した周年栽培か、小松菜以外の作物を複数組み合わせて栽培する形態の農家にわけることができる。

それでは江戸川区の農家は野菜の種子をどのように入手していたのであろうか。

先の『東京市農業に関する調査』には、昭和十年（一九三五）の江戸川区の農家がどのくらいの量の種子を使い、どのように入手していたのかについても報告されている[11]（表3参照）。それによると、ナス（茄子）やキュウリ（胡瓜）、シロウリ（越瓜）、バンカ（蕃茄）、サイトウ（菜豆）、サントウナ（山東菜）、小松菜、チサ（苣）は自家採種した種子を用いている。一方、購入に頼っている種子は、京菜とホウレンソウ（菠薐草）の二種類のみである。このことから、昭和十年（一九三五）当時の農家では、栽培作物の種子のほとんどが購入ではなく、自家採種によって

表３　江戸川区西一之江町の農家における種子入手の状況

種目	自給	購入
茄子	４合	−
胡瓜	４合	−
越瓜	７合５勺	−
蕃茄	１合	−
菜豆	２升	−
山東菜	５合	−
京菜	−	２合
小松菜	３升	−
菠薐草	−	５升
萓	５升	−

帝国農會編『東京市農業に関する調査　第二輯』帝国農會　1935年ｂ　より筆者作成

表４　小松菜の品種一覧
都内における主要品種　平成23年(2011)

作型		主要品種名
春播き ３ 〜 ５月播種	露地	浜ちゃん、きよすみ、はっけい、わかみ、なかまち、いまむら、ひとみ、はなみ
	施設	浜ちゃん、きよすみ、はっけい、まさみ、江戸の小町、なっちゃん
夏播き ６ 〜 ９月播種	露地	浜ちゃん、きよすみ、はっけい、いまむら、江戸の夏、まさみ、ひとみ
	施設	浜ちゃん、なっちゃん、はっけい、いまむら
秋播き 10 〜 11月播種	露地	みなみ、わかみ、きよすみ、いなむら
	施設	夏楽天、みなみ、わかみ、なかまち、007、江戸の小町
冬播き 12 〜 ２月播種	露地	わかみ、きよすみ、楽天、なかまち、007、写楽
	施設	夏楽天、わかみ、きよすみ、なかまち、007、凪の娘、里ごころ、みなみ、冬里

東京都中央農業改良普及センター配布資料より転載

賄われていたことが分かる。そして、戦後になると「後関晩生小松菜」「卯月小松菜」などの固定種の小松菜が誕生する。その後、坂田種苗株式会社（現・㈱サカタのタネ）が昭和五二年（一九七七）に小松菜初のF_1品種である「みすぎ」を発売する。以後、早生・中生・晩生のF_1品種も多数開発され、現在では季候や市場の流行などに合った品種を用いて周年栽培をする状況になっている（表４参照）。

平成十八年（二〇〇六）に東京都の種子屋組合が作った名簿によると、江戸川区にはその当時二軒の種子屋があったことが確認できる[12]。しかし、現在区内で営業している種子屋はない。そのため、江戸川区の農家が種子を購入する場合は、千葉県側にある種子屋に依頼するか、欲しい種子を販売している種苗メーカーへ直接注文している。

以上、簡単に江戸川区の農業について概観してきた。江戸川区では、都市の発展に伴い、農地が工業地や商業地、住宅地等に転換され、徐々に農家数・農地面積ともに減少していった。また、高度経済成長期から農業用水の水質が悪化し、生計を立てるために十分な量の米が収穫できなくなってしまった。そのため、江戸川区では比較的早い時期に稲作から蔬菜を中心とする畑作に転換し、現在では小松菜の周年栽培をする農家か花卉栽培を営む農家がほとんどを占めるようになった(13)。種子については、昭和十年(一九三五)においては、栽培する作物のほとんどが自家採種されていた。購入する種子はそれまで栽培していなかった新しい種類の作物に限られていた。それが、戦後になって小松菜のF_1品種が登場すると大きな変化をみせるようになる。

三　固定種からF_1品種の小松菜への移行

1　F_1品種登場以前の小松菜の状況

まず、F_1登場以前、固定種の小松菜が主流であった頃、江戸川区の農家がどのようにして小松菜の種子を入手していたのか、また地域の種子屋がどのような活動をしていたのかを確認していく。

栽培する作物の種子の取り返しをした経験をもつ昭和十年(一九三五)生のJ・I氏は、「かつては小松菜や高菜など畑で作るありとあらゆる野菜の種子を取り返ししていた」という。小松菜の場合、厳しい冬を越えないと種子が実らず、取り返すことができない。そのため、種子を採るための小松菜は十月頃に作付をする。それから冬を越して四月頃に花が咲き、ようやく六月頃に結実するので、それを採種していた。種子採り用の小松菜は畑の隅に種子を播き、その後良い株を残して選別していく。また、収穫する際に見つけた良い株を、そのまま畑に残して結実させる方法をとる場合もあった。周囲の農家よりもいち早く小松菜の周年栽培を始めたS・I氏〔昭和一五年(一九四〇)生〕は、良い種子を得るために株の太り具合や美味しそうなものを確かめて、悪そうなものは間引いて選別していったという。採種した種子は、米の袋や一斗缶に乾燥剤や石灰を混ぜて保管していた。収穫したばかりの種子は発芽力がよかったが、すぐ播種するよりも一年間保存しておいた方が病気になり難く、比較的丈夫な作物ができやすかったという。また、種子は一つの株から大量に採れるため、収穫した種子をすべて播き切ることはなかった。播き切れなかった種子は倉庫に保存していた。きちんと保存しておけば、五年程度までなら問題なく発芽した。取り返しをしていた頃はそういった種子が倉庫に沢山残っていたという。

固定種が主流であった昭和三〇年代（一九五五〜一九六四）頃までは、自分の畑で親種子である原種を維持し、小松菜を含む様々な種子を自家採種する農家が多かった。場合によっては篤農家らを中心に、「俺の所の種子が一番」「俺のところのは他と違うんだ」と様々な品種を栽培しつつ、より良い品種を作り出すための育種も行なっていた。自家採種をするための原種も出来の良い作物を選別し、より良い品種の小松菜を残すようにしていたことが分かる。しかし、栽培するすべての種子を自分のところで自家採種し、それに頼り切っていたわけではない。

先のJ・I氏によると、自分の畑でずっと取り返しをしてきた種子から作った野菜よりも、他の畑でできた種子の方が畑への馴染みがよく、そちらの方が良い品質の作物ができたという。また、自分で取り返しした種子は、購入した種子よりも薹が立つのが一週間程度早かった。このように自家採種をした種子よりも、購入した種子の方が品質は安定していたという。また、採種に関しても種子屋に頼る場合もあった。例えば、S・I氏は種子屋に自家の小松菜の原種を渡し、採種を依頼したことがあった。というのも、自身の畑で取り返しを行なうと小松菜のほかに高菜や京菜、ベカ菜といった他のアブラナ科の蔬菜類も栽培しているため、品種が混じって良い品質にならなかった。そのため、種子屋を通じてアブラナ科を栽培していない他の地域に育種を依頼し、交雑しないようにしていたのである。

一方、昭和一七年（一九四二）生のH・T氏は、父親の代までは種子の取り返しをしてきたが、自分の代で種子はすべて購入するようにしたという。自家で種子の取り返しをするためには、取り返し用の作物が畑を長期間占領してしまい、他の作物を育てることができない。加えて、種子を収穫するのにも大変な時間と労力を使っていた。自家採種用の株を栽培する場所と種子を収穫する時間と労力を、種子を購入することで軽減するようにした。

固定種が主流であった時代は、以上のように自家採種をした種子と種子屋から購入した種子があった。農家はその二つを併用したり、購入にのみ頼るなど、各々の判断で小松菜を栽培していたのである。

では、自家採種がされていた頃の種子屋の活動はどのようなものであろうか。

固定種が主流であった頃から、江戸川区の農家へも種子を販売していた明治初期頃創業のK種苗店のY・K氏〔昭和七年（一九三二）生〕は、坂田種苗株式会社（現・㈱サカタのタネ）やタキイ種苗㈱といった大手種苗会社などから仕入れた種子を販売していた。その一方で、品質を高めた固定種を採種農家に採種委託し、流通させることも事業として行なっていた。また、昭和一七年（一九四二）創業のS種苗店のS・S氏〔昭和二一年（一九四六）生〕によると、S種苗店を創業する以前、S・S氏の父親は自転車で滝野川まで行って大手種苗会社から種子を仕入れ、その足で地域の農家を回って販売する小売を行なっていたという。S種苗店を創業後は、K種苗店と同様に委託採種し、その種子を江戸川区の農家へ販売するという形式に変えていった。採種委託をする場合は、九月から十月頃に小松菜、ホウレンソウやつまみ菜などの原種を採種農家に渡して、種子の栽培を依頼する。そして六月に、採種農家から収穫した種子を購入し、江戸川区の農家や農業組合へ行って販売していた。S種苗店では、自社用の種子の採種委託の他にも、先のS・I氏のように、農家が持っている原種の委託採種を依頼されたこともあったという。

また、戦後しばらくは、初めて目にする野菜や改良された品種の種子が次々と出回っていたという。昭和一〇年〔一九三五〕生〕のJ・I氏によると、その頃はよく種子屋が自宅へ「農水省奨励品種ですよ」などといって、仕入れた様々な種子を売りに来ていた。また、新しい品種の種子や品質の良い種子は、同業者から薦められることもあったという。

K種苗店のY・K氏によると、昭和三〇年から四〇年代当時に販売していた小松菜の種子は、年間三〇〇から四〇〇リットル程度であり、販売価格は一リットルあたり六〇〇円から六五〇円程度であった。当時はまだ小松菜の周年栽培が確立されておらず、その程度の量があれば十分足りたという。

以上、固定種の小松菜を栽培していた頃の状況を概観してきた。固定種の小松菜を作っていた頃は、各農家で良い品質の小松菜を選別して自家採種をする一方で、種子屋からも種子を購入していた。また、自家採種の手間を嫌って種子は購入のみに頼るという農家もあった。種子屋は、種子問屋や大手種苗会社から種子を仕入れて、農家に販売していた。加えて、自社の原種や農家が保有する原種を採種農家に委託し、そこで栽培された種子の販売も扱っていた。

2　F_1品種の小松菜の発売とその普及

しかし、昭和五二年（一九七七）に小松菜初のF_1品種である「みすぎ」が発売されると、種子を取り巻く状況は大きく変化していく。

みすぎの出来栄えに驚いたという農家は多い。まず、品質の良さやその均一性、そして見た目の良さがよく語られる。みすぎは、播種し発芽した段階から取り返しの小松菜とはまったく違うものが出てきたという。また、収穫する頃には「一つ一つがゴム印で押したようにビーっとそろった形の品になった」ほど均一だったというのである。固定種の小松菜は、茎や葉の長さが不揃いで、株の下から葉が出てしまうものが多くあった。加えて黄色っぽい葉や白っぽい葉があるものも少なくなかった。一方、みすぎは葉の色も濃い緑色であり、葉は上の方に集まり、下の軸は真っ直ぐきれいにそろっていた。このような見た目の差から、みすぎの方が固定種よりも新鮮な品物に見えたという。そのため、固定種の小松菜とみすぎが八百屋などの店頭に並んで置かれると、固定種が傷んだ野菜のように見られるこ

写真２　結束作業の様子

とがあった。みすぎは大変丈夫であったという。

現在でも小松菜を出荷する際、小松菜を俵状に結束するが、固定種の場合は強く握ると軸が折れるなどしてすぐ駄目になってしまうので、束ねる際には細心の注意を払っていた（写真２参照）。対して、「みすぎは蹴っ飛ばしても問題ないほど丈夫」であった。また、みすぎは固定種と比べて圧倒的に日持ちがした。例えば、夏場は固定種の小松菜の場合、朝仕入れたものでも夕方には溶けて駄目になってしまった。しかし、みすぎは店頭に二日間置いておいても傷みが少なかった。この日持ちの良さから、八百屋などの小売店がみすぎを好んで仕入れるようになったという。このように固定種と比べてF_1品種は見た目の良さや品質の均一性に優れ、丈夫でありかつ日持ちもするため、青果市場ではF_1品種が高評価を得るようになる。

しかし、見た目の良さや耐久性が格段に優れているみすぎも、発売後すぐに栽培する農家はほとんどなかったとK種苗店のY・K氏はいう。というのも、みすぎが販売された当初は、二デシリットル缶で一二〇〇円から一三〇〇円という高価格であった。同時代に販売していた固定種の種子の価格は一リットルあたり六〇〇円から六五〇円であり、みすぎとは十倍ほどの価格差があった。

このような価格的な問題に加え、みすぎは新品種であるために、その出来の良さや作りやすさといった品質が不明確であった。そして価格や品質の問題をクリアしても、農家はこの品種自体が受け入れられるのかといった市場の動向が分からなかった。例えば、J・I氏の元によく種子屋が新品種を持って訪問販売に来ていたが、その種子が本当に良い品質か、作りやすいかどうかを知るためにまず試作をする。その上で青果市場の意向なども聞いてから、本格的に栽培を開始したものだという。このように、多くの農家はみすぎの発売から一、二年の間は様子を見ていたのであった。しかし、発売から三年目になると急激に販売量は増加し、それまで主流であった固定種の小松菜にとって替わっていく。K種苗店では一九八〇年代前半頃に年間三〇〇〇リットルのみすぎの種子を販売したという。この急激なみすぎの普及はどのようにして起こったのであろうか。

みすぎ発売当初、K種苗店では固定種との大幅な価格差を乗り越え、実際に作ってもらうために、二デシリットル缶で販売していた種子をさらに小分けにし、手にしやすい価格、試験的に栽培しやすい量にして販売した。そのうちにその品質の良さに注目する農家が現れた。その中でも、熱心な篤農家らが中心になってみすぎを栽培しだしたという。というのも、自身でより良い品質の作物を追及していた篤農家だからこそ、野菜の価値を知ることにおいては長けており、他の人よりも早くその良さに気づいた。「自分のところの小松菜は他の人の物と違うんだ」と言っていた篤農家ほど、実際にF_1品種を栽培すると「いやぁ。とてもじゃねぇけど、自分のところの物よりも向こうの方がよっぽど良いや」とその品質を認め、積極的に乗り換えていったのである。加えて、篤農家らが「この種子は高いけど他の種子とは違う」と、他の農家へ薦めることもあったという。

一方、青果市場に出荷された実物を見て栽培品種を替えた農家も多かった。例えば、種子の調達を自分の代で購入のみに切り替えたH・T氏は、小松菜を栽培している人同士で市場に行った際にみすぎを見て、「葉っぱが黒々としていてよさそうだねぇなんて言って、種子の種類を聞いて、それでうちでもやってみようか」となったという。

そして、なによりも農家の背中を押したのは、みすぎの出荷販売価格であった。みすぎが登場してから三、四年後の青果市場では、固定種の小松菜を一把七〇円から八〇円、よくて一〇〇円で取引していたのに対し、みすぎは一把三〇〇円で取引していたという。固定種の小松菜と三倍以上の価格の差から、みすぎが発売されて数年後には固定種を栽培する農家は激減し、F_1品種であるみすぎの小松菜ばかりが栽培され、市場へ出荷されるようになったのである。

K種苗店のY・K氏は、みすぎの品質の良さもさることながら、「篤農家の人々が自家取りの種子からF_1品種であるみすぎへ替えたというのは、市場のセリ(競)の値段、それの影響も大分あった」とし、「種子の変化は本当にあっという間だった」という。また、J・I氏もF_1品種の野菜の方が市場性の高いものができるということで、取り返しの種子をやめて購入した種子を使うようになったという。直接市場に卸す江戸川区の農家にとって、見た目のみならず取引価格もその場ですぐに分かる市場は、農業試験場などで行なう野菜の品評会以上に、生産品の価値がすぐに理解できる場所であったのである。そのような市場の影響でみすぎを栽培する農家が急激に増加し、F_1品種が固定種に代わって市場を占めていった。

では、F_1品種が市場を独占した状況下で、それまで取引されていた固定種はどのような扱いになったのであろうか。

小松菜の周年栽培を最初期から始めたS・I氏は、「見た目がよく、丈夫な品種であることは分かっていても、みすぎは味がよくなかった」という。「自分では昔の小松菜が良いと思うけど、みすぎが一〇〇円で売れて、こっちが三〇円じゃあね。相場で違っちゃうんだから。だから、三〇円でしか売れないやつ作って馬鹿みたいだけど、俺は作ってたよ」と、みすぎ発売からも一〇年ほどは味の良い固定種の小松菜を栽培し、市場に持ち込んでいたそうである。しかし、大きな価格の差に加えて、次第に市場では固定種の取引自体をしなくなった。そのため、S・I氏も固定種の栽培をやめ、みすぎよりも味の良い別のF_1品種の小松菜に切り替えていく。S・I氏は農家らが一斉にみすぎに替えたことについて、「良いから変えていったんじゃなくて、売れるから変えていったんだよ。売れちゃうんだからしょうがない。どうしたって値段が高い方にいっちゃうもんね」と語る。このように、市場が高い値段をつけた品種があれば、皆その品種に移行していった。

みすぎの普及に伴い、K種苗店では固定種の注文はほぼなくなり、それまで行なっていた自社での採種事業をやめた。また、S種苗店でも平成の初めまでは固定種の小松菜の委託採種をして販売していた。が、固定種を使う農家がなくなったため、現在は採種事業は行なっていない。

F_1品種が市場を独占した後、一時期種子屋が品種改良をするために、昔からの良い種子を保有している江戸川区内及びその周辺地域の農家・種子屋などを探した。しかし、F_1品種への切り替えがあまりに急激に進んだため、昔ながらの小松菜の種子を保存している者はなく、固定種を見つけることはできなかったほどだという。

結びにかえて

小稿では、栽培する野菜の品種を固定種からF_1品種へと転換した際の状況や、その普及していった過程について、江戸川区における小松菜のF_1品種化を事例に農家や種子屋の動向を聞き取り調査から確認してきた。

固定種の小松菜が主流であった頃は、自分の畑で自家採種した種子を用いつつ、種子屋から購入した種子も用いて、小松菜を栽培していた。また、江戸川区で営業していた種子屋は、大手種苗会社から卸した種子の販売と、自社が保有する原種を採種委託して自社生産の種子の販売も行っていた。場合によっては江戸川区の農家から採種依頼を受けることもあった。農家によっては種子を購入のみに頼る家もあったが、昭和四〇年代までは自家採種と購入が並行して行なわれていたのである。

小松菜初のF_1品種である「みすぎ」が発売されると、その状況は大きく変わっていった。みすぎ発売当初は、種子が非常に高価であり、加えてその品質や売れるのかどうかも不明であったため、江戸川区の農家はすぐには栽培しなかった。このF₁品種の最初期において、なんとか農家に栽培してもらおうとする種子屋の働きもみられた。また、F₁品種の普及には篤農家も大きな影響を与えていた。農業に熱心に取り組み、自身でも品種改良を行なっていた篤農家だからこそ、いち早くその良さを認め、積極的にF₁品種を導入していった。F₁品種の良さを周囲の農家に薦めていたというのも注目すべき点である。そして、それ以上にF₁品種を大きく普及させた要因は市場であろう。その場で野菜の品質の確認ができ、その値段から価値差を知ることができたのである。そのような市場の動きを押さえた上で、わずか数年で多くの農家が積極的に栽培品種を固定種からF₁品種に替えていった。F₁品種が主流となって取引されると、市場では固定種の小松菜を取引しないようになる。その動きは固定種の小松菜の方が良いと考えている農家にも、F₁品種への移行をなかば強制的に促していった。また、種子屋は固定種の採種事業をやめ、種子販売専門になっていく。

以上のことから、F₁品種の普及に関しては、流通元となる種子屋の動き以上に、何よりも市場の動向といったものにより大きく左右されていた。そして、市場の動向を敏感に察知し、より高く売れる人気の品種を栽培するようになる農家の姿がみえた。

栽培品種に関する農家の関心は、F₁品種が主流となった現在も非常に強い。例えば、平成二九年（二〇一七）現在、小松菜の品種は「イナムラ」という品種が人気であるが、その前は「〇〇七」という品種が圧倒的な人気であった。こうした人気品種の変遷も市場の動向によって左右されるのである。

人々がどのように生計を立てるのかという点について、安室知が複合生業論を提唱して以降、生業の分野では営む生業の複合性が注目されてきた(14)。安室は、山村や漁村などでは、複数の生業を組み合わせる形態をとってきたとする。そうした生業形態の地域では、市場が求める金銭的価値の高い作物をその都度選択し、生計を立てる姿が改めて指摘されてきた。

小稿では、同じ種類の作物でも品種の差によって、市場における金銭的価値が大きく変わることを報告した。農家側はどのような作物が売れるのかという視点と共に、その作物の中でも特に取引されている品種にも注目を払っている。市場の動向は農家が育てる作物からその品種まで大きな影響を与えているのである。生計を立てるために売れる品種を選択していくという、農業とそれを商売として成立させようとする意識について、今後も注目していきたい。

註

（1）船越建明『野菜の種はこうして採ろう』創森社　二〇〇八年。
（2）青葉高『野菜』法政大学出版局　一九八一年　八六頁。
（3）渡辺善次郎『近代日本都市近郊農業史』論創社　一九九一年。
（4）清水克志「近代日本における野菜種子流通の展開とその特質」『歴史地理学第五一巻第五号』歴史地理学会　二〇〇九年。
（5）阿部希望『伝統野菜をつくった人々』農山漁村文化協会　二〇一五年。
（6）阿部希望『伝統野菜をつくった人々』農山漁村文化協会　二〇一五年　二三一頁。
（7）現在では京野菜や江戸東京野菜などとして地域特有の野菜を再評価し、地域おこしの一環として活用されている。
（8）増田昭子『在来品種を受け継ぐ人々』農山漁村文化協会　二〇一三年。
（9）帝国農會編『東京市農業に関する調査第一輯』帝国農會　一九三五年ａ。
（10）帝国農會編『東京市農業に関する調査第一輯』帝国農會　一九三五年ａ　一一五頁。
（11）帝国農會編『東京市農業に関する調査第二輯』帝国農會　一九三五年ｂ　九四頁。
（12）志村篤編『全国種苗者名鑑：平成18年新版』日本種苗新聞　二〇〇六年。
（13）米を作るための田圃は消滅したが、注連飾りを作るため、品種である「実取らず」と呼ばれる稲を栽培するための田圃はしばらく存在していた。しかし、その「実取らず」用の田圃も近年消滅してしまった。
（14）安室知『日本民俗生業論』慶友社　二〇一二年。

祭事・儀礼の継承

神楽を演じる地方公務員

——埼玉県の神楽を事例として——

田村　明子

はじめに

民俗芸能の担い手の多くは、その芸能が帰属する社会集団の成員であった。特に農業従事者の家長乃至長男が主であり、第二次世界大戦による縮小や中断などを経てからも、しばらくはこの傾向が続いていた。しかし高度経済成長期以降、専業農家は著しく減少し、これに伴って民俗芸能の担い手も急速に減少している。

このような傾向の中で、近年、新たな担い手として増えつつある職業が、地方公務員である。民俗芸能の担い手は大前提として、芸能の稽古に参加できなければならない。そのためには、勤務地が当該地域の近辺であることが望ましい。また、民俗芸能の奉納や披露が平日となる場合、あるいはその準備にあたって、勤務先に休暇を要請することもあり得る。そのようなとき、民俗芸能に対する勤務先の理解は必須と言えよう。これらの条件をある程度満たすことのできる職業が、当該地域の地方公務員である。

本論では、埼玉県に伝わる二つの神楽と神楽集団を題材とし、それらに関与する地方公務員に着目する。

一　先行研究と問題提起

民俗芸能研究は、かつての民俗芸能そのものを対象とするものから、それを伝承する人に着目する議論へと変化してきた。その先駆けとなったのが、橋本裕之を初めとする第一民俗芸能学会以降の研究者である(1)。橋本は、民俗芸能が当然視してきた「地域」という概念の再構築を図るべきと考え、民俗芸能にまつわる「地域」は、それに関わる人々の情熱によって構成されるという可能性を指摘している(2)。また、久保田裕道は東北地方の神楽を主題とし、芸能にはそれぞれの帰属社会があるとする。久保田は岩手県早池峰神楽を地域ごとに捉え、芸態的な面から同一として捉えられてきた各地域の神楽が、神楽衆に視点を定めた場合、異なる社会集団に帰属していることを指摘した(3)。一方、上野誠は、千葉県の三匹獅子舞を取材し、稽古の場におけるカタや習得法の伝授、人間関係について考察を行っている。また、奈良県の宮座の取材では、社会の変容に合わせ自らも変遷していく宮座の現状について考察している。これらの調査で、上野は、祭りの様相や意味づけは折々の当事者としての担い手によって変化し、新たに生み出されていくとし、変化による人びとの動きを記述することが、現代の民俗芸能研究には必要であると述べている(4)。

本論は、このような近年の民俗芸能研究の立場に基づき、担い手の一事例として地方公務員に着目するものである。前述の通り、民俗芸能の担い手はかつて農業従事者が主であった。しかし農業が衰退していく中で、農業従事者の数も激減し、それだけでは担い手集団が形成できなくなっていく。そのために、民俗芸能は農業以外の職業に就く者を取り入れていかなければならなくなった。現在の労働人口の多くは被雇用者であり、農業従事者のように自由な休憩や休日を取るわけにはいかない。担い手の都合により、民俗芸能はその披露の場を平日から土日などの休日に変更せざるを得なくなる(5)。それでも、サービス業に従事しているために定まった休日が取れない事例が多々あり、また一般企業であっても残業などにより夜間の稽古に参加することが難しい場合がある。土日祝日が必ず休みで、残業も少ない職業となると限られてくるが、数少ない職業の内のひとつが地方公務員なのである。

本論では、事例として埼玉県旧鷲宮町（現久喜市）に鎮座する鷲宮神社を中心に継承される土師一流催馬楽神楽と、同じく埼玉県旧騎西町（現加須市）に鎮座する玉敷神社で継承される玉敷神社神楽を取り上げる（図1参照）。

図1　2010年現在の地図に筆者が加筆

（http://www.craftmap.box-i.net/ 参照）

埼玉県における神楽研究の大家は、倉林正次である。倉林は、関東一円の里神楽は、鷲宮神社土師一流催馬楽神楽を起点として広まったとする。倉林の研究は、曲目から、土師一流催馬楽神楽、玉敷神社神楽、そして坂戸市大宮住吉神社で継承される大宮住吉神楽とを比較し、発生の年代を考察した。倉林はこれらの研究において、芸態や伝承経路への視点の必要性を強調している[6]。倉林から時代は下るが、三田村佳子による福島を含めた関東全体の諸神楽の研究書も大きな成果であると言える。三田村は各芸能のフィールドワークを行い、伝播の地理的な枠組みの考察を行っている[7]。また、三田村も大きく関わったものとして、埼玉県立歴史と民俗の博物館（旧埼玉県立民俗文化センター）発行の『民俗芸能調査報告書』がある。これはシリーズによる刊行で、特に芸能の歴史についての記述に紙幅を割いている。

以上のように、埼玉県における神楽研究では芸態や伝承経路に重きが置かれてきたが、その一方で、現代の地域・人に対する視点や担い手論が不足してきた。このような傾向にあって、槙島知子による女性神楽師への着目は、担い手論を展開する上での足がかりとなろう。槙島は、本論でも事例として取り上げる土師一流催馬楽神楽に、早い内から女性神楽師が参加していたことに着目している。(8) ただし槙島の調査の時点では、女性神楽師は一名であり、また槙島はそれ以降、担い手研究には着手していない点が惜しまれる。

以上の問題意識の下、本論では担い手としての地方公務員に着目しながら考察を行う。それに先立って、二章では本論の事例として取り上げる土師一流催馬楽神楽、玉敷神社神楽の歴史を、担い手という側面にフォーカスしながら整理する。三章では、本論の主題である地方公務員を取り上げ、地方公務員がどのように神楽と関わっているのかについて考察する。そして、地方公務員が担い手である意義について四章で述べる。

これらの作業によって、本論を、現代の民俗芸能の現場とその担い手を理解するための一助としたい。

二　埼玉の神楽

1　土師一流催馬楽神楽

まず初めに、本論で扱う土師一流催馬楽神楽とその伝承者集団について、その歴史的変遷を確認する。重要文化財の登録名称は土師一流催馬楽神楽であるが、本論では便宜的に催馬楽神楽と呼称する（写真1参照）。

催馬楽神楽が伝承されている鷲宮神社は、江戸時代には朱印地四〇〇石を安堵された大社である。催馬楽神楽は、少なくとも元禄年間（一六八八～一七〇三）には既に行われていたとされる。当時は、代々鷲宮神社の神主を務めてきた大内氏によって七家が任命され、その長男によって伝承されていた。また、着面で行われる十二座の神楽の他、巫女と呼ばれる少女たちによって行われる端神楽は、七家の長女が従事していた。この七家とは、表参道に立ち並ぶ家々の内、より神社に近い地域に住居を構える七家を示す（図2参照）。

神主を世襲してきた大内氏は明治七年（一八七四）に神職から罷免されるが、神楽師の世襲は七家によって続けられる。江戸時代から大正時代にかけて、神楽師は鷲宮神社及び他村の神社において頻繁に神楽奉納を行っていた。

写真１　翁三神舞楽之舞

（2011年４月10日撮影）

しかし、第二次世界大戦を境に、神楽師の数は急速に減少していく。昭和一六年（一九四一）には、神楽師は七名いたが、同二〇年（一九四五）には三名となり、同三〇年（一九五五）には一人となっていた。昭和二〇年の三名の内、二名は女性名である。当時はまだ、女性が十二座神楽を行うことは認められていなかったため、この二名の女性は端神楽を行う少女であると推測できる。そのため、実質的には一〇年以上、一名で神楽を伝承していたことになる。

昭和二九年（一九五四）に、代々社領代官を務めた針谷家の針谷健次氏が復員し、最後まで残っていた神楽師・白石国蔵氏とともに神楽の復興に着手する。当時の鷲宮神社神主相沢正直氏も復興には協力的であったが、近隣住民には「神楽をやっていると良いことがない」という理由で参加を断られた。現在でも、高齢の住民は、「神楽をやると早死にする」と噂されていたことを覚えているという。商工会や農協を通じて鷲宮町全体に

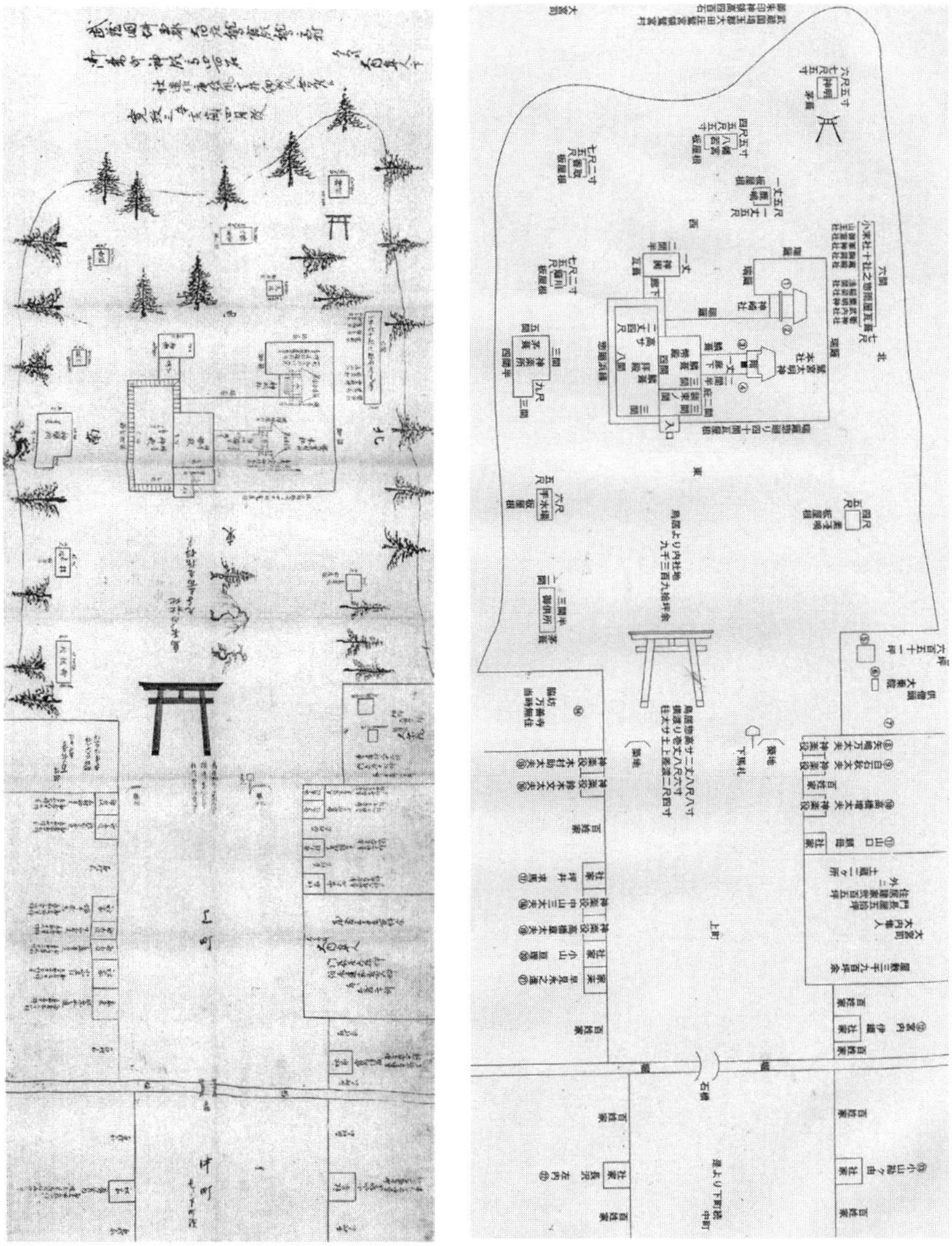

図２　左　『鷲宮神社境内建造物並屋敷図』寛政３年（1791）
右　鷲宮町立郷土資料館作成（『鷲宮神社所蔵資料総合調査報告書』）2003年

呼び掛けたが、これも効果がなかった。

催馬楽神楽の復興が本格的に始まったのは、昭和三〇年（一九五五）七月のことであった。まず、白石氏の囃子をテープに録音し、七月一日に視聴会を催して地域住民の参加を募った。この試みは、あまり芳しくない結果に終わったようである。最も効果を上げたのは、七月三一日のNHKによるラジオ放送であった。一日の録音テープではなく、NHKの職員が改めて笛の演奏を録音、朝八時に全国規模の放送を行った。これに先駆けて、針谷氏は町内に呼びかけ、二七名の若者が集まったという。最終的には六人の若者が残り、同年一〇月一〇日の例祭で成果を披露することとなった。一一月二〇日には、「鷲宮神社神楽復興会」として町民に助力を求める声明を発表している。針谷氏はこのときの初代会長であった。

この後、昭和三五年（一九六〇）に埼玉県指定無形民俗文化財（民俗資料）となり、これを機に「鷲宮神社神楽復興会」から「鷲宮催馬楽神楽保存会」に名称を変更した。昭和三五年は全国的に無形民俗文化財（民俗資料）の指定が急増した年であり、埼玉県でも全国的な傾向に合わせたのものと思われる。同四四年（一九六四）に関東ブロック民俗芸能大会に出席したことを機に、翌四五年には国から「記録作成等の措置を講ずべき無形の民俗文化財」として選択を受けた。そして同五一年（一九七六）には国指定重要無形民俗文化財となった。

この間、昭和四一年（一九六六）には白石国蔵氏が逝去、同五〇年（一八七五）には針谷健次氏が逝去している。保存会の会長は、針谷健次氏の長男、針谷重威氏に受け継がれ、現在も二代目会長として奉納に参加している。針谷重威氏が会長に就任した年に、奉納日が減らされ、現在の年六回となった。白石氏を覗く復興会以来のメンバーは、全て農業従事者ではなく、平日の神楽奉納には限界があったための、やむをえぬ措置であった。また、このころまで保存会は、復興会以来のメンバーのみで構成され、新たな会員の受け入れは行っていなかった。復興会以来のメンバーが中高年になったため、新たに若者を受け入れることに決定したという話である。鷲宮神社神楽復興会の時点では、神楽を行う人々は神楽師と呼称していたが、鷲宮催馬楽神楽保存会となって以降は、保存会員と呼称している。神楽師という名称は、現在用いていない。

昭和五一年の重要無形民俗文化財の指定を期に、鷲宮中学校で郷土芸能クラブ設立の案が立ち上がった。実際に誕生したのは、同五五年（一九八〇）である。毎週水曜日に、保存会員の中から針谷重威を含めた三名が中学へ赴き、指導を行った。初め、神楽は男性のみが演ずるものであるため、男子生徒にのみ指導を行っていた。女子生徒には、例え部員であっても神楽の指導を行っていなかった。それに不満を持った女子生徒が保存会員へ、神楽の指導をしてほしいと告げたそうである。その際、保存会員と宮司の間で相談があり、女子生徒への指導も行われるようになった。

郷土芸能クラブは、授業中に行う必修クラブであった。平成五年（一九九三）、部活動へ変更となり、名称も郷土芸能部となる。他の部活と並行して入部することが可能となった。毎週水曜日のみ、優先的に郷土芸能部へ参加できるよう特例が設けられているようである。その成果は、文化祭や埼玉県主催の芸能大会などのイベントで披露される。

郷土芸能クラブ及び郷土芸能部は、催馬楽神楽が郷土教育の題材として非常に適しているという学校側の期待と、後継者育成という保存会側の希望が合致し、実現した活動である。結果的に、後者の希望は叶い、現在、郷土芸能クラブ（部）出身の若者が四名、保存会に在籍しており、この内二名は女性である。安定した後継者育成の場が確保されたように見えるが、一時期は二〇人近くいた部員も、近年は一〇人にも満たないことがほとんどであると言う。

また、鷲宮町内の小学校では郷土教育の題材として、土師一流催馬楽神楽を教科書に掲載している。昭和五三年（一九七八）に初版が発行された社会科の教科書には、祭りや行事として神楽の奉納日と、重要無形民俗文化財に指定されたことが記されている。この郷土教育としての取り組みは、鷲宮町が久喜市に吸収合併された現在でも続いており、平成一八年（二〇〇六）に発行された教科書では、久喜市につたわる祭りとして紹介されている。

中学校の部活動とは別に、自治体主催の神楽伝承教室も開かれている。昭和六三年（一九八八）、埼玉県立民俗文化

写真２　鷲宮神社神楽殿での稽古

（2010年９月28日筆者撮影）

センター[9]で国庫補助による民俗文化財地域伝承活動事業の一環として、催馬楽神楽の伝承教室が開かれた。これが好評であったため、平成三年（一九九一）からは鷲宮町、合併以降は久喜市が主催となって伝承教室の名称で神楽の教室が開かれている。場所は郷土資料館の視聴覚ホールで、期日は九月から一一月までの水曜日と日曜日、原則中学生以上の年齢から参加できるとしている。定員は二〇名で、原則的に久喜市在住、在勤、在学の者に限られる。募集記事は、市のホームページや広報に掲載される。指導には郷土芸能部同様、保存会員があたる。これ以外に神社主催の神楽伝承教室も開かれ、町の伝承教室が行われない月に、神社近くの集会所で行われる。こちらの募集は神楽殿脇の看板の他、市の神楽伝承教室で声をかけることもあるという。こちらの伝承教室は定員や参加条件などはなく、時には埼玉県外からの参加もある。また、鷲宮神社で研修を行っている若手の神職が練習に参加することもある。

この伝承教室出身者からも、男性二名（三〇代、六〇代）、女性一名（二〇代）が保存会員候補として保存会の練習に参加しており、彼らは準会員や練習生と呼ばれている（写真2参照）。

表1は、二〇一四年現在の保存会メンバーの性別、年齢、職業を示したものである。表における11、12のメンバーが本論で取り上げる地方公務員に該当する。また、14の練習生も小学校教員であるため公務員に該当し得よう。留意すべきは、11、12のメンバーは、中学時代、郷土芸能クラブに所属しており、それを契機として保存会に加入した点である。彼らが保存会に正式に入会したのは、二〇歳のころであったが、それ以前から神楽師として奉納に参加していたという。そして、平成一五～一六年（二〇〇三～二〇〇四）の間に、両名は鷲宮町の職員となった。鷲宮町は、平成二二年（二〇一〇）に久喜市に吸収合併されたため、現在では久喜市役所職員となっているが、引き続き保存会メンバーとして活躍している。

表1　催馬楽神楽保存会メンバー（2014年現在）

		性別	年代	職業
1	会長	男性	80代	元教員
2	副会長	男性	80代	元団体職員
3	保存会員	男性	70代	元団体職員
4	保存会員	男性	70代	自営業
5	保存会員	男性	70代	自営業
6	保存会員	男性	60代	自営業
7	保存会員	男性	50代	会社員
8	保存会員	男性	40代	団体職員
9	保存会員	男性	40代	会社員
10	保存会員	女性	40代	会社員
11	保存会員	男性	30代	公務員
12	保存会員	男性	30代	公務員
13	保存会員	女性	20代	会社員
14	練習生	男性	30代	教員
15	練習生	女性	20代	学生
16	練習生	男性	60代	不明

（槙島知子2002年論文を参考に加筆修正）

二　玉敷神社神楽

次の事例として、玉敷神社で奉納される神楽を取り上げる。この神楽には特別な名称はないため、重要文化財の登録名称に従って玉敷神社神楽と称する。

玉敷神社は、埼玉県加須市騎西に鎮座する神社である。地理的には、前述の鷲宮神社から見て南西に位置する。鷲宮神社の氏子域とは、概ね境を接しているが、大社であった鷲宮神社に比べればやや小規模となる。

玉敷神社は、はじめ現在地から北側に近接する正能地区の古宮耕地と通称される一画に鎮座していたが、永禄五年（一五六二）、上杉謙信の関東出兵により社殿を焼失した。その後、騎西城の大手門付近に移ったが、城内で度々出火があったため、類焼を恐れた家臣によって元和四年（一六一八）、現在地である騎西町場に遷座され、社領七石が寄進された。社家は代々、河野家が務めた。出自は土師氏とされ、一二世紀後半に武士から神官に転じたとされる。寛文年間（一六六一～一六七二）に吉田家の配下となった。明治政府によって朱印地や御供田などは上知されたようであるが、河野家が社家を罷免されることはなかったらしく、埼玉県や政府へ提出した社殿再建の書類などには、社司として河野家が記されている。現在でも、宮司は河野氏が務めている。

類焼や遷座を経ているためか、玉敷神社に関する文献史料は少なく、近代以前の玉敷神社神楽に関する情報も極めて乏しい。現存する神楽面（ミツメ・ヤマノカミ）の墨書に、正保年間（一六四五～一六四八）とあることから、少なくともその頃には行われていたものと考えられている。

近世史料としては、玉敷神社の神主河野盛吉（一六八八～一七三六）が玉敷神社の要事を箇条書きで記した『要用集』と、後述の神楽役許状、職札及びその書き換え料の請取覚が残っている。それによると、神楽は神社で奉納する以外に興業も行っていたらしく、安政二年（一八五五）、江戸幕府が青木兵庫に宛てた職札と請取覚から、神楽興業も幕府に統括されていたことが窺える。玉敷神社神楽がどれほどの頻度で神楽興業を行っていたかは、これらの史料からは定かではない。

近世期の史料としては、他に文政五年（一八二二）の日付が記された神楽役許状が四通残されている。これによると、当時は神楽師ではなく神楽役と呼称し、青木平馬藤原正久を始めとする青木姓の四名が連なっている。いずれも正能地区の住人であり、少なくともこれ以降、玉敷神社神楽は代々正能地区の住民によって継承されていくこととなる（図3参照）。

近代の史料は更に少ないが、明治四二年（一九〇五）に宮司となった河野省三の手記『吾が身のすがた』によれば、当時は既に神楽役ではなく神楽師と呼称していたようである。

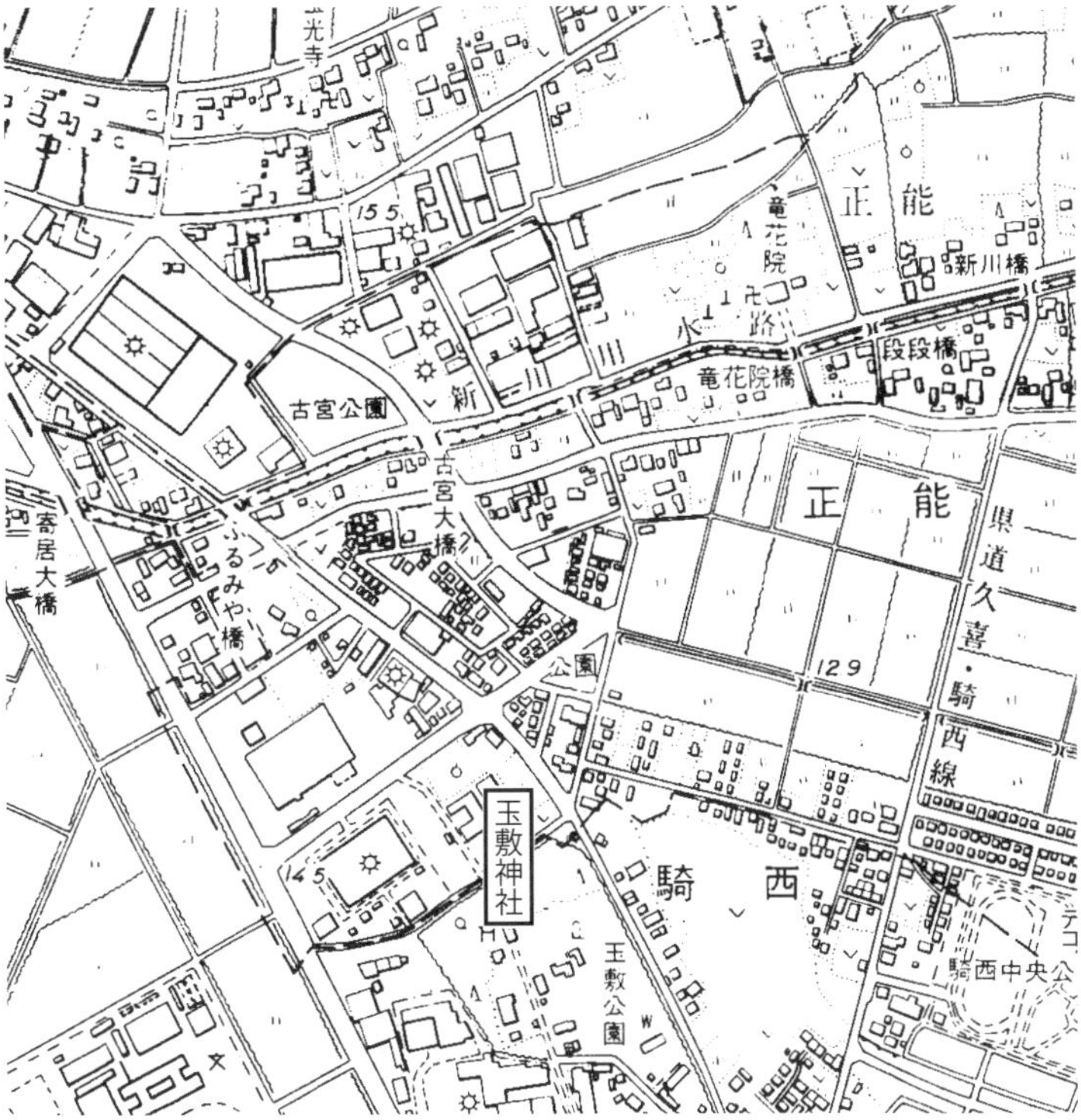

図３　玉敷神社と正能地区（『騎西町史』1999年）

昭和に入り、戦時中は一時神楽を中断したこともあったが、戦後になって落ち着いてきたころ、神社からの呼びかけもあり、他の例祭や神事とともに再開することとなった。催馬楽神楽のような、極端な神楽師の減少はなかったようである。昭和三五年（一九六〇）、埼玉県の指定無形民俗文化財となったことは、鷲宮神社の事情と同じであろう。

玉敷神社では、代々、父子相伝で神楽を行ってきたが、高度経済成長期を過ぎた頃から難しくなってきた。昭和四九年（一九七四）、翌々年の五一年（一九七六）、国の「記録作成等を構ずべき無形の民俗文化財」に指定されることがほぼ決まっていたため、存続などの観点から、宮司の河野道雄氏と神楽師の間で相談し、正能地域から神楽師

写真3　玉敷神社神楽奉納

（2011年12月1日筆者撮影）

を募集することとなった。このとき、騎西町役場で文化財の担当に当たっていた正能晴雄氏と小谷野洋一氏が、神楽師となる。二人とも正能の出身者である。その後、記録保存に当たって保存会を設置するよう文化庁から求められ、昭和五二年（一九七七）に玉敷神社神楽保存会を組織した。保存会は会員と準会員に分け、会員を神楽師とし、準会員を神社の宮司と専任役員にあてた。現在、会長は正能晴雄氏が務めている。保存会は段階的に、募集地域を正能地区から騎西町全域に広げ、平成一二年（二〇〇〇）には女性の神楽師も募集するようになった。そして平成二一年（二〇〇九）、国の重要無形民俗文化財となり、現在に至る（写真3参照）。

平成二六年（二〇一四）現在の玉敷神社神楽保存会のメンバーを表2に示した。項目は催馬楽神楽保存会と同じである。玉敷神社神楽保存会では、ほとんどの男性メンバーが公務員である。これは、現会長の正能氏が中心となって、騎西町役場の男性職員に声をかけたことに由来する。ただし、全てが正能地方の出身者というわけではなく、半数はかつての騎西町域か、その周辺ではあるものの加須市の在住者である。

一方で、玉敷神社周辺や正能地方の住民の間には、玉敷神社神楽は正能地方の出身者が行うものであるという認識が現在でも続いている。正能地方は、地域全体で神楽に関わっているわけではなく、住民の神楽へ対する興味も極めて希薄である。これは、近世から近代にかけて、父子相伝での神楽継承を行ってきたためと考えられる。また、実際に神楽を奉納する場が、正能地方の中ではなく騎西町場内の玉敷神社であった点も関係している。一九六〇年代頃までは、神楽奉納に際して神社近辺に在住する女性が神楽師へ料理を提供していたという。神社近辺の在住者であるため、当然正能地方の出身者ではない。神楽師でない住人が、神楽と直接関わる機会があるとすれば、このような世話役であったと考えられる。しかし、奉納が地域内で行われなかったために、正能地方の住民にはそのような役が回ってこなかったし、住民側にも義務感のようなものは芽生えなかったものと推測される。これが、現在でも確認される、正能地方在住者の神楽への無関心の一因であると、筆者は考える。

表2　玉敷神社神楽保存会メンバー（2014年現在）

		性別	年代	職業
1	会長	男性	70代	元公務員
2	副会長	男性	70代	元公務員
3	保存会員	男性	60代	元公務員
4	保存会員	男性	60代	公務員
5	保存会員	男性	50代	公務員
6	保存会員	男性	50代	公務員
7	保存会員	男性	50代	会社員
8	保存会員	女性	60代	元会社員
9	保存会員	女性	60代	元会社員
10	保存会員	女性	30代	元会社員
11	保存会員	男性	30代	公務員
12	準会員	男性	70代	神社宮司
13	準会員	男性	40代	神社禰宜

（筆者作成）

三　公務員になる、公務員がなる

以上、催馬楽神楽、玉敷神社神楽の担い手の変遷について概観してきた。双方とも、かつては特定の地域の住民によってのみ、神楽が継承されてきた。そして双方とも、かなり閉鎖的な範囲での継承であったと見ることができる。このような閉鎖的伝承は、著しい社会変動によって行き詰まりを見せるが、双方には多少の差異がある。

催馬楽神楽の場合、継承には二度の行き詰まりがあった。一度目は、言うまでもなく第二次世界大戦であるが、戦争による招集が原因であるとは必ずしも言い難い。戦後になり地域が一定の落ち着きを取り戻したとき、神楽師の再結成にあたってまず声をかけたのは、以前から神楽師を輩出していた上町であった。これが上手くいかなかったために、鷲宮町全体に声をかけたがやはり上手くいかず、という経緯を辿っていくわけであるが、上町というかなり狭い範囲での継承は、一度つまずいてしまうと立て直しが効かない。「神楽をやっていると良いことがない」「神楽をやると早死にする」という噂の力も、少なからずあったのではなかろうか。この行き詰まりを解消するためには、継承資格の地理的範囲を広げるよりほかになかった。

二度目の行き詰まりは、昭和五〇年頃である。このときも、催馬楽神楽保存会は閉鎖的な継承を行っていた。当時の催馬楽神楽保存会メンバーは、復興会以来からのメンバーのみによって構成されていた。一時は断絶しかけた地域の伝統を復活させたという自負もあったろう。メンバーの結束は固かったと、当時を知るメンバーは振り返るが、それが逆に保存会を閉鎖的にしていたとも言える。メンバーを追加しなかったため、当然保存会全体が高齢化する。鷲宮中学からの郷土芸能部設立の提案は、正に渡りに船であったろう。女子生徒の参加までは想定していなかったようであるが、いずれにしろ、限られた男性によってのみ行われていた催馬楽神楽は、若い世代や女性にまで継承の範囲を拡大することとなった。

玉敷神社神楽の場合、明確な行き詰まりは、高度経済成長期の一度のみである。この頃まで、玉敷神社神楽は青木家による継承が存続していたが、戦後、長男がサラリーマンとなって地域外に出たため、家筋での継承を断念した。昭和五一年（一九七六）に国の「記録作成等を講ずべき無形の民俗文化財」への選択が決まっていたことから、青木家以外の正能地区住民から神楽師を募ることとした。文化財登録の動きと連動していたため、神楽師募集という情報は、文化財課の職員の目に留まる。これが、玉敷神社神楽保存会の構成に大きな影響を与えることにつながった。保存会は段階的に、募集地域を正能地区から騎西町全域に広げていったが、現在の会長や副会長が、職場である騎西町役場での声かけによってメンバーを増やしていったという経緯と照らし合わせると、保存会側が門戸を広げたというよりも、加入するメンバーの在住地に合わせた結果、地理的範囲が広がっていったと見るほうが妥当であろう。玉敷神社神楽は、この後に女性会員も募集することとなるが、これらの詳細な考察については拙稿を参照とされたい(10)。

このように、催馬楽神楽、玉敷神社神楽は双方とも、閉鎖的な範囲での継承に行き詰ったことから継承の範囲を拡大してきたが、両保存会において、地方公務員という職業は異なる意味を持っている。

まず、催馬楽神楽における地方公務員について見る。催馬楽神楽保存会内の地方公務員は、郷土芸能部出身の男性二名である。彼らは郷土芸能部出身という縁から保存会員となり、後に地方公務員として就職した。本人たちの主観ではあるが、保存会員であったことが就職に際して多少は影響したのではないかと述べている。保存会長は、この二名について「若い人が公務員になってくれると助かる。公務員なら練習にも参加しやすい」と語る。町役場の職員であれば、転勤などによる居住地の移動がほぼない。残業も、一般企業に比べれば遥かに少なく済む。夜間に行われる練習にも、参加しやすいであろう。

一方、玉敷神社神楽の場合は、地方公務員が保存会員となった。これは催馬楽神楽の事例とは逆の流れである。現保存会長が神楽師となったきっかけは、「記録作成等を講ずべき無形の民俗文化財」への指定であった。「そんなに立派なものが地域にあるのならやってみよう」と考え、現副会長に声をかけて保存会へ赴いたとのことである。その後も、文化財課の職員を中心に声かけし、保存会メンバーを増やしていった。文化財課の職員に声をかけた理由については、催馬楽神楽保存会の事例と同じであろう。

催馬楽神楽は担い手である保存会員が地方公務員になったという事例であり、玉敷神社神楽は地方公務員が担い手になったという事例である。この他にもうひとつ、近似の事例が催馬楽神楽保存会内で確認される。それは、公立学校の教員が保存会員になるケースである。公立学校の教員も、市内で採用される限りにおいては大きな異動が少なく、土日祝日などの休み日がある程度は保証される。このことから、地方公務員と近似の事例として扱ってもよいものと考える。

四　担い手兼地方公務員

担い手兼地方公務員のメリットについて前述したが、改めて整理する。

㈠　勤務時間の安定
㈡　永住性
㈢　雇用側（自治体）の理解を得やすい
㈣　情報を得やすい

㈠の勤務時間の安定は、すなわち練習への安定的な参加を意味する。農業従事者や自営業者が多い場合、練習時間にそれほど制約はないが、勤め人の場合はどうしても夜間や休日に限られる。残業が少なく、土日祝日がほぼ必ず休みとなる地方公務員は、一般企業に勤める者より遥かに参加が容易となるであろう。

㈡の永住性とは、担い手が長く当地に留まるか否かについてである。玉敷神社神楽の場合、戦後、長男がサラリーマンとなって地域外に出たため、家筋での継承を断念したという経緯がある。騎西町は鉄道が通っていないため、最寄りの加須駅に行くためにも車で一五分程度かかってしまう。鷲宮町を含め、北埼玉の全体に言えることであるが、当地は東京のベッドタウンという趣が強い一方で、都内へは電車で一時間ほどもかかる。都内に勤務するのであれば、引っ越すという選択肢を取ることもやむをえまい。また、サラリーマンの場合は、前述の通り異動や転職などによる居住地の変更の可能性がある。これに対して、地方公務員であれば、勤務地は当然市町村内になるし、転職の可能性も低いと期待される。そうとなれば、現在の居住地に長く留まるものと考えられる。これが永住性である。

㈢については、催馬楽神楽の事例において顕著である。鷲宮町（久喜市）では、町内唯一の重要無形民俗文化財であることから、郷土教育や生涯学習へ積極的に組み込むなど、深い理解が示されてきた。公務員である保存会員は「神楽奉納の日は休みが取れる」と話す。職場の理解があるからこそであろう。保存会長が「公務員になってくれると助かる」と考えるのも、このような鷲宮町の姿勢に大きく由来する。

㈣の情報は、前掲の一～三とはやや意味合いが異なる。これは玉敷神社神楽の事例に当てはまる。この点については、拙稿の議論とも重なる部分があるが、あらためて述べておきたい[11]。玉敷神社神楽では、現保存会長が「地域に神楽がある」という情報を得たことから神楽師となった経緯がある。前述したが、玉敷神社神楽の神楽師を輩出してきた正能地方は、実際には神楽に対する知識や情報が非常に乏しい地域である。ある神楽師の妻である七〇代の女性は、「神楽には興味がない」と語る。また、兼業で農家を営む五〇代の女性も「神楽についてはあまり知らない」と言う。神楽があることすら知らなかったという二〇代の学生もいる。斯様に正能地方の住民は、神楽に対する興味関心が希薄である。近世から戦後初期までの、閉鎖的継承が影響しているとも言えるが、またひとつには、学校教育や自治体との連携がうまく行われていないという理由もあるであろう。

催馬楽神楽では、早くから郷土芸能部が設立されたことも相まって、学校教育との連携が非常に盛んである。小中学校の郷土教育の教材には、市の文化財として催馬楽神楽が大きく紹介されている。また近年では、久喜市内の小学校の社会科見学で、鷲宮の郷土資料館への訪問が行われている。この郷土資料館は平成一〇年（一九九八）に鷲宮町立郷土資料館として開館したもので、現在では久喜市立となっている。展示の三分の一を土師一流催馬楽神楽の民俗資料や映像資料にさいており、社会科見学に来た小学生にも学芸員が説明を行う。このような活動のおかげで、催馬楽神楽という情報は、自治体により積極的に宣伝されていると言える。

これに対し、玉敷神社神楽は学校教育や自治体との連携が、ほとんど行われてこなかった。子どもたちの神楽見学は時折行われるが、対象が保育園児であるため記憶に残りにくい。五月の大型連休中に行われる町一番の大祭「藤まつり」[(12)]が、もっとも自治体と連携した活動であるが、神楽奉納と同じ時間に別会場でも市民サークルの発表が行われるなど、情報発信という意味での連携はうまくいっていないと考えるべきであろう。情報の発信が乏しい玉敷神社神楽にあって、現保存会長や副会長が神楽という情報を得ることができたのは、彼らが町役場に務めていたためである。一～三とは異なる意味で、公務員としてのメリットが生かされた事例であると言うことができるのではないか。

むすびにかえて

神楽の担い手としての地方公務員には、いくつかの課題も残る。

まずひとつに、自治体の吸収合併の問題である。今回事例として取り上げた催馬楽神楽、玉敷神社神楽はともに、平成二二年（二〇一〇）に近隣の市に吸収合併された。吸収合併に伴い職員の異動が生じ、旧町に居住している職員が旧町以外の地域に配属されるといった例も確認される。地域の伝統文化に対する意識が、職員の間で共有され得るか、また、一定の意識が継続できるのかという問題がある。

次に、自治体内での意識の共有の問題である。玉敷神社神楽保存会では基本的に文化財課の職員に声をかけている。旧騎西町でも、文化財課以外の課の職員は、神楽についてはほとんど知らないと話しており、必ずしも役場内で共通した意識が持たれていたわけではない。

しかしながら、民俗芸能の担い手としての農家が減少する中で、地方公務員が果たす役割は大きい。冒頭で述べたように、民俗芸能の担い手は最低限、芸能の稽古に参加できなければならず、理想的には当該地域に生業を持っていることが条件となる。地方公務員は担い手の必要条件を満たした職業である。今後、こういった事例は増加していくものと考えられ、継続的な調査の必要があると考えられる。

註

（1）橋本裕之編『課題としての民俗芸能研究』ひつじ書房　一九九三年　三〜一三頁。
（2）橋本裕之『民俗芸能研究という神話』森話社　二〇〇六年　二一八頁。
（3）久保田裕道『神楽の芸能民俗的研究』おうふう　一九九九年　二四〜三九頁。
（4）上野誠『芸能伝承の民俗誌的研究―カタとココロを伝えるくふう―』世界思想社　二〇〇一年　一一〜三〇頁。
（5）ただし本稿で取り上げた二つの事例においては、日付を変更することなく行っている祭礼もある。
（6）倉林正次『埼玉県民俗芸能誌』錦正社　一九七〇年。
（7）三田村佳子『里神楽ハンドブック』おうふう　二〇〇五年。
（8）槇島知子「現代の伝統芸能事情―鷲宮催馬楽神楽における女性神楽師の誕生―」『民俗文化研究』第三号　民俗文化研究所　二〇〇二年。
（9）埼玉県立民俗文化センターは二〇〇六年に埼玉県立博物館と統合して埼玉県立歴史と民俗の博物館となっている。
（10）拙稿「女性神楽師の誕生と伝承基盤　―　埼玉県諸神楽の近現代　―」『民俗芸能研究』五八号　二〇一五年。
（11）拙稿　前掲。
（12）かつては四月の下旬から五月の中旬にかけて行われていた。町興しの一環として、境内に移植された大藤を目玉に据えた大規模なイベントで、周辺地域では最大であった。現在は規模が縮小し、開催日も四月二九日から五月五日までの一週間となったが、騎西地域が最も盛り上がるイベントであることに変わりはない。

女が創る祭の見せ場

——千葉県匝瑳市八日市場の八重垣神社祇園祭を事例として——

菊田　祥子

はじめに

一般的に、祭礼の場では男女の役割が峻別され、運営の中心を地域の男性たちが担い、女性は後景化することが多い。また、仮に一見して男女ともに同様の行為をしているようでも、男性の方が女性よりも重要な役割を担っている場合は少なくない。

女性だけで一基を担ぐ神輿練り（以下、女神輿）は、現在全国的に神輿が出る祭でしばしば見られる。それは、男性が担ぐのと同様の神輿担ぎを行いながら女性が前面に押し出される数少ない場面である。本稿は、千葉県匝瑳市八日市場イ地区を中心に毎年行われている八重垣神社祇園祭（以下、祇園祭）を事例として取り上げる。そしてその際には、祭礼行事の変遷を捉えながら、とくに神輿の担ぎ手としての女性に注目して祭礼における女性の関わりに焦点を当てて考察する。調査は平成二七年（二〇一五）から平成二九年（二〇一七）にかけて参与観察とインタビューを主として行われた。また、本稿では、祭におけるジェンダーの視点から、行為者の身体の強靭さが強く求められる行為のうち、これまで十分に検討されてこなかった「神輿担ぎ」の特性についても検討していきたい(1)。というのも、これまでの先行研究では、女神輿については、東京や大阪といった大都市における女神輿を取り上げたものは散見されるが、祭礼における女性を中心に据えた論考や女性の参加や立場について紙幅を割いているものはさほど多くないからである(2)。

まず女性が祭礼において排除されたり、周縁的に扱われたりした理由については、各調査地において「穢れ」で説明されがちである。これは、本稿でとりあげる祇園祭においても同様である。

次に、実際の各地の祭礼を参考に女性の祭礼への参加形態を整理する。その上で、祭の中での女性の役割や位置づけを確認しておきたい。女性の参加形態は六つに分類できる。祭礼行事への女性の関与が低い順から、①家の中で男性を支える、②裏方（飲食の支度など）、③脇役としてのみ表舞台に参加、④脇役としても主役としても場に応じて表舞台に参加、⑤男女関わりなく表舞台に参加、⑥女性が主役として表舞台に参加、の六種類である。本稿では、祇園祭でこの分類方法を用いることにより、ジェンダーを可視化することを企図している。

女神輿は、東京の神田祭と大阪の天神祭で大きく取り上げられている。いずれの先行研究でも、女神輿の開始の経緯や背景について、地域の男性から成る組織の運営上の都合が主たる理由であると考えている。すなわち女神輿は、祭礼に重大な変更をもたらすことが比較的容易に可能な有力な男性たちの考えによりはじまったものであるとされている。本稿でとりあげる祇園祭の女神輿は、男性中心・機能主義的な動機からではなく、祭礼運営に直接には携わらない女性が、声をあげて主体的に実現に向けて動いて始めた、と現地で一般に語られているものである。また、両祭礼においては、年毎の担ぎ手の流動性が高い構成が明らかとなっている。

本稿で取り上げる祇園祭における女神輿は、管見の及ぶ限り、女性だけで担ぐ神輿練りが現在まで断絶なく続いている最初期の事例の一つである(3)。この地区を構成する一〇町の全ての女神輿が一堂に会する女神輿連合渡御は、この祭礼における非常に大きな見せ場である。そこで、この祭礼では広報媒体や当日の会場での折々のアナウンスによって「全国でも大変珍しい女神輿（筆者註・女神輿連合渡御）(4)」を見どころとして強調される。特に、女神輿連合渡御の出発式では、進行役を務める女性が「女性だけが担ぐ女性のためのお祭です」と声高らかに宣言する。

本稿では、地区を構成する一〇町のうち一町に着目する。それは昭和四八年（一九七三）以降、それまで女性の神輿担ぎが禁じられてきたにもかかわらず、女性だけで神輿を担ぎはじめたからであり、しかもそれによって、他の町にも女神輿の取組が波及し、現在までに一〇町の女神輿の連合渡御が恒例行事化されたからである。では以下でさっそく、女神輿をめぐる祭礼の変遷を捉えつつ、現在までの女性の祭礼への関与を明らかにしていきたい。

八日市場イ地区は、かつて穢れを理由として女性の神輿担ぎが禁じられていた上、現在まで町単位の祭礼組織は男性を中心に構成されている。これらのことからみて、男女を巡る地域内秩序は、全国的に多勢を占める伝統的なものである。つまり、決して女性が特別に優遇されてきた地域ではない。また、観光業を主たる産業とする土地でもない。そのような地域において女神輿は経済合理性および必然性を伴わずに始まった。女神輿の開始経緯と、この取組が全町に広がった経緯と、どのような女性が女神輿の担ぎ手となるかを把握する。このことによって本稿では、女神輿について、先行研究で取り上げられている大都市とは異なった地域性を視野に入れて検討することになる。

一　調査地および祭礼概要

1　調査地概要

千葉県匝瑳市八日市場イ地区は千葉県の北東部、九十九里浜沿いに位置する。明治二二年（一八八九）三月までの八日市場村である。現在のJR八日市場駅前の一帯で、全一〇町で構成される地区である。

八日市場イ地区には中世末から集落が存在しており、万治三年（一六六〇）頃に新規に町方が形成された。「江戸時代初期から東下総地方の大村として栄え、中期以降は商いを営む者もふえ町場化し、幕末にかけて中心村とな」った。[5]そして明治維新後、東下総地方の中心となる。「(明治)三〇年の鉄道開通に伴い、商店も増えた」。[6]

平成二九年（二〇一七）現在の同地区は、地銀四つを擁する東本町・西本町の両町に及ぶ本町通りを中心とした商業地と住宅地から成る。同地区は、遠隔地からの観光客を受け入れる体制の整った観光地とは言い難い。なぜならば、平成二九年（二〇一七）時点で、祇園祭の期間中に観光客を受け入れる宿泊施設が地区内にただ一軒あるのみだからである。町ごとに戸数のばらつきがあり、各町の戸数は表のとおりである。[7]

なお、平成一八年（二〇〇六）から平成二四年（二〇一二）に没するまで匝瑳市の観光大使を務めた俳優の地井武男は八日市場イ地区の西本町の出身である。後述するが、地域と祇園祭を愛し、地域の人々に愛されていた地井氏をしのび、平成二五年（二〇一三）から三年間、西本町に「地井武男ふれあい記念館（ちいちい茶屋）」が設けられていた。記念館の閉設後、地井氏の遺品や写真パネル等の一部は、ＪＲ八日市場駅前に平成二八年（二〇一六）四月より開設された「そうさ観光物産センター匝りの里」の一角に展示されている。なお、匝りの里の同じ一角には、祇園祭関連のポスターや半纏、小物が並んでいる。

表　10町の戸数
（2017年４月１日現在）

町名	戸数（戸）
萬町	140
東本町	58
福富町	76
横町	25
西本町	27
田町	185
上出羽町	30
下出羽町	186
仲町	116
砂原	200

2　祭礼概要

祇園祭は、八日市場イ地区の氏神である八重垣神社の祭礼であり、毎年八月四日・五日に行われている。八重垣神社は、寛文一〇年（一六七〇）、天保一一年（一八四〇）に火災に遭った際に一切の文書が焼失しており、神社内に古い祭礼史料は現存していない。ただし、明治二年（一八六九）まで別当として八重垣神社を管理していた見徳寺の文書に、慶長一一年（一六〇四）、寛文一〇年（一六七〇）、元禄一〇年（一六九七）等の祭礼の記録が残る。祇園祭は、これらの史料を根拠に現在「三〇〇年の歴史を持つ」「江戸時代より伝わる」と言い習わされている。

祇園祭は、毎年五万人程度の人出が観測される[8]、「匝瑳市内で最も盛大な[9]」祭礼である。八日市場はもとより、匝瑳市におけるみどころの一つがこの祇園祭であるといえる。このことは、前出の「そうさ観光物産センター匝りの里」における展示物として、祇園祭関連の品が大きく取り上げられていることからも推察可能である。

祇園祭の運営を担っているのは、八重垣神社およびその氏子域である一〇町（下出羽町、仲町、砂原町、東本町、西本町、横町、福富町、萬町、田町、上出羽町）である。各町の祭礼組織は、町によって多少異動はあるものの、町内在住の男性のみで構成される。組織内は、全体運営を取りまとめる当役（区長、区長代理、世話役）及び三〇才前後の世代の若頭、そして若頭の長である若頭《じゃくとう》顧問といった役職を中心に成り立っている[10]。

一〇町は年番制をとっている。各町が一年毎に輪番で年番を担当する。この祭は、年番町の関係者だけが担ぐ一基の神社大神輿と、一〇町が持つ町内神輿の練りを主たる風流とする祭である。さらに、各神輿を先導する三川囃子と、担ぐ際の「あんりゃぁどした」という威勢の良いかけ声や、各神輿への盛大な水かけを特徴としている。

ここで祭礼の二日間の全体の流れを概観しておこう。八月四日の早朝に年番町が町内神輿を八重垣神社へ担ぎ出す。神社での式典ののち、神輿に御霊が移され、神社大神輿の渡御が行われる。昼間には各町内の神輿が各町内を渡御する。夕方以降は全町の女神輿計一〇基の連合渡御が行われる。五日は、午前中に八日市場小学校に全町の町内神輿が集った後、大正一二年（一九二三）より開始された一〇町連合渡御が行われる。夕方に全町内神輿が宮入した後に、年番町を神社大神輿が練って八重垣神社に還御し、以降も二二時頃まで各町の神輿が練り歩く。

参加者に祭の最大の見せ場や正統性のある行事を問うと、平成二八年（二〇一六）の祭礼中の筆者の調査においては、五日の連合渡御や宮入を挙げる意見が散見された。また、祭礼後の千葉テレビ放送の特集番組中のアナウンスでは、五日の全町連合渡御が最大のみどころとされている。(11) 八日市場イ地区の多くの者たちは、五日は男性による見せ場だと認識している。五日の全町連合渡御では男女入り混じって神輿を担いでいるが、女性には四日の女神輿という固有の見せ場があるためである。ただし、匝瑳市のウェブサイトや祭のパンフレット、千葉テレビ放送公式Twitter(12) の中で対外的にこの祭が説明される際には、四日の女神輿連合渡御が非常に強調される。これらの広報媒体には必ず「全国でも珍しい女神輿（筆者註・女神輿連合渡御）」というフレーズが決まり文句として挿入されている。

二　女神輿の開始経緯と発展的展開

本章では、女神輿が田町で始まった契機や背景、および全町の女神輿連合渡御に拡大して現在に至るまでの展開の変遷を、時系列で明らかにしていく。本節第一項から第三項までは、開始当時担ぎ手として参加したAさん（一九三一年生）およびBさん（一九三一年生）からの平成二七年（二〇一五）九月一二日の聞き取りで得たデータを中心に構成する。(13)

1　女神輿の開始年の動き

祇園祭において女神輿が開始されたのは昭和四八年（一九七三）であり、この年の女神輿は田町の町内神輿の一基のみであった。(14)

同年三月に催された町会のバス旅行中の、Aさんの夫Cさん（一九三〇年生）と、Bさん含む女性たち（一九三一年生他）のやりとりが端緒を開いた。当時Cさんは町内の祭礼組織における第二位の、区長代理の地位にあった。Cさんが「今年は年番だなぁ。女もお神輿担ぎたいか」とまるっきり冗談の雰囲気で言ったところ、Bさん他、その場にいた複数の女性が一斉に「女もお神輿担ぎたいよね」と勢い込んで答えた。区長代理が驚いて「本当にやる気あるのか」と問うと、女性たちは「ある」と口を揃えて即答した。

この女性たちの反応を受けてCさんが、町内で建設業を大々的に営んでおり、神社総代でもあった町の有力者に相談し、賛成の意見を得た。そのうえで八重垣神社宮司に相談して許可を得た。筆者の調査時点でCさん、建設業で神社総代の有力者、当時の宮司のいずれも存命でなく、彼らの間で口頭で交わされた具体的な内容を詳らかにすることはできない。Aさん（一九三一年生）によると「アマッコら（筆者註・女性たち）が担ぐことについてフジミ（筆者註・不浄の身）だから旦那さんが宮司に聞きにいって、『担いでくれて構わない』って」とのことである(15)。

女性たちが一様にもともと神輿を担ぐ希望を持っていたということが、バス旅行中のこのやりとりから浮かび上がる。Aさんはやりとりの場にはいなかったが、「ここで生まれ育ってお祭りを見ていて、ずっと神輿を担いでみたいと思ってた。でも家の中で言ったことはなかったわね。誰かと話したこともない。どうせだめだし、怒られるだけだから」と語った。

四月から五月にかけて、町内の当役による当役会議で女神輿が承認された。これをもって町の祭礼組織で正式に、町内神輿を担ぐ女神輿が認められたことになる。その会議において担ぎ手たちは「田町婦人連」と名付けられた。それから七月までの間、田町婦人連は、町内を中心に、必要な数の担ぎ手を自力で募り、夜間に若頭の指導のもと、担ぐ練習を行った。婦人連の揃いの衣装が前出の町内の有力者から寄付され、これが担ぎ手たちの士気を大いに盛り上げたという。

祭礼初日の八月四日の朝、田町婦人連は、田町の男性たちから女性だけで神社大神輿を往復五キロメートル担ぐ試練を突然課された。神社大神輿は町内神輿よりも大きく重い上、往復五キロメートルは男性たちも通常担がない長距離であった。田町婦人連は、男性たちから明言されたわけではなかったが、全員が「これが担げなかったら今晩女神輿を出せない」と直感したため、必死で無事に担ぎ終えた。これにより彼女たちは、町の男性全体から晩に女神輿を出すことの最終的な承認を黙示的に得た。その晩に田町の女神輿が単基で渡御した。翌日五日の全町の町内神輿の連合渡御の際には、男性に混じって、田町の女性の数名が町内神輿を担いだ。どちらの出来事も、それまで女性が神輿を担ぐのを禁じられていた八日市場イでは、かつてないことであった。

祭に来ていた人々から、両日ともに女が神輿を担ぐことは大変珍しがられ、非常に注目された。四日の晩、田町で行われた「演芸」の春日八郎の歌謡ショーでの逸話は、人々のその年の田町の女神輿への高い関心を端的に表すものである。当時、例年年番町は祭礼初日の晩に自町内の適当な場所に芸能人を呼んでいた。その時間帯には祭の見どころがなく、人が集まる場所がないための、祭を取り仕切る年番町の務めとしてであった。この芸能人による出し物が「演芸」と呼ばれていた。その年は人気全盛期にあった演歌歌手の春日八郎がやってきた。しかし、人々が女神輿を物珍しがって見に行ったため、歌謡ショーに人が集まらず、春日氏はそれに怒ってショーの途中で帰ったという。

2　田町特有の背景

前述のとおり、田町の女神輿は女性たちの「神輿担ぎ」に対する意欲なしには開始されなかった。女神輿開始に至る背景には、田町という地区の特徴も大きく寄与している。

田町はその名が示すとおり田の多い半農半商の地域であり、農家らしい気風は現在にも残っているが、昭和四八年（一九七三）当時は現在以上に農家らしさが強かった。Aさんの表現によると「無礼者が多い」土地柄であったという。商店街のある通りを有する「本町」と名の付く東本町・西本町は商人の街で上品な気風を持ち合わせているとされ、対比的に語られる。下出羽町は、非常に封建的な町であるとされている。下出羽町の男性たちは、他の町が女神輿を始めてからも数年は自町の女神輿を固く禁じていた。

また、田町は一〇町の中で比較的戸数が多く、現在に至るまで行動力や実行力のある地域である。平成二九年（二〇一七）現在は一八五戸（表参照）であるが、昭和四八年（一九七三）時点では三〇〇戸程度あったという。戸数の多さが担ぎ手を集めやすくした。

さらに、八日市場イ地区では、田町は「女性の力が強かった」と言い習わされている。当時、町内ではおろか八日市場イ地区全体にまで知られる発言力のある女性が複数名いた。彼女たちが町の女性および田町婦人連の女性全体をまとめて音頭をとることができたことも、田町の女神輿を可能とした重要な要素である。

田町における女神輿の実現を可能とした、当時の社会全体からの影響因子としては、戦後の男女平等思想の浸透が考えられる[16]。また、同時代の新聞紙面に女神輿の記事を確認できる[17]。他の祭で女神輿が出始めていることを男性たちは知っていたかもしれない。田町の男性が女神輿を承認することを、これらの社会全体の諸要素が後押しした可能性は存在する。ただし、田町の女性たちは「女が始めたいと言って始まった」と語り、町内外の男女たちも概ね同様の認識を持っている[18]。話者の女性二名とも、田町の女神輿開始以前には、他の祭で芸者以外の女性による女神輿を見たり聞いたりしたことはなく、他所の女神輿を意識したことはなかった旨を語った。

3　田町における女神輿の定着

「田町婦人連」による女神輿が始まって以降、田町では現在に至るまで毎年女神輿は渡御し続けている。しかし、田町の男性全員が、新規参入者である田町婦人連たちをすぐに神輿練りの場に温かく迎え入れたわけではなかった。

昭和四八年（一九七三）の祭礼当日の二日間、「アマッコらに担がせねえ」[19]とはっきり口にする者も数多く存在したという。その他にも、男性から「アマッコらに飯かせんな（筆者註・食わせるな）」と炊き出しのおにぎりを女性たちには食べさせないように仕向けられ、さらに「アマらは出てきねえ（筆者註・出てくるな）」と言われたあげくに魚の匂いのする水をかけられた。囃子連からは「太鼓叩いてやらねえ」と脅された。婦人連に向けられたこれらの妨害は一〇年続いた。

田町に次の年番町がめぐってきた昭和五八年（一九八三）、婦人連は、祭礼終了後に区長から「よく盛り上げてくれた」との言葉とともに金一封を受け取った。このとき女神輿が「はじめて認められたと思った」とAさんとBさんは口をそろえる。

外形的に判断すると、女神輿開始年、田町の女神輿の渡御が無事になされた瞬間、女神輿という取組が認められたように捉えることが可能である。確かに田町の女性たちは、この時点で、「穢れ」を理由として神輿担ぎから排除されていた従前の状況を、「神輿を担ぎたい」という思いによって乗り越えた。しかし、町の男性全体から肯定的・友好的な態度を引き出すのは、即時にできることではなかった。開始年において、早々に八重垣神社宮司や町内の意思決定機関での明確な承認を得たにもかかわらず、祭礼当日になって急遽担ぎ手としての腕試しを課せられた前出の事例もこれを示している。

田町婦人連は、一〇年という、年番町が一周する時間の単位で、継続的に女神輿を出した。このことによって、それまで祭の運営に専権的に関わってきた町の男性たち全員に、徐々に女神輿自体と自分たちが祭の中で一定の位置を占めることを受容させていったといえよう。

4　女神輿の連合渡御化と八重垣神社祇園祭の隆盛

田町で女神輿が始まって以降、現在までの女神輿の展開は目まぐるしい。

昭和四八年（一九七三）に田町が単基で女神輿渡御をしたその翌年から、徐々に他町でも女神輿を出すようになった。

昭和六〇年（一九八五）頃、東本町と西本町の二町の女神輿連合渡御がはじまった。当時は「本町通り商店街」が発足した時期であり、商店街のイベントとして、二町が本町通りに同時に神輿を出す連合渡御を行ったのであった。その後も、商店街の者たちおよび毎年の年番町が、目抜き通りかつ参道でお仮屋の設置されている本町通りに人を集めることを企図して、全町に連合渡御の声掛けをした。その結果、年々徐々に参加町が増えていき、平成一二年（二〇〇〇）頃に全町女神輿連合渡御が開始された。このことにより八日市場イ地区の中に、祇園祭全体のことを考える土台ができた。その中には祭を対外的にアピールする必要性に目を向ける者も出はじめた。なお、最後に連合渡御に参加したのは田町である。この頃から四日の晩には本町通りに人が集まることが恒例化し、年番町が自町内に人を集めて祭を盛り上げなくてはならない必要性が低くなっていった。そのため、年番町は、必ずしも「演芸」を雇うわけではなくなった。ただし、この傾向の中、田町は平成二四年（二〇一二）にも「演芸」を雇っている。

平成一八年（二〇〇六）四月から、地井武男の看板番組「ちい散歩」の放映がはじまった。東京近郊の地域を地井氏が訪れるこの紀行番組で、地井氏は毎年この祭礼を取り上げ、祭に芸能界の友人らを連れてくるようになった。この毎年の放送は関東圏において祭礼の知名度が上がるきっかけとなった。祇園祭はこの頃から、千葉版の情報誌に三年に一度程度掲載されるようになった。また、同年より匝瑳市の観光大使にも就任した地井氏が、八日市場イ地区の男性たちと祭の今後を語らう中で、「全国の祭を見ているが、この祭の一番の特徴は、女神輿の勇壮さ」「（筆者註・祇園祭を）女神輿の祭にする」と発言した。この影響で、八日市場イ地区全体が、この祭の見どころとして女神輿（筆者註・女神輿連合渡御）を認識し、対外的な目玉として打ち出すようになった。

平成二八年（二〇一六）、女神輿連合渡御の出発式の司会を初めて女性が務めた。その司会者は式中に「女性だけが担ぐ女性のためのお祭です」と宣言した。ここ数年、複数の町において、女性が各町の女神輿の進行担当者を務めるようになってきている。すなわち、女神輿について女性による自律性が高まってきているといえる状況が進行している。女性の司会者の登場は、女神輿に関連する任務を女性が遂行する傾向の、更なる進展だと解釈できよう。

平成二八年（二〇一六）時点の各町の女神輿の担ぎ手たちの年齢層は、中学生から七〇才程度までである。なお、担ぎ手たちは各町の住民・出身者・囃子連・提携同好会・その友人知人がほとんどである。すなわち、八日市場イ地区もしくはその近隣の者たちである。また、平成二七年（二〇一五）と平成二八年（二〇一六）の担ぎ手の顔ぶれは大きく変わらないため、参加者の流動性は低いといえる。ウェブサイトを通じて広く担ぎ手を公募している町が少数ながら存在するものの、公募に応じた担ぎ手は非常に少ない[20]。

5　女性の祭礼への関わり方の変化

田町在住の、神輿の担ぎ手となった女性たちが、祭礼の時空間で果たす役割と位置づけは、女神輿開始以来、如実に変化していった。その変化の過程を、「はじめに」で提示した分類を用いて可視化していきたい。

遅くとも戦前から現在まで、近郷の匝瑳市金原の農家の女性たちが祭前日から炊き出し係として雇われている。女神輿以前、田町の女性たちもそれを手伝ったという。現在も、田町の「婦人会」の者や「子ども会」の子どもの母達が炊き出しを補助している。また、田町の女性たちは祭礼中も、祭のタイミングで家にやってくる親戚ら客人のもてなしを担っていた。

昭和四八年（一九七三）に田町の女性担ぎ手集団「田町婦人連」が結成された。「田町婦人連」は、現在に至るまで参加資格に年齢による制限がなく、既婚・未婚も問われない集団である。田町の女神輿は昭和五八年（一九八三）に、町の男性全体から「本当に受け入れられた」。そしてその頃から徐々に、祭礼で女性の果たす役割の中心が、家で親戚等の客を待ってもてなすことから、神輿を担ぐことに変わっていった。女性たちは、来客に応対する場合も、神輿担ぎや渡御についていくよう誘うように、応対の仕方を変化させていった[21]。

つまり、女神輿の担ぎ手の参加形態は、女神輿以前は同分類でいう、①家の中で男性を支える、②裏方（飲食の支度など）であった。それが、女神輿開始の昭和四八年（一九七三）以降、②裏方（飲食の支度など）を引き続き行なう者もありつつも、④脇役としても主役としても場に応じて表舞台に参加、⑥女性が主役として表舞台に参加と変化し、行動の幅が広がっていった。

三　考察

本稿ではここまで、祇園祭において、かつては祭礼組織と関わらなかった女性たちの動機が形になって具体的に表舞台が創出されたことと、表舞台が時間を経て拡大してきた過程を明らかにしてきた。この祭礼は、女性たちの「神輿を担ぎたい」という思いが主たる出発点となって、男性一色の祭礼から女性の参加が見どころとして非常に注目される祭礼へと大々的に転換した事例であり、非常に珍しいものと考えられる。祇園祭のごとき変遷は、ここ四〇数年の八日市場イ地区という特定の時空間でしか展開されえない特殊なものなのであろうか。

以下本節では、まず、祇園祭の大きな特徴である神輿練りの祭という点に着目した。そして、祭礼におけるジェンダーの視角から、「神輿担ぎ」という行為および担ぎ手の祇園祭への参加の仕方が内在させている特性を導きだす。その上で、祇園祭における女神輿の担ぎ手たちが有していた三つの要素が祭礼の変遷に大きな影響を与えていることを指摘する。

1　「神輿担ぎ」の性質—祭のジェンダーの視角から—

ここでは、「神輿担ぎ」を、身体的強靭さが強く影響する他の行為、例えば「太鼓打ち」「山車曳き」にかかる研究成果と比較して、身体性の観点から行為自体のはらむ性質を考察する。

「太鼓打ち」は、行為者の習熟のレベルが同等であるならば、叩く力が強い方が評価される行為である。(22)

「山車曳き」も、「太鼓打ち」と同様に、男女の一般的な身体的強靭さを重要な要素とする行為である。ある山車祭りでは、山車を曳く際に用いられる綱が、綱元・綱中・綱先の三層から成ると認識されている。山車の本体付近の、曳き手に強い瞬発力や体力が求められる場所は、綱元と呼ばれる。綱元、綱中、綱先の順に山車本体から遠くなる。地域の祭礼組織の指示のもと、綱元には男性のみが配置され、綱中や綱先には女性や子供が中心的に配置される。当該祭礼では一般に、山車は綱元の男性の力のみで運行可能だと認識されている。そのため、「山車曳き」の際の女性の位置は周縁的であるといえる。この現況は実際、主として、一般的な男女の体力差にもとづくものである[23]。

「神輿担ぎ」について、女神輿開始年の田町の事例では、男女の祭礼時点での身体能力の差は問題になっていない。田町の男女が、地域内最大の神社大神輿を女神輿で十分に練れるという、担ぎ手たちの身体能力を確認した上で始まっているためである。八日市場イ地区における「神輿担ぎ」は、性別にもとづく身体能力の多寡を問われない点が、「山車曳き」や「太鼓打ち」と異なる。また一般に「神輿担ぎ」は、男女混合の場合に、担ぎ手の性別によって神輿内での配置が決まらない。すなわち、「神輿担ぎ」は、女性の「穢れ」に伴う禁忌がなくなれば、ジェンダーが問題になりにくい行為なのである。

　匝瑳市および八日市場イ地区の人々が、祇園祭の女神輿連合渡御を対外的なＰＲ材料として活用していることは、地域の集客戦術といえる。八日市場イ地区は男性中心の祭礼運営がなされてきた地域でもある。女性の「神輿担ぎ」は、この地域の男女にとっては、「山車曳き」や「太鼓打ち」の行為によって女性に注目を集めようとするよりも、抵抗感が薄かったであろう。また、祭の特徴としてアピールする正当性を感じやすかったであろう。「神輿担ぎ」自体が、現況の戦術を導くに寄与した可能性は存在するかもしれない。

　また、女神輿開始当時から現在に至るまで、女性が既婚・未婚や年齢に関わらず希望する限り担ぎ手として参加しているという状況も、「神輿担ぎ」ならではのものである。祭礼における女性を取り上げた先行研究では、母である女性の参加は、祭礼に参加する子供の保護者としての意味合いが強いという見解が一般的である。しかし、「神輿担ぎ」をするには中学生未満の子供と物理的に離れる必要がある。そのため、子供が神輿を担ぐのを見守る趣旨で大人が神輿を担ぐことはありえない。八日市場祇園祭における女性の「神輿担ぎ」は、子供から離れた女性個人の高い参加志向性があらわれた行為であり、役割である。

2　担ぎ手女性たちの三種類の高い参加志向性

前項で女性の「神輿担ぎ」は特に個人の高い参加志向性に基づいている行為であると分析した。しかし、祇園祭では、それとは異なる位相と時点において、他に二種類の高い参加志向性が特徴的に発揮された結果、女神輿を出す町が増えた上に祭礼の見せ場として非常に注目されるようになった現況に至っている。

一つは前節で重点的に扱った、田町の女性たちの、「神輿を担ぎたい」という女神輿開始以前から長らく抱えていた願望である。この願望が、女神輿を開始させた最大の原動力である。二つ目は、田町以外の各町の女性たちによる自発的な各女神輿の練りである。各女神輿の練りは、全町女神輿連合渡御の開始に大いに寄与した。

両者を考察するにあたっては、非大都市かつ非観光地という八日市場イ地区の地域性を視野にいれる必要がある。祇園祭の女神輿の特徴の一つは、担ぎ手の流動性の低さである。先行研究によれば、大都市での女神輿はいずれも担ぎ手の流動性が高い。祇園祭における担ぎ手の流動性は、現在よりも、女神輿開始から間もない時期の方がさらに低かった可能性が高い。この祭礼においては、高齢女性が希望する限りは神輿を担ぎ続けられるという現況も、担ぎ手の流動性の低さの傍証となりえよう。年をとっても続けられることは、若い者に無理に譲る必要がないほど、希望者が多くはないことを示していると考えられる。希望者過多にならない理由は、祇園祭における担ぎ手は八日市場イ地区周辺に在住・在勤もしくは出身者がほとんどであるという、地理的限界であろう。

田町を含む各町の女神輿は、商店街と町内の祭礼組織が企画した女神輿連合渡御の発想の源泉となった。各町の女神輿は、担ぎ手たちの積極的な意思を不可欠として成立している。各町の判断でそれぞれ勝手に女神輿を出すことには、経済合理上の利点はない。仮に八日市場イ地区が観光地であれば、当地において女神輿は、観光客の集客による経済効果を必ずや検討してから始まるはずである。しかし、八日市場イ地区では、観光地で議論されるほどの経済効果は発生しえない。確かに、女神輿の経済的価値は、最初に女神輿を試みた田町が「演芸」の集客を奪うほど注目を浴びたことにより、「演芸」にかかる費用が不要となる程存在していると、客観的に確認できた。しかし、元々経済効果を期待して始めたわけではない。また、田町が、女神輿の経済的価値を積極的に活用しようという意思も見受けられない。それは、田町では直近の年番の年にも「演芸」を雇っていることが傍証となる。

全町女神輿連合渡御が定着する以前は、各町の女神輿が恒例行事として継続するための仕組がなかった上、暗黙の強制力もなかった。前述のとおり、担ぎ手を募集できる地理的範囲に限界があり、経済合理性も特に見込まれない状況であった。その中で、八日市場イ地区およびその近隣の女性たちに「神輿担ぎ」を強く希求する気持ちがあってこそ、各女神輿が成立した。

女神輿連合渡御を恒例行事として祭全体の中に組み込んだのは、確かに、祭礼運営に大きな影響をもたらしやすい男性たちである。ただし、八日市場イ地区を中心とした地域の女性たちの、女神輿にかかる三つの高い参加志向性が全町女神輿連合渡御を生み出した根本にある。①「神輿担ぎ」行為の性質と参加方法が内包するもの、②田町の女神輿開始以前からの、田町の女性たちの「神輿担ぎ」の願望、③田町の女神輿開始以降の、他町の女性たちの「神輿担ぎ」の願望、という三つが寄り合わさって現在の女神輿の展開につながっている。

結びにかえて

本稿では、まず八日市場祇園祭の女神輿の展開を追った。まず単基の女神輿が、田町の女性たちに潜在していた「神輿を担ぎたい」という思いから始まった。そして祭礼中の結集の核の一つとして見出されて全町規模で拡大していった。最終的には、観光資源として光を当てられて盛大に対外的に宣伝されるようになった。

現在の祇園祭における女神輿の隆盛を、祭礼の観光資源性に注目する全国的な時流が確実に大きく後押ししている。さらに、匝瑳市および八日市場イ地区全体の中で非常に特別な位置づけであった地井武男の意見があった。地井氏の意見以前には、封建的な気風を持つ町の男性たちは、自町はおろか他町の女神輿をもしばらく肯定的に受け取っていなかった。その彼らですら、現在の祇園祭において女神輿全町連合渡御が果たすＰＲ効果や集客力を認めるようになっている。

全国津々浦々の祭礼は、大都市以外で行われるものが圧倒的多数である。祇園祭では、ほかの多くの祭同様に、かつて祭礼は男性中心のものとされており、女性の「穢れ」を問題とする言説も存在していた。本稿では、そのような祭礼において、女性に可能な行為の範囲が飛躍的に広がり、その結果地域内外から大きな注目を集めるに至った理由として、三種類の高い参加志向性――①「神輿担ぎ」行為の性質と参加方法が内包するもの、②田町の女神輿開始以前からの、田町の女性たちの「神輿担ぎ」の願望、③田町の女神輿開始以降の、他町の女性たちの「神輿担ぎ」の願望――を帰納的に析出した。

註

（1） 多くの祭礼において、囃子の担当は女性にも可能とされている。一例として、笹原恵の「現在の浜松まつりで「女性の領域」とされるのは、御殿屋台のお囃子である」との記述が挙げられる。

（2）笹原恵「浜松まつりの現在―まつりの構造分析―」荒川章二・笹原恵・山道太郎・山道佳子編『浜松まつり―学際的分析と比較の視点から―』岩田書院　二〇〇六年　一八五頁。

（3）先行研究史については、別稿を用意している。

（4）資料収集に際して、読売新聞、朝日新聞、毎日新聞のデータベースを用いた。

（5）祇園祭では、「女神輿」の語は、①女性による「神輿担ぎ」の行為自体、②全町の女神輿連合渡御の、二つの意味で用いられている。以下、女神輿連合渡御を示す場合は注釈するものとする。

（6）依知川雅一『八日市場・祇園祭物語』（「千葉・東総物語」シリーズ）多田屋株式会社　二〇〇三年　一頁。

（7）永沢勤吾（監修）『目で見る銚子・旭・八日市場・海匝の100年』株式会社郷土出版社　二〇〇二年　二三頁。

（8）ここで挙げられている戸数は、匝瑳市役所環境生活課に対して各区長から各戸への配布資料の必要部数として、申請されている数であり、実勢調査に基づく戸数ではない。

（9）千葉県『平成二七年千葉県観光入込調査報告書』一九頁。

https://www.pref.chiba.lg.jp/kankou/toukeidata/kankoukyaku/documents/h27kanko-irikomi-houkokusyo.pdf　平成二九年（二〇一七）四月三〇日閲覧。

（10）匝瑳市　祭り（伝統行事）。

http://www.city.sosa.lg.jp/index.cfm/16,0,236,html　平成二九年（二〇一七）四月三〇日閲覧。

（11）若頭および若頭顧問を置かない町も存在する。

（12）千葉テレビ放送　房総の祭りシリーズ『匝瑳市八日市場　八重垣神社　祇園祭』平成二八年（二〇一六）八月二〇日一九時からの放送分。

（13）匝瑳市ウェブサイトは前出の通り。チバテレ【公式】@chiba3ch の投稿は平成二八年（二〇一六）八月二七日一八時二七分のものである。

（14）Aさんからは平成二八年（二〇一六）六月一五日および八月三日に追加で補足の聞き取りを行っている。

（15）田町には女神輿開始年の写真が残っている。裏面に「S五十一・四・二九　明治神宮にて　フジテレビリビング二」と記載されたテレビ出演の記念写真もあり、神田祭の女神輿と同時期もしくは若干早くから、八日市場の女神輿がメディアで取り上げられていることがわかる。

(15) 筆者の聞き取りの中では昭和四八年（一九七三）当時の田町の神輿は二基であり、大人神輿と子供神輿であるとされている。ただし高田正太は、当時、前出の建設業の有力者が田町に新たな神輿を寄付し、田町は計三基保有するようになったため、男性たちと子供たちが担いでも一基余る状況であったことも背景にあると指摘している。

(16) 高田正太「匝瑳市八日市場の八重垣神社祇園祭」筑波大学人文学類史学主専攻歴史地理学コース卒業論文　未刊行　二〇一〇年一九七〇年代のウーマン・リブ運動の影響も、可能性として検討はできる。しかし、話者たちには女神輿を出すことによって運動の当事者になるとの意識は全くなかったという。

(17) 祇園祭と担ぎ手の属性が近いものとしては、昭和三九年（一九六四）九月二一日朝日新聞朝刊一六頁の記事「女ミコシねり歩く」に新宿区天神町で町内のおかみさんや娘さんが担ぐ女神輿の記事がみられる。

(18) 田町の男性には「町内で男性が承認したから女神輿が始まった」と語る者もいる。一見男女で語りが異なるように思われるが、田町内部では男性のみによる会議が意思決定機関であるという組織上の決定方法を説明した意味合いが強いと考えられる。田町の他の男性や、他町の男女は「田町の奥さん連中が神輿担いじゃおうと言い出した」と認識しており、そのように語る。

(19) アマ・アマッコは、この地域での女性の卑称である。女神輿の担ぎ手たちが日常一般での女性としての扱いよりも一段下に見られたことを意味する。

(20) 萬町と西本町はウェブサイトを通じた担ぎ手の公募をしている。萬町は、Youtubeに練りや囃子を載せたことを契機に指宿市の者と縁が出来た。そのため、平成二〇年（二〇〇八）頃より、毎年指宿から担ぎ手がやってくるようになった。しかし、西本町では毎年、ウェブ経由での八日市場周辺以外の参加者は一名もしくは一グループである。

(21) 各戸の生業によっては平成二九年（二〇一七）現在でも女性も神輿担ぎが事実上困難である。一例では、自営業者集団である西本町の女性は祭礼の時に店を守らざるを得ない。

(22) 中野紀和「祭礼と女性――小倉祇園太鼓におけるジェンダーをめぐる言説の変遷から」『歴史と民俗　神奈川大学日本常民文化研究所論集十九』　神奈川大学日本常民文化研究所編　平凡社　二〇〇三年　二一六頁。

(23) 菊田祥子「都市祭礼における女性―成田祇園祭を事例として―」日本民俗学会第六七回年会　於：関西学院大学　二〇一五年一〇月一一日口頭発表　未刊行。

謡の師匠に伝えられた「小笠原流」の婚姻儀礼

——山形県天童市の事例から——

村尾　美江

はじめに

現在の挙式形態はチャペル式に人気があるが、『昭和・平成家庭史年表』の「結婚式に関する調査」によれば、昭和六一年（一九八六）には神前結婚式が八三・八パーセントを占めていた(1)。ところが、神前結婚式草創期の明治末期から大正期頃の東京では、上層階層の人達が挙げるにすぎなかった。例えば、日比谷大神宮（後の東京大神宮）で神前結婚式を挙げ、その近くにあった帝国ホテル（明治二三年開業）で披露宴を行うのが上層階層の人達のステイタスであったという。しかし、大正一二年（一九二三）九月一日の関東大震災によって日比谷大神宮が倒壊して挙式ができなくなってしまった。帝国ホテルでは、披露宴の予約客のために急遽その頃東京で流行っていた神式の永島式結婚式なるもの(2)を取り入れて、ホテル内で挙式を行っている(3)。

同じ頃、山形県天童市でも謡の師匠をしていた大地主A家の筆頭番頭の村山専作が、小笠原流と永島流の婚姻儀礼の差配人と謡い方を頼まれていた。村山正市は専作の残した史料に基づいて『山形民俗』に「この地域の婚礼の儀——

差配人の書付から―」を報告している。ちなみに差配人とは、流儀を心得て婚礼の式次第を仕切る人にほかならない。(4)

ところで、近世においては庶民層には見られないものの、武家の婚姻では分限に合わせて小笠原流の法式で行われていた。柳田國男は『明治大正史　世相篇』の「非小笠原流の婚姻」なる論考の中で「今日の小笠原流は又少し変わってきているが（略）、以前行われていた我々の婚姻とは変わっている。（略）明治に入ってから追々にこれを罷めて、今ではこの遠方婚に始まった新式に、準拠しようということになった」と、明治以前の庶民の婚姻儀礼は小笠原流とは異なっていたが、明治になってからは小笠原流の影響を受けた法式に変わってきたと述べている。(5)

天童市においても明治以降になると庶民にも、小笠原流の婚姻儀礼や東京で流行っていた永島式結婚式が伝わったようである。天童市へはどのような経緯から伝わり、その法式とはどのようなものであったのであろうか。筆者は、現在、この問題の解明に取り組んでおり、東京の永島式結婚式の地方への伝播や天童市の永島流の婚姻儀礼についての詳論は、別稿を準備している。この小稿では、先ずは小笠原流を主な対象として、天童市の事例から立論することにしたい。

一　先行研究の整理と課題

先に述べたように、柳田國男は『明治大正史　世相篇』の「非小笠原流の婚姻」の中で、明治になって小笠原流の法式にも変化が起き、その影響を受けた庶民の婚礼作法にも影響が及んでいるので歴史として比較して見るとよいと述べ、(6)昭和一六年（一九四一）刊行の「仲人及び世間」（原題は「婚姻方式の変遷」『婚姻の話』所収）でも、婚礼の儀式はほとんど全部変化を受けている。現在の婚礼作法が変遷してきた経過と事情を明らかにしておかなければならないと、婚姻儀礼における作法の変遷の研究の重要性を説いている。(7)

婚姻儀礼における礼法の各流派の影響に関する研究では、柳田國男は少なからず小笠原流の影響を示唆しているが、比較宗教学者の平井直房は床飾りの特徴から神前結婚式は伊勢流の影響を想定している。(8) 風俗史研究者の江馬務は小笠原流は室町末葉から伊勢家の弛緩に乗じて、伊勢流を圧し伊勢家の不備を充足したものの、いたずらに煩瑣とし日本の婚礼は常軌を逸したと、伊勢流・小笠原流両流派の影響を説いた。(9) 以降、民俗学でも両流派影響説をとるようになったが、具体的な相違については関心が持たれてこなかった。

小笠原流については、国語学者の島田勇雄が、「全近世中に最も充実した指導内容を完成し、最も強力な伝授活動を行ったのは、庶流派、わけても水島派の中枢陣であったと考えられる。したがって小笠原流史の研究の中心は、水島派の解明に焦点を置くべきであり、ことに水島の著作やそれによる伝授活動の明確化が近世における関連研究の基点となるべきである」と、研究の方向性を示した。(10) それを受ける形で、歴史学者の陶智子が近世の水嶋流の礼法家の伝系およびその伝書について明らかにしている。陶の研究によれば、幕末から明治・大正にかけて水嶋流の礼法家で活躍していたなかに有住家と松岡家がある。有住家は藩主の婚姻儀式を指南しており、多くの作法書も著わしている。松岡家の辰方（一七六四〜一八四〇）は水嶋流と伊勢流を学び松岡流の祖ともいわれている。(11) 小稿では、この水嶋流の人々に焦点をあて、「小笠原流」をどのような法式に変化させて広く庶民に伝えたのかを分析する。

ところで、筆者は先に婚姻儀礼における水嶋流（庶民に伝わった小笠原流）の礼法家たちの法式の変遷と近世から現代に続く小笠原流（一子相伝の弓馬術礼法小笠原流）の法式とを比較分析したので、概略を述べる。(12) 伊勢流、小笠原流、水嶋流の流派による相違が顕著に表れているのは、夫婦盃の順番と床飾りである。『古事記』のイザナミ・イザナギの尊が天の御柱を左右からまわりあい唱和をすることを儀式の基本として、伊勢流では女神が先に声をかけたのはよくない、男神が先の方が正しいとして婿が先に飲む法式をとっている。ところが、小笠原流は女神が先に声をかけたからよくないことが起きたので、縁起直しで今度は男神から声をかけるとよかったと、はじめは陰の式といって嫁が先に飲む法式をとり、続いて陽の式では婿から先に飲む法式で、二度同じことを繰り返すのである。水嶋流も嫁が先の法式をとり、略式の場合も陽の式の方を省略するので、いずれにしても嫁が先に飲む法式である。床飾りについては伊勢流では神を祀るが、小笠原流では神を祀らない。これを小笠原流三〇世宗家小笠原清信は「床の間にはめでたい掛け軸をかけ、（中略）陰ながら神を祀るの心である」と述べ[13]、また「神前結婚でもなく宗教臭はない」とも説明している。[14]水嶋流でも幕末期頃まではこの法式をとっていた。なお、水嶋流の特徴は民間の習俗を取り入れ、大名の婚礼を一〇とすれば身分の低い者はそのうち五を用いればよいとして、身分や財力に応じて柔軟に儀礼を行っていた。しかも小笠原流を名乗りなさいという口伝書があり、江戸では水嶋卜也（一六〇七～一六九七）には三千人の弟子がいた。

小笠原流と水嶋流の歴史を概観すると、小笠原家には源頼朝の弓馬礼法の師範であった小笠原長清を祖にする家が複数あり、惣領家が将軍家に仕え一子相伝で継承していた。ところが、戦国時代武田信玄に敗れたことにより伝書が散逸することを恐れ、惣領家一七代長時とその子貞慶は、長清から三代目の清経家に弓馬糾法の道統を譲った。その後、近世・近代・現代にと続く弓馬術礼法小笠原流の家が、それである。現代の宗家は三一世小笠原清忠で一子相伝で受け継がれ、「礼儀作法は時代とともに変わるが、基本は変えない」という家訓は現在でも守られている。小稿ではこれを小笠原流と称する。一方、戦国時代の貞慶は家臣の小池甚之丞貞成にも家伝の書を授け、その弟子、孫弟子を経て広範囲な礼法活動の礎を築いたのが水嶋卜也之成である。小稿ではこれを水嶋卜也の名をとって水嶋流と称するが、資料を引用する場合は記述のまま水島流とする。また、水嶋流ではあるが、資・史料に小笠原流と記されているものについては、先の小笠原流と同名のため紛らわしく、「小笠原流」と表記し区別する。

ちなみに、天童市に伝わるものが水嶋流かどうかについては、専作の史料からは定かでないが、ここでは幕末から明治にかけて活躍した水嶋流の礼法家たちの法式から分析する。そして先の柳田が指摘した明治になり「小笠原流」の法式が変化したというのは、何がどのように変化したのかを明らかにし、天童市の史料の事例については、その法式が変化する以前のものか、以後のものかを検討する。また、立ち居振る舞いの史料からは小笠原流は基本は変えないことから、それと比較して、現在一般に行われている所作とも比べて検討を加える。

次に念のため、小笠原流の法式とはどのようなものかを確認しておく。続いて水嶋流の法式の変遷を述べる。なお、小笠原流については、現代の法式ではあるが基本は旧くから変わっていない。

二　小笠原流と水嶋流の婚姻儀礼の法式

1　小笠原流の婚姻儀礼の法式

現代でも、弓馬術礼法小笠原流の門人の婚姻儀礼には小笠原流の法式で行われる（表参照）。宗家小笠原清忠は夫婦盃の順番は、先に述べたように『古事記』を引用して説明している。夫婦盃の法式には、嫁が先に飲む陰の式と婿が先に飲む陽の式とがあり、最初は陰の式として正式で、嫁が先に飲む法式をとり、座敷の床飾りから衣服にいたるまで白色を用いる。次いで陽の式では婿が先に飲む法式をとり、長柄、加柄、盃だけでなく、花嫁の衣裳も赤色を用いる。これが色直しである。現代一般に行われている花嫁花婿が衣裳を着替えて披露宴をする色直しとは随分と異なったものである。床飾りについても床の間にはめでたい掛け物を掛け、三方には米、熨斗、昆布、勝栗をのせ、具体的な神は祀っていない。

2　水嶋流の婚姻儀礼の変遷

水嶋卜也の法式と幕末から明治にかけての有住家と松岡明義の法式から検討する（表参照）。有住家の指南した婚姻儀式の法式が、雑誌や新聞に掲載され水嶋流の礼法家としての影響力が大きい。松岡家について陶は、近世後期から活躍し、当時の礼法の基準であったとしている。松岡家三代目当主・松岡明義（一八二六〜一八九〇）は礼法の師範として活動し、帝国大学皇典科教授であり、新政府の神祇官として明治一八年（一八八五）に「婚儀式」を講演してい

神 有○無×	夫婦盃	男先○ 女先×	特徴	出典及び調査
○	婿→嫁	○	将軍家殿中礼儀作法	『貞丈雑記』 1巻3・37頁、2巻187頁
×	嫁→婿 婿→嫁 嫁→婿 ＊色直しは婿が先	×	分限に合わせる	『婚禮聞書』
?	＊相盃之式 一の盃　嫁→婿 二の盃　婿→嫁 三の盃　嫁→婿 ＊色直しの式 婿→嫁	×	大名の婚儀	『風俗画報』 107号 13～16頁
×	白土器（夫婦盃） 嫁→婿→嫁 婿→嫁→婿 嫁→婿→嫁 朱土器（夫婦披露盃） 白土器と同じ	○		村山家史料
×	嫁が先	×	徳川家茂と和宮婚儀	『結婚の歴史』 『小笠原流』
○	一の盃：婿→嫁 二の盃：嫁→婿 三の盃：婿→嫁	○	講演 嫁婿のみで盃 親・仲人列席無し	『玉籠』 「婚儀式」
○	三献の式	○	旧棚倉藩主家婚儀 各礼法折衷	『静岡大務新聞』 明治19年２月５日付
○	男先が正しい	○	床盃否定 伊勢流が正しい	『類聚婚禮式』
×	嫁が先	×	研修会	『しきたり』 あまよばり塾
×	白土器（夫婦盃） 嫁→婿→嫁 婿→嫁→婿 嫁→婿→嫁 朱土器（色直し） 婿→嫁→婿 嫁→婿→嫁 婿→嫁→婿	×	基本変えない	小笠原研修会実際

表　婚姻儀礼の儀式の変遷

No.	年代	指導者（流派） 地域	水嶋流 ○	場所	床飾り
1	宝暦13～天明4年 （1763～1784）	伊勢貞丈 （伊勢流）			伊弉諾尊、伊弉冉尊 置鯉、置鳥、二重折
2	弘化4年（1847）写	水嶋卜也之成 伊藤幸氏 伊藤隼太 （水嶋流）	○	婿方の家	二重台・瓶子・置鳥 置鯉・銚子・提子 蓬莱の台・せきれい
3	弘化4年（1847）	有住松園翁 （水嶋流）	○	自家	＊神前 瓶子・置鳥・銚子 奈良蓬莱・置鯉 三ツ土器・提子
4	安政5年（1858）	佐倉藩士 A家当主 村山専作 （水嶋流） 天童市	○	自家	高砂
5	文久2年（1862）	小笠原清務 （小笠原流）		徳川家	めでたい床飾り
6	明治18年（1885）	松岡明義 (水嶋流）	○	自家	床の間に神座
7	明治19年（1886） 2月3日	有住齋 (水嶋流）	○		イザナギ・イザナミの尊 榊餅・神酒
8	明治29年（1896）	有住齋 (水嶋流）	○	自家	イザナギ・イザナミの尊 塩、鏡餅、鮮魚、野菜 神に供える道具
9	平成16年（2004）	天童市 （水嶋流）	○	自宅	神祀らない
10	現代	小笠原清忠 （小笠原流）		研修会館	めでたい掛け軸 熨斗三方

る。[15] 筆者はこれが有住家の法式に影響を与えたと考えている。

水嶋卜也の法式は床の間には神を祀らず、めでたい床飾りを置く。夫婦盃の順番は嫁が先で、色直しでは婿が先であった。[16] 一方、有住家では弘化四年（一八四七）と明治一九年（一八八六）、明治二九年（一八九六）では法式に変化が起きている。弘化四年（一八四七）四月一六日には有住松園翁が、奥平大膳太夫の姫君と相良壹岐守との婚姻儀式を指南している。そのときの床飾りには具体的な神の名はないが、「待女房が新夫婦を神前へ進出し一拝」とあり、心では神を祀りそれに供えるというものであった。夫婦盃の順番については嫁が先の法式となっている。[17] その三九年後の明治一九年（一八八六）には有住齋が指南して旧棚倉藩主子爵阿部正功が神式の結婚式を挙げている。イザナギ・イザナミの神を祀り、法式は各礼法の折衷式をとったのであるが、神社名がないことから、神社以外の場所で行なわれている。夫婦盃の順番については、三々九度である式三献は行なわれているが、その順番は明らかではない。[18] このように夫婦盃を具体的な神の前でするという神式になったのは、松岡明義の前年の「婚儀式」の影響がうかがい知れる。

松岡明義の「婚儀式」では式場に神座を設けるが、自家の座敷であって神社や結婚式場ではない。夫婦盃の順番については、祖父辰方が学んだ将軍家殿中の礼儀作法を司った伊勢流[19]の法式を取り入れ、婿が先の法式になっている。[20] 有住齋はこの松岡の神を祀る法式には異存はなかったが、夫婦盃の順番については、それまで嫁が先であったものを婿が先にと変わったことに十分納得ができなかったからか、それには触れなかったのである。それから一〇年後の明治二九年（一八九六）には、『類聚婚禮式』を著わしている。その法式での床飾りは、夫婦の祖神イザナギの尊・イザナミの尊の神を勧請して饗膳を供え、その神酒を以って婚姻の式を行ない、奈良蓬莱を床に置くのは神に供える道具であると説明している。そして神の前で契約をする盃であるのに女を客として扱い、女を先にするのは非礼であるから男が先の方が正しいとしている。床盃については、床にて酒を飲むのは非礼であるからしない。さらに本式の盃をすみたる後に、また盃をするのは、何のために本式の盃をするのかと、伊勢流にはないことを水嶋が作為し、これに最も重きをおいていると、有住齋は水嶋流の礼法家でありながら、その法式には批判をし、伊勢流の法式こそが正しいとして、神を祀り夫婦盃は婿が先に飲む法式へと変えてしまったのである。(21) これが他の礼法家にも影響を与えて水嶋流の新法式となり、新聞や雑誌にも掲載され庶民に広まった。

なお、筆者は先に神前結婚式の法式の創案にも水嶋流の松岡明義の「婚儀式」が影響したことを分析している。(22)

次に、問題の天童市の事例を報告し、分析を加える。

三　山形県天童市に伝えられた婚姻儀礼

1　地理的歴史的概況

山形県天童市は県中央部に位置し、交通の便に恵まれ、将棋の駒の生産は全国の九五パーセントを占め全国一である。天童市総務部総務課の統計報告によると、筆頭番頭を務めていた曽祖父専作（一八七七～一九四六）が差配人もしていた頃の大正一四年（一九二五）には人口三万五四二八人、五八三四世帯であった。

歴史的には『山形県の地名』によれば、現在の天童市内の村々は近世には頻繁な藩主・藩領の交替により、各藩領・幕府領が入交じり錯雑した領有形態となっていた。小藩の天童藩は常に財政的に困窮しており、家臣に対しては俸禄の引割制（減額）を実施したので下級家臣の生活は窮迫し、家中衆の内職から将棋の駒の製造が始まったと伝える。明治四年（一八七一）七月天童藩は廃止され、明治二二年（一八八九）町村制施行により東村山郡天童町、成生村、蔵増村、寺津村、干布村、高擶村、北村山郡山口村、田麦村が成立する。天童市山元には花笠音頭にも唄われる縁結びの観音として有名な鈴立山若松寺、天童市高擶村には天台宗、慈覚大師によって開かれた山寺立石寺がある。(23) この地方では婚礼のことをムカサリといい、両寺とも未婚の死者の供養を目的に祝言の場面を描いたムカサリ絵馬が数多く奉納されている。

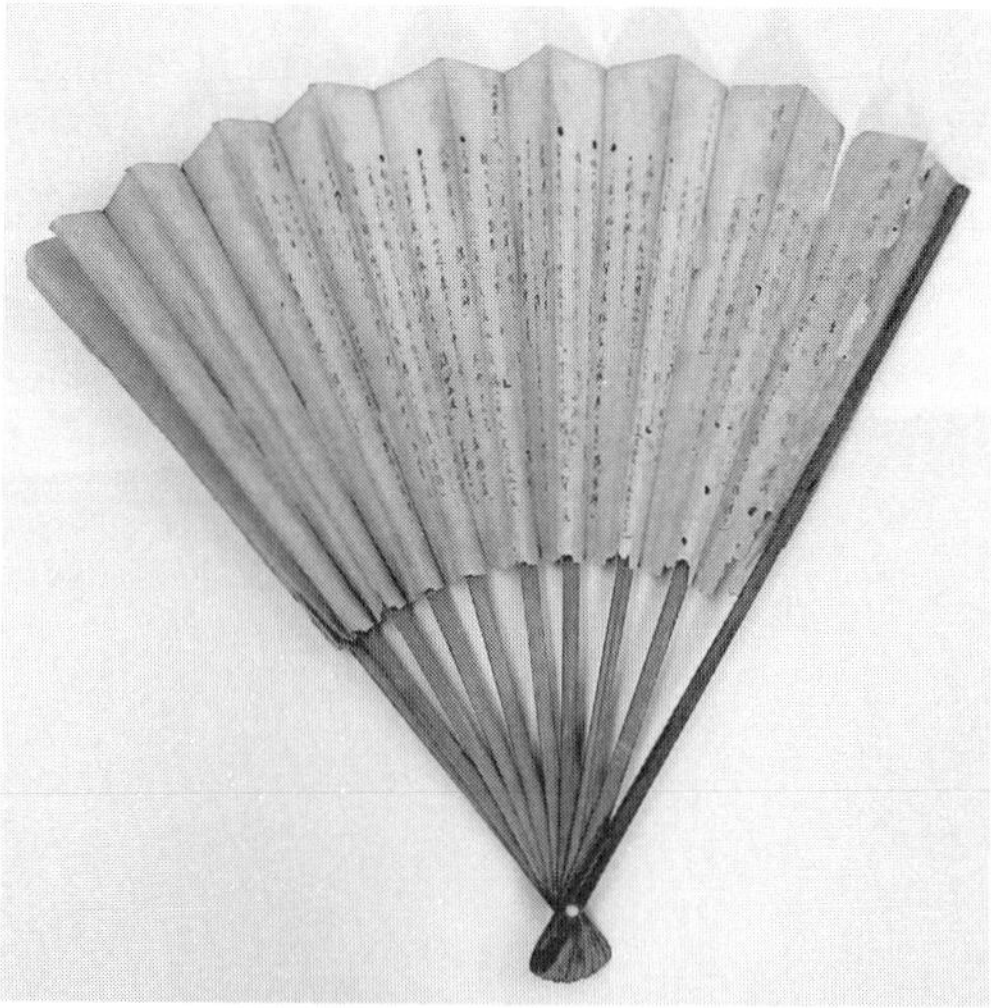

写真　村山専作の扇子

松崎憲三によれば、この種の絵馬は明治中期以降見られるようになったもので、死者と架空の相手といったペアに加え、二組の仲人と男蝶・女蝶、そして謡を唄っている差配人を描くのが古い型だという[24]。ともあれ、この地方の婚姻儀礼においては差配人がいかに重要かが理解される。

つけ加えて、この地方の民俗学の特徴について言えば、昭和四〇年（一九六五）頃までの一人前の条件としては米一俵背負う、一升餅を食べる、お山まいり（出羽三山まいり）だけでなく小謡が謡えることも重要であった。契約講や新年会、花見、長寿祝いや上棟式などにも小謡は欠かせない。特に、家の跡継ぎの長男や大工棟梁、酒造杜氏などには必要なこととして、青年学級や成人大学でも小謡の教室が開かれていた。つまり、この地方では、小謡が生活と密接に結びついていたのである。

次に、村山家の扇子に記された史料と村山正市への聞き取りから報告する。三本の扇子の表と裏に水嶋流の伝授経路や婚礼作法、及び立ち居振る舞いが記されている（写真参照）。扇子は謡い方と差配人をする時に使用するため、傷みが激しく判読は難しいが、村山家が以前に書き写したものを見せてもらった。

2　村山家の水嶋流の伝授経路

村山家は高祖父だけでなく、それ以前から曽祖父の代まで五代にわたり、江戸時代初めに天童市高揃へ移転してきた大地主A家の番頭、或いは自作農や地主たちから選出された筆頭番頭を務め、分家はその補佐として添え役をしていた。また、村山家の当主は曽祖父の代まで専作を名乗っている。

天童藩は錯雑とした領有形態のため、A家は天童以外にも館林藩や佐倉藩にも土地を持ち、天童・館林・佐倉の間を行き来をしていた。上層階層の庶民は武士から作法を習うことが多く、史料によれば当主（天保一四年生）も安政五年（一八五八）に「小笠原流」を総州佐倉藩士山口徳隣に学んでいる。

高祖父専作（一八五六～一九二四）は、A家の筆頭番頭として村内外七ヶ村の土地六五町歩を総括管理すると共に、檀那の名代としても慶祝事に当たることから、当主から「小笠原流」という名の水嶋流の礼法や婚姻儀礼の差配人としての礼法の伝授を受けたのである。また、観世流梅若宗家流の謡曲の師匠として村内、近郷に弟子が多かった。曽祖父専之助（一八七七～一九四六）が筆頭番頭であった大正一四年（一九二五）には、一郡八町村の小作人四〇〇戸をまとめ、謡の世界でも昭謡会を創設して二〇〇人の会員を指導していた。祖父専五郎（一九一一～一九七五）も謡曲の師匠として、水嶋流の礼法を謡の弟子たちに伝えている。父（昭和一二年生）は謡はしないが、昭和三五年（一九六〇）の婚姻儀礼には、祖父の謡の弟子が謡い方と差配人になり水嶋流で挙げていることから、弟子たちに水嶋流の婚礼作法と立ち居振る舞いを伝えていることがわかる。ちなみに、村山正市も平成七年（一九九五）の自分の婚姻儀礼には謡を披露している。

3　天童市の婚姻儀礼

次に扇子に書かれた史料から水嶋流の婚姻儀礼の法式をみていく。

①　村山家の水嶋流の祖

信濃國小笠原流縫殿助弓馬の禮法、祖は清和源氏庶流八幡太郎義家舎弟新羅三郎義家と伝え、甲斐國信濃源氏嫡流小笠原荘官長清より小笠原と名乗る。

② 水嶋流の婚姻儀礼

婚礼之儀　出入初　田作之蒔　嫁が仮祝言にて婿家へ入る、祝言当日ゲンサン　婿は門玄関より、他は戸ノ口から上がる。家上り前嫁両父母兄弟と祝酒を交す。

（御立酒[25]の小謡：猩々　よもつきじ万代までの竹……）[26]

（嫁が家を出るときに玄関での小謡：高砂　高砂や此浦舟の帆を上げて、月も子供に出で潮の）

（婚家での荷物渡しが終わる時と嫁が婚家の敷居へ足を上げようとした時に玄関での小謡：高砂　波の淡路の島影や早や住の江に）

（家の中へ足をつけた時の小謡：着きにけり　着きにけり）

床飾り　高砂

参々九度盃事　弐三献　檀那衆、家中衆、三宝に土器を三重ね、白土器を用ひゆ、一同着座

口上　是より三々九度御盃事の取交しを略式を以って《ママ》取り行います。

壱盃　嫁盃取上げ三度内二度口つけ、三度目のむ、次に婿盃取り上げ三度でのむ、次に嫁盃取上げのむ

（小謡：高砂　處は高砂の尾上の松も年よりて老いの波もよりくるや……名所かな〔名所かなで三宝の盃を置き終わる〕）

弐盃　婿盃取り上げ二度口つけ三度目にのむ　次に嫁、次に婿

（小謡：高砂　四海波静かにて、風も治まる時つ風、枝をならさぬ……）

参盃　嫁盃取り上げ三度内二度口つけ三度目のむ、次婿、次嫁　次土器替へ朱盃を用ひゆ　一同着座　白盃と同じでする。
白盃は夫婦盃にて白小袖、白袢にて行う。赤盃は夫婦披露盃にて赤小袖、留袖、紋付にて行う。
（小謡：玉の井　長き命を汲むみて知る　心の底も曇りなき……）
口上　是にて三々九度の御盃事滞りなく相済みおめでとうございます。

高祖父の専作がA家の当主から学んだ「小笠原流」の祖も小笠原長清である。小笠原姓を名乗る家はすべて長清から始まるとされ、A家の当主の師匠山口徳隣が誰から学んだかは分からないが、武士の伝書が強力な伝授活動によって庶民に伝わった庶流の水嶋流であろう。

天童市での婚姻儀礼は床の間には神は祀らず、めでたい高砂を飾る。三々九度の夫婦盃は白盃で一の盃は嫁・婿・嫁、二の盃は婿・嫁・婿、三の盃は嫁・婿・嫁の順という嫁が先の法式である。ただ、夫婦披露の盃には朱盃を用いるが、白盃と同じでする、となっている。

一方、先の婚姻儀礼の法式の変遷の表では、水嶋卜也と弘化四年（一八四七）の有住松園翁との法式の変遷を見ると、夫婦盃については同じであるが、床飾りについては水嶋卜也は神を祀らないが、有住は具体的な神は祀らないが神前で行うというものであった。それに比して、天童市の法式は夫婦盃の順番についてはさして変わりはなかったが、めでたい床飾りになっていることから有住松園翁の神前で行うより以前の旧法式で行われている。因みに、花嫁衣裳の白から赤に着替えてから夫婦披露の盃をする点は、現代でも基本は変えない小笠原流と似ており、天童市ではかなり旧法式が伝わっている。

次に立ち居振る舞いについて比較検討する。

4　水嶋流と小笠原流の立ち居振る舞いの比較

村山家の史料と、基本は変えない小笠原流の法式とを比較検討する。Aは村山家の史料から水嶋流の法式を示したもので、Bは小笠原流の法式である。(27)□は不明である。立ち居振る舞いは、①立つ姿勢、②座る姿勢、③跪座、④立ち上り方、⑤膝行膝退、⑥座礼、⑦物の持ち方、などである。

①　立つ姿勢

A：立胴　胴はただ常に立たる姿にて退かず掛らず反まず屈まず　両足並行に並へ足先そろへ背腰伸す顎先を引く、重心は頭から土ふまず落とすよう、ふくらみをもち手指そろへる。丹田に気を入れ意気整す

B：踵を付けず両足を平行に踏むと身体をそらさずに立つことができる。手と腕は自然に下ろし、手は指先を揃えて小指を意識する。両手を身体の前で重ねない。重ねると注意力が散漫になる。

②　坐る姿

A：正坐　胴造り、腰から直に伸す　アクド《かかと》に体重りなきよう　両手は指を並へ腿の上に八字を自然に置く。足親指を重ね合せ下腹で気を整へる。正とは□□

B：手は腿の上に置き、指を揃え、手のひらを軽く窪みをつくる。頭を正しく胴体の上に据え背筋を真っすぐに伸ばす。重心は腿の中央にくるように意識する。腕は肩から自然に下ろし、肘を張らず、手の指は揃える。足は自然に寝かせ親指のみ重ねる。

③　跪座

A：妻《ママ》先を折り立て、少し腰を浮せ、妻先を立てるが、其時片足つつ立てる。左右の妻先は離さず、上体安体させ、足指内ハ鋭角に折り曲げる

B：跪座とは跪いて座ること。正座で寝かせていた足を片足ずつ爪先を立てて跪座となる。両踵をしっかりしめて開かないようにする。膝頭を揃え、足首の角度を鋭角に保つ。

④　立ち上り方

A：立上　妻先を折立て跪坐になる分だけ上体浮せ、片足つつ妻先を立て上体安定す下坐足を徐徐に踏み出し畳から少し立ち半歩踏み出す、踏み出し妻先に力を入れ立ち上る

B：正座で寝かせていた足を、片足ずつつま立てて跪座になる。両踵はきちんとつける。吸う息で片足を踏みだす。

⑤　膝行膝退

A：横畳一条程別離は両手を握り親指付立て、膝脇に置き膝頭より□前進なり

B：両手を身体の前方について船を漕ぐかのような身体を引き寄せて進む動作は行わない。

⑥　坐礼

A：禮法九品　ムカサリにては部屋入り指建禮、口上述べる時拓手禮を用ひ挨拶申上指建禮とは、坐す姿位から腿の上の手指先を畳に付き前傾　指を軽く伸し自然に膝脇に下す。拓手禮とは□　手首、膝頭に並ひ八字を投け□目上、儀式に用ひ□合掌禮　床の間、神前、佛前にては両手を付き肘も付け、胸膝同坐にて前傾、三角を作り低頭す

B：九品礼とは、目礼、首礼、指建礼、爪甲礼、折手礼、拓手礼、双手礼、合手礼、合掌礼をいう。指建礼は、両手を腿の脇に下ろし、指先をつけ、上体を浅く屈する。拓手礼は肘が折れ、手が腿の横前に出てきた礼です。同輩に対する礼です。合手礼は、最も丁寧な深い礼です。両手の人差し指と親指同士がつき、かつ胸につくまで身体を屈する。

⑦　物の持ち方

A：盃合三宝持方　肩通りにて床の間より下し、盃をなす。

B：食品などを持つときは、吐息がかからないことが望ましい。腕が水平になる位置でもつ「かた通り」。(28)

現在一般に行われている所作とも比べながら、天童市の水嶋流と基本は変えないという小笠原流との所作を比較検討する。①の立つ姿は、現在一般には両踵を付けて足先を少し開き、手は前で重ねる人が多いが、水嶋流も小笠原流も両足を平行にして立ち、重心はそらせず手の指はそろえる。他にも両流派がよく似ている所作は、②の坐る姿、③の跪座の姿、④の立ち上がり方、⑦の物の持ち方などである。しかしながら、現在は特に跪座の所作は苦手な人が多いだろう。また、⑥の坐礼の拓手礼でも、水嶋流では目上に対してであるのに対して、小笠原流では同輩に対しての所作であるが、よく似ている。大きな相違があるのは、⑤の膝行膝退である。水嶋流では両手を握り親指付立て膝脇に置いて進む。これは現在茶道でも用いられ、一般にはよく行なう所作である。ところが、小笠原流では手は膝の上において跪座の姿勢で前進後退する。足腰をかなり鍛えていないとできない動きである。現在一般にはこのような所作はあまりしない。両流派の立ち居振る舞いは多少の相違はあるものの、水嶋流は基本は変えないという小笠原流の所作と似ており、天童市では立ち居振る舞いについても、水嶋流の旧い法式が伝授されている。

村山正市は、高祖父・曽祖父から祖父へと伝授された謡と、このような立ち居振る舞いを小学生の頃に祖父から習っている。例えば、正坐の方法は手の指はすべてつけて、股関節の付け根にハの字にする、左手はすぐ脇に出せるように、右手だけで扇子を持つことや袴への扇子の刺し方、ふすま戸、障子戸の開き方も教えられている。他にも素謡に関する作法も教えられ、現在でも正坐の時は足の親指だけ重ねて座ると二時間は大丈夫である。ただ、座って方向を変えるときは片足のみ立てて向きを変えるが、子どもながらにバランスをとるのが大変だったことを記憶している。ちなみに、この所作は小笠原流では座っての廻りという動きで、筆者も小笠原流の基本稽古では必ず行なうが、足首の柔軟と腰、腹筋、大腿筋を鍛えていないと出来ない。現代の人はあまりしない動きではあるが、武道の作法では重要な所作である。このように、村山正市は謡ができるだけでなく、水嶋流の立ち居振る舞いも身につけているのである。

まとめ

天童市の「小笠原流」の婚姻儀礼は、大地主A家の当主が武士から学んだことを自分の家だけの知的財産にするのではなく、謡の師匠でもあった筆頭番頭の専作に伝授したことで、後の天童市の人達に大きな影響を与えることとなった。庶民に伝わった「小笠原流」の婚姻儀礼の法式の変化については、「小笠原流」を名乗った水嶋流の礼法家たちが幕末期頃までは床の間に神は祀らず、夫婦盃の順番は嫁が先だった法式を、明治になって水嶋流の礼法家で神祇官でもあった松岡明義の講演の影響を受けて、神前で行い夫婦盃の順番も婿が先の法式にと変えてしまったのである。これが、他の礼法家にも影響を与え、その法式が新聞や雑誌にも掲載され、柳田が指摘したように明治になって「小笠原流」の法式が変化して、庶民の婚礼作法に影響したのである。ただし、天童市には変化する以前の旧法式が伝授されていた。立ち居振る舞いについても、基本を変えない小笠原流と酷似しており、現代の一般とは異なる武士の所作が伝わっている。

ところで、江馬務が文久二年（一八六二）の一四代将軍徳川家茂と和宮の婚姻儀礼の夫婦盃の法式の記録について「盃は男子婿がまず受くべきを記録では宮が受けられたとある」と、これは誤りではと疑問に呈している。(29) 江馬は水嶋流の新法式が正しいと認識していたから疑問を持ったのであろうが、基本を変えないという小笠原流の二八代宗家小笠原清務が将軍家の礼法の師範として和宮御降嫁の御用掛を務めたので、嫁が先に飲む法式という記録で正しいのである。[30]なお当時、水嶋流においても旧法式であったから、夫婦盃の順番は嫁が先なのである。江馬は『結婚の歴史』を著わした当時、小笠原流の法式や水嶋流の旧法式を知らなかったのではないだろうか。水嶋流の新法式や神前結婚式では婿が先の法式であるから、旧くは嫁が先の法式があったことを予想もしなかったのかもしれない。民俗を研究する場合、特に礼法の研究では、その変遷の理解については近代以降だけでなく、それ以前にも目を向けなければ誤った考察となってしまう恐れがある。

一方、伝統文化の稽古というのは本来口伝である。専作が扇子に書き記したのは婚姻儀礼の儀式に間違いがないようにと、謡い方としても扇子を持ち確認しながら差配をしたものであろう。立ち居振る舞いについては、謡の弟子たちに教えるために書き記したもので庶民の記した貴重な史料といえる。また現代、天童市で活躍するあまよばり塾が「結婚式礼の風俗・習慣について」の研修会を開いている。平成一六年(二〇〇四)の冊子によると、この地域では教会結婚式を除いた婚姻儀礼は、「小笠原流、永島流が基といわれている」と述べ、[31]その法式は専作の記した史料と同じ法式が地域の人達に継承されているのである。

将軍家の師範だったお止め流の小笠原流は世間には広まらないが、天童市では分限に合わせて変化させる水嶋流の礼法の旧い法式が「小笠原流」の名で、謡の世界だけでなく、今では地域の若者にも継承されているのである。また水嶋流は分限に合わせて変化させるといっても、師匠から伝授されたものを弟子が勝手に変えることはなく、それを実際に行ない得たのは流派の権威と目された人だけであった。そのため、天童市では佐倉藩士からA当主、専作へと伝授された旧法式が変化することなく、現代にも伝わっているのである。謡は婚姻儀礼には欠かせないものであり、立ち居振る舞いと一体となって地域の多くの人達に伝授され現在に受け継がれているのである。

註

（1）下川耿史『増補版昭和・平成家庭史年表』河出書房新社　二〇〇一年。
（2）永島式結婚式とは芝区神谷町で鰹節や鶏卵、砂糖を扱う結納物調達商を営んでいた永嶋藤三郎（一八七一～一九三五）が明治四一年（一九〇八）に営業発展のために麻布区飯倉片町十七に永嶋式婚礼会結婚式介助部を設け、神主や巫女、雅楽奏者とともに儀式一式を大八車に載せて、個人の家や会館に出向いて神式の結婚式を執り行ったものである。帝国ホテルの他、華族会館、東京会館、築地精養軒、上野精養軒、水公社（築地）、如水会（神田一ツ橋）、偕行社（九段）、東京ステーションホテルなどでも利用しており、日英博覧会にも写真を出品している（南博編代表『近代庶民生活誌』九巻　三一書房　一九九三年　三二四～三三六頁。中嶌邦　『婦人世界』実業之日本社（婦人世界社）一九一〇年　七〇頁）。
（3）帝国ホテル編『帝国ホテル百年史』帝国ホテル　一九九〇年。
（4）村山正市「この地域の婚礼の儀─差配人の書付から─」『山形民俗』第二〇号　山形県民俗研究協議会　二〇〇六年　二〇～二四頁。
（5）柳田國男「明治大正史　世相篇」『柳田國男全集』五巻　筑摩書房　一九九八年（初出一九三一）四九一頁。
（6）柳田國男「明治大正史　世相篇」前掲書。
（7）柳田國男「婚姻の話」『柳田國男全集』第十七巻　筑摩書房　一九九九年　五八一～五八二頁。
（8）平井直房「神前結婚式の源流」『神道と神道教化』神社新報社　一九九三年。
（9）江馬務『結婚の歴史』雄山閣　一九七一年。
（10）島田勇雄「小笠原流諸派と言語伝書との関係についての試論─『女中詞』の成立環境をめぐって─」『甲南国文』第二三号　甲南女子大学国文学会　一九七六年　一〇頁。
（11）陶智子『近世小笠原流礼法家の研究』新典社　二〇〇三年　一一三、二〇六～二〇九頁。
（12）村尾美江「婚姻儀礼にみる『礼法』の影響」『日本民俗学』二三五号　日本民俗学会　二〇〇三年　六五～九九頁。
（13）小笠原清信『日本の礼法』講談社　一九八九年　一二一頁。
（14）小笠原清信『小笠原流』学生社　一九六九年　二〇七頁。
（15）陶智子　前掲書　二〇六～二一七頁。
（16）水嶋之成（卜也）他「婚禮合盃之部」『婚禮聞書』東京都日比谷図書館加賀文庫所蔵　一八四七年写。

(17)「日本婚礼式　中巻」『風俗画報』第一〇七号　東陽堂　一八九六年　一三～一六頁。
(18)明治ニュース事典編集委員会編　『明治ニュース事典』毎日コミュニケーションズ　一九八四年（「静岡大務新聞」一八八六年二月五日付）。
(19)島田勇雄校注『貞丈雑記』平凡社　一巻三・三七頁、二巻一八七頁　一九八五年。
(20)松岡明義「婚儀式」『玉籠』無窮会図書館神習文庫所蔵　一八八五年。
(21)有住齋『類聚婚禮式』東陽堂　一九〇一年（初出一八九六）。
(22)村尾美江「神前結婚式と『水嶋流』の影響」『常民文化』成城大学常民文化研究会　二〇〇五年　一～二四頁。
(23)平凡社地方資料センター編　『山形県の地名』平凡社　一九九〇年　三五〇・三五八頁。
(24)松崎憲三「東北地方の冥婚についての一考察（一）―山形県村山地方を中心として―」『東アジアの死霊結婚』岩田書院　一九九三年　四三～四九頁。
(25)立酒《たちざけ》とは、嫁いだ嫁が二度と実家に戻ってくることのないようにと嫁方の人達と花嫁が縁切りをする儀式で大きな茶碗に冷酒を注いで、客はそれを飲み干し、その茶碗を地面へ叩きつけて家に帰ってしまう（民俗学研究所編『改定綜合日本民俗語彙』平凡社　一九五五年（再版一九七〇）。
(26)（　）内の小謡は村山正市への聞き取りから筆者が挿入した。
(27)小笠原清忠『武家礼法に学ぶ大人の作法』洋泉社　二〇一二年。
(28)小笠原清基『疲れない身体の作り方』株式会社アスペクト　二〇一四年　一一八～一一九頁。
(29)江馬務　前掲書　一二八頁。
(30)小笠原清信『小笠原流』学生社　四一頁　一九六七年。
(31)あまよばり塾編『しきたり』あまよばり塾　二〇〇四年。

「無形文化財」としての古武道の位置づけ

――文化財指定への課題――

小山　隆秀

はじめに

「無形文化財」とは、具体的にどのようなものが対象となるのであろうか。本稿はそのことを再考するための一試論である。

三年前、茨城県鹿島神宮で開催された古武道の全国大会に出席していたときのことである。当時の私の仕事が文化財関係であることを知った方から「なぜ人間国宝という指定は、能や歌舞伎などの歌舞音曲のみなのですか」という質問をいただいた。その方は、近世期から関東地方で伝承されてきた、有名な古武道流派の修行者である。さらに続けて「古武道は、文化財指定を受けている能や歌舞伎と同じく、中世末期から近世にかけて成立して熟成され、現在もなお優れた技法を伝承されている師範方が日本各地にいる。そのことにおいて能や歌舞伎と同じく、貴重な文化財ではないのでしょうか。なぜ無形文化財の指定の対象とならないのですか」と尋ねられる。確かに現在、日本国内で古武道の人間国宝は存在しないが、実際には各県、各市町村においては、古武道を「無形文化財」または「無形民俗文化財」等として指定している事例があるため、その指摘は必ずしも正確とはいえない。しかし現状の一面を指摘しているようで、「無形文化財」とはどのようなものが対象になるのか、再考を迫られる思いであった。各地方自治体では、歌舞音曲を無形文化財として文化財に指定している例は多いものの、これらの古武道についてはそれぞれの事情があるようである。本論ではその現状と背景、今後の課題等について考察する。

一　古武道の位置づけ

1　「無形文化財」の定義

さて、一般に広義の「無形文化財」とは、人類の文化的活動が生み出した無形の文化的所産全般を意味する。国際的にはユネスコが、重要な無形文化財を「無形文化遺産」として指定、保護する制度を設けている。日本では、昭和二五年（一九五〇）の文化財保護法施行から無形文化財が保護対象となっているが、その定義については、同法第二条第一項第二号において、演劇、音楽、工芸技術その他の無形の文化的所産で、日本国にとって歴史上又は芸術上価値の高いものを「無形文化財」としている。さらに第七一条では、無形文化財のなかでも重要なものを「重要無形文化財」に指定すること、その際に保持者または保持団体を認定すること、その保存のため必要があるときは、記録の作成や伝承者養成等の適当な措置を執ること等が定められている。そして、保持者のなかで、個人として認定を受けた重要無形文化財保持者を「人間国宝」と呼ぶことがある。各地方自治体の文化財保護条例の多くも、この国の文化財保護法にならって同様の「無形文化財」を規定している例が多い。

それでは「古武道」とはどのような文化であろうか。一般的には、中近世から日本列島各地で伝承されていた、弓術、馬術、剣術、槍術、柔術、水術、銃砲術などの各種武術を意味する。近世までは武芸、兵法などと総称され、古武術とも呼ばれることも多い。その伝承内容は、各武技や武具の操作方法、日常の礼法や非常時の対応方法、神道や

写真1　旧弘前藩の當田流棒術（平成21年撮影）

密教、陰陽道等の知識を活用した心法や呪術、俗信、治療法など、多様な要素が混交しており、秘匿性の高い師資相承で伝承され、その伝承範囲も小規模であり、近世当時に各流門人制度の勢力が、それぞれの藩域を越えることは稀であった。そのため伝承形態は、たとえ同じ流儀名でも各地域で差異があった。近代以降は統合、再編成され、柔道、剣道など全国的に形態を統一した「武道」を形成していく原型となった(1)。よって「古武道」とは、近現代の「武道」と区別して説明するため、近代以降に成立した語句とみられる(2)。本稿ではこの「古武道」の呼称を用いる。

2　古武道の伝承者

これらの古武道は、武士の特権的技能であったかのようなイメージがあったが、日本史学や体育史学等の研究の進展により、武士以外の宗教者や郷士、町人等も学んでおり、その技法や伝書が、民間の獅子踊りや棒の手等の民俗芸能にも導入されている事例が、全国各地で確認されている。

例えば、一七世紀の弘前藩士で當田流師範であった浅利伊兵衛は、藩士達に當田流剣術と林崎新夢想流居合、弓術

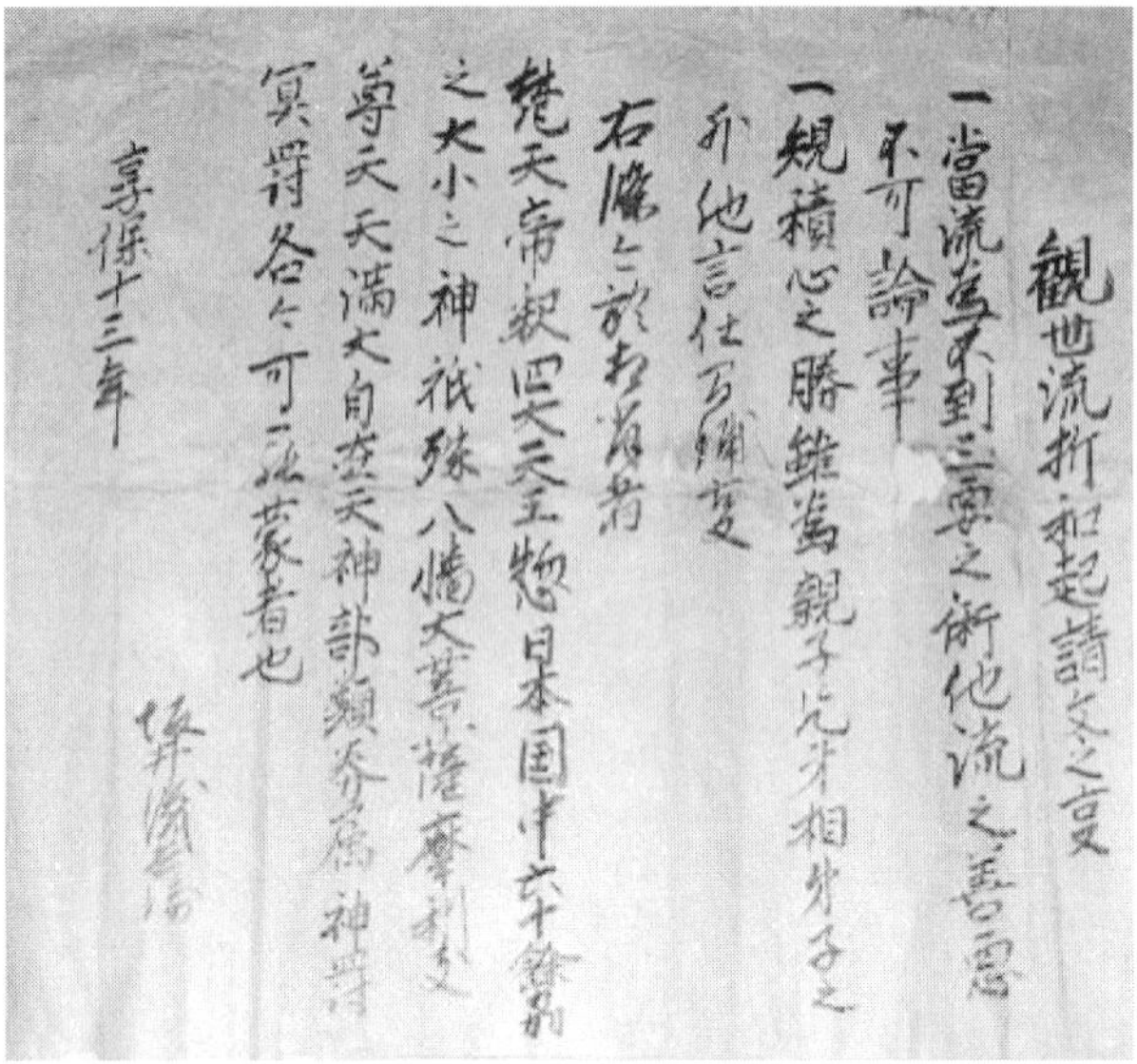
観世流折和起請文之事
一當流[illegible]三要之術他流之善悪
不可論事
一規積心之勝雖為親子兄弟相弟子之
外他言仕間敷事
右條々於相背者
梵天帝釈四大天王惣日本国中六十余州
之大小之神祇殊八幡大菩薩摩利支
尊天天満大自在天神部類眷属神罰
冥罰各々可罷蒙者也
享保十三年

写真２　漁村に伝承された武芸伝書（坂井三郎家蔵、写真提供佐井村教育委員会）

等を教導する一方で、當田流棒術（写真１参照）には弟子として、武士以外にも町人四〇名がいると記している。そして浅利の子孫による明治二七年（一八九四）の門人名簿を見れば、当時、當田流剣術および林崎新夢想流居合の修行者には、旧弘前城下だけではなく、遠方の新田地帯や山村、漁村部の住民まで含まれていたことがわかる。[3] さらに筆者は、青森県下北郡の漁村である佐井村牛滝集落の民俗調査で、近世期から旧盛岡藩山師として海運業にも携わってきた旧家が、一八世紀前半に柔術伝書（写真２参照）を授受している事例や、山村であるむつ市川内町家ノ辺集落のマタギの家筋が、近世期の刀槍を用いる捕縛術の伝書（写真３参照）を伝えてきた例を確認している。[4]

また隣の秋田県各地で伝承されている獅子踊りのなかには、當田流棒術からの影響があったという伝承が少なくない。北秋田市では無形民俗文化財として「当田流棒術」があり、民俗芸能の種別で登録されている。[5]

他にも石川県金沢市の獅子舞の棒ふりは、幕末から近代初頭にかけて、加賀藩武芸師範や武芸道場主によって創始され、流派名を名乗りながら民衆に普及したものだという。[6]

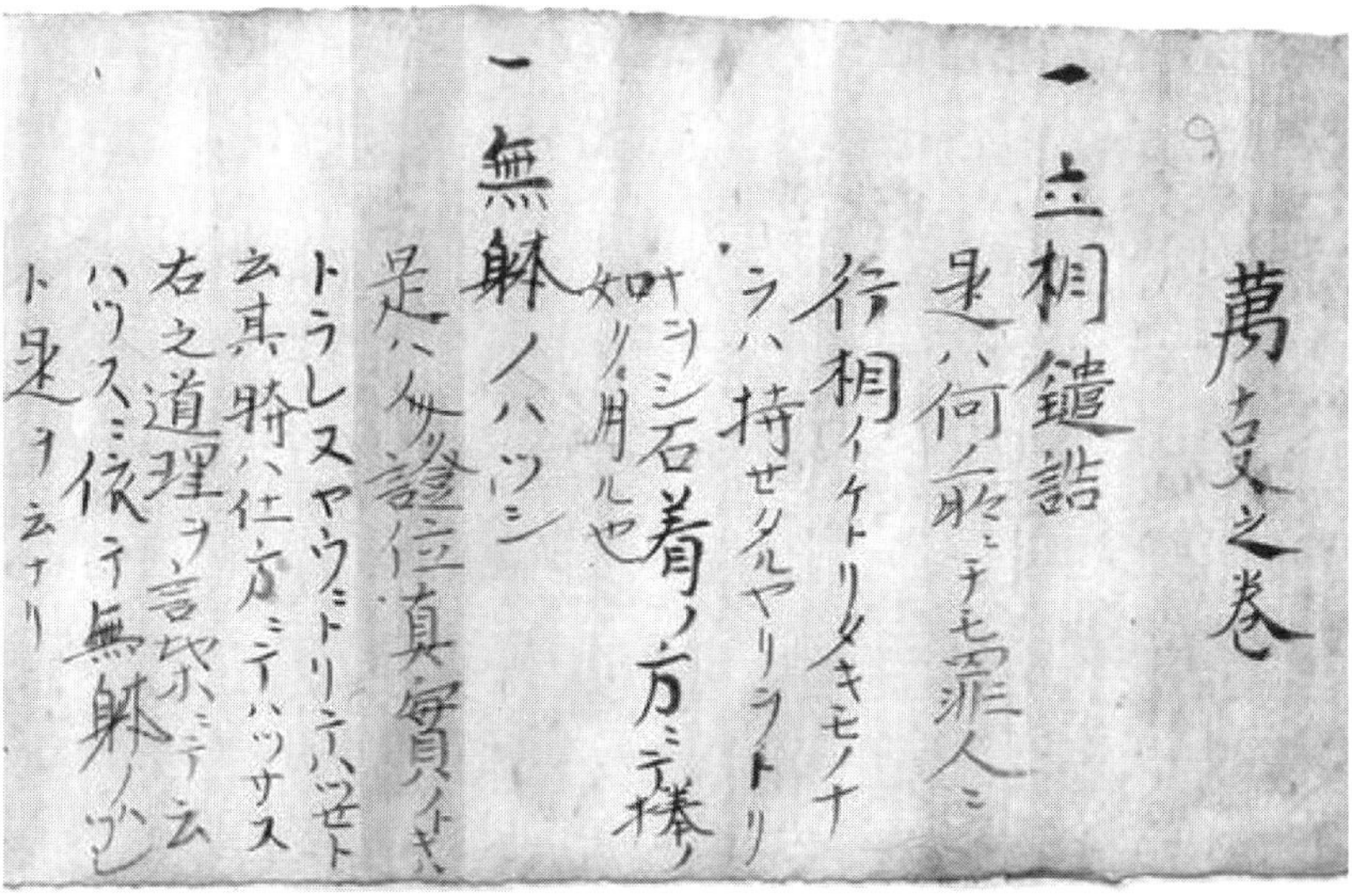

写真3 マタギ家が伝承した武芸伝書（岩崎泰伸家蔵）

古武道は武士だけではなく、多くの階層の人々に共有されてきた技芸であった[7]。

3 全国の古武道文化財指定の現状

なお別表は、筆者が管見の限りで確認した、二〇一六年現在の国内各地方自治体による、古武道に関わる文化財指定状況である（表参照）。なお、民俗芸能でもある「棒の手」系統の指定例については割愛し、稿を改めて述べたい。

それによれば古武道の文化財指定は、昭和一八年（一九四三）に埼玉県が甲源一刀流逸見氏練武道場を史跡に、昭和二六年（一九五一）に三重県亀山市が、古流剣術である心形刀流を無形文化財として指定したのが早い例のようである。その後、一九五〇年代には五件、一九六〇年代には五件、一九七〇年代には十四件、一九八〇年代には六件、一九九〇年には八件、二〇〇〇年代には八件と、現在までコンスタントに文化財指定が続いている。

また、指定対象となった古武道の種類は、剣術および居合一六件、棒術および杖術六件、柔術三件、水術九件、馬術二件、砲術二件、空手一件、その他二件、史跡三件、古文書三

表　各地方自治体による古武道の文化財指定一覧

No.	自治体名	文化財種別	文化財名称	指定年	保持団体等	その他
1	埼玉県	史跡	甲源一刀流逸見氏練武道場	一九四三	個人	
2	三重県亀山市	無形文化財	心形刀流	一九五一	心形刀流保存赤心会	
3	静岡県	無形文化財	古武道力信流杖術	一九五五	個人	一名認定
4	三重県津市	無形文化財	泗水術観海流	一九五七	泗水術観海流	
5	岡山県	史跡	伝宮本武蔵宅跡	一九五九	個人	
6	鹿児島県	有形文化財（書跡）	東郷家古文書	一九五九	個人	示現流兵法剣術師範家の剣術伝書（昭和三四年第39号鹿児島県指定有形文化財）
7	千葉県	無形文化財	天真正伝香取神道流の形	一九六〇	個人	一名認定、昭和六〇年および平成一六年に追加認定、現在三名認定
8	福岡県	無形文化財	陽流抱え大筒 附 関連用具並びに文書一括（本大筒2挺・火縄銃1挺）	一九六二	黒田藩砲術陽流抱え大筒保存会	二〇〇七年四月には、大筒、用具一式、砲術関係文書が「福岡県指定有形文化財」に指定
9	熊本県	無形文化財（古武術）	タイ捨剣法技術	一九六二	個人	「熊本県文化財保護条例第十六条第二項の規定、一九六二年九月一日、保持者一名認定
10	和歌山県	民俗文化財	岩倉流泳法	一九六五	岩倉流泳法保存会	
11	大分県	無形文化財	山内流泳法	一九六六	臼杵山内流遊泳所	大分県文化財保護審議会基準あり
12	茨城県土浦市	文化財（歴史資料）	関流炮術関係資料	一九七一	個人	二〇一〇年追加指定
13	茨城県那珂湊市	無形文化財	無比無敵流杖術	一九七一	無比無敵流杖術保存会	
14	青森県	無形民俗文化財	加賀美流騎馬打毬	一九七二	八戸騎馬打毬会	※本論（写真4）
15	埼玉県久喜市	古文書	神道無念流戸賀崎練武道場関係資料	一九七二	個人	
16	福岡県朝倉市	無形民俗文化財	林流抱え大筒	一九七四	秋月藩砲術林流抱え大筒保存会	

17	熊本県	無形文化財（古武術）	武田流（細川流）騎射流鏑馬	一九七五	武田流（細川流）騎射流鏑馬保存会	
18	三重県	無形文化財（芸能）	亀山藩御流儀心形刀流武芸形	一九七五	心形刀流保存赤心会	三重県無形文化財第一号
19	岡山県	史跡	竹内流古武道発祥の地	一九七六	個人	個人、竹内流柔術腰廻小具足道場一帯
20	熊本県	無形文化財（古武術）	小堀流踏水術	一九七六	小堀流肥後踏水会	
21	茨城県鹿島町	無形文化財	鹿島新當流剣術	一九七七	鹿島新當流彰古会	
22	千葉県	無形文化財	武術　立身流	一九七八	個人	
23	埼玉県小鹿野町	無形文化財	甲源一刀流の形	一九七九	個人	一名認定
24	岩手県盛岡市	無形文化財（古武道）	諸賞流「和」・無辺流「棒術」	一九七九	南部藩古武道保存会	盛岡市指定第一号の無形文化財
25	香川県高松市	無形文化財	水任流	一九七九	水任流保存会	
26	宮城県	無形文化財（その他）	柳生心眼流甲冑術・甲冑柔術	一九八一	新田柳心館	
27	鳥取県鳥取市	無形文化財	尚徳錬武館伝「雖井蛙流平法」	一九八一	雖井蛙流平法保存会	
28	北海道伊達市	無形民俗文化財	柳心介冑流柔術	一九八四	柳心介冑流保存会	
29	秋田県北秋田市	無形民俗文化財	当田流棒術	一九八四	本城郷友会	種別は民俗芸能
30	愛媛県西条市	無形文化財	旧西条藩田宮流居合術	一九八八	旧西条藩田宮流居合術保存会	西条市第一号無形文化財
31	茨城県	無形文化財	鹿島新當流（附起請文一巻、傅法書一巻）	一九八八	鹿島新當流彰古会	
32	栃木県	無形民俗文化財	木の杖術	一九九一	小天狗流杖術保存会	古武術の一つ。土俵上で四八手の型を演じる

33	群馬県高崎市	重要無形文化財	念流（通称馬庭念流）	一九九一	馬庭念流保存会	
34	青森県八戸市	無形文化財	八戸藩伝神道無念流居合	一九九一	八戸藩伝神道無念流居合保存会	
35	北海道小樽市	無形文化財	向井流水法	一九九一	向井流水法会	
36	茨城県水戸市	無形文化財	水府流水術	一九九四	水府流水術協会	
37	熊本県錦町	無形文化財	タイ捨流剣法	一九九四	個人	同年保持者認定、錦町文化財保護条例第一六条第二項の規定
38	茨城県ひたちなか市	無形文化財	平磯の杖術	一九九四	無比無敵流杖術保存会	
39	沖縄県	無形文化財	沖縄の空手・古武術	一九九七	個人	無形文化財指定は沖縄県文化財保護条例（昭和四七年沖縄県条例第二五号）第二〇条第一項により、当該無形文化財保持者認定は同条第二項の規定による。当初三名が保持者。その後の追加認定で、保持者一四名
40	愛媛県	無形文化財	大洲神伝流泳法	二〇〇二	大洲神伝流保存会	
41	和歌山県和歌山市	無形文化財	関口新心流・柔術・居合術・剣術	二〇〇六	個人	
42	青森県弘前市	無形文化財	ト傳流剣術	二〇〇九	ト傳流剣術保存会	※本論（写真5）
43	茨城県水戸市	無形文化財	田谷の棒術	二〇一〇	田谷の棒術保存会	
44	茨城県水戸市	無形文化財	新田宮流抜刀術	二〇一三	水戸東武館古武道保存会	
45	茨城県水戸市	無形文化財	北辰一刀流	二〇一三	水戸東武館古武道保存会	
46	岡山県	無形文化財	神伝流古式泳法	二〇一三	神伝流津山游泳会	
47	群馬県伊勢崎市	重要無形民俗文化財	氣楽流柔術	二〇一五	氣楽流柔術保存会	

件となっている。すなわち、多様な武種と文物が各種文化財に指定されている。その過半数は無形文化財指定であり、伝承している保存会そのものを指定する形式もあれば、伝承技法の保持者個人を認定する形式もある。そのなかで、古武道の無形文化財指定に関する明確な指定基準を公表しているのが大分県である。大分県文化財保護審議会による「大分県文化財指定・選定基準」（平成一一年（一九九九）八月六日）のなかから抜粋する。

無形文化財の指定基準

（1）芸能関係

①音楽、舞踊、演劇その他の芸能のうち芸術上価値の高いもの

②県内に伝承された古武術で、本県独特の特色をもちその技術を正しく伝えるもの

③地方的又は流派的特質が特に顕著なもの

④芸能の成立、構成上重要な要素をなす技法で、特に優秀なもの

（2）工芸技術関係

①県内に伝承された陶芸、漆芸、染色、木工又は金工等の技術のうち、器材、技法等が手工業的であり、技術的にすぐれたもの

無形文化財の保持者又は保持団体の認定基準

（1）芸能関係

①無形文化財に指定される芸能又は芸能技法（以下「芸能又は技法」という。）を高度に体現できる者

②芸能又は技法を正しく体得し、かつ、これに精通している者

③二人以上の者が一体となって芸能又は技法を高度に体現している場合において、これらの者が構成している団体の構成員

写真４　青森県無形民俗文化財　加賀美流騎馬打毬
（昭和50年代撮影、写真提供青森県立郷土館）

④　芸能又は技法の性格上個人的特色が薄く、かつ、当該芸能又は技法を保持する者が多数いる場合において、これらの者が主たる構成員となっている団体(8)

傍線部が古武道に直接関わる部分である。この指定基準の概要は、国による無形文化財の指定基準のあらましと類似する内容であり、そのことは各自治体でも同様かと考えられる。ただ「古武術」（古武道と同義）と明記した傍線部だけは、国指定基準には盛り込まれていない記述であり、大分県独自の基準であるといえよう。なお同県では、中津浦鯉来ヶ浜地域に伝承されている古武道のひとつで古式泳法である山内流泳法を、昭和四一年（一九六六）三月二二日に大分県無形文化財に指定している。

そして古武道を無形民俗文化財として指定している事例も少なくない。最初の事例は昭和四〇年（一九六五）に和歌山県が、古式泳法の岩倉流泳法を同県民俗文化財に指定したものである。続いて昭和四七年（一九七二）に青森県が、祭礼のなかで奉納されている古式馬術である加賀美流騎馬打毬（写真4参照）を、同県無形民俗文化財に指定した。

他にも北海道伊達市では、明治期に他藩からの入植者がもたらし、民間に普及した古流柔術である柳心介冑流柔術を、同市無形民俗文化財として指定している。また茨城県ひたちなか市のように、複数の集落にわたって広範な層で伝承されている杖術である無比無敵流杖術を、地域名を冠して「平磯の杖術」とし、同市無形文化財に指定している例も興味深い。これらは古武道の伝承自体が、前述したように武士層だけではなく、民俗学の対象となる民間の儀礼や習俗とも深く関連してきた技芸であることを示す事例であろう。

二　青森県下の古武道文化財指定への動向

1　文化財指定申請の試み

文化財に指定された古武道の事例をみてきた。しかしその一方、文化財としては未指定となった古武道の事例もある。フィールドワークの成果から紹介したい。

青森県は近世以来、日本海側の旧弘前・黒石藩領と太平洋側の旧八戸・盛岡藩領に、複数の古武道流派が伝承されてきた。それらの流派の一部が、都市民や漁村山村の住民にも伝わったことは前述した。しかし近代以降の急激な社会変容のなか、学校教育に採用された柔道や剣道などの近代武道が、全国的に普及していく一方で、旧藩以来の古武道の伝承者は減少していった(9)。

そのなかで昭和四〇年代（一九六五〜一九七四）から五〇年代（一九七五〜一九八四）に、地元の自治体による文化財指定を目指した古武道の事例がある。旧弘前藩の古武道である卜傳流剣術（写真5参照）の師範家に生まれた同流第一一代宗家Ａ（明治三七年生まれ）は、近代初頭に当地に導入された剣道も習得し、その指導者として活動するかたわら、

写真5　旧弘前藩の卜傳流剣術（昭和50年代撮影）

古武道修行者が激減して衰退していく様を目の当たりにしていた。そこで伝承保護策のひとつとして、地元の自治体による無形文化財指定を目指すことにした。それは門弟のなかにいた計理士から聞いた方法だった。Aは当時、同じ剣道家のなかに旧藩以来の古武道を併修している者が多かったため、他の複数流派と歩調を合わせ、前述の當田流剣術を含む弘前市内に残る小野派一刀流等の各流派の包括的指定を目指した。昭和四一年（一九六六）三月に書かれたという、その手書きの申請書草案は以下のとおりである。

○弘前市無形文化財に指定を申請せし理由（四十一年三月）

古くから津軽へ伝来して来た武道の形であって他地方には見られない貴重な文化財である。

二十年前迄は、之等の外に幾組かの形も残っていたのであるが、皆すたれてしまっている。今のうちに之を保存する方法を考えなければ消滅することは明らかである。之等を残しておくことは城下町弘前の誇りであり、又之等を保護し保存して後世に残しておくようにすることは市民としての義務でもあると思います。よって無形文化財の指定を申請する次第です。(以下略)

ここでは、古くから伝来していた古武道各流派が、急速に衰退し、消滅の危機にある現状を訴えるとともに、その保護と保存は市民としての「義務」ではないかと訴えている。なお、この後に、当時すでに伝承が途絶えていた複数の流派と現存していた各流派も列記していた。しかし何らかの理由で、申請は受理されなかった。

しかし、その後も申請への願いは止まなかったという。昭和五四(一九七九)二月一七日に、全国各地の古武道流派が集まる日本古武道協会が発足しているが、卜傳流が加盟した際に、他県での古武道の無形文化財指定の情報も入手できるようになった。さらに昭和五〇年代には、財団法人日本武道館が企画し、文部省と日本古武道協会が後援する事業で、同流を含む日本各地の古武道の映像記録作成事業が実施され、複数の記録映像が作成された(10)。

この他にも青森県内で無形文化財指定を目指した流派があった。同じ旧弘前藩内で近世から伝承されてきた柔術B流も、昭和期でも多数の門人がおり、そのなかの有志が平成初期に、青森県無形文化財指定を目指して、申請手続きを希望した。

当時のB流関係者達の記憶によると、古武道が青森県指定文化財の種別に該当せず、県指定が参考としている国の無形文化財指定基準のなかにも古武道の項目がないことが課題として指摘された。また識者のなかには「(古武道は)特定の家筋のみで伝承し、広く他者と共有していない」とする反対意見や、「チャンチャレンコ(津軽地方の鰺ヶ沢白八幡宮大祭の山車行事で披露される男児らによる踊り)のようなものだろう」とする批判もあったという。やがて申請関係者のなかで、不幸や人間関係のトラブルが生じて申請行為自体が滞り、指定には至らなかった。

なお、古武道を無形文化財として指定した先進県の事例としては、静岡県の古武道力信流杖術、千葉県の天真正伝香取神道流、熊本県のタイ捨剣法技術、和歌山県の岩倉流泳法、大分県の山内流泳法、熊本県の武田流騎射流鏑馬、三重県の亀山藩御流儀心形刀流武芸形、熊本県の小堀流踏水術、千葉県の武術立身流、宮城県の柳生心眼流甲冑術・甲冑柔術、茨城県の鹿島新當流などがあり、近年では沖縄県の沖縄の空手・古武術がある。とくに茨城県無形文化財の鹿島新當流は、青森県の卜傳流と同系統の流儀である。

また先に掲載した表を見ると、実は当時すでに青森県では、古武道のひとつである古式馬術を、同県「無形民俗文化財」に指定していたことがわかる。それは前述した一九七二年指定の青森県無形民俗文化財加賀美流騎馬打毬である。和歌山県が一九六五年に指定した岩倉流泳法に次ぐ、国内二例目の古武道の無形民俗文化財指定であった。青森県による加賀美流の指定理由によれば「八戸藩八代藩主南部信真が武芸奨励のため、御家流加賀美馬術の騎馬八道に、当時江戸で行われていた打毬を、騎乗武術の訓練を目的に取り入れ、藩主に伝承させたものである。」とある。また一九世紀の八戸藩主高覧の祭礼では、この騎馬打毬を奉納することで、武威を示し、藩士の士気を高める狙いがあったという。他にも国内で現存する打毬は、宮内庁打毬と山形県の無形民俗文化財豊烈神社打毬があるが、山形県の打毬は騎馬戦における刀術の鍛錬として行われていたのに対して、八戸の加賀美流は騎馬戦における槍術の鍛錬として行われていたという。昭和初期までの加賀美流は、武士の武術鍛錬を目的としていたために、旧士族以外の者は参加できなかった。競技規則にも武士道を背景とした厳格な規定が生きている。そして加賀美流の免許制度には、いまもなお、目録や免許、印可等を発行する形式が伝承されており、平成二九年（二〇一七）にも騎士四名が印可状を授与された[11]。これらの要素はいずれも加賀美流が、主に武士を担い手として伝承されてきた古武道であることを示している。

それでは、卜傳流やB流が昭和四一年（一九六六）から平成初期にかけて、文化財指定を申請した当時、なぜ加賀美流が、青森県内における古武道の文化財指定の前例として認識されなかったのであろうか。詳細は不明であるが、本来は古武道の一種である加賀美流の指定例が、後世に祭礼のなかで演じられるようになって定着し、その様子がマスコミ等を通じて、一般に普及していたため、加賀美流は「民間の祭礼習俗である」という認識が広まり、本来の古武道として認識されにくくなった社会状況があったのではないか。さらに当時、文化財としての古武道を調査研究し、判断できる専門家が多くなかったこともあろう。しかしその一方で、現在も加賀美流の奉納日になると、地元新聞には「加賀美流騎馬打毬　長者山新羅神社であす　伝統武芸後世に」「一九〇年続く熱戦武芸　八戸・騎馬打毬」等という見出しが出るところから、いまの社会においても、加賀美流は前近代の武芸、すなわち古武道であるという認識が、広く受け継がれていることも確かである(12)。

2　古武道文化財指定における混乱

このような、各地方自治体による古武道の無形文化財指定に際する様々な混乱と動揺は、他の自治体でも発生していたようである。例えばその一例として、千葉県の無形文化財として指定された天真正伝香取神道流がある。この流儀は、中世の剣豪飯篠長威斎家直を流祖として、下総国香取で伝承され、戦国期以降の松本備前守、塚原卜傳、上泉伊勢守、諸岡一羽斎、竹中半兵衛、仙台家老片倉小十郎などの歴史上の有名な剣豪達も学んだといい、古武道各流派の起源ともなった古い流儀である。そのため伝承内容には、剣術、居合術、柔術、棒術、槍術、薙刀術などの武技だけではなく、軍配法、築城法、天文地理、陰陽道、狐払い等の呪術まで多種多様な文化が含まれている。千葉県は当該流儀を無形文化財として、昭和三五年（一九六〇）六月三日に保持者一名を認定し、続いて昭和六〇（一九八五）年度および平成一六（二〇〇四）年度に追加認定を行ない、三名の認定者がいる。

しかし最初の指定では、古武道そのものの文化財としての位置付けについて、文化財行政担当部局との間に混乱があった。当時、無形文化財認定を受けた保持者によると、同県の文化財指定担当部局のなかに、香取神道流のことを全く知らない現代剣道有段者がおり、香取神道流の強さを試す試合を実施する案まで出たという。対決を覚悟した伝承者は、激しい稽古を積んで用意していたが、まもなく試合は中止となり、その後はスムーズに指定手続きとなった。[13]自治体による「無形文化財」の概念や枠組みが更新、拡大していく際の葛藤を表す事例として興味深い。

さて、旧弘前藩の古武道各流儀は、市レベルでも県レベルでも無形文化財指定には至らなかった。対照的に旧八戸藩領であった八戸市では、近世後期に伝わった古武道である八戸藩伝神道無念流居合を、平成三年（一九九一）に八戸市無形文化財に指定した。その背景には、神道無念流の文化財としての価値と重要性とともに、八戸市の初代市長や郷土史家などのなかにも複数、神道無念流の熱心な修行者が存在しており、指定以前から識者や市民間へ、古武道の文化財としての価値の理解が進んでいたこともあろう。

さて、弘前市の卜傳流剣術は、宗家Aの死後、一二代宗家を継いだ長男が、平成一〇年代（一九九八〜二〇〇七）になって、弘前市教育委員会に対して再び、古武道としての無形文化財指定申請を行った。市担当部局の助言と指導を受け、弘前市文化財保護条例第一〇条一項の規定に基づいて、平成一九年（二〇〇七）一一月二〇日付けで「弘前市文化財指定申請書」を提出した。同流の保存会会則を整備するとともに、新たに申請内容を一新し、流儀の由来と形の構成、現存する伝書史料リストとともに、同流が地域独特の形態へと発展したものであり、国内唯一の伝承であること、口伝や「わざ言語」[14]を伴う身体技法の伝承システムが継承されていること、全国大会や市内の剣道大会、毎年の八幡宮祭礼などで奉納演武を行ってきた活動実績とともに、伝承者を広く募って後世への保存と活用を図りたい旨等を明記した。文化財指定の調査委員は、歴史学と民俗学の研究者が担当となり、史料分析が行われ、審議会全員の前で、伝承されている全ての形の実技検分などが行われた。

おりしも当時は、文部科学省が義務教育に武道を導入するとして、武道の社会的役割が再注目され始めた時代であった。例えば平成二三年（二〇一一）六月二四日のスポーツ基本法公布を受け、同年一〇月八日付けで財団法人日本武道館が、文部科学省へ「スポーツ基本計画策定に向けての要望書」を提出している。そのなかでは、平成二四年（二〇一二）四月に中学校武道必修化が完全実施されるにともない、施設、用具、指導者の条件整備に万全の準備を願い出るとともに「六．武道の源流である一千数百年の歴史を有する古武道の保存・継承を図るため、文化財指定について所要の措置を講ずるとともに、必要な支援、助成をお願い致します」という項目を掲げており、古武道のことも記されていた(15)。

さて、弘前市の卜傳流剣術のその後の申請はスムーズに進み、平成二一年（二〇〇九）、弘前市では初、青森県内では八戸市の八戸藩伝神道無念流居合に次ぐ二例目の古武道の無形文化財指定となった。まもなく弘前市は、弘前城築城四〇〇年記念事業の一環として、同流の伝承保護を目的とした映像記録作成事業「弘前市の名宝映像化事業　弘前市指定無形文化財卜傳流剣術記録保存業務」を実施し、形のデジタル映像記録を作成した。また各種行事での公開演武が行われ、市民からの入門希望者が増加したという。この指定によって、当該無形文化財の一般市民への共有化が開かれるとともに、今後、青森県内の各地方自治体による他の古武道流儀の文化財指定についても、制度上の可能性が開かれたといえよう。

まとめにかえて

このように古武道の文化財指定については、各自治体によって対応の違いがある。これに対して、日本各地の古武道各流儀が加盟する全国組織日本古武道協会でも、加盟流派各地における古武道の文化財指定促進を目指して活動しているが、すべてが実現しているとはいえない。なぜであろうか。

その理由のひとつとして、各自治体の文化財担当者およびその指定対象を分析する審議委員のなかに、古武道の研究者や専門家が、決して多くはない現状があろう。従来、武道は、身体運動のひとつとして、体育学や体育史学、武道学等が研究領域としてきたが、主に競技種目の発生史やルールの分析、身体技法そのものの理科学的な分析だけでは、前述の千葉県指定無形文化財の天真正伝香取神道流のように、身体技法以外の多様な知識や信仰、習俗等の伝承要素まで捉えきれない。よって、古武道を審議の対象とするには歴史学や民俗学などの各分野との連携が必要となる。

しかし従来「無形文化」として認識されてきた事例の多くが、歌舞音曲であり、古武道の伝承実態については、記録調査の蓄積が少ないうえに、実証的研究も始まったばかりである。他にも、古武道は闘争の技術であったため、文化財として認識することに抵抗を感じる、という意見も聞かれた。しかし本論で述べたとおり、古武道は、前近代から戦闘や、個人や共同体の警護および治安維持等の武的な機能だけではなく、神事や祭礼、芸能、競技、または青少年の教育等とも結びついて伝承され、様々な文化と融合してきた多面的な要素と役割をもつ歴史的技芸である。そのことをとらえ直す研究の進展も必要となろう。稿を改めて述べたい。

これらの事情から、文化財行政の現場で、古武道が文化財として認識されることが少ないうえ、例え指定候補として挙げられても「既存の指定種別にあてはまらない」という制度上の理由から除外されている状況が推測される。すなわち古武道という無形文化財は、各領域の狭間で、宙に浮いている存在といえよう。しかし、現実に存在している伝承文化について「指定対象としての基準がない」として全く対象化しないことは、学問および制度上の課題であり、今後、さらなる再検討が必要となろう(16)。

その一方で自治体によっては、古武道を「文化資源」として積極的に活用する動きも始まっている。例えば、兵庫県西宮市の姫路藩古武道保存会が、文化庁による伝統文化活性化国民協会の助成を受け、五年間の伝統文化こども教室を開催している(17)。また、三重県亀山市では、平成二一年(二〇〇九)に歴史的風致維持向上計画の認定を受けているが、その歴史的風致項目のなかには「武芸と城郭が一体となった歴史的風致」があり、古武道である亀山藩御流儀心形刀流武芸形の伝承活動があげられている(18)。

そして、近年精力的に文化財としての古武道の保護に力を入れているのが沖縄県である。沖縄県教育委員会は、「沖縄県文化財調査報告書」として複数の「空手道・古武道基本調査報告書」[19]を刊行し、平成九年（一九九七）には「沖縄の空手・古武道」として、明治から大正生まれの三名の技芸保持者を認定した。その後も追加認定が続き、平成二八年（二〇一六）現在の保持者は約一四名となっている。さらに同年二月一二日には、沖縄県翁長雄志知事が、同県指定無形文化財「沖縄の空手道・古武道」保持者らの要請を受けて、沖縄空手の振興を目的とした空手振興課を同年四月から新設することを発表し「これからの空手界の発展へ、一緒に頑張っていきたい」と意気込みを語った。その計画によると空手振興課は、同県文化観光スポーツ部内に設置し、課長以下、空手振興班スタッフ四人の計五人体制とし、次年度開館予定の沖縄空手会館活用策を検討するとともに、沖縄伝統空手のユネスコ無形文化遺産登録を目指すという[20]。

このように現在の日本国内では、各地で前近代から伝承されてきた古武道が急速に変容し、失われている一方で、各自治体における「古武道」という無形の文化財に対する認識と対応に様々な差異が生じている。その模索のなかから、我々が従来考えてきた「無形文化財」の定義そのものの見直しと、新たな視点が生まれてくる可能性を指摘し、今後の動向を注視していきたい。

註

（1）拙稿「身体技術伝承の近代化―旧弘前藩領における近世流派剣術から近・現代剣道への変容について―」（青森県民俗の会編『青森県の民俗』第三号　二〇〇三年）。

（2）中嶋哲也「対抗文化としての古武道―松本学による古武道提唱と日本古武道振興会の活動を中心に―」（日本スポーツ人類学会『スポーツ人類学研究一二、五一―七三』二〇一〇年）、同『近代日本の武道論―〈武道のスポーツ化〉問題の誕生』国書刊行会二〇一七年　四二一～四二五頁。

(3)太田尚充『津軽の剣豪　浅利伊兵衛の生涯』水星舎　二〇一一年　一八四頁、同『弘前藩の武芸伝書を読む　林崎新夢想流居合　宝蔵院流十文字槍』二〇一〇年　一七〇～一八一頁　所収の明治二七年「名簿帳」(門人帳)。

(4)青森県下北郡の近世武芸史料は、青森県史編さん民俗部会調査等で確認したもので、写真2は、享保一三年(一七二八)牛滝の坂井儀兵衛による「観世流折和起證文之事」(佐井村教育委員会編『佐井村牛滝坂井家所蔵資料目録』一九九四年　五一頁、文書No.E―一)。写真3は、志賀道知元資による「萬事之巻」(年代不明、川内町家ノ辺岩崎家蔵、同史料は、青森県自然保護課『青森県におけるマタギ社会―マタギ社会の成因と衰退の歴史―』青森県　一九八七年　八二～八四頁にも報告例がある)である。特に「観世(夢想観世)流」は、別名を「諸賞流和術」といい、鎌倉幕府の源頼朝が開いたという相撲会に創流伝承を求める流儀で、近世期は盛岡藩で柔・小具足・剣・縄の技術を含む流儀として伝承され、現在は、岩手県盛岡市の無形文化財に指定されているもので、坂井家伝書も関連性が考えられる(綿谷雪・山田忠史編『増補大改訂　武芸流派大辞典』東京コピイ出版部　一九七八年　三七八頁。

(5)當田流は、戦国期に日本各地で流行した流儀であり、「当田流」とも「戸田流」とも表記することが多い。北秋田市本城の本城獅子踊りは、嘉永年間(一八四八～一八五四)に始まったとされるが、當田流棒術の流れを汲むため、かつては本城當田流棒術の名前であったという。また享保二〇年(一七三五)に始まったという、秋田県大館市松本の大関東流唐獅子踊りも戸田流棒術の形が伝わっていたという。いずれも八月一三日に棒や刀を使って舞う民俗芸能である。これらの伝承と旧弘前藩の當田流との関係は明らかではない。

(6)金沢市史編さん委員会『金沢市史　資料編一四　民俗』金沢市　二〇〇一年　四六二～九頁、他にも埼玉県鴻巣市原馬室で、七、八歳の子供達が太刀、真剣、六尺棒などを用いる棒術があり、演目名には「五箇」「七箇」「棒車」「青眼」「小手揚」「捻捕」「抜附」「虎走り」などの中近世に生まれた各古武道の技名と共通する語彙が含まれ、礼法やパフォーマンス自体も各古武道の形態と酷似する点が多い。また、演技終了後に二本の棒を山型に組み合わせて置く礼法も同様のことが指摘できる。(埼玉県立民俗文化センター『埼玉県民俗芸能調査報告書第四集　原馬室の獅子舞・棒術』一九八五年)。

(7)魚住孝至「一九世紀における剣術の展開とその社会的意味」(笠谷和比古編『徳川社会と日本の近代化』思文閣　二〇一五年)四二五～四三二頁。拙稿「青森県における前近代の武の伝承と変容」(青森県立郷土館『同館研究紀要　第41号』二〇一七年)。

(8)平成一一年八月六日「大分県文化財指定・選定基準」大分県文化財保護審議会。

(9)前掲拙稿註(7)。

(10) 『日本の古武道』（DVD、制作・著作　財団法人 日本武道館）は、「貴重な文化遺産である古武道の技術を保存するための資料」として、昭和五三年（一九七八）頃から、青森県の卜傳流剣術を含む日本各地の古武道流派の演武を記録撮影したもので、日本武道館監修、日本古武道協会後援の作品である。現在は民間で有料頒布されている。

(11) 前掲拙稿註（7）、工藤竹久『八戸の歴史双書　概説　八戸三社大祭』二〇一六年　三八〜四一頁、八戸市教育委員会『八戸三社大祭文化財調査報告書』二〇〇二年　一三九〜一四一頁、株式会社扶桑社・社団法人霞会館編『騎馬打毬』社団法人霞会館二〇〇九年　四八〜六一頁、および同所収論文　岩岡豊麻・八戸騎馬打毬会「八戸打毬の歴史と概要」、二〇一七年八月三日付「東奥日報」記事。

(12) 二〇一七年八月一日付「デーリー東北」、二〇一七年八月三日付「東奥日報」記事。

(13) 大竹利典『平法　天真正伝香取神道流』日本武道館　二〇一二年　七九頁。

(14) 「わざ言語」については様々な議論があるが、例えば、生田久美子の研究によれば、技芸の稽古などの場において、比喩的な感覚表現を通じて行為の発現を促したり、ある種の身体感覚を持つように促したり、または、教える者が学ぶ者に対して、自らを到達した状態を突きつけるための役割をする言語であるという。生田久美子「「わざ」の伝承は何を目指すのか―Task か Achievement か」（生田久美子・北村勝朗編著『わざ言語　感覚の共有を通しての「学び」へ』慶應義塾大学出版会）二〇一一年　二八〜二九頁。

(15) 財団法人日本武道館「資料五　財団法人日本武道館　資料　スポーツ基本計画策定に向けての要望書」平成二三年（二〇一一）一〇月一八日（文部科学省青少年局スポーツ・青少年企画課「スポーツの推進に関する特別委員会（第六回）」配付資料）。

(16) 前掲拙稿註（7）。

(17) 兵庫県立武道館「姫路藩古武道講座」同館ウェブサイト http://www.hyogokenritsu-budokan.jp/kobudoukouza.php より二〇一六年五月一日参照。

(18) ウェブサイト『歴まち』情報サイト―歴史的風致維持維持向上計画『認定都市』アーカイブ― http://www.nilim.go.jp/lab/ddg/rekimachidb/city_005.html　二〇一六年五月一日参照。

(19) 沖縄県教育委員会文化課『沖縄県文化財調査報告書第一一七集　空手道・古武道基本調査報告書（二）』一九九五年。

(20) 二〇一六年二月一二日付「沖縄タイムス」記事。

第三部　現代へのまなざし

地域社会との共生

里山はなぜ桜の山となったのか
――福島市渡利地区の花見山をめぐって――

金子　祥之

はじめに――里山と「愛でられた自然」

本稿の目的は、福島市渡利《わたり》地区東町会の花見山を事例に、なぜある集落の里山が一面の桜におおわれることとなったのかを明らかにすることである。福島県福島市渡利地区には、世に「花見山」として知られる花で満ちた山がある。桜のシーズンには三〇万人近い観光客が訪れる、(1)東北地方有数の春の観光地である。本稿は、花見山の見事な景観の形成過程に焦点をあてていく。

私たちの身の回りには、桜の名所が数多くある。現代社会を生きる私たちにとっては、桜に満ちた場所の存在が当たり前になっている。それゆえに、ある地域の里山が花で満ちていたとしても、何の不思議も感じないかもしれない。けれども、里山が桜で満たされているのは、やはり特異な事例である。

里山と桜との関係を見ようとするとき、鳥越皓之による、「原生的自然」「使われた自然」「愛でられた自然」という分類が有効である。(2)これらの類型は、現行の環境政策と深く結びついている。したがって、各類型が具体的に指している自然の背後には、どのような自然が望ましいのかという価値理念が結びついている。

それぞれの意味するところを見ていくと、「原生的自然」は、人の手の加わっていない自然を指す。これは森林保全などの環境施策でしばしば採用されてきた、手つかずの自然こそがもっとも価値の高い自然であるとする価値観にもとづく類型である。(3)つぎの「使われた自然」とは、棚田や里山といった人の手が加わった自然を指す。これは「原生的自然」中心の環境政策への批判から生まれた。地元の人びとによる自然への働きかけに、資源管理の仕組みを学ぼうとする価値観に支えられた類型である。

最後の「愛でられた自然」とは、桜の景観で名高い吉野山を典型例とする自然環境を指している。この分類には、「使われた自然」と同様に、人の手が加わった自然への評価が背後にある。だが、「使われた自然」は地域社会が行なってきた生業活動から見出された類型であるのに対し、「愛でられた自然」は自然を美しくするという、生活を豊かにする美化運動に由来している。しかも後者は、地元の地域社会に加えて、それらを楽しんできた社会的上層が支えてきた自然でもあり、対照的である。

この分類を受けると、なぜ里山と桜の密集する景観が結ばれないのかが見えてくる。すなわち、里山は人びとが生きるために使用してきた「使われた自然」であり、その領域を桜の密集する「愛でられた自然」として、いわば遊ばせておくことができなかったからである。もちろん、農山村にも桜が植えられている。墓地や寺社仏閣、あるいは、山に自生する山桜などである。しかしそれはあくまで局地的なものであり、吉野山のように、そして本稿が対象とする花見山のように、花で満ちた「愛でられた自然」とは、大きく異なっている。

もうひとつ指摘しておかねばならないのは、里山という言葉が与えるイメージである。里山という言葉の響きからは、地域社会と自然の調和的な関係が想起されがちである。それゆえに、里山という言葉のイメージと「愛でられた自然」のイメージとが重なる人も少なくないだろう。

しかしながら、里山の実態を把握した研究者たちはそうした認識が誤ったものであることを指摘している。篠原徹は、「日本の稲作や畑作は基本的に集約農耕であり、生産性を上げるためには、……里山の下草・落葉などの堆肥が必要とされた」(4)と言い、「近世期以来の生産効率や生産量を上げるための(引用者注　里山として表現される)農用林の利用は、近代の初期には、ついには深刻な環境破壊を引き起こした」(5)事例があったことも、見逃してはならないと主張している。すなわち、里山は牧歌的な、あるいは調和的な空間ではなく、地域社会が生きるために利用してきた「使われた自然」であった。

このように見てくれれば、本稿の問いは、「使われた自然」であるはずのある地域の里山が、なぜ一面の桜におおわれた「愛でられた自然」となったのか、という点に収斂されることになろう。

一　渡利はどのような村であったか

花見山(6)の地元コミュニティは、渡利地区である。渡利地区は近世以来の、旧渡利村が基盤となっている。すぐ後に述べるように、渡利村は大村であり、花見山に直接的に関わっているのは、渡利地区のうち東町会である。したがって、本稿では、渡利村全体の歴史を扱いながら、花見山に直接的にかかわる部分では、東町会を対象とした分析を行なうことになる。まずは、渡利地区全体の歴史を人びとの生業活動を軸に紐解いていこう。

1　丘陵部の山村

表1は、渡利村の基礎的なデータを示したものである。一見してわかることは、渡利という村が、大規模な村落であることだ。渡辺尚志は、一八世紀～一九世紀の平均的な村が、村高四〇〇～五〇〇石、人口四〇〇人前後であったと指摘している(7)。渡利の場合、近世初頭に、すでに一二〇〇石を越える村高を有していた。そして新田開発が進んだ

表１　渡利村の概要

	村高（石）	家数（軒）	人数（人）	典拠
天正19年（1591）頃	1279.5	83	181	「邑鑑」『福島市史資料叢書14輯上杉文書Ⅱ』146頁
延宝３年（1675）	1917.131	―	―	「信達両郡検地古高新高帳」『福島市史第九巻・近世史料Ⅲ』3頁
元禄16年（1703）	1922.568	―	―	「元禄十六年五月福嶋領渡利村差出帳」『福島市史第八巻・近世史料Ⅱ』54頁
宝永７年（1710）	1922.568	―	1015	「宝永七年四月所道案内帳」『福島市史第八巻・近世史料Ⅱ』217頁
延享３年（1746）	1922.568	―	1038	「延享三年四月御巡見様御案内仕候者共手鑑」『福島市史第八巻・近世史料Ⅱ』222頁
宝暦13年（1763）	1964.858	―	―	「板倉領分村高覚帳」『福島市史第七巻・近世史料Ⅰ』287頁
天保４年（1833）	2020.352	―	―	「天保四年板倉領分郷村高帳」『福島市史第七巻・近世史料Ⅰ』309頁
嘉永７年（1854）	1955.997	105	510	「嘉永七年二月渡利村当人別宗門並五人組持高改帳」『福島市史第八巻・近世史料Ⅱ』361頁
明治９年（1876）	2026.613	273	1471	『信達二郡村誌』『福島市史資料叢書36輯信達二郡村誌Ⅰ』所収
明治21年（1888）	―	358	1844	「明治二十一年九月信夫郡町村合併見込調」『福島市史第一〇巻・近代史料Ⅰ』384頁

上記史料をもとに、筆者作成

元禄期には、二〇〇〇石に迫るほどになっていることがわかる。村の表高は、この一九二二石で一定したが、その後も小規模な開発は続き、明治九年（一八七六）までにさらに一〇〇石増加している。ただ全体的には、元禄期までの江戸時代前期の開発によって開発がほぼ完了し、その後の村高の増加は限定的であったことが見てとれる。

　そこで、村の生産基盤がほぼ整ったと考えられる、元禄期の村柄を周辺地域と比較してみよう。表2は、元禄一五年（一七〇二）、一六年（一七〇三）時点での村柄を生業活動を中心に比較したものである。いずれも渡利村の周辺地域であり、渡利村と小倉寺村が阿

表2　元禄期における渡利村とその周辺村落の村柄

		渡利村[1]	小倉寺村[2]	郷野目村[3]	伏拝村[4]	腰浜村[5]
田畑山林	村高（石）	1922.568	361.962	309.159	315.807	1968.794
	田反別（畝）	6407.24	1132.21	1531.18	1688.09	10135.03
	畑反別（畝）	13905.09	2651.27	1169.00	1270.00	6498.12
	水利	溜池11カ所	溜池５カ所	堰５カ所 ９カ村用水	堰１カ所 溜池３カ所	堰６カ所 ９カ村用水
	持山	秣場	11カ所	なし	７カ所	なし
	御林	４カ所	なし	なし	あり	なし
	薪山	村々入会	村内・村々入会	村々入会	村々入会	村々入会
	馬草場	村中入会 村々入会	村中入会	村々入会	村内御林	村々入会
家	軒数（軒）	—	46	24	75	109
	人数（人）	(1015人)[6]	210	96	134	385
耕作	出作	６人 20.835石	９人 43.321石	７人 243.52石	５人 46.873	— 5.791石
	入作	83人 146.62石"	なし	16人 27.984石	18人 91.375石	— 1452.825石
	小作	—	中７斗	中８斗	中８斗	中１石５升
	質地	—	中１両１分	中１両１分	中１両１分	中１両２朱
農家経営	田種籾	反２斗	反１斗２升	反１斗２升	反１斗３升	反１斗３升
	畑種籾	反２斗	反２斗５升	反２斗５升	反２斗１升	反２斗
	肥料	わら・刈敷	厩・刈敷	わら・刈敷・下こい	わら・刈敷	厩・下肥・刈敷
	男稼（耕作以外）	薪取	こやし・薪	なし	こやし・薪	薪取
	女稼	木綿少々	木綿・絹・真綿	絹・木綿布少々	木綿布少々	木綿布
産業・農間余業	桑	—	畑多少	畑の内	畑少々	畑の内
	蚕	絹師15人	人相応	人数相応	少々	少々
	紅花	方々へ売る	—	—	—	—
	楮	福島へ売る	畑多少	畑の内	畑少々	畑の内
	紙すき	—	１人	なし	２人	—
	漆	少々	田畑尻	３本	35本	—
	萱薪	福島へ売る	—	—	—	—
	塩問屋	２軒	—	—	—	—
	漁師	—	—	—	—	鮭網引４人
	小鳥網	あり	—	—	—	—
	猟師鉄砲	あり	あり	—	—	—

(1)「元禄十六年五月福嶋領渡利村差出帳」『福島市史第八巻・近世史料Ⅱ』54頁
(2)「元禄十五年八月福嶋領小倉寺村差出」『福島市史第八巻・近世史料Ⅱ』61頁
(3)「元禄十六年五月福嶋領郷野目村差出」『福島市史第八巻・近世史料Ⅱ』75頁
(4)「元禄十六年五月福嶋領伏拝村指出」『福島市史第八巻・近世史料Ⅱ』86頁
(5)「元禄十六年五月福嶋領腰浜村差出帳」『福島市史第八巻・近世史料Ⅱ』41頁
(6)「宝永七年四月所道案内帳」『福島市史第八巻・近世史料Ⅱ』217頁
筆者作成（なお作成にあたって庄司吉之助（一九六三）を参考にした）

写真１　花見山の風景

武隈川の右岸に、その他の村は、福島町のある阿武隈川左岸に位置している。ここから渡利村の特徴をいくつか指摘することができる。さきに稲を中心とした穀物栽培にかかわる特徴を検討し、そのうえで、それ以外の生業の特徴について見てみる。

まず渡利村が、畑がちな山村であることが、田畑山林の利用から見える。大規模農村といっても、渡利村の場合、平場の稲作地域ではない。村の耕地は、大まかに言って、三分の一が水田、三分の二が畑地となっている。郷野目村、伏拝村、腰浜村などでは、水田がまさっているのと対照的である。このことは、つぎに述べる水利の問題ともかかわっていると考えられる。

渡利村は阿武隈川の渡し場に由来する村名をもつにもかかわらず、川からの灌漑設備を持たない。大規模河川である阿武隈川から導水することは、技術的に困難であった。それゆえ、一一の溜池を利用して灌漑を行なっていたものの、「当村旱損場ニ御座候」とあるように水に苦労し、しばしば旱害にあっていた。大規模河川に接していたために、水の恩恵を受けるだけでなく、旱害と水害、両方のリスクを負うこととなったのである。

このような環境条件とかかわって、水田の生産力が、渡利村では比較的低位であったと推測される。水田への種籾の播種量を見ると、一反当りの播種量は、郷野目村、小倉寺村が一斗二升、伏拝村、腰浜村が一斗三升となっている。対して渡利村は二斗であり、倍近い量を播種する必要があった。この点について庄司吉之助は、「渡利の二斗を播種しているのは耕地の多くが山間地に属しているからで、反当りの生産量は明らかにしないが、可成の低生産を推測される」(8)と指摘している。

このように農業生産について言えることは、稲作栽培という観点からは必ずしも恵まれた土地ではなかったという事実である。二〇〇〇石近い村高のうち水田は三分の一に過ぎず、旱害と水害とのリスクを抱えていた。一方、三分の二を占める畑には、「麦大分ニ、紅花少シ作り」、夏作には「大豆、粟、ひへ」を作っていた。だが「雑穀作り候得共、不足ニ而買申候」という状況であった。

2　マチへの商品作物栽培

前掲の表2からはまた、稲作以外の農業生産では、商品作物の栽培が盛んになされていたことが注目される。周辺村落でも養蚕関係（桑、蚕）、紙漉き関係（楮）の生業があったが、渡利村の場合は、積極的に商品作物の栽培を進めていた。養蚕については、絹師が一五人いたことが記載されており、より進んだ生糸生産の姿がうかがえる。これらの他にも、紅花、漆の生産も行なわれ、それに加えて、こうして生産された作物は、福島を中心に販売されていたことがわかる。

商品作物栽培への傾斜は、江戸時代を通じた渡利村の特徴であったと言える。明治初期の村々の様子を記録した

『信達二郡村誌』には、渡利村の生産物として、つぎのような内容が記されている。「動物○生糸百二十六貫目上品、○口糸十五貫八百目、○真綿五十八貫目上品下品、○蚕種二千八百枚上品以上、福島エ販ク、蚕種ハ福島其他諸地方エ売ル、飲食○鱖三百尾、○鮎十貫目、○雑魚十五貫目、○家鴨百羽、○鶏八十羽、○小鳥五千羽以上福島エ売ル、製造物　笊大小五百同上、植物　桑苗上品諸方エ売ル、楮千二百貫目同上、薪二千駄福島エ売ル」(9)。

明治初期においても多くの生産物が見られた。元禄期にはより多様であった商品作物栽培は、生糸、蚕種、桑苗といった養蚕関係の生業へ傾斜を強めていると言える。そのため、明治初期の生業は、農業と養蚕との兼業形態となっていた。同書には、「民業、男農桑ヲ業トスル者二百六十五戸、○匠人五戸、○篙手二戸、余業○樵薪二百二十六戸、○漁猟二十戸、○山猟三戸、○製笊二戸、女生糸ヲ製造スル者二百五十人○真綿ヲ製造スル者五人」(10)とある。

明治九年（一八七六）の渡利村の総戸数が二八〇戸であったから、ほとんどすべての村人が農業と養蚕の生業複合(11)による家経営を行なっていたことがわかる。主力であった養蚕関係物品はもちろんのこと、川から得られる鮭、鮎、そして山から得られる産物をもとに薪、笊などをマチ（福島町）へと販売していた。斎藤功の言うように、「（引用者注：明治初期の段階で）信達地方の農村は蚕種と生糸の輸出を通じて商品経済に深く巻きこまれていた」(12)のであり、渡利村もそうした特徴を強く反映し、かつその中でも先進的な取り組みをする農村であった。

さてここまで、近世中期から明治前期までの渡利村の生業活動における特徴を探ってきた。直接的に花とかかわる事柄は見られないが、渡利村は畑がちの村であったこと、そして商品作物栽培が積極的に行なわれていた村であったこと、そして生産した産物をマチへと販売することで生計を立ててきたことを確認した。これらの事実は、「花の山」とは一見何らのつながりもないように見られるかもしれない。だがこれらが、里山が花で満ちるための内在的条件として欠くことができないものなのであるが、ここではひとまず、このような傾向が歴史的にあったという事実を確認しておけば良いだろう。

二　渡利村の人びとと里山

渡利村の生産基盤と生産活動とを歴史的に概観してきた。ここであらためて、里山へと目を向けたい。現在、この里山が花の名所となっているわけであるが、近世中期から明治前期にかけてこの空間は、どのように使われてきたのだろうか。これまでの生業を軸とした分析では確認できなかったが、すでに花で満ちた「愛でられた自然」としてあったのであろうか。それとも、日本の多くの農山村と同じように、やはり「使われた自然」であったのだろうか。

1　里山をめぐるせめぎ合い

現代に残された史料を通じて、渡利村の里山をめぐる争論や取り決めを検討してみる。大きくは、村びとたちが自分たちの里山を利用する方法を取り決めた「村中入会」に関するものと、複数の村々の間で里山の利用方法を定めた「村々入会」に関するものとに分けることができる。

まず「村中入会」について見てみると、寛文一一年（一六七一）に、村中入会地の利用を定めている。[13] ここで取り決めていることは、村中入会地を「山を持たざる者の入会地」と、村中全体の「惣入会地」との二つに分割する内容である。たとえば、「小舟入ひなた下のくほより鳥打沢北向き」を「山を持たざる者の入会地」に、「ひなた」を「惣入会地」と決めている。「山を持たざる者」には、北向きの日陰山など条件がやや劣る場所を利用させる取り決めがなされ、村内における山林利用が複雑化していたことがわかる。[14]

「村々入会」には、「村中入会」にまして、より多く明文化され、記録された規定が存在する。入会地を利用する村々の思惑が異なるために、様々な対立が生じ、その結果明文化した規定を作らざるを得なかったからであろう。渡利村では、とくに川向の腰浜村との争論が頻発している。前掲の表2からもわかるように、腰浜村は渡利村とほぼ同じ村高をもつ大規模な村落であった。だが、福島町に隣接する腰浜村では、村びとたちは田畑の肥料を採集する里山を持たなかった。その結果、腰浜村は、他村の里山を使うほかなく、その里山がまさに、対岸にある渡利村の里山であった。

「村々入会」における入会慣行の内実を見るため、元禄五年（一六九二）に、腰浜村と渡利村との間で交わされた証文の内容を取り上げてみる。(15) ここでは渡利村内にある「八寺沢」「三本木」「仏根」の三カ所の山を、腰浜村側が野手米（山年貢）を支払うことで利用できるように取り決めている。しかもこれらの山は渡利村にあるにもかかわらず、両村の共同利用ではなく、腰浜村側だけが利用できる内容であった。(16)

また渡利村の場合、「村々入会」は腰浜村とのものだけではなかった。渡利村には、鳥谷野村・黒岩村・郷野目村・太平寺村・方木田村・福島町など八カ町村の入会地も存在し、複雑な入会慣行が形成されていた。たしかに渡利村には多くの山林があったことは事実である。しかし、その山林には複雑な入会慣行が形成され、すべてを自分たちの共有山として利用できるわけではなかった。それゆえ寛保三年三月の争論において、渡利村側が腰浜村に対して、「御立林があり、その他絵馬平などの苅野は八カ村の入会となって、このうえ腰浜村に山を貸しておくことはできない」(17) と主張したのも無理はないことであった。

福島市周辺地域は、近世前期の開発によって、村高を大幅に増加させている。しかしそれは矛盾をはらんだものだった。未開発の土地に新田を拓けば、農業生産に必要な刈敷などの緑肥を提供する場を失っていくことになる。その結果、渡利村のように比較的山野が多く残る土地は、周囲の村々にとっての採草地とならざるをえない状況が生まれていたのである。(18)

このように渡利の山は、周辺地域の住民たちも含めて、生きるために徹底して「使われた自然」にならざるを得なかった。したがって、里山に対しては周囲の村々も含めた利用がなされ、ときには、「柴一本も無御座候」(19) という主

表3　貞享五年（1688）の御立林改め

	目通1尺5寸から2尺	小木5、6寸廻り	計
なら	347	16877	17224
くり	233	5888	6121
松	547	3287	3834
桜		1191	1191
山柳	5	592	597
ほうのき	6	499	505
水桑	15	130	145
かますみ		53	53
そねの木		26	26
かつの木		20	20
樫	2	12	14
かや手		8	8
椚		4	4
せの木		4	4
計	1155	28591	29764

「貞享三年渡利村万覚帳」記載の「貞享五年四月御立林木数改」『福島市史資料叢書第90輯渡利村文書―丹治仁右衛門文書』79頁をもとに筆者作成

張がなされるほどの過剰な利用が行なわれていたのである。

2　里山の植生と桜

渡利村の里山もまた、日本の多くの農山村と同じように、「使われた自然」であったことが明らかになった。それを基本としながらも、こんにち見られる花で満ちた景観につながる「愛でられた自然」は、まったく存在しなかったのだろうか。つぎに桜や花見に注目して渡利の山を見てみよう。

渡利村には幕府直轄林である御立林が設けられていた。小倉、名郷津、高倉、大沢の四カ所にあったが、この御立林の樹木を調べる改めが行なわれ、そのうち数度の記録が残されている。貞享五年（一六八八）、元禄六年（一六九三）、元禄八年（一六九五）、元禄一二年（一六九九）の改めの結果が筆写されている。調べられた立ち木の総数は順に、二万八五九一本、三万二四八三本、二万九七六二本、三万二四〇六本となっている。

このうち貞享五年の改めでは、詳細な調査が行なわれている。その結果を示したのが、表3であり、ここには一五種類の樹木が対象となっている。松や楢、栗がその大半を占めているが、このなかに桜も記されている。桜は一一九一本と全体で四番目に位置している。この調査の主旨は、当然ながら用材として利用する価値のある木々を調べたものであるから、ここに記された桜もまた、「愛でられた自然」ではなかっただろう。

それはもちろん、「御立林」の桜だけに限られない。「享保二年から天明八年までの覚帳」には、村びと同士の境界争論とかかわって、桜を伐採した記録が書かれている。享保六年（一七二一）のことである。八蔵の持ち分である小舟の山に、「三尺廻り之桜之木」があった。これを又十郎が訳なく切り倒してしまったと八蔵は主張する。そこで八蔵は、村役人に境界を再確認すること、伐採された桜の木を返すように求めた。このように桜の木は村びとたちにとって利用価値がある木材であり、それゆえに、このような争論もしばしば発生していたのである。

桜の名所として知られる吉野山の地元コミュニティでは、「『（引用者注　桜の）枝一本を切ったら一本腕を切る』というほどに桜の木は神木だという信仰があった」[20]。それが桜の景観を保全する原動力となった。けれども吉野山の事例と比較すれば、やはり渡利の場合は、生きるために里山を使ってきた歴史が浮かび上がってくる。山桜もその例外ではなかったのである。

ではこの村には、花見の慣行はなかったのだろうか。興味深いことに、「花見山」という地名が古くから見られる。表4は、『信達二郡村誌』の記載内容をもとにまとめた渡利地区の山の一覧である。ここに「諸仏花見山」の山名が見えている。本稿でも用いているように、現在では「花見山」は渡利東地区の里山全体を指すほど広域を指す言葉となりつつあるが、少なくともこの時点では、渡利の花見山と言えば「諸仏花見山」であった。山のふもとには、日蓮本宗寺院の仏眼寺があり、仏眼寺の山号も諸仏山となっている。『信達一統志』によれば、仏眼寺は「大隈川の浜山の麓にあり、郁長本多杢左衛門始て建立す、むかしはかばかりの庵室なりしがそれを取立てて一寺とせしなり」[21]と見えている。

表4　『信達二郡村誌』に見られる渡利村の山

山名	位置関係	隣接耕地	境界	入会関係
十万劫（ジフマンコウ）	平地より高さ約二一〇メートル村の南東に高くそびえる	名郷津	大波村	
兎鷲（ウサギオドロカシ）	十万劫の東に七六〇メートルにある峰		大波村	
休場山（ヤスミバ）	兎鷲に連なる		大波村	
萩山	休場山の西北にある			
新林（シンハヤシ）	萩山の南に連なる	西長作	立子山村	
天梅山	新林の西南に連なる			入会秣場(1)
物見山	天梅山の西に連なる		飯野村	
飛礫（ツブテ）	物見山と対峙する			
枯松部（カレマツベ）	十万劫の西に連なる			
居峰（エミネ）	枯松部の西に連なる	中山・稲場		
愛宕山	居峰の南に連なる	愛宕下		
片倉山	愛宕山と対峙する	鉢森・金仏		
若林山	居峰の西北に列する			
下平山（シタノタイラ）	若林山の西南に連なる	上平・薮下・石垣・割石作		
川前山（カハマイ）	下平山の西に連なる	新田		
若松崎	川前山の北に並ぶ	上岩谷・下岩谷		入会秣場(1)
薬師岳	若松崎の西北に連なる	峰山・前河原	小倉寺村	入会秣場(1)
長峰山	薬師岳の西に連なる		小倉寺村	入会秣場(1)
胡桃沢	若林山の西北に接する			
滑沢	胡桃沢の北に連なる			入会秣場(1)
長者窪（チヤウジヤクボ）	滑沢の西に連なる		小倉寺村	
南大館	枯松部の西北に列する	狼ヶ窪・東新田		
南山（ミナミヤマ）	南大館の西に列する			
土平（ドンダイラ）	南山の西にある小山	四面皆耕地		

鳥居沢前	土平の南、南山の西南にある	鳥居沢		
同森（オナジモリ）	鳥居沢前より連なる		小倉寺村	
来迎山（ライコウサン）	向山の西	土入・東土入	小倉寺村	
向山（ムカイヤマ）	同森の北、来迎山の東に連なる	小舟原・小舟・鳥谷		
小午田山（コゴダサン）	来迎山の北に接する	土入	小倉寺村	
福見山（フクミ）	小午田の北に連なる	後田・転石	小倉寺村	
倉滝山（クラタキ）	十万劫の乾方にある	名郷津・滝下		
五郎山	倉滝山の西にある	滝之下・原		
高倉入山	五郎山の東七町にある	牡丹入・高倉		
大館	高倉入山の東に連なる			
茶臼館（チヤウスタデ）	大館の北に連なる			
鷹羽山（タカノハ）	茶臼館の西に連なる			
欠上（ガケウイ）	鷹羽の北に連なる	躑躅山・康善寺・欠下・桜清水		
七色寂（ナナイロジヤク）	西南根山十万劫に接する		山口村	
笠松	七色寂の西北に連なる	大沢	山口村	
板林	笠松の北にある		山口村	
椚森	板林の北に列する	松保	山口村	
物見山	椚森の西北に連なる	松保・椳窪・坊屋敷	山口村	
諸仏花見山	物見山の西に連なる	高谷・山崎・岩崎前		
八森	諸仏花見の東北にある			
烏帽子森	八森の東北、物見山に接する	八寺沢・赤土・三本木	山口村	
浜見山	烏帽子森の北に連なる	八寺沢・八寺沢下・梅木畠	岡部村	

註1　渡利村ほか、鳥谷野村・黒岩村・郷野目村・太平寺村・方木田村・福島町との入会地
『信達二郡村誌』の記載をもとに、筆者作成

このように、かつての渡利村においては「花見」という言葉が仏教寺院と、その背後の山と深く結びついていたのである。ではなぜ「花見」と、仏教寺院、そして山とが結びつくのだろうか。

和歌森太郎は、春山入りの花見という観点から、それらを結びつけている。現在、四月八日の花祭りと言えば、「花御堂をもって飾った仏像に、香水、俗にいう甘茶を灌ぐ」仏教行事となっている。だが、そもそも「四月八日という日は、古くから民衆にとって、たいせつな花祭りの日であった。…若い男女が近くの小高い山、丘に上がって、一種の花見を行うとともに、花を採ってきて庭の軒のさきに立てた竿の上に挿したり結びつけた」民俗行事であった。和歌森は、仏教行事としての四月八日の花祭りは、民俗行事としての春山入りの行事を取り込むことで定着したと見た。こうして「花見」と山、そして仏教寺院とが結びつくのである。[22]

渡利地区の場合、四月八日の春山入りについて、聞き取りでわかる範囲では確認することができなかった。しかし、寛保三年（一七四三）の「年中遊日之覚」には、「一、四月八八日」と書上げられており、歴史的にみれば、春山入りの花見が行なわれていたと見て間違いないだろう。諸仏山にわざわざ花見をつけて、「諸仏花見山」と呼ばれていたのは、この山入行事との関連によるとみるのが自然である。[23]

あらためて本節での内容をまとめるならば、渡利村の里山は、近世前期における大規模な新田開発の矛盾を引き受けていた場所であった。近隣村落も含めた複雑な入会関係が形成され、それゆえに、徹底して「使われた自然」とならざるを得なかったのである。里山には少なくない数の山桜は生えていたが、それは「愛でられた自然」としてではなく、やはり「使われた自然」としてのそれであった。ただ、「諸仏花見山」の名や、四月八日の休み日が示唆するのは、この山にもわずかながら、「愛でられた自然」が存在したという事実である。とはいえそれは、こんにちの花見山とは比較にならないほど、局地的な空間であったといえよう。

では、どのようにして渡利の里山は、花に満ちた山へと向かっていったのだろうか。

表5　自小作地の変遷

	自作地	小作地	計	小作地率
明治26年（1893）[(1)]				
	（町）	（町）	（町）	（%）
田	80.0	3.9	83.9	4.6
畑	201.0	21.3	222.3	9.6
昭和20年（1945）[(2)]				
田	38.7	68.0	106.7	63.7
畑	128.7	65.0	193.7	33.6

(1)：「信夫郡統計書」『福島市史資料叢書・第26輯』
(2)：「福島市と合併に関する条件決定の件」『福島市史第十二巻』

筆者作成。なお作成にあたって佐藤堅治郎（1983）を参照した。

三　村落の〝生き残り策〟としての花木

江戸中期から明治初期を中心としたこれまでの分析では、こんにちの花に満ちた山とは、大きく異なった里山の姿が浮かび上がってきた。そこでつぎに、渡利村の里山の近代を考えていくことにしよう。具体的には明治中期以降、戦前期までを対象とすることになる。

1　渡利村にとっての近代化

明治二一年（一八八八）公布の町村制を受けて、翌年、渡利村と小倉寺村が合併し、新「渡利村」が誕生する。[(24)] 誕生したばかりの「渡利村」の村勢について、佐藤堅治郎はつぎのように指摘している。「時に戸数三一五戸・人口二四一三人で、農家戸数は延べ三二七戸であった。その作付反別を自小作別にみると…自作兼小作農の占める反別が多く、これを田畑別にみると…自作地が圧倒的に多い。米の反収は粳米で一石五斗五升五合、糯米で一石五斗、郡内では中位の反収をあげている。養蚕の桑園反別は一六四町歩と多く、養蚕農家は春・夏蚕合算と思われるが、四三五戸が従事し、繭にして五七二石、生糸は五〇四貫で、郡内きっての養蚕村であった」。[(25)]

佐藤の指摘は厳密な表現をとっているが、養蚕村として成功をおさめた土地であったこと、自ら所有する自作地が多くを占めていたことなど、明治中期の渡利村の繁栄ぶりがうかがえる内容である。

ところが、表5に示したように、この指摘から半世紀が過ぎた昭和二〇年（一九四五）になると大きな変化が起きている。阿武隈川からの取水が可能になり、水田が二〇町歩ほど増加しているが、それより重要な変化は自小作地割合である。限定的であった小作地が大幅に増加し、水田では三分の二が、畑では三分の一が小作地となっている。わずか五〇年ほどの時間でいったい何が起きたのであろうか。この間の変化を、ふたたび佐藤の研究に依拠して整理してみよう。

ひとことで言えば、明治後期から昭和初期にかけては、災害の連続であった。明治三八年（一九〇五）は大冷害で、平作の一五パーセントしか収量を得られなかった。翌明治三九年（一九〇六）は大霜害があって養蚕を支える桑が被害を受けた。つづいて明治四〇年（一九〇七）には、大洪水がおき田畑の被害は甚大であった。さらに明治四三年（一九一〇）にも大暴風雨による被害を受け、そのうえ一連の風水害で最も深刻な被害が、大正二年（一九一三）八月洪水によって生じている。加えてこの年は冷害でもあった。翌大正三年（一九一四）には、生糸相場の大暴落がおき、養蚕村であった渡利には、深刻な出来事となった。

これらの時期を指して佐藤は、「激しい小作農創出の時期」(26)と呼んでいるが、的を射た指摘である。度重なる大災害、生糸相場の暴落によって、多くの農民が土地を手放さざるを得ず、その結果、大幅な小作地の増加を招いていたのである。

渡利地区のうち、花見山のある東町会でも、これらの時期を通して生活が困窮するほどに自前の農地が減少していった。昭和初期には「三度の飯がやっと」という家々も少なくなかった。東町会は五〇軒ほどの集落であったが、そのうち四五軒までが、わずかに四反以下の田畑しか所持していなかったという。聞き取りによると昭和初期には五畝以下が二軒、一反までが約一〇軒、二反までが約三〇軒、四反が二軒であった。もともと水田が限られた土地であったとはいえ、保有する耕地の狭小さが際立っている。

2　過酷な近代を生き抜く「花」

明治中期までの養蚕村としての成功が嘘であったかのように、渡利の人びとは過酷な近代を生き抜かねばならない状況におかれていた。とりわけ東町会の人びとは、農業を続けていくことにおいて不利な状況におかれていた。東町会の耕地の多くが集まる場所について、『信達二郡村誌』には、つぎのような厳しい評価が記載されている。「館・前山以東、八森山以南欠上山以西ハ水田多シ、其色黯黒、或ハ淡黯、其質或ハ壌或ハ噴砂礫錯雑、中部ニ比スレハ大ニ下レリ」(27)。つまり、水田としての生産力の乏しい場であることが明記されている。

江戸時代以来の主力であった養蚕業を失い、他方で水田は生産力が低く、かつ狭小で、どうにも立ち行かない状況が生まれていた。このような厳しい状況で、存在感を増していたのは、地区の女性たちが担った行商であった。野菜行商もやはり江戸から明治にかけて行なわれてきたものであった。明治初期の記録には、渡利村の人びとが、「福嶋町ヲ距ルコト凡十九町故ニ貨物ノ便ヲ得タリ、村民瓜菜ヲ作リ、同町ニヒサキ利ヲ得ルコトアリ」(28)。あるいは、「福島ニ比隣ナルヲ以テ、朝夕菜蔬薪柴ヲ鬻キ、以テ生理ヲ助ルモ亦大ナリ」(29)などと見えている。山の畑で生産した野菜を福島のマチに販売し、生計の足しとしていた。たしかに、これらは明治初期には存在していたが、過酷な近代を経験することで、その重要性は増していった(30)。

このようななか、新たに発見されるのが、「花」であった。正確な時期はわからなかったが、大正に入ったころには、花の栽培を始めた村人がいたのだと言う。養蚕が立ち行かなくなった時期と重なっているのは偶然ではないだろう。

とはいえ、当時もそして今も農家の中心をなすのは、稲作農家である。まして戦前という時期において稲を作らず、花を植えることは奇妙な行為と受け取られていた。戦前から花の栽培を始めていたある農家は次のように言う。当時は、七反の田畑を借りて家を経営していた。そのうち水田四反に稲を植えつけ、畑三反に菊を植えた。稲作ではなく、花卉栽培を行なったことに対して、「周囲の農家からは、『あんなことをやるなんて』と言われたりもした。だが収穫の時を迎えると、稲よりも花の方が高く売れた」という。ここからうかがえるように、当初、東町会では、切り花となる菊や水仙などを山に植えていた。こうした作った切り花をマチに運び、「花はよかったかい」と声をかけて売り歩いた。

また長年マチへの行商を続けているある農家は、もともと母が野菜を売り歩いていたという。この家が、野菜から花に切り替えたのは、野菜は重く運びづらいこと、また山の畑の土が悪いため野菜を作っても質の良いものはそれほど生産できないこと、そして収入が良いためであったという(31)。トクイとなっている家々を回って、おもに仏壇や神棚に供える花を販売していった。最盛期には、五〇軒ほどの東町会の半数が花を栽培する農家であったといい、これらの家々から女性たちが花を売りにマチへ出ていた。写真2は戦前に撮影されたもので、その当時の花行商の女性たちが、福島市北町の花店の前に並んで撮ったものである。女性たちの後ろには、花を運んだカゴも写っている。

切り花生産から始まった東町会の花卉栽培は、花木栽培へと転換する。「福島県は花木と花卉の切り替えの場所にあたっていて、切り花よりも果樹・花木の栽培に向いている。ハウスのような整えられた環境で育った花木より、ヤマモノ(山物)は出来が良い。雪のところを生き抜いてきた花木の方が良いものができる」のだという。

加えて、東町会の山の畑は、さきの「野菜の育ちが悪い」との指摘からもわかるように痩せた土地である。地元ではジゴミと呼んでいて、土の深さのない痩せた山を指す。これには前節までの分析で見たように、長年にわたって、山が過剰なまでに「使われた自然」であったこともかかわっている。

だが、花木栽培は、この痩せた土地を優れた耕地へと転換させた。なぜなら、東町会の山で生産された花木は、土

写真２　花を売った東町会の女性たち

地が悪いために十分に成長しない。しかしそれがゆえに、美しい花をつける。肥沃な土地、豊富な水のもとで育った花木は、成長しやすいため花のついている節と節の間隔がどうしても広くなる。ところが、ここ渡利地区の花木は、土地が悪いために、木々は成長できず、節と節とが非常に細かくなる。すると節と節とが詰まった、花であふれた花木ができるのである。それゆえに渡利の里山で生産された花木は、生け花の材料として、高い評価を受けてきた。

花見山を見事に彩る桜も、ソメイヨシノなどの一般的な桜とはまったく違う種類のものである。生け花用のいわば「魅せる桜」であるため、大きく二つの特徴がある。一つは、花を上向きにつけることである。一般的なサクラは花を下に向けて咲くが、生け花用のサクラは花を上に向けて咲くため見栄えが良い。二つ目は、水を吸い上げ、花持ちが良いこと。サクラはあまり強い木ではなく伐ると枯れてしまうが、花見山の桜は水持ちが良く、生け花に向くと言う。

見てきたように、渡利の里山が桜で満ちあふれているのは、過酷な近代を生き抜くために、地元の人びとが見出した「花を売って生きる」選択の結果であった。

おわりに――なぜ桜の山となったのか

本稿では、東北地方でも有数の観光名所となった花見山がどのように形成されてきたのかその過程を取り上げてきた。その際に、「使われた自然」であるはずの村の里山が、なぜ一面の桜に覆われた「愛でられた自然」となりえたのか、に注目した分析を行なった。

その結果明らかになったのは、村落社会の〝生き残り策〟として桜を植えてきたという事実であった。渡利東町会の人びとは、過酷な近代を経験していた。度重なる天災、主力であった養蚕の暴落、さらには小作農の極端な増加と耕地の限界性。このような厳しい状況にありながらも、一方、早くから「商品」を意識した農作物を栽培し、生きるすべを模索してきた経験が、この村にはあった。近世から明治期にかけての養蚕や、その後の野菜生産といったように商品作物に力を入れ、それをマチ（福島市内）へ運んで直接販売するといった商品化への努力を重ねていた。

そうした模索の中で見出されたのが、桜をはじめとする山花であった。導入当初は花卉（切り花）の栽培に力を入れていたが、やがて花木の栽培がより地域にあっていることが見出される。表土が極めて少ない貧弱な山は、花木栽培にとっては、恵まれた土地であった。養分の少ない土地であるため、花木が十分に成長できず、そのことによって花が密集して咲き誇るからである。

つまり、花見山は当初から「愛でられた自然」として、風景を楽しむためにあったのではなかった[32]。人びとが過酷な近代を生き抜くために、花を販売し生きる糧とすべく花に満ちた山を作っていった。花に満ちたこの里山は、観光地化していき「愛でられた自然」の性格を強めながらも、その根本は今なお、人びとが生きるために「使われた自

然」であり続けているのである。(33)

日本の農業が、稲作を中心とする近代的生産へと歩みを進める時期にあって、渡利東町会の人びとは、そのような方向性では自分たちの地区が立ち行かなくなることをいち早く認識し、日本社会の主流とは違った選択することで村の活路を見出していった。その結果、見る者を魅了してやまない、花見山の地域景観が作られていったのであった。

註

(1) 福島市広報課『平成27年度花見山観光客受け入れ体制について』福島市　二〇一五年一頁。四月・五月の桜のシーズンには、近年二六～八万人の観光客が訪れている。

(2) 鳥越皓之『花をたずねて吉野山』集英社　二〇〇三年　一七六～七頁。

(3) 典型例として白神山地の保全をあげることができる。白神では手つかずの自然の保護が優先されるあまり、歴史的にその場所を利用してきたマタギを中心とした地域社会の人びとの環境利用は一切排除される結果を招いた。井上孝夫『白神山地と青秋林道―地域開発と環境保全の社会学』(東信堂　一九九六年)あるいは、鬼頭秀一『自然保護を問いなおす―環境倫理とネットワーク』(筑摩書房　一九九六年)を参照のこと。

(4) 篠原徹「農用林としての里山と暮らし」群馬歴史民俗研究会編『歴史・民俗から見た環境と暮らし』岩田書院　二〇一四年　三四頁。

(5) 篠原徹「農用林としての里山と暮らし」前掲書　四四頁。

(6) 花見山の呼称は、大きく二つの使い方がなされている。狭義には、花見山公園を指している。広義には、東町会の里山全体を指す言葉となっている。本稿では後者の用法、すなわち、渡利地区(とりわけ東町会)が関与し形成してきた里山を意味するものとして使用する。

(7) 渡辺尚志『百姓の力―江戸時代から見える日本』柏書房　二〇〇八年　一五頁。

(8) 庄司吉之助「解説」『福島市史資料叢書第十一輯・人別宗門並五人組持高改帳』一九六三年　八頁。

(9) 中川英右編『信達二郡村誌』一九〇〇年『福島市史資料叢書第三六輯・信達二郡村誌Ⅰ』所収　福島市教育委員会　一九八二年　六〇頁。

(10) 中川英右編『信達二郡村誌』前掲書 六〇～六一頁。
(11) 安室知『日本民俗生業論』慶友社 二〇一二年参照のこと。
(12) 斎藤功「明治初期福島盆地の地域性─明治8年の『信達二郡村誌』の分析」『地域調査報告』(一九) 一九九七年 九頁。
(13) 「貞享三年渡利村万覚帳」に記載の「村中入逢山わけ申覚」『福島市史資料叢書第九〇輯・渡利村文書─丹治仁右衛門文書』福島市教育委員会 二〇一一年 七六～七七頁。
(14) 鳥越皓之「コモンズの利用権を享受する者」『環境社会学研究』(三) 一九九七年 五～一四頁。鳥越は、ここで議論している共有地の利用において弱者が優先的に利用できる権利の存在を指摘している。渡利の入会慣行は、こうした弱者生活権の一例であると考えられる。
(15) 「享保二年から天明八年までの覚帳」に記載の「相渡シ申証文之事」『福島市史資料叢書第九〇輯・渡利村文書─丹治仁右衛門文書』福島市教育委員会 二〇一一年 一二四頁。
(16) 「元禄五年─寛保三年腰浜村・渡利村秣場出入文書」『福島市史資料叢書第十五輯・腰浜村・佐原村文書』福島市教育委員会 一九六五年 六一～七三頁。
(17) 「元禄五年─寛保三年腰浜村・渡利村秣場出入文書」に記載の「乍恐以返答書御訴訟申上候事」前掲書 一九六五年 七〇頁。
(18) 水本邦彦『草山の語る近世史』山川出版社 二〇〇三年。近世における資源利用と開発との対立については本書に詳しい。
(19) 「元禄五年─寛保三年腰浜村・渡利村秣場出入文書」に記載の「乍恐以返答書御訴訟申上候事」前掲書 一九六五年 七一頁。
(20) 鳥越皓之『花をたずねて吉野山』前掲書 一六四頁。
(21) 志田正徳『信達一統志』一八四一年『福島市史資料叢書第三〇輯信達一統志』所収 福島市教育委員会 一九七七年 六四頁。
(22) 和歌森太郎『花と日本人』角川書店 一九八二年 六四頁。
(23) 「享保二年から天明八年までの覚帳」に記載の「年中遊日之覚」前掲書 一三九頁。
(24) 新渡利村の発足以降、旧小倉寺村分を除いた、旧渡利村分だけの統計資料を得ることが難しかった。ただ旧小倉寺村は、旧渡利村と比べた場合、人口規模(戸数・人口)が約五分の一、町村費は七分の一程度の規模であった。したがって、本稿では、新渡利村の統計資料の数値で代用できると判断し、以下の分析では、主として新渡利村の資料を利用した。
(25) 佐藤堅治郎「渡利地区」『福島市史別巻Ⅵ福島の町と村Ⅱ』福島市教育委員会 一九八三年 一一四頁。
(26) 佐藤堅治郎「渡利地区」前掲書 一一七頁。

(27) 中川英右編『信達二郡村誌』前掲書　四九頁。
(28) 「信夫郡村々沿革地形および雑表」『福島市史資料叢書第二一輯・信夫郡内土地・民情および福島市制施行文書』一九六八年　四頁。
(29) 中川英右編『信達二郡村誌』前掲書　四八頁。
(30) 鈴木善弘「福島市附近の蔬菜生産地における蔬菜栽培の立地学的研究」『福島大学理科報告』(三) 一九五四年　二四〜二五頁。渡利地区では、戦後も野菜行商を続けている家が少なくなかった。昭和二七年(一九五二)の鈴木善弘の調査においても、渡利ではキュウリ、ナス、ダイコン、カブなどの蔬菜を販売し、都市近郊型の農業が行なわれていたことがわかっている。
(31) 鈴木善弘「福島市附近の蔬菜生産地における蔬菜栽培の立地学的研究」前掲書、二五頁。鈴木は蔬菜販売の課題として、腐敗の起こりやすさ、価格に対して重量が重いこと、運搬・荷捌きに労力が必要であること、そしてそれは水田稲作の農繁期であることをあげている。
(32) 宮本常一『自然と日本人』未来社　二〇〇三年　一〇〜一三頁。宮本は地元にとっての自然が風景を楽しむようなものでなかったことを強調する。渡利の場合も花を活かした地域づくりをしているにもかかわらず、花木栽培に乗り出した当初は、宮本の指摘の通りであった。
(33) なお、本稿の分析は主として、近世中期から戦前期を中心としている。渡利からは、阿部一郎氏という優れた人物が出たために、「花を売る」だけでなく、「花を見せながら売る」観光の要素を強めた村づくりが戦後になって見出されていく。こんにちの花見山に直接的につながる新しい動きについては、別稿を期したい。

子育てと災害伝承

——東日本大震災・岩手県宮古市の事例から——

猿渡　士貴

はじめに

人々の日々のくらしをその研究対象としてきた民俗学では、従来地震や津波といった周期性の低い災害への関心はそれほど高くなかったが[1]、東日本大震災は、民俗学にも大きな課題を突き付け、研究者たちを被災地へとかきたてた。そのような中、震災直後からあらわされた川島秀一の一連の著作は、民俗学における災害研究を牽引するものであった。これら川島の仕事のうち、とりわけ山口弥一郎の『津波の村』の復刻は[2]、眼前の惨状を目の当たりにして膠着する我々の視線を日常の歴史をみつめる視点へと引き戻し、その延長として災害をとらえることを促した点で重要であった。

震災から既に六年がたち、民俗学においても東日本大震災関連の成果が方々から出てきている。津波で沿岸部に甚大な被害を受けた岩手県宮古市では、平成二四年（二〇一二）から『東日本大震災宮古市の記録』の調査が行なわれ[3]、第一巻《津波史編》に続き、今年（二〇一七）、第二巻《記憶・伝承編》が刊行された。筆者もこれに調査員として参加しており、保育所・幼稚園・小学校・学童保育などの子育て支援及び教育現場で働く人々や、幼い子供を持つ母親たちを対象とした聞き取り調査を行なった。現代の子育てにおいて、子供たちが毎日の大半を過ごす、子供たちにとっての「日常の場」であるそれらの施設の果たす役割は多岐にわたり、またその影響も大きいと考えたからである。

自身の子育て経験も踏まえ、筆者は長らく「子供の命を守る民俗」に関心を持っている。山口独自の表現である津波「常習」地では、(4)日々の子育ての実践において、もしもの時の「しつけ」として過去の災害の記憶が語られ、身を守る術が家庭で、地域で、学校で伝承されてきたはずである。今回の未曽有の大災害の渦中で幼い子供たちの命がどのように守られ、そこには地域の災害伝承がどのように関わり、そして災害がその後の子育ての在り方にどのような影響をもたらしたのだろうか。官見の限りではあるが、災害に関連して産育研究の分野からの発言は未だなされていない。そこで本稿では、先の宮古市の調査結果を用いつつ、津波からの「避難行動」を例に、子育て支援施設（保育園・幼稚園・児童館）との関連から、子育てと災害伝承について考えてみたい。

一　調査地概況と被害概況

岩手県宮古市は、三陸海岸の豊かな自然を背景にした漁業と観光を主産業とする都市である。平成一七年（二〇〇五）に田老町と新里村を、平成二二年（二〇一〇）には川井村を編入したため、市域は山間部の川井・新里地区、北部の田老地区、旧宮古市部に大別される、一二五九・一五キロ平方メートルに及ぶ県内一の面積を有するようになった。一方、その人口は、五万四五七三人（平成二九年四月一日現在）であるものの、減少傾向にある。(5)（図1参照）

宮古市が位置する三陸沿岸は、明治二九年（一八九六）の明治三陸地震津波、昭和八年（一九三三）の昭和三陸地震津波、昭和三五年（一九六〇）のチリ地震津波など、これまでに幾度も大きな津波災害に見舞われた。今回の東日本大震災における宮古市の被害は、市の発表（平成二四年一一月六日現在）によると、(6)被災当時の居住地を基準として死者、

図１　岩手県宮古市（田老・津軽石）
「白地図ぬりぬり」https://n.freemap.jp/ を利用して作成

数五一七人、行方不明者九四人、住家等被害（半壊以上の住家）は八四七七棟に及んだ。また、死者数のうち〇歳から九歳までが一九人、一〇歳から一九歳までが二人であった。

子供の被害者に関して平成二三年（二〇一一）一〇月四日に出された次のような記事が目を引いた。「河北新報」の記事「焦点／保育所、津波襲来で明暗／犠牲少なく、毎月訓練で備え」によると、「東日本大震災により岩手、宮城、福島3県で被災した保育所は700を超え、このうち津波などで全半壊した保育所は78に上った。3県によると、建物被害が大きい一方、施設で保育中の乳幼児が亡くなったのは1施設の3人だった。保育所には毎月1回の避難訓練が義務付けられており、事前の備えが人的被害の抑制につながったとみられる。」「3県がまとめた認可・認可外・へき地保育所の被災状況は表の通り（＊筆者　省略）。保育中に亡くなった園児は、宮城県山元町の保育所で津波に見舞われた3人。他の死亡、行方不明の乳幼児は111人で地震後、保護者が連れ帰った後に津波に遭ったり、休みで自宅にいたりしたケースだった」というのである。また、「岩手日報　WebNews」の平成二三年（二〇一一）一二月二四日付の記事「保護者引き渡し後120人犠牲　被災3県の公立小中生」によると、小中学校においても、同様の傾向が見られたという。(7)

保育所を例にとれば、宮古市でも先の記事と状況は同じで、〇歳から五歳までの乳幼児を預かる保育所でも、三歳以上を対象とする幼稚園および児童館でも、いずれも保育中の犠牲者は出ていない。市の方から正式な情報が公開されていないので、筆者が調査中に知りえた情報に限られるが、津波の犠牲となったのは、保育所に通う園児が保護者への引き渡しの後に津波に巻き込まれた二例と、園児を引き取りに保育所に向かう途中で被害に遭った保護者の例であった。

しかし、この事態は保育並びに教育の現場に重く受け止められた。現場には、緊急時には保護者の元に帰すことが安全であるとする通念があり、保護者による引き取り訓練なども行なわれていたが、震災以降、保護者への園児および児童の「緊急時引き渡しルール」が問題視され、宮古市のみならず津波の危険性がある地域を中心に、保育および教育の現場で引き渡しルールをはじめとする避難マニュアルの見直しが広がっている(8)。

二　あの日、岩手県各地の保育所では

では、話題を進める前に、あの日の保育所がどのような状況におかれていたのかを確認しておこう。発災直後の保育所の様子について、公益社団法人日本ユニセフ協会と岩手県保健福祉部児童家庭課が平成二四年（二〇一二）三月から四月にかけて行なった、岩手県内の認可保育所三五三カ所へのアンケート及び聞き取り調査の結果が公表されている(9)。

それによると、「津波被害が大きかった沿岸市町村では、保育所で事前に決めていた避難場所や自治体指定の一時避難場所など『保育所の外に避難した』保育所が半数近い36施設、49％に」上ったという。建物倒壊や落下物の危険性があった上、津波警報が発令されたので、すぐに保育所の外への避難を開始していたようである。また、園児を保護者に無事に引き渡すために重要な、緊急時における保護者への連絡は、「津波被害に遭った沿岸市町村では8％」、

「その他の地域でも31％にとどまって」いたことがわかった。緊急時の連絡手段として、携帯電話などへの通話や携帯メールなどを使用した一斉緊急連絡などを取り入れている保育所もあったが、電源の喪失やアンテナの破損などにより使用できなくなっていたり、とりわけ沿岸部では園児の避難誘導が優先され、保護者へ連絡をする余裕がなかったりしたことが明らかになっている。

しかし、「ほとんどの保育所で『連絡しなくても、保護者は緊急時にはすぐに迎えに来る』『非常時のマニュアルの中で、緊急時は保護者が迎えに来ることになっていた』という通念があったよう」で、実際、どの保育所でも「地震発生直後から保護者が迎えに来始め、随時、クラス担任が確認しながら、引き渡しを行なっていた」という。さらに、沿岸市町村では、保育所の「22％が避難ルートの途中で、55％が避難場所で保護者への引き渡しをして」おり、引き渡した園児数を見ると、沿岸市町村の三分の一以上の園児が、避難ルートの途中や避難場所で保護者に引き渡されていた。その一方で、沿岸市町村で三月一一日中に「すべての子どもを引き渡せたのは45％の保育所にとどまり、残りの保育所はその後、」数日にわたり保護者の迎えを待ちながら、避難先で子どもたちを預かっていたことがわかっている。様々な理由から、子供をすぐに引き取りに来ることができなかった保護者も多くあったのである。

三　母親たちの避難行動

それでは、次に、地震発生直後に子供を引き取りに行った以降の母親たちの行動を、宮古市田老地域の事例からみてみよう(10)（図2参照）。

市北部に位置する田老地域は、太平洋に面する田老漁港を中心に市街地が形成される漁業の町であるが、津波との闘いの歴史を持つ場所でもある。町では、「田老万里の長城」とも呼ばれた総延長二四三三メートルの大防潮堤が昭和四一年（一九六六）に完成し、防災無線や津波避難路の整備・防災訓練・津波体験の伝承など、ハード・ソフト両

図2　田老地区

「地理院地図」http://maps.gsi.go.jp を利用して作成

面から防災に取り組み、平成一五年（二〇〇三）には「津波防災の町」を宣言していた。ところが、今回の東日本大震災では、市街地で津波浸水高一六・六メートル、津波遡上高二〇・七二メートルを記録する巨大津波が第一・第三堤防を越え、第二堤防を破壊し、防潮堤を越えて市街地を押し流した。これにより平坦部は全て浸水し、大平から長内川までの住宅の全てが流失し、この壊滅的な被害により一三〇〇名以上が避難することになった(11)。

【事例1】

田老地域在住のA氏（昭和四四年（一九六九）生）は、六人の子供の母親である。あの日は、一人の子を田老児童館に預けていた。宮古市において児童館とは、社会福祉協議会の在宅福祉課子育て支援係が運営する三歳以上小学校六年生までの子供を預かる幼児保育と学童保育を兼ねた施設をいう。

地震当日の田老児童館の報告によれば、地震発生当時、田老児童館ではアルバム作成のため保護者会の役員五名がいた。その「協力を頂きながら着替えを行い、順次迎えに来た保護者に受け渡し降館する。地域の方が知らせてくれて津波の襲来の声を聞き、職員二名、保護者の迎えが来ていなかった児童一名と共に高台に避難する。無事避難し、夜になって児童の祖父が迎えに来たため受け渡しを行った。地震当日の出席人数は二八名」とある。では、A氏の話にもどろう。

「三月九日の地震の時は、注意報だったので逃げなくてもいいと思ったのですが、一一日の時は違いました。地震直後に下の子供たち（当時三歳と一歳）を連れて、その上の子を引き取りに児童館に車で行き、すぐに小学生の子たちを迎えに学校に向かいました。

ちょうど、下校時間だったので、小学生たちは校庭に待機していました。同じく小学生の甥と姪たちも引き取り、自宅に近い出羽神社に避難しようと思ったのですが、国道は混んでいるだろうと考え、山側の道路を第一中学校まで向かいました。堤防の方を見たら、もう波が水煙を立てていました。

すぐに、中学校の校門前に車を乗り捨てて、小さい子供を抱いて上の子たちを走らせて、間一髪、中学校の裏山に逃げることができました。中学生たちも既にそこに避難していました。避難する際、腕に抱いた子供が重くて、持ち出したバッグを一つ捨てました。途中で出くわした田老病院の看護師さんに下の子をお願いして、なんとか上まで上がることができたのです。その後、『もっと後ろに下がれ』と言われたので、お墓の方まで行きました」。

A氏たちは常運寺に行ったものの、既に避難して来た人でいっぱいだったので、役場に移動することにした。

「宮古商業高校に通う一番上の子は、高校が大丈夫だと聞いたので、いずれ会えるだろうと思っていました。（中略）家を出るとき、おむつを片手でつかめるくらい持って出たので、友人にも数枚分けました。事務所に保存していたナプキンをもらって、おむつに挟み、おしっこをする都度それを替えました。おむつを一日一枚と決めて大事に使いました」。

津波体験を振り返って、A氏は次のように話している。

「まず、津波は来るものだと思って、すぐに逃げるようにしないといけないです。特に、子供が海に近い低いところで遊ぶ時などは、気を付けなくてはなりません。もしもの時のことを、家族で話し合っておくことが重要だったと思います。それから、小さい子供がいるお母さんは、抱っこ紐はすぐ使えるようにしておいた方がいいです。走って逃げる時に抱っこ紐がなくて、とても困ったからです」。

さらに、次のようにも語っている。「中学校、小学校などの学校は、たまに裏山に逃げる訓練をしていたものの、津波への対策はこれといってしていなかったように思います。また、注意報の時の対策について、家に帰すか帰さないかの判断基準がありませんでした。あの日、中学校の先生は、帰さないと判断して、いち早く子供たちを避難させました。中学生の子供は、あの日、学校があったから命が助かったと思っています。高校生の子供も家にいたら、たぶん逃げなかっただろうと思います」。

【事例2】

田老地域で育ち、子育てをしているB氏（昭和四八年（一九七三）生れ）は、四人の子供の母親である。三月一一日、上の子二人は小学校に、その下の子は児童館に、B氏は末の子と二人、自宅にいた。末の子が昼寝をしている時に、大きな揺れがきた。「物が落ちるし、コーヒーも溢れるし、テレビもすごい揺れだったので、おかしい。これはヤバイ。絶対津波が来る」と思ったという。

「その後、児童館にいたママ友から引き取り要請の連絡を受け、すぐさまオムツを替え、子供と貴重品を入れたリュックだけを車に乗せて児童館に向かいました。自宅から小学校までは、一・二キロ、児童館までは二キロないくらいの距離です。貴重品の入ったリュックは、二日前の地震の際に、なんとなく嫌な予感がして、まとめておいたのです。

途中で会った、親戚のおじさんが『どこ行くんだ?』と声をかけてきました。おじさんが『じゃあ、もうそのまま迎えに行ったなら、北高（筆者註　児童館の西側奥の高台にある県立宮古北高校）に行って帰って来るなよ、津波くっから』と言いました。

でも、そのまま、北高の方に逃げればいいのに、なぜかなんとなく家に戻って来てしまいました。貴重品の入った荷物も持って来ているから、家に戻ることはなかったのに。今思えば、少しでも小学校にいる子供たちの近くにいたかったのだろうと思います。

車から降りたら、先ほどのおじさんがまだいて、『なんで戻って来た!家に入らないでそのまま、赤沼山に上がれ!』と言われました。すぐさま末っ子を抱いて、児童館に通う子の手を引いて山を登りました。おんぶ紐を持っていなかったので、ずっと抱いていなければならず、大変難儀しました。

高台に着いて、それから五分もしないうちに、サカベ山の方の波がどんどん減って行くのが見えました。でも、子供たちは薄着だったので、寒がっていました。服を取りに戻ろうかと一瞬思ったのですが、『津波の時は戻るな』と言われるので迷いました。

そのうちに、波が堤防を越えて襲って来ました。津波に呑まれて自宅が流れていくのを見ていました。気がつくと上の子が、ママ友たちについて奥のお墓の方に走って行ってしまいました。怖かったので、少しでも高いところに行きたかったのだと思います。何も持ってないのに。子供の物のことばかり考えていました。しばらくして、諦めて、上の子のいる方に向かいました。

うす暗くなってから、赤沼山からさらに役場に避難して、一晩過ごしました。小学生の子供たちは、先ほどのおじさんが自分の孫と一緒に引き取って、連れて来てくれました。津波で自宅も車も失いましたが、おかげでその日のうちに家族全員が無事に合流することができました」。

図３　津軽石小学校付近
「地理院地図」http://maps.gsi.go.jp を利用して作成

四　災害伝承の持つ力

１　家庭での教え

「津波常習地」である宮古市の沿岸部に住まう人々の間では、家庭の中で繰り返し津波の経験が語られ、過去の経験が世代を超えて受け継がれている。では、具体的にどのような内容が伝承されていたのか見てみよう。

［事例３　田老　赤沼山に逃げろ］

先に紹介した田老地区のＢ氏は、以下のように話している。

「震災前には特に災害への備えはしていませんでした。『大きな地震が来れば、赤沼山に逃げろ、身一つで逃げろ、避難する時には車も使っちゃダメだ』、と小さい時から親に言われていたので、非常持ち出しについては考えていなかったです。赤沼山は、自宅のすぐ目の前にあるし、何かあったら身一つですぐ山に逃げればいいという感覚でした。自分も、『もしもの時は赤沼山だよ』と言い聞かせてあったので、小学生の子供たちはそのことをよくわかっていました」。

［事例４　津軽石　小学校の上の畑］（図３参照）

沿岸部に位置する津軽石地域では、津軽石川水門を越えて川を遡り、稲荷橋が水没し、法の脇地区では、ほぼ全家屋が流失した。津軽石小学校は校庭の浸水に留まったが、学校より低い位置にあった津軽石保育所は全壊した(12)。

津軽石保育所に、孫を通わせていた地区在住のC氏〔昭和七年(一九三二)生〕とD氏〔昭和二三年(一九四八)生〕は、C氏の声を合図に、地震発災直後に避難行動をとった。孫を保育所に迎えに行き、普段から避難場所に決めていた小学校の裏山に避難したのである。当時の保育所があった場所は、自宅から小学校に向かう途中に位置しており、また、小学校の裏山には、小学校ならびに保育所の園児児童職員、ならびに地域の住民などが避難して来た。

両氏は兄妹関係にあるが、子供の頃にチリ津波を経験したので、東日本大震災の前から地震があったらすぐに何も持たずに小学校の上にある畑に逃げることにしていた。父親から「時間がかかっても必ず迎えにいくから」と、小さい時から教えられていた場所である。両氏の父親は消防団員で、明治の津波で田老が甚大な被害を受けた時に、津軽石から復興の手伝いに通った経験をした。そのため、家ではどんな小さな地震でもすぐに逃げることにしていたという。そして、今度は幼い孫にも、次のようにしつけているそうである。「いつも、何かあったら家から出て叫びなさい。お向かいのおばさんに、『○○ちゃんです。一緒に連れて逃げてください』と言って、まずは小学校に逃げなさい、と折に触れて話をして、時々練習させています。また、絶対に一人で行動してはいけないとも言いつけています」。

なお、両氏が子供の時に父親から教えられた避難場所〔小学校の上の畑〕と、孫に教える避難場所は若干変わっている。チリ津波の時を最後に上の畑でなく小学校に避難するように変更したのだという。小学校まで来ていれば上の畑まではすぐなので、個々の畑に逃げるよりも、地域の人が多く避難している小学校の方が良いだろうということになったというのである。

また、補足ながら、D氏は父親から山火事の時には、山から離れて稲荷橋の下に逃げるように言われていたそうである。津軽石でもフェーン現象で山火事が起こったが、「火が近くに及んでも橋の下なら身を守れるし、川の水もそばにあるから」ということであった。

ここで取り上げたのは二例であるが、いずれも大きな地震の後に、どこに逃げるか具体的に避難場所が指示され、物を持たずに身一つで逃げること、避難に車を使わないこと、避難したなら決してすぐに戻らないこと、などが親から子や孫に伝えられていた。

2　災害伝承の両義的な力

さて、［事例1］［事例2］の田老の事例から興味深いのは、A氏・B氏ともいずれも田老児童館に子供を迎えに行ったあと、自宅付近に戻って来て、自宅にいることを想定した避難場所に避難しようとしていたことである。［事例1］のA氏は小学生の子供の迎えをしなければならなかったのであるが、その後、比較的高い位置にある小学校に留まることなく、自宅近くの出羽神社に避難しようと向かっていた。［事例2］でB氏に「おじさん」が指示したように、児童館の西側奥の高台には、後に避難所となる県立宮古北高校がある。聞き取りによると、震災の翌日以降、宮古北高校は付近の正式な避難所となり、結局、A氏・B氏とも不通になった三陸鉄道の線路を歩いてそちらに向かっている。だが、「そのまま、北高の方に逃げればいいのに、なぜかなんとなく家に戻って来てしまいました。貴重品の入った荷物も持って来ているから、家に戻ることはなかったのに」と、B氏が語っているように、なぜか「なんとなく自宅に戻って」、それから［事例3］でみたように、地震の時には逃げるようにと子供の時から教えられてきた「赤沼山」に避難している。

なぜ、自宅付近に戻って来てしまったのか。このような、母親たちの避難行動には、非常時のパニック状態の中で災害伝承の力が大きく作用していたからかもしれない。これに関して、遠州尋美は、非常時における災害伝承の影響力について次のように述べている。「未経験の大災害における適切な行動とは何かを判断すること、そしてその災害に遭遇した時に、実際に適切な行動をとることは著しく困難でもある。その困難を緩和する手段は過去の災害経験に学ぶこと以外にない。なかでも災害経験の学習において有益なのは、災害伝承とその継承である。大災害時のように混乱した状況下で論理的思考を働かせることは困難だから、直観的に適切な行動に導くことが望ましく、その意味において災害伝承の持つ力は大きい」と指摘する(13)。

このように見てみると、ここで紹介した事例から読み取れる母親たちの混乱した状況下の行動には、B氏が［事例3］で「赤沼山は、自宅のすぐ目の前にあるし、何かあったら身一つですぐ山に逃げればいいという感覚でした」と語っていることからもわかるように、「直観的に」しつけとして親から受け継がれた災害伝承が指し示す個別具体的な場所への避難モデルが、まずベースにあったのであろう。それに、子供を預けている施設の「引き渡しルール」が取り入れられ優先された結果、子供を引き取って自宅に戻り、そこから「伝承に即した避難モデルが指し示す場所」に避難しようとしていたと考えられるのである。しかし、この時間のロスが津波の際には命取りとなる。

A・B両氏とも自宅を津波で失っているので、もし自宅付近にとどまっていれば危険であったであろう。ところが、いずれもとっさの状況判断が命を救った。［事例1］では、道が混んでいたのでとっさの判断で手前にある中学校に行く先を変更し、また、海の状況を的確に判断して中学校の裏手へと急ぎ、辛うじて逃げおおせている。また、［事例2］でも、「おじさん」の指示にしたがって迅速に赤沼山に避難できたので難を逃れることができた。

他方、B氏は無事高台に避難したにもかかわらず、寒がる子供たちのために服を取りに戻ろうかと一瞬考えている。その彼女を押しとどめて命を救ったのは、「津波の時は戻るな」という伝承であった。

川島秀一も「伝承における避難場所を第一に考えるべきであろうが、しかし、この津波に対する伝承自体が、実は両義的なものがあって、相反する伝承も各地に伝えられているのである」とマニュアル化の危険性を指摘しているように[14]、災害伝承は非常時の人々の行動に大きな影響力を持つがゆえに、伝承やマニュアルに縛られることなく、その情報が今、自分が置かれている状況に有効かどうかを見極める力を養うことが重要となろう。

五　家庭における伝承力の衰退

それでは、再び［事例1］に戻ろう。A氏は証言の最後で「中学生の子供は、あの日、学校があったから命が助かったと思っています。高校生の子供も家にいたら、たぶん逃げなかっただろうと思います」と述べている。また、その前の震災の振り返りの部分では「もしもの時のことを、家族で話し合っておくことが重要だったと思います」とも述べている点をみると、「防災の町」にあっても、それほど家庭内で災害に対して関心が払われていなかった可能性が見えてくる。

実は、同じようなことを、［事例3］で紹介した津軽石地域のD氏も、次のように述べていた。「うちでは、どんなに小さい地震でも、かならず逃げることにしていますが、実は、地震が起きても避難してくる人は少ないです。震災の前もそうでしたが、あれだけの被害を受けた後でも、自宅の二階にいれば大丈夫などと言って、小学校まで避難してくる人は少ないです。他の人が避難しなくても、うちは避難しますけどね」というのである。前節でみたように、親から子へと受け継がれた地域の災害伝承が、避難しようとしている人々の行動に直観的な影響力を持つ一方で、地域の災害伝承が及ばない家庭や人の存在も垣間見えるのである。

他分野からの援用になるが、災害社会工学の片田敏孝らが、二〇〇七年に津波常襲地域である釜石市の小中学生とその保護者、二五六五名を対象に実施した、津波に関する知識や危機意識、親や子への伝承実態に関するアンケート調査の結果を報告している[15]。これは、震災後「釜石の奇跡」ともてはやされた防災教育実践の基礎となった研究であるが、その中で、①若い世代の津波に対する危機意識の希薄化がみられること。②親から子への津波に関する伝承機会が減少していること。③子供の津波避難に関する具体的な知識が不足していることが示され、そうした家庭内の伝承を補うために、学校における防災教育の充実を図る必要性について述べている。また、同じ調査では、親の津波に関する知識については、想定されている津波の規模、自宅が浸水域に入っているか、津波緊急避難場所について、いずれも半数以上が「知らない・わからない」と回答しており、このような状況では「避難に結びつかないものと考えらえる」としている。

このように見てみると、沿岸部の保育施設や学校にいた子供たちに犠牲者がほとんどなく、保護者に引き取られた後に津波の犠牲となった例が多くみられたのも、家庭における災害伝承の衰退がその遠因なのではないかと思われるのである。

一方で、本稿の最初の方で紹介した「河北新報」の記事に、「保育所には毎月1回の避難訓練が義務付けられており、事前の備えが人的被害の抑制につながったとみられる」とあったように、保育施設や学校では様々な危機を想定した避難訓練が定期的に行なわれている。例えば、田老保育所では、震災前から通常の避難訓練の他に、月に一度「安全の日」を設け、津波から走って逃げる訓練をしていたという。震災時に田老保育所に勤務していたE氏（昭和三二年（一九五七）生）によると、「最寄りの高屋敷避難所まで、四月は年長児で五分近くかかっていたのが、三月になると一分ちょっと、（筆者註　三歳）未満児でも三分くらいで着くようになっていたので、震災時に『安全の日』の効果が出て助かったと思っている」とのことであった。[16]また、旧宮古市部にある保育所や幼稚園でも、机の下などに隠れて身を守ると言った退避行動のみならず、絵本や紙芝居、講話などで津波の速さや「物を取りに戻ってはいけない」といったことが訓練のたびに教えられている。[17]

さらに、詳細は別稿に譲るが、市内の沿岸部の小学校では、通常の避難訓練に加えて、登下校時に一人でいても高台に素早く避難できるようにするための訓練を取り入れたりする他、社会や総合学習といった単元の中で、地元を知り、津波を知る学習が行なわれ、大人たちから津波体験の聞き取りをしたり、地元の防災地図を作ったりといった、地域の防災の知恵を積極的に学習に取り込もうとする取り組みがなされている。加えて、子供たちを中心に保護者や地域の人々を取り込んだ防災訓練を実施したり[18]、ＰＴＡが学区内のハザードウォークラリーを企画したりするなど[19]、学校には保護者や地域全体で防災意識を高めようとする動きも出てきている。

むすびにかえて

以上、宮古市の事例から、母親たちの津波からの「避難行動」を例に、子育て支援施設（保育園・幼稚園・児童館）や学校との関連から、子育てと災害伝承についてみてきた。そこから見えてきたのは、災害時の避難行動に地域の、あるいは家庭内における災害伝承が強く影響するということ、また、過度にそれにとらわれることの危険性についてであった。さらに、避難しない人の存在や保護者による引き取り後に津波の犠牲になるケースが多くみられたことを紹介し、その背景に、地域や家庭内における災害伝承の衰退があった可能性を指摘した。

震災を機に、宮古市においても、災害伝承を継承する基盤となる「地域」が大きく変わろうとしている。そうした中、防災意識の高い住人を育成する場として、加えて地域の伝承、とりわけ津波に関する災害伝承を継承する場として、学校や保育施設が果たす役割は、益々大きくなるものと思われる。災害に限らず、現代の子育てにかかわる民俗を考える際、子育て支援施設や学校の取り組みにも注目していく必要があるであろう。

では、子育て支援施設や学校に任せておけばよいのかと言えば、もちろんそうではない。先に紹介した片田の別の災害に関する調査では、学校における災害教育による効果は、学区域では範囲が広すぎて、地域コミュニティからの災害伝承において認められた影響と比べて小さいことが明らかにされている[20]。地震や津波は周期スパンが長いために、被災直後の防災への関心を持続することは難しいが、地域や家庭内の伝承がやはり重要なのである。子供の命を守るために、地域や家庭が学校や子育て支援施設とどのように連携していくのか、筆者は、これからも長いスパンで現地の災害伝承と子育てのありようを見つめていきたいと思っている。

註

（1）野本寛一『自然災害と民俗』森話社　二〇一三年。

（2）山口弥一郎『津波と村』（復刻版　石井正己・川島秀一編　三弥井書店　二〇一一年（初版は一九四三年に恒春閣書房より発行）

（3）本調査は、宮古市東日本大震災記憶伝承事業・記録調査会（会長：敬和大学教授・神田より子氏）が宮古市から調査依頼を受けて行なわれた。その成果は、宮古市東日本大震災記録編集委員会編『東日本大震災　宮古市の記録』第二巻（下）《記憶伝承編》二〇一七年　にまとめられている。

（4）昭和八年の三陸津波後、三陸海岸を踏査した民俗学者・山口弥一郎は、その著書『津波と村』（一九四三）において、三陸海岸を津波「常襲」地ではなく、津波「常習」地という漢字を当てて捉えている。川島秀一はこれを、「『常習地』の『習う』は『慣れる』にも通じ、津波を生活文化の中に受け入れている積極的な意味合いの言葉であると思われる。それは、三陸海岸に住む者の心に即した言葉であり、自然に対して無理に対立したり、避けたりすることではなく、飼いならしていくという発想でもあった」と解釈している。（川島秀一「津波伝承と防災」東北芸術工科大学東北文化研究センター編『東北学　〇三　特集　災害の民俗知』二〇一四年　九七頁）。

（5）「宮古市の統計　平成28年版」宮古市ホームページ。
http://www.city.miyako.iwate.jp/data/open/cnt/3/7325/1/3-02_zinkou_H28.pdf 参照。

（6）二〇一二年一一月六日一七時〇〇分現在 宮古市危機管理課発表「東日本大震災に伴う対応状況」。
http://www.city.miyako.iwate.jp/data/open/cnt/3/2874/1/shinsai_taiojokyo.pdf 参照。

（7）『岩手日報　WebNews』二〇一一年一二月二四日「保護者引き渡し後120人犠牲　被災3県の公立小中生」。
http://www.iwate-np.co.jp/311shinsai/sh201112/sh1112242.html 参照。

（8）宮古市東日本大震災記憶伝承事業・記録調査会における筆者の調査（宮古市東日本大震災記録編集委員会編『東日本大震災

宮古市の記録』第二巻（下）《記録伝承編》二〇一七年　五〇〇～五五三頁）および、『日本経済新聞　ｗｅｂ版』二〇一一年九月三日「大地震時の児童引き渡しルール明確化　震災機に広がる」http://www.nikkei.com/article/DGXNASDG3001S_T00C11A9CC0000/参照。
(9) 公益社団法人日本ユニセフ協会／岩手県保健福祉部児童家庭課『東日本大震災津波　岩手県保育所避難状況記録　子どもたちは、どう守られたのか』二〇一三年。
(10) 宮古市東日本大震災記憶伝承事業・記録調査会における筆者の調査（宮古市東日本大震災記録編集委員会編　二〇一七年　前掲書　五一三～五一六頁）。
(11) 宮古市東日本大震災記録編集委員会編『東日本大震災　宮古市の記録』第一巻《津波史編》二〇一四年　六六頁。
(12) 宮古市東日本大震災記録編集委員会編　二〇一四年　前掲書　六七頁。
(13) 遠州尋美「地域に伝えられる災害伝承をいかに受け止めるのか〝津波てんでんこ〟をめぐって」『神戸大学大学院人文学研究科地域防災センター年報』六（特集　専門知と市民知―現場から問う）二〇一四年　二七頁。
(14) 川島秀一　二〇一四年　前掲書　九一～九二頁。
(15) 金井昌信・片田敏孝・阿部広昭「津波常襲地域における災害文化の世代間伝承の実態と再生への提案」『土木計画学研究・論文集』二四巻二号　二〇〇七年　二五一～二六一頁。
(16) 宮古市東日本大震災記憶伝承事業・記録調査会における筆者の調査（宮古市東日本大震災記録編集委員会編　二〇一七年　前掲書　五一四頁）。
(17) 宮古市東日本大震災記憶伝承事業・記録調査会における筆者の調査（宮古市東日本大震災記録編集委員会編　二〇一七年　前掲書　五〇〇～五五三頁）。
(18) 宮古市東日本大震災記憶伝承事業・記録調査会における筆者の調査（宮古市東日本大震災記録編集委員会編　二〇一七年　前掲書　五四九頁）。
(19) 『岩手日報』二〇一一年七月二四日「避難場所確認「わかった」親子でウォークラリー　宮古小」。
(20) 片田敏孝・淺田純作・及川康「過去の洪水に関する学校教育と伝承が住民の災害意識と対応行動に与える影響」『水工学論文集』第四四巻　二〇〇〇年　三二五～三三〇頁。

ある被災地復興のその後

——玄界島で「暮らしの場を取り戻す」ことを考える——

中野　紀和

はじめに

東日本大震災が起きて以降、被災地の復興に関する多くの調査、研究がなされている。東北各地の被災状況や復興の様子、そこでの課題等、さまざまな角度からの分析がなされるなかで、過去にも津波による多くの死者を出した三陸の沿岸部に着目し、漁師をはじめそこで生きる人たちが、どのように状況を受け入れてきたのか明らかにしようとしてきたのは民俗学である。この視点は今でも意味を持つ。なかでも注目すべきは、自身も被災しながら、漁村の復興に目を向けてきた川島秀一の一連の研究であろう。川島は、漁村の日常を把握してきた成果を活かしつつ、非常時の聞き取り調査の重要性を指摘している(1)。そのなかで常に意識しているのは、地理学や民俗学の観点から三陸沿岸の津波被災地を歩き、詳細な考察をした山口弥一郎や、被災地域の「伝承」の重要性を指摘していた柳田國男である(2)。ただ被災体験談を聞き取るということではなく、大地震と津波という非常時に表出される、被災前後の暮らしに通底する日常性をすくいあげることに意味があるという、実学としての民俗学の価値をそこに見出している。

本稿では、平成一七年（二〇〇五）三月二〇日、一〇時五三分に起きた福岡県西方沖地震の被災地である玄界島（福岡県福岡市西区）を取り上げる。被災から建物の復旧、住民の帰島まで三年という事例は、被災地復興の成功例として語られやすい。被災前とは完全に異なる空間として生まれ変わった島は、住民が帰島して九年目になる。一見、穏やかな暮らしのなかで、復興に伴う新たな課題に住民が気付くには十分な時間である。たとえば、住民のつきあいに変化が見られることは、折に触れ話題に上るようになった。玄界島の現状は、建造物や道路といったモノや環境との関わりが、いかに人の行動や認識に影響を与えるのかを考えるヒントを与えてくれる。復興によって何が変わり、何が変わらなかったのか、被災前の暮らしを含めて考察したい。

一　玄界島の復興概略

1　復興と社会関係

玄界島は福岡市中心部から北西約二〇キロ、博多湾の入り口に浮かぶ周囲四・四キロの島である。人口は、平成一七年（二〇〇五）二月末（震災前）で二三二世帯、七〇〇人、平成二八年（二〇一六）九月の時点で二一八世帯、四七五人である。(3)島の基幹産業は漁業で、一本釣り、はえ縄漁といった沿岸漁業が中心であるが、漁業の後継者は減少傾向にある。

同島の被災から復興までの一連の過程については既に別稿で論じているので、ここでは概略を述べるに留めたい。(4)福岡県西方沖地震はマグニチュード七、震度六弱から七、九州では過去最大規模の地震とされた。震源地に近かった玄界島は大半の家屋が全半壊した。避難生活のなかで高齢者が例年よりも多く亡くなっているが、幸いなことに地震当日に死者は出ていない。

全島民がその日のうちに博多本土に自主避難し、三ヶ月間にわたる体育館での避難生活の後、島と本土にわかれて

写真1　宅地造成後の島［平成20年(2008) 3月］
（『玄界島震災復興記録誌』より転載）

三年間の仮設生活を送った。被災からちょうど三年経った平成二〇年（二〇〇八）三月には全員で帰島することができた。現在の同島には、写真1にあるように、南側の斜面が四段に整地され、四八戸の戸建て住宅が整然と並んでいる(5)。島の東西には県営と市営のアパートが建ち、住民はこれらのいずれかに入居している。島には小鷹神社と若宮神社という二社があるのだが、特に小鷹神社の受けた被害は大きく、本殿は傾き、鳥居は崩落した。観音堂も倒壊し、再建されるまでは平地に仮移転された。

丸三年で島全体をつくり変えた玄界島には建築や防災関係者がたびたび視察に訪れ、短期間での復興という成功例として取り上げられることが多い。一方で、便利になった住環境に反比例するかのように、島の特徴でもあった濃密な社会関係は希薄になりつつある。被災前の島の生活道は「がんぎ段」と呼ばれる狭く曲がりくねった石段で、車が通れる道路は斜面にはなかった。家も石積みの壁の上に密集して建っていた。そのため、家の普請や大きな荷物を運ぶとき等、親族や隣近所の助けは欠かせなかった。常に「人に頭を下げ」、人間関係が円滑にいくことを心がけた暮

らしの記憶は、全員で帰島することを前提とした意見集約の際にも少なからぬ影響を与えたようである。(6)

宅地造成にあたってはすべての家屋の取り壊しが前提となったため、全員の同意が必要であった。当初いた反対者は、親族や復興協議委員会（島の主たる社会組織から選ばれた代表者によって構成された）のメンバーによって説得され、「納得」したうえで土地を手放した。この一連の過程で親族関係が果たした役割は非常に大きかった。親族は、島じゅうが姻戚関係にあると言って良いほど密につながっており、異なる意見をまとめるにあたっては身内の説得が有効だったからだ。復興方法は島民総会で決定されたが、全員で帰島することを前提としたとき、互いに助け合わざるを得なかった震災前の人間関係を無視することは出来なかったのである。

2　神仏との関わり

家屋の取り壊しの際には、五つの共同井戸や個人宅の井戸もすべて埋められた。その際、島の従来のやり方で、民間の宗教者を本土から招き、水神上げを行っている。島では井戸のあった場所には家を建てないものとされており、そのため、土地の造成に際して水神上げの要望が年配者から多く寄せられたという。水神上げをすることで、説明のつかない現象が起きたときに、「それは水神が祟っているわけではないから大丈夫だ」という安心をもたらしてくれる。いっけん非科学的に見えるこれらの行為は、新しい生活空間で暮らし始めた住民の心を支えているのである。島全体をつくり変えるほどの大きな変化のなかで、たとえそれが便利な住環境だとしても、住民は以前の暮らしとのつながりを見出すことで心の平穏を得ている。

他方、井戸がなくなった現在の暮らしのなかで、水神にまつわる話を若い世代が聞く機会はなくなっていくだろう。何か説明のつかない事態が起きたとき、心のよりどころとなるものは見出しにくい。また、斜面の上まで道路が整備され、人の手を借りずともモノが運べる生活では、「人に頭をさげる」機会は少なくなる。斜面の不便さゆえに維持されてきた社会関係は、徐々に希薄になりつつある。均質な便利さが、必ずしもすべての地域の生活の快適さをもたらすものではないことがわかる(7)。生活の便利さと人間関係の希薄化がセットになって語られるとき、被災前の暮らしのなかで不便さを受け入れざるをえず、それゆえに蓄積された知恵が島の暮らしを支えていたことを知ることになるのは、皮肉としか言いようがない。

井戸がなくなったことで水神にまつわる信仰は消えていく可能性が高いが、小鷹神社と観音堂は早急に再建され、その後、観音堂と地蔵堂は場所を移転し、漁師をはじめとする住民の信仰の中心となっている。漁師にとって神社は豊漁と海の安全を願う場であり、観音堂や地蔵堂は住民が暮らしの安寧を願い、折に触れて立ち寄り、集う場であった。だからこそ、神社の壊れた鳥居の修理や観音堂の再建を願う声が真っ先にあがったのであった。観音堂が崩れ落ちたことに対して、高齢者のなかには以下のように語る者もいた。

皆が言いようて。お宮(小鷹神社)のおかげだろうて。お宮とお観音が崩れとる。お観音様が皆の身代わりになったっちゃやろうかって。良いほうにな(考える)。お宮もゆがんで壊れとったけんな。そういう迷信も良いほうにね。(観音堂が)ぺしゃんと潰れましたもんね。けっこう新しかったんですけど、観音様の(お堂の)造りって上(屋根)が大きいやないですか。皆は観音様が(島の人を)助けたっちゃろうって言いよったけども、(自分は)いや、単なる上が重たかったけんやろうって。見事にぺしゃんとなったですね。それも古くもないとに。

復興に際して、西側にあった地蔵堂は東側に大きく移動し平地に置かれ、東側の観音堂はそのまま平地に下ろされ今では二つのお堂は並んでいる(写真2参照)。お堂が再建されたことで、八月一七日のお接待という行事は続いてお

写真２　新しい地蔵堂と観音堂(左端)**、教員宿舎**(中央)**、納骨堂**(右端)**が平地に並ぶ**
［平成25年(2013)筆者撮影］

り、住民の大半がお参りにいく。二つのお堂が並んでいるため行きやすく、エアコンも設置されたため暑い夏でも快適である。その一方で、日常生活のなかで気軽に立ち寄る場としての機能は失いつつある。特に地蔵堂は、以前は年配の女性たちが日常的に集まり、雑談し、前を通る人に声をかける、という住民同士の交流の一端を担う場であったのだが、現在は以前ほど人が立ち寄ることはなくなっている。狭い島とはいえ、新たな場所に建った住宅に入居し、お堂と家との距離が離れてしまうと足が遠のくようだ。建物が再建されたことでそこに付随する行事は残ったが、その建物が日常的に担っていた役割や機能は失われつつある。

二　盆に表出される住民の認識―海との関係―

1　ある出来事から

盆が終わった八月一六日の早朝、青年団が沖に浮かぶ精霊流しの筏（玄界島ではソウガイと言う）を片づけに海に出る。その様子をじっと見ていたことがある。朝六時とはいえ、既に日射しは強く、日傘をさしてカメラを構えていた。

その日の午後、島の女性から「今朝、海岸にいたよね。最初はお盆で帰ってきたどこかの親戚の人かと思ったよ」と声をかけられた。前夜、初盆の家が合同で海に流した西方丸に向かって、手を合わせていると思われたらしい。盆と西側の海岸という二つの意味が重なったとき、そこで早朝から海に向かってたたずむ人の姿は、手を合わせて「亡き人を偲ぶ」行為として解釈されたのだ。自分自身がそのように見られるとは思ってもいなかった筆者にとって、島の人の世界観の一端が見えたような気がした。

盆の期間中にも同じようなことがあった。東側の海岸では、先祖を送る提灯や供物を乗せて流す筏が青年団によって組まれていた。この様子を写真で撮っていたときのこと、数人の住民から「盆に写真を撮ると霊がうつるよ」と声をかけられた。どうやら、「玄界島では盆に写真はタブー」ということであった。だからとって、写真を撮ることを止められたわけではなかったが、「過去にそういうことがあった」、「後で写真を見せて。確認してあげる」と複数の人から言われたのである。盆に限らず「仏事は残すものじゃない」と教えてくれる人もいた。盆に、しかも精霊流しの筏の「写真を撮る」という行為は、地元の人の目には明らかに違和感を覚えるものとして映っていたのであった。

2　玄界島の盆行事

ここで、玄界島の盆の様子を述べておこう。同島の盆の特徴は、最終日の八月一五日の行事にある。昼間、青年団の若者が中心となって、海岸でソウガイの飾り付けを行う。ソウガイ用の材木は博多の材木屋から購入し、笹は山から伐ってきたものだ。ソウガイには盆に飾ったお供えや提灯が積まれ、日が暮れるとソウガイ流しが行われる。夕方になると青年団がかき氷やたこ焼きの出店の準備を始め、子どもたちが集まってくると夏祭りさながらの雰囲気となる。

写真３　納骨堂の前で提灯を下げる初盆の家の者たち
［平成25年（2013）筆者撮影］

夕方四時を過ぎた頃から、初盆の家では納骨堂の前に提灯を下げに行き、ろうそく（近年は電気も使用されている）が消えるまでその場で待つ（写真３参照）。その後、提灯を持って浜まで移動する。ちなみに鉄筋コンクリート製の納骨堂には地震の被害はなかった。日暮れが近づくと島じゅうの人が浜辺に下りてくる。波打ち際に線香やろうそくを立て、沖に向かって手を合わせる人の姿も見られる。海難事故や水に関連する事故で亡くなった家族に対する供養だという（写真４参照）。

博多行きの定期船の最終便が出ると、浜辺で東西に分かれて綱引きが始まる。勝敗は特にない。綱引きが終わるとソウガイ流しが始まる。青年団によってソウガイに火が放たれ、彼らが泳ぎながら、真っ暗な湾の半ばまで燃えさかるソウガイを押し出して

写真４　波打ち際にたてられた線香とろうそく

［平成25年（2013）筆者撮影］

写真５　青年団の若者によって火がつけられるソウガイ

［平成25年（2013）筆者撮影］

いく（写真5参照）。鮮魚運搬船がソウガイのロープをとったことを確認したところで泳ぎをやめ、「わっしょい」のかけ声をかけ続ける。周囲の岸壁からのサーチライトが彼らを照らすなか、鮮魚運搬船は汽笛を鳴らしながら、ソウガイを西方の沖へと引っ張っていく。浜では、初盆の家の者が準備していた花火が次々と打ち上げられる。

少し間をおいて、新仏の戒名が書かれた提灯を乗せた西方丸が、伝馬船に引っ張られてソウガイの後について沖に出ていく（写真6参照）。家族や親族は浜で読経しながら、それを見送る。西方丸は昭和五〇年代までは木製であったため、底に穴をあけておき最後は海に沈めたという。その後、船の材質がＦＲＰに変わると、翌日には船が浜に打ち上げられるので、それで遊んだという話も聞いた。かつては各家で流していた西方丸も、今では初盆の家が共同で流すようになった。この一連の行事は、翌日の早朝に青年団が燃え尽きたソウガイを海から引き上げて終わる。

写真6　新仏の戒名が書かれた提灯で飾られた西方丸
［平成25年（2013）筆者撮影］

3　非日常のなかの日常

筆者がソウガイを撮影していた波打ち際は陸と海の境界であり、ソウガイや西方丸はその境界上に置かれ、やがて西方浄土へと送られる。盆の期間中、あの世とこの世の境界はより意識され、明確になる。その境界で「盆を撮影する」という筆者の行為は、危険な行為としてみなされた。盆の期間中に見られるさまざまな行為は、島の世界観のなかで一つのストーリーとして解釈されたのである。盆・仏事を撮影する、早朝の沖を見つめる、という筆者の行為をめぐる彼らの解釈こそ、玄界島の住人が維持してきた世界観の表れだとみなすことができるだろう。撮影する、海を見つめる、という行為は日常においてはありふれた行為であるが、盆という非日常の文脈では、別の意味が付与されるのである。地震によって島全体が被災し、復興で生活空間は完全に形を変えたが、海と陸、その境界に対する認識は維持されていたことがわかる。

三　日常のなかの非日常—不浄を気にする—

島では家族や親族が亡くなったとき等、不浄を気にする。たとえば不幸があったとき、いつもは家にやって来る人が、四十九日があけるまでは遠慮して来ないことがある。また、島で買い物をする場所は漁協の購買部に限られるのだが、年末に正月用の買い物をする際に、不浄をめぐってひとびとの行動に変化が見られることがある。ある漁師の男性とその妻は次のように言う。

妻／お正月の買い物をするときに、不浄の人がおったら引き返したりとかですね。会うと、引き返したりとか、日の良い日に買い初めしておくとか。もう昔ほどではないですけどね。
　お正月前に縁起を担いで、買い物とかしてるやないですか。そしたら、（不幸があった家の人に会うと）あそこの家は不浄やからちょっと避けようかな、とか。正月用品は日の良いときに一個買って、その後に買い物をする。（同じように）皆さん、されてますよ。とりあえず良い日に何か一つ買っておけば、という感じなんでしょ。

漁師／その日は（客も正月用品も）いっぱいよ。けっこう並んどうよ。お神の品物とか。その日にはね、やっぱり正月用品の縁起物が置いてある。昨日はなかったばってん、今日はある。（自分の家に不幸があった場合は）自分のうちは、人が多くないときに買いましょうか、みたいにする。それか、博多（本土）のほうで買ってくるか。もう、昔みたいにないけどね。
（不幸があった家の人には）面と向かって言えんでしょうが。自分のほうがちょっとかわすようにする。

妻／昔はお正月用の下着から草履まで全部替える人、いましたよ。新品を買って。

漁師／（こういう行動は）漁師のほうが多かったばってんね。自分たちも漁に行きがけに、船が港を出ていくでしょ。小鷹のお宮のほうに向かって、「今日も無事に帰ってこられますように」って拝むんですよ。「事故起こさんごと、無事にまた帰ってこられますように」、帰りがけに入港する前に、そこの下で「ありがとうございました」って。もう心の問題なんですよ。東のほうに漁に行くときには、行きがけに若宮（神社を拝む）。向こう（西側）に行くときのほうが多いから、やっぱり小鷹（を拝む）。

「昔ほどではない」と言いつつも、不浄の状態にある人との接触に対する忌避感が窺える。日常のなかでこういった意識は突然浮上する。常に危険と隣り合わせの漁師にとって、どんなに船の技術が進歩しても、神仏との関わりが切れることはない。たとえば、毎年一〇月一三日には漁止めをし、漁師たちによって若宮神社にオコゼが奉納され、大漁と漁の安全を祈願する若宮くんちが行わる。また、家族や親族の死に際しては、その関係の遠近によって喪に服す期間が異なる。親の場合は四九日、血縁関係にある兄弟は三五日、義理の兄弟は三日、という具合である。
生業と結びついた神仏とのつながり、それゆえの不浄に対する意識は、以前よりは薄くなったとは言え、依然として存在していることがわかる。小さな島であるがゆえに、不幸があったときはすぐに島全体に知れ渡る。死に対する意識とそれを具現化した暮らしの作法は、当事者のみにとどまるものではなく、島の住民に共有される作法であり、これも震災以前と同様に維持されている。

おわりに

島に戻るということは、こういった目には見えない側面も引き受けていくということになる。同島の盆行事にとって、海と浜辺（陸と海の境界）が重要な役割を果たしており、それは復興後も変わっていないことが、ヨソ者である筆者の行為をめぐって明らかになった。後継者が減っているとはいえ、漁を主たる生業とし、常に危険と隣り合わせにあるがゆえに、神仏との関係はおのずと深くなる。震災の年も、仮設暮らしをしながら、島に戻ってソウガイ流しを実施している。納骨堂が無事であったことも行事を続けることができた要因であろう。復興に際して、帰島せず、本土への全島民移転という選択をしていたら、どのような形で先祖を供養することになったであろうか。どこか近くの海岸を代用しただろうか。ソウガイ流しは難しくなっていたかもしれない。海との関わりで維持されてきた世界観を持ち続けることも難しかったかもしれない。

地震による全島被災という危機的状況という非日常のなかで見えてきたのは、復興方法についての住民の合意形成と社会関係との関わりであったり、災いを少しでも幸いに転じようとする神仏とのつながりであったり、死に関わる暗黙の了解であったり、といった暮らしの仕組みであった。水神や地蔵、観音に対する信仰の一部は消えつつある。井戸のように対象となるモノが残っていない以上、自然な成り行きなのだろう。

一方で、海を生計の場としてだけではなく、先祖や死者と繋がる場とする認識は変わらずにあることが示された。同島に関して言えば、世界観を維持することが目的の帰島ではなかったが、現時点では、結果として維持されたと言える。多くの死者と行方不明者を出した東北各地の状況と玄界島の復興は、その規模の相違もあり、簡単に比較できるものではない。しかし、東北各地で今後暮らしが回復していくなかで、「暮らしの場を取り戻す」とはいかなることなのか、考えるヒントはありそうだ。「暮らしの場」とは、モノや住民を取り囲む環境との関わりで蓄積された、目には見えない側面にも及んでおり、それは新たな暮らしが営まれるなかでしか見えてこないのかもしれない。だからこそ、帰島して九年という玄界島の事例は更に深い意味を持つのである。

註

（1）東北各地の震災復興について言及した川島の論考は数多いが、ここではそのうちの一つを挙げておきたい。川島秀一『津浪のまちに生きて』冨山房インターナショナル　二〇一二年。

（2）山口弥一郎『津浪と村』三弥井書店（復刻版）二〇一一年。三陸沿岸は明治二九年三陸地震津波、昭和八年三陸地震津波、そして昭和三五年のチリ地震津波と、過去にも津波による甚大な被害を受けている。柳田が明治二九年の津波の二五年後に三陸沿岸を歩いて書き留めた「二十五箇年後」（『雪国の春』岡書院　一九二八年）をベースとして、山口はその後の津波被災地の詳細をその文化的、社会的背景から分析し、防災にあたっての伝承の力の重要性を民俗学的見地から明らかにしている。これらは今なお有効な視点を含んだ記録であった。

（3）平成一七年（二〇〇五）二月末の人口は、『玄界島震災復興記録誌』による。平成二八年九月の人口は、福岡市ホームページ「平成二八年版（二〇一六年）公称町（町丁字）別世帯数及び人口」による。http://www.city.fukuoka.lg.jp/soki/tokeichosa/shisei/toukei/jinkou/tourokujinkou/fukuokasinojinkou.html　二〇一七年四月八日閲覧。

（4）中野紀和「危機を乗り越える知恵―福岡県西方沖地震の被災地・玄界島の復興過程―」『経営論集』第二七号　大東文化大学経営学会　二〇一四年　六九～七八頁。「災害復興と地域資源の活用―福岡県西方沖地震の被災地・玄界島住民の語りから―」『経営論集』第二八・二九合併号　大東文化大学経営学会　二〇一五年　一四九～一六四頁。「過去の災害被災地に学ぶ―福岡県西方沖地震の玄界島と長野県北部地震の栄村小滝集落の復興過程―」『法学研究』第九〇巻一号　慶応義塾大学法学研究会　二〇一七年　二八三～三〇五頁。玄界島の復興過程の詳細については既に拙稿で述べているので、これらを参照されたい。

（5）帰島直後は四七戸の戸建てが建てられたが、その後、一戸が追加となり四八戸となった。戸建てへの入居は二世帯以上で同居することが条件であったことから、単身者や夫婦のみで生活する場合は、市営や県営の集合住宅を選択した。また、戸建を建築するにあたって、住民が希望したのは玄関を南向きにすることであった。漁師の多い同島では、験担ぎのため玄関を南側に設置する風習があり、宅地造成の際には道路が南側にくるように設計された。集合住宅の玄関に関してはこの風習は適用されていない。

（6）濃密な人間関係は、ときには「しがらみ」ともなる。日常生活において相互扶助が欠かせなかった同島では、手伝いの人の多さは、その家の島での位置づけをも示していた。この点については、中野の前掲論文（中野二〇一四年）で詳述している。

（7）近年になって、隣人との距離が近かった仮設住宅での生活を懐かしむ語りが出てきている。仮設生活の不自由さは知られていることではあるが、それを裏返した語りは、現状の生活への不満と批判として受け取ることができる。この点については、中野の前掲論文（二〇一五年）で論じている。

柳田國男の伝承観と自治論
――現代民俗論の課題――

加藤　秀雄

はじめに

近年、全国各地の過疎・高齢化に対処すべく、都市部から地方への移住を促進する動きが盛んになりつつある。特に総務省の主導で平成二一年（二〇〇九）から制度化された「地域おこし協力隊」や「移住・交流推進機構」（Japan Organization for Internal Migration 通称：JOIN 平成二六年設立）の活動が、その代表的な例として挙げられるが(1)、都市住民が地方へと移住する際に不可避的に発生する「カルチャーショック」については、次のような移住者の声が興味深い。

仕事を紹介してくれたり、生活を支援してくれることは有り難いが、田舎で生きていく上でもっとも悩み、イライラを募らせるのは、地域との関わり、人間関係である。田舎の集落には、都会育ちの人間には理解しがたい風習・慣習がある。神社があれば、氏子になることを強要されることもある。神社や寺が老朽化すると、修理や立て替え費用を負担させられる場合も。祭りを手伝わされるだけならまだしも、祭りの準備や後の宴会の会場として、自宅を開放しなければならなかったり、酒代・食事代まで負担しなければならない集落もある。(中略)現代社会において、こんな現実があろうことなど、都会人は知る由もない(2)。

民俗学者であれば馴染み深いユイやモヤイなどの相互扶助、あるいは当屋・当番制の氏神・氏仏の祭祀が、ここでは移住者にとって「理解しがたい風習・慣習」であると批判されている。言うまでもなく、これらは地域社会が周囲の自然・生活環境を維持、存続させるために伝承してきたものであり、信仰もそれと深く結びついたものであった。しかし貨幣経済の浸透と、それに伴うあらゆるものをサービスとして受容する現代的な生活に慣れきった人々にとって、それらは理解しがたいものとしてしか見なされないような状況が存在するのである。無論、この発言は特定の個人によるものでしかなく、全ての移住者が同じ考えを持っているとは言えない。しかし、このような地域や伝承の捉え方が存在すること自体は看過できない問題だろう(3)。

それでは、伝承は現代社会にとって不必要なものであり、今後、期待される都市住民の地方への移住とその活性化において障害にしかならない存在なのだろうか。これは現代社会における民俗学の存在意義とも関わる重要な問いであるように思える。本稿では、このような現在的課題ともなっている伝承の問題を、柳田國男の「自治論」と関連させながら議論していきたい。この伝承と自治の関係性については、従来の伝承をめぐる研究史の中で特に注目されてこなかったトピックだと言えるが、筆者はこの問題系こそが現代民俗論における最も大きな課題となりうるものだと考えている。

一　近現代における伝承の衰微

1　伝承の定義をめぐって

まず本節では伝承の一般的な定義から確認しておきたい。『日本民俗大辞典』（二〇〇〇年）には、「伝承」と「民間伝承」の項目が立てられており、いずれも平山和彦の文責となっている。これらは平山の「伝承の理論的考察」（一九九二）の内容を踏襲したものであるが、「民間伝承」の項目では以下のような定義がなされている。

民間伝承は主に人々の日常生活を構成する文化だという意味では生活文化に近く、また、文化を上下の二層に分けた場合には基層文化の基本的な要素といえる。つまり、伝承は上層文化にも存在するのであるが、民間伝承と、特に民間という熟語を付した理由は、研究対象が上層文化ではなく、生活文化ないし基層文化にあることを明示するためであった(4)。

これは伝承が、どのような文化の「層」に存在するのかということに言及した文章として読むことが出来るだろう。ここで重要なのは、日常生活の中に伝承が存在するという点、そしてハイカルチャーに対置して位置づけられている点である。平山によると伝承自体はハイカルチャーにも存在するとされるが、それ故に「民間」という語が重要性を持ってくるのである。柳田國男は『民間伝承論』（一九三四年）の冒頭で「民間」の語の位置づけについて次のように述べている。

日本在来の語感では、「民間」は用途や、弘く、時としては官吏に非ざるもの、全部のやうにも解せられて居た故に、近頃僅かな間にも早や色々のをかしい誤解があった。（中略）私は此意味に於て、我々の民間伝承の「民間」という語が、元よりも広く解せられることは格別苦にしない。つまり人間に古風な慣行や考へ方を持つ者と、全然持たない者との二種類が有らうとは思はれぬ故に、此の伝承は遍く官吏なども引きくるめた民間に、求めることが不可能では無いからである。(5)

これに加えて、『民間伝承論』の目的について「民間即ち有識階級の外に於て（もしくは彼等の有識ぶらざる境涯に於て）、文字以外の力によって保留せられて居る従来の活き方、又は働き方、考へ方を、弘く人生を学び知る手段として観察して見たい」と述べているが、平山の「民間伝承」の定義は、このような柳田の発言に倣ったものだと言える。では伝承それ自体は、どのようなものとして見なされているのだろうか。近年の民俗学で最も参照されてきたと思われる定義は次のようなものである。

空間的な伝達継承は伝播の範疇に属することであって、伝承は世代間における伝達継承である。したがって伝承を大まかに規定するなら、上位の世代から下位の世代に対して何らかの事柄を口頭または動作（所作）によって伝達し、下位の世代がそれを継承する行為だと考えられるのである。(6)

このような「行為としての伝承」という視座からの研究は、特に民俗芸能研究や祭礼研究の文脈で展開していくことになる。(7) しかし平山は、「伝承論はこれにとどまるわけではなく、論点はすこぶる多岐にわたる」ことを意識しており、その中でも本稿の関心と強く関わるものとして、「文化にとり、また人間にとって伝承とはいかなる位置と機能を有するものなのか」という課題を挙げることが出来るだろう。(8)

伝承が存在する（していた）ということは、それが地域社会や人々にとって何らかの意味を有するからであり、それが変遷・衰微するのは、その意味が地域や人々にとって変化したり、失われたためだと判断することも出来る。本稿の冒頭で取り上げた移住者の声からも窺い知れるように現在の地域社会においては、過去の伝承も「理解しがたい風習・慣習」になってしまっているという見方もありうるだろう。この移住者は、「「失敗しない移住」を実現させたいのなら、地方の人たちの意識を変えなければならない。変える必要はないと考えるなら、集落の消滅を受け入れるしかない」と結論づけている(9)。

しかし筆者の考えはこれとは全く逆で、地域社会の衰退を招いた最大の要因は、このような伝承に対する無理解、あるいは現代的な生活を所与のものとする生活スタイルと思考にあると考える。議論を先取りすると、伝承の多くは地域社会の「自治」と密接に関わるものであったが、現代社会の「システム」はそれを破壊し、地域社会の衰退を招くものとなっているのである。以下では、そのような近現代的状況と伝承がどのような関係にあるのかということについて見ていきたい。

2　システムによる生活世界の植民地化

近現代の時代状況を特徴づけるものが何かという問いを立てた時、伝承との関連で筆者が注目したいのは、J・ハーバーマスによる「システムによる生活世界の植民地化」の議論である。伝承とシステムの関係性については、過去に拙稿で論じたことがあるが(10)、改めてその概要を簡単に記しておく。ハーバーマスは近代以降、複雑化したコミュニケーション行為を円滑化するために急速に発達した国家や貨幣、マスメディアなどの支配的システムが、日常的なコミュニケーション行為の場、すなわち生活世界に侵入し植民地化していると論じている(11)。このような観点を敷衍した場合、民俗学がフィールドとしてきた地域社会や生活の場も法や市場経済、科学技術といったシステムへの依存度を急速に増している状況が存在することが予想されるだろう。

民俗学の立場から「生活世界の植民地化」に言及している例として岩本通弥による以下のような指摘があり、この後半部で言われていることは、本稿の関心とも関わるものとなっている。

フランクフルト学派の第一世代であるアドルノらの批判理論を、ハーバーマスは批判的に乗り越え、近代社会で確立されたはずの市民的公共性が構造的に脅かされ崩壊しつつある現代社会の諸状況を、システムによる「生活世界の植民地化」としてとらえ、その克服を模索した。生活世界とは「文化的に伝承され言語的に組織された解釈範型のストックの貯蔵庫」であり、コミュニケーション行為という「相互行為の参加者たちが、了解作業をする際の資源として役に立つ」とされる。柳田や有賀がとらえようとした生活にほかならない[12]。

岩本は生活世界を「文化的に伝承され言語的に組織された解釈範型のストックの貯蔵庫」と定義しており、それが日常的なコミュニケーション行為を支えるものとして存在していることを柳田や有賀喜左衛門の生活論を参照しながら指摘しているが、このような生活世界と伝承を近現代的なシステムは浸食しているのである。

このことが顕著な形で露呈したのは平成二三年（二〇一一）三月一一日に発生した東日本大震災であろう。それまで特に意識することなく用いていた電気・ガス・水道といった基本的なインフラは勿論のこと、様々な物資・人を輸送する交通網、情報網が寸断された結果、私たちはいかにそれらに依存して生活を送って来たのか思い知らされることになった。とりわけ福島第一原発のメルトダウンによる放射能汚染はシステムへの依存とその崩壊が地域社会と生活にとって取り返しのつかないものであることをまざまざと見せつけるものであったといえる（写真1参照）。

こうした近現代のシステムを、いかに効率よく運用しコントロールするか、あるいは強化するかという発想は、生

写真１　原発事故後、放置され雑草が生えた状態のままの校庭
（福島県富岡町、2016年5月筆者撮影）

活の場でなされる人々の営為とは異質なものである。一例を挙げるとすれば、現在、被災地で急ピッチで進められている大規模な「復興事業」が挙げられるが、それは、「文化的に伝承され言語的に組織された解釈範型のストックの貯蔵庫」である生活世界の論理を考慮したものとは言い難い。このことは次のような川島秀一の言葉からも理解されよう。

最近の社会はどこを見回しても、「リスク管理」が大はやりで、安全に、かつ無駄を省いて、効率を重視するためだけの仕事が、本来の仕事より加速度的にウェイトを増しつつある。自然災害に関わらず、危機に対するシミュレーションごっこは、国防レベルにまでエスカレートする異常な時代である。（中略）漁師などの生活者の災害観を前提にしないかぎり、防災や減災の対策は、机上のお絵かきのように、ことごとく失敗するであろうと思われる。[13]

川島がここで批判しているような「近代復興」あるいは「近代防災」は、「生活（生業）を後回しにし、基盤整備を優先する」という典型的なシステムありきの思考なのである。[14] これらには惨事便乗型資本主義、いわゆるショック・ドクトリンと呼ばれる新自由主義的な経済政策の側面も看取されるが、[15] いずれにせよ近現代的な政治、経済システムが生活世界とそれを支える伝承に優先するものとして位置づけられていることが理解されるだろう。このような地域と生活の現状に対し民俗学は、どのようなスタンスを取るべきなのだろうか。その導きの糸となるのが本稿の主題である柳田國男の伝承観と自治論である。

二　柳田國男による自由主義批判と世代間倫理

1　柳田による経済的自由主義批判

柳田國男は農商務省・内閣法制局勤務時代に産業組合制度の普及に努めていたが、当時の日本の総人口の大多数を占める小作農の生活向上のために、この制度が必要であることを力説していた。更にその文脈で自由主義的な経済学・経済政策への批判を展開しているが、柳田の経済的自由主義に対する認識と定義は、「新自由主義」のそれと驚くほど一致している。そのような意味で今日の時代状況においてこそ、柳田の「経済」を巡る議論は再考される価値があると言えるのである。まず柳田の自由主義批判について見ておこう。

経済政策は社会に於ける経済行為中主要なる部分を占むるものなり、然れども所謂自由貿易主義の学説が一世を支配せし時代に在りては其重要の度は驚くべく軽視せられしなり、此時代は今を去ること未だ甚だ遠からず、現時も稀には之を奉ずる学者ありて、或は「利益の調和」を説き又は「私益の集合は即ち公益なり」と唱え放任を以て最良の方法なりとし国家の活動を最小区域にまで限局せんと試むる者も無きに非ざれども、如何せん新時代は全く共同事業の時代にして、孤立独行の無勢力不利益なることは着々として事実によりて証明せらるゝのみならず、経済力の不均等なる分賦は多数の弱者をして其地位を維持するは到底自力の能う所に非ざることを感ぜしむる…、[16]

柳田がここで批判しているのは所謂、レッセフェールと呼ばれるような経済政策における自由放任主義、アダム・スミス以来の古典派経済学であるが、その帰趨として「孤立独行の無勢力不利益」、「弱者をして其地位を維持するは到底自力の能う所に非ざることを感ぜしむる」という事態が生じる。柳田はこのような状況を改善するものとして国家による制度的介入の必要性を主張するが、現在の新自由主義的な経済政策においては、国家はこれと全く逆のものとして機能しているのである。そのことは、新自由主義に関する歴史的分析を行ったデヴィッド・ハーヴェイの以下のような言からも明らかだろう。

新自由主義とは何よりも強力な私的所有権、自由市場、自由貿易を特徴とする制度的枠組みの範囲内で個々人の企業活動の自由とその能力とが無制約に発揮されることによって人類の富と福利が最も増大する、と主張する政治経済的実践の理論である。国家の役割は、こうした実践にふさわしい制度的枠組みを創出し維持することである。[17]

二〇〇〇年代以降に推進された民営化、規制緩和などの新自由主義的経済政策が我が国における格差の拡大と労働環境の悪化を招いたことは周知の事実だが、その帰結を個人や弱者の「自己責任」などに収斂させるような思考の存在しない柳田の時代においては、このような市場経済のマイナス面は国家によって止揚されるべき存在だった。そこで柳田が期待を寄せていたのが産業組合に象徴される「共同事業」だったのである。しかし、柳田が産業組合の普及に努めた時期から約二〇年後の昭和六年（一九三一）に書かれた『明治大正史世相篇』では、その「失敗」が次のような形で示されることになる。

即ち救われねばならぬ人々の自治の結合が成就してこそ、目的は達せられるのであるのに、その点の顧みられなかった結果は、却って比較的貧苦の危険の少ない者から、先づ国家の保護を受けることになり、彼等は従順に行政庁の指導に服する代償として、機関を利用して此通り勢力を外に張ることを得たのであった。（中略）一方無数の新設組合への参加を強要される人々は、益々従来の自治心を喪失して行ったのであった。(18)

このような産業組合の失敗については、別の個所でも「政府が差図して細かに定規まで作つてやつたと云ふことは、他面組合の依頼心を徒に増長させる事となって、いやが上にも曾つて組合が具へてゐた共同団結の自治力を、薄弱にしてしまった」とし、(19)国家の介入が人々の自治心の衰退を招いたことを再三強調している。ここでは、「曾つて組合が具へてゐた共同団結の自治力」への言及が見られる点に注意しておきたいが、これについては次章で詳しく論じることとし、もう一点、柳田が自由主義批判を行う上で思想的な基点になったと思われるものについて指摘を行っておきたい。

2　世代間倫理を基点とした自由主義批判

柳田の農政論において特に現代的な意義を持つものとして注目されるのが、その世代間倫理を巡る発言である。ここでは『農政学』（一九〇四年）と『農業政策学』（一九〇九年）における例を挙げておく。

語を代へて言はゞ私益の総計は即ち公益に非ざればなり、極端なる場合を想像せば、仮令一時代の国民が全数を挙りて希望する事柄なりとも、必しも之を以て直に国の政策とは為すべからず、何となれば国家が其存立に因りて代表し且つ利益を防衛すべき人民は、当時に生存するもの丶みには非ず、後世万々年の間に出産すべき国民も、亦之と共に集合して国家を構成するものなり、現代国民の利益は或は未来の住民の為に損害とならざることを保せず、[20]

国家ハ現在生活スル国民ノミヲ以て構成スルトハ云ヒ難シ死シ去リシ我々ノ祖先モ国民ナリ其希望モ容レサルヘカラス又国家ハ永遠ノモノナレハ将来生レ出ツヘキ我々ノ子孫モ国民ナリ其利益モ保護セサルヘカラス[21]

ここには死者、生者、そしてこれから生まれてくる子孫の利益も保護しなくてはならないとする柳田の主張が見て取れる[22]。従来の柳田論においては、これを「国家の永続性」について述べた箇所として見なすのが一般的であったが[23]、ここでより重要なのは、これが「経済」の問題として語られている点であろう。前節で触れたように柳田は明確な自由主義の批判者であったが、自由主義経済システムの最大の欠陥は、それが世代間の「利益」を全く顧慮しておらず、その徹底化による負債が次世代に先送りされるようなものである点にある。このことは自由主義のリバイバルである現在の新自由主義的な社会状況下における原子力利用の問題ひとつ取ってみても即座に理解されうるものだろう。そのような意味でも、柳田が指摘している世代間倫理の問題は、今一度、民俗学の蓄積に照らす形で我々が真剣に検討しなくてはならないアクチュアルな課題なのである。

柳田の中にあったこのような世代間倫理が農政学から離れた後、民俗学の中でどのように展開していったのかという問題は極めて興味深いものだが、その鍵となる柳田の伝承観と自治論について次章では詳しく見ていきたい。

三　柳田國男の伝承観と自治論

1　伝承研究において看過されている問題

伝承概念について考察する際に常に問題となるのは、昭和九年（一九三四）に発表された『民間伝承論』の中で柳田がこれをどのように位置づけているのかという点である。これについては先述の平山の研究や田中宣一の議論に詳しく[24]、筆者も過去に分析を行ったことがあるので[25]、ここでそれを繰り返すことはしないが、柳田の他の著作における「伝承」、「民間伝承」の用法もここで言われている内容と概ね一致しており、これを整理すると以下のようになる[26]。

①　安易な民俗事象の説明、解釈の「反証」となる。
②　全国各地に存在する「類似」した豊富な資料。それを「比較」することで資料の特徴、歴史的状況における位置づけの理解の糸口になる。
③　伝承に「起源」を見いだすのではなく、「変遷」を理解することが重要。伝承はあくまでも歴史的な変化の過程の中に存在する。
④　文字による媒介と強く関わり「文藝」との相関性を持ちつつも、それとは区別される「口伝え」の世界に存在する。「印刷技術」の登場が両者の関係のバランスを崩した。

⑤　人々の「無意識」とともに存在する。「計画記録」の外にあるもの。
⑥　歴史学の資料としての「記録」、考古学の資料としての「遺物（発掘品）」、民俗学の資料としての「伝承」。伝承は歴史と現在に同時に位置づけられる。
⑦　「伝説」と「伝承」は翻訳語である。その棲み分けは『伝説』（一九四〇年）で議論されているが、本書では『民間伝承論』における三部分類の議論が適用された。

柳田による「民間伝承」の古い用例は、大正七年（一九一八）の『土俗と伝説』第一巻第三号に掲載された「おたま杓子」における出口米吉の議論に対する「かくの如き断案に矛盾し、又は反証する民間伝承」という批判にまで遡るが[27]、他の用例からも伝承が「史資料」として位置づけられていることが理解されよう。確かに伝承研究の目的は「歴史」であり、翻って民俗学は広義の歴史学であるということが出来る。このことは柳田が『民間伝承論』のなかで明言している通りだろう。しかし例え伝承という言葉を用いていなかったとしても、明らかにそれと見なせる存在に対し、柳田がどのようなまなざしを向けていたのかということを検討すると、従来の伝承論からは抜け落ちている極めて重要な観点が浮き彫りになってくる。その一例を昭和四年（一九二九）に発表された『都市と農村』の一節から見ておこう。

何でもかでも人の言ふことを聴き、昨日は左の講演に動かされ、けふは右の書物に感激するといふ類の、気軽なる調和性も既に其弊を露はして居る。（中略）只素直なる模倣をしてよいものならば、村の周囲には無数の先例と指導とがあり、更にそれよりも適切なる村の経験があるのである。[28]

都市の新たなる圧迫に対立して、古い生活法を維持しようといふことは困難であったらうが、父老は尚之に対しても更に大なる努力を吝まなかったのである。彼等の教育の教科書は記憶であった。即ち文書を以て伝ふるの必要は見なかったけれども、其成績のみは後々に残って居る。先づ第一にはムラ限りの問題は、悉く自分の力を以て解決している。(29)

ここで言われている村の周囲の「無数の先例と指導」、あるいは「経験」、父老の「記憶」などは伝承と換言出来るものだろう。『都市と農村』では純農化の弊害、外部資本による共有地の収奪、遊び仕事が持つ経済的・社会的意味など、今日的観点から見ても示唆に富む議論がなされているが(30)、伝承との関連で特に注目されるのは、「この複雑なる農民の心理と、それに培はれて生育した制度慣習とは、実は今少し注意深く、土地の人自らの手を以て、保存して置かなければならなかった」、「比較は練習の便宜を供し、学術と統計とは段々に思慮を正確にする。此上は只問題の討究の為に、自分の生活を客観視する習慣を、養ふことが出来ればよいのである」といった発言である(31)。柳田が『民間伝承論』で示している伝承観と研究の構想が、『都市と農村』でも開示されていることが見てとれよう。

このような柳田の伝承観とその研究に対する主張の最大の目的は、「失われたる経済自治の恢復」であり(32)、「歴史」はそれを支持するものであることが予想されていたのである(33)。具体的な自治と伝承の関係性をめぐる問題については、過去、現在における個別事例の討究が今後、ますますその重要性を増してくると思われるが、それは未来の地域社会のありかたを構想する試金石ともなりうるものなのである。

2 眼前の事実としての自治と伝承

本節では柳田が自治と伝承になぜ関心を向けるに至ったのかということを、『後狩詞記』が成立する背景となった宮崎県東臼杵郡椎葉村における経験と照らす形で見ておきたい。

明治四一年（一九〇八）五月からおよそ三か月かけて行われた柳田の九州旅行と椎葉村における滞在に関しては、牛島盛光の研究に詳しいが、(34)松崎憲三はこの旅が柳田に与えた大きな影響について、「柳田の九州四国旅行は机上を離れて農村の実状に目を向けて行く機会でもあり、実際の農村の姿に大きな衝撃を受けた」と指摘している。(35)そして柳田の「九州南部地方の民風」（一九〇九年）における「社会主義の理想の実行さるゝ椎葉村」という文章を引いて以下のような見解を示している。

椎葉村で見た共有地の分割制度は、柳田にとってまさに理想的な共同自助の実践であり、さらにそれが「必しも高き理想に促されて之を実践したのではありませぬ」と言うように自主的に行われている様は、驚くべきものであったに違いない。そうして今まで平地の視点からしか見て来なかったことへの反省から、山地に視座を据えた多様な民風を理解しなければならないと考えるに至ったのだろう。(36)

このような松崎の見解を受けて柄谷行人は『遊動論』（二〇一四）の中で以下のような議論を展開しているが、この一文によって柳田がなぜ国家や行政に主導され人工的に作られる産業組合から、かつて存在した「共同団結の自治力」へと関心を向けるに至ったかが理解されよう。

椎葉村で柳田が驚いたのは、「彼等の土地に対する思想が、平地に於ける我々の思想と異って居る」ことである。柳田にとって貴重だったのは、彼らの中に残っている「思想」である。山民における共同所有の観念は、遊動的生活から来たものだ。（中略）柳田はその思想を「社会主義」と呼んだ。柳田のいう社会主義は、人々の自治と相互扶助、つまり、「協同自助」にもとづく。それは根本的に遊動性と切り離せないのである。（中略）『遠野物語』の序で、柳田はいう。《国内の山村にして遠野よりさらに物深き所にはまた無数の山神山人の伝説あるべし。願わくは之を語りて平地人を戦慄せしめよ》。柳田がこう書いたのは、椎葉村で「協同自助」の実践を見て衝撃を受けたからだ、と松崎憲三は書いている。(37)

本稿の第二章で見た産業組合制度の普及に向けた努力と、その失敗（挫折？）を巡る柳田の変節を理解する上で、椎葉の人々に伝承されていた「思想」、すなわち「社会主義」との出会いはエポックメイキングな出来事であったのではないだろうか。(38)即ち国家の高級官僚として法を整備・運用し、システムを生活の場に浸透させる方向性から、システムの浸食（植民地化）を生活の場から糺す方向へ、人々が自らの力で考え、行動できる実践的な学の構築へと柳田はシフトしたのである。柳田が農政学から民俗学へと向かった大きな画期を、この出来事に見ることは、あながち的外れとは言えないだろう。『都市と農村』でも柳田は、「外部の権力に基く一つの機関をも要せずして、この久しい間村を静かに治めて行くことが出来たのは、取りも直さず、この古くからの慣習が、壊されずにあった証拠であり、同時に又時世の変遷と折合つて、常に少しづつは動かなければならぬ、運命の下に在ったことをも意味する」と述べている。(39)この文章が書かれて既に九〇年という時間が経過しているが、システムの専制は当時よりも更に深刻なものとなり生活世界を覆っていると見るべきであろう。そして人々の自治精神が後退し、地域社会が衰微している今こそ「前代の経験」、すなわち伝承からそれを問い直す姿勢が一定の意味を持つことになるのである。(40)

結びにかえて

『明治大正史世相篇』の第一三章「伴を慕ふ心」と第一四章「群を抜く力」は、近代における人々の自治の衰退と再生というテーマを扱った文章として読むことが出来る。例えば婚姻制度の変化に伴う若者組の消滅とそれに代わる青年団の発達に言及した箇所では、「青年間における自治精神の発達は、引いては従来の中央集権主義への反撥となって現はれ、新事物に対する理解も大いに進んで、従来の如く徒らに中央の好尚を盲目的に受入れるやうな態度は清算されんとしてゐる」とし、その長所として「先ず第一に働くこと」を挙げている。そして衰えかかっていた「共同労働の愉快さ」は彼らによって復活したものと柳田は見ていた[41]。この一文を読む限り柳田は未来に対して楽観的である。

翻って別の箇所では、「是非とも復古を望むかと問はれると、即座に勿論と答へることは、如何なる保守派にも少し困難になって来て居る。つまりは無差別に只新しいものを、片端から讃嘆してはいけないといふだけである」と述べており、変化を受け入れながらも、「前代の経験」を問い如何にそれを受容するかの判断材料とする必要性を示唆している[42]。そこで民俗学の存在意義が増してくるのであるが、私たちはその蓄積を十分なものとし、そこから深い判断を重ねながら、今の時代を生きているのだろうか。この問いに自信を持って答えられる者はそう多くないだろう。そのような意味で、私たちは未だ「病み且つ貧しい」と言えるのかもしれない。しかし、その課題に正面から向き合った時、現代民俗論の新たな地平が切り拓かれることも、また疑い得ないのである。

註

（1）移住・交流推進機構、地域おこし協力隊の活動については以下のＷｅｂサイトを参照のこと。一般財団法人移住・交流推進機構「ニッポン移住・交流ナビ JOIN —田舎暮らしを応援します」[https://www.iju-join.jp/]（二〇一七年四月三〇日確認）。

（2）佐藤きよあき「自治体が理解していない「移住支援」の問題点」の記事内容による。[https://news.allabout.co.jp/articles/d/92462/]（二〇一七年四月三〇日確認）。

（3）前掲註二の記事に対する反応は Twitter などで確認することが出来、「若者の移住に田舎の常識が立ちふさがっている」、「因習に凝り固まった限界集落」といった声が散見される。Twitter［https://twitter.com/?lang=ja］における「自治体が理解していない「移住支援」の問題点」の検索結果を参照されたい。（二〇一七年四月三〇日確認）。

（4）平山和彦「民間伝承」『日本民俗大辞典』吉川弘文館　一九九九年　六三二頁。

（5）柳田國男「民間伝承論」『柳田國男全集』八　筑摩書房　一九九八（一九三四）年　一九頁。

（6）平山和彦『伝承と慣習の論理』吉川弘文館　一九九二年　三二頁。

（7）例えば、福島真人編『身体の構築学―社会的学習過程としての身体技法』ひつじ書房　一九九五年、大石泰夫『芸能の〈伝承現場〉論―若者たちの民俗的学びの共同体』ひつじ書房　二〇〇七年などの研究が挙げられる。これらはレイブ／ウェンガーの「正統的周辺参加」の概念の理論的な影響が看取される。

（8）この他に平山が掲げている課題は以下のようなものである。

・伝承は基本的には行為であるにしても、ただ単に行為にとどまるものなのか否か。

・伝承される事柄とは何か。

・三世代以上の伝承とはいかなる意味か。

・民俗概念が伝承概念によってのみ説明されるものなのか。

・民俗としての伝承には、いかなる要素が付随しているのか。

これらの課題に対する平山の分析は前掲註六の著作における三三～五八頁を参照のこと。

（9）前掲注（2）参照。

（10）加藤秀雄「合併に対するまなざしの過去と現在―システムと伝承の関係性を問う」『平成の大合併と地域社会のくらし―関係性の民俗学』明石書店　二〇一五年。

（11）Habermas, Jürgen. Theorie des kommunikativen Handelns. Frankfurt am Main, 1981.（『コミュニケイション的行為の理論（下）』丸山高司他訳　未来社　一九八七年）。

（12）岩本通弥「民俗学と実践性をめぐる諸問題―「野の学問」とアカデミズム」『民俗学の可能性を拓く―「野の学問」とアカデミズム』青弓社　二〇一二年　六三頁。

（13）川島秀一『海と生きる作法―漁師から学ぶ災害観』冨山房インターナショナル　二〇一七年　二八八～二九〇頁。

（14）近代復興の定義は前掲注（13）八七頁に詳しく、▽事業主体は地方でありながら政府・官僚が主導▽開発を前提とし、迅速性をよしとする▽標準型の政府の事業メニューで事業ありきの発想等がその特徴として挙げられている。

(15) Klein, Naomi. *The Shock Doctrine: the Rise of Disaster Capitalism.* Toronto, 2007.（『ショック・ドクトリン（上・下）―惨事便乗型資本主義の正体を暴く』幾島幸子他訳　岩波書店　二〇一一）東日本大震災の被災地で生じたショック・ドクトリン的な現象については、古川美穂『東北ショック・ドクトリン』岩波書店　二〇一五年に詳しい。

(16) 柳田國男「農政学」『柳田國男全集』一　筑摩書房　一九九九（一九〇四）年　一九三頁。なお本書は講義録であるため、刊記がなく執筆刊行の時期を物語る情報が存在しないため、発行年月の確定が困難である。定本書誌では一九〇二年ごろとされているが、本稿では全集の解題における佐藤健二の分析に従った。

(17) Harvey, David. *A Brief History of Neoliberalism,* Oxford.2005（『新自由主義―その歴史的展開と現在』渡辺治他訳　二〇〇七年一〇頁）。

(18) 柳田國男「明治大正史世相篇」『柳田國男全集』五　筑摩書房　一九九八（一九三一）年　五七三〜五七四頁。

(19) 前掲註（18）五七二頁。

(20) 前掲註（16）一九七頁。

(21) 柳田國男「農業政策学」『柳田國男全集』一　筑摩書房　一九九九（一九〇九）年二九三頁。

(22) 同様の観点による最近の議論として内山節の共同体論が挙げられる。内山によると日本の地域社会は、「死者＝その地域をつくっていった先輩たちと生者がともにある世界として認識される」ものであり、「子孫が影響を受けるかもしれないから」、「自分のことだけではなく、自分の死後もうまくいくように考えながら行動する」規範が存在した。内山の議論に即せば、自然環境と伝承に支えられている共同体は過去にそこを生きた人々、これから生まれて来る人々とも共有されている存在なのである。内山節『増補　共同体の基礎理論』農文協　二〇一五年　一一二、一二三頁。

(23) 例えば橋川文三『近代日本政治思想の諸相』未来社　一九六八年など。山下紘一郎は柳田のこのような思想がエドマンド・バーク流の保守主義の影響下にあったと指摘している。山下紘一郎「第五章　官僚時代」『柳田國男伝』三一書房　一九八八年　三一二頁。

(24) 田中宣一「伝承の全体像理解に向けて」『日本常民文化紀要』二七　二〇〇九年。

(25) 加藤秀雄「伝承概念の脱／再構築のために」『現代民俗学研究』四　二〇一二年。

(26) 以下の整理は、『定本　柳田國男集』別巻五の索引を用い、抜き書きを行った上で筆者が分析したものである。それぞれの伝承の特徴については稿を改めて論じたい。

(27)「おたま杓子」は昭和一九年（一九四四）に『史料としての伝説』に再録された。本文中の引用は、「史料としての伝説」『柳田國男全集』一四　筑摩書房　一九九八（一九四四）年　二六五頁からのものである。

(28) 柳田國男「都市と農村」『柳田國男全集』四　筑摩書房　一九九八（一九二九）年　二〇〇頁。

(29) 前掲註（28）三〇七頁。

(30)『都市と農村』における柳田の議論の整理と現在的意義については、松崎憲三「二つのモノの狭間で―柳田民俗学がめざしたもの」『現代思想』四〇―一二　二〇一二年　九五～九七頁が要点を的確に整理しており、本節における議論もこれに倣っている。

(31) 前掲註（28）二八七、二九六頁。

(32) 前掲註（28）三〇九頁。柳田は「経済自治の恢復」において農村に古来から存在する団結様式と相互扶助、すなわち「平和の百姓一揆」が果たす役割を重視していたが、この点については、田澤晴子「一九二〇年代における柳田國男の「共同生存」と「共同自治」―吉野作造と比較して」『社会思想史研究』三四　二〇一〇年　一五四～一五六頁における議論が詳しい。

(33) 柳田が歴史と自治の関係性に関心を持ち続けていたことは、昭和一〇年（一九三五）に石巻市で実施された講演の演題が「史学と自治」であったことからも窺い知れる。柳田はここで教育勅語の問題性を指摘し物議をかもしているが、詳しくは加藤秀雄「柳田國男と教育勅語」『日本民俗学』二九一　二〇一七年を参照のこと。

(34) 牛島盛光『日本民俗学の源流―柳田國男と椎葉村』岩崎美術社　一九九三年。

(35) 松崎憲三「二つのモノの狭間で―柳田民俗学がめざしたもの」『現代思想』四〇―一二　二〇一二年　九三頁。

(36) 前掲註（35）九三頁。

(37) 柄谷行人『遊動論―柳田國男と山人』文藝春秋　二〇一四年　七二頁。

(38) 最近、柳田の青年期における文学活動や、その後の農政学、民俗学を分析する中で、その底流にクロポトキン流のアナキズムが存在する可能性が指摘されている。その是非については今後の検討課題であるが、筆者は一定の蓋然性を持つ議論であるとみている。絓 秀実・木藤亮太『アナキスト民俗学―尊皇の官僚・柳田國男』筑摩書房　二〇一七年を参照されたい。

(39) 前掲註（28）三〇一頁。

(40) 松崎憲三は、「柳田は新たな問題に出くわした時、(a)右へならへ主義、(b)書物から学ぶ、(c)前代の経験を眼中に置く、の三つをあげ、(c)の持つ意味を強調している。そして「我々も前代の経験を眼中に置き、古いものと新しいものとの狭間で揺れ動きながら、未来に向けて解決策を見出して行く努力をしなければならない」と今後の民俗学のあり方について述べている。前掲註（35）九八頁参照。

（41）前掲注（18）五七八頁。

（42）前掲注（18）六〇四頁。

民俗学の資料と情報

四コマ漫画に描かれた世相
――麻生豊『ノンキナトウサン』をめぐって――

菅野　剛宏

はじめに

現在では、漫画はアニメなどと並んで現代日本の代表的な文化のひとつとして社会的にも認知されていると言っていいだろう。大学等でも漫画は研究の対象となり、「漫画」を標榜する学科を持つところもある。また京都国際マンガミュージアムや北九州市漫画ミュージアムなど漫画を専門的に扱う本格的なミュージアムも開設され、漫画をテーマとした展覧会を目にする機会も増えた。しかし、数十年前までの漫画の文化的な位置は、現在と比べものにならないほど低く、どちらかといえば幼稚なあるいは低俗なものとして見られていたと言えるだろう。子どもの頃、「漫画ばっかり読んで」といった小言をもらった記憶は多くの人に共通するのではないだろうか。

しかし、漫画の文化的価値が認められている状況下においても、明治・大正から戦前までに活躍した多くの漫画家の名は、現在ほとんど忘れられていると言っていいだろう。同じ時代でも、例えば夏目漱石や森鴎外など文学者の名前が広く知られているのとは対照的だが、これも近年まで文化としての認識が低かったせいであろう。

本稿で取り上げる麻生豊も、そのような「忘れられた」漫画家の一人である。詳しくは次章で述べるが、麻生は大正から昭和三〇年代にかけて活躍した漫画家で、ことに大正末期に新聞連載された代表作『ノンキナトウサン』は大変な人気を集め、映画や舞台にもなったほか、流行歌「のんき節」にも歌われた。現在麻生豊の名はほとんど知られていないし、『ノンキナトウサン』を手軽に読むこともできないが、[1] 同時代においては、麻生豊と『ノンキナトウサン』は誰もが知る漫画家とその作品であったと言える。

筆者の勤務する大分県立歴史博物館は、平成二四年に麻生豊の原画など膨大な関連資料の寄贈を受け、筆者は受け入れ担当としてこの資料の暫定的な整理にあたった。資料は約三八〇〇枚にも及ぶ原画、作品を掲載した書籍や新聞の切り抜き、写真アルバム、スケッチノートなど多岐にわたっている。その作品の多くは四コマ漫画や時事漫画であり、『ノンキナトウサン』も基本的には四コマ漫画である。現在でも新聞紙面などには四コマ漫画や時事漫画が掲載されているが、麻生豊はそれらの草創期に多くの作品を手がけた。なかでも『ノンキナトウサン』は新聞連載四コマ漫画の祖ともいわれる作品である。

新聞連載の四コマ漫画は、同時代の出来事や流行などが題材になることが多く、そのときどきの社会状況や世相を読み取ることも可能である。その好例が朝日新聞土曜版で現在も連載中の記事「サザエさんを探して」である。このシリーズは、誰もが知る国民的漫画である長谷川町子『サザエさん』を題材に、そこに描写された掲載当時の世相や社会背景について取材し解説を加えるものである。『サザエさん』が新聞に連載されたのは戦後間もない昭和二一年（一九四六）から昭和四九年（一九七四）までであり、[2] 戦後の高度経済成長によって社会が大きく様変わりしていった時期に重なる。作品にはその当時の話題や流行、生活様式を変えた電化製品など時代を物語るさまざまな事物が登場するが、「サザエさんをさがして」の解説から一般庶民の戦後の生活史が浮かび上がってくる。

本稿の目的は、「サザエさんをさがして」のように、『ノンキナトウサン』から制作当時の世相を読み解くことにある。漫画の学術的な研究と言えば、漫画史や芸術論あるいは表現技術の研究などが思い浮かぶが、本稿では世相を語る「史料」としての位置付けを試みたいと考えている。

一　麻生豊とその作品

麻生豊と『ノンキナトウサン』について、まずその略歴と概略を紹介することにしたい。略歴については、出身地である大分県宇佐市の市民団体が発行した『麻生豊の世界』掲載の年譜と、佐藤美弥による経歴の整理(3)、また作品については清水勲の研究を参考にする。(4)

麻生家はもともと大分県宇佐で庄屋を務めた旧家で、豊は明治三一年(一八九八)に生まれた。(5)大正三年(一九一四)に地元の高等小学校を卒業し、三菱鯰田炭鉱に入社して雑務等に従事する。翌年退社し上京、築地工手学校機械科で学ぶ。工手学校で学ぶ間、大正五年にアメリカ人飛行家アート・スミスの来日に影響を受け、飛行学校に入学するが、入学初日に墜落事故を目撃したため、自動車の運転に転向したというエピソードが残っている。このエピソードからうかがえるように、麻生は機械好き、新しい物好きで多趣味であった。また、絵画にも興味があり、工手学校に通いながら本郷にあった美術研究所で洋画も学んだ。

工学にも美術にも興味のあった麻生だが、大正九年(一九二〇)には日本漫画界のパイオニアである北沢楽天が主宰する養成塾「漫画好楽会」に入り、漫画の道に進み始める。(6)翌年、日本漫画通信社に入社、大正一一年(一九二二)一月からは報知新聞の漫画記者となり、政治漫画等を描き始める。そして、『ノンキナトウサン』は、この報知新聞社時代に誕生する。

『ノンキナトウサン』は、漫画史の分野では新聞連載四コマ漫画の草創期を代表する作品として位置づけられている。清水勲は「紙面左上に定位置を得た日本最初の新聞連載四コマ漫画といえる。」と述べているが、(7)以降現在に至るまでこの場所は新聞連載四コマ漫画の定位置となっている。こうしたことから、『ノンキナトウサン』は新聞四コマ漫画の嚆矢とされることが多い。当初は、八コマ漫画として日曜日の誌面に掲載されたが、毎日の掲載となったのは、関東大震災がきっかけであった。清水によれば、被災者の沈んだ心をなぐさめるような漫画を描いて欲しいという報知新聞編集長高田知一郎の指示を受け、当時好評を得ていたアメリカ漫画「親爺教育」を参考に生み出されたという(8)。

主人公であるトウサンは、小太りで丸顔に団子鼻と眼鏡、頭もはげたさえない中年で、やることなすことうまくいかないという頼りないキャラクターである。相棒の、これまた頼りない「隣のタイショウ」とともに基本的には失業者であり、いくつもの職を転々とするが、なかなかうまくいかない。しかし悲観しすぎることもなくのんきに生きていく、そうしたユーモラスな姿が「震災後の人々に安らぎと生きる希望を与えた(9)」のである。『ノンキナトウサン』はたちまち大人気となり、そのおかげで報知新聞の発行部数も当初四〇万部から七〇万部まで伸びたという(10)。連載作は百話ずつ単行本としてまとめられ、当然こちらもヒットした。麻生は大正一五年（一九二六）から約一年間ヨーロッパなど海外を旅行しているが、それは単行本の印税で行ったものだったという(11)。

また、その人気は漫画だけにとどまらず、舞台化や映画化などもおこなわれた。舞台は、喜劇俳優・曾我廼家五九郎が主演を務め、その一座で公演された。映画は、実写版が二本とアニメ版が大正一四年（一九二五）に作られている。さらに、演歌師・添田亜蟬坊の「ノンキ節」をもとに、石田一松が『ノンキナトウサン』を取り込んだ「のんき節」も流行し、石田の代表作となった。演劇、映画、アニメ、流行歌とあらゆる場所にトウサンは登場したが、これは現在で言うところのメディアミックスのはしりと言ってもいいだろう。後年の漫画家たちに与えた影響も大きく、例えば手塚治虫の作品には、『ノンキナトウサン』へのオマージュとして、トウサンにそっくりの「ノンキメガネ」が登場することが指摘されている(12)。

このように大正末期に絶大な人気を得た『ノンキナトウサン』であるが、麻生はその後も二回にわたってトウサンを世に送り出している。一度目は麻生が読売新聞に移籍した翌年の昭和五年（一九三〇）からで、世の中が昭和の大恐慌に沈んでいた時期である。そしてもう一回は終戦直後である。昭和二二年（一九四七）に発行された『ノンキナトウサン』の序文で、麻生は次のようなことを述べている。

関東大震災の灰の中から立ちあがって廿数年。今日又、敗戦の混乱の裡に再びノントウを殺人電車から発見しました。思へばノントウは非常時になるとどこからかヒョッコリ現はれて皆と一緒に苦労し乍ら生き抜くノンキなようなそして又不死身な変なおやぢです。(13)

関東大震災後、打ちひしがれた人々を勇気づけた『ノンキナトウサン』。麻生豊は、トウサンを危機に瀕すると登場するいわば救世主のような存在として考えていたのであろう。震災後のように人々を元気づけたい、そんな思いが二回の再登場の要因だったと考えられる。

次章からは、具体的に作品を取り上げ、それぞれの作品に描かれた世相などを読み解いていく。ただ、当然のことながら作者の目を通して描かれており、その主観がある程度影響することも予想されるので、そうした点にも留意したい。時代としては、『ノンキナトウサン』が初めて連載された大正末期と、三度目に世の中に登場した昭和の終戦直後の時期である。前述のように『ノンキナトウサン』は昭和初期にも連載されていたが、紙幅の都合とこの時期の刊行物が手元にないことから、本稿では扱わない。

なお、麻生作品には膨大な原画が存在するが、制作年が明確でないものもあり、また参照のことも考慮して、本稿では単行本に収載された作品を対象とする。また、カタカナ表記の台詞は読みやすくするため、漢字とひらがなに改める。

作品1

作品2

二　ノンキナトウサンと大正の世相

1　震災とトウサン

前章で述べたように、『ノンキナトウサン』は関東大震災と関わりが深く、とくに初期の作品には震災の様子がよく取り上げられている。東京の新聞社で働いていた麻生も当然被災した。カメラを趣味の一つにしていた麻生は、震災の様子を写真に収めている。炎に包まれる街、焼け跡、避難する人々などを撮影した写真が残され、震災時の麻生を取り巻く景色を物語る。麻生も又、震災のただ中にいたのである。

単行本収載の第一作は、食事中に地震で家が倒壊しても茶碗と箸を離さず、鉢（飯鉢）を探してくれというセリフを吐くもので、まさに「のんきな」トウサンの様子が描かれている【作品1】。

【作品2】は、震災後のバラック生活を描いたもの。罹災者の住居確保のため、一年以内に着工し五年以内に除去する場合に限り、市街地建築物法を適用外とした簡易で粗末な住宅の建築を認めたが、これがバラックである。作品に描かれたバラッ

作品３

クはいかにも心細く、屋根の穴から月が見え雨漏りがする。あげくには嵐で跡形もなくなってしまう。このほかにも、同じようなバラックばかりで自分の家が分からなくなったり、粗末な造作のため隣家のいびきで眠れなかったりといった作品もある。震災から二ヶ月後には、市や区の管理するバラックには二万一三六七世帯、八万六五八一人が居住していたといい[14]、罹災生活を象徴するものがこのバラックであったといえるだろう。

　関東大震災においては、流言により数多の朝鮮人や中国人などが虐殺されたが、【作品３】は、それに関連したものである。多くの人々に取り囲まれ「君が代をうたってみな」「あなたは日本人ですか」と問われ驚くトウサン。自分も驚かしてやろうと兵士（おそらくは隊長）に「兵隊の服をきてるが大かた人ごろしだろ」と竹槍を向ける。麻生が直接そうした現場に出くわしたかはわからないが、麻生が撮影した写真には自警団とおぼしき人々が写されたものもあり、かなり身近な所で起きていた可能性は高い。残念ながら、麻生がこの事件をどのように受け止めていたかを知る資料はない。現在から見ると、悔恨すべき出来事に対してユーモラスな漫画のネタとして扱うことの是非や、その表現方法など考えさせられることの多い作品である。ただ、漫画家という職業の風刺や批判精神を考えれば、トウサンが発した「大かた人ごろしだろ」という言葉は、一人の兵士に対してではなくもっと多くの日本人に向けられたものと考えることもできるのではないだろうか。

　そのほか、灰掻きの仕事にあり付こうと並んだり、電車（おそらく市電）に乗るために並びながら「震災後は並ぶことが流行る」とぼやいたりといった作品があり、震災後の世情を映し出している。

作品 4

作品 5

2　都市の暮らしとトウサン

初期には震災が頻繁に取り上げられたが、それが一段落するとトウサンの日常が描かれるようになる。バラック暮らしを強いられたことからも分かるように、トウサンは都市の住民であり、作品には、大正時代の都市の生活や風俗がしばしば登場する。ここでは、それらのいくつかを取り上げることとする。

【作品4】は、ボーナスの話題。このころ都市部ではサラリーマンの数も増えており、大正九年（一九二〇）には、東京市の有業者のうち二一・四パーセントがサラリーマンだったという。[15] 一コマ目から三コマ目まで、それぞれサラリーマンらしき人物がボーナスのことを口にする。それを聞いたトウサンは、八百屋にボーナスがあるか尋ね、八百屋は「ボケナス」なんかない、というオチ。ボー「ナス」と野菜の「ナス」をかけた内容は、今でこそ陳腐であるが、当時としてはトウサンのようなのんき者なら勘違いをするような、まだまだ新しい言葉であったことがうかがえる。ところで、一コマ目で酔って肩を組みながら歩く二人組は、「どうせ二人は枯れススキ」と歌っているが、これは作詞・野口雨情、作曲・中山晋平という当時のゴールデンコンビが作り、大ヒットした「船頭小唄」である。

【作品5】は、救世軍による社会鍋を取り上げている。「憐れな兄弟たち」のために募金をよびかける救世軍の人物。「この鍋の金は正月の餅に変わるのです」というのに対し、トウサンは「おれは憐れな兄弟だが餅はまだ煮えないかね」と返す。社会「鍋」とはいっても、餅などを煮炊きするものではないというところにおかしみがある。救世軍は布教活動や社会福祉活動等を行うキリスト教の団体で、社会鍋もその活動の一つである。救世軍のホームページによると、日本では、日露戦争直後の明治三六年（一九〇九）に始まった。当初は「慈善かご」と言ったが、大正時代に「社会鍋」と呼ばれるようになった。発祥のアメリカでは、Christmas Kettle といいスープ壺を用いるが、日本では「年越し雑煮というつもりで鉄鍋をつるすことになった」[16]というから、トウサンの勘違いもあながち的外れではないともいえる。ともかく、社会鍋は俳句の季語にもなっているように歳末の風物詩として定着していくが、この作品には年末の都市の街頭が切り取られている。

このほかにも、歳末大売り出しなど年末の様子をテーマにした作品は多い。トウサンのような弱者にとっては、年越しを控えた時期は、懐の寒さや切なさがより一層身につまされる、つまりは漫画の題材になりやすいということなのかもしれない。【作品6】もそうした作品である。求人の張り紙を見て飛び込むと、着る物の用意まであるので喜ぶ「隣のタイショウ」。しかし、それはサンタクロースの衣裳で困惑するという内容。明治三〇年代には、すでに銀座のビルはクリスマスのイルミネーションで彩られ、サンタクロースも登場、さらに昭和初期には「ホテルのダンス・パーティが盛況を呈し、銀座のカフェーは一年でいちばんのかき入れ時となった。」[17]という。クリスマスはすでにこの頃東京の繁華街では定着しており、この作品の背景となっている。

作品 6

【作品7】では、トウサンが洋服を着て「毎日パンとコロッケばかり」と嘆く。ひょんなことから金持ちになったためこのような暮らしをしているのだが、この洋風の生活をタイショウは「文化生活」と呼んでいる。大正六年（一九一七）頃には「今日もコロッケ、明日もコロッケ」と歌う「コロッケの歌」がヒットしたように、

作品 7

作品 8

洋食の中でもコロッケは最もポピュラーな品といえる。この時期、暮らしの洋風化が進み「文化生活」が推奨された。和洋折衷の文化アパートや文化住宅が建てられ、「ちょっとシャレたもの、清潔で使いやすいもの、生活を便利にするものといった欧米の商品群が、ぞくぞくと輸入され、それらの国産化もすすめられた」[18]という。この場合「文化」は洋風のもの、目新しいものを指し、「鍋や釜や包丁、はてはたわしにまで「文化」の名をつけ、流行の「文化生活」の一端にふれようとした」[19]が、この作品はそうした世相を物語っている。

前述したように、トウサンと相棒の隣のタイショウは基本的に失業者であり、いつも何か仕事を探している。そして実際、サンタのビラ配りのようにいろいろな職業に就く。例えば、競馬の騎手、サンドイッチマン、巡査、左官、郵便配達、選挙の運動員、俳優といった具合である。巡査時代には悪党を捕まえて刑事に抜擢されるようなこともあるが、結局はどの職業もうまくいかず、クビになったり自ら投げ出したりということになる。【作品8】もその一例で、トウサンがそば屋、タイショウが西洋料理の出前持ちをしている。出前や西洋料理は都市的であるし、「美人」などを意味するドイツ語由来の「シャン」という俗語が使われているのも一種の都市風俗といえる。何より職業に多くの選択肢があるということ自体が、都市の物語であることを示しており、トウサンをそうした職業に就かせ都会の海を泳がせることで、そこで生きるさまざまな人物や移りゆく世相を描き出している。

さらに付け加えるならば、トウサンの多彩な体験は、職業だけではなく、野球やテニスといったスポーツにも及んでいる。[20]この当時のスポーツについては、「スキー・登山・ゴルフ・テニスなどは、ほぼ上層の金持ち階層だけのものであり、（中略）野球だけは日本特有の軟式ボールが開発されたので小学校にも拡がり」[21]といった状況であったという。スポーツが描かれたのは、麻生の多趣味も多分に影響しているとは思われるが、スポーツ文化が花開きつつあった当時の状況を反映したものとも言えるだろう。

こうしてみてくると、関東大震災直後の初期の作品こそ被災した都市とその困難な生活が題材となっていたが、やがて都市生活の多彩な断片が作中に多く取り上げられるようになったことがうかがえる。そして、その都市生活にうまく乗り切れないトウサンだからこそ、そこにおかしさや都市生活への皮肉が生まれるのである。

作品 9

三　ノンキナトウサンの戦後

先に述べたように、ノンキナトウサンを復興の救世主的存在と考えていた麻生は、戦後にも『ノンキナトウサン』を制作している。ここでは、戦後に出版された『ノンキナトウサン』の単行本から、いくつかの作品を見ていくことにする。

【作品9】は、戦後のバラックを描いた作品。作品1の関東大震災でもバラックが描かれているように、この簡易な住宅によって被災者の生活状況を象徴的に示しているといえる。トウサンは、狭い家でも、掃除する場所も少ないし座っていても何でも取れるなどいいところがあると力説している。しかも、急ぎの時には、「空襲」と叫べば皆顔を出すといった具合。戦争が終わっても、空襲の記憶がまだ新し

作品10

作品11

い頃の様子を示している。ただし、実際にはもう空襲の心配がない平和な時代である。家の窓にのぞく顔には戦時のような緊迫感はなく、トウサンの笑顔もどこか穏やかである。

【作品10】では配給制度が取り上げられている。戦時体制下で行われていた食料品や日用品の配給は、戦後もしばらく続けられた。しかし、戦争が終わったからといって物資の不足が急に解消するわけもない。「本当の配給だよ」「間違いだろ、珍しいこった」という会話が示すように、遅配や欠配は日常茶飯事であった。運良く配給にありついたトウサン親子だが、その魚は腐っており、腐ったものでも売りつけるのが配給と皮肉を言う。配給そのものが全く信用できないという当時の様子がうかがえる。

配給が心許ないとなれば、ヤミ市などで非正規の物資を手に入れるしかない。【作品11】ではそれが取り上げられている。「闇屋ごっこ」をして遊ぶ子どもを「悪い遊びばかり覚えて」と叱る母さんだが、そういう母さんもヤミ市に行くところだったという話。建前は「ヤミ」であっても、実際は生活する上で不可欠なほど一般化していたことが、子どもの遊びにまで広まっているという描写によって示されている。ヤミ市は、東京や大阪など大消費地の繁華街を中心に形成されていったが、そこは「国籍・階級・身分・出身・学歴を一切問われない、日本人が史上初めて体験した「解放区」」であり、「日本の戦後民主主義はそこから出発し、体制に内在されていった」という。(22)

作品12

作品13

【作品12】では、その「民主主義」が取り上げられている。「民主主義なんだから何しようと勝手さ」とか「民主主義の世の中になって気楽」などと好き勝手なことをいう人びとにトウサンは困惑顔。最後には幼い女の子までが「ミンチュチュギ」を口にする。しかし、その足元を見ると、靴と下駄を片足ずつ履いている。それを見たトウサンは「皮肉な嬢ちゃんだな」と頭を掻いているが、これは民主主義を「はき違えて」いるということであろうか。いうまでもなく民主主義は、自由勝手に気楽に振る舞うことではないが、体制の急激な変化や新しい価値観に振り回される人びとの様子が表現されているといえるだろう。

この作品に代表されるように、この時代のトウサンは、失敗ばかりであった大正期のトウサンとは違い、世の中に対するシニカルな視点を持っている。麻生は、単なるユーモラスなキャラクターとしてトウサンを描くのではなく、大きな時代の変化の中で、自らの思いを代弁させる存在として、トウサンに批評家的な目を持たせたのではないだろうか。

【作品13】も、そうした視点が感じられる作品である。車両に「馘首絶対反対」と書かれたのを見て、鉄道でも首切りが始まるようだと同情するトウサン。しかし、列車が表示された駅まで行かなかったり、だらしない駅員の姿を見て考えを変える。「お客の気持ちもちょっと書き添えたいね」と言いながら、「馘首絶対反対」に「に反対」と書き加えるのである。「首切り」という状況には同情的でも、多くの乗客に迷惑をかける行為については批判的であり、これは作者麻生自身の考えと捉えてよいであろう。

　このように、戦後、さまざまな社会問題を批評的に取り入れているが、なかでも麻生がもっとも関心を寄せていたと思われるのが、戦災孤児など不遇な子どもの問題である。【作品14】にもそうした子どもが登場する。トウサンが畑泥棒を捕まえると、それはまだ幼い子どもだった。トウサンは、やさしく諭しながら野菜を差し出すというものである。ほかにも、孤児と思われる子どもの体を洗ってやるなど、トウサンが子どもたちにやさしく接する作品が描かれている。大人が始めた戦争によって不幸な境遇となった子どもたちに手を差し伸べたのは、立派な大人ではなく、社会のはみ出しものであるトウサンであった。そこに、本来責任があるはずの「立派な大人たち」に対する皮肉が込められているのではないだろうか。

作品14

　麻生は、この時期『街の子供』という戦災孤児の兄弟を主人公にした作品を著している。「絵を読む絵本」と副題が付けられたこの作品は、一切台詞がなく、劇画調の絵のタッチを用いるなど実験的な作である。その序文で麻生は、戦災孤児を取り上げることについて「つまらないこと」と思われるかも知れないが、この問題を解決して初めて、日本は文化国家といえるし、国際社会からの信用を得られるのだと述べている。(23) あえて実験的な手法を選んだのも、孤児たちに多くの目を向けさせ、社会的な関心を高めようと意図したためとも考えられる。

結びにかえて

　以上、二つの時代の『ノンキナトウサン』について、社会状況や世相がうかがえる作品を中心に取り上げて来た。大正期と戦後のノンキナトウサンでは、トウサンのキャラクター自体に微妙な違いが生じているという点は先に述べたが、そもそも全体の作風自体が異なっているということもここで指摘しておきたい。

大正期の『ノンキナトウサン』は、刑事になって大泥棒と対決したり、俳優として映画に出演するなど非現実的な設定が多く、トウサンの行動もいささか破天荒である。対して戦後の作品は、終戦直後の日常からはみ出すことはなく、あくまでも現実的な設定で、トウサンも常識的に振る舞っている。言い換えれば、大正期の作品はフィクションの要素が強くトウサンのおかしな行動を楽しむ作品になっているが、戦後の作品はリアルな日常のなかで社会に対する風刺を描いたものになっているのである。

大正期の作品では、トウサンがさまざまな職業に就くとその顛末が描かれることになり、世相や社会状況の反映という要素は弱くなる。そのため、作品全体のうち本稿の目的に沿うものは、当初予想したよりも少なかったというのが正直なところである。対して戦後の作品では、当時の社会状況が盛り込まれたものが多かったが、それでもまだ復興にはほど遠い時代であり、豊かなモノや華やかな流行などは登場せず、世情を物語る作品を多彩に取り上げたとまでは言えない。

それでも、いくつかの事柄については、その当時の様子をうかがうことができた。主人公のトウサンをはじめ、描かれたのはほとんどがどこにでもいるような一般的な市民である。だからこそこの作品が同時代の多くの人びとの共感を得たのであろうし、後世の私たちは、そこに（作者というフィルターを通してはいるが）その時代の空気や人びとの息づかいを感じることができるのである。

今回は、作品を『ノンキナトウサン』に絞り、時代も大正末期と昭和の終戦直後という二つの時期に限った。しかし、当然麻生には違う時代のさまざまな作品がある。例えば、昭和恐慌の頃に描かれた『只野凡児・人生勉強』という作品がある。昭和八年（一九三三）に連載が開始されたこの作品は、若者の就職活動やサラリーマン生活、恋愛や結婚が題材になっている。(24) 凡児という若者を主人公に据えたことにより、昭和恐慌による就職難という時代背景や、都会の風俗・流行が比較的多く取り入れられている。

また、戦後の麻生のライフワークとでもいうべき作品に「銀座復興絵巻」がある。昭和二〇年（一九四五）から三二年（一九五七）の間、焼け跡から復興していく銀座の様子を年ごとに描いた作品で、街や人や流行などが実に生き生きと描かれている。(25)

これらの作品をはじめ、麻生が残した膨大な作品の中には当時の社会状況や世相、人びとの暮らしの様子などが眠っているであろう。現在では、刊行物もなく作品を読むことも困難な状況だが、一種の「資料」として日を当てることにより、現在によみがえらせることができるはずである。

註

（1）戦前以前の漫画本は、復刻版のような形で発刊されている作品以外は書店には並ばない。専門の漫画ミュージアムには所蔵されているものも少なくないが、一般的な公立図書館ではそもそも漫画本自体の蔵書が少ない。漫画に対する認識が高まったと言っても、こうした点ではまだ不充分と言えなくもない。

（2）初めは「夕刊フクニチ」、昭和二四年から朝日新聞で連載された（朝日新聞ｂｅ編集部『サザエさんをさがして』朝日新聞出版　二〇〇五年　はじめに）。

（3）豊の国宇佐市塾『麻生豊の世界』一九九一年。

（4）佐藤美弥「漫画家麻生豊《銀座復興絵巻》制作の背景について―主として麻生の戦前・戦時期の動向から」『埼玉県立歴史と民俗の博物館紀要（7）』二〇一三年　四五～六四頁。

（5）父親の仕事（郵便局）の関係で大分県大野郡三重町（現豊後大野市）に居住していたときに出生した。

（6）スポーツ紙である現在の「スポーツ報知」とは異なる一般紙。

（7）清水勲『四コマ漫画』岩波書店　二〇〇九年　五二頁。

（8）註（7）に同じ。ここにはより詳細な経緯も記されている。

（9）清水勲「漫画家としての麻生豊」『麻生豊の世界』豊の国宇佐市塾　一九九一年　四九～五〇頁。

(10) 註（7）に同じ。
(11) 註（9）に同じ。
(12) 伊藤剛『『描く！』マンガ展』『描く！』マンガ展企画事務局　二〇一五年　一一頁。
(13) 麻生豊『長編漫画ノンキナトウサン』リンゴ書院　一九四八年　序文。
(14) 畑中章宏『柳田国男と今和次郎』平凡社　二〇一一年　一六八頁。
(15)『縮刷版　大衆文化事典』弘文堂　一九九四年　二九五頁。
(16) 救世軍「社会鍋物語」salvationarmy.or.jp/index.php? 社会鍋物語　二〇一七年四月二一日閲覧。
(17) 註（14）前掲書、二一八頁。
(18)『朝日クロニクル週間20世紀　一九二六年』朝日新聞社　二〇〇〇年　三六頁。
(19) 註（17）に同じ。
(20) 麻生豊『ノンキナトウサン　第4巻』報知新聞社出版部　一九二四年。
(21) 湯沢雍彦『大正期の家庭問題』ミネルヴァ書房　二〇一〇年　二三四頁。
(22) 註（14）前掲書　八〇八頁。
(23) 麻生豊『街の子供』沃土社　一九四七年　序文。
(24) ノンキナトウサンの息子という設定の只野凡児が主人公で、この作品もヒット作となり、単行本化されたほか映画化もされている。
(25) 埼玉県立歴史と民俗の博物館所蔵。全二〇点が残されている。この作品については、註（4）前掲書に詳しい。

【作品出典】

作品1〜5・8　麻生豊『ノンキナトウサン　第1巻』報知新聞社出版局　一九二四年。
作品6〜7　麻生豊『ノンキナトウサン　第4巻』報知新聞社出版局　一九二五年。
作品9〜14　麻生豊『長編漫画ノンキナトウサン』リンゴ書院　一九四八年。

英語圏とドイツ語圏における日本民俗学の紹介状況と今後の課題

ゲーラット・クリスチャン

はじめに

日本民俗学は二〇世紀前半から、普通の人びとの生活と文化への関心のもとで、貴重な資料やデータを蓄積し、また、日本の思想史にも大きく貢献してきた。柳田國男や折口信夫らが研究者としてのみならず、知識人としても活躍したことはここで殊更に言うまでもないであろう。さて、欧米においても日本の歴史と文化を対象とする研究領域が存在するが、現状への印象として、それらへの日本民俗学からの影響は僅少と言わざるを得ない。まったく知られていないというわけではないが、民俗学の研究を部分的にふまえたものが散見されるにとどまる。

本論文では、欧米、特にドイツ語圏における日本民俗学の紹介状況、さらにその開拓者達に関する研究と著作の翻訳の現状を報告したい。その上で、日本民俗学の研究を今後どのように欧米に発信していけるかを考察してみたい。なお、紙幅の都合のため、本稿では幾つかの事例しか取り上げることがかなわない。とりわけ、日本民俗学の開拓者達の研究がどの程度紹介されているかを把握することに集中したい。

なお、本論文のアプローチには以下の留意すべき問題があることを確認しておきたい。一つは、欧米およびドイツ語圏という領域の定義である。ここには言語の問題が関わる。ドイツ語圏の研究者は英語文献を読解できる者がほとんどであるが、英語圏の研究者は必ずしもドイツ語を読めるわけではない。それ以外のヨーロッパの言語、特に民俗学に対する関心が強いフランス語とイタリア語も同じ状態にある。それゆえ、本論文では英語とドイツ語の資料に焦点をあわせる。

もう一つの問題は、民俗学的研究と民俗学そのものを対象とする研究をどのように切り離すか、という点である。本論文は民俗学やその学史、特にその開拓者達の著作の紹介状況を中心に置くが、実際にはそれを取り上げる資料と民俗学的研究とははっきりと区別し難いのである。

一　先行研究

日本民俗学そのものを分析対象とする研究は欧米においても乏しいが、日本民俗学の文脈における学史・動向のまとめをのぞいては、日本語による研究も多くはない。ドイツ語の日本研究の入門書においては、日本民俗学の学問史と方法論の概観するものが見受けられる。日本では、とくに山の神の研究で知られるネリー・ナウマン（Nelly Naumann）は、クラウス・クラハト（Klaus Kracht）とマルクス・リュッターマン（Markus Rüttermann）の編集した『Grundriß der Japanologie（日本学概論要綱）』、および、ホルスト・ハミッチュ（Horst Hammitzsch）の編集した『Japan-Handbuch（日本ハンドブック）』において、日本民俗学の由来とアプローチを紹介している。(1) もっとも、日本民俗学が初めてドイツ語で紹介されたのは、一九四四年のマティアス・エーダー（Matthias Eder）の翻訳した「Die japanische Volkskunde. Ihre Vorgeschichte, Entwicklung und gegenwärtige Lage（日本民俗学：その来歴、発展、現状）」という論文であった。(2) また、日本民俗学の背景と現状をまとめた最近年の成果は森明子の『A Companion to Folklore』掲載の論文である。(3)

欧米における日本民俗学的研究の現状については、執筆者は第一五回ドイツ語圏日本研究者会議での発表題目の傾向を、平成二五年（二〇一三）年の『常民文化』三六号にて概観している。[4]しかし、そこで中心とされていたのは、ドイツ語圏における民俗学的研究であり、学史はあまり扱われていなかった。民俗学そのものを取り上げるものとしては、柳田國男の民俗学を英語で紹介したロナルド・A・モース（Ronald A. Morse）の『世界の中の柳田国男』が挙げられる。[5]欧米の研究者の柳田に関する論文の日本語訳を集める論文集であるが、その「前書き」において、筆者は欧米における柳田と日本民俗学の紹介の実態調査成果を簡潔にまとめている。また、同書には「柳田国男と柳田国男研究に関する主要外国語文献ガイド」という文献目録をおさめている。同目録は柳田國男と銘打ちつつも、民俗学そのものと関係するものも掲載しており、欧米における日本民俗学を対象とする研究の状態を反映するものといえよう。なお、そこでは英語の文献のみならず、ドイツ、イタリア、フランスなどの文献も紹介されている。

二　民俗学の開拓者たち

では、日本の民俗学の開拓者達の研究はどのように紹介されているであろうか。その紹介は三つのレベルにおいて行われている。一つは開拓者たちの著作や、かれらが研究によって明らかにしたことを、分析し解釈するものである。別のレベルでは、より広く柳田という人物やその業績と思想を対象とする研究がある。よく知られているように、その生涯は民俗学研究にのみ費やされていたわけではない。そして、かれらの思想と学説とを、比較研究の手法によって、二〇世紀日本という文脈あるいは世界史の中に位置づけるものもある。このカテゴリーには、たとえば、民俗学的研究を、世界的な社会科学の近代化と発展のプロセスの中で分析する試みも含まれる。

1　柳田國男

日本民俗学の開拓者達の中で、欧米にもっとも詳しく紹介されているのは柳田國男である。それはまず、モースが一九七五年に刊行した『遠野物語』の英語訳と、(6) 同氏の『Yanagita Kunio and the Folklore Movement: The Search for Japan's National Character and Distinctiveness（柳田國男と民俗学運動—日本の国民性と特徴の探索）』のおかげであるといえよう。(7) 後者は柳田のみならず、日本の民俗学の学史をも紹介している。この二つの著作は欧米における柳田ブームを起こしたといえるかもしれない。

例えば、先述のように、モース氏の『世界の中の柳田国男』には、日本の民俗学と柳田國男に強い関心を持つ各国の専門家の著述の代表例を収めており、巻末の「柳田国男と柳田国男研究に関する主要外国語文献ガイド」には国内外の研究者による外国語文献が紹介されているが、そこに掲載された著作の大半はモース氏の『柳田國男と民俗学運動』の影響のもとで執筆されたといっても過言ではない。

しかし、柳田國男や日本の民俗学について何らかの形で触れた研究は国際的にも多数あるものの、柳田やその研究に直接着目した研究はごくわずかしかない。興味深いことに、柳田に関する研究は北米で最も多く確認できる。これはおそらく、北米では学問分野として日本研究の伝統が根づいていることに加え、アメリカの研究者の中には一九四五年以降に進駐軍の一員として日本に滞在し、柳田と直接面会したことのある者がおり、彼らの中で柳田の印象が今なお生き続けていることも関係しているだろう。

日本との関係はアメリカよりもヨーロッパのほうが歴史が長いが、柳田國男研究は明らかに立ち遅れている。ヨーロッパの研究者の間でも、柳田國男が近代日本の重要な思想家であるという共通認識は広まっており、その著作は広く引用されているものの、学問分野としての柳田研究はヨーロッパではほとんど存在しないに等しい。フランチェスコ・デントーニ（Francesco Dentoni）が柳田国男の人物と思想をイタリア語で紹介しているほかは、柳田本人についてのまとまった研究は、ペーター・ルートゥム（Peter Lutum）のドイツ語による二つの研究論文が、柳田國男と博物学者の南方熊楠の関係と『郷土研究』の方針についての葛藤を取り上げている程度である。

とはいえ、柳田を扱った修士論文や卒業論文は、ヨーロッパでもこれまでに多数書かれており、近年の学会でも柳田関係の発表はいくつか行われている。今後これらが研究論文の増加に結びつくかは未知数だが、欧米では怪物、幽霊、妖怪などを扱った文学作品に対する関心が高まったのと時を同じくして、新たに柳田に注目が集まりつつあり、柳田研究の将来は明るいものと思われる。柳田に対しての関心、柳田の思想史的・学術的意義への意識は確かに存在するものの、柳田とその著作が稀にしか研究されてこなかったことは、柳田の作品の量と多様性、言語の壁、入門的な論文が存在しないこと等に原因があると思われる。

その他の民俗学の開拓者と違って、柳田の著作は欧米の言語へ訳されたものが幾つかある。柳田の全文業と比べれば量的にまだまだ少なく、それらも本当に代表的な著作であるかは疑問であるが、翻訳の存在が柳田と民俗学の理解への不可欠な第一歩であることは疑いない。

学界以外でも読まれている翻訳と言えば、『遠野物語』である。ここにおいても、モース氏の仕事が先駆的であった。かれの英語訳はドイツ語版・スペイン語版などの基礎ともなった(8)。また、柳田の口承文芸研究の成果としては、『日本の昔話』はファニー・ヘイギン・メイヤー（Fanny Hagin Mayer）によって英語にされている(9)。同様に、メイヤーは『日本昔話名彙』の英語訳も手掛けている(10)。幾つかの柳田に関する研究プロジェクトや論文の基礎になったのは、『先祖の話』の英語訳であった(11)。この翻訳もメイヤーが手掛けている。それほど影響が大きいわけではないが、『日本の祭』の部分的な翻訳と(12)、柳田が編集した『明治文化史　第一三巻　風俗編』の部分的な翻訳も行なわれている(13)。加えて、柳田が欧米における日本文化論をどのように読んだかという問題については、「ルース・ベネディクト『菊と刀』の与えるもの：尋常人の人生観」の英語訳が手がかりになる(14)。英語訳と違って、ドイツ語への翻訳はほとんど存在しない。しかし、柳田の研究は卒業論文のテーマとして取り上げられることがあり、その一部として翻訳が作られる場合がある。シュテファン・ヴェーバー（Stephan Weber）が作った『年中行事図説』の部分的な翻訳と分析はその一例である。(15)

2 折口信夫

折口信夫は柳田と同様に、民俗学の開拓者として知られる。日本研究の入門書における民俗学という学問のまとめにおいても、その一人としてあげられる。柳田の「経験的な」民俗学と違って、折口の学問が文献学的な性格があることも紹介されている。(16)しかし、柳田に関する研究に比して、折口に関する研究が乏しいことは残念な事実である。折口の作品を翻訳しようとする運動も見受けられないようである。

折口の学派や方法論的なアプローチは柳田のものよりも未知の状態にあることが原因かとも思われるが、折口の研究は柳田よりも本質主義的であり、雑文的な性格のものであるという評判があることもその理由の一つであろう。(17)

折口が引用されるのは、人気の高い研究テーマである妖怪研究の文脈などに限られているという印象を受ける。代表的な例として、英語圏における妖怪研究で有名なマイケル・ディラン・フォスター（Michael Dylan Foster）の「The Metamorphosis of the Kappa. Transformation of Folklore to Folklorism」をあげることができる。同論文では、折口の「河童の話」が資料にされている。(18)しかし、この種の論文における折口の役割は大体データの資源にかぎられ、折口の方法論や民俗理論はあまり扱われていない。

しかし、折口の民俗学においても、欧米に知られるアプローチとコンセプトがある。その一つは折口が展開したマレビト論である。それを取り上げる論文の例としては、アルフォンソ・ファレーロ（Alfonso Falero）「Origuchi Shinobu's Marebitoron in Global Perspective」を挙げることができる。ファレーロはマレビト論という折口の考えを、日本のみならず世界的な文脈において位置づけている。[19] 最近は、折口が発見した貴種流離譚とトコヨというコンセプトも研究者の関心を引くようになってきた。それらをと取り上げたのは、ジョナサン・ストックデール（Johnathan Stockdale）の論文「Origin Myths: Susano-O, Orikuchi Shinobu, and the Imagination of Exile in Early Japan」であった。ストックデールはそれらのコンセプトを日本の神話の分析に適用できるか否かを考察しているが、結論部では折口の本質主義的なアプローチが批判されている。[20]

しかし、日本の伝統的文化を対象とする英語圏とドイツ語圏の研究を見渡せば、ファレーロやストックデールの折口研究は例外的な現象であることが明らかであり、残念な状況であると言わざるを得ない。ドイツ語圏で特に日本の語り研究や神話研究等で知られるクラウス・アントーニ（Klaus Antoni）は、二〇〇三年の論文において、折口の学問が徐々に関心を集め始めていると論じた。[21] その契機となったのは、ハリー・ハルトゥーニアン（Harry Harootunian）の折口の思想史への影響を論じる『Overcome by Modernity. History, Culture, and Community in Interwar Japan』という著作であった。ハルトゥーニアンはそれ以前にも、『Disciplinizing Native Knowledge and Producing Place: Yanagita Kunio, Origuchi Shinobu, Takata Yasuma』において折口を対象としていた。[22] しかし、それ以後論文の刊行が相次いだわけではなく、折口に対する関心はまた低下しているようである。

3　南方熊楠

ドイツ語圏と英語圏では、南方熊楠に関する研究がおこなわれることは、柳田國男や折口信夫に関する研究よりもさらに稀である。南方についても、彼に関する刊行物の状況を簡単に紹介し、今まで、南方がいまでも余り研究されてこなかった理由を考えてみたい。

ドイツ語や英語で書かれた南方に関係する文献を検索したとしても、現状、あまり収穫はない。モノグラフィーが二冊、論文が二本、それに日本語の論文のドイツ語への翻訳を一件、確認できている。検索作業を通して気づかれることとして、特に強調しておきたいことは、ドイツ語で南方に関する研究を発表した者の中には、ドイツ人が一人しかいない、という事実である。すなわち、先述のペーター・ルートゥムである。

南方を初めてドイツ語圏に紹介したのはルートゥムではなくて、谷口幸男である。一九八〇年、西北日独協会の第二五年創立記念日とゲオルク・ケルスト（Georg Kerst）の八五歳の誕生日をきっかけに公刊された論文集に収録されている「Kumagusu Minakata als Volkskundler（民俗学者としての南方熊楠）」という論文がもっとも早いものであろう(23)。それ以前のものは見つかっていない。谷口幸男は、ドイツ文学者および北欧文学者、とりわけ北欧神話の翻訳で有名な谷口幸男と同一人物である。南方をはじめて紹介したのが日本学者ではなく、神話の研究で有名な日本人の研究者であったという事実は、欧米における日本学や日本の民俗を研究する研究者たちの日本民俗学史への関心の乏しさを示しているかもしれない。

谷口の論文では、まず、南方の略伝とその業績の一覧が提示される。そして、欧米における南方研究の焦点になっている二つの問題が取り扱われている。第一点目は、南方の柳田國男との関係や文通、とりわけ『郷土研究』に関する論争である。もう一点目は、南方の神社合祀令に対する反対運動である。

興味深いのは、谷口は南方をヤーコブ・グリム（Jacob Grimm）と比較し、幾つかの共通点があったと論じている点である。ふたりとも大変な読書家であったし、幅広く資料収集を行なっていた。また、いくつもの言語を使用する能力もあった。それに、南方の神社と境内林の保存活動は、七〇年代のドイツにおける環境保全運動と共通点があると谷口は論じている。

西欧圏の言語での南方に関する研究は長い間、谷口の論文とカーメン・ブラッカー（Carmen Blacker）の「A Neglected Japanese Genius」（一九八三年）、そして鶴見和子の「Creativity of the Japanese」（一九八〇年）しか存在しなかった。[24] 残念ながら、谷口の論文はあまり広く読まれなかったものと思われる。ブラッカーは南方を「疎まれた天才」と呼んで、欧米のみならず、彼の著作が読まれていない状況を惜しんでいる。しかし、その状態が解決される可能性もあることを、二〇年後の二〇〇〇年に刊行された続編、「Minakata Kumagusu, 1867-1941: A Genius Now Recognized」において論じている。[25]

ドイツ語での南方熊楠に関する研究といえば、やはり明治学院大学などでも活躍したペーター・ルートゥムの研究が重要ある。二〇〇〇年に、ルートゥムは南方熊楠と柳田國男の文通について修士論文を書いた。同じ研究の一環と思われるが、谷川健一の「縛られた巨人のまなざし」（一九九一）という論文をドイツ語に翻訳し、二〇〇一年に『Kagami』という雑誌に掲載された。[26] この『Kagami』という雑誌は、ドイツ東洋文化研究協会によって出版されていたもので、日本語の論文をドイツ語に翻訳して紹介することで学問交流を促すものであった。谷川氏の論文の翻訳は原典より一〇年間遅れたが、谷口氏の論文よりも広く読まれたものと思われる。

二〇〇三年には、ルートゥムは修士論文の増補版として『Die japanischen Volkskundler Minakata Kumagusu und Yanagita Kunio - ihre kontroversen Ideen in der frühen Entstehungsphase der modernen japanischen Volkskunde（民俗学者南方熊楠と柳田國男：近代日本民俗学の初期におけるかれらの論争）』というタイトルで刊行した。[27] ここでも南方と柳田の略伝と活躍が概観的に紹介されるが、議論の焦点は柳田との文通、とりわけ『郷土研究』の方向性に関する点である。文通の内容は、全般的に概要がおさえられている程度であるが、重要な部分はドイツ語訳が提示されている。ルートゥムの業績は柳田研究としても先駆的なものといえるであろう。

二〇〇五年には、ルートゥムの博士論文が『Das Denken von Minakata Kumagusu und Yanagita Kunio - zwei Pioniere der japanischen Volkskunde im Spiegel der Leitmotive wakon-yôsai und wayô-setchû（南方熊楠と柳田國男：和魂洋才と和洋折衷というライトモチーフからみる日本民俗学の二人の開拓者）』というタイトルで刊行された。[28] 焦点はここでも南方と柳田の関係にあるが、ルートゥムは二〇〇三年の成果よりも幅広い視点によるアプローチを行なった。非常に多様なトピックをもつ複雑な研究であり、ここでは簡単にしか触れることができないが、タイトルの通り、ルートゥムは南方と柳田を近代思想史の文脈に位置づける。彼によれば、柳田のアプローチは和魂洋才の一例で、南方の研究は和洋折衷の思想に近いとされている。ルートゥムの博士論文は修士論文に基づいているので、南方と柳田の文通も紹介されるが、ここでは南方の神社合祀への反対運動がより詳しく紹介されている。

ルートゥムは、南方の土宜法竜との文通に検討を加え、ある種の「南方主義」とでも呼ぶべきものを探りだそうとしている。その南方主義の中心は、ルートゥムによれば、彼が「Theorie der Resonanzen（共振論）」と呼ぶ「事の学」である。すなわち、ハーバート・スペンサー（Herbert Spencer）の社会進化論（いわゆる社会は変化状態にある有機体であるという理論）を、仏教を踏まえて考えなおす南方のアプローチである。「事の学」は、南方の博物学的研究を宗教哲学的文脈の中に位置づける視点である。

ルートゥムは、南方と柳田の関係やその和魂洋才と和洋折衷との関連について、比較的に早い段階で日本語でも論文をまとめており、「南方熊楠と柳田国男の思想界における位相注解」というタイトルで『明治学院論叢』六七四号に掲載された。

西勝の「Anmerkungen zu Minakata Kumagusus Protest gegen die Zusammenlegung der Schreine（南方熊楠の神社合祀令への反対運動について）」（二〇〇四年）という論文は谷口の論文と同様に、(29) 記念論文集に載せられている。西勝は、ルートゥムの明治学院大学での指導教官であったので、ルートゥムの研究にも詳しい知識をもっている。ルートゥムと違って、西は南方の政治的活動を論文の中心においている。南方そのものに関する記述以外は、政治環境についての言及が大きな位置を占める。新渡戸稲造、山縣有朋などの存在が彼の活動に果たした役割も説明されている。

興味深い事に、南方に関してドイツ語で研究を発表した三人の研究者のうち、二人が日本人である。しかも、その研究はあまり広くは読まれていない。ドイツ語圏における南方研究の中心は、柳田との関係や文通、それに神社合祀令にたいしての反対運動にあったといえる。

南方が広く研究されていないことについては、幾つかの理由がある。まず、南方の日本語は日本語を読めるドイツ人研究者であっても、非常に読みにくいものである。また、南方には代表作品もなく、「南方学派」を形成することもなかった。したがって、どこから手を付ければよいかという問題にも直面することであろう。しかし、南方の日記を読みやすいフォーマットで公刊するプロジェクトが成功すれば、それは改めて南方への興味を喚起することにつながっていくものと思われる。

結びにかえて

本論文においては、民俗学の三人の開拓者たちを例として、ドイツ語圏と英語圏における日本民俗学の学史に関する知識の状況について紹介してきた。部分的には彼らの業績は知られているが、残念なことに盲点が多いことが明らかである。本稿で取り上げた柳田、折口、南方以外の民俗学の開拓者に関する知識は、彼らよりも一層乏しい状態にあると言えそうである。たとえば、渋沢敬三は民具研究と民俗学博物館の発展への大きな影響を与えた存在であるにも拘らず、欧米においてはほとんど知られていない人物である。渋沢の書いた『日本魚名集覧』は一九四五年にマティアス・エーダーによって評論として紹介されたが[30]、それ以上の研究は展開していない。たとえば、最近日本で行われた、渋沢の魚名集覧を柳田の『蝸牛考』と比較した研究のようなプロジェクトは行われていない[31]。

それ以外の民俗学の開拓者たちも同じ状態であるが、この問題は彼らに限ったものではあるまい。彼らの後続の民俗学者たちも、欧米においては名前しか知られておらず、彼らの業績をめぐる知識も大雑把なものである。日本民俗学者の論文は英語などに翻訳されることはあるが、それらも部分的なものに過ぎず、そのために、彼らの業績の日本民俗学における位置なども明らかにされてはいない。

しかし、西欧、とりわけドイツ語圏において、日本民俗学のテーマに対し、高い関心があることは確かである。近年の日本民俗学会とドイツ民俗学会との積極的な交流はその証拠の一つである。二〇一六年の秋に、両国の民俗学会がミュンヘン大学で共同開催した国際シンポジウムにおいては、日本とドイツ語圏の著名な民俗学者が両学問の方法論とアプローチを、代表的な研究を例として紹介した。そこでの各発表はドイツ語圏では論文集として刊行される予定であるのみならず、二〇一八年には日本で答訪会議を行う計画もある。持続的な交流はこのような大きなレベルのものに限られない。同じくミュンヘン大学で二〇一六年と二〇一七年に行われたワークショップでは、日本の若手民俗学者がその研究や現代の民俗学のポテンシャルについて紹介した。このワークショップシリーズも継続されていく計画である。

このような交流の継続は、将来的に両学問の刺激になる可能性がある。すでにドイツ語圏では、口承文芸、妖怪、民俗宗教や祭りのよう伝統的な民俗学の対象であっても、日常生活を対象とする現代的な民俗学であっても、積極的に研究が行われている。しかし、それらのテーマへの入門となれる、学生向けの教科書は決定的に不足しており、民俗学の勉強を本格的に始めたがっている初心者は困っている。それらのようなテーマをとりあげる西洋の諸言語の資料はないわけではないが、最近の包括的で一般向きに書かれたものは乏しいといっても過言ではないと思われる。

日本民俗学者によって行われた研究は、そういうプロジェクトにとってデータや資料源としての可能性を秘めていることは間違いないが、それらのデータは、日本民俗学の背景、いわゆる由来に関する知識がなければその可能性を開発することができるはずがない。それ故、日本民俗学の開拓者達や斯学の大家達の代表的な業績の翻訳とそれを思想史と学問史の大枠組みの中に位置付ける入門書が必要と思われる。日本民俗学と英語圏・ドイツ語圏の諸民俗学との国際交流を促進しようとするならば、基礎文献としての入門書を作成することこそが、一番の課題であるに違いない。

註

（1）Naumann, Nelly「Volkskunde in Japan（日本における民俗学）」Hammitzsch, Horst 編『Japan-Handbuch（日本ハンドブック）』Steiner　一九八一年　一九一五～一九二二頁。Naumann, Nelly「Volkskunde（民俗学）」Kracht, Klaus ; Rüttermann, Markus 編『Grundriß der Japanologie（日本学の通論）』Otto Harrassowitz　二〇〇一年　四一三～四三二頁。

（2）Yanagita, Kunio「Die japanische Volkskunde. Ihre Vorgeschichte, Entwicklung und gegenwärtige Lage（日本民俗学：その来歴、発展、現状）」Mathias Eder 訳『Asian Folklore Studies』三号二巻　一九四四年　一～七六頁。

（3）Mori, Akiko「Japan（日本）」Regina F. Bendix; Galit Hasan-Rokem 編『A Companion to Folklore』Wiley-Blackwell　二〇一二年　二一一～二三三頁。

（4）ゲーラット・クリスチャン「民俗学の立場から見る第15回ドイツ語圏日本研究者会議」『常民文化』三六号　二〇一三年　八七～九五頁。

（5）ロナルド・A・モース、赤坂憲雄編『世界の中の柳田国男』筑摩書房　二〇一二年。

（6）Yanagita, Kunio『The Legends of Tono（遠野物語）』Morse, Ronald A. 訳 The Japan Foundation　一九七五年。

（7）Morse, Ronald A.『Yanagita Kunio and the Folklore Movement: The Search for Japan's National Character and Distinctiveness（柳田國男と日本民俗学運動：日本の国民性と特徴の探索）』Garland　一九九〇年。

（8）Yanagita, Kunio『Geschichten aus Tono-Tono monogatari（遠野からの語り・遠野物語）』Burkhard Kling 訳 Wernersche Verlagsgesellschaft　二〇一四年。Yanagita, Kunio『Mitos Populares de Japón: Leyendas de Tôno（日本の民譚・遠野物語）』Marilô Rodríguez del Alisal. 訳 Quaterni　二〇一三年。

（9）Yanagita, Kunio「Japanese Folktales（日本の昔話）」Fanny Hagin Mayer 訳『Asian Folklore Studies』一一巻一号　一九五二年　一～九七頁。Yanagita, Kunio『Folk Tales: A Revised Selection』Fanny Hagin Mayer 訳 Tokyo News Service　一九六八年。Yanagita, Kunio『The Yanagita Kunio Guide to the Japanese Folk Tale（柳田国男の日本昔話入門）』Indiana University Press　一九八三年。

（10）Yanagita, Kunio 編『A Study of the Japanese Folk Tale（日本昔話の研究）』Fanny Hagin Mayer 訳 Tokyo Univ. Graduate

School Department of Japanese Literature　一九五五年。

（11）Yanagita, Kunio『About Our Ancestors: The Japanese Family System（我らの先祖について—日本の家族制度）』Fanny Hagin Mayer; Yasuyo Ishiwara 訳 Greenwood　一九八八年。

（12）Yanagita, Kunio「The Evolution of Japanese Festivals: From Matsuri to Sairei（日本の祭りの発展・祭りから祭礼へ）」J. Victor Koschmann: Keibo Oiwa: Shinji Yamashita 編『International Perspectives on Yanagita Kunio and Japanese Folklore Studies（柳田國男と日本民俗学への国際的な眼差し）』Cornell University　一九八五年　一六七～二〇二頁。

（13）Yanagita, Kunio『Japanese Manners and Customs in the Meiji Era（明治時代の日本風習と習慣）』Charles S. Terry 訳 Obunsha　一九五七年。

（14）Lummis, Douglas C.「Yanagita Kunio's Critique of the Chrysanthemum and the Sword: An Annotated Translation（柳田國男の『菊と刀』に対しての批判：注釈付き翻訳）」『Tsudajuku Daigaku, Kokusai Kankei Kenkyu』24号　一九九八年。

（15）Weber, Stephan『Erster Schreinbesuch, erster Traum-Jahresanfänge bei dem japanischen Volkskundler Yanagita Kunio（初詣と初夢・日本民俗学者柳田国男における年初）』Humboldt University Berlin　二〇〇七年。

（16）柳田と折口のアプローチの相違はドイツ語圏においてはどう見られるかについてはNaumann, Nelly「Volkskunde」前掲書　四二〇頁参照。

（17）Shimamura, Takanori「Cultural Diversity and Folklore Studies in Japan: A Multiculturalist Approach（文化的多様性と民俗学・多文化主義的なアプローチ）」Scott Schnell 訳『Asian Folklore Studies』六二巻二号　二〇〇三年　一九五～二二五頁。

（18）Foster, Michael Dylan「The Metamorphosis of the Kappa. Transformation of Folklore to Folklorism（河童の変貌・フォークロアからフォークロリズムへ）」『Asian Folklore Studies』五七号　一九九八年　一～二四頁。

（19）Falero, Alfonso「Origuchi Shinobu's Marebitoron in Global Perspective」James W. Heisig; Rein Raud 編『Classical Japanese Philosophy（日本の古典哲学）』Nanzan University　二〇一〇年　二七四～三〇四頁。

（20）Stockdale, Jonathan「Origin Myths: Susano-O, Orikuchi Shinobu, and the Imagination of Exile in Early Japan（誕生の神話：スサノオ・折口信夫と古代日本における流離の思想）」『History of Religions』五二巻三号　二〇一三年　二三六～二六六頁。

（21）Antoni, Klaus「'Geschichten, die schon lange her sind...'-Anmerkungen zur Motiv-und Ursprungslage in der japanischen Erzählforschung（遥か昔の話…：日本語り研究におけるモティーブと由来の問題について）」Hannelore Eisenhofer-Halim 編

『Wandel zwischen den Welten. Festschrift für Johannes Laube（諸世界の間のあゆみ：Johannes Laube のための記念論文集）』Peter Lang　二〇〇三年　三三～五四頁。

(22) Harootunian, Harry「Disciplinizing Native Knowledge and Producing Place: Yanagita Kunio, Origuchi Shinobu, Takata Yasuma（地元の知識に秩序をもたらして、場所を作る：柳田国男、折口信夫、高田保馬）」J. T. Rimer 編『Culture and Identity: Japanese Intellectuals during the Interwar Years（文化とアイデンティティー：戦間期の日本知識人）』Princeton University Press　一九九〇年　九九～一二七頁。Harootunian, Harry『近代に捩じ伏せられた：戦間期日本の歴史・文化・共同体』Princeton University Press　二〇〇〇年。

(23) Taniguchi, Yukio「Kumagusu Minakata als Volkskundler（民俗学者としての南方熊楠）」Johann Schmidt 編『Deutsch-Japanische Freundschaft（日独通交）』J. Schmidt　一九八〇年　四六～五五頁。

(24) Blacker, Carmen「Minakata Kumagusu: A Neglected Japanese Genius（南方熊楠：疎まれた天才）」『Folklore』九四巻二号　一九八三年　一三九～一五二頁；Tsurumi, Kazuko『Creativity of the Japanese: Yanagita Kunio and Minakata Kumagusu（日本人の独創力：柳田国男と南方熊楠）』Sophia University　一九八〇年。

(25) Blacker, Carmen「Minakata Kumagusu, 1867-1941: A Genius Now Recognized（南方熊楠一八六七～一九四一年：ようやく感心された天才）」『Collected Writings of Carmen Blacker（カーメン・ブラッカー集）』Routledge　二〇〇〇年　二三五～二四七頁。

(26) Tanigawa, Ken'ichi「Minakata Kumagusu-Ein Blick auf den'gefesselten Riesen'（南方熊楠：縛られた巨人のまなざし）」Peter Lutum 訳『Kagami-Japanischer Zeitschriftenspiegel』四九号　二〇〇一年　二七～五四頁。

(27) Lutum, Peter『Die japanischen Volkskundler Minakata Kumagusu und Yanagita Kunio-ihre kontroversen Ideen in der frühen Entstehungsphase der modernen japanischen Volkskunde（民俗学者南方熊楠と柳田國男：近代日本民俗学の初期におけるかれらの論争）』Lit-Verlag　二〇〇三年。

(28) Lutum, Peter『Das Denken von Minakata Kumagusu und Yanagita Kunio-zwei Pioniere der japanischen Volkskunde im Spiegel der Leitmotive wakon-yôsai und wayô-setchû（南方熊楠と柳田國男：和魂洋才と和洋折衷というライトモチーフからみる日本民俗学の二人の開拓者）』Lit-Verlag　二〇〇五年。

(29) Nishi, Masaru「Anmerkungen zu Minakata Kumagusus Protest gegen die Zusammenlegung der Schreine（南方熊楠の神社合祀令への反対運動について）」Judit Árokay; Klaus Vollmer 編『In Sünden des Worts-Festschrift für Roland Schneider zum 65.

Geburtstag（言葉の罪：ローランド・シュナイダー誕生六十五年のための記念論文集）』Gesellschaft für Natur-und Völkerkunde Ostasiens　二〇〇四年　六四九〜六五九頁。

（30）Eder, Matthias「Review of: Nihon Gyomei Shûkan（日本魚名集覧）by Shibuzawa Keizô（渋沢敬三の『日本魚名集覧』の評論）」『Folklore Studies』四号　一九四五年　三三六〜三三七頁。

（31）安室知「蝸牛と魚：周圏論の図化をめぐって、柳田国男と渋沢敬三」『日本民俗学』二八八号　二〇一六年　七五〜一一一頁。

地方民俗学界の再活性化策を模索する

――岡山・倉敷界隈の状況を通じて――

吉原　睦

はじめに

福田アジオが二〇〇〇年前後の各一〇年間における民俗学の退廃を指摘して以降、この混迷状況は打開されているのだろうか。中央では年会発表者の数が多い状況が続いたり若年発表者の割合が増加していたりしていて、表向きには堅調そうに見える(1)。他方、地方ではあまり良い話に恵まれない。たとえば、会員の自発性だけでは会誌の原稿量や例会発表本数を確保しにくかったり、体系的に悉皆調査をしたくても少数精鋭で各々の分野を個々に扱うだけで精一杯であったり、といった具合である。また、アカデミック民俗学者の目には「これは民俗学なのか」と疑いたくなる題目や内容の論考・発表が、地方民俗学会の活動成果の中に散見されることであろう。良く言えば民俗学の懐の深さや幅の広さが如実に現れており、民俗学との接点があれば積極的に取り上げられたためと思われる。しかし換言すれば、各人の問題意識に依る「民俗学」の実践結果の寄せ集めに留まり、地方学会の活動領域（概ね都道府県単位）内における庶民生活の歴史・文化を研究対象に据えているという漠然たる枠組みに辛うじて支えられている、と手厳しく捉えることもできる。

地方在住の非専業民俗学徒としては、その曖昧さこそが民俗学固有の大きな魅力のひとつであり、民俗を通じて地域の歴史や文化を包括的・通時的に捉えうる有益なかたちであると認識している。反面、中央での学問定義に関わる議論に照らすと、「学」としては斯様な構えを悠長すぎるものと指摘する向きもあろう。アカデミック民俗学が他の学問との競合を強いられる点では、専業の民俗学者がその方向性へ半ば引き摺られるのも仕方あるまい。ただ、他の学問学会との違いとしてしばしば言及されるように、民俗学を支える人材の中で彼らのような先鋭的な存在は全体の中の一部に過ぎない。中央・地方の違いに関係なく民俗学徒が多種多様な社会的属性の人たちで成り立っていることは、今更言うまでもなく、また、今に始まったことでもない。ならば、学問という枠組みに縛られがちな中央もしくはアカデミックの民俗学者よりも、地方・在野の〝ローカリスト〟の方がいくらか我流であっても自由闊達に「民俗」研究をすることができそうなものである。しかし実際には、先述のように間口が広くても学徒の人口・発表業績数などはむしろ減少傾向が見られる。(2) 既知の例として、学校教員であれば教材研究や生徒指導も儘ならぬほどに会議や雑務に追われたり、夏休み等生徒が不在の期間であっても出校を求められたりしているように、それぞれ本業の多忙さで民俗研究どころではなくなっているのが、こんにちの研究環境をめぐる世相のひとつである。(3) それでも業績をあげ続けている小学校教員等のローカリストも現に存在しており、究極的には個人の能力と資質に帰する問題なのであろう。さりとて、斯様な正論のみで解決し得るとも限らない。特定の研究団体ではなく、広く地方の民俗学界の再活性化を望む場合、我々は今後社会とどのように接し、何をすべきか。「地方」と言っても事情はそれぞれ多様であろうし、「社会」にしても自治的な集団や地方公共団体など様々であるが、いずれにしても管見の限りでは決定的な成功例や即効的な試案を見出し得ない。そこで本稿では筆者の卑近、すなわち岡山民俗学会と、居住地である倉敷市域界隈を視野に入れ、影響力や権限等の面で地域社会の最たる代表格であろう倉敷市（行政）の取り組みにも留意しながら、倉敷・岡山あたりでの民俗研究の歩みの確認を通じて、再活性化のために有益であろう方策を模索したい。

一　倉敷・岡山界隈の民俗学界について

柳田以前の前史に登場する古川古松軒は、備中国下道郡新本村（現・岡山県総社市）に生まれ、晩年は同郡薗村で隠遁生活を送った岡田藩の人である。地理学面で長じていたことは生前から知られているが、『東遊雑記』での衣食住や方言・庶民の信仰などの記述は後世の民俗学に相通ずるところがあり、彼の採訪や記述のスタイルも既に柳田によって一定の評価がなされている。また、明治初期に司法省が民法典編纂に資する目的で、全国各地の出産・婚姻・死去や親族・養子等の「人事」や財産・契約ごとに関する民事慣例を調査・整理した『全国民事慣例類集』には、備中窪屋郡の林孚一ら合計五人から提供された現・岡山県下の情報が掲載されている。古松軒とは違って彼らの名は学史に出て来ないが、民俗学の研究項目について近代初期の段階で触れている点は、後学に資するところが大きい。他に、大正期には『郷土研究』上に歌や俗信などの報告が散見されたり、昭和戦前期には『旅と伝説』や土俗趣味社（愛知）の出版物、『方言と土俗』（盛岡・一言社）といった県外の媒体上で活躍したりした先人もいるが、これら個人の業績を一々紹介するのはさておき、岡山で組織立って民俗研究に勤しんだ始祖としては桂又三郎が挙げられる。

桂は「大正十年ごろから柳田国男先生に師事して民俗をやって」おり[4]、「何くれとなく土俗の採集を」行っていた[5]。ただ、もとは国文学文献の索引づくりに強い関心を持っており、昭和二年から江戸文学を主とする雑誌『あく趣味』を刊行し[6]、井原西鶴作品の索引づくりなどに精を出していた。昭和二年冬に島村知章との出会いで本格的に土俗・民俗研究に目覚め[7]、島村と民俗採集や雑誌刊行に尽力するとともに、「柳田先生が題がおかしいとひやかしたので」[8]、昭和三年一二月発行分から『岡山文化資料』へ改題し、昭和六年八月発行の第三巻第六号まで刊行を続けた。自邸を「文献研究会」の所在地とし、個人雑誌から始めた活動は島村や佐藤清明、時実黙水ら[9]の同人を中心に廃刊の頃には二〇数人の会員を抱えるほどになっている。この間、柳田・南方熊楠から原稿を貰ったり、昭和五年九月の島村死去に際しては柳田から「内海諸島の調査に関し御教示を乞うべく最も島村君を当てにいたしおり候しに（中略）何とぞ同志諸君御奮発被下」などとの弔文が寄せられたり、[10]昭和六年四月には明治製菓支店（岡山市）階上に柳田と正宗敦夫を迎えて土俗座談会を開催したりするなど、特に柳田からの学問的刺激を受けていた。島村の死は「余りにも暗い生活」の中で「只一つ許された慰め」であった「島村さんと語り合うこと」すら奪われる苛酷な出来事であったが、[11]島村の遺稿に補足を追加して昭和五年に『岡山県方言集』を発行したり、翌年には『岡山県民謡集』や『岡山伝説集』を出版したりするなどの奮闘を続けていた。同じ昭和六年には先述の通り『岡山文化資料』を廃刊にするが、[12]最終号で廃刊事由のひとつとして「今後は民俗研究のために一身を献げることに決心した」ことを掲げるとともに、「斯学のために一身を献げることの出来る体となったので（中略）九月より新に中国民俗学会を組織し、雑誌『中国民俗研究』を創刊することにした」と決意表明している。[13]

『中国民俗研究』は第一巻第四号（昭和八年三月発行）で潰えたが、桂主宰の中国民俗学会は昭和一〇年頃まで『岡山動植物方言図譜』五巻や、伝説・性信仰・地名などを扱った『岡山民俗叢書』九編、小豆島や長崎・和歌山など岡山県外も対象とした『方言叢書』一〇編、『方言月報』、『土俗叢書』一編（島村知章『備前トーヤの調査報告』）といった具合に諸成果をあげた。また、『民間伝承』一巻一号によれば、昭和一〇年八月二一日に禁酒会館（岡山市）で同会例会が開かれ、岡山から日本民俗学講習会に参加した今村勝彦の報告があったり、近畿・中国といった広域地方圏で会を開いて柳田の出席を請いたいとの話題も出たりしており、岡山での個人レベル以上の民俗研究熱の高まりがうかがい知れる。

反面、出版事業は「毎冊欠損続きである。例えば（中略）等も刊行後一ケ月にもなるが未だ一冊も売れていない有様で、此處一ケ年程は二十冊も売れゝば成績のいゝ方であ」った。[14]そして「民俗学では一銭にもならず、しかも資料の採集が研究の大部分の仕事であったから、月々相当の経費も必要で、とうとう昭和十年ごろ刀折れ矢尽きたというような状態で民俗学から離れた」という。[15]「十銭の銭にも窮していたあのころ、昭和十一年（中略）正宗敦夫先生が生活費をもって、しかも部屋まで貸していただけたことがあ」り、[16]このときに備前焼への関心が高まって、桂は昭和一一年九月に雑誌『備前焼』を創刊し、ライフワークとなる備前焼研究を開始した。ただ、その直前の八月には桂著『岡山県下妊娠出産育児に関する民俗資料』として、昭和一〇年六月に岡山県を通じて恩賜財団愛育会から委嘱された民俗資料採集事業の成果を出版したり、『民間伝承』への投稿が「会員通信」欄に掲載されたりしている。[17]昭和一三年一〇月には先述した土俗採集のノートを書写した『採集手帳』を発行しており、備前焼研究への転向後も民俗との関わりが僅かにあった。[18]しかし、昭和一四年一〇月の『民間伝承』会員通信欄には「中心を失つてばら〳〵になつて仕舞ひました」とある。[19]管見の限りでは、昭和一三年一〇月発行の『採集手帳　第一輯』が中国民俗学会名義での最後の出版物で、[20]同会の活動はこの頃に終焉を迎えたと思われる。前出の会員通信には「其内舊同志や新人を語らひ再起したい」ともあり、[21]昭和一五年九月一九日には岡山民俗談話会が開催されているので、この会が後継団体であるのか否かも含めて詳細は判然としないが、一時の復活はみられたようである。ただし、当日の桂の講演は桃山時代の工芸家の組織について、[22]つまり民俗ではなく備前焼研究の一環と推測される。併せて、同会は昭和一六年には雑誌『岡山民俗談話会』も発行していたようであるが、[23]『民間伝承』上に見る同会の所在地は桂の住所と異なっている。その後の動向も不明で、団体による民俗研究は終戦後の岡山民俗学会創設まで衰退していたようである。

昭和二三年一二月、民俗の研究団体が岡山県第一岡山中学校（現・県立岡山朝日高等学校）教諭・土井卓治を中心に結成された。[24]現・岡山民俗学会である。土井は「終戦後間もなく、親友、故萩原龍夫の紹介で民間伝承の会員とな」っており、昭和二二年に湯原町（現・真庭市）へ調査に訪れた萩原龍夫から「何か一つやってもらいたい」との話を得て「やる気になって」いた。[25]同じ頃、大饗亮（岡山師範学校教授）からも岡山での民俗学開始の誘いを受けた。先学の桂にも意見を求め、「若い人たちが元気を出してやると言うんなら、わしも応援をする」となり[26]、岡山民俗学会の結成に至っている。簡単な会則のもと、会長も役員もない合議体制での運営であったという[27]。

創設四ヶ月後に会誌の創刊号を発行し、翌昭和二五年までに「岡山民俗資料」五編を刊行するなど、当初から積極的な活動が展開された。昭和三〇年発行の会誌一三号では、「本年の目標」として「縣民の民俗への関心振興」と「岡山縣民俗誌の編集」が掲げられている[28]。併せて、岡山での日本民俗学会年会開催と野外博物館建設も、当時の大きな関心事であった。前者は昭和三二年（第九回）と同五九年（第三六回）に開かれている。このうち第九回年会の開催にあたっては、和気郡日生町（現・備前市）の町議・星尾正一と土井との話に端を発して県知事や財界からの支援を得ることになった。例えば、両備バス社長で土井と同級の学友でもある松田基は「縁もゆかりもない私が準備委員になつて会員の方々と大変楽しいおつき合いをさせて頂いた」とある[29]。松田の両備バスは昭和三七年創設の野外博物館「岡山民俗館」でも民具収集・運搬のために車を出して協力した。昭和三五年三月末日現在の同会会員名簿によると、会員数一〇〇（個人及び団体）のうち、顧問に岡山市教育長・錦海塩業専務理事・両備バス社長・岡山県知事・岡山県教育委員の五人が名を連ねており、会として政界・官界・財界と連携している様子がうかがわれる。また、昭和三〇年代には県立落合高校の特殊研修奨励制度のもと、同校歴史研究クラブの民俗調査に同行したり報告書の発行元になったりしていた。高校生たちは柳田や五来重などからの指導助言を得る機会にも恵まれ、後の岡山民俗学会理事長となる人材も育っている。定期刊行物の会誌とは別に、『岡山民俗　研究の概要』（昭和三二年）や『岡山民俗　彼岸行事特集号』（昭和三六年）などの主体的な研究成果の出版もなされた。

昭和四〇年代以降の昭和時代は、民俗資料緊急調査や自治体史編纂事業で数々の行政関連調査にも積極的に携わっている[30]。同時に、香川民俗学会との共同調査による『小豆島の民俗』（昭和四五年）や『岡山県の正月行事』（昭和四二年）・『岡山民俗事典』（昭和五〇年）・『岡山民俗』の別冊（百号刊行記念特集号や柳田賞受賞記念特集号など）等々、多くの自主事業成果も引き続き上梓されている。この頃の会計状況について、支出先の一々を精査できる書類こそ残っていないが、『会報』に適時掲載された費目別決算表を概観すると、①会費の他に会員等からの寄付金収入が随時あること、②会費・寄付金・刊行物売上金の三つが収入の主要項目になっていること、③印刷費・郵送費を中心に、会議に要する費用も含めた費目が支出の大部分を占めていること、が容易に分かる。何のことは無い、会員の金銭で会誌『岡山民俗』と『会報』を発行しているという極めて常識的な活動状況が把握されるのだが、換言すれば前述の不定期の自主事業の様相を決算表からうかがい知ることは難しい。『会報』本文には「佐藤米司氏御母堂満中陰志としていただきましたので故夫人の時のとあわせ佐藤基金として運用」とあったり(31)、土井卓治が自身の岡山県文化賞受賞（昭和五四年）を記念して寄贈し基金化された金銭もあわせて「去年末新刊の『創立三〇周年記念特集号』の印刷費として、これらの基金を提供したので、早く回収できれば、さらに新しい出版物が出せる」とも書かれていたりしている(32)。管見の限りでは同会の基金は昭和五四年度の佐藤米司基金を皮切りに昭和六二年度の桂又三郎基金創設まで、最大で合計九本・総額一三八万円余があった。調査費用は会員それぞれが実費を持ったというから、特に佐藤基金設立以降、単なる寄付金として処理するには異例・多額の臨時収入を基金化し、非・経常的な自主刊行物の発行資金に用いていた運営状況が把握される。この頃を知る古参会員も、費用不足の折には理事が寄付をしたり刊行物の売上金を充てたりして次作の出版費用に繰り返し充てていたといい、また、大金を要する場合は地元名士からの寄付に助けられたとのことである。そして、後者の人間関係構築や資金獲得の手腕に非常に長けていたのが土井であったとも口述している。

平成に入っても多くの自治体史編纂に関与している一方で、論集等の不定期刊行物の出版は平成二年の『加茂川町の民俗』以降かつての勢いを失う。大きな転機は平成三年度の役員交代であろう。それまで会運営の最前線は土井・佐藤米司・有森猛の「朝日高校の三人」が特に中軸であったというが、既に土井が名誉理事長、有森が顧問になっていたところに佐藤も理事長を退いて名誉理事長になった。前出の松田基や、昭和五〇年代中盤から関係のある岡山県知事・長野士郎も相変わらず監事に名を連ねてはいるが、蜜月な様相は見受けられない。代わって新・理事長の鶴藤鹿忠は「今後は研究・発表の内容や作法を全国水準に合わせることも存続・発展のために必須だ」「岡山民俗学会が今後、生き残っていくためには色々変わっていかねばならん」などという強い意識で「運営においても色々と新風を吹き込」んだ。(33)

鶴藤以降、理事長は四人変わっているが、このような学術的志向性は今日まで継承されている。他方、『奈義町滝本の民俗』（平成二三年）や『干拓地・政田の民俗』（同二五年）といった自主事業の成果もあるが、会員の高齢化や会員数自体の減少、多忙によって調査そのものに参加し得ない会員が少なくないなどといった事情で、かつてのような網羅的な調査・報告をなしえていない状況にある。(34)また、前述の基金も整理解消され、奈義と政田の報告書は財団法人からの助成金を充当して一般会計予算から支出されている。政界・財界・官界の人物を招いて顧問に据える手法は消え、現在の顧問は理事を退いた会員が知恵袋としての役割を期待されて名を連ねるポジションになっている。

二　倉敷市の「民俗」への取り組み

他方、官の取り組みとして、法令上の「民俗」の概念は昭和二五年制定の文化財保護法に遡る。当時は有形文化財のひとつに「民俗資料」を規定していたが、昭和二九年改正で有形文化財から切り離すかたちで重要民俗資料の指定制度と、無形の民俗資料に関する選択制度が整備された。岡山県の場合、岡山県史蹟名勝天然記念物保存顕彰条例（昭和二三年三月制定）に重要美術品を加えて同年一二月に岡山県重要美術品史蹟名勝天然記念物保存顕彰条例へ改めていたところ、文化財保護法施行に伴って無形文化財の指定制度が新設された。この枠組みの中で西大寺会陽や大宮踊などの民俗行事が「無形文化財」として指定され、民俗の保護施策が開始されている。

倉敷市では、三市（倉敷・児島・玉島）対等合併以前の旧・倉敷市で、教育委員会が昭和三二年度社会教育事業の年間計画として文化財保護委員会の開催と文化財保護対策の推進を行うとしているが、[35]文化財保護の条例は未制定であった。昭和三四年三月三日付け『倉敷新聞』によると、昭和三三年度末の市内観光長期計画第一次案の中で観光施策のために市文化財保護顕彰条例の制定をすべきとなっており、使用目的はどうであれ保護委員会の専門的な見地から文化財を守ろうとする姿勢がうかがわれる。その矢先、岡山県の制度変更によって市内にある県指定文化財の一部が失効のままになることが明らかになった。県が当該物件を市町村で文化財指定して保護するよう要請したこともあり、[36]旧・倉敷市教育委員会は昭和三八年三月に倉敷市文化財保護条例を定めて文化財保護の取り組みを開始している。旧・児島市の文化財保護条例制定は昭和三四年二月、旧・玉島市は未制定であったが、いずれにしてもこのときは民俗学・民俗分野の専門的な見地から文化財として保護されたものはなかった。

昭和四二年の三市合併後、現・倉敷市は同年に倉敷市文化財保護条例を定めて指定制度による文化財保護行政を継続した。倉敷市内に存するもののうち初めて「民俗資料」として文化財指定を受けたものは、同条例に基づく阿知五輪石塔（昭和四八年）である。ただ、「本来は石造美術として取り扱われるはずのものであったが（中略）軟質の石材で損傷が著しいため、市域では珍しく大きな石造の塔が、信仰の対象となっている点に着目し」た指定であった。[37]翌年指定の民俗分野二例目・石造層塔残闕「釈塔様」も同様で、真に民俗的価値が評価されての指定なのか、些かの訝しさを禁じ得ない。昭和五八年に市重要無形民俗文化財に指定された三例目の「鴻八幡宮祭りばやし（しゃぎり）」は、平成九年に岡山県指定重要無形民俗文化財になり、本指定以後は斯様な邪推をせずとも済みそうである。また、平成元年度開始の市史編纂事業では「自然・風土・民俗」編という、やや変わった枠組みではあったが、編年的な通史の一部に埋没させずに民俗分野として独立的に扱われている。さらに、将来の文化財保護行政のための基礎資料作りとして実施された文化財総合調査（平成一〇～一二〇年度）では、民俗分野を専らとする調査と報告書の刊行がなされた。

このように、行政内での民俗への理解が徐々にではあるが深まっている様子が垣間見られる。他方、昭和五六年には公初の歴史系資料館として倉敷市歴史民俗資料館が開館した。しかし、大正時代竣工の擬洋風校舎の保存を目的に、学校教科書を展示する施設として整備されたため、「市歴史民俗」の看板と中身とが一致しているとは言いにくいものであった。この齟齬の解消策も兼ねて、歴史民俗系の総合博物館建設が検討されたり、民俗分野を専門とする職員が採用されたりしてきた。しかしながら、平成一二年の市総合計画で博物館構想が査定外に置かれたり、平成一八年度から文化財保護課所管の資料館等施設が市教育委員会にとって唯一の指定管理者制度導入対象となったりしており、博物館・資料館行政の部分では民俗分野に関する大きな進展は見出しにくい。

三　浮かび上がる課題と、解決策の模索

ここまで、在野の民俗研究団体が自主調査や自治体史編纂事業への関与等で社会貢献しつつ学術レベルの向上も図ってきたことや、基礎自治体側の民俗分野への理解の前進という、岡山県下の民俗学界の様相を概観してきた。一見、民に活力があり、官との関係も長く良好であり続けてきたように見受けられるが、そうであればなぜ地方の民俗学界に本稿冒頭のような閉塞感が漂うのであろうか。

既述の通り、岡山民俗学会側には会員の高齢化や世代交替の流れの速度に若手新規会員数の増加が追いついていなかったり、本業の多忙さから調査等の学会活動を消極的にせざるを得ない会員が少なくなかったりといった現状がある。土井・佐藤・有森らが最前線で活躍していた時代は、夏休みになると盛んに民俗調査団を結成してフィールドへ赴いていたそうであるが、現在の学校現場では生徒不在でも出校義務があって斯様な校外自主研修を実施し得ない状況になっている。また、フィールドワーク目的であるにもかかわらず校外に学生を連れ出すこと自体を嫌がる大学もあるやに聞く。若手育成どころか青少年たちが民俗事象や民俗学の面白さに接する機会すら、以前に比べてかなり乏

しいと言わざるを得ない。加えて、学術的志向性の高まりによる副作用の併発も間々見られる。厳しい（しかし総会で承認された投稿規定に明文化されており、現在の学問水準にあっても正当な）査読によって指摘を受けたことへの不満から退会した人もいれば、会誌への投稿自体を縁遠く捉える向きもある。さりとて、社会通念からの著しい逸脱や著作権法等の法令に抵触する可能性さえ無ければ執筆者原稿の通りに掲載される『会報』への投稿も芳しくない。会誌・会報の役割分担はあっても従来どおり野の学問からアカデミック民俗学まで共存両立させているつもりの役員側の意図に反し、あたかも学術志向の高まりに追随できる会員だけが民俗研究をなしえるかのような雰囲気が醸成されてはいないだろうか。学会を名乗る以上、学問レベルの向上を図るのは至極当然だが、なりわいから離れたところで民俗研究に勤しむ数多の会員にとっても何らかの意義があったり素朴に楽しかったりするものでなければ、学問という名の権威を得る代わりに自らの手で学徒数を減らすことになりかねないようにも思量される。その場で生み出される研究成果が従前通りの民俗採訪であったり習俗の変容に注目して歴史的変遷を明らかにしたりするものであったとして、仮にこれらを時代遅れで非学術的なものなどとして否定したり等閑視したりしようものなら、もはや民俗学自体が過去の自己との決別によって終焉を迎え別物になったのではないかとの疑いを禁じ得ない。

念のため、筆者は民俗学のアカデミズム化自体を否定してはいない。特に地方において、世のため人のためを掲げて行われる民の俗の研究が学術一辺倒になって民から離れてしまったとき、折角生み出された成果が当該地域在住者にとってどれだけの存在意義や価値を有するのか、計りかねているのである。

それでも民俗学の主たる居場所が高等教育内にあるとして、民俗学の論文で学位を取得できる岡山県内の大学・大学院は一校しかない。一般教養や博物館学芸員課程で民俗学に接することのできる講座数も非常に限られる。地元のアカデミックポストが僅かしかない中で岡山の民俗研究が学術方面だけに特化した場合、業績を挙げた者に対する受け皿が絶対的に不足しているのだから人材が県外へ流出するのは必然である(38)。さりとて、民俗学に対する余程の社会的需要がない限り、人口減少社会にあって激しい学生獲得競争を繰り広げている大学が、民俗学のアカデミックポストを自発的に増強するとは思えない。

では、行政との連携はどうか。前述のように民俗資料緊急調査や自治体史編纂事業を通じて、岡山民俗学会と地方自治体とは良好な関係が継続されてきた。ただ、民俗分野だけでなく押し並べて当てはまることとして、この種の事業は時限的で、地方自治体の予算が単年度主義であるため、必要な範囲で有期労働や委託の契約を繰り返すかたちになっている。不適切な表現かもしれないが、民俗学会と行政との関係は成果の納品によっていちいち完結するものであり、過去に両者が連携を密に図ったからといって、必ずしもその後の行政施策で民俗研究の上積みが推進されたり、期間の定めのない労働契約による民俗学徒の就業者数増加につながったりはしてこなかった。倉敷市の場合、市立美術館や科学センターといった個別専業的な出先機関はともかく、本庁・支所に勤務する歴史系分野の学芸員は、筆者を除くと考古学徒しかいない(39)。ただ、行政内での彼らの立ち位置の背景には、特に文化財保護法九三条の規定（土木工事等のための発掘に関する届出及び指示）があり、研究者・教育者というよりも発掘技術員として重宝されている現状がある。この部分に注目し過ぎると、話題が学芸員資格や教育委員会の制度問題等へ向かいかねないため本稿では割愛するとして(40)、勤務場所が博物館であろうが行政庁舎であろうが、学芸員の雇用が博物館法や文化財保護法の影響下にあり、それゆえ特に庁舎勤務の学芸員は考古学徒が多い実態がある。斯様な側面に拠るだけでは後述のように短絡的であろうが、かつて地方自治体の首長や議員を顧問に据えても、何某かの法令内に一定の履行義務を伴うかたちで民俗学や民俗学徒の社会的な存在意義を落とし込もうとするところまでには至っていないのであるから、是非も含めてこの方向性の志向を検討してもよいのではあるまいか。

もっとも、法律と条令との力関係からすれば、地方の一学会がそれぞれに自主条例の制定要望を掲げたところで、十分に実効性のあるものができあがるとは考えにくい。有意義な議論や結果を求めるには、中央・地方の学会と行政機関との連動が極めて肝要であろう。併せて、既に埋蔵文化財行政では財団法人組織はおろか民間調査会社への発掘調査委託が拡大している。そもそも地方自治体自体が現在、指定管理者制度やＰＦＩ（公設民営化）方式の導入等によって自治体アウトソーシングを積極的に進めており、法令の定めがあるからといって行政内に無期雇用の学徒が増加するほど単純な状況ではない。自治体アウトソーシングの性質上、発注側にすれば財政力の強い団体が受け手となるに超したことはないし、参入する側にしても当該事業の採算性や収益性を厳密に査定せねばならない。行政側の視点で換言すれば、学会には委任した管理施設の利用料や学問成果の「販売」等で収益を上げて団体そのものを維持し続けることが期待される。現在の岡山民俗学会は、斯様な経済活動を新規で興す人材的・経済的な体力に乏しい。先述の通り過去においても、理事の身銭や基金（寄付金）を次作の出版費用に充当することが繰り返しなされてきた。次回作の出版を諦めれば「倒産」こそしないため自転車操業ではないが、経営手法としては似たものがあろう。それに、学問成果の現金化が口で言うほど容易であれば、既に学会はもとより企業経営ノウハウや資力の豊富な経済人が一連の行政改革をビジネスチャンスと捉えて積極的に参入し、付設はおろか単独の民営博物館や歴史民俗資料館などが各所に設立され、多くの来客やビジネスマンたちで賑わっていてよさそうなものである。しかし実際の光景とは程遠い。自治体アウトソーシングによって教育・文化施設の管理業務が民間に拡大されたからといって、地方学会の活性化や学徒人口の安定的な増加に結びつきそうな要素はすぐには見当たらない。

以上を踏まえた上で、それでも学問による社会貢献を目指す存在として行政と深く関わろうとすれば、さしあたって思い浮かぶのは義務教育への参入くらいであろうか。公立学校は公の施設であるが、学校教育法第五条（設置管理主義の原則）で設置者（地方自治体）がその学校を管理し経費を負担することとされており、指定管理者制度導入の対象外になっている。既に人口減少社会に突入したとされている現在、〝公務員神話〟の如き雇用の安定性や事業の継続性等を妄想してはならないが、指定管理者として学術団体が民間企業と同等のスキルで受任物件の経営を迫られるよりは、行政内で適正な立ち位置を得る方が、遙かに負担は低く利点も大きかろう。

かつて柳田は社会科の教育法（柳田社会科）確立や教科書作成に取り組んだが、教育界の中で息の長い支持は得られなかった。当時の反省を活かした発展的手法を再び探っても良かろうが、先学の高校教員たちと生徒らによる民俗調査が課外活動であったことに鑑みれば、教育課程の中で正規の教科としての位置づけを得て、よりはやくから学問としての民俗学に接する機会を設ける方向性も一考に値するのではなかろうか。子どもたちのいずれの発達段階に民俗学習を位置づけるべきかなどといった細かい調整項目こそあれ、公教育における学習の機会を確実に確保することは、学問の更なる普及やそれによってもたらされるであろう社会貢献の深化はもちろん、教員配置の必要性を最たる例とする雇用の拡大や教材研究面からの学問的発展などへの期待も膨らむように思量される。

おわりに

一銭のカネにもならぬどころか持ち出しを重ねながら民俗研究団体を主宰し続けたり、政官財界と上手に連携して刊行物発行や民俗館建設等の活動目標を次々と達成していったりした先学たちの足跡や、倉敷市を例に基礎自治体の民俗分野への取り組み拡大の流れを概観することで、岡山の民俗学界の動向把握に努めた。結果、彼らの諸功績を再認識できた一方で、世代を超えた地方民俗研究の進歩発展を担保しうる原動力にまではなり得ていない現状も垣間見えた。

本稿では地方民俗学界の再活性化に向けて、民俗学の社会的存在意義や必要性をなにがしかの法令中なり公教育における正規の教科なりに位置づけることの必要性を、先学の努力の隙間から浮かび上がらせた。しかし、それを実現するための具体策の呈示には至らなかったため、更なる思考の深化と実践に努めたい。

註

（1）ただし、学問定義の根幹に関わる「歴史性」の捉え方や研究モラルといった深層部分で看過すべきでない様々な問題を抱えており、積極的な語句での肯定は難しいようである。詳しくは、松崎憲三　二〇一五年「民俗学の現状への一言」『長野県民俗の会通信』二四九、福田アジオ　二〇一四年『民俗学のこれまでとこれから』岩田書院、福田アジオ・菅豊・塚原伸治　二〇一二年『「二〇世紀民俗学」を乗り越える』岩田書院、等を参照されたい。

（2）岡山民俗学会の場合、平成一六年に「二〇〇人割れ」という数年前からの危惧が現実と化した。その後、会則に基づき長期の会費未納者を退会扱いにした「特別損失」的な影響が少なからずあるものの、こんにち一三〇人（大学図書館等の団体会員を含む）程度まで減っている。この間、二〇歳代の新会員が断続的に加入しているが、減少傾向に対峙できるほどの勢いまではない。

（3）アカデミックポストにあっても、経営上の都合から授業のコマ数を過剰に割り振られたり、合同入試説明会への出張や高等学校への個別訪問といった〝営業〟もすれば、学生の健康管理・生活指導などにも追われたりするなど、研究以外で忙殺される場合が少なくないように見受けられる。

（4）桂又三郎（編）・岡山県備前焼陶友会（発行）一九八六年『桂又三郎　文献・自序集』二〇五頁。

（5）註（4）前掲書　九四頁。

（6）桂は昭和二年一〇月に文献の研究を目的とする雑誌『文献』も創刊していたが、『あく趣味』第四号で自身の都合から両者を合冊するとしている。

（7）大正末から昭和初期にかけて、方言や俗信などの研究に努めて『中国民報』や『旅と伝説』、『民俗芸術』、『岡山文化資料』などで活躍した、上道郡宇野村東川原（現・岡山市中区）生まれの人。

（8）桂又三郎（編）一九七九年『再版　岡山文化資料　下巻』奥山書店　四五四頁。

（9）佐藤清明は博物学者とされており、太平洋戦争以前には民俗関係で『現行全国妖怪辞典』（一九三五年、文献書房発行「方言叢書」第七篇）や『岡山県俗信千三百集』（一九三五年、愛知県・土俗趣味社発行「趣味書」第一五編）など、主に方言・俗信分野での業績がある。戦後発足の岡山民俗学会には参加せず、植物や昆虫などの自然科学分野で活躍した。時実黙水（本名「和一」）は桂・島村らとともに、邑久郡を中心に方言・俗信・昔話などの調査研究に尽力した人。備前焼研究や考古資料の発掘採集にも長けていた。

（10）註（8）前掲書　一二七頁。

(11) 註(8)前掲書　一六三頁。
(12) 註(8)前掲書　三一〇頁。
(13) 註(8)前掲書　三一一頁。
(14) 註(4)前掲書　六六頁。
(15) 註(4)前掲書　二〇五頁。
(16) 註(4)前掲書　一七一頁。
(17) 『民間伝承』第一巻第六号「岡山県下の民俗採集動向」昭和一一年二月　第一巻九号「ツブ」昭和一一年五月、及び第三巻第四号「屋號と窯印」昭和一二年一二月。
(18) 他にも昭和一九年四月には、かつての蒐集資料に新たなものも加え「或る意味では返り新参の御目見でもある」として『吉備郷土食』を合同新聞社出版部から発行している(註(4)前掲書　一二九頁)。
(19) 『民間伝承』第五巻第一号　一九三九年　一〇頁。
(20) 岡山県立図書館に「雑誌『採集手帖』第一号、第二号」の合本として蔵書登録されたものが現存している。「第二号」には手書きによる後補の表紙が付されているが、本文のみで目次や奥付などを欠いており、また、他に同号の存在を確認しえていない。そのため現時点では中国民俗学会発行としないでおくが、一八頁に「昭和十四年四月二日」の日付と桂の氏名・住所(「文献書房」と同一)があり、同会の活動終了時期は本文記載より半年程度くだる可能性も十分あり得る。
(21) 註(19)前掲書　一〇頁。
(22) 『民間伝承』第六巻第一号　一九四〇年　一一頁。
(23) 『民間伝承』第七巻第二号　一九四一年　一一頁。なお、管見の限りにおいて現存資料を見出せていない。
(24) 土井卓治『葬送と墓の民俗』岩田書院　一九九七年　三七一頁
(25) 土井卓治「岡山民俗学会創立のころ」『岡山民俗』二一一号　一九九九年　七頁。
(26) 註(25)前掲論文　七頁。桂は既に備前焼研究を主軸にしていたが、岡山民俗学会発足にあたって会則を作成したり、会誌『岡山民俗』創刊号(昭和二四年四月)に「採集と体験」を寄せたりして支援した。
(27) 土井の遺稿(二〇一一年「本会の初期会員略伝」『岡山民俗』二三二)によれば、後述の日本民俗学会年会を岡山で開催する際に会則を本格化し、創立時発起人のひとりでもある吉岡三平(岡山市立図書館長)を初代理事長にしたという。ただ、昭和二九年発行『日生の観光と民俗』の奥付には岡山民俗学会の代表として土井の名が記されている。吉岡を理事長に据える前後ともに、出版物編集など実務の最前線を積極的に担っているのは土井であった。
(28) 岡山民俗学会（編）『岡山民俗　1』名著出版　一九八一年　一六三頁。
(29) 註（28）前掲書　二九八頁。なお、松田はその後に岡山民俗学会へ入会したようで、昭和三五年三月末時点の同会会員名簿に顧問として名を連ねている。
(30) 例えば、岡山県文化財保護協会が岡山県から受託し岡山民俗学会会員で編成した「新成羽川ダム水没地区岡山県民俗総合調査団」による緊急民俗調査（昭和四〇年度）や、県下各地の『振興山村民俗資料緊急調査概報』（昭和四四・四六・四七年）、『離島振興民俗資料緊急調査報告概報』（昭和四八・四九年）、『矢掛町史　民俗編』（昭和五五年）・『岡山県史』民俗ⅠとⅡ（昭和五八年）など。
(31) 『会報』（岡山民俗学会）一〇三　一九七九年　二頁。
(32) 『会報』（岡山民俗学会）一〇九　一九八〇年　二頁。
(33) 尾崎聡「鶴藤先生の思い出」『会報』（岡山民俗学会）二〇三　三頁。
(34) 調査報告書・論集の発行に代えて、会誌等へ吸収させた原稿類もある。
(35) 『倉敷新聞』昭和三二年四月一一日付け。
(36) 『倉敷新聞』昭和三五年三月二九日付け。
(37) 倉敷市史研究会（編）・倉敷市（発行）『新修倉敷市史　第八巻』一九九六　五三九頁。
(38) 岡山在住の学徒が県外のアカデミックポストを得たことで疎遠になり、古参会員から「岡山に育てられた人が岡山を捨てた」など、次世代の担い手として強く期待していた人材の流出を無念がる声が間々聞かれる。
(39) 有期契約労働者としての学芸員は存在せず、また、倉敷市の場合はこんにちまで歴史系の公立博物館がない。歴史民俗資料館は複数あるが、いずれも開館当初から無期雇用の職員や学芸員有資格者を配置する計画がなされていない。
(40) 例えば学芸員が教育公務員特例法第二条の定めにないことなど。

民俗展示の模型が内包する情報

―国立歴史民俗博物館「石川県白山麓焼畑出作り環境模型」を事例に―

松田　睦彦

はじめに

国立歴史民俗博物館（以下、歴博）の総合展示第4室（民俗）の「くらしと技―山のなりわいと技」のコーナーには、山中に数棟の茅葺き屋根の建物が集まり、その周囲に小さな田畑がひろがる模型が展示されている。山の大部分は低木に覆われ、所々に針葉樹が固まって生えている。よく観察すると山のなかにも畑や炭窯が築かれ、小さな祠もみえる。これが「石川県白山麓焼畑出作り環境模型」である（写真1参照）。縦六一〇・四〇センチ、横四〇五・〇〇センチ、高二五五・八〇センチという巨大な模型は、昭和六〇年（一九八五）の第4室開室にあわせて制作され、展示された。歴博では、平成二五年（二〇一三）三月にこの第4室がリニューアルされたが、補修・改修が施されて、この模型は引き続き展示されている。

博物館展示における模型の役割、とくに民俗展示でしばしばみられる集落模型や環境模型の役割は、現地から移設不可能な資料や環境を展示室内に再現し、個々の実物資料によっては表現することのできない総合的な情報を来館者

写真１「石川県白山麓焼畑出作り環境模型」

に提示することにある。残念ながら、スペースやデザイン、情報過多の防止等のために、模型に込められた情報のすべてを展示室で開示することはできないが、ひとつの模型の背景には、膨大な量の調査・研究の成果が蓄積されている。

そうした成果は、模型の資料的価値を担保する情報として整理されている必要があるが、民俗展示のために制作された模型が有する情報にはさまざまなものがあり、異なるレベルの情報が複雑に入りくんでいる。

そこで小稿では、民俗展示の模型に内包された情報にはどのようなものがあるか、情報の性質をもとに整理したうえで、筆者が展示を担当した歴博総合展示第４室の「石川県白山麓焼畑出作り環境模型」を題材として、とくに、「模型で再現された世界を人びとがどう生きたかについての情報」の重要性について考察する。

一　民俗展示と模型

博物館資料はまず、実物である一次資料（直接資料）と、実物の記録としての二次資料（間接資料）とにわけることができ、模型は複製や模造、模写、拓本、写真等と同様に二次資料に分類される。青木豊は、資料としての模型の特徴として、立体であること、縮尺が自由であること、そして、対象の形態的特徴や機能的特徴のみをとらえることを目的とすること、の三点をあげている。さらに、こうした特徴が「実物資料の客観的記録」という二次資料としての基本条件から逸脱するものであり、「原状模型ではなく推定模型・想像模型などの研究成果などが主観として加味される模型は、復元図・想像図・推定図などと同類の一次製作資料」にも含まれる両義的なものであるとする。(1)

こうした性質をそなえる模型は、さまざまな事情から実際に展示室に並べることのできない対象を、テーマに沿って、わかりやすく来館者に提示する役割をになうことになる。歴史展示に絞って模型の意味と活用を議論した小島道裕は、歴史展示の方法が「歴史資料そのものを展示すること」と「過去のある情景を再現して提示する事」のどちらか、あるいは組み合わせであり、模型は「過去のある情景を再現して提示する事」に含まれるとする。しかし、テーマ設定を自由に行なうことが可能な模型は、その恣意性を排除するために、そこに再現されたことの「真正性」の担保として「時期や背景を特定できる資料」を必要とする。そうすることにより、模型は「それを制作した根拠、すなわち元の資料、元の遺跡など」の内容を「立体化し、可視化して、展示室において一望できるようにし、さまざまな情報へと開かれた『立体索引』として機能しうる」というのである。(2)

こうした指摘は、模型を制作する際の学術的裏づけの重要性をうったえるものであり、「さまざまな元資料を混在させて一般的なイメージとして作った模型」に対する懸念の表明である。ただ、ここで一つ注意したいのは、小島の議論が文献や遺物、あるいは遺跡として現在に伝わる資料をもとにした、歴史展示に利用する模型の制作を前提としていることである。民俗展示は、現在あるいは直近の過去を対象とすることが多い。したがって、歴史展示のための模型とは、制作過程で付与される情報の性質が明らかに異なっており、民俗展示の模型だからこそ有する独特の情報がある。

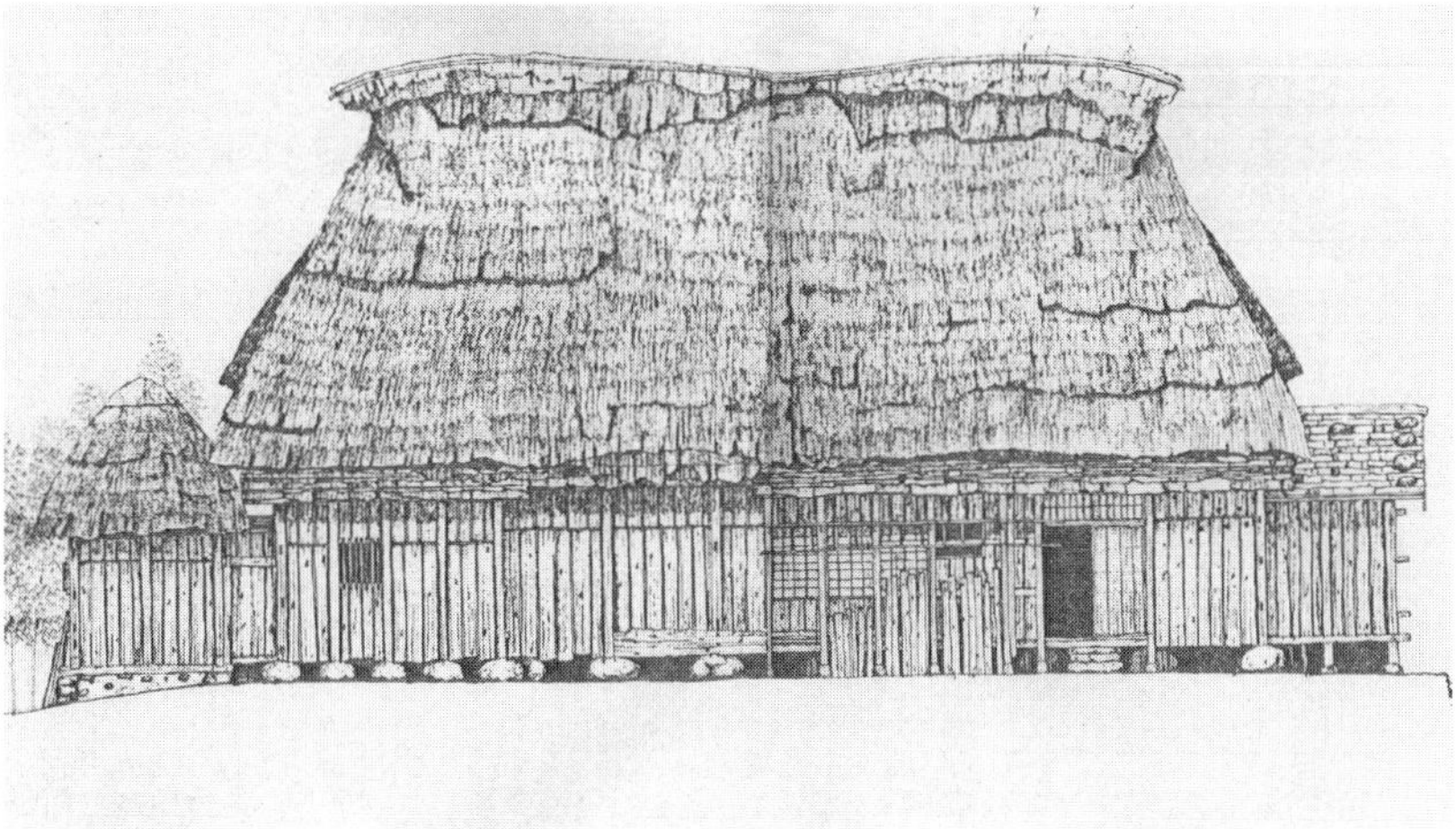

写真２「石川県白山麓焼畑出作り環境模型」制作のための実測図面

　現在、歴博の第４室で展示されている大型の模型は「石川県白山麓焼畑出作り環境模型」と「滋賀県西物部集落模型」の二点である。どちらの模型も実在の対象を再現しており、設定された時代は、前者が昭和二〇年代後半、後者は昭和五〇年代後半である。前者については、模型の制作当時にはすでに出作り生活がおわって一〇年以上が経過し、母屋や水車小屋等の一部の建物は資料として移築され、その他の建物は現地に放置された状態であった。したがって、残っている建物については実測の作業を行ない、すでに失われた建物については遺構や聞き取り調査から復元している。一方、後者の設定時代の昭和五〇年代後半というのは、調査時点の年代そのものである。したがって、模型の制作にあたっては、同時代の西物部集落の道路や建物を実測し、畑に植えられた作物や庭の植木を確認する調査が行なわれている(3)。

　つまり、歴博の第４室で展示されている模型については、基本的に同時代を対象とする民俗展示の性質上、推定・推測の要素が少なく、おのずと模型の恣意性に対する小島の危惧を払拭することになっているのである。そのことは、模型の制作にあたって作成された建物の実測図面や精密なスケッチ等からもうかがうことができる(写真２参照)。

そして重要なことは、こうした模型の外形の正確さだけではなく、民俗展示の模型では、模型を構成する建物や道具の使用、田畑の利用について、聞き取り調査をつうじて具体的に記録し、その情報を模型に付与することができるということである(4)。たとえば、水車はどのような構造となっていて、誰が何の穀物をひくのに使ったのか、といった情報は、歴史展示とは違ったレベルで獲得することが可能である。

さらに、民俗展示の同時代性は、模型で再現された世界がどう生きられたか、つまり、そこに生きる、あるいは生きた人びと個々の人生についての情報を模型に込めることをも可能とする。個人的な情報にどれほどの学術的資料価値を認めるかについては意見のわかれるところであろう。しかし、実在する特定の家や集落を再現した模型の場合、当然、そこには個々の家や集落を舞台に生きられる（た）人生があり、物語がある。模型そのものでそこまでを表現することは難しい。しかし、そうした情報をなかったことにし、出作り一般、近江の集落一般の表象としての模型を展示するのであれば、それは魂の抜けた状態ともいえよう。模型の外形の真正性の担保とは別のところで、模型はもうひとつの情報を内包しているのである。

以上を整理すると、同時代を対象とした民俗展示のための模型が内包する、あるいは内包すべき情報には、三つの種類があるといえる。すなわち、①模型の外形についての情報、②模型で再現された対象と人とのかかわりについての情報、③模型で再現された世界を人びとがどう生きたかについての情報、の三つである(5)。ただし、同時代を対象とした民俗展示の模型が、これらの情報をすべてそなえているかは疑問であり、歴博の第4室の模型についても検証が必要である。

二　「石川県白山麓焼畑出作り環境模型」制作の経緯と内包する情報

「石川県白山麓焼畑出作り環境模型」は、歴博の旧民俗展示の「山の人生」のコーナーにおける象徴的な展示物であった。その資料名のとおり、石川県白山麓、具体的には現在の白山市白峰の人びとが、白峰の中心部よりもさらに深い山地で送った出作りの暮らしと焼畑農耕をテーマとした模型である。

出作りとは、焼畑や養蚕、炭焼等の効率化を図るために、山中にかまえた住居で送られた生活である。白山麓はとくに出作りがさかんな地域であった。出作りには雪の消える初夏から秋にかけて行なわれる季節出作りと、一年を山で過ごす永住出作りがある。季節出作りの場合は白峰に冬場を過ごす家をもつが、永住出作りの場合、住居は出作りのみとなる。

模型は、白峰の集落を手取川沿いにさらにさかのぼった河内谷に実在した出作りを、七五分の一〜三五〇分の一の縮尺で再現したものである(6)。第4室リニューアルにともなう改修前の模型では、出作り生活のための母屋と付属する建物が再現され、その建物群のまわりにはキャーチ（常畑）とナギハタ（焼畑）が配されていた。山は一面が針葉樹と雑木に覆われているが、よく見ると、所々に土が露出した地すべりの痕跡が表現される(7)。

さて、白山麓の出作り生活と焼畑の様相を表現したこの模型は、模型制作のための歴博（設立準備室を含む）による調査や、それまで重ねられてきた多くの学術的研究成果をもとに制作されている。

まず、歴博による調査については、昭和五五年（一九八〇）から五六年（一九八一）にかけて行なわれた。模型制作業者から文化庁と歴博に提出された「調査記録報告書」および「第二次調査報告書」によれば、昭和五五年一〇月八日〜一五日にかけて行なわれた第一年次の現地調査は、文部技官一名と展示業者二名、調査員四名、測量員二名という体制で行なわれ、昭和五六年八月三一日〜九月一〇日にかけて行なわれた第二年次の現地調査は歴博教員と展示業者一名、建築調査班、植生調査班という体制で行なわれた(8)。調査項目には「地形調査」「建築物、構築物、付属設備等の調査」「植生、生態調査」「民具、生活環境調査」の四つが設定され、模型のモデルである藤部《とうぶ》家の当主・孫次郎氏への聞き取り調査も行なわれている（写真3参照）。

写真３　藤部孫次郎氏への聞き取り調査の様子

ただし、歴博による調査は模型そのものを制作するための情報収集が中心であり、模型で再現された建物の利用やそこで営まれた暮らしにかかわる情報はあまり収集されなかったようである。つまり、前節であげた模型に付随する三つの情報のうち、歴博の調査は①「模型の外形についての情報」の収集に専念したといえる。それでは、②および③の情報についてはどのように担保されているのであろうか。

まず、②の情報、すなわち「模型で再現された対象と人とのかかわりについての情報」は、白山麓の出作りについての古くからの研究によって支えられている。

昭和二年（一九二七）にはすでに田中啓爾と幸田清喜によって「白山山麓に於ける出作地帯」（一）（二）が発表され、その後、しばらく時間が空くことになるが、昭和四八年（一九七三）には石川県立郷土資料館が『白山麓―民俗資料緊急調査報告書』を刊行して、白山麓の出作り生活の全体像を詳細に報告する。また、稲作農耕を中心とする歴史観・文化観に対する畑作農耕への注目により、昭和四〇年代以降、白山麓の生活に対する関心が高まる。佐々木高明は『日本の焼畑―その地域的比較研究』で「中部日本における焼畑経営方式」の事例の中心に白山麓をすえたほか、「アマボシ考―白山麓のヒエ穂の火力乾燥法」、「山民の生業と生活・その生態学的素描―白山麓と秋山郷」等の論考を発表している。(9) 佐々木は、歴博の第4室（民俗）の展示委員でもあった。

さて、歴博の民俗展示の構築を指揮した坪井洋文は、民俗展示のオープンに際して行なわれた佐々木高明との対談のなかで、佐々木から、「白山の場合には、資料もたくさんあって、しかも研究もすすんでいる。民具のコレクションなんかもあるわけですね。で、そういう豊かな資料がえられる村を選ぶということが、まず大事な条件なんですね」と投げかけられ、「そうですね。『山の人生』の場合は、モノのあるなしという問題がまず先行して、それで地域がきめられたといえますね」と応じている。(10) 模型に再現された建物や畑の果たした役割、そして、それらを取りまく環境について、従来の研究成果によって、一定の解説を加えることは十分に可能だと判断したということである。つまり、歴博の「石川県白山麓焼畑出作り環境模型」は、模型制作に必要な学術的成果がすでに整えられた白山麓を意図的に選定して制作されたのである。

しかし、従来の研究によって明らかにされたのは、あくまでも「白山麓の出作り生活」一般であり、総合化された情報である。この模型で再現された出作りで、この出作りの主である藤部家が実際に営んでいた生活についての情報は、石川県立郷土館による報告書や佐々木高明の論考等による断片的な報告にとどまっている。けれども、この模型が、実在したある家族によって営まれた出作り生活をモデルとしている以上、その家の個性にまつわる情報もまた、模型の背景に整えておく必要があろう。それが、前節で設定した③「模型で再現された世界を人びとがどう生きたかについての情報」にあたる。

繰り返しになるが、民俗展示における模型が現在、または直近の過去を対象とする以上、その模型で再現された世界がどう生きられたかは非常に重要な情報である。そこで以下では、第三節でこの模型のモデルとなった藤部家がどのような家であったのかについて確認したうえで、第四節で、「石川県白山麓焼畑出作り環境模型」に不足する③にかかわる情報、すなわち、模型として再現された世界でどのような生活が営まれていたのかについての情報を、断片的にではあるが補いたい。具体的には、この出作りで実際に生活をした藤部家の長女・加藤たみ子さんと、次女・山下まち子さんからの聞き取り調査の成果を示す。こうした試みは、模型を展示するうえでの③「模型で再現された世界を人びとがどう生きたかについての情報」の重要性と有効性を示すものである。

三　模型のモデル・藤部家

ここでは、模型のモデルとなった藤部家について、家族構成や生業といった基礎的な情報を確認する。こうした個別の家に関する情報は「白山麓の出作り生活」一般を表現したこの模型からは欠落しているが、模型が実在の出作りの再現である以上、本来は必須の情報のはずである。

藤部家の出作りは石川県白山市白峰字白峰の河内谷マンゾウ山の標高六八〇メートルに位置していた。母屋は茅葺屋根の合掌造りで、一八世紀中頃の建築とされる。藤部家の出作りは一年の間山で生活する永住出作りであった。

終戦から昭和三五年（一九六〇）ころに出作り生活を終えるまでの藤部家の家族構成は、祖父（与三《よさ》、明治二五年生）・父（孫次郎、大正六年生）・母（不明）・長女（たみ子、昭和二〇年生）・次女（まち子、昭和二三年生）・長男（昭和二五年生）・三女（昭和二七年生）・次男（昭和三〇年生）・四女（昭和三三年生）であった。祖母は戦前に他界していた。祖父の与三には二人の弟がおり、一人は山で暮らし、一人は郵便局に勤めていた。姉または妹もいたようだが、具体的な話は伝わっていない。父の孫次郎にも兄弟がいたというが、早くに亡くなっている。

藤部家の戦後の山の暮らしは短く、一年をとおして山で生活をしていたのは昭和三五年ころまでである。このころ、藤部家は山の生活を終えるべく白峰に家を建てた。孫次郎は家族とともに山を下りて、白峰の土木会社で働くことになり、与三だけが夏季に出作り生活を送ることになった。与三は昭和四〇年代まで季節出作りを続けていた。学校の休みなどに孫が遊びに行くと、与三はいつも遠くから手を振って待っていたという。

母親が亡くなったのも昭和三五年ころであった。四女がわずか二歳のときであり、中学校を卒業して働きにでていた長女が戻って、幼い弟や妹の世話をしたという。

藤部家が山を下りた理由は、今となってはわからない。しかし、白峰に隣りあう桑島から季節出作りにでていた山口清志さん（昭和六年生）によると、昭和三〇年代に入ると植林や伐採、製材、道路工事や砂防工事などの仕事が増え、多くの人が出作り生活をやめたという。また、昭和三五年ころからは「年寄りもなんも、みんな町を向いて行った」という。ここでいう「町」とは、金沢や福井、名古屋といった都会のことである。東京や大阪にでた人もいたであろう。こうした傾向は、藤部孫次郎が土木会社で働くようになったことと一致する。

昭和四〇年代の後半になると、藤部家は白峰をあとにする。長男が金沢で建具屋をはじめ、それを手伝うことになった父親にしたがって、他の家族も金沢に移り住んだ(11)。昭和五〇年代なかばには祖父が他界し、父親も昭和六〇年ころに亡くなっている。

さて、藤部家がいつ出作り生活をはじめたのか、具体的な年は明らかでない。ただ、石川県立白山ろく民俗資料館元館長の山口一男さんの調査によると、藤部家はもともと白峰の地主である小田利右衛門家の土地で小作をしていたが、明治三〇年（一八九七）に小田家の没落によって売りに出されたこの土地を買い取り、自作になったという。

一方、石川県立郷土資料館の報告書には藤部与三家の「沿革」として次のような記述がみられる。少々長いが、重要な情報が多く含まれているのでそのまま引用しておきたい。

白峰村の白峰河内谷にあり、屋号をマンゾウという。子息孫次郎は4代目。小松市杖町の藤部孫兵ェの分家といわれ、祖父の時代は根倉・風嵐に居住し、父の代河内谷に移る。昭和25年ころ水田稲作を始め同45年に中止した。田の面積は60苅（1束苅15坪）で3反を作っていた。薙畑耕作は昭和26年ころまで、養蚕は10年ほど前まで、炭焼きは約20年前からはじめ今日に至る。10年前から与三氏ひとり夏季に出作り、炭焼きと野菜・豆類・杉苗等を作る。それ以前は永久出作りで家族全員が住んでいた。製炭量年間200俵程度、野菜類の自給と小豆等進物程度を作っている(12)。

こちらの報告によると、藤部家がこの河内谷の出作りに住みはじめた時期については孫次郎の父、すなわち与三の代であるという。孫次郎は大正六年（一九一七）、与三は明治二五年（一八九二）の生まれである。山口氏の調査結果とは若干のずれがみられるが、藤部家が明治後期、与三あるいはその父親の代に河内谷に移り住んだことは確実であろう。

さて、藤部家が営んでいた生業についても興味深い記述がみられる。

出作りにはめずらしく、藤部家では水田で稲が作られていた。模型にもキャーチ（常畑）の最も低い位置に稲田が見られる。しかし、これはあくまでも戦後になってはじめられたものであり、それ以前は稗田であった。また、ナギハタ（焼畑）が行なわれていたのは、昭和二六年（一九五一）までであり、模型の設定年代である昭和二〇年代後半は焼畑終焉の段階となる。もともと藤部家の出作りには稗田があり、主食となるヒエの栽培における焼畑への依存度は低かった。そこに、さらに水田稲作がはじまることにより、焼畑をする必然性が極端に低下し、他の家よりも早く焼畑の終焉を迎えたのであろう。

養蚕については調査時点、つまり昭和四六年（一九七一）からさかのぼって一〇年前には行なわれなくなっている。昭和三五年ころに与三のみによる季節出作りに移行した段階で養蚕が終了したと考えられる。最後まで残った生業は炭焼であるが、引用の記述によると、炭焼は昭和二〇年代にはじまっている。

こうした山の生業の変化の大きさを模型で表現することは難しいが、注意を要する点であろう。

四　生活の記憶

それでは最後に、③「模型で再現された世界を人びとがどう生きたかについての情報」を確認したい。

前述のとおり、この模型は昭和二〇年代後半を設定年代として出作りの再現を試みている。話者である加藤たみ子さんと山下まち子さんの生年からも分かるとおり、調査で出作り生活の実体験として聞くことができたのは、子供時代の記憶が残る昭和二〇年代後半から、永住出作りが終わって家族が山をおりる昭和三五年までの話に限られている。したがって、大人によって担われていた生業や社会生活、信仰等について、当時の様相を具体的に聞き取ることはできなかった。しかし、そのことを否定的にばかりとらえる必要はない。当時子供だったからこそ意識し、記憶していることもあるはずであり、生活の中軸を担った大人ではなく、子供の立場からみた出作りの暮らしの記憶という点でも興味深いものとなる。

1　日々の食事

昭和二〇年以降の藤部家の暮らしは、おもに炭焼と養蚕による現金収入、農業や採集による食料の自給によって成りたっていた。出作りの食生活については、山下まち子さんの記憶が鮮明である。冷蔵庫のなかった時代、畑で採れた野菜や山で採れた山菜は、すぐに塩漬けにするか、干すかして保存した。冬は雪に閉ざされ、生産活動の停止する白山麓の出作りにおいて、保存食は欠かすことのできないものであった。

山で食べていたのは、ほとんどが自分たちで作ったり、とってきたりしたもので、白峰まで買い物にでたのは月に一度くらい。醤油とか砂糖とか、お菓子とか、母親にことづけられたものを買ってきた。あとは自分たちの作ったものを食べる。野菜と、漬けたものと。肉はあまり食べないけど、夏はヤマドリ、冬はウサギを父がとってきた。すぐ下に川も流れていたけど、食べていた魚はニシンとかイワシとか。いまみたいに季節を問わずにいろいろなものを食べるのではなくて、その季節のものをずっと食べてる。食事は一日三食で、お昼ご飯のあとは昼休みをして、おやつを食べてから仕事にでていた。

ご飯はコメにヒエかアワを混ぜたもの。アワ飯の方が多かった。アワ飯はベチャッとしなくておいしい。黄色いご飯になる。どれくらいの割合で混ぜていたか覚えていないけど、コメが多ければおいしかった。秋になるとハサに稲を干すのを手伝わされた。乾燥させた穀物は、ネズミにやられないように、俵に入れて蔵の二階からぶらさげておいた。ここの小田家にも「藤部ヨサ」って書かれたアワだかヒエだかの俵が吊るしてあるけど、これだけ獲るのにどれだけ大変だったか、おじいさんがかわいそうになる。(13)

おかずは季節ごとの野菜でほとんどが煮物。囲炉裏だからそう何品も炊けんし。おつゆと煮物とコンカ（漬物）のニシンとイワシと。毎日そんなものばかり食べていた。

おつゆに使う味噌はうちで作っていて、蔵の一階の土間には大きな味噌樽が三つ置いてあった。ダイズはうち豆にもして、おつゆの具にした。

コンカは、昔はニシン漬け。身欠きにしんを買って、ダイコンとニンジンと一緒に塩で漬けるだけ。結構大きなダイコンを一センチくらいの厚みに切って、重ねて漬ける。ニシンは焼いたりして食べる。これが冬のごちそう。

畑で作っていた野菜はキュウリ・ナスビ・カブラ・キャベツ・ハクサイ・ダイコン・サトイモとか、だいたい食べるものは全部。キュウリ・ナスビ・ハクサイなどはみんな塩漬けにした。ホンコサン（報恩講）で使うミョウガも塩で漬けた。ダイコンの葉っぱも塩漬けにして、冬の間のおつゆの具にしたりとか、煮しめにしたりとか。昔は冬に青い葉っぱなんてなかったから。そして、ダイコンはでっかいモロに入れておく。モロは囲炉裏の横の床板をめくって入れる貯蔵庫で、そこへ入れておくと腐らないし、寒くても凍らない。ダイコンは春先に干しダイコンにもした。

それから山菜採り。ワラビとゼンマイとフキと。子供の私らが行ったのはワラビ。ワラビは平らなところで採れるから。山菜で採ってすぐに食べるのはワラビ、フキ、ウド。少し食べて残りは塩漬け。ゼンマイは干しておかないとおいしくならないみたい。夏にもう一度乾燥させるとおいしくなる。普段は山菜はあまり食べなくて、ホンコサンのごちそうにする。

秋はコケとキノコ。シロゴケ、ナメコ、スギヒラダケ。それからマイタケ。キノコはどこにでもあるというわけじゃないけど、親が場所を知ってたのだと思う。採ってきて、ごみ落として洗って。ちょっと水につけておいたらごみが取れるから。それを塩漬けに。漬けておけば大丈夫。食べるときは塩出し。水にザーッとあてたらいい。マイタケなんか店に売ってるのとはちがってすごくおいしくて。甘くてシャキシャキして。マイタケはなかなかなくて、運が良ければ見つかる。それもホンコサンの大事なごちそう。

2　炭を焼く

第三章でも確認したとおり、藤部家の炭焼は昭和二〇年代に入ってからはじまったものである。しかし、その現金収入源としての生計上の位置は養蚕とともに高く、祖父の与三が一人で出作りを続け、最後まで営んでいたのも炭焼であった。加藤たみ子さんは、川向うの山の炭窯に家族みんなで泊りがけで行って、炭に焼く木をおろしたことを記憶している。

炭は三月の雪のあるうちに木を伐って、ソリにのせて窯に寄せておく。そうして夏に焼く。藤部家の炭窯には、ヨモサの窯とニサの山のとなりの窯のふたつがあった。ヨモサの窯は家の近くだけれど、ニサの山の方の窯は川をはさんで向かい側だから、作業をするには泊りがけで行かないといけない。とくに、炭に焼く木を伐って集める三月には、一気に仕事を片づけてしまわなければいけないから、ご飯を炊くために、母親も一緒に行く。すると、子供もついていくことになる。ネゴヤという小屋で寝泊まりをした。

でかけるときの私たち子どもの荷物はネコ。カマシ（シコクビエ）の穂とかをとって籠に入れて。それにネコを入れて風呂敷をかぶせてグッと巻いて。それを担いでいく。ニャンと鳴くとポンとたたく。出作りではかならずネコを飼っていた。蔵に蓄えた食料とか、カイコとかをネズミから守るため。ネズミを捕るとみんなが褒めるから、まだ半分生きているようなネズミをくわえて見せびらかしにきていた。

炭を焼くのは夏になってから。じいちゃんと父親が野菜とかの食料をもって、泊りがけで行っていた。そのときの煮炊きは父親がしていたみたい。

炭焼の作業については、次女の山下まち子さんもよく記憶している。

山で木を伐って、春の雪のとけるころにテゾリで運んで炭竃のまわりに集めておいた。これを春木山と呼んでいた。雪がとけると木の長さをそろえて、それを窯につめて炭を焼く。おじいちゃんとお父さんの二人で炭を焼いていた。火を入れると炭窯を離れられないから、ヨモサの窯（家の近くの炭窯）で焼くときには、ご飯を届けていた。

今日は炭を出す日だとなると、炭を四角いコモにつめて、鉄索で小屋から川の向こうまで渡す。時々、途中でひっかかって、なかなか大変だった。対岸には小屋があって、そこに車で炭を集めにきた。(14)

3　馬のいる暮らし

出作りには馬を飼う家もあった。手取川の下流域、吉野谷村や鳥越村で田植えを終えた農耕馬を集め、出作りの希望者にわけた。これをあずかり馬と呼んだ。藤部家には馬小屋があり、毎年馬をあずかっていた。加藤たみ子さんは、出作りで馬とすごした思い出を、つぎのように語ってくれた。

馬は吉野か白山市か、そこに主がいて、そこから順番に田植えをしてあがってきたみたい。村の田植えを全部終えてから山にあがってきて、山の田植えが済んだら、一〇月の川の水が少なくなるころまでうちであずかった。田起こしが済んだら用事はなくて、馬小屋のなかでひと夏を過ごす。山は道が悪いので、荷物を運ばせたりすることもない。馬を飼うのは畑の肥料を作るのが目的。馬が敷き藁や餌の食べこぼしに糞をして、それを踏みつけることで堆肥ができた。

馬の餌は、実の入り損ねた、そこで大きなくしゃみでもしようものならフワッと飛んでいくようなアワやヒエに、キュウリの皮とかカボチャのわたとかを入れて炊いたもの。それを持っていくと、ガポガポと飲みこむように食べていた。屋根に葺くカヤをやることもあった。カヤは茎の甘いところだけを食べて、穂は残す。その穂が踏みつけられて堆肥になる。馬がとくに好きだったのはトウモロコシの芯。子供たちが馬小屋のそばでトウモロコシをかじっていると、「早くくれ」って、小屋から顔を出して待っているの。

写真4　模型に再現された母屋と馬小屋

馬小屋の土間は低く掘りこんであって、堆肥がたまるとだんだんと床があがってくる。いっぱいになるとそれを取り出して、また新しい草を食べさせる。そうしているうちに、田起こしでやせ細って山にあがってきた馬も、帰るころにはまるまるして。後ろから見たらお腹がポテッと。

馬小屋は三方があいていて、馬はそこから顔をだしては、みんなが通るのをながめていた。朝早く、じいちゃんがカラッカラッと下駄をはいて餌をやりにいくと、もう、いい声で鳴いて。そうすると、向かいの山の人にそれが聞こえて、「ああ、あそこの家が起きたわ」って。

畑や山でどのような食料を得て、どのように保存・調理して食べていたのか。炭焼は誰によって担われ、それを家族がどう支えたのか。馬のいる生活とはどのようなものだったのか。母屋や炭焼小屋、馬小屋の模型は、こうした情報を内包することで資料的価値が高まるだけでなく、たんなる建物や環境の再現から生きられた世界へと生まれ変わるのである（写真4参照）。

結びにかえて

小稿で取りあげた「石川県白山麓焼畑出作り環境模型」が制作された当時、すなわち、初期の歴博の展示では、個人を登場させないという基本的な方針があったという。歴史展示においては民衆史に重点を置くという意義があり、民俗展示においては、おそらく、民俗とは個人を超えたものであるという考え方にもとづくものであろう。こうした展示の方針は、当時の学問的背景から導かれたものであり、尊重されるべきである。

一方、現在では伝承母体としてのムラのみを前提とした民俗学は再考を迫られ、個人史の有効性も確認されている。民俗展示の模型についても、対象とするテーマ一般についての情報ばかりではなく、本来、模型のモデルとともにあった個別の情報が示されてもよいのではないだろうか。その効果については実際に歴博に足を運んで確認していただくほかないが、小稿で提示した③「模型で再現された世界を人びとがどう生きたかについての情報」の有無によって、明らかに模型の見え方は変わるはずである。

註

（1）青木豊「博物館資料の概念」加藤有次他編『博物館資料論』新版・博物館学講座　第五巻　雄山閣　一九九九年　五四～五五頁

（2）小島道裕「歴史展示における模型の意味と活用」『国立歴史民俗博物館研究報告』一四〇　国立歴史民俗博物館　二〇〇八年　二〇二～二〇四頁。

（3）当時、民俗展示の構築を指揮した坪井洋文は、意識的に「集落模型を、現在おかれている状態のまま再現しようとした」と語っている（佐々木高明・坪井洋文「対談　第4室『日本人の民俗世界』のオープンをめぐって」『歴博』第一〇号　国立歴史民俗博物館　一九八五年四月　三頁）。

（4）もちろん、小島も歴史展示の模型からの、「住人等の衣食住、生業、といった、当時の社会のさまざまな要素」へのアクセスの可能性を指摘しているが、それはあくまでも資料に恵まれた場合の話であろう。民俗展示の模型との違いは、第四節で提示する事例で明らかにしたい。
（5）理想論ではあるが、これは本来、博物館で展示される模型すべてに備わるべき情報であろう。
（6）この模型では、模型手前に作られた小屋場の奥に広がる広大な山地を表現するために、模型手前から奥に向かって縮尺を小さくしてある。
（7）それに対して改修では、新たな調査による情報にもとづき、カヤ場の新設、母屋近くにあったナギハタの山中への移動、炭焼小屋の新設、人形の新設、母屋周辺への洗濯物の新設、そして、針葉樹を中心とした山の植生の広葉樹への変更等が行なわれた。
（8）昭和五六年（一九八一）に国立歴史民俗博物館が正式に設置されたことにより、技官から助手へと職名が変更されている。
（9）模型の改修にあたっては、のちに出版された橘礼吉による『白山麓の焼畑農耕―その民俗学的生態誌』も参考とした。
（10）佐々木高明・坪井洋文「対談　第4室『日本人の民俗世界』のオープンをめぐって」『歴博』第一〇号　国立歴史民俗博物館　一九八五年四月　四頁。
（11）歴博による藤部孫次郎への聞き取り調査は、金沢市内の自宅でも行なわれている。
（12）石川県立郷土館『白山麓―白山山麓地域民俗資料緊急調査報告書』一九七三年　二九頁。
（13）「ここ」とは、山下まち子さんからの聞き取りをおこなった石川県立白山ろく民俗資料館をさす。
（14）現在歴博で展示している模型では、鉄索ではなく、人力による炭の運搬を再現している。これは、藤部家の実際とは異なるが、炭焼に関する展示でセイタを紹介しているため、その使用例を示すためである。

松崎憲三先生略歴・著作

経歴

一九四七年五月　長野県生

〔学歴〕

一九六六年三月　東京都立小石川高校卒業

一九七一年三月　東京教育大学理学部地学科地理学専攻卒業

二〇〇五年三月　國學院大學より学位取得　博士（民俗学）

〔職歴〕

学習研究社高校雑誌編集部、奈良県立民俗博物館学芸員、文化庁文部技官を経て

一九八一年四月　国立歴史民俗博物館民俗研究部助手

一九八六年三月　同　助教授

一九八七年四月　成城大学文芸学部文化史学科助教授

一九九二年四月　同大学院文学研究科併任助教授

一九九五年四月　同大学文芸学部文化史学科・大学院文学研究科併任教授

二〇一八年三月　同　退職

〔非常勤講師〕

立教大学文学部、成城大学文芸学部、日本女子大学文学部、青山学院大学文学部、成蹊大学文学部、放送教育開発センター　筑波大学歴史人類学系（集中講義）、慶應義塾大学文学部（春期）、熊本大学文学部（集中講義）東京都市大学工学部・知識工学部（後期）武蔵大学人文学部・大学院人文科学研究科　國學院大學大学院文学研究科等へ出講。

〔学会活動〕

日本民俗学会評議員・理事・監事、日本民具学会評議員・理事、日本学術会議第一部文化人類学・民俗学研究連絡委員会委員、日本学術会議第四部文化人類学・民族学研究連絡委員会委員、国立歴史民俗博物館共同研究員、神奈川大学国際常民研究機構運営委員等を歴任。

〔社会活動〕

国立民族学博物館標本資料評価委員、蕨市史編さん委員会専門調査員、南河内町市史編さん委員会委員、板橋区史編さん委員会民俗部会長、文化庁文化財保護部調査員、日本芸術文化振興会文化財保存・活用専門委員会委員、千葉県祭り・行事調査事業調査委員長、板橋区文化財保護審議会委員、練馬区文化財保護審議会委員、千葉県文化財保護審議会委員、長野県文化財保護審議会委員、文化庁文化審議会専門委員（文化財分科会）、文化庁文化審議会世界遺産・世界無形文化遺産部会臨時委員、文化庁文化審議会世界無形文化遺産特別委員会委員等を歴任。

〔学内活動〕

文芸学部文科史学科主任、大学院文学研究科日本常民文化専攻主任、学芸課程委員会委員、民俗学研究所主事・所長、大学評議員等を歴任。

〔表彰〕

二〇一一年一一月　千葉県教育功労者（芸術・文化の部）

著作目録

A〔著書：単著〕

一、『巡りのフォークロア』名著出版　B六判　総頁二七七　一九八五年一一月

二、『現代社会と民俗』名著出版　B六判　総頁二一二　一九九一年七月

三、『現代供養論考―ヒト・モノ・動植物の慰霊―』慶友社　A五判　総頁五一四　二〇〇四年三月

四、『ポックリ信仰―長寿と安楽往生祈願―』慶友社　四六判　総頁二三〇　二〇〇七年四月

五、『地蔵と閻魔・奪衣婆―現世・来世を見守る仏―』慶友社　四六判　総頁二三三　二〇一二年九月

六、『民俗信仰の位相―変質と多様性をさぐる―』岩田書院　A五判　総頁二九〇　二〇一六年一一月

〔著書：編著〕

一、『東アジアの死霊婚』（編著）岩田書院　A五判　総頁五六四　一九九三年一二月

二、『板橋区資料編五・民俗』（編著）板橋区　A五判　一九九七年三月

三、『近代庶民生活の展開』（編著）三一書房　A五判　総頁二二八　一九九八年一〇月

四、『人生の装飾法』（編著）筑摩書房　新書版　総頁二二二　一九九九年六月

五、『同郷者集団の民俗学的研究』（編著）岩田書院　A五判　総頁三二二　二〇〇二年一二月
六、『諏訪系神社の御柱祭—式年祭の歴史民俗学的研究—』（編著）岩田書院　A五判　総頁三九三　二〇〇七年三月
七、『小京都と小江戸—うつし文化の研究—』（編著）岩田書院　A五判　総頁二六七　二〇一〇年二月
八、『人神信仰の歴史民俗学的研究』（編著）岩田書院　A五判　総頁二九〇　二〇一四年三月

〔著書：共著・共編著〕

一、『近畿の生業』（共著）明玄書房　A五判　総頁三八〇　一九八〇年五月
二、『図説　民俗探訪事典』（共編著）山川出版　新書版　総頁四六五　一九八三年四月
三、『伊豆諸島・小笠原諸島民俗誌』（共編著）ぎょうせい　A五判　総頁一一七八　一九九三年三月
四、『日本民俗資料調査報告書集成』関東編全七巻（共編）三一書房　A四判　一九九四年一〇月
五、『日本民俗資料調査報告書集成』近畿編全六巻（共編）三一書房　A四判　一九九五年五月
六、『食の昭和文化史』（共編著）おうふう　A五判　総頁三三七　一九九五年一〇月
七、『日本民俗資料調査報告書集成』北海道・東北編全八巻（共編）三一書房　A四判　一九九五年一一月
八、『日本民俗資料調査報告書集成』東海編全四巻（共編）三一書房　A四判　一九九六年五月
九、『日本民俗資料調査報告書集成』北陸・中部編全六巻（共編）三一書房　A四判　一九九六年五月
一〇、『日本民俗資料調査報告書集成』九州・沖縄編全八巻（共編）三一書房　A四判　一九九六年一一月
一一、『日本民俗資料調査報告書集成』中国・四国編全七巻（共編）三一書房　A四判　一九九七年一一月
一二、『民俗学講義—生活文化へのアプローチ』（共編著）八千代出版　総頁二五五　二〇〇六年一〇月
一三、『霊山信仰の地域的展開—散在する宗教施設を視野に—』（共編著）岩田書院　総頁三二八　二〇一八年二月

B〔論文〕（著書・編著書に含めたものは除く。発表順。）

一、「村落の空間論的把握に関する事例的研究―千葉県海上町倉橋を試例として―」（『国立歴史民俗博物館研究報告』第二集　一～三九頁）一九八三年三月

二、「景観の民俗学―山麓農村の景観―」（『国立歴史民俗博物館研究報告』第二集　七一～九五頁）一九八四年三月

三、「環濠集落〝稗田〟の民俗誌的研究」（『信濃』第三六巻七号　信濃史学会　一～一五頁）一九八四年七月

四、「寺内町の空間―大和今井町を中心に―」（櫻井徳太郎編『仏教民俗学大系三・聖地と他界観』名著出版　一四七～一七二頁）一九八七年一二月

五、「角館の飾山囃子―地方都市の祭礼―」（『国立歴史民俗博物館研究報告』第三三集　九九～一二八頁）一九九一年三月

六、「民俗の変貌と地域研究」（『日本民俗学』第一九〇号　一四～二六頁）一九九二年五月

七、「関東地方における遊行神・遊行仏の予備的考察―埼玉県下の獅子回しを中心に―」（融通念仏宗教学研究所編『法明上人六百五十回御遠忌記念論文集』百草園　三六七～三九〇頁）一九九八年一〇月

八、「縁起人形の民俗文化史―『福助』を事例として―」（『技と形と心の伝承文化』慶友社　九五～一一二頁）二〇〇二年三月

九、「東アジアの死霊結婚」（『いくつもの日本Ⅶ・神々のいる風景』岩波書店　一七三～一九八頁）二〇〇三年三月

一〇、「休日」（『暮らしの中の民俗学二・一年』吉川弘文館　一二四～一五一頁）二〇〇三年四月

一一、「民俗資料の分類」（『講座　日本の民俗学一一・民俗学案内』雄山閣　二七～四一頁）二〇〇四年三月

一二、「博物館と地域活性化―昭和三〇年代ブームとかかわらせて―」（『日本常民文化紀要』第二五輯　成城大学大学院文学研究科　一一九～五八頁）二〇〇五年三月

一三、「県人会と同郷団体」（『都市の暮らしの民俗学（一）都市とふるさと』吉川弘文館　一二六～一五四頁）二〇〇六年九月
一四、「絵馬に見る供養の諸相―岩手県下の『供養絵額』と山形県下の『社寺参詣図絵馬』―」（『民具研究』第一三八号　一四～二六頁）二〇〇八年九月
一五、「柳田民俗学の特徴と継承」（『長野県民俗の会会報』第三二号　一～一四頁）二〇一一年四月
一六、「生命観の変化に関する覚書―『循環的生命観』から『直進的生命観』へ―」（『長野県民俗の会会報』第三三号　三七～五〇頁）二〇一二年三月
一七、「民俗の文化資源化と生涯学習・地域活動―千葉県立中央博物館と房総のむらを事例として―」（『日本常民文化研究紀要』第二九輯　成城大学大学院文学研究科　四一～七〇頁）二〇一二年三月
一八、「二つのモノの狭間で―柳田民俗学がめざしたもの―」（『現代思想』一〇月臨時増刊号・特集「『遠野物語』以前・以降」　青土社　八八～九九頁）二〇一二年九月
一九、「『弥三郎婆』伝説と脱衣婆―弥彦村・宝光院妙多羅天を事例として―」（『長野民俗の会会報』第三五号　二九～四五頁）二〇一三年一一月
二〇、「生き甲斐と幸せな死、来世への祈り―生命観の変化を踏まえて―」（『日本常民文化紀要』第三一輯　成城大学大学院文学研究科　一～三五頁）二〇一六年三月
二一、「器物（道具）の供養をめぐって―その変化と広がり―」（『長野民俗の会会報』第三九号　三一～四四頁）二〇一六年一月
二二、「長野県北部の大姥様信仰―虫倉山と大町市域を中心に―」（『信濃』第六九巻一号　信濃史学会　一～二三頁）二〇一七年一月

あとがき

この本は、成城大学文芸学部教授松崎憲三先生の古稀を記念して編まれたものである。最近の人の多くは古稀を迎えたとしても若々しい。先生もそのようなおひとりである。先生に私がはじめてお目にかかってから、すでに四半世紀近く経っている。今思えば、当時の先生は四五歳くらいだったと思う。先生は少し長めのレイヤー・ボブの髪型で、目鼻立ちのはっきりとしたスマートな容姿をされていた。多少渋みは増したものの、そのお姿は今も出会った頃と、さほど変わっていない。先生は、東京は根津神社近くで幼少期を過ごされたそうである。時折、はにかみながらご自分を「シティボーイ」と称される。その言葉を聞く度に、表向きは言葉の古さにびっくりする振りをしながらも、内心「たしかに」と納得するのである。

スマートと言えば、松崎先生は歩くのも速いが、お仕事もとても速い。かつて、日本民俗学会の選挙管理委員を先生と同じ時期にお受けしたことがある。選挙管理委員の仕事は厳正に行なわれるが、作業自体は単純である。全国から送られてきた膨大な投票用紙を短冊状にはさみで切って氏名ごとに取りまとめるという作業を、皆で数時間にわたり行なうのであるが、私の目の前に次々と先生が切った短冊の山がピシっと積み上げられていく。その早さ、作業の美しさに思わず見とれてしまった。「例え単純作業であっても、仕事ができる人の手際は早くて美しいものなのだなぁ」と感心したことが思い起こされる。

素早い身のこなし同様、先生は少し短気ではあるが、穏やかで温かい方である。長いゼミ仲間との付き合いの中で、「先生に怒られた」と男子がこぼしているのを一、二度聞いたことがある程度で、私自身は直接雷を落とされたことはない。ただ、先生は大変な筆まめで度々お手紙を頂戴するが、文中に時折、エクスクラメーションマークが複数書かれていることがある。弟子の間では、その時の怒りの度合いによってマークが増えると受け止められている。私は最大三つほどしかいただいたことはないが、その上限がいくつなのかは知らない。もしかすると、三つは最高ランクの「怒り」なのかも知れない。

先生は、誰に対しても分け隔てなく大変細やかな気遣いをされる方である。小さなプレゼントにも喜んで大切にしてくださる。例えそれが百円ショップのペットボトルカバーであろうが関係ない。数年前の六月の事である。成城に向かう道すがら、小さな笹竹に小さな七夕の短冊がついた卓上用の鉢を花屋の店先でみつけ、あまりに可愛らしいので先生に差し上げたことがある。こちらとしては、七夕までのひと月ほどを楽しんでいただければと軽い気持ちであった。ところが、笹竹はもう何年も先生の研究室で生き続け、卓上に置くには不釣り合いなサイズにまで成長している。時々、お部屋に伺うと笹竹が留守の時があるが、そうすると決まって先生は、少々すまなさそうに「休みのときは、枯れると悪いので里子に出しているの」と言われる。長期休みや笹竹の元気がない時は、「緑の親指」を持つ警備の方に世話をお願いしておられる。そこまでして大切にしてくれるので、笹竹に水をやる先生を拝見するたびに、気軽に世話のいるものを差し上げてはならぬと反省するのである。

「こんな出来損ないを育てた覚えはありません」と言われてしまいそうだが、松崎先生は、私にとって師であり、今や父親のような存在である。結婚以来ずっと家族ぐるみでお世話になっている。娘は三歳にして松崎ゼミに入れてもらった（打ち上げコースを履修）。はじめて子連れで打ち上げに参加させていただいた時、周囲に聞こえる声で幼い娘に「はぁちゃんは、もう松崎ゼミの一員だからね」と声をかけてくださった事を忘れない。その言葉は、「子育て中も研究を続けなさい」という私へのメッセージであり、宴会などに子連れで参加しやすい雰囲気を作ってくださるための、ゼミ生に向けたさりげない一言だったと受け止めている。

あまりに長きにわたり近しくお世話になっているので、先生との個人的なエピソードは尽きない。紙幅もあるので、

写真　大学院ゼミ旅行での記念写真（2015年３月26日　京都府南丹市美山町にて）

先生のお人柄についてはこのあたりにしておこう。

さて、本書についてである。本書の刊行に向けて二〇一五年の夏からプロジェクトが始動した。以来、大学院で先生の学恩を受けた者で構成される「松院会」の中より選ばれた、及川祥平、髙木大祐、前田俊一郎、松崎かおりと筆者の五名が編集委員となり、幾度となく会合を重ね、議論をしてきた。タイトルは、先生がお示しになった『民俗的世界の位相―変容・生成・再編―』に決まった。その年の秋には執筆を依頼したほぼ全員から承諾の返事をもらった。二〇一七年春の締め切りには、締め切り厳守の松崎ゼミの伝統にたがわず、順調に論稿が集まり、編集作業は比較的早い足取りでスムーズに進んで行った。これは、ひとえにこれまでの先生のご指導の賜物である。

そのような中、編集作業で最も難しかったのは、本書の構成であった。目次をご覧になってもわかる通り、執筆テーマが多岐にわたったため、どうまとめればよいかと編集会議では、皆で無い知恵を振り絞った。一時は、執筆テーマのあまりの広さに、「いくら個性的な面々でも、指導教官の退任記念論集なら、その学風に沿うテーマを選択するものでしょう」と、自分の事は棚に上げて思ったりもしたが、先生の次の文章を読んで、この多様性こそが松崎憲三先生の学風なのだと気がついた。先生の近著、『民俗信仰の位相　変質と多様性をさぐる』（岩田書院　二〇一六年）のあとがきに、先生ご自身が「長年民俗にかかわっていると多方面に関心をもつようになり、（中略）しかし、関心がこれだけ分散すると収拾がつかなくなってしまう」と書いておられる。本書に掲載した先生の研究業績一覧をご覧になってもわかるように、「可能な限り歴史的変化（変質）をトレースしたうえで、多様な現状を把握する」（前掲書　二頁）というスタイルを貫きつつも、先生の関心は非常に幅広い。

思い起こせば、私の在学中から現在に至るまで、松崎先生の学恩を受けた弟子たちは個性的な人間が多く、その研究テーマも多種多様であった。しかも、「同じテーマばかりではダメだよ」と、一つのテーマを中心に置きつつも、それに固執することなく、幅広くアンテナを張るよう度々指導されていた。教える立場になってその凄さがようやくわかったが、多様なテーマを指導することは大変なことである。先生の知識の幅広さと、多様性を受け入れる度量の深さが、先生ご自身の研究姿勢にも、私たちへのご指導にも表れていたのである。そして、一つ一つはバラバラに見えた本書の掲載論稿も、まとめてみると結局、先生のこれまでの研究テーマにある程度沿ったものとなった。大学院を離れてずいぶんと経っても、私たちには知らず知らずのうちに先生のお言葉がしっかりと身体に染み込んでいるのだと、出来上がった本書の目次を見直して、改めてその学恩の影響の大きさを知った。

本書が多様なのは掲載論稿のテーマばかりではない。通常、記念論集の執筆者には先生とお付き合いの深い方々のビッグネームが並ぶものである。しかし、これも先生らしい親心なのだが、本書は卒業後も何らかの形で研究を続けている成城内外の弟子たちで構成されている。そのため、執筆者の年代、研究年数、本人の技量により、論稿のレベルは論文、研究ノート、調査報告と様々で幅広いものになった。しかしながら、各論の内容の是非については基本的に一論稿につき編集委員二名が査読にあたり、なお問題の残る論稿については他の編集委員も加えて協議する査読態勢を敷いて編集した。最も若い弟子たちにとっては、本書が初めての業績となるだろう。いかなる仕事にも、その人らしさが滲み出るものである。本書にも松崎先生のお人柄や研究姿勢、教育者としてのご信条が見え隠れするはずである。

この春、先生にとって、そして成城大学大学院文学研究科日本常民文化専攻にとっても、大きな区切りの時を迎えた。松崎憲三先生のご健康と輝かしい新たな一歩を寿ぎ、そして、これまで先生が大切に守って来られた民俗学の学び舎として、成城の民俗学の伝統が今後も引き継がれていくことを祈念して、このあたりで筆をおこうと思う。

最後になりましたが、松崎先生、長らく深い愛情をもって公私にわたり私どもをご指導くださいましたことに、心より感謝申し上げます。そして、どうかこれからも変わらずに、ご指導賜りますよう、何卒よろしくお願い申し上げます。

猿渡土貴

平成三〇年三月吉日

執筆者一覧（掲載順）

福西大輔（ふくにし・だいすけ）
熊本市立熊本博物館　学芸員

及川祥平（おいかわ・しょうへい）
川村学園女子大学文学部　専任講師

髙木大祐（たかぎ・だいすけ）
我孫子市杉村楚人冠記念館　学芸員

佐山淳史（さやま・あつし）
千葉県立中央博物館　研究員

前田俊一郎（まえだ・しゅんいちろう）
文化庁伝統文化課　文化財調査官

林　洋平（はやし・ようへい）
成城大学民俗学研究所　職員

宇田哲雄（うだ・てつお）
川口市教育委員会生涯学習部文化財課 課長補佐 兼 文化財保護係長 兼 文化財センター学芸員

乾　賢太郎（いぬい・けんたろう）
大田区立郷土博物館　学芸員

金野啓史（こんの・ひろふみ）
日野市立新選組のふるさと歴史館　館長

越川次郎（こしかわ・じろう）
中部大学人文学部　准教授

鄧　君龍（とう・くんりゅう）
府中市史編さん担当　専門員

秋山笑子（あきやま・えみこ）
千葉県立中央博物館　主任上席研究員

佐野和子（さの・かずこ）
日本民俗学会　会員

吉井勇也（よしい・ゆうや）
高崎経済大学図書館　臨時職員

荒　一能（あら・かずよし）
玉川大学　兼任講師

田村明子（たむら・あきこ）
獨協中学校・獨協高等学校　司書教諭

菊田祥子（きくた・しょうこ）
成城大学大学院　博士課程後期

村尾美江（むらお・よしえ）
成城大学　非常勤講師

小山隆秀（おやま・たかひで）
弘前大学人文社会科学部　非常勤講師

金子祥之（かねこ・ひろゆき）
日本学術振興会　特別研究員ＰＤ（立教大学）

猿渡土貴（さるわたり・とき）
成城大学　非常勤講師

中野紀和（なかの・きわ）
大東文化大学経営学部　教授

加藤秀雄（かとう・ひでお）
成城大学民俗学研究所　研究員

菅野剛宏（かんの・たかひろ）
大分県立歴史博物館　学芸調査課長

Göhlert, Christian（ゲーラット・クリスチャン）
Ludwig-Maximilians-Universität München, Japan-Zentrum, Wissenschaftlicher Mitarbeiter

吉原　睦（よしはら・むつむ）
岡山商科大学　非常勤講師

松田睦彦（まつだ・むつひこ）
国立歴史民俗博物館　准教授

編集委員

及川　祥平
猿渡　土貴
髙木　大祐
前田俊一郎
松崎かおり

民俗的世界の位相
――変容・生成・再編――

二〇一八年三月二〇日　第一刷

編　者　松崎憲三先生
　　　　古稀記念論集編集委員会

発行所　慶　友　社

〒一〇一―〇〇五一
東京都千代田区神田神保町二―四八
電　話〇三―三二六一―一三六一
FAX〇三―三二六一―一三六九

印刷・製本　㈱エーヴィスシステムズ

ISBN978-4-87449-075-4　C3039